편집증과 심리치료

월리엄 마이쓰너 지음
이재훈 옮김

한국심리치료연구소

편집증과 심리치료

초판 • 1998년 7월 25일
재판 • 2002년 1월 20일
개정판 • 2009년 9월 20일
지은이 • 윌리엄 마이쓰너
옮긴이 • 이재훈
펴낸이 • 이재훈
펴낸곳 • 한국심리치료연구소
등록 • 제 22-1005호(1996년 5월 13일)
주소 • 서울시 종로구 적선동 156 (광화문플래티넘 918호)
Tel • 730-2537, 2538 Fax • 730-2539
http://www. orips.net   E mail: orips@orips.net

값 25,000원

ISBN 89- 87279-06-5 93180

이 도서의 국립중앙도서관 출판시도서목록(cip)은 홈페이지
(http://www.nl.go.kr/cip.php)에서 이용하실 수 있습니다.
(제어번호 : 2003000069)

편집증과 심리치료

Psychotherapy and the Paranoid Process

역자 서문

윌리엄 마이쓰너(W. W. Meissner, S. J., M. D.)의 명저인 Psychotherapy and the Paranoid Process가 「편집증과 심리치료」라는 우리말 제목으로 출간되게 된 것을 크게 기뻐합니다. 마이쓰너 박사는 현재 하버드 의과대학의 정신과 교수로서 정신분석학적 대상관계 심리치료 이론을 수십년에 걸쳐서 임상에 적용해 온 이 분야의 탁월한 이론가이며 임상가입니다.

저자가 이 책에서 여러 번 강조하듯이, 편집증이란 정상적인 사람으로부터 정신병자에 이르기까지 광범위하게 퍼져 있는 정신과정이요 병리입니다. 우리 주위에는 이 병리로 인하여 인생을 두려움과 불신으로 채우며 살아가는 많은 사람들이 있습니다. 이 방대한 양의 내용을 우리말로 옮기는 작업을 기꺼이 감내할 수 있었던 것도 이 책이 어떤 방식으로든 편집증으로 고통받는 분들을 돕는데 기여할 수 있지 않을까라는 기대 때문이었습니다. 그런 점에서 누구보다도 마음과 정신의 건강을 위해 수고하시는 전문가들이 이 책을 통해 배움을 얻을 수 있다면, 이보다 더 큰 보람은 없을 것입니다.

역자가 특히 마이쓰너 교수에게 관심을 갖게 된 것은 그분이 정신과 의사로서 기독교 영성에 대해서 특별한 관심을 가졌기 때문이었음을 밝혀 드립니다. 그는 Psychoanalysis and Religious Experience(1984), Life and Faith(1987), Ignatius of Loyola(1992) 등의 저서를 통해서 한 사람의 정신과 의사로서만이 아니라 인간의 영혼에 깊은 관심을 가진 예수회 사제로서의 진면목을 보여 주었으며, 이 점은 인간의 건강한 정신과 영혼에 대한 역자 자신의 관심과 일치하는 것이었습니다. 물론

이 책에서는 기독교적인 용어는 거의 한 마디도 나오지 않고 있지만, 그의 글 속에는 영혼의 목소리가 담겨져 있음을 얼마든지 감지할 수 있습니다. 그런 점에서 목회상담을 전공하는 후학들에게도 꼭 권하고 싶은 책입니다.

이 책의 저자가 원고를 준비할 당시에는 DSM-III가 진단을 위한 기준으로 사용되고 있었으나, 지금은 DSM-IV가 사용되고 있기 때문에 이와 관련된 내용은 DSM-IV에 맞추어 개정되었음을 알려 드립니다.

독자들의 편의를 위해서 이 책에 나오는 외국학자들의 이름을 원문과 함께 우리말로 표기했습니다. 그 과정에서, 일부의 이름들이 본래의 발음과는 다르게 표기되었을 가능성이 있음을 알려드리며, 이점에 대해서 독자들의 양해를 구합니다.

이 책이 나오기 까지 산고를 함께 해 주신 여러분께 특별한 감사를 드립니다. 두 번에 걸친 "편집증과 심리치료" 쎄미나에 참석해 주신 여러분들, 초역과정에 도움을 주신 이난희님, 읽을 수 있는 책으로 만들기 위해 문장을 다듬어 주신 이은경, 박동화 간사님들, 그리고 한국심리치료연구소를 도와주시는 여러분께 감사드립니다.

1998년 여름
서초동에서

목차

서문

이 책은 '편집적 과정'(1978)이라는 책에서 서술했던 이론적 공식을 다양한 임상적 상황에 적용할 수 있도록 확대한 것이다. 이 이론적 공식을 적용할 수 있는 가장 중요한 영역은 심리치료 영역이다. '편집적 과정'(1978)에서 나는 편집적 과정을 구성하는 기제에 대한 개념화를 전개했는데, 그 책은 거의 전적으로 편집적 기제와 관련된 심리 기능의 측면과 임상 자료에서의 편집적 과정에 대한 문헌 연구에 초점을 두고 있다. 이 접근 방법은 의미 있는 이론적 공식화를 위한 기초를 제공했을 뿐, 실제 임상 작업에 보다 구체적으로 적용하는 방법은 거의 제시하지 못했다. 이 연구 논문의 목적은 그러한 부족한 측면을 보완하는 것이다.

이 책에서 제시되고 있는 연구 방향은 개념적이라기보다는 분명히 임상적이다. 이 책에서 사용되는 개념적인 틀에 익숙하지 않은 독자들은 이전의 책을 정독하는 것이 유용할 것이다. "편집적 과정의 임상적 이론을 향하여"(제16~28장)라는 표제가 붙은 제3부는 가장 이론적인 부분이다. 이 연구의 이론적 자료는 편집적 과정의 이해에 대한 압축된 요약보다 약간 더 자세한 정도로 제공되고 있다. 그 의도는 이러한 개념들을 보다 더 직접적이고 실제적으로 임상적 맥락에 초점을 맞추려는 것이다.

자료의 구성과 관련하여 몇 가지 언급을 하는 것이 유용할 것이다. 제1부는 이후에 나오는 고찰을 위한 개념적 틀을 제공하는 데 목적이 있다. 나의 첫 번째 목적은 발전하는 임상적인 정신분석적 사고의 맥락 속에서 편집적 과정의 위치를 가리키는 것이다. 나는 편집적 과정의 주요 측면에 대하여 짧게 서술했는데, 이 내용을 통하여 많은 독자들이 편집적 과정에 어떤 것들이 관련되어 있는가에 대해 충분히 이해할 수 있기를 바란다. 그 문제에 대해 보다 깊은 이해를 필요로 하는 독자들은 이전의 책을 참고하기 바란다. 이 첫 번째 부분은 편집적 과정의 원리들에 기초한 심리치료 개요의 밑그림을 그리는 것을 목표로 한다. 이 개요는 나의 임상적 연구와 15년 동안 정신과 수련의들을 감독하면서 얻은 산물이다. 나는 그것이 심리치료를 가르치는 자료로서, 그리고 종종 복잡하고 혼란스러운 사례 자료를 개념화하는 데 매우 유용하다는 것을 발견하였다. 물론, 그러한 개요가 훌륭한 관리 감독을 대신하는 것은 아니지만, 그것은 도움이 되는 부가물을 제공한다.

제2부에서는 편집적 과정의 개념을 정신 병리의 몇 가지 주요 형태들에 적용하고 있다. 정신병 치료에 대한 논의는 정신병적 과정에서 나타나는 어떤 측면, 특히 정신분열증에서 편집적 과정이 갖는 역할을 드러내는 것을 목표로 한다. 정신병적 과정에서 드러나는 이러한 측면을 설명하기 위해 원래 프로이트(Freud, 1911)가 제시했던 쉬레버(Schreber) 사례를 사용했다. 쉬레버 자료가 많은 독자들에게 친숙하다는 것에는 의심할 여지가 없는 반면, 편집적 과정의 측면에서의 접근은 쉬레버의 정신병의 어떤 측면을 이해하고 치료하는 데 약간 다른 접근 방법을 사용하도록 이끄는 경향이 있다.

경계선 정신 병리에 대해 서술한 제4장에서는 경계선 정신 병리의 진단에 대한 다소 상이한 관점을 소개하고 있는데, 이것은 내가 이전에 저술한 책(Meissner, 1984a)에 더 자세하게 전개되어 있다. 이 요약된 자료는 경계선 범위에 속하는 환자들의 심리치료 방법과 관련하여 치료 초기에 고려해야 할 몇 가지 사항을 위한 틀을 제공해 준다. 나는 이 장에서 편집적 과정을 통해서 이끌어낸 치료 원리들을 경계선 병리를 이해하고, 그것을 치료하는 데 수정·응용할 것을 제안하고 있다. 프로이트가 늑대 인간과의 치료 경험을 묘사한 사례 자료는 전형적인 경계선 환자를 다루는 전문 치료자에게 치료 과정의 변천 양상을 연구할 수 있는 특별한 기회를 제공해 준다. 그 치료가 프로이트에게 배움의 경험이었다는 것은 의심할 여지가 없으며, 그것은 또한 우리에게도 계속 그러한 기회를 제공해 준다. 나는 이러한 개념과 접근 방법을 앞으로 보다 상세하게 발전시키기를 희망한다.

자기애적 성격의 치료(제5장)는 상당한 논란이 따를 수 있는 불확실한 영역이다. 나는 이 장에서 자기애적 병리의 본질에 대해 연구하고 편집적 과정을 조직하는 자기애적 측면들과 자기애적 병리를 관련시키는 치료 접근 방법의 개념화를 진전시켰다. 내가 알기로는, 자기애적 병리에 대한 나의 이해와 심리치료적 접근 방법은 코헛(Kohut)과 컨버그(Kernberg)의 접근 방법과 상당히 다르다. 이 부분은 독자들에게 이 어려운 심리치료 영역을 이해하고 그것과 씨름하려는 시도에서 다른 대안을 제공할 것이다.

제3부에서는 편집증 환자들의 임상적 진단과 치료를 다룬다. 치료자가 어떠한 수준의 훈련을 받고 경험을 쌓든 간에, 그러한 환자들을 치료하는 것은 모든 치료자들에게 특별히 어렵고 힘든 일이다. 그럼에도 불구하고, 나는 그러한 많은 환자들의 치료가 가능하며, 편집적 과정에 의해 제공된 상황적 틀은 그 병리의 본질을 이해하고 병리를 효과적으로 치료하기 위해 필요한 지침을 제공하는 중요한 모델이 된다고 확신한다. 이 부분은 이러한 요소들을 유용하고 실제적으로 적용하도록 이끈다.

제4부에서는, 청소년기 발달과 청소년기 소외(제8장)의 문제 안에 정상적인 발달 경험의 일부분으로서 편집적 과정이 작용하고 있다고 하는 독특한 이해를 제공해 준다. 이것과 함께, 그러한 발달의 일탈적 과정은 장애 입은 청소년들의 치료뿐만 아니라, 편집적 과정의 표현으로서 사회적 소외의 요소를 나타내는 보다 광범위한 환자들의 치료에

관련된 문제들이 지닌 복잡성을 보여 주는 적절한 예를 제공한다. 이러한 문제들의 상호작용은 반항적이고 소외된 청소년의 사례에서 극적으로 제시되고 있으며, 그 치료 과정의 복잡성이 드러나고 있다.

제4부의 나머지는 편집적 과정의 자료를 적용하여 특히 효과를 얻을 수 있는 몇 가지 임상적 상황의 영역을 검토해 보았다. 자살, 중독, 노화는 모두 편집적 과정의 역동이 중심적이고 결정적인 역할을 하게 되는 영역들이다. 여기에서의 나의 목적은 임상적 상황의 이러한 측면들을 보다 명료한 초점 아래로 이끄는 것이며, 편집적 과정에 대한 이해를 통해 그것들을 임상적 상황에 유용하고 구체적으로 적용할 수 있는 방향을 제시하는 것이다.

전반적으로, 나는 정신 병리에 대한 이러한 공식화와 이해가 다양하고 어려운 임상적 조건을 보다 효과적으로 그리고 감정이입적으로 다루려는 임상가들의 노력에 기여하기를 희망한다. 내가 이 책에서 서술한 편집적 과정에 대한 접근 방식은 이 동일한 문제에 대한 다른 접근 방식의 대체물이나 대리물이 결코 아니다. 내 생각에, 그것은 분명히 임상적 상황에서 나타나는 다양한 문제에 대해 접근할 수 있도록 보완해 주고, 심화시켜 주며, 풍부하게 해줄 수 있는 관점, 대안, 이해의 방법, 기술적 적용의 기초를 제공한다. 나는 이러한 개념이 결실을 맺도록 가장 많이 도와준 이들—학생들, 수련의들, 환자들—에게 감사한다. 나는 그들 모두로부터 무엇인가를 배웠다. 만일 나의 노력이 성공적이었다면, 독자들도 나와 비슷한 기회를 갖게 되기를 희망한다.

윌리엄 마이쓰너 (W. W. Meissner, S. J. M. D.)
캠브리지, 매사추세츠

제 1 부

편집증적 과정과 심리치료

제 1 장

치료 이론으로서의 편집증적 과정

이 장에서 나는 편집증적 과정을 치료 이론으로서 개념화할 것이다. 편집증적 과정에 대한 이론과 그것을 임상 상황에 적용하기 위한 연결점을 찾으려고 하는 데에는 두 가지 의도가 있다: 첫째는 정신분석 사고의 흐름 안에서 편집증적 과정을 명료화하는 것이고, 둘째는 치료 상황에서 편집증적 과정에 포함된 요소들에 초점을 맞출 수 있도록 준거 틀을 제공하는 것이며, 그렇게 함으로써 치료자가 치료과정에 의미 있게 개입할 수 있는 토대를 제공하는 것이다.

프로이트의 이론과 치료 이론의 발전

이러한 상황에서 프로이트의 경험을 재고하는 것이 유용할 것이다. 여기에서 나는 치료 이론이나 치료 기법에 대한 프로이트 이해의 발전에 관심을 갖기보다는 그 두 가지 사이의 상호작용에 더 많은 관심을 갖는다.

프로이트는 일찍이 히스테리에 대한 연구(1888)에서, 최면술을 치료 기법으로 사용하는 것에 많은 관심을 가지고 있었다. 최면술을 치료 기법으로 사용하는 데 대한 근거는 아주 명료한 것이었다. 히스테리 환자들은 기억, 즉 환자들의 현재 의도나 기대와 조화를 이루지 못하고 의식적인 자각으로부터 해리된, 과거 사건에 기반을 둔 생각 때문에 고통당한다는 것이다. 프로이트(1892~1893)는 강한 암시의 형태인 최면이 이러한 해리된 기억과 의식적 의도를 재통합하는 데 치료적으로 도움이 된다고 보았다. 그러나 프로이트(1893~1895)는 (최면 환자와는 대조적으로) 히스테리적 해리를 방어기제로 사용하는 방어적 히스테리에서는 환자의 저항이 감소되고 해결되기 전까지는 해리된 정신 내용을 잘 다루어야 한다는 것을 알게 되었다. 저항은 방어나 금지에 기여하는 것으로 보였다. 프로이트는 환자가 알지 못하는 것은 알기를 원하지 않는 것과 같으며, 그 환자가 알기를 원하지 않는 것은 극복되어야 할 저항이라고 보았다. 이론적으로 말해서, 환자의 저항이 감소되어야, 자유연상을 통해서 병인적 생각과 의식적 생각 사이의 연결을 추적하는 것이 가능하다는 것이다.

프로이트의 이론에서 가장 중요한 변화 중의 하나는 최면 암시를 통한 기억의 회복으로부터 해석을 통한 저항의 극복으로 강조점이 이동한 것이다. 이러한 이론의 변화는 그의 성적 유혹 가설이 급진적으로 수정되면서 생겨났고 강화되었다. 프로이트는 환자가 보고한 아동기 기억 속의 성적 유혹이 항상 실제 사건을 말하는 것이 아니며, 오히려 환자의 환상과 소망적 상상의 산물이라는 것을 깨닫고 자신의 이론을 대폭 수정하게 되었다(Zetzel and Meissner, 1973). 그것은 치료 작업이 단순하게 해리된 기억을 회복시키는 것을 넘어서 훨씬 더 많은 것을 포함한다는 것을 의미했다. 사실, 그것은 그런 환상을 불러일으키며 환상에 의미를 부여하는 기제뿐만 아니라 환상을 무의식적 수준에서 보존하고 그것을 조명하려는 치료적 시도에 저항하는 억압의 힘도 다루어야 함을 의미했다. 따라서 최면 암시보다는 해석이 분석의 일차적 도구가 되었다.

프로이트는 기본적인 이론과 치료 기법이 변화되면서 전이의 중요성을 더욱 더 분명히 자각하게 되었다. 기본적인 치료 모델에서 분석은 전이 왜곡을 최대화할 필요가 있으며, 그 때문에 치료자는 자기 감정 표현을 자제하는 절제의 규칙을 지켜야 한다(Stone, 1961). 그럼에도 불구하고, 프로이트는 히스테리의 심리치료에 대한 초기 논의에서조차 치료자와 환자가 긍정적인 관계를 갖는 것이 치료 과정의 필수 조건이라고 강조했다. 그는 이러한 인격적인 영향력을 행사하지 않고는 저항을 극복하는 것이 불가능하다고 주장했으며, 환자를 치료 과정의 협력자로 참여시키는 것이 필요하다고 강조하였다.

프로이트는 그가 초기에 강조했던 이해와 통찰이 어느 정도는 유용하지만, 이것이 환자의 저항에 비해서 상대적으로 무력하다는 것을 더욱 더 분명히 이해하게 되었다. 환자의 저항이 극복될 때 치료적 변화가 일어나기 시작하였다. 점차적으로, 프로이트는 주요한 저항으로서의 전이에 관심을 집중하였다. 그는 다음과 같이 논평하였다:

환자는 분석 치료를 지연시키고, 병인적 자료를 왜곡시키는 것으로는 병의 원인이 드러나지 않도록 감출 수 없다는 것을 분명히 깨달을수록, 그에게 최대의 이점을 가져다 줄 왜곡의 한 형태—전이를 통한 왜곡—를 더욱 더 일관되게 사용한다(1912, p. 104).

그러므로 전이는 환자의 저항 중에서 가장 강력하고 효과적인 무기이다. 치료 작업을 통해서 어느 정도 저항이 약화된 후에 전이가 자발적으로 일어난다는 것을 주목하는 것은 중요하다. 그리고 심화된 전이 저항은 환자와 분석가 사이에 친밀 관계가 적절하게 형성된 후에야 접근되고 해석될 수 있다(1913).

그러므로 전이는 저항의 주요 형태인 동시에 저항을 극복하는 데 사용되는 일차적인 도구이다. 사실상, 전이는 억압된 과거의 경험이 분석가와의 관계 안에서 재연되고 반복되는 것으로서, 저항의 기능으로 사용된다. 여기에서 환자의 증상은 새로운 의미를 획득하며, 그의 신경증은 치료 작업의 대상이 되는 전이 신경증으로 대체된다. 따라서 전이 신경증은 치료적 개입에 더 개방적이 되고, 전이 저항의 극복을 통해서 기억의 자발적인 회상으로 인도하는 인공적인 질병을 나타낸다(1914). 프로이트는 또한 전이 신경증을 정신분석이 씨름해야 할 핵심적인 옛 갈등의 새로운 개정판으로 묘사하였다(1916~1917). 리비도는 차츰 증상으로부터 벗어나 전이에 집중된다. 리비도는 이제 새 대상에게 초점이 맞추어진 채로 수행되는 투쟁 과정에서 점차로 해방되게 된다.

프로이트의 이론과 기법이 변화함에 따라, 전이는 가장 강력한 치료 도구인 동시에 치료의 진전에 대한 가장 강력한 저항으로 남게 되었다. 자아를 삼중구조의 일부분으로서 이해한 프로이트의 견해는 좀 더 정교한 것으로서, 특히 자아의 방어 작용과 관련해서, 치료적 저항에 대한 좀 더 복잡한 이해를 부가하였다. 이전의 갈등의 결과로서 존재하게 된 방어기제, 그리고 그것과 관련된 본능적 위험은 치료 과정에서 회복을 방해하는 저항으로 반복되는 경향이 있다. 따라서 치료 과정에서 자아의 방어에 대한 분석은 자아의 수정으로 인도한다.

따라서 원본능(id)의 분석 과정에 자아 분석의 기능이 좀 더 복잡하게 부가되었다. 여기에서 분석 과정은 더욱 발달된 의미에서 분석 활동의 이 두 가지 수준—저항에 봉사하는 자아 방어기제의 분석과 원본능 내용의 회복—사이에서 앞뒤로 이동하는 것으로 이해될 수 있다(Freud, 1937). 뿐만 아니라 초자아의 역할—죄책감 분석과 우울적 반응에 대한 연구에서 파생된(Freud, 1917)—은 특히 신경증적 과정이 지속되도록 하는 근저의 동기로서, 그리고 무의식적 죄책감과의 관계 측면에서 부정적인 치료적 반응의 추동 요소로서 더욱 중요해졌다. 안나 프로이트(Anna Freud, 1936)가 자아의 방어 기능과 치료 과정과의 관련성에 대해 재공식화함으로써, 방어에 대한 분석이 분석적 도구로서 정당한 위치를 차지하게 되었다.

분석 과정에서 자아의 방어와 자아의 기능을 분석하는 것이 더 중요한 과제가 되었다. 단지 저항을 감소시키고, 무의식적 내용을 회복시키기보다는 자아에 대한 교정적 영향을 행사하는 것과 초자아의 엄격성을 수정하고 완화시키는 것을 더 많이 강조하기 시작했다. 프로이트가 그의 이론에서 이전의 치료적 통찰을 폐기하지 않으면서 지형학적인 준거틀로부터 구조적인 준거틀로 이동했다는 사실을 주목하는 것이 중요하다. 그것은 예전에는 단지 모호하거나 일반적인 용어로만 다루어졌던 치료 과정의 측면들을 더욱 명료화하고 효과적으로 다룰 수 있도록 새로운 수준의 치료적 의도를 도입하는 것에 초점이 있었던 것으로 보인다.

체계적 자아 심리학

구조적 관점으로의 이동은 자아 심리학의 출현과 체계적인 이론화를 촉진하였다. 그러나 크리스(Kris, 1951)가 지적하였듯이, 자아 심리학은 좀 더 초기의 기법적 접근으로부터 철저하게 분리되지 못했는데, 이는 자아 심리학이 프로이트의 초기 기법, 즉 표면에서 시작해서 심층으로 분석해 들어가는 원리와, 내용 분석에 앞서 저항을 먼저 분석하는 원리를 따르고 있기 때문이다.

자아 심리학은 새로운 이해와 강조를 통해서 치료 기법의 발전에 큰 영향을 끼쳤다. 특히 공격성의 역할의 중요성과 전오이디푸스적 갈등에 대한 이해가 큰 영향을 끼쳤다. 현재 및 이후의 발달 경험에 더 많은 관심을 갖게 되었고, 자율적 자아 기능에 더 많은 강조점을 두게 되었다(Loewenstein, 1954). 즉 자아 심리학은 분석 작업의 진전을 위해 자율적 자아 기능을 다루고 유지할 필요성에 대해 강조하였다.

하트만(Hartmann, 1951)은 중요한 강조점을 추가하였는데, 그는 자아의 비갈등 영역과 갈등 영역간의 상호관계, 자아의 자율적 기능과 방어적 기능간의 상호관계, 혹은 자아의 현실 관계와 자아의 통제, 조절, 종합 등과 같은 체계 내적 상호관계에 대해 설명하였다. 하트만은 환자의 자료를 전체 심리적 체계로부터 파생된 것이라는 측면에서 다루어야 한다고 지적하였다. 리비도 경제 원리만을 충실하게 따르는 것, 예컨대 저항의 양적 측면을 그것의 체계간 혹은 체계 내적 상호관계에 대한 참조 없이 분석할 경우, 자료 안에 담겨 있는 구조적 함축을 간과할 수 있다는 것이다.

자아에 대한 체계적 관점은 분석가와 환자 사이의 감정적 관계에 대한 문제에서 보다 세련된 접근—작업 연대 혹은 치료적 연대의 이해에서 형성된 것—의 기초를 제공하였다(Greenson, 1965; Zetzel, 1970). 전이 신경증은 본질적으로 중요한 대상에 대한 과거의 집착이 반복되는 것이며, 이 반복은 현재 상황에 부적절한 것이다. 작업 연대는 분석가와 환자 사이의 비교적 비신경증적이며 합리적인 친밀 관계를 보여주며, 정신분석 상황에서 환자가 효과적으로 작업할 수 있는 능력을 보여준다. 작업 연대는 환자의 이성적인 자아와 분석가의 분석하는 자아 사이에서 이루어진다.

그러한 작업 연대를 형성할 수 있는 환자의 능력은 환자가 분석 과정에 효과적으로 참여하기 위해서 꼭 필요한 것이다. 그것은 대상관계를 할 수 있는 능력을 전제로 하고 있다. 만약 환자의 자아 기능들이 지나치게 손상되어 있다면, 작업 연대를 유지할 능력이 없기 때문에 퇴행적 전이 신경증이 나타날 위험이 크다. 또는 분석이 가능한 전이의 출현과 함께 분석의 부분적 퇴행을 허용하기 위해 필요한, 현실에 대한 애착을 포기하고 일시적이고 부분적인 방식으로 새로운 가능성을 시험해 볼 수 있는 능력을 갖지 못할 수 있다.

물론, 이것과 관련된 문제는 환자와의 작업 연대를 형성함에 있어서 분석가가 행하는 부분이다. 그린슨(Greenson, 1965)은 분석가가 엄격하고 굳은 태도를 보이면, 원만한 작업 연대를 형성할 수 없다고 보았다. 절제의 규칙은 분석가가 죽은 듯하거나 차갑거나 혹은 감정적으로 무반응적임을 뜻하지 않는다. 그린슨은 사실상 이러한 절제의 규칙 하에서 분석가가 환자의 요구를 충족시킨다면, 환자는 효과적으로 치료 연대에 참여하지 못하게 되며, 치료는 교착 상태에 빠지게 되고, 궁극적으로 치료를 실패로 이끌게 된다고 보았다.

자아 기능에 대해 좀 더 정교하게 설명하는 자아 심리학은 치료 과정에 대한 개념화와, 특히 전이 신경증과 치료적 연대에서 나타나는 분석가와 환자 사이에 형성되는 관계의 복잡성에 대한 개념화를 더욱 촉진하였다. 치료 과정에 대한 이해는 비교적 낮은 수준의 해석적 통찰 혹은 교정적-정서적(corrective-emotive) 양태에 대한 주장으로부터 다양한 심리 기능의 통합이 요청되는, 좀 더 복잡하고 의미 있는 치료적 상호작용의 모델로 이동하였다. 보다 포괄적으로 이해된 모델은 해석의 치료적 기능에 대한 기존의 이해를 폐기하거나 하찮게 여기지 않으면서도, 분석가의 해석이 치료 효과를 가져오는 치료적 맥락을 중요하게 강조한다. 특히 발달적 모델은 정신분석 과정에서 나타나는 복잡한 대인관계의 양상들과 상호작용의 수준에 대한 통합된 이해를 가능하게 한다.

최근에는 성기기 이전의 초기 대상관계 문제가 분석 과정의 본질적 구성 요소로서 강조되었다. 이러한 최초의 연구는 체계적 자아 이론에서 생겨난 기초 이론이 어느 정도는 성기기 이전의 근본적인 초기 대상관계에 대한 고려로 옮겨 간 것이며, 또한 치료 관계의 측면에서 그것의 중요성을 탐구하려는 시도였다. 따라서 자아 심리학의 치료적 근거와 대상관계의 치료적 근거 사이에는 어느 정도 겹치는 부분이 존재한다.

대상관계 이론의 관점

구조 이론이 형성되면서 내재화된 대상의 역할이 강조되었고, 자아와 초자아 모두의 발달에 초기 대상관계가 매우 중요하다는 사실을 인식하게 되었다. 따라서 전이 신경증에서 분석가는 유아기적 태도와 소망이 전치된 대상으로 사용될 뿐만 아니라, 금지하는 부모 대상이 투사된 대리물로도 사용된다. 로우왈드(Loewald, 1960)가 지적하듯이, 환자가 분석가와 맺는 새로운 대상관계의 잠재성을 신뢰하게 될 때, 전이는 환자로 하여금 퇴행적 전이 신경증의 위기와 그것이 수반하는 유아적 불안을 직면할 수 있도록 허용하는 새로운 대상관계를 가능케 한다. 그는 특히 치료 효과라는 측면에서 단순한 해석의 문제를 뛰어넘어 분석가의 내사라는 개념을 포함시켰다. 이는 과도하게 엄격한 신경증적 초자아의 변화뿐 아니라 방어기제의 수정을 가져오는 것이었다 (Loewald, 1960). 변화를 가져오는 해석(mutative inter-pretation, Strachey, 1969)은 이러한 분석적 내재화와 수정의 형태를 촉진하는 것으로 여겨졌다.

자아 심리학과 대상관계 학파 사이의 이런 차이는 특히 중요한데, 이는 그것이 치료 과정에 영향을 끼치는 상이한 이론적 관점을 반영하기 때문이다. 자아 심리학자는 일차적으로 좀 더 높은 수준의 정신 병리 환자에게 관심을 갖는 경향이 있는 반면, 대상관계 이론가는 좀 더 낮은 수준의 정신 병리를 지닌, 치료적 연대의 형성이 더욱 힘들고, 아마도 심각한 원초적 불안에 시달리는 환자의 측면에서 사고하는 경향이 있다.

페어베언(Fairbairn)은 대상관계 이론적 접근 방법에 흥미로운 변형을 제시하였다. 그는 다른 대상관계 이론가들과 전적으로 무관하지는 않지만 다소 독립적인 길을 걸었다. 그는 생애 초기부터 원래적인 자아가 있다고 가정하였다. 그 자아는 발달 과정을 경험하는 동안에 다양한 형태의 분열을 겪는다고 주장하였다. 그러므로 그의 접근에서 치료는 본질적으로 자아의 분열을 수정하는 것이며, 자아의 통합을 어느 정도 회복하는 과정이다. 그는 통찰을 강조하는 것에 대해 비판했다. 왜냐하면 그는 통찰이 중요한 감정적 연결을 피하도록 계획된 환자의 강박적인 방어기제, 그리고 심지어 분열적 방어기제로서 작용한다고 보았기 때문이다.

페어베언은 환자와 분석가의 실제 관계를 강조하였다. 그의 관점에 따르면, 환자와 분석가의 실제 관계가 환자의 분열된 내면 세계를 수정하는 것과 그에 상응하는 감정의 발달에 기여한다. 그는 환자와 분석가의 관계를 분석 상황의 중심적인 요소로 보았으며, 다른 치료 요소는 이에 의존하는 것으로 보았다. 또한 그는 정신분석의 특징을 해석으로 보면서, 환자의 성격을 "분석"하는 것에서 "종합"하는 것으로 그 강조점을 이동시켰다. 이것은 유아적 의존의 감소와, 초기 분열의 원인이었던 원래적인 리비도적 대상에 대한 강한 증오의 수정을 포함한다.

환자의 최대의 저항은 내재화되고 분열된 대상들로 구성된 자신의 내면 세계를 폐쇄된 체계로서 유지하려는 시도로 이해될 수 있다. 항상성에 대한 초기 프로이트 개념에 기초한 쾌락 원리는 단지 그런 폐쇄된 체계 안에서만 작용할 수 있다. 따라서 치료의 목적은 이 대상들의 내면 세계, 즉 폐쇄된 체계를 깨고 영향력 있는 외부 현실에 접근할 수 있도록 하는 데 있다. 따라서 쾌락 원리와는 반대로 현실 원리는 내부 및 외부 현실이 서로 관계를 맺게 되는 개방된 체계의 틀 안에서 작용한다. 전이 신경증은 폐쇄된 체계의 틀 안에서만 작동하며, 따라서 외부 대상과 맺는 관계는 단지 전이를 통해서만 가능하다. 그러므로 치료적 변화를 촉진하는 데 해석만으로는 충분하지 않다; 환자와 분석가 사이에서 발생하는 전이 신경증이 실제 관계에 의해 대치될 수 있는 지점에까지 발달하는 것이 필요하다. 이것은 환자의 폐쇄된 체계를 붕괴시키고 그것을 외부 대상과 관계를 맺을 수 있게 하는 좀 더 개방적인 체계로 대치시키는 효과가 있다.

페어베언의 이론은 다른 대상관계 이론들과 많은 부분에서 일치하기 때문에 중요하다. 예컨대, 밸린트(Balint, 1950)는 초기 대상관계로부터 파생되며 정신분석 상황 안에서 되살아나는 전이의 중요성에 대해 논의했다. 그는 내부 정신 에너지의 양적 관계로부터 환경의 영향으로 강조점을 이동시키면서, 대상관계의 측면에서 이해와 해석의 중요성을 강조했다.

우리는 여기에서, 이러한 접근이 자아 심리학 이론에 기초를 두고 있는 관심과 어느 정도 일치한다는 사실에 대해 생각해 볼 수 있다. 임상적 수준에서, 두 접근 방법은 모두 초기 대상관계 경험의 중요성과 분석 관계에서 경험하는 초기 대상관계 경험의 역할에 더욱 강조점을 두어 왔다. 대상관계 이론가들은 이것을 대상관계 치료이론의 좀 더 명료하고 핵심적인 측면으로 만들었다. 반면 자아 심리학적 접근을 지지하는 이론가들은 초기의 어머니-아동 상호작용으로부터 파생되는 일대일 관계의 발달적 측면에 치료 연대의 기초가 놓여 있다고 이해함으로써 이런 문제를 다루었다. 이 접근 방법들은 모두 치료 효과의 중심적 문제로서의 치료 관계와 그것의 구성 요소에 더 많은 관심을 갖게 됨으로써 점차 강조점을 이동시켰다. 따라서 이런 관점의 발달 과정에서 전이와 환자와 분석가의 상호관계에 대한 기본적인 관심은 치료 이론 및 치료의 영역을 자연스럽게 확장시켰다.

자기의 출현

하트만(1950)은 자기를 자기애적 리비도가 집중된 자아의 부분이라고 지적했는데, 이에 따라 자기와 자아의 구분이 시작되었고 정신분석 내부에서 점차 자기에 대한 이론이 생성되기 시작했다. 말할 필요도 없이, 현재 그것은 커다란 흐름을 이루고 있다.

여기에는 자기에 대한 이론이 필요한 몇 가지 이유가 있었다. 첫째 자기애 이론을 명료화하고 설명할 필요가 있었는데, 그것은 자기애에 대한 프로이트의 설명이 불완전했기 때문이다. 둘째 자아 심리학자들이 정신분석 이론을 재작업하면서 체계적인 이론으로 확립한 영역 가운데 불만족스러운 부분이 있었다. 그들은 자아를 기능의 총합체로서 강조했다. 그런데 이것은 심리 내적 활동의 원천이 되는 자아의 경험적 의미를 중요하게 다루지 못함으로써, 자아 심리학 이론에 공백을 남겨 놓았다. 자기 이론은 주관적으로 경험된 심리 내적 활동의 원천을 제공함으로써 이 필요에 응답하고 있다(Meissner, 1985). 이 점이 자아심리학 이론가들과 대상관계 이론가들 사이의 기본적 차이이다(Guntrip, 1971). 마지막으로, 자기에 대한 이론은 고전적 신경증에서 발견되는 것과는 다소 상이한 정신 병리의 형태, 특히 자기애적 성격 장애와 정신분열증, 그리고 경계선 장애와 같은 다양한 임상 경험에 의해 발달이 촉진되어 왔다(Meissner, 1984a).

따라서 지금까지 자기애 문제에 대한 접근 방법은 다양했다. 한 가지 견해는 자기애의 성숙과 치료적 수정을 대상 리비도와 대상관계를 향한 방향으로 원초적 자기애적 충동을 완화시키는 것이라는 측면에서 바라보는 것이다. 이 견해는 자기애적 리비도 집중과 대상 리비도 집중이 질적으로 다른 것으로 간주한다(Freud, 1914; Rochlin, 1973). 그러나 다른 견해는 성숙을 자기애의 발달적 변형이라는 측면에서 보며, 따라서 자기애적 충동의 성숙과 치료적 수정은 원초적인 유아적 자기애가 좀 더 건설적인 자기애적 표현으로 변형되고, 그것이 조직된 자아 및 초자아 기능과 통합됨으로써 일어나는 것으로 생각한다. 대표적으로 코헛(1971)은 후자의 입장을 취한다.

이 후기의 접근 방법은 분리되어 있으면서도 서로 관련되어 있는 발달 과정을 두 가지로 구별한다. 하나는 일차적 자기애로부터 분화되는 자기의 발달이며, 다른 하나는 미분화된 자아 원본능 모체로부터 분화되는 자아 조직 체계의 발달이다(Levin, 1969). 코헛(1971)은 이런 발달적 분화를 원초적 자기 이미지의 형성이라는 측면에서 본다:

> 모성적 돌봄이 완벽할 수 없기 때문에 일차적 자기애의 균형이 깨지게 된다. 그러나 아동은 (a) 자기에 대한 과대적이고 과시적인 이미지를 형성함으로써 이전의 완전함을 과대적 자기로 대치하고; (b) 이전의 완전함을 전능하고(일시적인) 칭송 받는 자기 대상인 이상화된 부모 원상(imago)에게 넘겨 준다(p. 25).

추후의 발달 과정에서 이러한 자기애적인 자기 이미지들은 점진적으로 구조적 자기로 변형되는데, 이 구조적 자기가 실제 대상과 맺는 관계는 자아 기능이 기본적으로 자기애적인 파생물을 통합하고, 그것에 대한 통제를 획득하는 정도에 비례한다. 이에 따라 자기애적 리비도는 대상 리비도로 변형된다.

자기는 심리 내부의 구조적 실체, 즉 자아 기능의 측면과 밀접하게 통합된 실체가 된다. 거기에는 일차적 자기애에 뿌리를 둔, 자아의 자기애적 내용물이 자리잡고 있다. 그러나 그것은 변형 또는 수정에 의해 자아의 이차적인 자율적 기능, 자아의 특성, 삼중적 실체(초자아를 포함한)의 자기애적 측면들, 그리고 기본적인 정체감의 리비도적 구성물을 포함한다. 이 말이 함축하는 바는, 그것이 분석에서 저항의 구조적 자리가 되며, 그것이 수정되는 치료 과정에서 자기의 자기애적 에너지와 구조를 재분배, 수정, 재조직하는 리비도의 경제적 문제가 발생한다는 것이다. 저항은 대상관계의 맥락에서 구체적인 자기 외상의 위험에 직면해서 나타난다. 이것은 자기 안에 불안 경험을 불러일으키며, 자기를 보존하기 위해 공격적인 반(反)리비도적 집중과 도피/투쟁 충동을 불러일으킬 수 있다(Rochlin, 1973).

자기 개념의 출현은 정신분석의 관심을 현실 검증 능력이 손상된 정신적 상태에 대한 연구로 옮겨 놓았는데, 현실 검증 능력은 자기-대상 분화와 자기-대상관계에 왜곡이 있었음을 반영한다. 이것은 치료 효과의 초점을 자기-대상 상호관계와, 분석 상황 안에서 일어나는 환자와 분석가 사이의 상호작용으로 옮겨놓는다. 분석가의 경험적 자기는 이해와 반응성의 기구로서, 그리고 분석가와 환자가 관계 안에 있을 수 있게 하는 감정 이입적 수용 기관으로서 강조된다(Levin, 1969). 이러한 강조는 분석가의 무의식을 환자의 무의식에 반응하는 데 사용되는 도구라고 생각한 프로이트의 개념을 좀 더 이론적인 용어로 정의한 것이다(Freud, 1912). 따라서 코헛(1971)은 환자가 이상화된 부모상을 분석가에게 투사하는 이상화 전이와, 분석가가 환자의 과대적 자기를 반영해주는 거울 전이에서, 환자의 자기애적 전이 왜곡을 해석함으로써 수정하기보다는 그것을 수용해주는 것을 강조하였다.

차츰 분석가 자신 안의 자기애적 성향이 드러나는 역전이 변천 양상에 더욱 중요한 관심을 기울이게 되었다. 궁극적으로, 이것은 레빈(Levin, 1971)이 자아-자기 분리라고 지칭한 것, 특히 유아기적 갈등에서 파생되었지만 그것과는 구별되며, 일생 동안 지속되는 심리 내적 갈등, 그리고 에릭슨(Erikson)의 발달 단계에서 표현된 각 연령층에 따른 위기에서 드러나는 갈등과 연결되었다. 여기에서는 분석가가 자기애적 성격을 지닌 환자들과 맺는 친밀한 대상관계에 포함된 역전이 긴장과 그 변천 양상에 강조점을 둔다. 이러한 강조점은 밸린트(1968)가 말하는 "기본적 결함"(basic fault)의 치료와 밀접하게 관련되어 있다. 기본적 결함은 언어적 수준이나 인지적 수준의 해석만으로는 효과적으로 수정되지 않는다. 그것은 위니캇(Winnicott, 1965, 1971)의 "안아주기"와 유사한 전(前)언어적이고 정서적으로 개입하는 수준에서 다루어져야 한다.

환자의 자기애에 해석을 통해 '침범'하고자 하는 분석가의 욕구가 있다고 말한 코헛의 주장은 위니캇(1960a)의 "거짓 자기" 개념에서 논의된 바 있다. 거짓 자기 병리는 변형된 분열성의 문제로 볼 수 있지만, 특히 자기는 자기애적 리비도가 집중하는 장소라는 점에서, 자기애적 변천 양상과 어느 정도의 일치점을 갖는다. 거짓 자기 환자는 분석가의 해석적 개입을 본질적으로 적대적이고 교정적인 것으로 보는 경향이 있다. 여기에 분석가가 개입할 경우에, 환자는 순응적이고 속임수적인 거짓 자기의 적응을 재강화시키며, 숨겨지고 소외된 내부 자아에게 좀 더 강한 자기애적 투자를 시도한다. 이때 치료에서 생산적인 방법으로 분석가와 관계하고 분석가를 사용하는 환자의 능력이 감소되는 위험한 결과가 초래될 수 있다. 환자가 거짓 자기를 표면에 내세우고 그 배후로 후퇴하는 것은 아마도 근저의 자기애적 취약성을 보호하고자 하는 목적 때문일 것이다. 따라서 환자의 내부 자기는 환자 자기의 내부적 전능성을 수정하는 데 기여하는 현실 대상들 및 현실 세계와 접촉하지 못하고 차단된다.

어떻게 치료자가 환자 내부의 참 자기와 의미 있는 의사소통을 하기 위해 환자의 거짓 자기와 이야기할 수 있을까? 혹은 페어베언의 주장대로, 어떻게 치료자가 거짓 자기의 배후에 숨겨진 자기애적 리비도가 집중된 폐쇄된 세계를 조금이라도 깨뜨리고 환자와 의미 있는 관계를 형성할 수 있을까? 여기에서 다시, 역전이와 분석가-피분석자의 관계가 치료 효과의 중요한 초점이 된다.

이러한 관점에서, 해석은 대상관계의 특정한 기능으로 나타난다. 위니캇(1971)은 심리치료적 관계 안에서 일어나는 놀이에 대한 분석에서 이러한 관점을 예리하게 표명했다. 그는 다음과 같이 말한다:

심리적 자료의 성숙 과정에 대한 고려 없이 주어지는 해석은 주입이며, 순응을 낳는다. 환자와 분석가가 함께 놀이하는 상호 겹침의 영역 바깥에서 해석이 주어질 때 저항이 생겨난다. 그러므로 환자가 놀이할 능력이 없을 때, 해석은 전혀 쓸모가 없다. 왜냐하면 그것은 혼란을 초래하기 때문이다. 치료 관계 안에서 환자와 치료자 사이의 상호적인 놀이가 일어날 때, 정신분석적 원리에 따른 수용적인 해석이 치료 작업을 진전시킬 수 있다. 심리치료가 이루어지려면, 이 놀이는 자발적으로 일어나야 하며, 순응적이거나 순종적인 것이어서는 안 된다(p. 51).

이 말이 함축하는 것은, 치료적 만남에서 이러한 놀이에 참여하는 데 필요한 역량은 분석가의 창조적 자기와 환자의 자기의 창조적 잠재성이 상호 반응하는 대상관계에 기초를 두고 있다는 것이다.

정신분석적 개입의 범위가 확대되면서, 우리는 정신분석 자체를 통해서든, 혹은 정신분석적인 심리치료의 파생된 형태, 특히 치료 과정이 몹시 어렵고 힘든 자기애적 인격장애와 경계선 인격장애[1]의 치료의 형태를 통해서든 간에, 이론적·기법적 자원의 한계에 부딪히게 된다. 그런 시도를 통해서 우리는 자아 결함, 자기애적 고착 및 권리주장, 혹은 초기 대상관계에 뿌리가 있는 원초적 결함 등 어느 측면에서 생각하든지 간에, 그런 문제에 대한 우리 이해의 한계에 계속 도전할 수 있고, 쉽게 자기 만족에 빠지지 않을 수 있다.

치료가 아주 힘든 환자들과의 경험을 진지하게 다루려고 하는 시도가 성공적이든 성공적이지 않든 간에, 우리는 이 새로운 이론적 자원을 통해서 맹목적이고 몰이해적인 방식이 아니라 환자가 가지고 있는 문제의 깊이와 복잡성에 대한 좀 더 민감한 감각을 가지고 그런 환자들을 더 잘 다룰 수 있게 된다. 원초적 불안의 수준과 아주 초기의 원초적 대상관계의 상황을 이해하는 데는 한계가 있다. 하지만 그럼에도 불구하고, 이 이론적 자원으로 인해 우리는 환자의 깊은 병리에 대해 비관적인 진단을 내리고 환자의 치료가 불가능하다고 선고하기보다는

---

1. 제4장, 5장을 보라.

좀더 정교한 용어로 치료의 변천 양상에 깊은 관심을 기울일 수 있게 된다. 우리는 이론적 정교화를 통해 더욱 세밀한 기법적 정확성과 이해의 폭을 넓힘으로써 분석하기 어려운 환자들과의 치료 관계에서 건설적이고 의미 있게 반응할 수 있는 능력을 갖추게 된다.

편집증적 과정

과연 편집증적 과정에 대한 이론이 이처럼 진화하는 정신분석적 이해의 틀에 잘 들어맞을 수 있을까? 편집증적 과정에 대한 이론은 세 가지 정신분석적 관점, 즉 자아 심리학, 대상관계 이론, 그리고 자기 심리학을 토대로 하고 있으며 그것들을 확장한다. 편집증적 과정의 핵심적 요소는 자아 기능으로서 작용하며, 그것은 또한 대상관계로부터 파생되고, 대상관계를 수정한다. 그리고 자기 구조를 조직하는 핵심적 요소로서 기능하기도 한다. 편집증적 과정에 대한 이론은 내재화 이론(Meissner, 1970, 1971b, 1972b, 1981b), 특히 병인적 잠재성(Meissner, 1978b)을 갖는 내재화 형태와 관련된 내재화 이론을 확장한 것이다. 핵심적 내재화는 자기를 조직하는 토대로서, 그리고 개인의 대상관계의 성질을 결정하고 그것에 영향을 끼치는 외재화의 원천으로서 작용한다.

연구에서 밝혀진 바에 의하면, 편집증적 과정은 많은 인간 경험과 성격 기능이라는 측면에서 작용하는, 상당히 일반적이고, 보편적이기까지 한 정신 과정이다. 그것은 심리 발달과 성격 구조의 형성 및 공고화 과정에서 중요한 역할을 한다. 그것은 진화하는 성격 구조가 건강하고 생산적이며 성숙하고 긍정적인 개인적 정체감을 확고하게 형성하는 것으로 귀결되든지, 혹은 그 과정이 병리적인 방향을 취하여 병인적이고 결함 있는 성격 구조로 형성되든지, 두 방향 모두에서 커다란 역할을 한다.

편집증적 과정에 대한 이론은 그것이 너무 많은 것을 설명하려고 하기 때문에 오히려 아무 것도 설명하지 못한다는 비판을 받고 있다. 오이디푸스 콤플렉스와 다른 다양한 정신분석적 이해에 대해서도 이와 유사한 반대 의견이 제기되어 왔다. 모든 아동이 오이디푸스적 상황이라는 역동적 갈등에 얽혀 든다면, 그 상황을 경험하지 않은 아동들로 통제 집단을 구성하기가 어렵기 때문에 오이디푸스 콤플렉스가 미치는 영향력을 비교할 길이 없다는 주장이 있어왔다. 마찬가지로 편집증적 과정이 그렇게 광범위하고 일반적인 영향을 미친다면, 그 주장에 좀 더 큰 힘과 구체성을 부여할 통제 집단을 발견하기란 어렵다는 것이다.

우리는 과학적인 노력에서, 특히 과학적 심리학에서 "설명"(explanation)과 같은 개념에 주의해야 한다. 특정한 성격 특성의 요소가 오이디푸스 콤플렉스의 영향 아래 형성된다는 설명만으로는 충분하지 않다. 우리는 상세한 것에 대해 더 많이 알아야 하며, 특히 아동의 오이디푸스적 경험의 형성에 작용하는 다양한 요인과, 이후의 성격 구조 형성으로 이끄는 발달적 변화에 대해 알아야 한다. 그런 의미에서, 오이디푸스적 상황은 아무 것도 설명해주지 못한다; 그러나 그것은 중요한 발달적 영향이 연구되고 이해될 수 있는 맥락을 제공해준다. 설명을 제공한다는 것은 그것이 단순히 오이디푸스적인 것과 관련되어 있다는 것이 아니라, 그러한 관련성의 본질과 특성 그리고 그것의 다양한 측면이 정교화되고 다루어지는 방식을 말해준다.

비록 초보적이고 잠정적이라 하더라도, 편집증적 과정에 대한 우리의 이해도 이와 유사한 맥락에서 말할 수 있다. 그런 과정이 존재한다고 호소하는 것만으로는 충분하지 않다. 오히려, 그것에 잠재되어 있는 설명 가능성은 편집증적 과정의 여러 구성 요소가 지닌 질적·양적 역할로부터, 그리고 어떤 맥락에 적용된다고 해도 그 맥락에서 그것들이 갖는 상호작용의 변천 양상으로부터 파생된다. 따라서 편집증적 정신 병리에 대한 우리의 논의에서는 그 정신 병리를 더욱 실질적으로 꿰뚫고 이해할 수 있도록 원인론적 요소에 초점이 맞춰진다. 원인론적 요소는 편집증적 과정의 상호작용 안에서 드러난다. 이러한 접근에서는 인과론적 혹은 원인론적 방법보다는 서술적이며 현상학적인 접근 방법을 중요한 것으로 강조한다. 그렇다면 편집증적 과정은, 다양한 임상적 현상에 초점을 맞출 수 있는 또 하나의 개념적 렌즈 이상의 것을 제공하며, 이러한 현상에 대해 현재 우리가 이해하고 있는 것에 또다른 관점과 차원을 제공해준다. 편집증적 과정의 요소는 새로운 것이 아니며, 심리 발달과 성격 조직에서 내재화가 갖는 역할에 대한 프로이트의 이해로부터 시작된 것으로서, 정신분석 이론의 한 부분을 이루어 왔다.

편집증적 과정이 편집증적 정신 병리의 맥락보다 훨씬 더 광범위한 의미를 가지며 광범위한 영역에 적용된다면, "편집증적"이라는 제한적인 용어를 계속 사용하는 것이 정말 바람직한가라는 질문이 대두된다. 이러한 용어 사용에는 오해의 가능성이 있다는 것을 인정해야 한다. 왜냐하면 마치 편집증적 과정이 편집증적 조건의 병리 근저에 있는 다소 배타적인 기제인 것처럼 취급되어 왔기 때문이다.

나는 "편집증적 과정"이라는 용어의 사용을 주장하는 두 가지 이유를 제시하려고 한다. 첫째 편집증적 과정 자체, 그리고 상호 관련된 기제들은 편집증 병리에서 가장 명료하게 확인되고 서술적으로 구분될 수 있다. 특히 극단적인 편집증 형태에서 나타나는 병리는 이러한 과정과 그 안의 요소들 간의 상호작용의 성질에 대해 명확하게 관찰할 수 있게 하는 일종의 *자연적인 실험*으로서 작용한다. 즉 그것은 병리의 증세가 편집증적 과정의 다양한 요소들을 구분해주고, 그 각각을 명료한 독립 체계로 나타내어, 우리에게 주의 깊고 세밀한 연구의 기회를 제공해준다. 이러한 패러다임은 정신 의학 분야에서 결코 낯선 것이 아니다. 의학의 역사는 질병에 대한 연구를 통해서 신체의 자연스러운 생리적 현상과 그 기능에 대해 이해할 수 있도록 우리에게 많은 빛을 던져 준 무수히 많은 사례에 토대를 두고 있다.

둘째 "편집증적 과정"이라는 용어—그것의 비병리적 적용까지도 포함하여—는 성격 발달과 그 기능에서 편집증적인 요소가 본래적이고 잠재적인 특징을 이룬다는 함축을 갖고 있다. 여기에서 나는 특히, 비교적 잘 조직되고 잘 기능하는 성격에서조차도 해당 조건이 주어질 때 편집증적 병리의 방향으로 전환되는 편집증적 과정의 잠재성을 강조하고 있다. 이러한 병리적 표현은 편집증 혹은 다양한 정도의 우울증으로 표현되는 경향이 있으며, 삶의 스트레스, 사회·환경의 변동, 신체의 생리적 기능의 변화(노화 과정이나 생리적으로 초래된), 그리고 심리적 통합 및 내면의 심리적 응집을 이룰 수 있는 능력의 유지 및 재강화와 관련된 다른 요소들에 의해 촉발될 수 있다.

드러난 편집증 정신 병리는 단지 빙산의 일각에 지나지 않으며, 그것의 큰 부분은 온 인류를 포함하는 광대한 범위로 확대된다. 사실, 편집증적 과정의 영향은 가족 체계와 같은 사회적 단위에서, 그리고 좀 더 병리적인 형태의 상호작용이 일어나는, 일정한 조건에 대해 연구하고 이해할 수 있는 좀 더 큰 사회적 체계에서도 추적될 수 있다. 우리가 잘 알고 있는 예를 하나 든다면, 정상적으로 잘 적응하는 사람들의 집단에서도 심각한 편견이 발견되며, 이성적이고 심리적으로 성숙한 보통 사람들의 집단에서도 일정한 촉발 조건만 주어지면 편견이 발생한다는 사실이다.

편집증적 과정의 기제

"편집증적 과정"이라는 용어는 발달적 요소와 방어적 요소를 모두 가지고 있는 일련의 기제를 지칭한다. 그것은 개인의 내부 심리 세계에 대한 묘사와 출현하는 자기감에 대한 개인의 경험을 서술하는 과정에서 가장 잘 드러난다. 이와 관련해서 편집증적 과정은 경험 세계 안에서 중요한 대상에 대한 개인적 경험의 형태를 결정하는 데 기여한다. 따라서 편집증적 과정은 내적 응집성의 발달에 중요하게 기여하며, 동시에 중요한 대상과의 점진적이고 계속적인 상호작용의 형태를 결정하고 방향 짓는다(Meissner, 1978b).

내가 논의할 편집증적 과정은 내사, 투사 그리고 편집증적 구성이라는 세 가지 핵심적 차원을 갖는다. "내사"와 "투사"라는 용어는 정신분석가들에게 친숙한 개념이지만, 현재의 논의에서는 그 개념이 좀 더 광범위한 의미를 갖는다는 점을 말해 두겠다.

내사

기제.　내사 개념은 내사 조직으로부터 나오는 이차적인 파생물로 간주되는 투사와 함께 편집증적 과정의 중심적 차원을 가리킨다. 그리고 편집증적 구성은 투사적 체계를 명료하게 보여준다. 내사 개념은 원래 자기애적 동일시에 대한 프로이트(1917)의 이론에 기초한 것이다. 그는 이 개념을 우울증에 대한 분석에서 최초로 도입했으며, 이후의 초자아 형성 과정에 대해 설명할 때 내재화의 본질적 기제로서 설명했다(1923). 내사 기제는 상실된 대상관계의 내재화를 통한 대상의 심리 내적인 보존을 함축한다.

내사는 한편으로 좀 더 원초적인 합병(incorporation)과 구별되어야 하며, 다른 한편으로 건강하며 적응적인 성격 기능을 긍정적이고 건설적으로 통합하는 데 기초가 되는 좀 더 높은 수준의, 좀 더 분화된, 이차 과정의 동일시(identification)와 구별되어야 한다(Meissner, 1970, 1971b, 1972b, 1981b). 내사는 대상의 내재화가 자아와 대상 사이의 모든 구분을 없애버리는 정신증적 합병과, 자아와 대상 사이의 구분을 유지하며 대상의 분리됨과 개별성을 인정하는 좀 더 분화된 동일시 사이에서 중간 영역을 형성하는데, 여기에서 대상은 내재화되는(즉 주체의 내면 세계의 한 부분이 된다) 동시에 대상과 어느 정도의 연결을 유지한다. 내사된 대상은 내재화된 대상 파생물의 내용과 주체적인 자기감 사이에 거리를 만들어 내기 위해, 주체 안에 완전히 통합되지 않고 항상 객체화될 수 있는 잠재성을 보유한다. 따라서 그것은 재외재화의 능력, 혹은 자기 표상 영역으로부터 대상 표상 영역으로 변형될 수 있는 능력을 보유한다.

내사가 대상과 연결되어 있다는 이 본래적 특성은 그것이 투사될 수 있는 잠재력을 갖고 있음을 가리킨다. 내가 이 책에서 사용하는 용어의 의미에서, 동일시는 그 자체로서는 결코 외재화되지 않으며 어떤 형태이든 외재화의 토대로 사용되지 않는다. 투사가 발생한다면, 그것은 내사 조직의 어떤 형태로부터 파생된 것이다.

내사는 대상의 분리됨을 받아들이거나 견디지 못하는 무능력을 반영하며, 분리 혹은 버림받음에 대한 위협을 회피하는 수단인 방어작용의 결과이다. 따라서 내사는 일련의 특징적이고 상호 연관된 특성을 갖는다. 내사는 다양한 정도로 욕동의 지배를 받으며, 방어적으로 조직되고 유지되며, 본래적으로 퇴행의 잠재성을 갖는다. 그리고 마지막으로 내사는 투사에 의한 재외재화로 나타나기 쉽다.

발달. 발달적 측면에서 보면, 내사의 초기 형태는 부모의 성격 조직에 의해 제공된 요소들이 내재화된 것이다. 따라서 내사 조직은 양쪽 부모의 성격 유형이 결합된 요소를 반영한다. 병리적 내사 조직의 기초로 사용되는 유형은 주로 여러 병리적 요소가 작용하는 가정 환경에서, 그리고 환자의 부모 사이의 관계에서 명백히 나타난다. 이러한 부모 사이의 상호작용의 유형과 환자의 내재화 체계 사이의 관계는 상당히 직접적일 수 있다. 예컨대, 자신을 피해자로 혹은 파괴적 공격자로 느끼는 편집증 환자의 자기감의 측면은 종종 부모의 성격 기능의 측면을 반영한다.

편집증적 과정의 측면에서 본 내사 과정에 대한 성찰은 프로이트가 좁은 관점에서 이론화한 내사의 의미를 상당히 넓혀 주었다. 내사는 대상 혹은 대상관계의 측면이 주체의 내면 세계를 형성하도록 하는 내재화 과정을 지칭하게 되었다. 이러한 내재화 과정이 어떻게 일어나는가를 밝히기란 쉽지 않다. 제이콥슨(Jacobson, 1964)은 대상 이미지가 자기 이미지와 융합하는 과정에서 내재화 과정이 일어난다고 보았으며, 그것을 다소 정신증적인 현상으로 간주했다. 나는 그 과정이 더 복잡하다고 생각한다. 내사 과정이 자기 표상의 조직을 사용하며 그것에 영향을 끼친다는 데에는 의문의 여지가 없다. 하지만 내재화 과정은 이차적 현상으로 생각된다. 자기의 조직을 단지 표상적 측면에서만 생각하는 것은 구조화 되는 내사의 측면과 함께 자기 체계의 구조적 지시물을 간과하는 것이다(Meissner, 1971b, 1972b, 1981b, 1985). 오히려, 편집증적 과정이라는 측면에서 볼 때, 내사에 의해 핵심 요소의 내면적 조직이 생겨나고, 그 조직을 중심으로 자기감이 형성된다. 내사 과정과 내사 형태는 발달 과정에서 형성되며, 그것은 점차 개별화되고 통합된 자기감(sense of self)으로 표현된다.

물론 그 과정은 발달 자체의 모든 변천 양상의 영향 아래에 있다: 내사 조직은 점진적으로 분화된다. 가장 초기의 발달 수준에서, 내사 형태는 상대적으로 원시적이며 미분화 되어 있고 우주적이다. 점진적인 발달 단계에서, 내사 조직은 좀 더 분명한 윤곽을 갖게 되고, 좀 더 명확하게 분화되며, 점점 더 구조화 된다.

내사의 발달적 측면이 중요한 의미를 갖는 한편, 그 기제가 본래 방어적으로 기능한다는 사실은 그대로 남아 있다. 대체로 말하면, 내사의 기제는 발달적 진전에 의해 위협받는 자기애의 잔여물을 보존해야 할 방어적 필요로부터 비롯된다. 내사 및 내사 조직이 자기애 및 방어

적 문제와 밀접하게 관련됨으로써 내사 조직은 특징적인 성질을 부여
받는다. 따라서 내사는 심리 내적으로 욕동 파생물의 조직과 방어적
형태 사이를 매개하는 수단이 된다(Meissner, 1978b).

조직.　내사의 특징적인 배열은 공격성과 자기애라는 양극의 양태
로 표현될 수 있다. 공격성은 공격성 대(對) 피해의식의 형태로 표현
되는 반면, 자기애적 요소는 우월감 대 열등감으로서 표현된다. 개인은
이 둘 중 어느 하나를 중심으로 해서, 혹은 이 둘이 혼합된 내사적 요
소를 중심으로 해서 그의 자기감을 구조화한다. 자기애적 내사의 측면
에서, 개인은 자신을 우월하고 특별하며, 특권을 가지고 있고, 완벽하
며, 자격이 있는 위대한 사람으로 보려고 한다. 열등감 내사의 측면에
서, 그는 스스로를 열등하고 무가치하며, 부끄럽고 비굴한 사람으로 보
려고 한다.

이러한 내사 형태는 우울증 환자와 편집증 환자들에게서 가장 극적
으로 나타난다. 우울증 환자는 대체로 피해의식 및 열등감 내사의 측
면을 갖고 살아간다. 보통, 그런 환자는 스스로에 대한 내면 경험이 지
닌 공격적이고 자기애적인 측면을 억압하거나 거부한다. 이와 유사하
게, 편집증 환자에게서, 피해의식의 내사물은 환자의 내면적이며 주관
적인 의식의 영역을 지배하는 경향이 있는 한편, 공격적 측면은 적대
적이고 파괴적인 박해자 형태로서 외부로 투사된다. 이러한 양태들의
작용은 또한 조울증 환자와 경계선 환자에게서 상당히 명료하게 나타
난다.[2] 이러한 환자에게서, 공격적이고 우월한 양태는 열등하고 피해자
적인 양태와 결합되고 번갈아 나타나는 경향이 있다. 이러한 두 가지
양태는 조울증 환자에게서 극적으로 교체되어 나타나는데, 그는 이러
한 상반되는 내사적 차원 사이, 특히 양극적인 기분의 교체와 자기애
적 차원들 사이를 왔다갔다 이동한다.

---

2. 이 개념의 '경계선 정신 병리'로의 좀 더 확장된 적용은 제4장에서 보라.

병인적 내사 조직에 대한 임상적 고려에서, 모든 내사적 요소가 병리적으로 관련되어 있다는 점은 중요하게 강조되어야 한다. 우울증 환자가 단지 주관적인 열등감 혹은 피해 의식과 같은 내사적 요소와 관련되어 있고 그런 요소만을 드러낸다 하더라도, 치료자는 반대 측면의 요소 또한 억압되거나 해리된 채 작용하고 있음을 추정할 수 있어야 한다. 따라서 치료자는 환자로 하여금 이러한 모든 요소를 자각하도록 돕기 전에는 환자의 병인적 내사 형태를 완전하게 다루었다고 말할 수 없다. 예컨대, 우울증 환자가 자신의 우월한 내사 조직의 측면과 공격적 측면을 자각하고 수용해야만, 그의 우울이 해소되고 삶과 경험에 대한 그의 우울적 경향이 변화될 수 있다. 이와 마찬가지로, 편집증 환자가 자기 주변의 위협적인 인물과 힘에서 발견하는 공격성이 실제로는 그 자신의 것임을 볼 수 없다면, 그 병의 뿌리를 해결하기 어렵다. 자기애적 요소에 대해서도 같은 말을 할 수 있다. 내사 조직의 성질과 그것의 병리적 표현에 대한 궁극적 이해는 그런 문제에 치료적으로 접근하기 위한 어떤 구체적인 함축을 갖는다. 그런 치료적 접근의 대체적인 윤곽은 제2장 심리치료적 틀에 대한 논의에서 전개된다.

그러한 내사 형태와 가족 상호작용 유형 사이에는 명백하고 직접적인 관계가 있다. 이러한 내사 형태를 가진 개인인 경우, 흔히 가정에서 부모가 공격자 대(對) 피해자, 그리고 우월감 대 열등감의 유형을 행동화하는 병리적 상호작용에 얽혀 있는 경우가 많다. 심각한 장애가 있는 가정, 예컨대 정신분열적 아동이 있는 가정에서는, 이러한 부부의 행동 유형이 왜곡되고 분열된 모습으로 나타난다(Lidz et al., 1965). 부모 역할의 불균형, 가학·피학적 상호작용, 정서적 이혼, 갈등적 상호 비난과 같은 부모 사이의 긴장 유형은 환자에게 내재화되어서 공격적이고 피학적인 요소를 조직하기 위한 기초로 사용된다. 일반적으로 우리 문화에서는 상대적으로 지배적이고 통제적인 아버지의 위치와 자기 희생적이며 자기비하적이고 상대적으로 가치가 낮은 어머니의 위치가 짝을 이루어 왔다. 부모의 역할에서 나타나는 이러한 불균형은 아동이 부모를 모델로 해서 공격적이고 피학적인 측면을 내재화하는 발달적 기반으로 사용될 수 있다. 이러한 불균형이 심각할수록, 가족 체계 안의 병리가 더욱 깊어지며 환자의 내사물에서 나타나는 병인적 왜곡도 더욱 커진다.

자기에 대한 관계. 자기애의 발달과 관련해서 중요한 사실은 심리 내적 발달이 일어나는 연속적인 발달 과정 안에서 유아기적 자기애가 점진적으로 수정된다는 점이다. 각 단계에서, 새롭게 나타나는 자기감을 보존하고 보호하기 위해서 원래적 자기애를 새롭게 수정하게 된다. 초기 유아기적 전능성과 위대함은 점진적으로 수정되고 통합된다. 코헛(1971)은 이러한 내사 조직의 첫 단계를 '과대적 자기'의 측면에서 서술하였다. 그러한 자기애적 잔여물이 보존됨으로써 자기의 구성 요소를 형성해가는 내사 과정에 방어적 특성이 부여된다. 그 이후에, 내사의 진화는 분리 불안(중요한 대상의 상실)을 최소화하거나 혹은 참을 수 없는 양가감정을 방어하는 방향으로 나아간다.

정신분석적 문헌들에서는 몇몇 내사물에 대해 설명하고 있는데, 그것을 공격자 내사(Anna Freud의 "공격자와의 동일시," 1936), 피해자 내사(Meissner, 1978b), 혹은 과대적 자기(Kohut, 1971)라는 측면에서 서술하고 있다. 고전적 이론에서는 발달적으로 후기의 그리고 좀 더 구조화된 내사물이 자아 이상 혹은 초자아라는 측면에서 서술되어 왔다. 내사 과정에 대한 고전적 서술은 그 초점이 제한되어 있었기 때문에 편집증적 과정의 이러한 요소에 대한 이해를 철저히 추구하지 못했다.

어떤 경우든지, 내사 과정은 욕동 파생물의 구체적 양태를 조직하고 표현하며, 특별한 방어 기능에 봉사하는 것으로 간주되어야 한다. 함축적 의미에서, 욕동 및 방어 조직은 내사물을 욕동의 퇴행적인 힘에 비교적 영향받기 쉬운 채로 남겨 놓으며, 또한 그것들을 추후의 방어 작용들, 특히 투사 작용을 위한 기점으로 작용하도록 허용한다. 따라서 내사 조직이 갖는 욕동 파생물—리비도적이든 공격적이든 혹은 자기애적이든 간에—에 대한 본래적인 관계, 퇴행적 힘에 쉽게 끌리는 특성, 그리고 그것의 투사 경향성은 우리가 확인할 수 있는 특성이다(Meissner, 1971b).

이러한 내재화된, 내사 조직이 어디에 있는가에 대한 질문이 불가피하게 제기된다. 그것은 내부에 있는가 혹은 외부에 있는가? 그것은 내면적인가 혹은 외면적인가? 그것은 마음에 있는가? 자기에? 자아에? 이 물음에 대한 대답은 쉽지 않으며, 질문 또한 명료하게 제시하기 어렵다. 우리가 내사되고 내재화된 대상의 파생물이 내적인(외적인 것에 반대되는) 심리적 구성물이라는 것에 대해 동의할 경우, 우리는 불가피하게 몇 가지 어려운 초심리학적 질문을 만나게 된다.

그러한 내사물과 자기 구조 사이의 관계, 그리고 삼중 구조—원본능, 자아, 초자아—의 전통적인 요소와 자기의 관계와 관련된 중요한 질문이 제기된다. 내사적 조직이 내면적인가 외면적인가라는 질문은 '예' 혹은 '아니오'로 대답할 수 있는 것이 아니라, '좀 더' 혹은 '덜'이라는 정도의 측면에서 대답해야 한다. 로우왈드(1962)는 "내재화의 정도"라는 개념을 도입했다. 그는 초자아 내사를 지칭하면서, 내사적 조직을 "자아 체계의 주변"(p. 483) 층을 이루고 있는 것으로 묘사하였다. 즉 자아 체계의 요소가 좀 더 중심적인 성격을 갖는 것과는 달리, 내사물은 더 주변적인 성격을 갖는다.

셰이퍼(Schafer, 1968b)는 능동성과 수동성의 측면에서 동일한 문제를 다루었다. 그의 설명에서, 내사물은 상상적으로 "느껴진" 현존물—그가 다른 곳에서는 "일차 과정 현존물"이라고 부른(1968a, p. 82)—로서 생각된다. 환자는 그것에 의해서 공격당하거나 자신을 만족스러운 존재로 느끼고, 자신은 그것에 대해 비교적 수동적이라고 느낀다. 수동성은 정도의 문제이며, 능동성의 정도, 특히 자아 활동성이 지닌 좀 더 순수하게 자기 조직적이고 능동적인 특성의 정도와 대조된다. 셰이퍼(1968a)는 내사물의 주변 층이 지닌 특성을 다음과 같이 묘사한다:

> 내사물은 사람이 계속적이거나 간헐적으로 그것과의 역동적 관계 안에 있다고 느끼는 내적 현존물이다. 주체는 이 현존물을 사람, 사람의 신체 부분이나 심리적 부분(즉 젖가슴, 목소리, 표정, 정서 등), 혹은 사람 같은 물체나 생물이라고 생각한다. 그는 그것을 그의 주체적 자기의 측면에 대한 표현으로 경험하지 못하고, 그의 신체나 마음 혹은 둘 모두의 경계 안에 존재하는 것으로 경험한다(p. 72).

로우왈드와 셰이퍼는 내사물을 자아와 관련된 것으로부터 구별하는데, 그렇게 하는 데에는 충분한 초심리학적 이유가 있다. 그러나 내사적 조직을 분리시키고 심리적 영역 안에 고립시키려는 시도는 그다지 성공을 거두지 못했고, 충분한 이론적 지지를 받지도 못했다. 주관적인 것과 객관적인 것 사이의 긴장은, 내사물이 자기 안에 있지만 그것을 자기의 부분이 아닌 것으로서 묘사한 셰이퍼(1968a)의 추후의 서술에 반영되어 있다. 주관적으로, 개인은 내면적 대상 혹은 내사물이 주관적 자기 안에 있으나 그것을 자신이 아닌 다른 어떤 것으로 경험한다.

이러한 모든 어려움, 즉 내재화의 정도를 개념화하는 것과 자기를 수정하는 내사물과 자아 구조에 영향을 주는 내사물 사이의 관계를 공식화하는 것의 어려움을 고려할 때, 내사 조직을 자기 체계의 일부로 간주하는 것이 더 바람직하다. 그렇다면 자기 체계 내부의 내재화 정도는 특정한 내사물이 자기 체계의 요소와 성공적으로 통합된 정도를 반영한다. 셰이퍼가 차별화되고 외재화된 지위를 부여한 "일차 과정 현존물"은 자기 내용의 나머지로부터 그런 내사적 자료가 분리되어 있음을 반영하며, 상대적으로 그 나머지의 반대편에 있다. 그런 일차 과정 현존물은 자기 체계의 주변 층에 자리잡는 것으로 간주될 수 있을 것이다.

동시에 그런 일차 과정 현존물은 철저한 치료적 명료화와 묘사의 결과로서만 진화한다는 것이 나의 임상 경험이다. 환자들은 대개 주관적인 자기감의 주된 부분으로부터 내사물이 비교적 분화되지 않은 상태에서 치료 과정을 시작한다. 실제로 치료는 특정한 내사물과 나머지 주관적인 자기감 사이에 어느 정도의 거리가 생기기 시작할 때에야 비로소 진전이 이루어지고, 그 후에야 그런 내사물을 제거하거나 수정하기 위한 치료가 시작된다(Meissner, 1976b, 1978b).[3] 이러한 공식화는 복잡한 초심리학적 문제에 관한 더 많은 탐구와 정교화를 필요로 한다.

투사

기제.   투사의 기제는 그 내용을 내사적 조직으로부터 끌어낸다. 제이콥슨의 표상적 심리 경제 측면에서 서술한다면, 투사는 어떤 요소가 자기 표상으로부터 대상 표상으로 전이되는 것이라는 측면에서 서술될 수 있다. 이때 이 요소의 궁극적인 원천은 자기 체계로 남아 있다. 따라서 투사에 포함된 외재화는 심리 내적 과정이다. 그것은 외부 대상보다는 대상 이미지 혹은 대상 표상의 수정을 포함한다. 대상 표상을 수정하는 데 있어서 투사의 역할은 대상관계와 관련해서 결정적인 기능을 갖는다. 투사와 내사의 상호작용은 전체 발달 과정을 통해 중요한 역할을 한다. 투사는 대상의 분화 과정의 핵심적 차원이며, 그 과정에서 대

---

3. 내사의 치료적 진화라는 이 측면은 심리치료적 틀에 대한 논의에서 더 자세하게 다루었다.

상관계의 성질이 계속적으로 형성되고 수정된다.

투사가 내사물의 요소를 외재화하는 데 사용되는 한, 그것은 내사적 구성 요소의 특성을 띤다. 따라서 투사적 파생물은 내사물의 본래적인 요소인 욕동과 방어 조직을 반영한다. 투사는 자기 이미지와 대상 이미지 사이의 교류에 영향을 미치며, 그러한 표상의 분화와 조직의 특성을 표현한다. 따라서 투사는 외재화의 의미를 새롭게 한다. 외재화는 또한 심리 내적 준거 틀에서 비교적 분리되고 탈 인격화된 요소 위에 기반될 수 있다. 그러므로 어떤 형태의 공포증에서 공격적 요소는 투사에서 더욱 특징적으로 인격화되고 조직화되는 특성 없이, 외부적 위협으로서 외재화되고 경험될 것이다. 그러나 공포증의 경우에, 그러한 외재화가 일어날 때, 대개 그것은 내사적 파생물을 수반한다. 따라서 공포증의 내용에 대한 분석은 외재화된 내사적 파생물의 요소를 통해 이루어질 수 있으며, 치료 작업에서는, 병인적인 대상관계에까지 거슬러 올라가 추적될 수 있다. 이 과정에 대한 고전적 패러다임은 프로이트가 어린 한스(1909a)와 늑대 인간(1918)에 대한 사례를 연구하면서 확립한 것이다.

결과적으로, 투사의 효과는 특히 대상관계의 측면에서 경험된다. 투사적 기능은 대상관계에서 일차적으로 표현된다. 그러나 투사 기능은 다른 상황에서도 작용할 수 있다. 이것은 환경과의 원시적인 애니미즘적 상호작용, 혹은 마술적이며 미신적인 상호작용에서도 발생할 수 있다. 그것은 또한 좀 더 현실적인 상황에서 애완동물과의 상호작용이나 다른 동물과의 상호작용에서, 혹은 심지어 개인과 그의 사회 환경—사회 조직, 사회 제도, 사업 조직, 정부 등등—과의 상호작용에서도 발생할 수 있다.

투사 작용은 부인을 수반할 수도 있고, 수반하지 않을 수도 있다. 만일 스스로를 참을 수 없거나 비교적 유해한 자기 요소로부터 분리하려는 방어적 필요에 의해 투사가 일어난다면, 투사는 대개 부인을 수반할 것이다. 따라서 박해적인 편집증 투사의 고전적 형태에서, 적대적이고 파괴적인 의도는 대상의 탓으로 돌려지는 동시에 주체에서는 부인된다. 나아가, 무력감과 취약성의 내사적 요소는 더욱 파괴적이고 위협적인 공격적 요소에 대항해서 방어하는 데 사용된다. 그러한 방어가 필요 없는 곳에서는 투사가 부인 없이 발생할 것이다. 이것이 주로 대체로 좀 더 양호하고 꽤 좋은 속성을 지닌 투사의 경우이다. 그 경우는 내사와 투사의 결합이 감정 이입적 반응을 가져오는 것과 다소 유사할 것이다.

투사는 고도로 복잡한 현상으로서, 그 정도의 차이가 크며, 다양하게 변형된 모습으로 나타난다는 것을 알 수 있다. 게다가, 투사가 내사 형태의 점진적인 정교화 과정에서 중요한 역할을 한다는 사실도 쉽게 알 수 있다. 투사적 요소에 의한 대상 표상의 수정을 통해 다음의 재내재화를 위한 장이 마련되며, 재내재화는 내사 조직을 수정하는 데 사용된다. 따라서 내사와 투사의 상호작용은 피드백 과정의 한 형태를 제공하며, 이는 내사 조직과 그것의 상호 관련된 투사들 모두의 점진적인 수정과 분화로 귀결될 수 있다.

발달. 내사 기제 및 투사 기제의 상호작용은 대상 세계와의 관계 유형을 엮어 내고 어떤 기초 자료를 제공하며, 개인은 그것으로 자신의 자기 이미지를 형성한다. 환경 안에 있는 대상과 관계를 맺고 동일시하는 개인의 역량 또한 이 상호작용으로부터 발달하며, 그것은 개인의 대상관계의 특성을 결정한다. 이는 발달 과정에서 중요한 대상과 맺는 관계와 특별히 관련되어 있다.

투사와 내사는 발달적이고 분화적인 관점에서 보아야 하며, 이러한 관점은 그것들을 단순한 방어기제로 환원시키지 않는다. 그것들은 특히 초기 발달 과정에서 중요한 발달 기능으로 작용한다. 그것들은 자기와 대상 사이의 분화가 점진적으로 출현하는 것과 밀접하게 관련되어 있다.

내사와 투사의 발달적 측면과 방어적인 측면은 서로 맞물려 있다. 발달이 진행됨에 따라, 심리 내적 분화 및 주체와 대상 사이의 분화는 어느 한 지점에 이르는데, 거기에서 이후의 발달적 진전은 더욱 고도로 통합되고 덜 욕동 의존적인 유형을 따른다. 이 지점을 넘어서 투사와 내사가 지속되는 것은 그것들이 주체와 대상 사이의 상호작용을 용이하게 하기보다는 방어적 측면에 이용되고 있다는 사실을 암시한다. 이 주체와 대상 사이의 상호작용은 내재화를 통해 내면 세계의 구조를 형성하고, 투사를 통해 외부 세계의 경험을 수정하는 것에 기여한다. 발달 과정에서 내사적 기제와 투사적 기제의 작용은 적어도 오이디푸스적 상황이 해소되는 시기까지 계속되는데, 이것은 내사와 투사가 초자아 및 자아 이상을 형성하는 것과 관련되어 있기 때문이다.

투사와 내사의 발달적 기능이 언제 끝나는가를 말하기는 어렵다. 그것은 청소년기 동안에 이전의 미해결된 발달 위기를 재작업하는 역할을 할 수도 있다. 그러나 그 이상으로, 그것의 기능은 일차적으로 방어적인 성질을 갖는 경향이 있다. 상실에 대한 내사적 반응은 생애 주기에서 변화에 적응할 수 있는 능력과 개인의 성장을 위한 기반을 제공하는 것으로서, 그것은 일차적으로 방어적인 반응이다(Rochlin, 1965). 내사 및 투사의 발달적 측면과 방어적 측면 사이의 균형은 생애 주기에 따라 변화되며, 따라서 이러한 기제는 기능의 변화를 겪는다. 또한 그것은 계속적으로 내부 세계 및 외부 세계 사이의 본능적 압력의 균형을 조정하는 작용을 한다. 내사 및 투사 과정은 그것의 효과가 내면 세계의 구조화 및 재구조화를 포함한다는 점에서 항상 어느 정도는 방어적이고 어느 정도는 발달적이다.

내사와 투사의 상호 관련성.　　내사와 투사는 상호 관련되어 있다. 우리는 편집증적 상태의 투사적 기제에 대해 말할 때, 그것과 상호 관련된 내사에 대해서도 말하고 있다는 것을 기억해야 한다. 투사된 것은 내면의 내사물로부터 파생된다. 자기와 대상 사이의 분화를 가능하게 하는 가장 원초적인 일차적 투사의 수준을 넘어, 투사는 내사에 의해 내재화되고 욕동 파생물의 영향에 의해 내적으로 수정된 것을 재외재화하는 정신 과정이다. 따라서 투사를 이해하기 위해서는 발달 과정에 포함된 내사 기제를 이해할 필요가 있다. 우리는 내면 세계로부터 나오는 것을 이해하기 위해서 어떤 것이 내면 세계를 구성하며 어떻게 그것이 생겨났는가를 이해해야 한다.

방어.　　투사는 자기 표상과 대상 표상의 부분적인 탈 분화 혹은 융합을 포함한다(Jacobson, 1964). 유아기의 내사와 투사 사이의 상호작용은 자기와 대상 사이의 경계를 세우고 확립하려는 노력에 포함되어 있으며, 이 시기에 융합과 혼돈은 의심의 여지없이 문제의 한 부분을 이루고 있다. 그러나 그런 혼란은 두드러진 현상이 아니며, 이후의 방어적 투사에서는 환자가 자신과 타자들 사이의 차이에 대해 극히 민감한 것으로 보인다. 자기의 측면으로부터 파생하는 특징을 대상에게 전가시킨다고 해서 그것이 반드시 표상의 융합을 암시하는 것은 아니다. 오히려 투사의 방어적 사용에서 자기와 대상 사이의 구분은 자기와 자기가 거부하고자 하는 대상 사이에 좀더 거리를 두기 위해 확대된다.

투사의 방어적 사용은 다양한 형태를 띨 수 있다. 투사는 대상 안에는 전혀 없고, 전적으로 주체 안에 있는 속성이나 특성을 대상이 갖고 있는 것으로 파악한다. 그것은 실제로 자기 혹은 자신의 집단 안에 속한 감정, 태도, 동기 등을 다른 사람이나 다른 집단에게 귀속시킴으로써 갈등을 해결한다. 이러한 투사의 사용은 상당한 정도의 부인을 포함하며, 외부 현실을 심각하게 왜곡한다. 투사는 또한 주체가 갖고 있는 특성을 타인에게 있다고 가정하고 강조하는 형태를 띨 수 있는데, 이때 주체가 그 특성을 자신 안에 있는 것으로 인정할 수 있는 정도는 다양하다. 올포트(Allport, 1958)는 이것을 "티끌-대들보" 투사라고 불렀다. 프로이트(1922)는 부정(不貞)에 대한 자신의 충동은 최소화하면서 배우자의 충동을 강조하는 질투심에는 한편으로, 이런 종류의 투사가 포함되어 있는 경우가 많다고 지적하였다. 프로이트는 비록 무의식적 충동이긴 하지만, 부정에 대한 충동이 사람들 모두에게 존재한다고 가정한다. 그러나 투사는 어떤 질적 내용을 타인에게 있는 것으로서 창조하거나 과장하는 형태를 띨 필요는 없다. 그것은 단지 외부의 영향이나 타인들의 상상된 의도와 동기에 호소함으로써 마음의 내면 상태를 보여주고 있을 뿐이다.

투사는 일차적으로 대상관계와 관련된 방어이다. 투사의 내용은 내사물로부터 파생되고, 내사물은 대상관계로부터 파생된다. 게다가, 투사는 대상관계의 발달에 직접적으로 연결되어 있다. 자피(Jaffe, 1968)는 투사가 대상과의 관계에서 지속적으로 양가감정을 일으키는 데 이중적·갈등적 역할을 한다고 지적하였다. 한쪽 극에서는 대상의 멸절을 추구하는 반면, 반대쪽 극에서는 대상과의 동일시 및 대상의 보존을 갈망한다. 주체 자신의 위협적인 충동이 투사되는 대상을 파괴하려는 충동과, 주체가 동일시하고 따라서 자기애적 리비도 집중이 주어지는 대상을 보호하려는 소원 사이에는 기본적인 갈등이 있다. 자아는 구조적 퇴행과 그것이 수반하는 통제의 상실 및 본능의 방출 위협에 직면해서 내적인 안정성을 유지할 필요가 있다.

편집증 환자는 중요한 (특히 일차적인) 대상에 대한 실망 및 그 대상에 대한 분노와 직면하게 될 때 강렬한 위협을 느낀다. 편집증적 자리(paranoid position)는 이러한 대상 및 대상관계를 보존하기 위한 것으로 보인다. 그는 관계에서 오는 양가감정을 견디지 못하며, 대상에 대한 분노를 직면하지 못한다. 이러한 관계는 내사의 중요한 원천이며, 이처럼 부정적인 측면을 다른 대상에게 투사하는 것은 대상관계의 좋은 측면을 보존하기 위한 한 가지 방법이다. 또 다른 수준에서, 그러한 중요한 내사적 대상의 투사는 관계를 보존하기 위한 필사적인 방법이기도 하다.

보전과 멸절, 내사와 투사의 이중성은 편집증 상태 안에 포함되어 있는 본래적인 요소이다. 이러한 기제들의 가장 중요한 기능은 자아가 중요한 대상의 상실로 인해 고통 당하거나 그렇게 될 상황 및 환경과 밀접한 관련을 갖는다. 그런 이유 때문에 자아는 그 자신의 내면으로부터 오는 부적절감과 취약감에 직면하게 된다. 그리고 그 기제는 자기 존중감 및 그와 관련된 자기애를 지지하는 내적 요소를 보존하기 위해 작용한다. 투사/내사 복합은 의미 있는 관계 안에서 자기를 보존하기 위해 대상관계를 수정하는 작용을 한다. 이것은 유아기에 투사/내사의 상호작용을 통해서 자기를 확립하고 대상과의 관계성을 형성하는 것과 유사하다. 그러므로 이러한 기제의 작용은 심리 내적 역동의 결과로만 간주될 수 없다; 그것은 대상에 대한 주체의 관계성, 그리고 사회적 관계와 같은 개인적인 맥락보다는 좀 더 큰 맥락에서 보아야 한다.

자기감의 감소. 　방어는 자기를 보존하려는 기능으로서 작용하지만, 그러한 방어의 역량은 제한되어 있다. 편집증 환자는 내부로부터, 그리고 외부로부터 협박당하고 있다. 그의 방어적 투쟁은 고통스럽고 약한 자기(self)의 부분을 거부—그것들을 외부에 두려고 하는 것(투사)—하고, 자신의 자기감과 주변의 대상 세계와의 관련성을 증대시킬 수 있는 관계의 파편을 자신에게 귀속시키는 것(내사)을 목적으로 한다. 그러나 투사와 내사 모두가 자기감의 감소를 초래하기 때문에 그 시도는 실패한다. 투사는 어떤 대상과의 왜곡된 관계를 보존하지만,

거기에는 투사된 자기의 부분을 상실하고 자기의 성장과 통합을 촉진하는 방법으로 관계 맺는 역량이 손상되는 대가가 뒤따른다.

내사는 대상과의 관계경험을 보존하지만, 그 관계는 일차 과정의 지배하에 있으며, 그것의 파생적 성격을 보유하는 내재화된 현존물을 만들어낸다. 이때 자기는 내적 항상성을 지속적으로 침해받게 되고, 대상과 좀 더 성숙한 관계를 맺는 능력이 감소되는 대가를 치른다. 그러므로 내사의 방어 작용은 어느 정도 자기 보존적 타협을 이루지만, 자아의 발달 과정과 좀 더 성숙한 대상관계를 맺을 수 있는 능력을 성취하는 데 방해가 된다. 발달적 측면에서 내사는 출현하는 자아로 하여금 일차 과정과 유사한 조직을 통해 작용하게 하며, 따라서 보다 자율적이고 이차 과정적인 자아와 자기 통합의 출현을 가로막는다 (Meissner, 1971b).

초자아 투사.　초자아 투사는 빈번하게 투사적 왜곡의 기초로서 작용한다. 초자아 투사는 자율성의 문제와 밀접하게 연관되어 있다. 편집증적 성격에서 자율성은 내적, 그리고 외적 모두로부터 위협받는다. 내적 위협은 내사물로부터 파생하는데, 가장 중요한 내사물은 초자아 내사물이다. 자율성의 감소는 초자아 공격성의 다른 효과와 밀접하게 연결되어 있다. 그것은 부적절한 느낌, 낮은 자기 존중감, 무가치감, 수치심, 죄책감과 같은 감정을 야기한다(Freud, 1916~1917). 투사는 이러한 초자아 압력의 일부분을 해소하는 데 기여한다. 편집증 투사는 자율성에 대한 내적 위협과 연관된 내적 상실감 및 허망감에 대한 방어로서 사용될 수 있다. 만약 자율성에 대한 위협이 외부로부터 온다면, 적어도 내적인 공허감은 감소될 수 있고 그 위협에 맞설 수 있다. 설령 그것을 회피하거나 극복할 수 없다 하더라도, 외적인 위협에 직면해서 반항적인 겉모습을 한 거짓된 자율성의 감각을 보존할 수 있다. 그러나 내적인 위협에 직면해서는 그렇게 할 수 없다. 초자아 투사는 실로 편집증 상태에서 나타나는 투사/내사라는 전체 문제 가운데 특수한 경우에 해당된다.

그 복잡성의 정도가 어떻든, 투사적 체계는 그 자체로서만 존재하지 않는다. 그것의 구성 요소는 주체의 내면 세계로부터 파생되고, 내적 경험의 영역을 특징 짓는 동기적 요소—욕동과 방어적 형태—에 의해 강화된다. 그러나 투사적 정교화는 충동 파생물에 의해서만 이루어지는 것은 아니다. 이는 다소 병리적인 투사적 왜곡이 일어나는 경우에 특히 적용되는데, 이 왜곡은 주체의 현실 경험의 다른 차원과 불가피하게 충돌한다. 더 고려할 여지없이, 그러한 투사적 왜곡은 한편으로는 자기 제한적이며 다른 한편으로는 자기 교정적이라고 예측해야 할 것이다.

편집증적 구성

우리는 임상적으로 투사된 내용이 실제 진상은 아니라는 것—특히 편집증 정신 병리에서 발견되는 가장 심각한 투사적 왜곡의 경우에—을 알고 있다. 여기에서 투사적 체계는 망상적 고착과 확신을 갖게 하며, 치료적 개입과 교정이 스며들지 못하게 가로막는다. 사실, 투사적 체계는 내가 "편집증적 구성"이라고 부르는 것에 의해 유지되고 강화된다(Meissner, 1978b). 편집증적 구성은 투사적 체계의 요소를 포함하고 통합하기 위한 것으로, 개인의 현실 경험을 인지적으로 재조직하는 것과 같다. 이러한 인지적 재조직 기능은 신념, 태도, 공식화에 대한 정교한 체계가 투사적 요소를 정당화하고 유지하는데 사용되는 편집증 상태에서 가장 극적으로 나타난다. 이러한 조직은 정교하고 광범위한 신념체계의 형태를 띨 수도 있으며, 혹은 카메론(Carmeron, 1959, p. 518)이 "편집증적 유사 공동체"라고 부른 것과 같이 좀 더 구체적인 형태를 띨 수도 있다.

따라서 편집증적 구성은 편집증적 과정의 작용에서 중요한 역할을 한다. 편집증적 구성의 직접적인 기능은 투사적 체계를 유지하고 강화시키는 것이다. 그러나 내사적 조직의 특수한 측면으로부터 파생되며 그 측면을 반영하는 이러한 투사적 요소의 기능은 어떤 정도로든 경험된 자기감 안에서 응집감 및 통합감을 유지해야 하는 내적인 요구와 관련되어 있다. 내사 조직이 자기의 핵심적 요소를 형성하며 그것을 중심으로 자기감이 형성되는 한, 내사 조직의 유지와 강화는 자기 조직 및 통합을 위해서 극히 중요한 문제가 된다. 따라서 전체적인 심리 장치—편집증적 구성, 투사, 내사적 형성 등—는 무엇보다 먼저 일관되고 통합된 자기감을 보존하고 유지하는 데 그 목적이 있다. 이것이 편집증적 과정 배후에서 작용하는 내적 추동력과 동기이다. 게다가, 이 동기는 심각하게 우울적이거나 편집증적인 경우, 혹은 다른 병리의 경우에서처럼 편집증적 과정의 병리적 측면에서 작용할 뿐만 아니라, 비교적 정상적이고 적응적인 성격의 발달과 성숙하고 통합된 정체감의 유지에서 나타나기도 한다.

그러므로 편집증적 구성은 자기의 조직이 참여, 나눔, 의미 있는 관련성, 적절성의 감각을 발견하는 하나의 맥락을 제공한다고 생각할 수 있다. 우리는 인간 경험에서 이러한 역동이 갖는 중요성을 이해하기 위해 우리 자신의 경험에서 멀리 벗어날 필요가 없다. 편집증적 과정이 다른 동료들과의 친교를 방해하고 소속감으로부터 우리를 분리하고 가르는 방식으로 작용한다면, 그 동일한 과정은 우리로 하여금 이러한 욕구를 적절히 충족시킬 수 있는 다른 맥락과 기반을 확립하는 방향으로 나아가게 하는 추진력을 만들어낸다.

이러한 본래적인 역동은 사회 집단 형성의 배후에 놓여 있으며, 사회적 과정을 위한 내적 역동을 제공한다. 이 동일한 역동은 그것의 가장 병리적인 극단에서 편집증적 유사 공동체의 창조라는 왜곡된 표현으로 나타난다. 이러한 공동체와 관련된 박해에 대해 많은 이야기를 하지 않더라도, 박해적 결속—편집증적 개인과 그의 박해자들, 혹은 그를 위협하는 두려운 힘 사이에 확립된—은 그의 투사적 망상을 강화하는 편집증적 구성의 형태로서 기능한다; 이것들은 다시금 피해자 됨과 취약성이라는 핵심적인 내사물을 중심으로 형성된 병인적인 자기감을 안정시키고 공고화하는 데 사용된다. 따라서 피해자 내사는 이러한 병리적 표현의 항구적인 특성이다. 그것은 성격의 핵을 형성하며, 그 핵을 중심으로 개인의 취약한 자기감은 약간의 지속성과 응집감을 성취할 수 있다.

편집증적 과정의 발달적 측면들

대상 표상(Object Representation)

우리는 발달에서 편집증적 과정이 수행하는 역할을 살펴보았다. 편집증적 과정은 대상 표상 및 자기 표상 양자의 분화와 명료화 과정에서 결정적인 역할을 한다. 내사와 투사의 상호작용을 통해 심리 내적 요소들이 점진적으로 확립되며, 그 요소를 중심으로 자기감이 발달한다. 달리 말하면, 이러한 과정의 상호 교류는 심리 내적 하부 조직의 핵심 요소를 구성하는 데 필요한 대상 표상의 조직화와 대상 표상에 담긴 요소의 점진적인 내재화 모두에 기여한다.

이러한 내적 구조의 수정과 대상 표상의 조직화는 처음에는 원시적이고 미분화되어 있으며 우주적인 상태에 있다. 그 과정은 점진적으로, 내적으로 그리고 객관적으로 심리적 요소를 더욱 분화시키고, 따라서 자기와 대상의 분화라는 중요한 발달 단계에 도달할 수 있게 한다. 심리 발달의 가장 초기 단계에서 작용하는 이 과정은 내적인 것과 외적인 것 사이를 구분할 수 있는 기초가 된다.

분리 개별화

우리는 편집증적 과정을 분리 개별화 과정에 대한 말러(Mahler, 1975)의 연구에 의해 확립된, 좀 더 친숙한 용어로 바꾸어 설명할 수 있다. 말러의 용어에서, 어머니-유아 단위 안에서 유아는 자폐적 융합 상태에서 삶을 시작한다. 이러한 정상적인 자폐적 일치 상태 안에는 절대적 융합의 상태, 즉 원초적인 환각적 혼돈이 있고, 그 안에서 욕구 충족은 유아 자신의 전체적인 전능감 및 일차적 자기애의 감각에 의해 환각적으로 이루어진다. 이 단계에서, 유아의 경험은 내부 및 외부 자극 사이의 구분이 없다.

이러한 전능적 자폐적 궤도 안에서, 유아의 각성 상태의 경험은 생리적 항상성을 성취하려는 계속적인 노력을 중심으로 이루어진다. 어머니의 돌봄은 유아 자신의 긴장 완화(감소) 과정—소변보기, 대변보기, 기침하기, 침 뱉기 등을 포함한 — 과 구분되지 않는다. 유아는 점차 경험의 즐거운 특성과 별로 즐겁지 않은 특성, 혹은 고통스러운 특성 사이를 구분하기 시작한다. 분화는 어느 정도 긴장을 경험하는 것을 통해서만 성취된다. 점진적으로 유아의 경험 안에 욕구를 충족시켜주는 대상으로서의 어머니에 대한 희미한 의식이 형성되기 시작한다. 그러나 유아는 여전히 그와 어머니가 전능적 체계를 형성하는 것처럼 그리고 동일한 경계 안에 포함되어 있는 것처럼 기능한다. 아직 분리가 이루어지지 않은 상태에서 거리감이 생겨난다. 유아는 아직 대상으로서 지각되지 않는, 나타났다가 멀어지는 형태("젖꼭지")로부터 만족을 얻는다.

이것이 아동의 발달 단계에서 좀더 공생 단계로 이동했음을 나타내는데, 그것의 본질적 특징은 어머니 표상과의 망상적인 전능적 융합뿐만 아니라, 신체적으로 분리된 두 개인 사이에 공통의 경계가 있다는 느낌을 망상적으로 유지하는 것이다. 유쾌한 경험과 불쾌한 경험에 의해 지배되는 이러한 원초적인 생리적 정서 상태에서 첫 번째 분화가 출현한다. 어머니에 대한 리비도 집중과 어머니의 돌봄에 대한 반응은 생리적 욕구의 압력에 의해 추진된다. 공생 단계에서, 일차적 자기애가 여전히 우세하지만, 생애 최초의 몇 주 때보다는 덜 절대적인 형태를 띤다. 비록 그 대상이 여전히 전능적인 공생적 일치의 궤도 안에 포함되어 있기는 하지만, 욕구 충족이 욕구를 충족시키는 대상으로부터 온다는 사실을 어렴풋이 지각하게 된다. 유아는 분리가 일어나기 시작하면서, 차츰 그 자신의 자기애적(전능적) 창조물이 아닌 수유(授乳)를 경험한다.

이러한 발달 과정들이 진행됨에 따라, 리비도 집중이 외부 및 내부 지각적 초점으로부터 유아 신체의 감각-지각적 및 말초적 측면을 향해 이동하게 된다. 이 리비도 집중의 이동은 신체 자아 발달의 본질적인 요소이다. 이 중요한 때에 투사적 기제가 작용하기 시작하는데, 그것은 다소 분리된 욕구 충족 대상의 구성에 기여하기 위해 사용될 뿐만 아니라, 점진적으로 나타나는 신체 자기의 경계 너머로 파괴적이고 비중립화된 공격적 충동을 굴절시키기 위한 방어적 기능으로도 사용된다.

이러한 발달 과정이 전개됨에 따라, 대상 표상의 조직은 외부 현실, 특히 가장 중요하게는 일차적 대상으로부터 파생된 유아 경험의 외부적 요소에 의해 영향받을 뿐만 아니라, 그런 영향과 객관적 요소들 사이의 상호작용에 의해 어느 정도 수정된다. 대상 표상의 조직은 유아의 인지적 역량이 더욱 발달되고 명료화됨에 따라 점차로 분화된다. 따라서 감각적이고 지각적인 이미지 발달을 위한 역량, 그 이미지의 좀 더 복잡한 형태인 기억 조직의 점진적인 출현—보다 즉각적인 자극에 의해 발생하는 기억 과정의 형태로부터 더욱 세련되고 지속적인 형태의 인식적인 기억의 점진적 출현으로 옮겨가는—, 대상 항상성의 출현, 다양한 형태의 발달적 학습으로부터 오는 중요한 영향들, 이 모든 것이 대상 표상의 점진적인 형성, 분화, 조직화에 의미 있고 중요한 방식으로 기여한다(Meissner, 1974b).

내재화

대상 표상이 점차로 정교화됨에 따라, 그것의 요소들은 새롭게 출현하는, 비교적 미분화된 유아의 자기감의 부분으로서 상호 관련적으로 내재화되고 내사된다. 가장 초기 단계인 공생적 모체 단계에서 이러한 내재화가 일어나며, 따라서 유아의 자기의 핵을 이루는 결정적 요소가 형성되기 시작한다. 이 지점에서, 우리는 유쾌 대(對) 불쾌의 요소들 사이의 균형이 지닌 중요성과 아동 안의 이러한 초기의 움직임에 대해 어머니가 어떤 태도로 공헌했는지에 대해 그저 짐작할 수 있을 뿐이다. 위니캇(1965)은 이러한 원초적인, 그러나 중요한 초기 내재화를 주장함에 있어서 "충분히 좋은 어머니의 양육"과 "안아 주기" 환경의 중요성을 강조하였다.

이러한 상호작용 과정이 계속됨에 따라, 자기의 조직은 더욱 확고해지고 대상 표상으로부터 더욱 분명하고 명확하게 분리된다. 내가 여기서 제안하는 관점에서 보면, 투사와 내사는 무엇보다 먼저 분리 개별화 과정을 촉진하는 내적 기제이다. 그 과정의 각 단계마다, 내재화된 요소를 재작업하는 결정적으로 중요한 과제가 있으며, 이 재작업은 아동으로 하여금 더욱 자율적인 자기감을 확립하고, 점진적으로 부모에 대한 의존으로부터 자신을 분리하도록 허용한다. 이런 의미에서, 개별화는 투사와 내사 과정을 통해 명료한 자기감의 형성과 관련된 것으로 보이며, 부모에 대한 의존으로부터 벗어나는 점진적인 분리는 투사의 수정과 대상 표상의 점진적인 변경을 통해 성취된다.

이 과정은 훨씬 더 복잡하다. 초심리학적인 측면에서 볼 때, 내사적 구성 요소들의 형성과 통합은 내재화 및 구조화 과정을 또다른 수준으로 확장하는 결정적인 동일시 과정을 작동시킨다. 이러한 동일시들은 자아의 구조적 통합과, 자아 구조와의 통합을 이루기 위한 초자아(내사적) 요소의 변형과 관련이 있다(Meissner, 1972b). 돌이켜 말하면, 이러한 더욱 진전된 구조적 통합 과정은 자기의 조직과 경험을 유지하고 공고화한다. 그러한 구조화하는 동일시가 어느 정도 작용하는가라는 문제는, 내사적 구성요소가 어느 정도 갈등으로부터 자유롭고 양가적이지 않으며, 충동과 방어의 압력에 얽혀 있지 않고 자유롭게 기능하는가에 달려 있다.

분리 불안

분리 개별화 과정에 대한 가장 큰 위협은 분리 불안의 위협이다. 말러는 분리 불안이 나타나는 다양한 형태들과, 정상적인 분리와 개별화의 발달과정에서 나타날 수 있는 왜곡을 서술하였다. 발달과정에서 아동은 분리를 본래적 위협으로 느끼게 되는데, 이 분리는 아동 안에서 자연스런 발달적 충동과 자율적인 자기 결정 및 표현에 대한 소망으로부터 생겨나는 것일 뿐만 아니라 모성적 인물의 반응에 의해 강화되고 심화되는 것이기도 하다. 만일 어머니가 자율성을 얻으려는 아동의 노력을 과도하게 방해하고, 자신에게 의존되어 있는 아동을 편안하게 지지해주다가 갑작스럽게 밀어낸다면, 아동은 조숙한 태도를 갖게 될 수밖에 없다. 다른 한편, 만일 어머니가 아이를 의존적 부속물로 사용한다면, 아동은 분리 독립과정 상실의 위협을 경험하게 된다. 이때 어머니는 자율성을 추구하는 아동의 노력을 가로막고 공생적 의존을 연장시키려고 시도할 것이다.

어머니에 대한 의존으로부터 벗어나는 발달 과정의 왜곡은 다양한 방식으로 투사와 내사의 상호작용에 영향을 미칠 수 있다. 이러한 왜곡은 방어적 압력을 만들어내며, 따라서 아동의 발달은 방어 유형과 과도하게 얽히게 되며 그 방어 유형에 과도하게 의존하게 만든다. 따라서 분리 불안이 과도할 때 아동은 자신의 의존 욕구를 만족시켜 주는 대상과의 접촉을 보존하는 방어 수단으로서, 그리고 자기애적 온전성을 보존하는 수단으로서, 부모 이미지를 과도하게 퇴행적으로 내사할 수 있다. 이러한 분리 불안의 근본적인 위협은 결국 대상의 상실이다. 그 대상은 또한 유아의 자기애적 응집감 및 전능감의 보존에 있어서 필수적이다. 만일 유아가 과도한 분리 불안을 겪는 일 없이 모성적 궤도로부터 벗어난다면, 자기애적 욕구와 긴급하고 강한 방어적 압력 하에서 내사가 일어나는 일은 발생하지 않을 것이다.

자기 항상성 (Self-Constancy)

발달 과정이 진전됨에 따라, 유아적 자기애는 점진적으로 수정되고, 자기감은 더욱 분화된다. 이러한 변화를 통해 각 단계에 포함된 내사물의 특성과 본성이 점진적으로 수정되며, 이에 상응하여 방어 조직의 특성이 변화된다. 분리 개별화 과정의 각 단계에서, 자율적 존재로서 독립할 수 있는 역량이 점증하고, 욕구를 충족시켜 주는 대상에 대한 아동의 의존도가 감소된다. 대상 표상 및 자기 표상의 분화와 그것들의 본래적 안정성이 점차 증가함에 따라, 대상의 분리됨을 견디는 역량이 더욱 커진다. 대상의 분리됨을 견디는 능력은 아마도 대상관계에서 성취해야 할 발달의 일차적 목표 중의 하나일 것이다. 그것은 대상 표상이 충분히 발달되어서 대상의 현실적 특성이 최소한의 투사적 왜곡을 통해 인지되고 인정되는 것을 함축한다. 그 결과, 자신의 자기와 대상 사이의 차별화는 명확히 확립되고 유지된다.

사실, 비교적 현실적인 측면에서 대상과 관계하고, 그러한 대상의 분리됨을 견디고 자율적인 독립으로 나아가는 능력은 자기의 안정성 및 응집성과 밀접하게 관련되어 있다. 현실적인 대상관계를 맺기 위한 역량은 자기의 핵심에 사랑하는 좋은 부모를 내재화한 자기감의 조직에 의존하는데, 이 좋은 부모의 내재화는 긍정적인 내사 요소의 통합을 위한 중심점으로서 계속 작용한다. 모델(Modell, 1968)은 이러한 관계를 다음과 같이 명료하게 표현한다:

> 성인에게서 응집적 정체감의 감각은 생애의 가장 초기에 "충분히 좋은" 대상관계가 있었다는 표시이다. 환경으로부터 어떤 것이 주어졌으며, 그것이 정체감 발달의 가장 초기에는 감각의 핵으로, 그리고 이후에는 자아 성숙을 허용하는 핵으로 작용했다. 대상의 분리됨을 받아들일 역량이 있는 개인이라면, 적어도 부분적으로는, 사랑 받는 자기감을 가진 사람이라는 것은 분명한 사실이다. 한 개인이 스스로에게 사랑하는 부모가 될 수 있다면, 그는 대상의 분리됨을 쉽게 받아들일 수 있다. 이것은 심리 발달에서 성취해야 하는 중요한 단계이다(p. 59).

동시에, 점증하는 자기 응집성과 정체성의 출현 및 통합과 상호 관련된 것으로서, 대상 표상의 조직에서 일어나는 통합 및 공고화 과정이 있으며, 이것은 대상 항상성으로 이끈다(McDevitt, 1975; Meissner, 1974b). 이 과정은 계속되는 자극 조건들의 변화에도 불구하고 지각적 경험의 일관성과 지속성을 가능하게 하는, 지각적 대상 항상성을 발달시킨다. 뿐만 아니라 비교적 일관되고 안정적인 성숙한 대상관계의 기초를 형성하며, 그 기초에 기여하는 더욱 복잡한 리비도적 대상 항상성의 형태도 발달시킨다. 따라서 대상 표상의 분화와 공고화는 외부 현실을 알고 반응하는 중요한 역량을 발달시키는 데 자기 응집성의 발달과 함께 중요한 역할을 갖는다.

그렇다면, 우리는 중요한 결론에 도달한다. 즉 현실을 알고 인지하며 수용하는 능력은 선천적인 인간 인지의 특성이 아니라, 중요한 발달적 성취물이라는 것이다. 게다가 그 능력은 대상 표상이 분화되고 객관적으로 명료화되는 것과 함께 여러 가지 중요한 발달적 문제의 작용과 응집적인 자기감의 점진적인 공고화 과정에 따라 획득되는 것이다. 그러므로 현실을 알고 이해하는 능력은 대상 표상이 방어적 욕구에 의해 오염되는 정도만큼 손상된다.

제 2 장

편집증적 병리의 심리치료를 위한 개요

치료적 개요와 편집증적 과정의 관계

편집증적 과정의 몇몇 측면을 치료 이론에 적용한다면, 그것은 심리치료에 대한 개요의 형태를 띨 것이다. 그것은 외재화된 편집증적 과정의 요소들—특히 편집증적 구성과 그것의 구성요소인 투사물—이 의존하고 있는 내사물 근저의 조직에까지 거슬러 검토되어야만 한다. 그렇게 해야만 내사물의 형성과 유지에 기여하는 힘과 조직이 어떤 것인지를 효과적으로 밝힐 수 있다.

심리치료적 개요는, 그것이 파생한 편집증적 과정의 이론이 그렇듯이, 그 적용에 있어서 편집증 형태의 정신 병리에 제한되지 않으며, 넓은 임상적 조건의 범위를 포괄한다(Schwartz, 1963; Shapiro, 1965). 그 개요는 통찰 지향적 해석 형태의 심리치료로 이끄는 안내자이다.

치료적 개요가 다루는 역동적 조직의 유형은 여러 형태의 정신 병리에서 다양한 명료성과 함께 드러난다. 이러한 역동에 대한 가장 뚜

---

4. 제 3장을 보라.

렷하고 두드러진 표현은 아마 정신분열증, 조울증적 정신증, 정신증적 우울증을 포함하여, 좀 더 근본적인 형태의 정신 병리에서 발견되는 증상들일 것이다.[4] 이러한 것들에서 편집증적 구성과 그것이 투사되는 정도는 망상 수준에 이를 수 있으며, 그것은 근저의 강력한 욕구에 의해 이끌린다. 그 근저의 욕구는 근본적인 형태의 정신 병리의 치료를 상당히 어렵게 만드는 경직성을 지닌 채 편집증적 구성과 투사적 요소를 유지하는 데 사용될 것이다(Polatin, 1975; Frosch, 1967a, 1983).

이와는 대조적으로, 경계선 환자들은 좀 더 높은 수준의 자아 역량과 성격 조직에서 기능한다. 그러나 그들은 투사적 및 내사적 측면 사이에서 빠르고 불안정하게 일어나는 동요로 인해 혼란스럽고 급속히 동요하는 특성을 보인다(Kernberg, 1967). 그런 경우에 편집증적 표현은 내사물에 뿌리를 둔 근저의 우울적 핵에 대한 중요한 방어로서 작용한다.

투사적 기제 및 내사적 기제의 상호작용은 덜 조직되고 손상을 입은 성격 조직의 형태에서 뿐만 아니라, 비교적 정교하고 고도로 통합된 성격 조직의 형태에서조차 정신 병리의 형성에 결정적인 역할을 한다. 편집증적(투사적) 구성 요소와 근저의 내사로부터 온 편집증적 파생물은 자기애적 인격장애(Kohut, 1971)와 분열성(schizoid) 인격장애(Guntrip, 1969)의 조직에서 중요한 요인으로서 기능한다. 코헛(1971)은 과대적 자기와 이상화된 부모상을 지닌 원시적 자기애적 구성물에 대해 말한다. 이것들은 일차적 자기애의 분화 과정에 영향을 미치는, 상당히 원시적 수준에 속하는 내사적 기제 및 투사적 기제의 작용을 반영한다. 유사하게, 분열증적 철수는 심각한 병인적 내사로 침잠하는 것이라는 측면에서 볼 수 있다. 건트립(Guntrip, 1969)은 다음과 같이 주장한다.

자아가 철수해 있기는 하지만 "자궁 안에" 있지는 않은 대상 세계의 창조, 즉 클라인 학파에서 말하는 "내적 대상," 꿈과 환상, 외부 세계로부터 벗어나 내부로 물러난 대상관계의 세계로 이끄는 것처럼 보일 수 있다. 이 세계는 무엇보다 신경증과 정신증적 경험의 세계이다(p. 82).

내사 기능은 몹시 심각한 정신증적 우울증에서 뿐만 아니라, 신경증적 우울증에서도 분명하게 표현된다(Jacobson, 1971). 게다가, 동일한 기제들이 좀 더 신경증적인 장애와 히스테리적 성격, 혹은 강박적 성격이나 공포증적 성격과 같은 비교적 잘 조직되고 잘 기능하는 성격에서조차 확인된다. 따라서 이 심리치료 개요에서 다루는 기제들은 하나의 정신 병리 형태에 제한되어 있지 않다. 오히려 그것들은 모든 성격 조직의 형태를 가로지르며, 심리 발달 및 다양한 정신 병리적 표현의 형성 과정에서 작용하는 기본적인 기제를 반영한다(Meissner, 1978b).

개요의 성질

이 개요는 심리치료의 패러다임을 제공하지 않으며, 기법적 결론이나 방향을 잡기 위한 기초를 제공하지도 않는다. 대신에, 그것은 편집증적 과정의 기제 및 역동에 대한 이해에 기초해서 치료 과정에 대한 비교적 자연스러운 윤곽을 제공한다. 개요는 획일적이거나 처방적이지 않다. 그것은 각 환자에게 맞게 적용되어야 한다.

치료에 적용되는 개요의 측면들은 환자마다 강도, 초점, 치료적 어려움의 수준에 따라 다양할 것이다. 그러므로 치료자는 그러한 개요에 따라 치료 과정을 지시할 수 없다. 개요는 관련된 치료 문제에 대한 일반적인 방향만을 제공할 수 있다. 그렇더라도, 그것은 진행 중인 병인적 구조의 수준과 조직의 논리가 어떤 것인지와, 그것들이 치료 과정에서 스스로를 드러내는 방식들을 보여준다. 그것은 쟁점의 우선성 문제를 강조하며, 이는 치료에서 어떤 한 측면이 의미 있게 접근되기 전에 먼저 다루어야 할 쟁점이 있다는 것과, 그것이 기능 및 조직의 수준과 관련되어 있는 중요한 측면이라는 것을 의미한다.

따라서 다음에 이어지는 쟁점이 적절히 정의되고, 명료화되고, 해결됨으로써 이후의 쟁점에 의미 있게 접근하는 것과 그것이 극복될 수 있도록 허용하는 지점에 이르기까지는 개요의 다양한 측면 사이에서 전진과 후퇴를 반복할 수 있다. 개요는 강력하고 장기적인 치료를 위한 준거 틀을 제공할 뿐만 아니라 좀 더 짧고 단기적인 심리치료적 개입의 형태에 포함된 어려움에 초점을 맞추고 그것을 개념화하는 틀을 제공하기도 한다.

치료 연대의 확립

필요성

치료 연대는 의미 있는 모든 치료 과정의 주된 부분으로서 치료 작업이 진행되는 현실적인 기반을 제공한다(Zetzel, 1970). 치료 연대는 치료자의 작업하는 자아(working ego)와, 갈등적 긴장에 얽혀 있지 않고 비교적 자기 관찰이 가능한 환자의 자아의 한 부분 사이에서 형성되며, 치료자를 치료 작업에 참여할 수 있게 허용한다. 환자의 관찰하는 자아는 치료자와 맺는 치료적 계약 관계 안에 들어와서 치료자와 함께 치료 과정을 살아 있는 생생한 현실로 만든다(Greenson, 1967).

치료 연대는 적극적으로 확립되고 유지되어야 한다. 그것은 단순히 그냥 발생하는 것이 아니며 주의 깊게 관찰하고, 고려되고, 다루어져야 하며, 중요한 순간에는 치료자의 활동에 의해 강화되어야 한다. 환자의 병리 수준이 근원적이고 깊을수록 치료 연대를 확립하고 유지하는 데에는 더 많은 어려움이 따르고, 그것은 치료 과정에서 더욱 중심적인 문제가 된다. 이는 발달적 결함이 발달의 초기 수준에 발생했고, 신뢰와 자율성이 부족한 환자의 경우에 특히 중요하다(Zetzel, 1971).

대부분의 신경증 환자들에게서, 치료 연대는 다양한 정도로 일어난다. 그러나 효과적인 치료에 의해 환자의 신경증이 제거되기 시작하면, 치료 연대는 종종 위협 당하고 붕괴되며, 따라서 이후 치료의 진전은 치료 연대가 유지·강화되거나 필요하다면 회복될 것을 요구한다. 더욱 근원적인 병리를 가진 환자들일 경우, 치료 연대의 작업은 치료의 중심적 핵을 형성할 것이다. 치료 연대 작업은 경계선 환자와 정신증적 환자의 경우에 더욱 중요한 요인이 된다. 그런 환자인 경우에, 치료 연대는 상당한 시간에 걸쳐 취약한 상태로 지속되고, 치료 연대의 붕괴와 빗나간 치료 연대의 형성에 직면해서 계속적인 치료 연대의 강화와 반복적인 회복이 필요하다. 사실상, 치료 연대는 모든 환자의 치료에 본질적인 요소이다(Langs, 1974).

치료자의 기여

여기서 치료 연대가 어떻게 확립되고 안정되는가에 관한 질문이 제기된다. 우리가 알고 있는 치료 연대에 관한 지식 중에서 많은 부분이 아직 상당히 단순하고 개발되지 않은 상태로 남아 있다. 이 지점에서 우리가 정의할 수 있는 기본적인 문제는 치료 관계 안에서 생겨나는 신뢰와 자율성의 발달을 중심으로 모아진다.

이 신뢰와 자율성의 발달에 치료자가 얼마만큼 기여하는지는 분명하지 않다. 가장 중요한 요소는 일반적으로 환자가 느끼는 특유한 욕구, 불안, 내적 긴장에 대해 치료자가 보여주는 감정 이입적 반응과 관련이 있으며, 따라서 치료자는 치료자 자신의 욕구나 어떤 선험적인 치료적 고정관념이라는 측면보다는 환자의 개별성이라는 측면에서 환자에게 반응해야 한다.

치료자는 환자가 말하는 것을 인내심을 갖고 주의 깊게 청취할 필요가 있다. 이것은 치료 상황과 치료 관계 안에서의 일종의 적극적인 현존을 포함한다. 어떤 경우에는, 환자가 비교적 비구조화된 상황에서 대상과 관계 맺는 것이 어렵기 때문에 치료자 편에서 적극성을 보이는 것이 바람직할 수 있지만, 그 적극성은 행동의 적극성을 의미하는 것은 아니다. 치료자의 적극적인 현존은 치료자가 일관성을 유지함으로써 환자가 그를 사용할 수 있게 하는 것, 즉 "현존하는" 대상을 환자에게 제공한다는 의미를 갖는다.

환자가 경험하고 느끼는 것에 대한 치료자의 공감적 이해는 셰이퍼(1959)가 "생성적 공감"(generative empathy)이라고 말한 것이다. 이러한 방법으로 치료자가 환자의 감정에 맞춰 주는 것은 환자에게 자신이 의사소통하고 있고, 반응 받고 있으며, 진정으로 이해 받는다는 느낌, 따라서 자신의 관계 경험에 의미 있게 기여하고 있다는 느낌을 준다. 이때 치료자는 환자를 존중해주고 환자에 대해 비침범적인 태도를 지녀야 한다. 그런 개념을 행동적 용어로 표현하는 것은 어렵다. 그것은 치료자가 치료 상황 안에서 자신을 개방하고 환자가 사용할 수 있도록 자신을 제공하며, 환자의 관심을 강요하거나 환자의 내면 세계를 침범하지 않는 치료자의 중심적 태도와 관련이 있다. 이 서술에서 두 가지 요소가 특히 중요하다. 치료자는 환자의 개별성과 그의 취약한 정체성의 중심적인 핵을 존중해야 하며, 또한 환자의 취약한 자율성을 침범하지 않는다는 점에서 비침범적이어야 한다.

위니캇(1963)의 "안아 주기" 개념과 그것이 심리치료에서 차지하는 중요성을 상기하는 것이 유용하다. 그는 다음과 같이 말한다:

당신은 분석가가 환자를 안아 주고 있다는 것을 볼 것이다. 그리고 이것은 종종 분석가가, 경험되고 있거나 혹은 경험되기를 기다리고 있는 환자의 가장 깊은 불안을 알고 이해하고 있다는 것을 보여 주는 것이며, 또한 그것은 적절한 시점에서 말로 전달하는 형태를 띤다(p. 240).

"안아 주기 기능"은 더욱 원시적인 정신 병리의 치료에 한층 더 중요하지만, 그것은 모든 심리치료적 상호작용에서 핵심적 역할―명시적으로 혹은 암시적으로―을 한다. 마수드 칸(Masud Khan, 1972)은 환자와 관계 맺는 두 가지 형태를 명확하게 구분하였다: (1) 환자의 의사를 듣고, 구조적이며 전이적인 측면에서 그것의 의미를 해석하는 형태; (2) 예측되거나 프로그램화할 수 없는 어떤 경험을 편히 경험할 수 있게 하는, 환자에 대한 심리적, 정서적, 환경적인 안아 주기.

기법적 측면

그런 공감적 반응뿐 아니라, 치료자가 치료적 연대의 형성에 기여할 수 있는 몇 가지 기법적 절차들이 있다. 이것은 치료를 시작할 때 치료적 상황을 정의하고 치료 계약을 설정하는 것을 포함한다(Langs, 1973). 치료자와 환자 각자의 역할을 명료화 하는 것은 치료 초기뿐만 아니라 치료 과정의 중요한 시점들에서도 꼭 필요한 것이다. 치료 연대를 형성하는 또 하나의 중요한 기법은 환자가 자기 의사를 전혀 드러내지 않거나 최대한 표현하지 않는, 치료 연대의 왜곡을 주목하는 것이다(Langs, 1974). 이러한 것들은 환자에게, 치료자의 판단이나 비판에 대한 공포; 환자 자신의 무력감이나 치료 상황에 대한 무기력한 의존에 대한 공포; 혹은 마지막으로, 심지어 치료 상황을 환자 자신의 잘못과 결점들에 대해 치료자가 용서를 선언하는 고해적 상황으로 여기는 것 등으로 나타날 수도 있다. 내 경험에서 볼 때, 분석 수련생들이 치료 상황을 마치 특정한 성취 기준이 있는 것처럼 여기고, 치료자가 평가나 비평을 하는 사람인양 반응하는 것은 흔히 있는 일이다.

치료 연대 왜곡의 또다른 변형은 자기애적 연대(Corwin, 1972; Meissner, 1981b)인데, 여기에서 환자는 자기애적으로 투자된, 그리고 보통 비현실적인 목적을 위해 치료자로부터 무엇인가를 얻겠다는 의도(종종 무의식적인)를 가지고 치료에 들어간다. 이는 보통 자기애적 소원 성취의 한 형태로 나타나며, 전능하고, 거대하며, 마술적인 환상을 포함한다. 그것은 더욱 현실적이고 의미 있는 치료 연대의 확립을 가로막는다.

행동이 말보다 더 크게 말한다. 치료자는 말과 태도와 느낌을 표현하는 행동들 사이에 어떤 일관성을 유지해야 한다. 치료자의 과제는 계속 환자와 신뢰 관계를 형성하는 것이며, 환자의 자율성을 지속적으로 격려하고 촉진하는 것이다. 따라서 치료자는 치료 상황의 내부 혹은 외부에서 환자와의 접촉을 잘 조절하는 방법으로 환자 안에 신뢰감이 형성되도록 최선을 다해야 한다. 특히 행동의 많은 부분에서 무력하고 유아적인 상태에 집착하는 환자에 대해서, 치료자는 항상 부모 역할에 발을 들여놓음으로써 뜻하지 않게 환자의 신뢰와 자율성을 침해하게 되는 유혹을 받게 된다. 언어적인 공식화와 구체적 행동 사이의 상이성은 치료자 안에 있는 무의식적인 역전이 태도를 탐구할 수 있는 풍부한 영역이다.

치료 연대의 확립과 유지에서 가장 중요한 것은 치료자가 일관성을 유지하는 것이다. 치료자는 환자의 신뢰감, 자율성, 자존감을 해치는 일은 절대로 해서는 안 된다는 것을 항상 기억해야 한다. 이것은 치료자가 환자의 저항을 다루기 시작할 때 특히 힘들어진다. 치료 과제는 사실상 치료 작업이 진행될 수 있도록 저항을 분석하는 것이지만, 그러나 치료자가 저항을 분석할 때, 환자의 취약한 자존감과 자율성을 침범할 수 있는 위험이 따른다. 따라서 환자의 저항에 대한 치료자의 해석은 치료 연대 요소에 대한 주의와 함께 제공되어야 한다. 이러한 주의는 다른 치료적 개입에도 적용된다. 일상적인 것이든, 혹은 과장된 것이든, 직면은 치료 연대를 확립하거나 강화하는 상황에서 발생할 때에만 효과적이다(Corwin, 1972; Buie and Adler, 1972; Adler and Buie, 1972).

환자는 어떻게 그가 가진 최소한의 자존감과 취약한 자율성을 상실하지 않으면서 분석가와 치료 관계를 맺고 치료 과정 안으로 들어갈 수 있는가라는 문제에 계속해서 직면하게 된다. 치료 연대가 견고하고 안정적일 경우, 치료 과정 안으로 들어가는 과제는 매우 단순하다. 그러나 치료 연대가 취약하거나 그릇된 치료 연대의 요소에 의해 오염될 경우, 치료 과정 안으로 들어가는 과제는 극도로 어렵고 힘든 것일 수 있다. 어떤 경우든, 치료 연대를 확립하고 유지하며 계속적으로 강화하는 일은 치료에서 가장 중요한 일이다. 그러한 치료 연대는 본질적으로 치료 작업을 수행하는 데 필수적인 요소이기 때문이다.

투사적 체계에 대한 확인

편집증적 과정에 대한 이론에서, 환자의 경험—인지적, 정서적인 것 모두—은 세 가지 중요한 요소, 즉 환자의 내사, 내사와 상호 관련된 투사, 그리고 편집증적 구성을 중심으로 구조화된다(Meissner, 1978b). 환자는 이 세 가지 측면에서, 그 자신뿐 아니라 그가 움직이고 숨쉬는 주위 세계에 대한 자신의 경험을 조직한다.

전략

투사적 과정은 이전의 내사물을 확증하고 강화시키며 유지하고 확인하는 데 기여하며, 환자는 그 내사물을 중심으로 자기감을 조직하고 유지한다. 치료적 개요의 이 수준에서, 분석가는 환자의 투사적 체계의 요소에 초점을 맞추기 시작한다. 일반적인 전략은 편집증적 구성 요소를 확인하고, 그것의 투사적 측면을 규명한 후에, 내적인 준거 틀로 되돌아가서 치료적 노력의 핵심 문제인 내사 조직을 다루는 것이다.

투사적 체계에 대한 첫 번째 접근에서, 우리의 과제는 일차적으로 환자가 자신과 그가 사는 세계에 대해 경험한 이야기를 듣는 것이다. 이것은 환자의 편집증적 구성이 담고 있는 내용을 서술적으로 제공한다. 우리가 투사적 요소를 확인할 수 있게 되는 것은 바로 그 편집증적 구성 안에서이다. 이러한 전략은 본질적으로 수동적이다. 그러므로 분석가는 투사적 체계의 요소와 대면하거나 그것들을 반박할 필요가 없다. 분석가의 일차적 목적은 그 체계에 대해 배워 아는 것이고, 그 안에 무엇이 있는가를 발견하고, 할 수 있는 한 최대한으로 그것과 친숙해지는 것이다.

환자는 처음부터 바로 자신의 투사적 체계 및 그것과 관련된 편집증적 구성에 대해 이야기한다. 환자는 자신의 태도, 언어, 의사 표현을 통해서 세계와 자신에 대한 모든 견해를 분석가에게 자료로서 제공한다. 한 학생이 수업 시간에 지명될지도 모른다고 느낄 때 얼마나 불안해지는지, 교수와 대화할 때 얼마나 더듬거리며 혼란스러워지는지, 그리고 친밀한 데이트를 할 때 얼마나 불안해지고 무능해지는지에 대해 분석가에게 말하는 것은, 환자 자신에 대한 이미지와 주변 세계에 대한 자신의 관점에 대해서 말하는 것이다. 분석가는 환자가 아기였을 때, 가정에서 심리적으로 불안정한 어머니가 그를 불안하고 강박적으로 돌보았고, 환자가 항상 자신을 전혀 성장할 것 같지 않는 엉망인

소년으로 느꼈다는 것을 알게 될 때 놀라지 않는다. 15세까지 계속된 그의 야뇨증은 이 사실과 부합된다. 이러한 세부 사항은 적대적이고 위협적인 강력한 어른들의 세계 속에서 길 잃은 무력한 아동의 이미지로 형성된다. 위협적이고 침범하며 강력하게 통제하는 대상으로서의 치료자에 대한 그의 반응은 이러한 편집증적 구성이 지닌 내용과 완벽하게 일치하는 것으로 보인다.

그런 환자는 자신의 경험 세계를 사실로서 제시할 것이다. 비교적 매력적이고 매우 지적이며 전문직을 가진 젊은 여성은 자신에게는 남성들이 호감을 가질 수 있는 신체적 매력이 없기 때문에 자신이 무가치하고 부적절하다고 주장하였다. 이러한 그녀의 주장에 대해 많은 의문을 제기했고 반대 증거를 제시했지만, 그녀의 확신은 변하지 않았다. 그녀는 자신이 부적절하다는 느낌을 갖고 있었고, 사회 환경에 대한 부정적인 인식을 바탕으로 한 정신세계를 형성하고 있었으며, 이것이 여성으로서 사랑스럽지 못하다는 그녀의 인식을 강화시키고 있었다. 그녀는 치료자가 동일한 방식으로 그녀를 가치절하 하고 있다고 느꼈다; 그녀에게 치료자는 결국 다른 남자들과 다를 바 없는 남자일 뿐이었다!

이러한 성격 조직에서 결정적인 요소는 환자의 투사이다. 투사는 특히 대상관계의 수정과 관련이 있다(Meissner, 1971b, 1978b). 위에서 언급한 사례에서 보면, 환자의 대인관계는 중요한 타자들이 자신에 대해 비판적이며, 자신을 비하하고, 자신에게 해를 끼치며, 자신을 현재의 위치에 있게 만들었다는 등의 투사에 의해 오염되었다. 모든 경우에 중요한 내사적 요소와 관련된 이러한 투사적 요소는 부모 상으로부터 파생된 것이다.

기법

이러한 서술적 이야기를 촉진할 수 있는 몇몇 기법이 있다. 첫째 구체적인 세부 사항에 대한 정보를 가능한 한 많이 얻는 것이 중요하다. 분석가는 구체적인 사건, 개인의 다양한 행동, 정서의 표현, 그리고 특히 환자 자신의 지각과 느낌에 대해 가능한 한 많이 알기를 원한다. 둘째 현재의 대인 관계적 준거틀을 다루는 것과 환자의 경험의 역사적 차원으로부터 나오는 모든 이야기를 가능한 한 많이 듣는 것이 유용하다. 또한 그 내용을 상세하게 살펴보는 것이 중요한데, 그 이유는 그것을 밝히는 과정에서 환자의 행동 유형과 태도의 유형이 모습을 드러내기 때문이다. 환자가 좀 더 이른 시기에 유사한 경험을 했었다는 사실을 암시하는 과거의 이야기를 탐색하는 것이 특히 유용하며, 이것은 이른 시기의 경험일수록 더 좋다.

이러한 개요의 수준에서, 분석가는 편집증적 구성 요소만을 다루는 것이 아니다; 환자는 내사 수준의 내용을 직접적으로 표현할 수도 있다. 그는 직접적인 방법이나 간접적인 방법으로, 자신 스스로를 어떻게 보는지, 자신에 대해 어떻게 느끼는지, 다른 사람들이 자신을 어떻게 간주하고, 자신에게 어떻게 반응한다고 생각하는지를 다양하게 말할 수도 있다. 특히 환자가 느끼고 있는 세부적인 내용을 밝히는 과정에서, 우울함, 공포감, 수치심, 부적절감, 약함, 취약성과 같은 숨겨진 정서가 병인적인 자기감에 대한 직접적인 원인이라는 사실이 드러날 수 있다.

투사 체계를 확인하기 위해서는 치료 관계에 초점을 맞추어야 한다. 투사 체계는 환자가 경험하는 모든 영역, 특히 정서적으로 중요한 영역에서 작용한다. 따라서 투사 체계는 치료 관계 안에서 작용하는 것으로 추정될 수 있으며, 치료가 진행됨에 따라 전이 신경증에서 가장 명백하고 극적으로 나타난다. 전이 신경증은 일반적으로 환자의 투사 체계에 대한 가장 생생하고 극적인 표현이며, 따라서 치료자가 투사 체계를 인지하고 확인할 뿐만 아니라 그것을 극복하기 위한 일차적 수단이 된다.

이러한 요소를 표현하는 가장 중요한 수단은 환자의 정서이다. 의사 소통의 정서적 통로는 가장 비중이 큰 정보를 전달한다. 또한 치료자 는 대상에 대한 환자의 정서—슬픔, 쓴맛, 후회, 분노, 공포 등—에서 단서를 얻을 것이다. 그뿐 아니라 환자에 대한 치료자 자신의 정서적 반응에서도 투사된 내용을 확인할 수 있는 중요한 신호가 제공될 수 있다. 치료자가 느끼는 지루함, 짜증스러움, 무능력하고 부적절한 느 낌—심지어 증오(Winnicott, 1947)—은 환자의 상태를 이해할 수 있는 중요한 신호가 될 수 있다. 환자는 이러한 전이/역전이 상호작용의 영 역에서 자주 치료자에 대한 자신의 지각과 표상을 왜곡할 뿐만 아니 라 심지어 자신의 왜곡과 그릇된 반영을 확증해줄 치료자의 반응을 얻으려고 시도한다.

현실 검증

전략

현실 검증의 단계는 투사 체계를 확인한 이후에 투사 체계를 치료 적으로 다루는 첫 번째 과제이다. 환자의 투사 체계의 요소가 현실에 의해 검증될 필요가 있다는 것은 명백해 보이지만, 어떻게 이것을 수 행할 것인가라는 문제가 남아 있다. 여기서 우리의 기본적인 전략은 치료의 초점을 투사 체계로부터 그것이 파생해 나온 근저의 내사물로 옮기는 것이다. 분석가가 투사 체계 전체에 대해, 혹은 그 안에 있는 명백한 요소에 대해 도전하거나 직면할 때, 현실 검증 과정은 특히 어 려움을 겪는다. 이것이 곧 다양한 모든 직면이 옳지 않다는 사실을 말해주는 것은 아니다(Corwin, 1972). 그러나 문제는 이런 맥락에서 직면은 투사 체계 안에서 해석될 위험이 있다는 데 있다. 투사 체계의 해체는 투사 체계의 확인이라는 앞선 단계에서 확립된 전략을 따름으로써 수행된다. 그 체계에 대한 현실 검증은 자세한 이야기 과정을 통해 이루어진다. 환자는 자신이 그리고 있는 그림의 세부 사항을 채워가는 과정에서 사실상 더 많은 특수한 현실, 혹은 구체적이고 현실적인 요소와 직면하고 있는 것이다. 이 전략은 투사 체계를 확인하는 단계에서 시작되며, 현실 검증의 첫 단계로 이어진다.

기법

그럼에도 불구하고, 투사 체계의 요소에 대해 의문을 갖게 하고, 투사적 요소와 이제 막 출현하는 현실적 관점 사이에 어느 정도의 거리감을 만들어내도록 의도된, 몇 가지 특수한 기법이 있다. 첫 번째 기법은 감정의 꼬리표 달기이다. 환자가 감정의 측면에서 어떤 내용을 표현할 때, 치료자가 그 내용을 하나의 감정으로 인식하고 그것에 꼬리표를 다는 것은 매우 유용하다. 따라서 환자가 "내가 제대로 할 수 있는 것은 아무 것도 없다고 느낀다"라고 말할 때, 치료자가 특수한 진술 내용이 아니라 그 감정의 특성에 대해 다음과 같은 말로 꼬리표를 달아주는 것이 필요하다: "당신은 그렇게 느끼는군요."

감정에 꼬리표 달기는 오랜 시간 동안 지속되어야 하고, 환자가 정서적으로 경험한 많은 구체적인 환경과 세부 사항을 포함할 필요가 있다. 그러나 꼬리표 달기 기법은 의도와 방향을 갖고 있다. 그것의 의도는 감정(그리고 그것과 환상 사이의 밀접한 연관성)과 현실 사이의 구분을 확립하는 것이다. 따라서 이 기법은 치료 개요의 현실 검증 단계에서 중요한 역할을 담당한다. 꼬리표 달기는 환자가 자신에 대해 갖는 조리 있고 일관된 경험의 유형과, 감정의 조직과 특수한 환상과의 점진적인 연관을 형성함으로써, 자신의 감정에 대한 환자의 자각을 점진적으로 증대시킨다. 감정은 다시금 내사적 요소와 더욱 직접적으로 관련을 맺는 경향을 띠며, 그 결과 자신을 둘러싼 현실에 대한 환자의 지각뿐만 아니라 인간 존재로서의 자신에 대한 지각과 이해에 미치는 환상의 비율에 영향을 끼치게 된다.

두 번째 현실 검증 기법은 환자의 지식이 부족한 구체적인 영역을 확인하는 것이다. 환자는 빈번히 해석, 기대, 결론, 가정, 태도 등을 마치 그것들이 사실 인양 제시할 것이다. 일반적으로, 이러한 표현은 환자의 부적절성이나 결함 또는 해로운 요소를 나타내는 경향이 있다. 치료자는 그런 공식화에 접근할 때 증거를 요구하거나 환자의 표현을 반박해서는 안 된다. 그런 치료자의 접근은 환자의 강한 저항과 경직된 태도만을 불러올 뿐이다. 오히려 치료자는 환자가 가진 지식의 불확실한 영역을 전략적으로 지적할 수 있다. 만일 환자가 직장에서 사람들이 자신을 좋아하지 않는 것 같다고 말한다면, 치료자는 치료 개요를 따라서 환자의 직장 상황에 대한 아주 세부적인 정보를 얻어야 할 것이다. 환자가 세부적인 정보를 제공하지 못한다면, 치료자는 환자에게 그가 사람들이 자신을 좋아하지 않는다고 느끼고 있지만, 실제로는 직장에서 사람들이 그를 좋아하는지 싫어하는지에 대해 잘 모르고 있다는 점을 지적할 수 있다.

여기에서 치료자는 찬성도 반대도 할 필요가 없다. 치료자는 환자에게 직장 사람들이 그를 몰아내려 한다는 생각이 맞다거나 틀렸다고 말하지 않고, 다만 환자가 실제 상황을 잘 모르고 있는 것 같다고 말해야 한다; 혹은 한 걸음 더 나아가 말한다면, 환자가 실제적인 지식이 없을 때, 그 공백을 다른 것으로 채우는 경향이 있다고 말해야 한다. 치료자는 환자의 현실 경험 안에 있는 공백을 메우는 것은 환자의 머릿속에서, 즉 그의 내면 세계의 실체를 형성하는 내사물로부터 나온다는 것을 강조함으로써 치료 과정을 진전시킬 수 있다.

방어적 반응

이 치료 과정은 대체로 무의식적 수준에서 기능하는 환자의 환상 영역—그것의 외부적, 내부적 지시물 모두에서—을 점점 더 명료하고 상세하게 서술하는 것을 지향한다. 내사적으로 파생된 이러한 환상 체계 및 초기 대상관계, 그리고 현재의 전이 관계에서 그것들이 갖는 역할에 대한 설명은 내사물을 명료하게 밝혀주고, 그것을 현실로부터 점점 더 구분할 수 있게 해준다. 치료에서 이어지는 이후의 단계는 이러한 측면을 정교화하는 과정으로 이루어진다.

현재의 치료적 개요는 갈등에 초점을 두지 않는다. 그보다는 심리 내적 갈등의 근저에 초점을 두고 있으며 심리 내적 갈등을 불러일으키는 내사물의 유형에 관심을 갖는다. 따라서 투사 체계에 대한 현실 검증 혹은 현실에 대한 투사 체계의 검증은 치료의 진전을 위해 매우 중요한 작업이 된다. 투사 체계의 요소가 점차 세부적인 검사를 받게 됨에 따라, 환자가 지닌 투사 체계의 안정성과 유용성은 감소되고, 환자는 심각한 정도로 그 체계를 방어하고 유지하려고 한다. 치료자는 환자의 투사 체계 자체를 중요하게 다룰 뿐만 아니라, 그 체계가 점증하는 압력을 받게 될 때 환자가 드러내는 방어적 반응도 중요하게 다루어야 한다. 투사 체계는 우연히 거기 있는 것이 아니다. 그것은 강력한 에너지가 투자된 인지적·정서적 방어 조직으로서, 본질적으로 환자의 자기감뿐 아니라 그의 자기애적 욕구를 보존하는 것을 목표로 한다. 이 방어적 반응들은 자기의 핵심적 요소인 내사물의 보존에 집중적인 관심을 가지며, 환자의 자기감은 그 핵심 요소를 중심으로 조직화 된다. 따라서 점진적인 붕괴에 직면한 투사 체계의 방어는 상당히 강력해질 수 있다.

정서의 변화

투사 체계가 점차 수정됨에 따라, 환자의 정서가 점진적으로 변화하며, 따라서 환자는 근저에 있는 정서(대체로 억압된)—이것이 투사 체계를 발생시켰으며, 이것에 대항해서 투사 체계는 방어로서 작용한다—를 점차로 이용할 수 있게 된다. 대개 그렇게 활성화되는 정서는 근저에 자리잡고 있는 죄책감 및 수치심과 관련되어 있다. 환자가 방어적으로 반응하는 문제나 고통스러운 근저의 정서를 견디는 문제 모두에서 치료 연대는 중요한 변수로 작용한다. 이러한 문제들은 치료 연대가 굳건하고 손상되지 않음으로써 환자가 지지 받는다는 느낌을 가지고 치료자와 관계 맺을 수 있는 한에서만 해결이 가능하다.

그럼에도 불구하고, 치료자는 그런 견디기 힘든 우울한 정서에 직면해서, 환자가 더욱 투사적인 방어로 퇴행하고 투사 체계에 리비도를 재투자하거나, 혹은 치료적 압력에 직면해서 그것을 더욱 내성(耐性)을 지닌 것으로 만들 수도 있다는 점을 염두에 둘 필요가 있다. 투사 체계의 붕괴와 고통스러운 우울한 정서의 출현은 그런 정서가 근저에 있는 내사 조직과 밀접하고 역동적으로 관련되어 있음을 깨닫게 함으로써 치료 과정을 다음 단계로 진전시킨다. 내사물을 풀려나게 하고 그것을 점차로 치료적 개입에 이용할 수 있게 하는 것은 바로 이러한 우울한 정서이다.

내사물의 명료화

내면 세계로의 이동

우리가 편집증적 과정의 조직을 기억한다면, 투사 체계의 붕괴는 치료의 초점을 투사 체계로부터 내사 체계로 이동시킨다는 것이 명확해진다. 편집증적 구성을 포함한 투사 체계는 병인적 내사물의 영향을 피하는 동시에 그것을 유지하는 방어 기능의 측면에서 이해될 수 있다.

투사 체계가 붕괴되어 내사물이 드러날 때, 치료의 초점은 외부 세계로부터 내면 세계로 이동하며, 환자는 그 내면 세계에 대해 이야기하기 시작한다. 환자가 자신의 약함, 부적절성, 무력함, 열등성, 결함, 무가치함, 취약성의 측면을 본다는 점에서, 대개 그것은 우울한 내용물로 구성되어 있다. 치료자는 앞 단계에서 상세한 확인 과정을 통해 투사 체계를 드러낸 것처럼, 여기에서도 환자의 내사 체계를 집중적으로 확인할 필요가 있다. 그 체계에 대한 인식은 치료 과정의 중심 부분을 구성하기 때문이다.

따라서 치료자는 환자의 가정된 부적절감, 무력감, 열등감에 대해 구체적이고 특수하며 세밀하게 알 필요가 있다. 다시, 이런 요소들의 현실성이 검증되어야 하는데, 이는 환자의 투사 체계의 요소가 현실보다는 환상과 더 많이 관련되어 있듯이, 환자의 내사 체계의 요소도 현실보다는 환자 자신과 그가 무엇인가에 대해 갖는 환상과 더 많이 관련되어 있다는 중요한 통찰을 향해 나아가는 방향으로 검증되어야 한다. 이 일은 환자가 자신의 현실을 알지 못하며, 따라서 그가 자신에 대해 만들어내는 결론, 태도, 느낌의 양은 알려지지 않았다는 가정 위에서 진행되어야 한다.

내사 조직은 일차적으로 치료 관계에서 그 모습을 드러낸다. 환자는 다양한 방법으로 치료자에 대항하여 대립하고 싸우려고 달려드는 경향이 있다. 가장 전형적으로, 환자는 치료 관계 안에서 치료자를 강력하고 힘이 세며 능력 있는 대상으로 보는 반면, 자신을 약하고 열등한 존재로 볼 것이다. 그는 또한 자신을 주로 치료자의 피해자로 볼 것이다; 즉 자기 자신을 치료자의 평가, 비평 그리고 통제하에 있는 것으로 본다.

내사적 리비도 경제

이제까지 우리는 내사적 리비도 경제의 반만을 다루었다. 환자들은 빈번히 자신들의 내사물이 지닌 열등하고 부적절한 측면 혹은 무력하고 피해 받은 측면과 접촉할 것이다. 그러나 만일 환자에게 약함에 대한 환상과 관련된 내사적 리비도가 있다면, 반대편 쪽에는 파괴적 힘에 대한 느낌과 관련된 부분이 있다는 것을 우리는 알고 있다. 그의 무가치함을 나타내는 부분이 있다면, 그의 특별함과 자격 있음을 나타내는 부분도 있기 때문이다.

이 맥락에서 발견되는 것은 내사물의 본래적 양극성, 즉 내사물이 현실이라는 중간 지점을 기점으로 양 측면으로 나뉘어져 있다는 사실이다(Kernberg, 1966). 중요한 대상들과의 관계에서, 이 양극성은 두 가지 방식으로 작용한다. 만일 자기가 자기애적 측면에서 열등한 존재로 보이면, 대상은 우월한 존재로 보일 것이다; 반대로, 만일 자기가 우월한 존재로 보이면, 대상은 열등한 존재로 보일 것이다. 이에 상응하여, 만일 자기가 무력한 피해자로 보이면, 대상은 강력한 공격자로 보일 것이다; 다른 한편, 만일 자기가 강력하고 파괴적으로 보이면, 대상은 피해자화 되고 무력한 존재로 보일 것이다.

따라서 내사물의 양 측면은 자기대상 분화의 하나 혹은 다른 하나의 측면에 집중하는 경향이 있으며, 자주 앞뒤로 이동한다. 이러한 내사물의 동요는 감정적인 시소에 비유될 수 있다. 내 쪽이 위로 가면, 네 쪽은 내려가야 한다; 네 쪽이 올라가면, 내 쪽은 내려가야 한다. 이러한 양극화와 시소 게임의 근저에는 자기애와 관련된 모든 역동, 특히 시기심의 요소가 숨어 있다. 비슷한 유형화가 공격적인 요소의 측면에서 행해질 수 있는데, 그것은 공격자와의 동일시, 그리고 피해자와의 동일시 측면로 나타날 수 있다. 이 양쪽 측면 모두를 환자 자신의 내사물에서 파생된 것으로 보는 것은 치료 과정의 이 단계에서 중요한 요소이다. 한편으로, 우월하고 특별한 것으로서의 자기와 다른 한편으로, 열등하고 무가치한 것으로서의 자기 사이를 왔다갔다 하는 것은 본래적인 동요이며, 그것의 양 측면은 환자의 내사적 조직으로부터 파생된 것이다. 따라서 치료자는 내사적 리비도 경제의 한 극단이 억압을 피해 환자의 의식에 접촉할 수 있다면, 반대편 극단이 표면 아래 어딘가에 숨어 있다고 추정할 수 있다. 그리고 그것은 조만간에 자신의 마각을 드러낼 것이다.

해석

내사의 조직과 역동은 환자의 본래적인 자기애에 기초되어 있으며, 내사는 그 자기애가 지시하는 대로 기능하는 경향이 있다. 상호 관련되고 양극화된 내사물의 측면이 더욱 분명하게 확인되면서, 그것이 전부 아니면 전무의 방식으로 작용한다는 것이 명백해진다. 만일 치료자가 우월하고 능력 있으며 지성적으로 보이면, 환자는 스스로를 아무런 능력도 없고 전혀 가치 없는, 전적으로 열등하고 비천한 존재로 보게 된다. 치료자가 환자의 이러한 극단적인 논리—전부 아니면 전무, 검거나 흰, 이것 아니면 저것이라는—를 듣게 될 때, 그는 내사적 영역에 가까이 가고 있다는 것을 알게 된다.

내사물의 양극화된 측면은 그것에 상응하는 방어 조직과 함께 묶여져 있다. 이것에 대한 이해는 환자의 우울적 역동에 대한 중요한 통찰을 제공한다. 환자가 자신에 대해 인식하는 데 있어서, 종종 그와 같은 강도로 열등하고 부적절하며, 무력하고 취약한 피해자 상에 집착하는 것은 쉽게 이해될 수 있는 일이 아니다. 그런 강한 집착은 치료적 개입에 대해 매우 완강하게 저항하는 요소로 작용하며, 이는 환자가 특별하고, 자격 있으며, 예외적이라고 말하는 반대편 측면과의 관련 하에서만 이해될 수 있다. 중요한 점은 내사물의 한 측면이 보일 때 그것의 반대 측면이 현존하고 작용한다는 돌이킬 수 없는 사실이다. 이 양 극단이 서로 연결되어 있고, 서로를 먹여 살리며, 상호적 방어의 연결 고리로 묶여 있어서 쉽게 분리될 수 없다는 것을 환자가 깨달아야 한다. 환자는 내사물 전체를 받아들이고 수용하거나, 그것을 전부 거부하고 포기해야 하는 위치에 있게 된다.

내사물이 더욱 분명히 확인됨에 따라, 검증 과정은 신속하게 진행될 수 있다. 따라서 예컨대, 환자가 느끼는 약함, 부적절성, 무력감이 반복적으로 확인되면서, 그런 요소가 점진적으로 근저에 있는 내사물의 조직을 반영하는 환상과 관련되어 있다는 이해가 발달할 수 있다. 환자는 환상만을 알거나, 너무 오랫동안 환상을 그의 실제 자기의 일부로 받아들임으로써, 그의 실제 자기의 본질이 어떤 것인지를 알지 못하고 있다. 이 모든 과정에서 치료 관계는 전이 신경증과 치료 연대 사이를 구분함으로써 가장 분명히, 직접적으로 그리고 강력하게 환자의 자기 안에 있는 이러한 내사적 환상 요소와 현실적 요소 사이를 구분할 수 있게 해주는 일차적인 기반이다.

내사물

관련된 대상

병인적 내사물을 명료화하는 것—구성 요소들의 점진적인 서술, 양극화된 공격적 차원과 자기애적 차원의 확인, 그것의 상호적인 방어 및 그것이 주체로서의 자신에 대한 전체적 경험의 필수적인 부분을 형성하는 방식에 대한 인식뿐만 아니라, 환상과 현실 요소 사이의 점진적인 분화를 포함하는—은 리비도가 뿌리 깊이 자리잡고 있는 내사물을 밝혀내고 그 내사물을 붕괴시키는 데 기여한다. 그러나 이러한 설명은 효과적인 치료적 개입을 위한 토대로서는 충분하지 못하다. 병인적 내사물의 조직을 확인함에 있어서, 꼭 필요한 다음 단계는 그것의 이차적 구성물을 탐구하고 확인하는 것이다.

내사물은 대상관계의 파생물이 내재화된 것이며, 따라서 그것을 탐구하는 것은 환자의 경험에서 과거 그리고/혹은 현재의 대상들과의 구체적인 연결 고리를 확립하고 명료화하는 것을 포함한다. 치료자가 이러한 정보를 끌어내고 그것을 환자에게 의미 있는 통찰의 잠재적인 원천으로 가져오는 방식은 기법 상의 문제이다. 어떤 환자의 경우에는 경험의 이러한 영역에 대한 적절한 탐구가 상당히 적극적으로 이루어질 수 있다. 그러나 사정은 종종 그렇지 못하다. 일반적으로 이 정보는 더욱 간접적이고 미묘한 방식으로 얻어져야 하며, 이때 치료자는 상당한 정도의 자기 훈련과 인내를 필요로 한다.

치료 과제

조금씩 환자의 과거 관계, 특히 부모 인물과 경험한 관계의 형태가 더욱 분명히 드러나게 된다. 과거의 경험을 신뢰할 만한 정보로 이용할 수 있기 전까지는 상당히 많은 시간 동안 환자의 관계 영역에 대한 탐구를 확충시켜 가는 노력이 필요하다. 따라서 초기 삶에 대한 기억과 과거에 대한 환자 자신의 첫 번째 혹은 두 번째 해석이 의심의 여지없이 타당성을 갖는 것으로 간주할 수 없다. 과거에 대한 환자의 첫 번째 밑그림은 치료가 진전됨에 따라 점차 채워지고, 다시 그려지며, 정교해지고, 고쳐진다. 이러한 과거에 대한 서술은 결코 과거 사실의 단순한 재생이 아니다. 오히려 중요한 것은 환자의 경험의 회복인데, 그 경험은 환상, 소원, 욕구, 그리고 방어의 요소에 의해 지나치게 억눌려 있고 물들어 있는 것이기 쉽다(Spence, 1983).

이러한 수준에서 치료적 개요의 과제는 환자의 경험을 재추적하는 것, 즉 현재 내사물의 조직 및 내사 구조와 환자가 과거에 경험한 대상관계 사이의 연결을 확립하는 것이다. 여기에서 가장 중요한 대상은, 대체로 부모이다. 환자의 특수한 삶의 경험에 따라 다른 중요한 인물이 개입될 수도 있다. 종종 형제가 중요한 역할을 하며, 다른 친척들, 심지어 가족이 아닌 인물도 중요한 역할을 한다.

내사물의 양극화된 측면이 환자의 중요한 대상에 대한 양가적인 관계 경험의 요소로부터 파생된 것이라는 사실이 머지 않아 드러나게 될 것이다. 공격성과 자기애의 역동을 중심으로 조직된, 일차적 양극성의 상대적인 측면은 대체로 특정한 대상에 대한 환자의 경험과 관련되어 있다. 따라서 공격성의 측면에서 피해자 내사는 피해자화 된 대상과 환자와의 관계 및 그 대상에 대한 환자의 애착으로부터 파생한 것이기 쉽다. 부모 사이의 전형적인 가학·피학적 관계의 형태에서, 남아와 여아 모두가 경험하는 이러한 "피해자와의 동일시"는 어머니와의 관계에서 더 빈번히 발생한다. 그러나 아버지 또한 이러한 내재화 대상에서 배제되지는 않는다. 가족의 상호작용, 특히 부모 사이의 상호작용의 유형을 조사할 때, 아버지가 피해자로 기능하는 관계의 측면들이 있다는 것을 알 수 있다.

공격적 측면, 즉 "공격자와의 동일시"는 비교적 공격적인 대상에 대한 애착과 의존으로부터 파생하며, 이때 아버지는 공격성의 동일시를 위한 일차적 대상이기 쉽다. 그러나 아동은 계속해서 어머니 성격 안의 공격적, 적대적, 파괴적 요소를 자신의 공격자와의 동일시를 위해 사용한다. 내사적 양극의 자기애적 요소들을 살펴보면, 유사하게 내사의 내용이 동일하고 중요한 대상과의 관계에 포함된 자기애적 요소로부터 파생한다는 것을 발견하게 된다. 따라서 아동은 부모의 우울하고 가치절하된 측면을 내사하는 동시에 부모의 자기애적 위대하고, 특별하며, 자격 있는 측면을 내사할 것이다.

이 단계에서, 치료는 이전에 환자 안에 자리잡은 내사물의 분류라는 과제로부터 벗어나 다음 과제로 옮겨간다. 이 전환기에서 제기되는 질문은 환자의 "중요한 대상과의 관계 경험 어디에서 이러한 요소들이 드러났는가?"이다. 환자 안에 축적된 내사물은 이러한 중요한 대상들로부터 파생된 요소들이 재창조된 것이라고 볼 수 있으며, 따라서 내사물은 유아기적 과거에 대한, 의존적이고, 자기애적으로 동기화된 집착 형태를 나타내며, 또한 유아적 환상 및 이러한 수준의 대상들과의 관련을 보존하는 데 사용되는 것으로 볼 수 있다.

이러한 내사물의 파생물은 만성적인 우울증과 삶에 대한 불만 때문에 치료를 받으러 온 한 젊은 주부에게서 극적으로 드러난다. 그녀가 아내와 어머니로서 뿐만 아니라 한 인간으로서 느끼는 무가치함과 부적절감의 배후에는 자신이 특별하고 자격이 있다는 느낌과 다른 사람들과는 달리 고통을 겪어야 하고, 그녀의 장점에 대해서 인정받거나 보상받지 못하도록 운명 지워졌다는 느낌을 갖고 있다는 사실이 드러났다. 이러한 감정의 중요한 결정 요인은 그녀의 강렬한 페니스 선망이었는데, 그것은 특히 총명한 학생이었고 피아니스트였으며, 그녀의 어머니에게 아주 소중한 존재였던, 그녀보다 훨씬 나이 많은 그녀의 오빠에게 향해진 것이었다. 그보다 더 두드러진 것은 그녀가 경험한 어머니였는데, 그녀의 어머니는 자신의 운명을 원망했고, 자신을 다른 사람들과 다르고 더 우월한 존재라고 믿었으며, 자신을 고통받는 피해자로 만드는 일에 몰두한 채, 자신이 당연히 받아야 할 것을 주지 않고 자신의 우월성을 인정해주지 않는 세상을 시기하고 욕했다. 환자의 내사물은 어머니로부터 직접적으로 그리고 극적으로 파생된 것이었다. 어머니와 딸은 특수한 마술적 결속, 즉 자신들의 진정한 가치와 우월성이 언젠가는 드러날 것이라는 영구적인 기대에 의해 공고화된, 고통과 자기애적 영광이 결합된 내사물을 형성하였다. 그 결합은 그녀가 자기애적인 어머니와 친밀한 관계를 맺고, 어머니에게 인정받으며 수용받으려는 강렬한 갈망이 계속적으로 좌절됨으로써 동기화된 것이었다. 그녀의 어머니가 가지고 있던 병리는 그녀 자신은 말할 것도 없고, 그녀의 딸까지 자신의 좋은 점을 인정하지 못하게 만들었다.

환자의 내사 조직과 그 근원이 되는 대상들 사이의 평행관계는 매우 두드러지게 드러나지만, 모호한 모습을 띨 때도 있다. 내사물은 결국 역동적인 과정으로 이루어져 있다. 내사적 내재화는 대상으로부터 파생된 요소뿐만 아니라 환자의 주관적 내면 세계로부터 오는 역동적인 결정 요소들로 구성된다. 이러한 모든 요소들은 상호작용을 통해서 내재화된 대상 파생물의 영역을 이루며, 이 파생물은 본질적으로 잠정적인 성질을 갖는다(Modell, 1968; Meissner, 1971b).

치료 관계

중요한 대상과의 관계 유형이 가장 결정적이고, 생생하며, 강력하게 나타나는 영역 중의 하나가 치료 관계이다. 치료자에 대한 환자의 점증하는 의존 및 참여는 퇴행적인 압력을 발생시키는데, 이것은 유아적 투사를 활성화시킴으로써 치료 관계를 왜곡되게 한다. 그리고 이 왜곡은 전이 신경증의 조직에서 핵심적인 요소로서 작용한다. 전이를 설명하면서 예를 들었던 앞의 여자 환자는 치료자를, 그녀가 애타게 갈망했던, 인정해주고 칭찬을 해주며, 마침내 그녀의 삶에서 마술적 변화를 일으켜 줄, 모든 것을 다 아는 강력한 마법사로 보았다.

내사의 파생물에 대한 연구는 또한 환자 자신에 대한, 그리고 여기에서 파생된 그의 주변 세계—특히 그의 환경에서 다른 중요한 인물들과의 관계—에 대한 경험 유형에 대한 이해를 포함하는데, 이는 그 모든 것이 그의 과거 유아기 경험 및 반응 유형에 의존한다는 점을 명료화하는 데 기여한다. 환자의 과거와 현재 경험 사이의 차이는 내사를 중심으로 발생한 경험의 환상적 특성에 대한 본질적 통찰을 돋보이게 하고, 그 경험의 요소와 환자의 현재 삶 및 현실 세계에서의 활동을 명료하게 구분할 수 있게 해준다. 환자는 전이 신경증에서 이러한 이해와 깨달음을 얻게 되는데, 그것은 그의 유아적 관계 유형이 그러한 중요한 관계 안에서만 부적절하고 비현실적인 자체의 모습을 드러내기 때문이다.

내사의 동기

저항

내사물에 대한 명료화와 탐구는 다음의 질문으로 인도한다. 즉 이러한 내사물을 보유하고 그토록 필사적으로 그것에 집착하는 환자의 동기는 무엇인가? 이 질문은 치료의 진전에서 결정적인 전환점을 구성하며, 가장 맹렬하고 강한 저항을 불러일으킨다. 치료자는 치료 과정의 이 지점에 이르기까지 일차적으로 환자의 병리에 포함된 요소들을 명료화하고, 몇몇 중요한 측면에서 그것들의 조직을 이해하는 데 초점을 맞추어야 한다. 그러나 이제는 신경증이나 또는 다른 정신 병리를 갖게 된 환자의 동기에 대해 다룰 필요가 있다.

이것은 몹시 어려운 작업이며, 종종 치료가 비틀거리며 주춤거리는 단계이다. 이 지점에서 치료자는 환자의 병리 안에 포함되어 있는 것뿐만 아니라 그것에 집착하는 환자 자신의 내적 이유에 접근해야 할 것이다. 우리가 "집착"이라고 말하는 것은 정신 병리를 가진 환자들 가운데 자신의 신경증을 포기하려고 하는 사람을 거의 찾아볼 수 없다. 환자는 다양한 방법으로 자신의 내사물에 집착하며, 치료자가 그것을 붕괴시키기 위해 시도하는 모든 것을 물리친다. 왜 이러한 내사물에 리비도가 그렇게 강렬하게 투자되는 것이며, 어째서 그것이 환자에게 그토록 중요한 것이 되는 걸까? 그 대답은 내사물 자체의 본래적인 자기애적 역동에서 찾아야 한다. 이러한 많은 환자들에게 있어서, 그 내사물은 성격의 본질적인 핵을 제공하고, 그것을 중심으로 내면 세계의 경험이 이루어지며, 어느 정도 응집적인 실체로서 개별화된 자기감이 조직되기 때문이다. 따라서 환자는 치료적 개입을 자기감의 조직에 대한 위협으로 느끼고, 그것에 대해 단단하고 강한 장벽을 만들어낸다.

자기애

대상 경험이 내재화된 유아기 파생물에 대한 집착을 나타내는 내사물은 그 대상들에 대한 환자의 유아적 의존과 애착을 연장시키는 역할을 한다. 이러한 의존에서 자기애는 가장 중요한 요인으로 작용한다. 내사물은 환자의 유아적 자기애의 감각을 보존하며, 억압되거나 분열된 전능감, 우월감, 특별함의 감정들에 깊이 관련되어 있고, 그런 감정들에서 자체를 표현한다. 편집증적 과정의 역동은 숨겨져 있고, 미묘하며, 표현하기 어려운 방식으로, 이러한 환자로 하여금 자신을 (1916년에 프로이트가 서술했던 의미에서) "예외적으로 뛰어난 존재"라고 믿게 만든다. 환자가 이러한 자기애를 극복하는 것은 치료의 성공에 절대적으로 필요한 요소이다. 치료 작업에서, 이 단계는 최근의 관심과 논란의 대상이 되고 있는 병리적 자기애의 치료에 포함된 모든 어려움을 다루어야 하는 단계이다.

대상들의 보존

내사물에 대한 환자의 집착은 그의 유아적 자기애뿐만 아니라 유아기 대상에 대한 애착감을 보존한다. 유아기 대상에 대한 이러한 집착은 환자가 과거에 그런 대상과 경험한 요소를 재연하는 경향이 있다.

그런 환자는 충족되지 않고 좌절된 그래서 내사된 대상들에 의해 수용되고, 사랑받고, 그들과 친밀한 관계를 맺고, 돌봄을 받고 싶어 한다. 따라서 내사는 현실에서 획득할 수 없는 대상에 대한 일종의 방어적 보상으로서 기능한다. 동시에 그것은 이 동일한 대상에 대한 분노, 실망, 환멸과 같은 근저의 느낌에 대한 중요한 방어로서 기능한다.

이러한 유아기 요소와 그것의 파생물이 지닌 역설은 그것들이 주체를 희생하는 대가를 지불하면서 대상을 보존하고 유지하는 데 사용된다는 것이다. 이것은 대상과의 외적 관계에서 뿐만 아니라 환자의 내면 세계 안에서도 마찬가지로 적용되는 사실인데, 이것은 이 병인적 내사물이 환자의 성격 조직 안에서 발생하는 왜곡 및 손상의 원천으로 기능함으로써, 환자가 자율적 자기 정체성의 현실적 감각을 획득하지 못하게 방해하거나, 그의 정체성을 왜곡하도록 이끌기 때문이다. 예컨대, 앞에서 서술한 젊은 주부는 그녀의 만성적 불만, 우울함, 고통스러운 무가치감 및 시기심에 시달리는 것으로 커다란 희생을 치렀다. 그녀는 황금 양털—자신이 특별하다는 느낌, 우월감, 도덕적 오만, 그리고 자신은 자격이 있다는 느낌—을 얻기 위해 이 엄청난 대가를 기꺼이 치렀다. 그녀의 어머니에 대한 이상화되고 확대된 이미지는 상당히 심각한 신경증적 손상과 그에 따른 불행이라는 대가를 치르고 보존되었다.

또한 그 역동은 환자의 외부 경험 영역 안에 대상들을 보존하기 위해서 작용한다. 예컨대, 그런 환자들의 가족관계 안에는 다음과 같은 사실이 자주 발견된다. 거기에는 현 상황에 대한 숨겨진 충성심이 환자의 내사물을 강화하고 유지하는 방식으로 작용하는데, 그것은 가족 안의 관계와 거기에 포함된 개인들을 보호하는 데 기여한다는 사실이다. 이러한 맥락에서 대체로 모든 가족 구성원들의 내사물을 보존하고 자기애적 평형에서 섬세한 균형을 유지하는 것을 목적으로 조직화된, 가족 가족 신화가 생겨난다(Meissner, 1978). 그런 경우 빈번히 환자의 내사물은 부모의 자기애적 요소를 환자의 정신 안에 보존하기 위한 수단으로 작용한다. 이러한 관점에서 볼 때, 고통을 통한 특별함과 우월함이라는 자기애적 고정관념에 대한 한 젊은 여성의 집착은 고도로 취약하고 약한 어머니의 자기애를 강화하고 유지하기 위한 것이었다.

유아적 애착의 애도

내사물에 대한 명료화는 그것의 구성요소를 설명하고, 나아가 그것의 파생 과정과 동기를 연구하게 한다. 이것은 양극으로 구성된 내사물이 본래적으로 서로 뗄 수 없이 연결되어 있음을 말해준다. 즉, 이러한 두 구성물은 서로에게 의존하고 있고, 상호적인 방어 작용 안에 함께 얽매어 있다. 그것들은 서로를 강화하는 데 기여하고 있고, 분리될 수 없는 일체를 형성하고 있기 때문에, 환자는 과격한 선택을 하도록 강요받는다: 양극의 두 측면 모두를 취하거나 모두를 포기해야 한다. 그는 다른 측면 없이 한 측면만을 가질 수 없다.

이러한 과격한 선택은 우울증 환자들에게서 상당히 극적으로 나타나는데, 그들은 자신들의 우울함을 호소하면서 가치절하되고, 감소된, 그리고 고갈된 그들의 내사물의 한쪽 극을 비교적 쉽게 포기하려 하지만, 자신은 특별하고 자격이 있다는 반대쪽 극의 느낌은 포기하려 하지 않는다. 그러나 그들이 후자를 포기하지 않고는 전자를 포기할 수 없다. 이 단계에서 수행되는 명료화 작업은 내사물에 대한 환상 측면과 환자 자신 및 주변 환경에 대해 경험한 현실 세계가 서로 다르다는 사실에 더욱 초점을 맞춘다.

이러한 점진적 통찰에 의해 생겨나는 불가피한 문제는 내사물을 포기하는 문제이다. 내사물을 포기하기 위해서 환자는 어떤 형태로든 유아적 의존 및 내사에 대한 자기애적 투자와 직면하고, 그것을 극복해야 한다. 자기애적 방어가 감소됨에 따라, 중요한 대상에 대해 강한 분노를 느끼며 시기하기 시작하는데, 이 감정은 흔히 고도로 구강기적인 특성을 갖는다. 이 분노와 시기심은 치료자와의 관계에서 나타나는데, 이것의 극복은 치료 작업에서 핵심적인 과제이다. 자기애적 역동의 또 다른 표현인, 이 역동은 세상 사람들을 가진 자와 못 가진 자로 나누고, 세상사를 이것 아니면 저것, 전부 아니면 전무의 측면으로 바라본다. 이런 환자는 치료자 자신과 그가 가진 것—재산, 사회적 지위, 지성, 혹은 심지어 남근 등—에 대해 시기심을 갖기 쉬운데, 이것은 근저의 자기애적 역동의 측면에서 극복되어야 한다.

이러한 극복 작업을 통해서, 유아기 대상에 대한 애착이 점차 포기되고, 대상의 상실이 수용되는 애도 과정이 시작된다. 애도 과정이 진행되고 내사물의 잠재력과 영향력이 감소됨에 따라, 자율적인 자아 역량이 출현하게 된다.

전이 의존의 출현

내사적 리비도 경제의 근저의 결정 요소가 점차 명백해지고 자기애적인 미성숙한 애착이 애도됨에 따라, 과거 대상에 대한 환자의 유아적 의존은 감소하기 시작한다. 그러나 그 의존이 감소됨에 따라, 치료적 의존은 문제가 되는 방식으로 증대될 수 있다. 환자는 종종 유아적 애착을 포기하거나 단념하지 않은 채, 그것을 치료자에 대한 의존적 애착으로 대체하려고 한다.

이러한 과정에 대한 동기는 이때 쯤이면 명백하게 인식되는 환자의 자기애적 욕구라는 측면에서 명료화될 필요가 있다. 치료 상황과 치료자에 대한 의존은 그 자체로서, 그리고 과거의 중요한 대상관계에 대한 유아적 애착의 작용과는 독립적으로 해소되어야 한다. 치료자에 대한 의존은 이 앞에서 탐구된 애착에서와 마찬가지로 정서적 동요 혹은 정서적 "시소"의 측면에서 설명될 필요가 있다. 치료 상황과 치료자에 대한 의존은 그 자체의 측면에서 볼 수 있다. 가장 전형적으로 이러한 치료적 의존의 출현은 열등하고, 약하며, 취약하고, 피해자화된 내사 조직의 측면, 즉 피해자 내사물을 활성화시킨다.

이런 상황 안에는 더욱 강력하고, 우월하며, 특별하고, 자격 있는 내사적 리비도 경제의 차원이 잠재되어 있다. 내사물 안에 있는 나머지 의존적인 요소들은 환자의 부적절감, 치료의 중단이나 치료자의 부재 기간에 겪는 어려움, 명백한 치료적 진전에 대한 염려, 불안하게 다가오는 치료의 종결 가능성(따라서 치료자 없이 지내야 하는) 등에서 그 모습을 드러낸다. 이 모든 문제들은 치료 관계 안에서 극복되어야 하며, 특히 환자의 내사물의 역동—특히 자기애적 역동—의 나머지 부분의 해소라는 측면에서 다루어져야 한다.

이러한 의존 욕구의 압력이 증가하면, 환자는 유아기 의존 대상을 치료적 의존 대상으로 대체하면서, 그런 의존을 거부하고 인위적인 자율성의 위치로 후퇴하는 방향으로 방어적으로 이동할 수 있다. 이것은 다소 자기애적인 자기 충족의 형태를 띨 수 있는데, 이는 환자가 의존 욕구의 압력에 직면해서 치료자를 필요로 하지 않는다는 느낌, 혹은 심지어 치료자와 치료 자체를 평가절하 하고 무시하는 느낌을 방어로 사용하고 있는 것이다. 이것은 더욱 강력하고, 우월하며, 심지어 과대적인 내사적 리비도 경제의 측면을 자극하는 동시에, 더 열등하고, 부적절하며, 결핍된 피해자 내사의 차원은 표면에 드러나지 못하게 유지한다.

이러한 자기애적 자기 충족이나 유사 자율성의 근저에는 치료자에 대한 분노와 시기심을 수반하는, 환자의 자기애가 도전 받았다는 느낌이 있으며, 다른 나머지 방어들은 이것을 방어하기 위해 동원되는 경우가 많다. 이 모든 것은 치료자로부터 사랑 받고 수용 받으려고 하는 갈망과 함께, 그런 분노와 시기심에 대한 환자의 불안과 죄책감을 수반할 수 있다. 이러한 동기는 유아기 관심이 재활성화된 것인데, 이는 미성숙한 애착과 의존을 극복하는 데 대한 중요한 방어적 장치로서 작용한다.

전이의 해소

내가 지금까지 서술한 것은 내사적 역동과 그것을 지탱하고 움직이게 하는 근저의 동기들, 특히 자기애적인 동기에 대한 명료화이다. 내사물의 근저에 있던 역동은 전이로 이동하고, 거기에서 의존의 문제는 다시금 다른 수준에서 치료적 해소를 통해 극복되게 된다. 여기에서는 다음의 과제들이 중요해진다. 치료자에 대한 환자의 의존 욕구가 충분히 강렬해질 때, 치료적 과제는 그 유아기 의존 욕구를 극복하고 포기하는 것을 포함한다. 따라서 과거의 중요한 대상관계에 대한 유아적 애착을 포기하는 애도 과정은 치료자에 대한 애착에서 확장되고 재경험된다. 환자는 자신을 의존 상태에 묶어두고 근저의 자기애적 욕구를 충족시키는 데 사용되는 다양한 퇴행적인 유아적 압력을 극복할 수 있도록 도움을 받아야 한다. 이러한 요소들이 점차 극복됨에 따라, 치료 관계 안에서 환자가 느끼는 자율성의 정도가 증가하고 주도권을 행사하고 표현하는 능력이 확립되기 시작한다. 그리고 마침내 분명하고 중요한 환자 자신의 정체감이 출현하게 된다(Meissner, 1981b).

이제는 특히 전이 대상의 상실을 다루는 애도 과정이 일어남에 따라, 환자는 치료자에 대한 의존 및 종속감을 점진적으로 포기한다. 특히 전이 요소와 관련된 치료 관계는 환자의 성격 발달에서 더욱 성숙하고 자율적인 측면에 토대한, 좀 더 현실적인 관계로 점차 대체된다. 따라서 전이 대상의 애도는 점진적으로 확장되는 치료 연대에 의해 가능해지며, 이 치료 연대의 확장은 치료 관계의 유아적 측면들, 가장 예리하게는 전이 신경증적 요소들이 치료 연대 안으로 점증적으로 흡수되고, 재생되며, 재통합됨으로써 일어난다.

종결

전이 대상의 애도와 전이 요소의 해소는 치료 과정의 성취, 즉 종결을 위한 장을 마련한다. 내사 조직의 유아적 토대와 동기들이 서서히 제거됨에 따라, 환자는 차츰 치료자의 측면들과 치료 연대의 요소들을 새로운 내사를 위해 사용할 수 있게 되고, 이는 더욱 이성적이고, 현실적이며, 적응적으로 기능하는 자기감을 조직할 수 있는 가능성을 환자에게 제공한다.

이러한 새롭게 출현하는 내사물은 퇴행적인 욕동의 영향과 욕동 왜곡의 영향을 크게 받지 않는다. 따라서 그것들은 방어적인 투사의 필요성을 감소시키고, 환자의 자기애적 안정감을 유지시켜 준다. 점차 치료자의 더욱 현실적이고 적응적인 측면에 자신을 맞추는 환자의 능력은 동일시가 출현할 수 있는 길을 열어 주는데, 이 동일시는 환자가 자아 안에 있는 욕동 파생물을 적절히 통제할 수 있는 자율성과 구조적 역량을 증대시킨다.[5] 종결 작업은 계속해서 내면의 구조적 변화, 특히 자아 및 초자아가 변화하는 데 필요한 결정적인 요소인 내재화를 증가시킨다. 그리고 이 변화는 좀 더 오래 지속되며 적응적인 치료적 변화의 기초로서 사용된다. 따라서 여기에서 환자의 관심이 방어적인 것으로부터 적응적인 것으로 이동하며, 환자는 자신의 관심과 흥미의

---

5. 즉 환자 내면의 정체감 및 자율감의 범위를 확장함에 있어서 "분석적 내사"의 역할과 그것의 영향 ― 특히 종결 과정에서 ― 은 마이쓰너(1981b) 논문에 더욱 자세하게 전개되어 있다.

초점을 과거로부터 현재와 미래에 맞추게 된다. 그리고 또한 환자의 성격에서 대체로 더욱 이성적이고, 안정적이며, 더 적응적이고 성숙한 발달적 잠재력이 풀려 나오게 된다.

제 2 부

편집증적 과정의 정신 병리와 치료

제 3 장

편집증적 과정과 정신증적 과정

이 장의 주제는 정신증적 병리의 발생에 편집증적 과정이 담당하는 역할에 대한 것이다. 가장 근원적인 정신 병리인 이 병리에는 편집증적 과정만으로 설명될 수 없는 그 이상의 것이 포함되어 있다. 여기에는 발달적이고 구조적인 편집증적 과정과 상호작용하여 병리적 결과를 초래하는 유전적이고 환경적인 결정 요소들이 포함되어 있다. 이것은 특히 성격의 정신증적 조직의 수준에서 그러하다. 이 논의의 목적은 정신분열증이 편집증 형태를 띨 때 그 정신분열증에 포함된 정신 과정의 본질이 어떤 것인지를 설명하는 것이다.

우리는 비교적 드물게 정신 병리의 극단적 표현에서 볼 수 있고, 비교적 독립적인 과정으로 나타나는, 그러면서도 대부분은 비교적 광범위한 병리적 영역에서 교차하며 상호작용하는 두 개의 분리된 과정을 다루고 있다. 따라서 다양한 사례의 진단 범주 안에 편집증적 과정이 널리 분포되어 있는 것은 당연한 현상이라고 말할 수 있다. 순수한 편집증은, 설령 그것이 존재한다고 해도, 흔하지 않다. 순수한 편집증이 존재하는가라는 질문은, 지각적 통합성과 지각적 수용 및 부호화 영역에서 손상되지 않은 역량을 유지하면서 개념적 경직성에 사로잡히고 지각적 수용을 불신하는 것이 가능한가라는 질문과 관련되어 있다.

이 전체 범주의 반대편 끝에서, 우리는 약간의 인식 능력 또는 손상되거나 왜곡된 인식 능력을 가진 채, 적응 능력은 거의 현재 일어나는 지각적 수용만이 가능한 상황을 만나게 된다. 이러한 상황은 아주 경미한 정도의 망상이나 비교적 혼란스럽고 일시적인 망상과 함께 심한 만성적인 정신분열적 결함을 나타내는, 소수의 환자들에게서 발견된다. 이러한 정신분열적 상황의 범주에서, 중간 영역은 비교적 독립된 두 과정, 즉 정신분열적 과정과 편집증적 과정의 상호 교차를 반영하는 것이 된다. 이러한 범주의 환자들에게서 나타나는 다양한 징후적, 정신 병리적 표현은 다양한 정도의 통합을 반영하며, 경험을 통합하는 것과, 환경이 제공하는 것을 수용하고 그것의 요구에 적응하는 과정에서 개념적(conceptual) 과정 및 지각적(perceptual) 과정의 수준이 어느 정도인지를 보여준다.

나는 정신분열적 과정의 본질과 그것이 편집증적 과정과 갖는 상호작용에 대해 논의할 것이다. 이러한 상호작용을 상세히 검토할 수 있는 구체적인 사례로서, 프로이트의 쉬레버(Daniel Paul Schreber) 사례를 들 수 있는데, 이 사례는 아마 편집증적 정신분열증에 대한 기록 가운데 가장 유명하고 영향력 있는 사례일 것이다.

편집증과 정신분열증의 관계

한편으로, 편집증과 정신분열증 사이에 고전적 견해, 예컨대 크래펠린(Kraepelin, 1918)에 의해 제시된 것보다 더 근본적인 진단적 구별이 이루어질 수 있음을 보여주는 많은 증거가 축적되어 왔다. 기본적인 문제는 단순히 서술적이거나 진단적인 것 이상이다. 여기에는 현상학적인 수준을 넘어서, 정신분열증이나 편집증으로 혹은 그 둘의 어떤 결합으로 이르는 정신 과정의 본질에 대한 기본적 이해의 문제가 놓여 있다. 만약 편집증 형태와 정신분열증 형태 사이의 상이성이 중요하다는 것이 사실이고 증명될 수 있다면, 그 상이성은 근저에 있는 서로 다른 심리적 과정이 서로 다르게 작용하고 있음을 말해줄 것이다.

이와 마찬가지로, 만일 편집증적 정신분열증이 정신분열증의 다른 형태, 즉 비편집증적 정신분열증과는 아주 다른 성격을 가지고 있으며, 그 병리의 본질에 있어서도 다르다는 것이 증명될 수 있다면, 이것은 사실상 다른 심리적 결함과 심리적 과정의 작용을 반영하는 다른 병리의 형태를 다루는 것이며, 그리고 이러한 병을 공통의 범주 안에 분류하기보다는 분리되고 구별될 수 있는 실체로 간주해야 할 충분한 이유가 될 것이다.

나의 논의는 다음과 같은 결론으로 인도한다. 즉 서술적인 임상적 수준에서, 그리고 정신분열증과는 다른 편집증 형태에 대한 실험적 연구에서 얻은 발견은 이 두 가지가 서로 다른 것으로 구별될 수 있다고 볼 수 있는 충분한 토대를 제공한다. 이러한 정신적 장애 형태를 형성하는 근저의 세력을 이해하기 위해서는, 구분될 수 있는 두 가지 과정의 측면에서 생각해야 한다. 이 두 가지 과정, 즉 정신분열적 과정과 편집증적 과정은 다양하게 분리되고 독립적으로 작용할 수 있으면서도, 많은 환자들에게서 볼 수 있듯이, 이 두 과정은 서로 결합하여 정신 병리를 형성하기도 한다.

역사

편집증 문제의 논의는 고대로부터 시작된 것으로서, 심지어 히포크라테스의 자료(Lewis, 1971)에서도 발견되고 있지만, 편집증 이해에 대한 보다 현대적인 논의는 19세기에 시작되었다. 그 용어는 의지나 정서가 아니라 이해에 지배적으로 영향을 미치는 병이라는 의미로 하인로스(Heinroth)에 의해 재도입되었다. 편집증과 우리가 지금 정신분열증이라고 생각하는 것 사이의 관계에 대해서는 19세기 중반에 칼바움(Kahlbaum)이 문제를 제기했다. 그는 편집증이 그 자체로서 지속적이고 만성적인 조건으로 간주되어야 하는지를 질문했다. 칼바움의 견해는 편집증을 일차적인 망상적 상태로 간주하는 경향이 있었다. 그는 편집증이라는 용어를 박해적이거나 과대적인 생각에 의해 특징지어지는 망상적 상태에 한해 사용했는데, 그러한 생각은 비교적 안정적인 성질을 갖고 있고, 치매로 진전되지 않는 것이었다.

크래펠린은 편집증의 진단적 구성, 그리고 편집증과 정신분열증과의 관계에 대해 비교적 뚜렷한 틀을 제시했다. 초기 작업에서 크래펠린은 칼바움의 인도를 따라서 원인, 과정, 지속성, 그리고 결과의 분석에 기초해서 질병의 실체를 경계짓는 작업을 강조했다. 그는 "편집증"이라는 용어가 일차적으로 기질적인 특성에서 발생한 만성적이고, 지속적이며, 치료가 불가능한 망상적 상태에만 제한적으로 사용되어야 한다고 보았다. 따라서 크래펠린은 자신의 유명한 교재(1896년 판)에서 조발성 치매(dementia praecox), 긴장증(catatonia), 그리고 치매 편집증(dementia paranoides)을 세 개의 퇴행성 질환으로 규정하였다. 편집증 자체는 상당히 다른 과정과 결과를 갖는 하나의 독립된 질환으로 구분된 것이다. 그러나 뒤이은 1899년 판에서, 세 가지 퇴행성 질환은 모두 하나의 질병 실체인 조발성 치매로 간주되었다. 루이스(Lewis, 1970)가 주목하듯이, 처음에 편집증 증상을 보이다가 빠르게 치매로 진행되며, 그 특징상 조발성 치매에 더 가까운 과정을 거치는 다양한 상황 모두가 "편집증"이라는 용어에 포함되게 된 것이다.

크래펠린은 1912년경 편집증과 조발성 치매 그리고 그 둘의 관계에 관한 견해를 발전시켰다. 그는 편집증을 진단적 범주의 하나로 사용하지 말든지, 아니면 성격 기능이 온전한 채로 남아 있는 비교적 잠재적으로 내재된 망상적 상태를 지칭하는 데만 사용해야 한다고 느꼈다. 그런 상태에서, 편집증과 조발성 치매를 구별할 수 있는 진단적 기준은 조발성 치매의 특징적 성격, 즉 혼란스러운 사고, 무감정, 성격의 경직성, 기이한 의욕 등의 유무에 따라 확립될 수 있다. 크래펠린은 조발성 치매보다 생애 주기에서 더 늦게 발달하며 다소 더 경미한 경향이 있는 다른 편집증적 상태를 "편집분열증"(paraphrenia)이라고 명명하였다. 돌이켜 생각해 보건대, 크래펠린은 우리가 지금 다루고 있는 바로 그 문제, 즉 편집증과 정신분열증 사이의 진단적인 관련성과 분리의 문제를 해결하는 데 상당한 어려움을 겪었음이 분명하다. 조발성 치매에 대한 크래펠린의 지도·안내의 주요 초점은 결과의 문제, 즉 환자가 악화되는 과정을 따르는가 아니면 현상이 그대로 유지되는 과정을 따르는가였다. 환각, 망상, 혼란스러운 정서와 같은 관찰할 수 있는 임상적 현상이 진단을 내리는 데 도움이 되었지만, 임상 학자는 진단을 내리기 위해서 증세가 악화되기를 여전히 기다려야만 했다. 이런 상황은 조발성 치매 가운데 상당히 많은 사례가 사실상 그렇게 악화되지 않는다는 것을 크래펠린 자신이 알게 됨으로써 더욱 복잡해졌다.

진단상의 어려움은 블로일러(Bleuler)의 작업에 의해 어느 정도 해소되었다. 그는 '조발성 치매'라는 용어를 버리고 그것을 '정신분열증'이라는 용어로 대체했다. 그는 상대적으로 치료가 어렵고 결국에는 악화되고 만다는 점을 정신분열증의 본질적 특징으로 간주하지 않았다. 그 대신 그는 자신이 일차적 혹은 이차적이라고 서술한 징후의 조직에 대해 강조하였다. 일차적 징후에는 정서, 연상 그리고 의지의 교란이 포함되었다. 블로일러는 크래펠린의 임상적 서술의 기초였던 환각, 망상, 부정성, 무감정과 같은 정신분열적 특징을 질병의 이차적인 표현으로 간주하였다. 그는 또한 정신분열증의 중요한 특징으로서 양가감정과 자폐증상이라는 중요한 개념을 도입하였다. 이러한 블로일러의 견해는 정신분석학 전통 내에서 정신분열증에 대한 지배적인 생각으로 자리잡게 되었다.

최근의 용례

보다 최근의 진단적인 용례는 편집증 상태와 편집증적 인격을 정신분열증으로부터 분리하는 경향이 있다. 진정한 편집증은 망상이 뚜렷한 특징으로서 존재하며, 아주 드물게 나타나는데, 이러한 망상은 대체로 확고하게 체계화되어 있으며 성격의 다른 부분의 조직과 기능에는 영향을 미치지 않는다. 그러나 편집증적 표현은 일반적으로 정신증적 환자에게서 뿐만 아니라 사실상, 모든 정신 병리에서 광범위하게 발견될 수 있다(Meissner, 1978b). 이것은 편집증 사례의 차별적 진단을 복잡하게 만든다.

일반적으로, 편집증과 편집증적 정신분열적 상태 사이의 구별은 성격 구조의 보존 정도에 달려 있다. 망상이 존재함에도 불구하고, 성격 구조가 비교적 조직적이고 온전한 상태에 있을 때, 그것은 편집증의 한 형태로 진단내릴 수 있는 가능성이 더 높다. 임상 학자들은 일반적으로 편집증 환자의 망상이 정신분열증 환자의 망상보다 좀 더 조직적이고, 덜 기괴하며, 덜 파편화 되어 있고, 현실에 더 접촉하고 있다고 말한다. 이러한 징후의 이차적 표현은 예컨대 환각, 태도, 기분, 사고의 변화로 나타날 수 있으며, 이는 일차적으로 환자의 망상 체계로부터 생겨나는 것이거나 그것과 쉽게 연결될 수 있다. 이러한 장애들은 정신분열증 환자에게서 일차적으로 드러나는 경향이 있으며 망상 체계와는 아무런 체계적 연결을 갖고 있지 않을 수 있다.

구별

정신분열증의 편집증적 형태와 비편집증적 형태 사이의 진단적 구별은 계속해서 논란의 대상으로 남아 있다. 일반적으로, 최근의 연구에서는 편집증적 정신분열증 환자가 비편집증적 정신분열증 환자보다 손상이 적고, 예후가 더 좋다는 데 비중을 두고 있다. 정신분열증이 진행 중인 환자들 가운데 비편집증 환자가 편집증 환자보다 더 일찍 발병했고, 병원 입원 기간이 길었으며, 사고가 더 혼란스럽고, 긴장증적 증상의 발생 빈도가 더 높았다(Tsuang et al., 1974). 편집증적 정신분열증 환자는 비편집증적 정신분열증 환자보다 병원 입원 기간이 더 짧았을 뿐만 아니라, 재입원하는 경우도 더 적었다(Strauss et al., 1974).

편집증 대 파과증(破瓜症, Hebephrenic)

연구자들은 또한 편집증과 정신분열증의 하위 유형인 파과증을 비교하는 연구를 통해 많은 성과를 얻었다. 위노커(Winokur)와 그의 공동 연구자들(1974)은 다음과 같은 차이점을 발견했다: (1) 파과증 환자 집단은 비교 집단의 편집증 환자보다 발병이 더 빠르고, 그 징후가 더 심각하며, 사회와 가족 관계의 붕괴 정도가 더 크다; (2) 유전적으로, 파과증 환자의 가족은 편집증 환자의 가족보다 정신분열증적 친척이 세 배나 더 많은 것으로 드러났다; (3) 편집증 집단의 친척보다 파과증 집단의 친척 가운데 파과증 환자가 더 많았다; (4) 이와 마찬가지로, 편집증 집단의 가족은 파과증 집단의 가족보다 편집증적 장애를 더 많이 갖고 있었다. 연구자들은 정신분열증으로 가는 과정에 최소한 두 가지 유형이 있다고 보았다. 하나는 기본적으로 파과증적이면서 때때로 편집증적 정신분열증을 드러내는 유형이고, 다른 하나는 가족 중에 정신분열증이 발병할 확률이 낮은, 기본적인 편집증적인 유형이다. 그리고 정신분열증에서 편집증적이나 파과증적이라는 하위 분류는 시간이 경과하면서 진단 상에 변화가 있거나 이동하는 경우가 거의 없는 것으로 드러났다.

이러한 하위 유형의 분리는 파과증 환자가 편집증 환자보다 정서 변화가 더 크고, 사고의 편향이 더 심하며, 마비 상태가 더 자주 일어나는 한편, 일반적으로 망상적 특성은 더 적게 나타난다는 사실에 대한 발견과 함께 많은 지지를 받았다. 연구 집단의 편집증 환자는 파과증 환자보다 발병 연령과 입원한 연령이 더 높았다. 파과증 환자들은 편집증 환자들에 비해 절반 가량이 결혼을 했고, 자녀를 둔 사람이 훨씬 더 적었다. 파과증 환자들은 편집증 환자들보다 일반적으로 더 은둔적이고 산만하며, 과도한 활동성, 흥분, 서성거리기, 이상한 자세를 취하기 등과 같은 심리 운동적 징후의 발생 빈도가 더 높았고, 또한 기억력과 방향 감각에서 더 많은 결함을 보였다(Winokur et al., 1974). 파과증 환자들은 또한 편집증 집단의 환자들보다 두 배나 더 많은 정신분열증 가족들을 가진 것으로 드러났다(Larson and Nyman, 1973).

발병 이전의 상태

발병 이전의 상태 혹은 사회적 능력과 진단 사이의 관계에 대한 연구로부터 추가적인 정보를 얻을 수 있다. 이 관계에 대한 첫 번째 연구는 주립 병원 환자들 중에서 발병 이전에 적응 상태가 좋았던 환자들이 정신분열증보다 편집증으로 진단될 가능성이 더 높다는 사실을 밝혀냈다(Goldstein et al., 1968). 후속 연구(Evans et al., 1973)는 편집증적 정신분열증 환자들이 비편집증적 정신분열증 환자들보다 발병 이전에 적응을 잘 했던 경우가 더 많다는 사실을 밝혀냈다. 물론 비편집증적 정신분열증 환자들도 마찬가지로 발병 이전에 적응을 잘 했던 환자와 적응을 잘 하지 못했던 환자로 분류될 수 있음에도 불구하고, 지글러(Zigler)와 레비네(Levine, 1973)는 사회적 적응 척도를 사용하여 주립병원 환자집단—그러나 퇴역 군인 병원에서 추출된 집단은 제외하고—에서 편집증 상태와 발병 이전의 적응 능력 사이의 관계를 밝혀냈다.

문제를 복잡하게 만든 것은, 이러한 연구 결과가 다른 연구에 의해 지지 받지 못했다는 점이다(Johannsen et al., 1963; Sanes and Zigler, 1971). 크롬웰(Cromwell, 1975)은 연구 결과들이 일치하지 않는 이유는 연구에서 사용된 정신분열증 환자들의 표본의 차이로 설명될 수 있다고 제안하였다. 그는 발병 이전의 능력과 편집증적 혹은 비편집증적인 정신분열증에 대한 진단 사이의 관계는 질병의 초기에 발견되거나 혹은 주립 병원에서 자주 볼 수 있는 환자들과 같이 좀 더 낮은 사회 계층에서 더욱 분명히 드러날 가능성이 더 높다고 제안하였다. 이러한 견해는 발병 이전에 비교적 능력이 있었던 환자가 능력이 별로 없었던 환자보다 편집증으로 진단될 가능성이 더 높다는 사실에 의해 지지받았다. 또한 그 관계는 만성적인 질병보다는 급성적인 질병에서 더 자주 발견된다는 사실에 의해서도 지지받았다(Neale et al., 1972; Zigler et al., 1976). 이와 동일한 관계가 주립 병원의 여성 정신분열증 환자에 대한 연구에서 확인되었는데, 이것은 남자 환자의 집단에 대한 연구에서 발견한 결과와 일치하는 것이었다(Zigler et al., 1977).

발병 이전의 상태와 진단 사이의 관계가 증명되고, 반복적인 지지가 확보되었다고 해도, 그것에 너무 많은 비중을 두는 것은 주의를 요한다. 그 연구의 표본은 비교적 높은 비율로 편집증 환자 집단이 발병 이전에 상태가 "좋지 않았던" 경우와 발병 이전의 상태가 "좋았던" 비편집증 환자를 포함하고 있다는 것을 보여 주고 있기 때문이다. 따라서 발병 이전의 상태와 진단 사이의 관계는 확고한 것이 될 수 없고, 그 발견은 일반적으로 환자 집단의 이질성에 의해 복잡해진다(Zigler et al., 1976).

인지적 양식

편집증과 정신분열증 사이의 구별은 실험적인 연구들, 특히 인지적 접근과 인지적 양식의 차이에 초점을 맞춘 연구에 의해 또한 지지되어 왔다. 햄린(Hamlin)과 로어(Lorr, 1971)는 심리 운동(psycho-motor) 속도, 인지, 그리고 사회적 인식에 대한 객관적이고 종합적인 검사를 통해 정상적 대상, 신경증적 대상, 편집증적 대상, 그리고 비편집증적 정신분열증 대상들의 집단을 차별화할 수 있다는 것을 발견하였다. 그들은 연구된 집단들 사이의 기본적인 차이는 인지적 결함에 있다는 결론에 도달하였다; 즉 단지 기괴한 연상, 사회적 고립, 혹은 무감각한 동기의 기초 위에서만 그 차이를 설명할 수는 없다는 것이다.

시각적 검색능력 검사(visual scanning test; Rod-and-Frame Test, 크기 추정 검사)를 사용하여 편집증 환자 집단과 편집증적 정신분열증 환자 집단을 비교한 연구는 이들 사이에 거의 차이가 없으며, 시각적 포착 능력과 지각 능력의 범위와 관련해서 두 집단 모두가 비슷하다는 결과를 보여주었다. 정신분열증 환자가 다소 더 혼란스러운 반면, 적어도 지각 기능에서는 편집증적 과정이 두 집단 모두에서 동일한 방식으로 작용하는 것으로 드러났다. 편집증 환자와 편집증적 정신분열증 환자는 지각적 양식이 비슷하며, 비슷한 방식으로 지각 기능을 사용한다(Tarter and Perley, 1975).

뉴펠드(Neufeld, 1978)는 문장 검증 검사를 사용하여 편집증적 정신분열증 및 비편집증적 정신분열증 환자 집단과 정상인 통제 집단의 수행 능력을 비교하였다. 그는 이 검사를 통해서 중심적 검색(central scanning)을 위해 경과된 '시간'을 비교하고, 응답 선택 및 실행과 관련된 능력을 비교했다. 검사 결과, 정신분열증 집단은 정보 처리의 비중심적 측면(응답 선택과 응답 실행)에 관한 잠재력에서는 정상인 집단과 크게 다르지 않으나, 포착 작용에 관한 잠재력 측정에서는 정상인 집단보다 시간이 많이 걸리는 것으로 나타났다. 이런 연구 결과들은 늦은 처리 속도가 정신분열증 환자가 지닌 인지적 결함의 일차적 원천이며, 좀 더 전체적인 사고 장애의 징후는 이 근원적 결함의 이차적 표현이라는 견해와 일치한다.

인지 형태

또 다른 연구들은 편집증적 정신분열증 및 비편집증적 정신분열증 환자들 사이에 존재하는 인지적 접근과 유형의 차이를 강조했다. 이와 관련된 연구로는 마가로(Magaro)와 그의 공동 연구자들의 작업이 특히 유용하다. 로쓰(Ross)와 마가로(1976)는 동일한 물체를 시각적으로 구별하기 어렵게 만든 모호한 슬라이드를 사용하여 편집증적 정신분열증 환자와 비편집증적 정신분열증 환자의 반응에 차이가 있다는 것을 보여주었는데, 편집증적 환자는 비편집증적 환자보다 개념적 신호를 잘 따르는 것으로 드러났다. 뿐만아니라, 편집증적 환자는 심지어 신호가 과제의 성공적인 수행을 방해할 때조차 비편집증적 환자보다 신호와 통제를 더 잘 따르는 것으로 드러났다. 편집증 환자는 신호를 바꾸는 것이 어려웠는데, 그것은 신호를 바꾸기만 하면 성공할 수 있을 때조차 그것을 바꾸는 데 어려움이 많았다. 결과적으로, 편집증 환자 집단은 그러한 주된 개념적 신호들이 검사에서 도움이 되기보다는 방해가 될 경우에 부적절한 반응을 더 많이 보이는 경향을 보였다.

장(場, field) 의존성 연구(Franco and Magaro, 1977)는 유사하게 장에 대해 독립적인 사람들은 좀 더 이론적인 경향을 갖고 있으며, 사회적으로 더욱 독립적인 경향을 갖는다는 점을 보여주었으며, 이는 일반적인 견해(Witkin et al., 1954)와 일치한다. 이러한 차이는 편집증과 비편집증 환자들 사이의 개념적·지각적 구별을 강화해준다.

우리가 보았듯이, 특히 역동적으로 지향된 정신과 의사들 중에는 정신분열증과 편집증은 발병, 병리의 진행 과정, 예후, 발병 이전의 역사, 역동이 서로 다른 별개의 질병이라는 데 상당수가 동의하고 있다. 대체로 정신분열증과 편집증은 통합의 정도에 따라 구별되는데, 이러한 측면에서 편집증 환자가 비편집증 환자보다 발달적으로 더욱 진전된 것으로 보인다(Foulds and Owen, 1963).

편집증적 정신분열증 환자와 비편집증적 정신분열증 환자 사이의 인지 유형에 대한 상당히 많은 경험적 연구가 마가로와 맥도웰(Mc-Dowell, 1981)의 고찰에 요약되어 있다. 나는 그것들 가운데 현재의 논의와 관련이 있는 범위 내에서 몇 가지 결론을 택해 약술할 것이다. 예컨대, 요인 분석 기법을 이용한 징후 평가에 대한 다양한 연구는 편집증적, 비편집증적, 그리고 정서적 상태가 구별이 가능한 요인임을 보여준다. 편집증적 요인에는 적대적 호전성, 편집증적 투사, 그리고 과대적 팽창성 등이 포함되고, 비편집증적 요인에는 개념적 혼란과 지각적 왜곡이 포함된다. 로어와 그 동료들(1967)의 연구는 편집증적 징후와 관련된 두 가지 요인을 보여 준다. 첫째는 관계 개념, 박해 망상, 음모 통제와 신체 파괴, 과대적 관념, 그리고 청각, 후각, 근육 운동과 관련된 환각 등의 지각적 왜곡을 포함하는 요인이고, 둘째는 지각적 왜곡과 공격적인 언어 표현을 포함하는 적대적인 편집증적 요인이다. 그러한 요인 분석 연구의 요지는 편집증적 환자가 덜 혼란스럽고, 덜 움츠러들고, 적대감을 더 공개적으로 표현하며, 망상을 경험할 가능성이 더 높다는 점에서 정신분열증 환자와 일반적으로 다르다는 것이다. 대조적으로, 비편집증적 징후는 혼란스러운 동작, 기괴한 동기, 혼란스러운 사고 형태를 띠는 경향이 있다. 비편집증적 징후와 편집증적 징후 사이의 차이는 비편집증적 징후에서의 혼란과 편집증적 징후에서의 과도한 조직화로 나타난다.

비편집증적 징후와 편집증적 징후 사이의 차이가 심리 진단 검사에서도 비슷하게 나타나는 것을 확인할 수 있다. 예컨대, 로사(Rorschach) 검사에서, 편집증 환자는 비편집증 환자보다 색깔에 대해 덜 반응하며 더 나은 수준의 조직과 전체적인 상황을 더 명료하게 파악하는 능력을 보여 준다. 웩슬러 성인용 지능 척도(WAIS)와 같은 검사에서, 일반적으로 편집증 환자는 비편집증 환자보다 더 발달한 지적 기능을 갖고 있고, 왜곡을 더 적게 하는 것으로 드러났다. 따라서 검사 자료는 비교 집단인 비편집증적 정신분열증 환자 집단에서보다 편집증적 정신분열증 환자 집단에서 개념화할 수 있는 능력이 더 잘 보존되어 있고, 성격은 좀 더 잘 통합되어 있으며, 지각적 영역이 좀 더 잘 분화되어 있다는 것을 암시한다. 마가로와 맥도웰(1981)이 주목하듯이, 비편집증적 환자는 받아들인 자극을 잘 조직해서 그것에 대해 효과적으로 반응하는 데에 혼란을 느끼거나 그럴 의욕이 없는 것으로 보이며, 그 결과 일반적인 개념적 결함을 지닌 모습을 드러낸다. 일반적으로, 인지적 기능과 심리적 기능의 측정에서 편집증적 정신분열증 환자 집단은 비편집증적 정신분열증 환자 집단보다도 정상적인 기능 수준에 더 근접하는 경향이 있다.

과잉 포함(Overinclusion)

철저하게 연구되어야 할 정신분열증 환자의 첫 번째 인지적 특징 중의 하나는 과잉 포함이다. 이것은 그의 인지 내용이 과도하게 많은 의미를 포함하고 있다는 사실을 의미한다. 이 과잉 포함에 대한 카메론(1951, 1959)의 초기 연구는 주로 편집증적 병리와 관련되어 있다. 이후의 연구들은 이 과잉 포함이 편집증적 정신분열증에서 고유하게 나타난다는 결론을 강화하는 경향을 띠었다. 카메론의 좀 더 초기 연구들 중 일부는 그가 연구 대상으로 삼은 망상적 환자 집단 안에 조증 환자를 포함시켰다는 점에서 신빙성이 어느 정도 오염되었다. 그후의 몇몇 연구들에서, 조증 환자는 높은 정도의 과잉 포함—정신분열증 환자에게서 발견되는 것보다 훨씬 더 높은—을 나타내는 경향을 띤다는 사실이 밝혀졌다(Andreasen and Power, 1974; Munschauer, 1976). 또한 과잉 포함은 정신분열증이나 편집증과 같은 구체적인 병리보다는 일반적인 정신과적 병리와 관련이 있다는 암시도 제시되었다 (Harrow et al., 1972, 1973). 따라서 과잉 포함은 개념적으로 사고의 특이성 정도와 관계 있는 것으로 보이며, 그것은 어떤 특정한 정신 병리의 형태보다 더 일반적인 정신 병리의 차원을 반영하고 있음을 보여준다. 따라서 편집증 환자가 병리와 과잉 포함이 심할수록 사고 장애의 정도가 심각한 것으로 드러나며, 그는 정신분열적 상태에 더 근접한다.

다수의 경험적 실험들은 편집증적 정신분열증 환자와 비편집증적 정신분열증 환자 사이에 과제 수행 능력의 차이를 확인하고 실증할 수 있음을 보여주었다. 이 증거는 편집증적 정신분열증 집단과 비편집증적 정신분열증 집단을 공동의 범주로 묶는 것을 지지하기보다는 둘 사이에 존재하는 임상적 차이를 보여준다.

기능의 수준

그 외에도 편집증적 정신분열증 환자와 비편집증적 정신분열증 환자의 개념적 기능 수준과 지각적 기능 수준의 차이에 초점을 맞춘 연구들이 수행되었다. 예컨대, 맥도웰과 그 동료들(1975)은 높거나 낮은 개연성(蓋然性)을 가진 문장을 완성하는 검사를 이용해 측정한 결과, 과제의 수행이 개념적 과정에 더 많이 의존할 때, 즉 개연성이 높을 때, 편집증적 환자는 비편집증적 환자보다 숨겨진 단어를 더 정확하게 찾아낼 수 있었다. 그러나 개연성이 없는 결론이 사용될 때, 과제의 수행 수준은 그와 반대로 나타나는 경향을 보여 주었다; 즉 비편집증적 집단이 편집증적 집단보다 가려진 단어를 더 정확하게 확인하였다. 신호 찾기(signal detection) 분석에서 편집증적 환자는 개연성이 높은 반응 쪽으로 편향된 반면, 비편집증적 환자는 개연성이 낮은 반응 쪽으로 편향된 특징을 보여 주었다. 연구자들은 이러한 발견을 편집증적 환자는 개념적인 요소에 의존하는 반면, 비편집증적 환자는 지각적 요소에 의존한다는 인지적 특성과 관련시킨다. 개연성이 높을 때(인지적 요인), 편집증적 수행 능력은 최대이다; 그러한 개연성이 부족한 상황에서 주어진 과제를 수행할 경우, 즉 모호한 신호를 정확하게 판별해야만 할 때(지각적 요인), 비편집증적 개인의 수행 능력이 최대이다.

이런 자료들은 채프맨(Chapman) 이론과 비교하기 위한 기초로 사용되었다(Chapman and Chapman, 1973). 이 이론은 정신분열증 환자가 반응의 편향성을 과장하며, 따라서 그들은 어떤 주어진 과제에서 정상인이 자주 범하는 오류를 더 많이 범할 수 있다. 이것은 편집증 환자가 정상인보다 개연성이 높은 것에 더 잘 반응하도록 강하게 편향되어 있다는 점에서, 편집증적 환자의 과제 수행 능력을 잘 보여준다. 그러나 그 이론은 비편집증적 환자의 과제 수행 능력에 대해서는 말해 주지 않는다. 이 환자는 높은 개연성을 지닌 물음에서 정상인보다 더 많은 오류를 범하지는 않았으나, 전체적으로는 실수가 거의 두 배나 많았고, 낮은 개연성을 지닌 물음에 대한 반응에서는 거의 여섯 배나 더 많은 오류를 범하였다. 이러한 결과는 채프맨 이론에 의해 예측된 결과와는 반대되는 것이었다(McDowell et al., 1975).

따라서 비교적 고정된 개념적 기대에 따라 의미를 귀속시키는 편집증적 양식은 그러한 기대가 정당화될 때는 적응적으로 작용할 수 있으나, 그렇지 않을 때 이러한 접근은 상당히 부적응적으로 작용하는 것으로 보인다. 샤코프(David Shakow, 1962)는 반응-시간 실험 연구에서 부분적인 틀을 형성하는 과정에서 편집증 환자가 겪는 어려움 혹은 "틀의 고정성"(rigidity of set)이라고 부른 것에 주목했다. 편집증 환자의 개념적 흐름의 본래적인 고정성은 자신의 틀을 유연하고 적응적인 방식으로 수정할 수 있는 역량을 가로막는다. 맥도웰과 마가로(1981)가 주목하듯이, 망상은 개연성이 낮은 사건을 개연성이 높은 것으로 재구성하는 데 사용되는 틀의 고정성의 극단적인 예로 보인다. 실제 사건과 기대 사이의 상호 확인의 결여는 비정상성에 대한 신호이다.

통합 이론

맥도웰과 마가로(1981)는 편집증적 정신분열증 환자와 비편집증적 정신분열증 환자의 인지적 양식의 차이에 관한 이러한 다양한 발견들을 다음과 같이 요약했다. 즉 편집증 환자는 개념적 과정의 측면에서 지각적 자료를 부적절하게 수용하고 관련지으며 통합시키는 특징을 보인다. 인지적으로 말해서, 편집증적 환자는 지각적 과정으로부터 오는 정보를 부호화하는 데 어려움을 갖는다. 이와는 대조적으로, 정신분열적 환자의 결함은 개념적 과정의 영역에 있다. 편집증적 환자는 유연한 인지적 틀이 필요한 상황에서는 유입되는 감각적 자극을 다룰 수 있는 능력이 없기 때문에 어려움을 겪는다. 편집증적 환자는 개념화에 적응하지 못하는 것으로 드러난다. 동일한 상황에서 정신분열증 환자는 감각적 자극의 측면에 초점을 맞추며, 개념적 범주화는 결여된다. 따라서 편집증 환자의 개념적 고정성과 유연성의 결여는 정신분열증 환자의 과도한 유연성, 그리고 안정된 개념적 조직의 결여와 대조된다. 다양한 상황에서 적절한 적응을 유지하기 위해서는 인지 기능이 지각적 수준과 개념적 수준 모두에서 최적으로 유지되고 통합되어야 한다.

진단상의 어려움이라는 측면에서, 편집증적 병리와 정신분열증 병리는 비교적 일반적이고 임상적인 측면에서 서술될 때는 몇몇 병리적 특징을 공유하는 반면, 앞에서 제시되었듯이, 경험적, 기능적, 그리고 특히 인지적 차원에서는 그 둘이 뚜렷이 구별된다는 광범위한 증거가 있다. 그러나 진단적인 질문을 넘어서, 이 장의 관심사와 더욱 밀접하게 관련되어 있는 부가적인 물음이 기다리고 있다. 그것은 이러한 구별되는 상황의 본질이 무엇인가라는 질문이다. 즉 한쪽편 상황에서는 개념적 요소는 부족하지만 지각적 요소가 강조되는 반면, 그 반대편 상황에서는 지각적 요소는 부족하지만 개념적 요소가 더 크게 강조되는, 이 두 상황의 본질에 대한 질문이 그것이다.

쉬레버와 편집증

쉬레버 사례는 편집증에 관한 사고의 발전에 획기적인 이정표가 되는데, 그것은 프로이트가 그 사례를 통해서 편집증과 편집증적 투사의 본성에 관한 이론을 제시했기 때문이다. 여기에서 나는 편집증에 대한 프로이트의 사고와 이후의 정신분석적 사상의 공헌을 포함해서 정신 병리의 정신증적 범위에서의 편집증적 기제와 편집증적 과정에 대한 이해에 초점을 맞춘다. 나는 또한 정신분열적 과정의 측면들, 그것의 파괴적인 영향, 그리고 쉬레버의 질병에 특별한 성격과 형태를 부여한 편집증적 과정 사이의 상호작용을 더욱 상세하게 검토할 것이다.[6]

프로이트의 이론

초기 개념

프로이트의 편집증 이론의 기본적 요소들은 투사에 대한 정의와, 편집증을 억압된 동성애적 갈등에 대한 방어로 이해하는 심리 역동적 설명으로 이루어져 있다. 그가 이러한 결론에 도달한 것은 단순한 직관에 의해서가 아니었다. 그의 사고는 길고 복잡한 발달 과정을 거쳐 이루어진 것이다.

---

6. 변화하는 진단 양식은 쉬레버의 병에 대해 질문을 제기하였다. 편집증적 정신분열증의 진단이 좀 더 초기의, 보다 광범하게 이해된 기준에서는 수용될 수 있었던 반면, 더욱 제한적이고 대체로 연구 지향적인 DSM-Ⅲ의 기준에서는 의문이 있을 수 있다. 예컨대, 립톤(Lipton, 1984)은 최근에 쉬레버의 사례가 DSM-Ⅲ의 정서적 장애의 범주 하에 더욱 적절히 분류될 것이라고 주장하였다. 만일 이러한 진단적 변화를 받아들인다면, 이 장의 논증은 특히 정신분열적 과정보다는 더욱 일반적인 정신증적 과정과 더욱 많은 관련이 있을 것이다.

이 주제에 관한 그의 가장 초기의 저술은 그가 1895년에 플리쓰 (Fliess)에게 보낸 미간행된 H 초고이다. 그 글에서 프로이트는 편집증을 지적인 장애로 서술하고 있으며, 강박적 사고와 같은 유형으로 분류한다. 그는 그것을 "지적인 정신증"이라고 부르면서, 일종의 방어 양태로서 한편으로는 히스테리와 강박적 상태, 그리고 다른 한편으로는 편집증 사이의 유사성을 강조한다(Freud, 1887~1902, p. 109). 그는 자신의 나쁜 면과 악한 면을 외부로 투사함으로써 자기 스스로를 나쁜 여자로 보는 한 여자 환자에 대해 서술한다. 그녀는 내부로부터 오는 판단을 외부로 투사하고 그것을 외부로부터 오는 것으로 만듦으로써 내부로부터 오는 판단을 피할 수 있었다. 프로이트는 "사람들은 자신이 견딜 수 없는 것에 대해 편집증적이 된다"(p. 109)고 보았다.

프로이트가 편집증을 이해하기 위해 사용한 모델은 그가 히스테리 환자의 연구에서 발달시킨 것이었다: 즉 수정된 형태로 다시 나타나는 억압된 고통스러운 생각이 그것이다. 그 고통스러운 생각은 자기 비난의 한 형태로 간주된다. 프로이트는 또한 이 지점에서 투사 기제는 보통의 정상적인 삶에서 경험되는 것이며, 내적 변화가 외적인 원인에 의한 것이라고 추정하는 일반적인 경향성에서 오는 것이라고 느꼈다. 그 과정은 우리가 내적인 변화를 인식하는 한 비교적 정상적인 것이다. 그러나 우리가 그것을 보지 못할 때 그것은 비정상적인 것이 된다.

프로이트는 1896년에 쓴 K 초고에서, 편집증을 비교적 정상적인 정서 상태라고 할 수 있는 굴욕감이 병리적으로 빗나간 형태라고 보았다. 편집증의 주된 징후는 타인에 대한 불신 또는 과도한 민감성이다. 따라서 투사 기제는 자기 비난을 받아들이지 않으려는 거부를 포함한다. 이러한 방어의 부분적 실패, 그리고 그에 따른 억압된 생각이 왜곡된 형태로 되돌아오는 것은 자아의 이차적인 변화를 가져오는데, 이는 우울의 형태, 즉 왜소함이나 무가치하다는 느낌의 형태를 띠거나 아니면 과대 망상증, 즉 자아가 스스로를 '거대하다'고 느끼는 더욱 심각한 투사적 망상을 사용해서 스스로를 완전히 다시 만들어내는 형태를 띨 수 있다.

프로이트는 "방어의 신경 정신증에 대한 보충 설명"(1896)이라는 논문에서, 출산 후에 편집증적 징후를 보이는 젊은 어머니의 사례를 제시했다. 그는 그 징후의 방어적 측면을 더욱 강조하면서 그것을 우울한 기억에 대한 억압과 관련시킨다. 여기에서 다시, 견딜 수 없는 생각의 부담은 투사 기제를 통해 완화된다. 유아기의 성적 경험에서 파생된 죄책감은 환각적인 비난의 목소리 형태로 다시 나타나며, 이것은 환자가 자기 비난에 대해 스스로를 보호하고 있는 것이다. 프로이트는 강박적 상태에서, 최초의 자기 비난은 억압되고 자기 불신으로 대체된다는 사실에 주목한다. 그러나 편집증에서 자기 비난은 억압되고 타인에 대한 불신으로 투사된다. 그럼에도 불구하고, 망상적 생각의 형태로 되돌아온 억압물은 자아에 의해 수용되어질 것을 요구하며, 자아는 방어의 보존을 위해 이러한 생각에 적응하도록 강요받는다. 이렇게 함으로써 망상적 생각은 이차적인 방어의 사용을 거쳐서 자아의 변화를 가져온다(1896, p. 153).

이러한 초기 논문과 쉬레버 사례에 대한 연구에서, 프로이트는 몇 가지 중요한 관찰을 하였다. 그는 편집증적 상태의 중요한 특징으로서, 애정 어린 충동이 적대적 충동으로 변하고, 사랑이 증오로 변한다는 사실에 주목하였다(1905, p. 167). 그는 또한 편집증적 가학·피학적인 본질에 대해 지적했다(1908, p. 162). 이러한 초기 논문은 편집증과 동성애의 관계라는 본질적 요소가 빠진 상태에서 우리를 쉬레버 사례에 대한 프로이트의 치료 이론과 접하게 한다. 그는 1899년에 플리쓰에게 보낸 편지에서, 편집증이 초기 수준의 자체성애(autoeroticism)와 관련되어 있음을 암시하였다. 그러나 그 글에서 언급된 몇 가지 암시(Freud, 1887~1902, 편지 125)를 제외한다면, 프로이트의 초기 저술에서 편집증은 거의 언급되지 않는다. 존스(Jones, 1955)는 프로이트가 1906년에 비엔나 학회의 한 모임에서 발표한 여성 편집증 환자에 대한 논문에서도 동성애와의 관련은 언급하지 않았음을 관찰한다 (p. 281). 프로이트가 융(Jung)과 페렌치(Ferenczi)에게 그러한 내용의 가설을 제안(Freud, 1911, pp. 4~5)한 것은 1년이 조금 지난 뒤였고, 아마 1907년 초기에 편집증에 관한 미간행된 메모를 융에게 보냈던 것으로 보인다. 그러나 그의 논문 그 어디에서도 편집증이 동성애와 관련되어 있다는 암시는 찾아볼 수 없다(Freud, 1892~1899, p. 206~207). 따라서 프로이트는 그가 편집증 문제에 대해 더욱 광범위하게 분석을 하고, 더욱 완전한 관점을 표명하기 전까지는 단지 부분적인 생각을 암시하는 데 그쳤다고 말할 수 있다. 그는 쉬레버 사례 분석을 통해서 편집증 문제에 대한 생각을 종합하였다.

쉬레버

쉬레버 사례와 그에 대한 프로이트의 분석은 너무나 잘 알려져 있으므로 몇 가지 핵심적인 사항만을 언급할 것이다. 쉬레버는 상당히 출중한 정치적 경력이 있는 유명한 법학자였다. 그는 1884년 가을에 독일 의회의 의원 후보로 출마했고, 의원으로 선출된 후 곧 우울증적 망상을 경험하기 시작했으며, 병원에 입원해야만 했다. 다음 해에 그는 해임되었고 라이프찌히 지방판사에 임명되었다. 그는 이 직위에서 1893년까지 상당히 효율적으로 업무를 보았으며, 1893년에 항소 법원의 판사로 임명되었다. 같은 해 10월에 그는 그 법원의 최고위 판사로 임명되었으나, 다음달 심장 기능장애로 병원에 재입원해야만 했다. 전체적으로, 쉬레버는 처음 발병한 이후 27년 중 13년을 정신증 수용소에서 보냈다. 「나의 신경증에 대한 회고」(Schreber, 1903)는 1900년부터 1902년까지 쉬레버가 쓴 놀라운 기록으로, 그 글에서 그는 자신의 병의 진행 과정과 자신의 정교한 망상 체계에 대해 생생하게 서술했다. 「회고록」은 1910년에 프로이트의 관심을 끌었고, 그것은 프로이트에게 편집증에 대한 자신의 생각을 적용시킬 수 있는 좋은 자료가 되었다.

쉬레버의 망상은 기괴하고 정교했다. 그의 치료자는 라이프찌히 병원의 유명한 신경 정신과 의사인 플렉지히(Flechsig)였다. 쉬레버는 원래 플렉지히에 대해 경탄하였으나, 나중에는 그의 박해적 망상으로 인해, 플렉지히가 자신에게 "영혼 살해"를 감행했다고 느꼈다. 쉬레버는 자신이 생각하는 "영혼 살해"가 무엇을 의미하는지에 대해서는 아무 설명도 하지 않았다. 프로이트는 쉬레버의 망상 속에 있는 이 강력한 박해자를 발병 이전의 환자의 정서적 삶에서 중요했던 인물의 대리자라고 보았다: 예전에 사랑 받고 존경받던 대상이 증오스럽고 두려운 박해자가 된다. 프로이트는 리비도 가설의 관점에서, 편집증적 망상은 플렉지히가 자신을 성적으로 학대할 것이라는 공포 때문에 나타나는 것이며, 병의 원인은 동성애적 리비도의 분출에 있다고 느꼈다. 병의 진행 과정에서 좀 더 나중에, 쉬레버는 자신이 신에 의해 여자로 변형되고 있다고 느꼈고, 여기서 그는 자신의 성기가 여성의 것으로 바뀌고 가슴이 커지고 있다는 망상을 발달시켰다.

쉬레버의 이러한 망상에서 신(神)의 위치는 매우 특별한 것이었다. 그는 신이 순전히 신경 조직으로 이루어져 있으며, 신 자신의 신경 조직에 의해 야기된 변화를 통해 그의 몸에 영향을 미치고 있다고 믿었다. 신의 신경 조직들은 신에게서 발산되는 일종의 광선을 통해서 세상의 어느 것이라도 마음대로 변형시킬 수 있는 특별한 능력을 가지고 있다고 믿었다. 창조 작업 이후, 신은 무한히 먼 곳으로 철수했고 세상을 그 자체의 빈약한 장치에 맡긴 채 내버려두었다. 신의 활동은 죽은 사람들의 영혼을 자신에게로 데려오는 것으로 제한되어 있다. 쉬레버는 그 자신이 특별한 임무를 위해 신에 의해 선택되었으며, 따라서 신은 쉬레버의 신경 조직에 여성적인 "관능성"의 성격을 부여하기 위해 힘을 행사하고 있고, 여성적인 신경 조직을 사용하여 쉬레버의 신체를 여성의 신체로 바꾸고 있다고 느꼈다. 쉬레버는 이러한 성전환 (性轉換)을 더 높은 신의 목적과 조화를 이루기 위한 것으로 믿었다. 신은 쉬레버에게 특별한 사명의 하나로서 여성성을 요구했으며, 그는 그 사명에 의해 신의 특별한 대리자가 되고 신의 창조 세계를 구원하는 구원자가 되어야 했다. 따라서 쉬레버는 세계에 대한 신의 특별한 관계와, 신에 대한 그 자신의 특별한 관계에 대한 생각을 포함하는 정교한 신적 우주론(theocosmology)을 발달시켰다.

이러한 쉬레버의 망상적 자료 안에서 편집증적 과정의 작용을 분별하는 것은 어렵지 않다. 우리의 가설에 따르면, 정신분열적 과정에 의해 초래된 혼란스러움과 심장 장애에 직면해서, 쉬레버의 남아 있는 심리적 역량은 심리적 기능의 나머지 부분을 구하고 심리적 통합감 — 그것이 정신증적 악화에 직면하여 어느 정도로 남아 있었든지 간에 — 을 보존하기 위해 편집증적 기제를 작용하게 했다. 그 결과, 그는 박해적인 투사뿐만 아니라 신학적이고도 우주적인 투사적 체계를 형성하게 되었다. 프로이트의 논의는 쉬레버가 투사적 체계를 동기화하고 형성한 역동적 형태에 관심을 갖고 있다.

프로이트는 쉬레버의 박해자가 플렉지히와 신으로 나뉘어 있음을 지적했다. 그는 이것을 이전에 확립된 두 인물의 동일시가 편집증적인 모습으로 반응하는 것이라고 보았다. 프로이트는 쉬레버의 신은 환자의 탁월한 아버지를 나타내고, 플렉지히는 1877년에 죽은 세 살 위의 형을 나타낸다고 추측하였다.

쉬레버의 신에 대한 관계는 한편으로는 불경스러운 비난과 반항적인 불복종, 그리고 다른 한편으로는 경외적인 헌신이 혼합된 관계로서 몇 가지 흥미로운 특징들을 나타낸다. 그는 자신의 신은 경험에 의해서는 아무 것도 배울 수 없고, 단지 시체만을 다룰 줄 알기 때문에 살아 있는 사람을 이해하지 못한다고 느꼈다. 쉬레버는 또한 아래의 신, 혹은 위의 신의 형태로, 태양을 신과 동일시했다. 따라서 태양은 아버지의 상징이 되었고, 신과의 갈등은 환자에게 사랑하고 복종할 것을 강요하는 그의 아버지와의 유아적 갈등을 나타내는 것으로 구성되었다. 여성으로 전환되는 쉬레버의 소망적 환상은 기본적으로 아버지의 오이디푸스적 위협, 즉 거세 위협에 대한 방어이다.

동성애

프로이트의 편집증 개념에서, 기본적인 갈등은 동성애적 충동에 대한 갈등이다. 그는 편집증 연구에 고착 과정, 억압, 그리고 특히 억압된 것이 증상 형성으로 되돌아오는 과정의 역할과 관련해서, 그가 정신 신경증 연구에서 발전시킨 증상 형성의 모델을 적용하였다. 편집증에의 고착은 초기의 자기애적 수준에서 자신의 몸을 대상으로 선택하는 원시적 자체성애와, 반대 성의 인물이 사랑의 대상이 되는 대상 사랑(object love) 사이의 중간에서 일어난다. 동성애적인 대상 선택과 그와 관련된 갈등은 억압된다. 뒤이은 억압의 실패는 편집증의 특징적인 기제에 의해 다루어져야만 하는 충동의 귀환을 가져온다. 부분적으로 억압된 대상의 귀환은 다양한 방법으로 다루어질 수 있다: 박해 망상에 의해 예전에 사랑 받던 대상이 박해자로 변형되고, 억압된 사랑이 의식적인 증오로 변형된다; 이상 성욕(erotomania)에 의해, 억압된 대상이 이성애적 사랑 대상으로 옮겨진다; 질투 망상에 의해, 동성애적 대상에 대한 사랑의 느낌이 여성에게로 전이된다; 혹은 마지막으로, 과대 망상에 의해, 어떤 종류의 대상에 대한 사랑도 거부되고 동성애적 대상에 대한 성적인 과대 평가는 자아에 대한 과대 평가로 변형된다.

투사

　편집증의 이해에서 가장 기본적인 것은 투사 과정이다. 그 투사 과정에 의해서 내적인 지각은 억제되고 그 억제된 지각 내용은 외적인 것으로 왜곡되어 다시 의식으로 돌아간다. 프로이트는 투사가 편집증의 모든 형태에서 동일한 역할을 하지는 않으며, 훨씬 더 일반적이고 심지어 비교적 정상적인 과정으로 간주될 수 있다는 것을 우리에게 상기시켜 주었다. 우리가 내적인 감각의 원인을 내부에서 찾기보다는 외적인 사건 탓으로 돌릴 때마다, 우리는 투사의 한 형태를 경험하는 것이다.

　쉬레버의 망상 체계의 기본적 확신 가운데 하나는 세계의 종말이 임박했다는 믿음이었다. 프로이트는 이러한 확신을 환경으로부터 리비도 집중을 철회하는 측면에서 해석하였으며, 따라서 환자가 기대하는 세계의 종말은 그의 내적 파국에 대한 투사라고 보았다. 즉 그것은 그의 대상 리비도 집중의 철회와 관련된 주관적 세계의 종말을 뜻한다. 대상에 대한 리비도 집중의 철회는 대상과의 관계의 상실을 의미하며, 이는 최종적으로 내면 세계의 황폐화로 인도한다.

　환자가 망상적 사고를 형성하는 것은 사람 및 사물에 대한 관계를 되찾으려고 시도하는 재구성 과정이다. 외부의 대상으로부터 리비도를 분리시키는 형태로 투사되었던 것을 되찾는 과정에서 억압이 풀려난다. 이렇게 풀려난 리비도는 자기 과장과 과대 망상의 형태로 자아에게 부착된다. 따라서 승화된 동성애로부터 자기애로 철수하는 퇴행이 발생하며, 이것은 자기애적 대상 선택의 수준에서 발달적 고착이 형성되었음을 반영한다.

주의 사항

프로이트는 쉬레버 사례에 대한 치료이론에서 몇 가지 주의사항을 첨가하였다. 그는 「회고록」에서 이상하게도 3장이 빠져 있는 것을 애석해 했는데, 3장에서 쉬레버는 자신의 질병과 가정에서 경험한 것 사이의 관계를 서술했다. 그 자료는 쉬레버의 편집증의 발생 원인을 이해하는 데에 가장 중요한 것이다. 그러나 앞으로 드러나겠지만, 비록 단지 부분적이고 간접적이더라도, 다른 자료로부터 그것을 대략적으로 살펴볼 수 있다. 프로이트는 또한 사회적인 굴욕감과 열등감이 편집증 발생에 하나의 역할을 한다는 것을 주목했으면서도, 이것을 근저의 동성애적 갈등에 비해 이차적인 것이라고 무시하였다. 프로이트(1911)는 동성애적 갈등에 대해 강조하면서, 이러한 생각에 대한 중요한 단서를 붙인다:

남성 편집증 환자의 경우, 갈등의 핵심에 놓여 있는 것은 '남자를 사랑하는' 동성애적인 소원적 환상이라는 견해가 하나의 중요한 가설로서 확증되기 위해서는 매우 다양한 편집증적 장애에 대한 사례를 연구할 필요가 있다는 사실을 잊지 말아야 할 것이다. 그러므로 우리는 필요하다면, 이 주장을 편집증의 특정 유형에만 제한적으로 적용해야 할 것이다(pp. 62～63).

프로이트는 편집증의 발생에 대한 자신의 논제의 타당성은 매우 제한된 것이며, 편집증적 장애의 다른 형태에 대한 고려가 있어야 한다는 사실을 상당히 잘 알고 있었음이 분명하다.

쉬레버 이후

프로이트는 그 후 몇 년 동안 편집증에 대한 이론을 크게 수정하지는 않았으나, 자기애에 대한 자신의 생각과 구조 이론이 점진적으로 발달함에 따라 자신이 세운 이론의 몇 가지 중요한 점을 수정하였다. 그는 자기애에 대한 논문(1914)에서, 자아 이상을 만족시키는 것을 과제로 갖고 있으며 이 목적과 이상에 맞추어 자아를 항상 살펴보고 측정하는 특별한 심리적 대리자의 발달에 관해 말했다. 그는 이러한 자기 비판적 기능을 자신이 감시 당한다고 느끼는 일반적인 편집증적 망상과 관련시켰다. 따라서 망상은 이러한 내부의 비판적인 대리자의 감독 기능이 투사된 것이며, 나아가 이상과 양심이라는 비판적 대리자, 특히 부모의 비판적 영향력의 대리자가 만들어지는 상황을 재창조하는 것이다(Freud, 1914, pp. 95~96). 프로이트의 투사에 대한 이러한 생각은 「개론적 강의」(Freud, 1916~1917, pp. 248~249)에서도 그다지 변하지 않은 채 제시되었다.

프로이트는 1922년에 병리적인 질투심의 형태로 부정절의 충동이 상대방에게 투사되는 것을 관찰하였다. 이러한 투사의 사용은 억압된 동성애적 소원에 대한 보이지 않는 부인과 함께 편집증의 고전적 형태 중의 하나인 망상적 질투심을 만들어낸다. 망상은 단지 투사에 의해서 뿐만 아니라 상대방의 부정절의 충동—이 충동이 무의식적이더라도—에 대한 환자의 지각에 의해서도 지지되는 것으로 보인다. 이와 유사하게, 편집증 환자는 자신의 주변 사람들의 모든 행동과 태도를 자기 자신과 무관하지 않다고 생각하는데, 그것은 그가 다른 사람들 안에 있는 무의식적인 적대감의 충동에 대해 반응하기 때문으로 보인다.

편집증적 과정이 투사 기제 이상의 것을 포함한다는 사실을 인정하는 것, 그리고 적대감의 역할이 예전에 설명된 것보다 더 중요하다는

것을 인식하는 데 있어서, 이러한 첨가는 중요하다. 프로이트(1887~
1902, p. 207)는 편집증에 관한 초기의 사고에서 적대적 충동의 중요성
을 인정했으나, 리비도적 측면에 대한 그의 관심 때문에 적대감의 역
할을 무시하였다. 그는 놀랍게도 어머니에 의해 살해되거나 삼켜지는
공포가 여성의 편집증 발생에 공통적으로 중요한 영향을 끼친다는 사
실을 나중에(1931, p. 227, 237; 1933, p. 120) 언급하였다. 프로이트는
이러한 공포가 어머니의 무의식적인 적대감에 대한 아동의 느낌을 부
분적으로 반영할 수 있다고 추측하였다. 이러한 문제는 이후에 편집증
의 발생에 영향을 끼치는 공격성의 역할에 대한 이론을 공식화하는
길을 열었다.

프로이트 이론의 평가

프로이트의 이론은 편집증에 대한 현대적 개념을 위한 실질적 기초
를 구성하였다. 그럼에도 불구하고 그것은 몇 가지 점에서 비판될 수
있다. 첫째 우리가 알고 있는 한, 프로이트는 편집증적 정신증에 대한
폭넓은 경험이 없었다. 쉬레버에 대한 프로이트의 설명은 자신이 개인
적으로 만나 본 적이 없는 환자가 서술한 기록에 기초해 있다. 둘째
편집증에 대한 프로이트의 견해는 정신 신경증 연구에서 파생된 징후
형성 이론을 응용하고 적용한 것이었다. 이러한 절차는 그의 정상적인
방법론과는 상반되는 것이며(Meissner, 1971a), 그의 임상 연구의 통상
적 유형에서는 예외적인 것으로 보인다.

셋째 프로이트의 이론에서 공격성의 역할은 미완성인 채로 남아 있
다. 그는 편집증에 대한 초기의 접근에서 적대감의 역할을 인정하는
것으로 보이지만, 이후에는 그의 리비도적 선입관에 의해 공격성의
역할이 압도된 것으로 보인다. 이것은 쉬레버 사례의 평가에서 특히
그러하며, 그 사례의 설명에서 적대감은 거의 언급되지 않았다. 적대감

의 역할과 관련해서 초자아 투사에 대한 좀 더 이후의 접근에서 약간의 실마리가 나타나기는 하지만, 그것은 단지 지나쳐 가는 언급에 지나지 않는다. 처음부터 끝까지 프로이트의 중대 관심사는 사랑이 증오로 변한다는 가정에 관한 것이었다. 그는 자신의 사고를 그 가정에 고정시킴으로써 증오를 리비도적 관계에 대한 방어로 간주하게 되었다. 편집증을 억압된 동성애에 대한 방어로 본 프로이트의 이론이 어떻게 이러한 유형에 들어맞는가를 인식하는 것은 어렵지 않다. 그러나 그것은 편집증의 근본적인 문제가 실제로 적대감을 처리하지 못하는 데 있다는 것을 인식하는 데 실패하고 있다.

로클린(Rochlin, 1973)은 쉬레버 사례에 대한 프로이트의 접근에서 이러한 결함을 강하게 지적했는데, 그는 프로이트가 쉬레버의 적대감의 요소를 서술하였지만, 그것을 공격성이나 혹은 자기애의 변천 양상의 표현으로서 체계적으로 고려하는 데는 실패했음을 주목한다. 그는 다음과 같이 말한다:

> 예컨대, 프로이트는 쉬레버 사례에서 환자의 욕동과 취약성을 인지하였는데, 그 둘은 그의 동성애적 동경에 대해 스스로를 방어해야 하는 절박한 필요성에 의해서 뿐만 아니라, 아버지의 사랑과 아버지에 대한 그의 사랑에 의해서 발생된 것이었다. 우리가 강조하였듯이, 프로이트는 유일하게 그 사례의 리비도적 측면에만 초점을 맞추었다. 그는 쉬레버 사례의 출판 이후 3년이 지나기까지 자신의 본능 이론을 수정하지 않았다. 그리고 프로이트와 그의 후학들 대부분은 새로운 자아 심리학의 이론적, 임상적 관점에서 예전의 사례 자료를 검토하는 것이 필요하다는 생각을 하지 않았다(p. 117).

프로이트 이후의 발달

클라인

멜라니 클라인(Klein)은 프로이트 이후에 수행된 편집증 연구에 가장 중요하게 기여하였다(1960, 1964). 편집증을 좀 더 초기의 항문기적 가학성 단계로의 퇴행으로 보고, 그것은 부분적인 사랑 대상의 내사를 포함한다고 보았던 아브라함(Abraham)의 공식화(Abraham, 1924, p. 490)를 따라, 클라인은 어린아이에게서 나타나는 편집증적 표현에 대해 연구하였다. 그녀는 아브라함의 기본적인 입장에 동의하면서, 광범위한 임상 경험을 토대로 유아 발달에서 가학성이 가장 강력한 시기는 리비도 발달의 구강기 가학적 단계에서 시작되며, 초기 항문기 가학성의 시기까지 계속된다고 보았다. 그녀는 편집증은 가학성이 가장 강력한 단계에서 발생하는 고착과 함께 발달한다고 믿었다.

아동의 가학성은 내사된 대상과 외부 대상 모두가 아동 자신을 공격할 것이라는 공포로 변형된다. 아동의 환상 속에서 배설물은 독이 들어 있는 위험한 것으로 여겨져 심한 불안을 불러일으키며, 이 불안은 의존과 학대 망상에 의해 방어되는데, 이는 파괴적 성격의 형성이라는 결과를 가져온다. 클라인은 동성애적 사랑이 동성 부모에 대한 증오로 변형되는 것 배후에는 더 깊은 증오와 파괴적 소망이 있다고 주장했다. 아동은 위험하고 파괴적인 자신의 배설물로 어머니의 젖가슴과 신체를 공격하고 그것들을 파괴하는 환상을 갖는다. 클라인은 동성애를 두렵고 증오스러운 부모를 파괴하려는 위험하고 가학적인 소망에 대한 방어라고 간주한다.

프로이트는 어머니에 대한 아동의 적대감과 어머니에 의해 삼켜지는 공포에 대해 언급했다. 클라인은 이 공포를 아동의 가학 충동이 투사된 것이라고 명료하게 공식화했다. 그녀는 방광과 내장을 공격하는 전능한 파괴성에 대한 가학적 환상이 편집증적 기제와 밀접하게 관련되어 있다고 강조한다. 그녀는 이 과정을, 아동이 자신을 좌절시키는 어머니의 젖가슴으로 자신의 공격적 충동을 투사하는 것으로 이해한다. 따라서 어머니의 젖가슴은 내적인 박해자가 된다. 자아는 축출 (expulsion)과 투사 과정에 의해 이러한 내재화된 박해자에 대해 스스로를 방어하고자 한다. 이 결과로 나타나는 불안 및 그와 관련된 방어 기제가 편집증의 기초를 형성한다.

클라인의 견해에서, 편집증과 우울 상태는 밀접하게 연관되어 있으나 박해 불안이 향하는 방향에 따라 구별된다. 편집증에서는 불안이 일차적으로 자아의 보존과 관련된 반면, 우울증에서는 불안이 자아가 전체 대상으로서 동일시되는 내재화된 좋은 대상의 보존과 일차적으로 관련되어 있다. 좋은 대상 및 그 대상과 함께 자아가 파괴되는 것에 대한 불안은 계속적으로 좋은 대상을 구하려는 모든 내적·외적 노력과 관련되어 있다.

가장 초기의 발달 단계에서, 대상은 박해적인 나쁜 대상과 좋은 대상으로 분열된다. 그러나 아동이 부분 대상의 내사로부터 전체 대상과 현실 대상의 내사로 이동할 때, 대상의 두 측면은 하나로 모아져야 한다. 이것이 주된 발달 과제이다: 이제 아동은 나쁜 대상과 좋은 대상을 통합시키려고 애쓰며, 그 과정에서 자아는 대상의 사랑스런 측면과 증오스런 측면, 좋은 측면과 위험한 측면을 반복해서 분열시킨다. 아동이 현실 대상에 대한, 그리고 그 결과 내사된 대상들에 대한 더 많은 신뢰와 확신을 갖게 될 때, 양가성을 견디는 능력—현실 대상과 관계 맺는 능력—이 발달한다.

그러므로 편집증적 자리에서 우울적 자리로 발달하는 아동의 역량은 양가감정을 견디고 좋은 대상과 충분한 동일시를 성취하는 능력을 함축한다. 좋은 대상—처음에는 젖가슴, 그 다음에는 전체 사람, 특히 어머니—과의 동일시 및 사랑할 수 있는 능력의 성취와 함께 그 좋은 대상이 파괴되고 해체되는 것에 대한 불안이 죄책감과 가책, 그리고 박해자로부터 좋은 대상을 보존하고자 하는 책임감을 불러일으킨다. 이러한 느낌과 관련된 것이 좋은 대상을 상실할 것이라는 예측에서 생겨나는 슬픔이다. 양가성 안에는 사랑과 나란히 증오에 대한 무의식적 지식이 존재한다. 그 증오는 어느 때라도 우세한 위치를 차지하여 사랑 받는 대상을 파괴함으로써 우울증의 기저층을 형성하는 슬픔, 죄책감, 절망감을 초래할 수 있다.

클라인에 따르면, 편집증 환자는 다양한 이유로 충분한 동일시를 성취하기가 어렵다. 박해 불안이 너무 크면 안정된 충분히 좋은 대상의 내사 과정이 의심스럽게 되고, 수많은 불안 환상에 의해 방해받게 되며, 이 불안은 빠르게 다시금 사랑 대상을 박해자로 변화시킨다. 편집증 환자는 내재화된 부분 대상에 대한 초기 관계와 그것이 갖는 가학적 특성을 넘어설 수 없다. 클라인(1934)은 다음과 같이 말한다: "자아에 대한 박해 불안이 우세할 경우, 다른 대상과의 충분히 안정된 동일시—그것을 실제 있는 그대로 바라보고 이해한다는 의미에서—와 충분한 사랑의 능력이 발달할 수 없다"(p. 291).

편집증 환자는 우울적 자리에 내포된 죄책감과 가책(呵責)을 견딜 수 없다. 게다가, 우울적 자리는 투사를 사용하는 자신의 능력을 제한하기 때문에 위협적이다. 투사는 좋은 대상을 축출하는 공포를 불러일으키며, 따라서 좋은 대상을 상실하는 위협을 수반한다. 그러나 만약 편집증 환자가 자신 안에 있는 악한 것을 외부로 추방한다면, 그는 좋은 외부 대상을 상처 입히고 파괴하는 위험을 감수하게 된다. 따라서 클라인은 편집증적 공포와 의심은 견딜 수 없는 불안과 우울적 자리의 양가성에 대한 방어로서 작용한다는 생각을 제시하는데, 이는 그녀 입장의 기본적인 구성 요소요 근본적인 통찰이다.

클라인의 견해는 방법론적 관점 및 개념적 관점 모두에서 많은 논란을 불러일으켰다(Zetzel, 1956a; Kernberg, 1969). 그러나 편집증과 우울증에 대한 그녀의 서술은 임상적으로 상당한 타당성을 인정받고 있다. 그녀가 이 문제에 대한 연구에 중요하게 기여했다는 것을 인식하는 것과 그녀의 이론적 가정을 받아들이는 것은 별개의 문제이다. 그녀의 견해는 편집증의 발생에 있어서 공격성과 적대감의 역할에 관심을 집중시키는 데 가장 큰 공헌을 했다; 그것은 또한 아동의 삶의 초기 경험이 이후의 병리 상태에 크게 영향을 끼친다는 사실에 우리의 주의를 환기시켰다.

공격성

멜라니 클라인의 연구 이후로, 편집증에 대한 강조점은 리비도적 측면에서 공격적 측면으로 옮겨졌다. 슈미더버그(Schmideberg, 1931)는 편집증적 사고가 공격 충동으로부터 발생하며, 가학적 환상을 반영한다는 사실을 분명하게 보여주는 두 가지 사례를 제시한다. 공격성은 원색 장면에서 성교하는 부모에게로 일차적으로 향하고, 동성애적 소망과 이성애적 소망 모두에 의해 발생한다. 그녀는 편집증적 망상을 만들어내는 가학성의 투사는 동성애적이고 이성애적인 두 가지 태도 모두로부터 유래한다고 본다. 클라인은 환자가 아동기 시절에 겪은 엄격하고 가학적인 부모의 징벌에 대해 주목하면서도, 편집증적 내용이 본능 혹은 공격성에서 파생된다는 점을 강조했다. 부모의 징벌적인 태도는 아동으로 하여금 항상 자신은 결코 어떤 것도 제대로 할 수 없을 것이라고 느끼게 만든다. 그 상황은 증오, 불안, 죄책감의 느낌을 심화하고, 따라서 아동에게서 가학적 충동을 배출하기 위한 정상적인 출구를 박탈하며, 아동이 환상을 현실의 빛에서 검증하는 것을 가로막는다. 이때 억압되고 억눌린 공격성은 편집증적 증상으로 넘쳐 흐른다.

초자아

페니컬(Fenichel, 1945)은 대체로 프로이트의 공식화에 동의하면서도, 편집증적 망상에서 초자아가 갖는 역할에 대해 몇 가지 논평을 첨가한다. 그는 편집증적 망상이 동성애적 기초에서 파생되는 것이 아니며, 그것은 투사를 사용하여 수치심, 죄책감, 혹은 부적절감의 형태로 자신에게 향하는 공격성에서 벗어나고자 하는 시도를 나타낸다고 제안한다. 이와 유사하게, 나이트(Knight, 1940)는 편집증 환자가 강한 무의식적 증오를 중화하기 위해 사랑에 대한 집요하고 과도한 욕구에 사로잡힌다는 사실을 지적하면서, 편집증의 요소인 강한 무의식적 증오에 대해 논의했다. 헷셀바크(Hesselbach, 1962)는 편집증의 망상 형성에서 초자아의 퇴행이 갖는 역할을 강조하였다. 본래 초자아의 엄격성은 부모 권위의 엄격성에 의해, 환자 자신의 공격 충동의 투사에 의해, 그리고 부모에게 반복적으로 실망하면서 생긴 적대감에 의해 결정된다. 퇴행에서는 이전에 자아 이상을 구성했던 원시적 내사물이 다시 나타난다; 이것은 전에 초자아에게 부여했던 공격성과 가학성을 모두 외부 대상에게 투사한다. 그럼으로 해서 망상 속의 박해자는 본래의 내사된 부모상이 지녔던 위협적이고 가학적이며 삼키는 남근적인 질적 요소를 갖는다. 박해 망상은 견딜 수 없는 죄책감에 시달리는 사람으로 하여금 분개의 감정을 갖는 것을 정당화시켜주고 가학적 충동에 대해 자기 방어를 사용하도록 허용한다.

편집증에 관한 사고의 발달 과정에서 어느 정도 점진적인 변화가 있었고, 공격성의 변천 양상에 대한 점증하는 강조—우리가 보아 왔듯이—가 있었지만, 맥알파인과 헌터(MacAlpine and Hunter, 1953)가 불평했듯이, 많은 문헌들은 주로 프로이트의 이론을 확증하는 데 관심을 가졌으며, 그것들 안에는 프로이트의 해석에 대한 어떤 공식적인 비판도 발견되지 않는다.

쉬레버 사례에 대한 비판적 견해

회고록

쉬레버 사례에 대한 프로이트의 공식화를 비판적으로 재평가하려는 현대의 노력은 중요한 발전이다. 우리가 보았듯이, 쉬레버 사례 기록 본문을 사용할 수 있게 되기까지는 동성애에서 편집증이 파생된다는 프로이트의 견해가 적절하지 않다는 주장은 어떤 근거도 가질 수 없었다.

이것은 1955년에 맥알파인과 헌터가 「회고록」의 영어판을 출판 (Schreber, 1903)함으로써 이루어졌다. 그들은 당시 그 문헌을 연구하면서, 대체로 편집증에 관한 문헌은 프로이트의 공식화를 무비판적으로 받아들이는 경향이 있다고 결론 내렸다. 그들은 프로이트에 의해 제공된 발췌문보다는 「회고록」의 본문 전체와 그와 관련된 문서에 대한 분석에 기초해서 이러한 결론에 도달했다:

> 우리는 쉬레버의 정신증을 삶, 죽음, 불멸, 재탄생 및 임신에 관한 무의식적, 원초적 생식 환상의 재활성화로서 해석했으며, 그 환상은 자신의 성에 대한 의심과 불확실성에서 표현된 절대적인 성 정체성의 혼동을 수반한다는 것을 확인하였다. 출산을 위해 여자로 변해야 한다는 일차적 환상에 비해 동성애적 불안은 이차적인 것이었다(Schreber, 1903, p. 395).

그들은 성 정체성의 혼란과 모호성은 프로이트의 용어 사용에 함축된 수동적인 동성애 소망과 구별되어야 한다고 보았다.

그 후로, 쉬레버 사례에 대한 재평가와 재공식화가 시도되었다. 니덜란드(Niederland, 1951)는 쉬레버의 두 번의 발병 모두가 사회적 지위 상승에 따른 권력과 영향력이 커짐에 따라 촉발되었으며, 이는 그의 아버지의 지위를 빼앗는 것에 대한 두려움을 불러일으킨 것이라고 주장한다. 아버지는 쉬레버의 정신증에서 일차적인 인물이었고, 쉬레버의 좌절된 욕구는 근원적으로 의존적인 것이었다. 그의 망상적 언어는 항문기 가학적인 원천을 갖고 있었고, 거세 공포보다는 주체 자신의 파괴적 분노로 인한 사랑하는 대상 상실의 공포를 둘러싼 좀 더 초기의 전성기적(pregenital) 공포를 반영하고 있었다. 이것은 초기 리비도적 대상관계의 강한 양가성을 반영하고 있으며, 이 양가성은 투사에 의해 방어되고 있다. 투사는 상징화와 압축을 포함하는데, 그 안에서 이전의 리비도적 연결은 신의 개념으로 압축되고, 따라서 상실된 리비도적 대상은 일차적인 의존 관계를 덜 위협적인 형태로 바꾸어 놓는 언어적 추상화로 대체되는데, 그 결과 현실이 희생되는 대가를 치룬다. 「회고록」 자체가 현실과의 접촉을 확립하려는 회복의 시도를 나타낸다. 이 노력은 쉬레버가 어머니의 죽음과 아내의 질병 상황을 맞기 전까지는 성공적이었으나, 상황이 바뀌자 실패로 끝이 났고, 그는 다시 병이 악화되어 4년 후 정신증자 수용소에서 생을 마쳤다.

쉬레버의 아버지

니덜란드는 편집증의 발생에 중요한 의미를 갖고 있는 쉬레버와 그의 아버지의 관계에 대해 많은 양의 정보를 제공해주었다. 그의 아버지인 모리츠 쉬레버(Dr. Daniel Gottlieb Moritz Schreber)는 라이프찌히 의과대학의 내과 의사요, 저술가 및 임상 교수였다. 그는 정형외과를 전공했으며, 그가 "치료적 체육"이라고 부른 훈련 지침서를 앞세워 아동 교육과 신체 훈련에 대해 광범위하게 저술하고 강의했다. 그 지침서는 아동의 의지를 꺾고, 그를 엄격하고 가혹하게 훈련하도록 계획된, 일련의 엄격하고 정교한 강제적 의식으로 구성되어 있었다. 심지어 아주 어린 나이부터 이 정교한 규칙들 중 아주 사소한 것을 위반할 경우에도 심한 체벌이 주어졌는데, 이는 아동의 원래적 본성인 반항적이고 파괴적인 행동을 철저하게 통제함으로써 약화시키려는 것이었다.

쉬레버의 아버지는 이러한 엄격한 교육 방법을 자녀들에게 철저하게 적용했다. 따라서 어린 쉬레버가 의학적, 교육적 원리라는 명목 아래 무자비한 정신적, 신체적 고통을 겪었을 것이라는 점은 의심할 여지가 없다. 쉬레버의 아버지는 아동의 모든 자위 행위와 공격적 행위를 통제하는 데 병적으로 관심을 가졌다. 그러나 그는 이러한 강제적 가학성을 교육이라는 이름으로 위장하였고, 아동의 신체 발달과 도덕성 향상을 위한 자신의 훈련 방법을 거의 광신적인 믿음을 갖고 합리화하였다. 니덜란드가 자세히 서술한 쉬레버 아버지의 자녀 양육 방식은 자기 통제와 관련된 강박적-가학적-투사적 경험으로 해석될 수 있다(Niederland, 1959).

아동의 원래적 본성은 아주 어릴 때부터 독립을 향한 모든 노력을 억압하고, 체제가 요구하는 규칙을 지키지 못하고 실패할 때마다 징벌을 가하는 것을 통해 철저하게 파괴되었다. 열정과 나쁜 습관을 드러내는 모든 징후는 신체에 대한 징벌과 억제에 의해 즉시, 그리고 무자비하게 다루어졌다. 쉬레버의 아버지는 아동을 적절히 관리하면 5세 혹은 6세에는 전적으로 복종하는 상태가 될 수 있다고 주장하였다.

쉬레버의 아버지는 머리를 다쳤고, 51세에 정신증을 앓았다. 그는 부상 이후에 부분적으로 은둔 생활을 했고 자녀들과의 개인적 접촉뿐만 아니라 사회 활동도 많이 줄였다. 그는 난폭하게 분노를 폭발시켰고 자신의 아내 외에는 그 누구와도 가까이 지내지 못했다. 그는 1861년에 53세를 일기로 죽었다. 아들인 쉬레버도 역시 51세에 처음으로 병이 났고, 그의 중요 징후는 자신의 머리에 대한 불평을 중심으로 나타났다. 즉 그것은 뇌가 연약해지는 것과 다가오는 죽음에 대한 공포의 표현이었다. 곧 이어, 그는 라이프찌히 병원에 입원했는데, 그곳에서 자살을 시도하였다. 2년 후 53세에, 그는 병세가 심하게 악화되었는데, 이것은 그의 이후의 정신증적 과정의 특징이 된 자신이 여성으로 전환되는 "증상"으로 나타났다.

니덜란드의 자료는 쉬레버의 정신증 배후에 놓여 있는 진실의 핵에 상당한 빛을 비춰 주었다. 우리는 "신이 무한히 먼 곳으로 물러났을 때" 아들이 느끼는 무력감과 그의 아버지에 대한 갈망과 불만을 이해할 수 있다. 신은 살아 있는 사람을 이해하지 못한다는 불평은 이해해 주지 못하는 아버지에 대한 비난이었고, 그의 아버지의 책은 해부도에서 보는 것과 같은 죽은 시체의 그림으로 가득 차 있었다. 그것은 또한 그가 잘 알고 있던 바, 시체 해부를 통해 과학적 연구를 하고 있는 플렉지히에 대한, 그리고 그가 신체의 일부를 잘라내는 것에 관심을 갖는 데 대한 비난의 표현이었다(Niederland, 1959, 1968). 쉬레버가 언급하는 "작은 사람들"은 아버지의 책에서 본 그림들이었고, 그의 망상 역시 아버지의 책에서 본 해부학 도형들과 관련된 것이었다. 이것이 그의 아동기에 뿌리를 둔 거세 불안과 가학·피학적 환상들과 관련되어 있다는 것은 의심의 여지가 없는 사실로 보인다.

맥알파인과 헌터(1953)는 또한, 특히 그가 태양을 "창녀"라고 부른 것에서 드러나는 바, 쉬레버의 망상 체계가 강한 여성적 측면을 갖고 있다는 사실을 지적했는데, 이는 태양이 아버지에 대한 상징적 표현이라는 프로이트의 견해와 일치하지 않는다. 쉬레버의 어머니는 남편의 견해에 의해 깊이 영향을 받았고, 그의 이론을 실천하는 일뿐만 아니라 그 이론을 저술하는 일도 도왔다. 따라서 그녀는 남편의 아들에 대한 강제적·가학적 학대에 참여했다. 쉬레버의 삶을 통제한 신격화된 권력을 가진 통제적이고 전능한 인물은 의심할 여지 없이 모성적 이미지와 부성적 이미지 모두가 융합되어 있는 인물이다. 뿐만아니라 쉬레버의 아버지는 우주를 지배하는 원리로서의 당기는 힘과 밀쳐내는 힘에 관해, 그리고 우주와 신의 관계 및 우주에 대한 신의 통제에 관해 정교한 생각을 가지고 있었으며, 이것은 쉬레버가 망상적 우주론을 형성하는 데에 기여했을 것이다(Niederland, 1963).

쉬레버의 박해 경험

프로이트는, 아마도 더욱 중요한 차원을 배제하면서까지, 쉬레버의 질병에서 성적 사랑의 요소에 집중하였다. 어떤 의미에서, 프로이트의 공식화는 쉬레버의 아동기 경험의 일부분으로서 실제 박해의 가능성을 배제하지는 않았으나, 그것을 중요하게 고려하지도 않았다. 쉬레버의 편집증이 억압된 동성애적 충동으로부터 파생했다는 프로이트의 설명은 쉬레버의 배경에서 발견될 수 있는 편집증적 과정의 부가적 결정 요소를 회피하고 있는 것으로 보인다.

프로이트는 쉬레버가 항상 굴욕 당하고 있었다는 사실을 지속적으로 무시했다. 로클린(1973)은 이러한 측면을 관찰하였다:

능동적인 존재에서 수동적인 피조물로 전환된다는 의미에서, 폭력적인 박해를 당했든지 혹은 잔인하게 이용되었든지 간에, 그는 스스로를 무자비하게 공격을 받는 무력한 대상이라고 느꼈다. 그가 프로이트에게 (그리고 우리에게) 제시한 문제는 그가 전 생애에 걸쳐 말할 수 없이 강렬한, 그리고 의식에서 받아들일 수 없을 만큼 강렬한 성적 사랑에의 갈망에 의해 위협 당하고 있다고 느꼈다는 것과, 자기 자신과 가장 친밀하거나 친밀하기를 원했던 사람들로부터 거칠고 적대적이며 공격적인 의도를 가진 자로 취급받는 대상으로 자신을 계속해서 비하했다는 것이다 (p. 116).

쉬레버 자신은 그가 겪었던 굴욕적인 신체적 경험에 대해 다음과 같이 언급하였다(1903):

> 신과 접촉하기 시작하면서부터 현재까지 내 몸은 계속적으로 신적인 기적이 일어나는 장소였다. 만약 나에게 일어난 이 모든 기적을 자세히 묘사한다면, 나는 그것만으로도 책 한 권을 쓸 수 있을 것이다. 내 몸의 어떤 부분이나 기관도 기적에 의해 영향받지 않을 수 없었고, 근육의 어느 한 부분도 기적에 의해 움직이거나 마비되는 것을 피할 수 없었다(p. 131).

이 글의 직접적인 맥락에서 벗어나 이 글을 읽을 때, 우리는 쉬레버가 그의 질병의 일부로서 신에 의해 겪은 굴욕을 말하는 것인지, 혹은 아버지의 냉혹하고 엄격한 훈련을 통해 그가 겪은 굴욕을 말하는 것인지를 확실히 알 수 없다. 그의 아버지가 미친 듯이 가하는 가학적이고 잔인한 일련의 신체적 고통은 그의 아이들을 훈련하기 위해 의도된 것이었다. 그것은 문자 그대로 아이들의 의지를 꺾어서 그들을 부모의 소원에 따르는 순종적이고 유순한 아이로 만들려는 목적으로 행해졌다. 그의 훈련 지침서를 읽는 것은 마치 중세의 고문 기술에 대한 글을 읽는 것과 같은 것이었다.

그러나 그가 경험한 박해는 직접적이거나 공개적이지 않았다. 그 박해는 다른 사람들에 의해 박해로서 인식되지 않았는데, 그 이유는 그것을 인식한다는 것은 쉬레버 아버지의 자존심과 고상한 사상에 거슬리는 불쾌한 것이었기 때문이다. 따라서 아이의 의지에 대한 가학적인 파괴와 이에 수반되는 계속적인 굴욕과 신체적인 고통은 부인되고 이상화된 동기부여를 위한 노력으로 인식되어야 했다(Schatzman, 1971).

그러므로 우리는 쉬레버가 아동기에 그의 출현하는 자율성과 자존감이 항상 공격을 받고 있었으며, 의심할 여지없이 그가 언급했던 "영혼 살해"의 위협 아래 있었다는 것을 어느 정도 깨달을 수 있었다. 그의 아버지의 기괴한 이론은 아동은 사악하고 파괴적이며 악하므로 그가 의지를 버릴 때까지 그의 위험한 특성을 파괴하고, 매를 때려야 한다는 가정을 함축하고 있었다. 박해하는 부모와 박해 당하는 아이 사이에 미묘한 공모가 발생한다. 그 이유는 박해하는 부모인 경우에 자녀가 부모의 박해를 사랑의 표현으로 받아들이는 것이 절대적으로 필요하기 때문이다. 만약 아동이 이것을 받아들이지 않는다면, 즉 그가 부모의 박해를 실제 박해로 본다면, 그 인식은 더 강력한 박해적 행동에 의해 파괴되어야 하는 반항의 형태로 변할 것이다. 따라서 아동은 자신이 박해받는다는 사실을 숨겨야 할 뿐만 아니라 그것을 숨기고 있다는 사실까지도 숨겨야 한다(Schatzman, 1971). 따라서 이러한 가족 체계에서는 거짓된 상호성(pseudomutuality)이라고 서술된 것과 유사한 가족 관계의 유형이 전개된다(Wynne et al., 1958).

화이트(White, 1963)는 쉬레버의 병리에서 어머니의 역할이 차지하는 비중을 강조한다. 그는 어머니를 향한 원시적이고, 파괴적이며, 의존적인 구강기 충동은 「회고록」의 병리에 가장 중요하고 핵심적인 요소라고 제안한다(White, 1961). 쉬레버 부모의 아동 양육 방법은 분노와 불신과 해결되지 않은 파괴적이고 의존적인 구강기 욕구를 발생시켰을 것이다. 이것은 어머니와의 동일시를 통해서 포기될 수도 있었지만, 쉬레버는 아버지를 피상적으로 동일시하면서 그것을 방어했고, 그 동일시를 통해서 유능하고 양심적이지만 강박적인 사람이 되었다. 강제적이고 엄격하며 구속적인 아버지와의 강렬한 동일시는 그가 아동기와 사춘기 동안에 본능적 갈등을 견디어 나가는 데 도움을 주었고, 사춘기의 폭풍을 뚫고 나갈 수 있게 해주었다. 그러나 그는 친밀감과 고립감 사이의 갈등에 대한 적응 능력이 상당히 취약한 성인이 되는 대가를 치렀다. 그의 우울증과 뒤이은 편집증은 그의 정치적 패배, 그리고 뒤이어 아내가 아이를 사산한 일로 인해 자신의 생식 능력에 대한 위기감을 느끼게 되면서 나타났다. 강제적인 남성적 동일시의 표면 아래에는 아내-어머니의 유일한 소유자가 되고 싶은 숨겨진 유아적 소망이 있었으며, 여자로 변하는 망상적 전환은 어머니와 상징적으로 융합하는 정신증적 방법이었을 것이다. 아동에게 있어서 어머니를 파괴하는 것은 사실 세상을 파괴하는 것이며, 따라서 쉬레버의 세계 파괴 환상은 초기 구강기의 파괴 충동으로부터 기인했을 것이다.

편집증과 자기애

자기애적 공격

억압된 동성애에 대한 프로이트 이론을 넘어, 이제는 쉬레버의 편집 증적 병리의 형성 과정에 심각한 영향을 끼친 다양한 요인들을 고려해 보겠다. 쉬레버가 아버지에게 받은 "박해"에 대한 여러 자료들은 그의 병리의 발생이라는 문제를 새로운 빛에서 보도록 만들었다. 이러한 외상적 경험의 심리 내적 효과를 알아내려면, 우리는 반드시 자기애의 문제를 고려해야만 한다. 최근에야 우리는 자기애의 발달적 변천 양상의 중요성뿐만 아니라, 해결되지 않은 파괴적인 공격성과 자기애적 박탈이 긴밀하게 연관되어 있다는 사실을 깊이 이해하게 되었다 (Rochlin, 1973). 쉬레버의 아버지가 쉬레버에게 가한 박해는 그의 싹트는 자기애를 계속적으로 침해했고 공격했다. 따라서 쉬레버는 발달 과정에서 그의 기본적인 자존감의 뿌리에 왜곡과 손상을 입을 수 밖에 없었다.

자존감

건강하고 건설적인 자존감의 뿌리는 아동이 그의 발달 경험의 모체를 형성하는 강력하고 중요한 대상에 의해 가치를 인정받고, 사랑 받으며, 소중히 여김을 받는다는 경험에 의해 자라난다. 에릭슨은 이러한 기본적 틀 안에서 기본적 신뢰의 기초 원리와 자율성의 출현에 대해 서술했다. 기본적 신뢰는 출현하는 자존감에 실질적으로 기여하는 자기 존중의 근본적인 형태로 보일 수 있다. 그러나 기본적 신뢰는 아동과 돌보는 모성적 인물 사이의 근본적인 상호성에 뿌리 박고 있으며, 그것은 부분적으로는 만족시켜 주고 편안하게 해주는 방식으로 아동의 고유한 욕구에 대해 반응하고 그 욕구를 인지하는 돌보는 사람의 능력을 가리킨다. 그러므로 상호성은 아동의 내적 욕구에 대한 긍정적인 인정과 반응성이라는 본질적 요소를 포함한다.

이러한 본질적인 기초에 근거해서, 후에 아동이 자율적으로 자기를 표현할 때, 그것은 인정해주고 긍정적인 반응을 제공해주는 부모의 역량에 더 큰 도전이 된다. 부모-아동 관계에서 상호성을 유지하는 것은 아동이 절대적으로 의존되어 있는 중요한 인물의 소망에 반해서 자신의 소신을 말하려고 하는 충동의 출현에 대해 반응하는 부모의 역량에 달려 있다. 부모가 이러한 아동의 출현하는 자기 표현을 과도하게 징벌적으로 거절하거나 엄하게 제한한다면, 출현하는 자기감은 이에 상응하는 상처를 받게 될 것이다. 그 결과 자기 의심, 수치심, 그리고 열등감 혹은 지속적인 부적절성의 느낌이 나타날 것이다. 쉬레버가 아버지로부터 끊임없이 받은 "박해"에 대해 우리가 알아낸 내용에 비추어 볼 때, 그의 기본적인 자존감과 그와 관련된 본래적인 자기애가 심각한 손상을 입었고 굴욕을 겪었다는 사실은 어렵지 않게 추측할 수 있다.

아버지와의 관계

쉬레버가 아버지와 가졌던 관계의 중요성은 이러한 관점에서 크게 부각된다. 특히 남성 편집증 환자들에게서 일관되게 나타나는 특징은 아버지와의 친밀 관계 및 아버지로부터 긍정적으로 인정받기를 바라는, 충족되지 않고 좌절된 갈망이 있다는 것이다. 일반적으로 그런 환자가 아동기에 경험한 아버지는 차갑고 분리되고 뒤로 물러나 있는 모습이거나, 엄격하고 징벌적이며 적대적으로 거절하는 모습을 보인다. 이 두 경우 모두, 아동은 자신의 발달 경험에서 아버지를 사랑하고 정서적으로 반응하는 인물로 사용할 수가 없다. 그런 환자들은 좀 더 이후의 발달 단계에서도 아버지 상(像) 혹은 상들과의 친밀함과, 아버지로부터 인정받고 수용받기를 바라는, 계속적으로 좌절되고 보답 없는 갈망을 드러내는 경향이 있다.

우리는 아동의 발달에서, 특히 아동의 출현하는 자기 가치감과 관련해서 아버지의 역할이 매우 중요하다는 것을 깨닫기 시작했다. 일부 아버지-아들 사이에서 발생하는 거절 경험과 거리감은 계속적인 실망과 그에 따른 자존감 손상의 원천으로 남는다. 이러한 아동 발달의 측면에 대해 부정적인 오이디푸스적 애착과 그와 관련된 아버지에 대한 동성애적 갈망의 측면에서 접근할 수 있도 있지만, 그것은 또한 자기애적 박탈과 그에 따른 아동의 출현하는 자기 이미지의 침해의 측면에서도 고찰되어야 한다.

공격성

그러한 자기애적 박탈감과 수치심은 굴욕감과 격노를 증가시킨다(Kohut, 1972). 아동은 상처받은 자기애를 보존하고 회복하는 데에 공격성뿐 아니라 다양한 방어기제를 동원한다. 이러한 해결되지 않은 공격성은 부모에 대한 아동의 양가감정의 뿌리에 자리잡고 있으며, 이것은 아동의 출현하는 자기감 및 자아 역량의 발달적 구조화를 위한 주요 기여자로서의 부모 내사물의 내재화와 통합을 가로막는다 (Meissner, 1971b). 그러한 공격성을 다루는 일차적인 기제는 투사인데, 이는 아동의 출현하는 자기감을 형성하는 이후의 내사물을 더욱 오염시킨다. 안나 프로이트(1936)는 방어적 구성물의 근저에 있는 이 과정을 "공격자와의 동일시"라고 서술했다. 코헛(1971)은 자기애의 발달적 병리라는 관점에서 병리적 내사에 뿌리박고 있는 고착되고 박탈된 자기애의 특성을 과대적 자기의 측면에서 서술했다.

쉬레버의 성인 병리의 출현에서, 자신에 대한 가치감과 적절성에 대한 그의 내적 느낌은 계속적인 공격을 받고 있었음이 분명하다. 그는 자신의 아내가 사산한 것에 대한 낙심, 그리고 이와 관련된 실망으로 인해 남성적 능력에 대한 자신감이 무너지는 경험을 했음이 분명하다. 게다가, 그의 급성 심장 장애는 매번 자신의 능력과 가치감에 도전을 받는 순간에, 즉 중요한 공적인 자리에 새로운 책임자로 임명되거나 선출된 상황에서 일어난 것으로 드러났다. 다시금 임상적 현상은 전혀 낯설지 않다. 즉 환자들은 명백한 성공에 직면해서 심장 장애를 일으킨다. 매우 일반적으로 그런 경우에 작용하는 것은 단지 무의식적인 죄책감의 동기뿐만 아니라, 환자의 근저에 있는 무가치감, 부적절감 및 자격이 없다는 느낌 등이다. 타인으로부터 받는 존경이나 성공에 대한 도전이 이런 감정을 자극하고, 그때 이런 현상이 촉발되기 쉽다. 환자가 성공적인 치료를 받을 자격이 없다고 느끼는 부정적인 치료적 반응의 사례에서, 이와 비슷한 동기가 서술된 바 있다. 모델(1971)은 그런 환자에게는 해소되지 않은 시기심이 있다고 강조하였다. 그 역동은 어떤 것을 받는다면, 그것은 반드시 다른 누군가로부터 빼앗아 온 것이라는 자기애적 지시를 따른다. 즉 좋은 것은 제한되어 있다는 가정이 있다. 도전받거나 위협받을 때, 훨씬 더 취약해진다는 것이 자기애의 역설이다. 자기애가 위협받고 약해질수록 위험에 처한 자아는 전투준비를 하고 즉시 그것을 방어하는 일에 파괴적인 공격성을 사용한다.

따라서 우리는 쉬레버의 병리를 단순하게 그의 성인 경험의 맥락에서 추정되거나 일반화된 박해, 즉 아동기에 엄격하고 징벌적인 아버지로부터 받은 박해의 결과로만 간주할 수 없다. 그 병리의 발생에 대한 이해를 이 지점에서 멈추는 것은 그런 투사적 왜곡을 가져오는 본질적인 역동적 기초를 간과하는 것이다. 그가 아동기에 경험한 박해는 실제적인 박해였으나, 그것이 끼친 역동적인 영향은 자기애적 박탈과, 특히 그와 연관된 외상에 뿌리 내리고 있는 것이었다. 바로 그 박탈되고 병리적으로 왜곡된 자기애가 성인기에 쉬레버의 질병을 발생시켰고 방어 작용을 위한 역동적 충동과 동기를 제공한 요소였다.

편집증 이론이 지닌 함축들

열등감

편집증에 대한 정신분석적 사고는, 편집증의 원인이 동성애적 갈등에 있다고 강조한 프로이트의 초기 이론으로부터 변화되어 왔음을 보여준다. 이것은 편집증적 불안과 갈등에 대한 이해에 있어서, 다른 역동적 요소들을 고려하도록 이끌었다.

설리반(Sullivan, 1953, 1956)은 부적절감과 열등감에 대한 보상과 방어라는 측면에서 편집증에 대한 사고를 설명했다. 그는 박해와 거대함에 대한 편집증적 생각을 극심한 열등감, 무가치감, 그리고 타인에게서 긍정적 태도를 불러일으키지 못하는 무능력을 극복하거나 없애기 위해 의도된 복합적인 과정으로 간주한다. 그는 인정받지 못한 아동의 초기 경험에서 부정적인 자기감이 우세하게 형성되는 과정을 서술한다. 이러한 부정적 태도가 형성되면, 이후에 만족스런 대인 관계를 맺을 수 없게 된다. 개인적인 열등감, 무가치감, 그리고 종종 느끼는 외로움은 때때로 견딜 수 없는 것이 된다. 자신이 온전한 인간이 아니라고 생각하게 되고, 이것은 적응적인 모든 노력을 불가능하게 만드는 불안을 발생시킨다(Sullivan, 1953).

안전과 만족은 편집증적 투사에 의해 획득되는데, 이 투사 안에서 열등한 사람은 박해받은 피해자로 변한다. 가치감은 편집증적으로 타인을 비난함으로써 보호된다. 편집증 환자의 안전은 그가 박해받는 존재라는 인식에 의해 위협받지만, 다른 한편, 비난의 전이는 감당할 수 없는 약함의 감정을 덮어 준다. 그러므로 편집증 환자의 자기 체계는 누구라도 자신의 방어 체계, 즉 비난 체계 안으로 계속해서 끌어들여야 한다. 위험의 깃발은 계속해서 펄럭이며, 편집증 환자는 자신에게 내재해 있는 위험을 자극하지 않는 사람과만 관계할 수 있다(Sullivan, 1956). 열등감에 대한 자각은 치명적인 자기 체계의 결핍을 나타내는 심각한 불안을 낳으며, 이 결핍은 근저에 있는 열등감과 그에 따른 거부감과 불안을 위장하거나 배제할 수 없다.

가학 피학성

바크(Bak, 1946)는 그의 연구에서 프로이트(1908)의 지침을 따라 편집증의 가학 피학적 경향에 초점을 맞추었다. 그는 편집증적 반응을 망상적 피학성으로 보았는데, 이 피학성에는 예전의 사랑 대상에 대한 적대감과 가학적 환상의 증가와 함께 리비도의 철수가 수반되는 퇴행이 관련되어 있다. 가학성을 통제하는 데 실패할 때, 그것은 투사되어 박해 당하고 천대받았다는 망상으로 재구성된다.

나이즈(Nydes, 1963)는 편집증과 피학성 사이의 연결을 크게 강조했는데, 그는 피학적 특성과 편집증적 특성 사이의 양극성을 다음과 같은 용어로 공식화했다: "피학적 특성은 '사랑'을 위해 '권력'을 포기하는 것으로 나타나고, 편집증적 특성은 '권력'을 위해 '사랑'을 포기하는 것으로 나타난다"(p. 216). 따라서 망상적 편집증의 과대 망상 단계에서, 환자는 사랑을 포기하고 신이라는 강력한 인물이나 신과 동등한 인물의 지위를 선택한다. 피학적 환자는 힘에 대한 자신의 소망을 타인에게 투사하며, 힘 있는 인물을 사랑하기 위해 자신의 힘을 스스로 포기한다. 나이즈는 편집증적 성향을 가학적 성향과 대조함으로써, 그것들이 종종 겹친다고는 해도 그것들은 구분된다는 점을 밝히고자 했다. 편집증적 성향은 내면적 죄책감에 대해 본질적으로 방어적이다. 그것은 가학적 성향에서 더욱 특징적으로 드러나는 공격자와의 동일시보다는 피해자, 즉 박해받는 자와의 동일시를 포함한다.

편집증에서 드러나는 강력한 힘에 대한 추구는 가상적인 비난자에 대한 일종의 역공격이다. 이것이 흔히 가져오는 효과는 주체가 가상적으로 자신을 방어하고 있는 바로 그 적대자로부터 실제의 징벌을 불러일으키는 것이다. 대상이 보이는 편집증적 반응은 자신이 박해 당하고 있다는 느낌에 확신을 더해준다. 편집증 환자는 힘을 상처받지 않음과 같은 것으로 믿는다. 그는 어떤 형태에서든 약함을 경멸하며 몹시 괴로운 고통을 아무렇지도 않은 듯 견딜 것이다. 나이즈가 지적하듯이, "그들에게 있어서 사랑을 소망하는 것은 약함을 인정하는 것이며 굴복을 받아들이는 것과 같다. 그것은 거세와 동성애적 치욕에 굴복하는 것을 의미한다"(1963, p. 223). 나이즈는 신에 대한 쉬레버의 복종을 그에게 어느 정도의 안전과 보호를 허용하는, 굴욕적인 거세로, 즉 피학적 퇴행의 한 형태로 본다.

나이즈의 입장은 오베씨(Ovesey, 1954, 1955a, 1955b)의 입장에 근접한다. 그러나 오베씨는 사회의 요구를 충족시키지 못하는 환자의 실패를 강조하는 반면, 나이즈는 편집증 환자가 긍정적으로 볼 수도 있는 사회적 반응에 대해 부정적인 관점을 선택하는 특징을 강조한다.

징벌적이고 유아적인 초자아 때문에, 편집증적 인격은 정상적인 경험에서처럼 성공에 대해 보상받기보다는 징벌 받을 것을 기대한다. 편집증적-피학적 경향은 적응적 측면을 가질 수도 있으나, 기본적으로 근저에 있는 심리 내적 갈등을 해결하려는 목적으로 동기화된다. 따라서 편집증적인 인격과 피학적인 인격 유형 모두는 동성의 부모와 건강한 동일시를 이루지 못하며, 그 동성의 부모는 무의식적으로 전능한 존재로 간주된다. 그들은 그 부모를 대치하기를 원하는 동시에 멸절이나 거세의 형태로 보복 받을 것을 두려워한다.

편집증적 인격에게는 자기 주장이나 실제 성공의 어떤 형태도 전능한 권위적 인물에 대한 무의식적인 도전이나 위반으로 간주된다. 성공은 이성 부모와의 근친 상간과 동성 부모의 살해라는 무의식적인 오이디푸스 드라마의 측면에서 해석된다. 경쟁은 투사된 유아적 초자아 상과의 절박한 투쟁을 함축하기 때문에 몹시 위협적인 것이 된다. 따라서 편집증적 개인은 타인들의 행동, 생각, 소망을 은밀하게 지시하고 통제하는 마술적이며 망상적인 해결책에 의존할 수밖에 없다. 타인에 대한 의존은 그것이 아무리 호의적이고 겉보기에 해롭지 않은 것이라 하더라도 편집증 환자에게는 위협이 되기 때문이다.

우울증

편집증-우울증 연속에 대한 슈월츠(Schwartz, 1963, 1964)의 견해는 이러한 공식화와 밀접하게 관련되어 있다. 책임의 개념이 이 연속체의 토대가 되고 있다: 우울적 측면은 책임의 관점에서 자기와 관련시키는 특징을 가지며, 편집증적 측면은 대상의 관점에서 자기와 관련시키는 특징을 갖는다. 슈월츠의 견해에서, 비난이나 책임감의 내사는 좋은 대상과 나쁜 대상의 내사를 수반한다. 아동은 박탈을 자신이나 어머니 혹은 두 사람 모두에게 연결된 것으로 경험할 수 있다. 아동이 자신의 박탈에 대해 스스로 책임을 진다면, 그는 우울적 지향의 기초를 발달시키게 된다. 박탈의 근본 원인에 대한 책임이 아동 자신에게 있는 것이 아니라 자신이 통제할 수 없는 외부에게 있는 것으로 경험된다면, 그는 편집증적 지향의 기초를 발달시키게 된다. 클라인의 견해는 나쁜 어머니를 향한 파괴적 감정에 대한 죄책감과 가책을 포함하는데, 그 이유는 그것이 좋은 어머니도 손상시킨다는 생각을 담고 있기 때문이다. 이 공식에는 죄책과 가책을 포함한 책임감의 개념이 포함되어 있다. 그러나 편집증적 자리에서는 외부 대상에 대해 감정을 느낄 수는 있지만, 그것에 대해 책임감이나 죄책감, 혹은 가책은 느낄 수 없다.

슈월츠는 편집증적인 개인은 자신의 결핍, 자신이 중요하지 않다는 생각, 자신의 의미 없음과 직면하고 있다는 설리반의 견해를 실질적으로 따르고 있다. 편집증적 개인의 망상은 이 견딜 수 없는 생각에 대한 거부이며, 그것을 보상하려는 시도라는 것이다. 그는 박탈을 다른 사람들이 자신을 소중하게 여기지 않는 데 대한 반응이라고 해석한다. 그가 자신을 대수롭지 않은 존재라고 생각하는 것은 그가 행한 어떤 것 때문이 아니라, 그 자신이 타인에게 가치 없는 존재라고 느껴지기 때문이다. 열등감과 무가치감은 초기 유아기 때 겪은 자기애적 상처로 인한 자기애적 고착에 기반해 있다.

자기애적 상처가 있을 때 환자는 타인으로부터 인정받으려는 욕구를 갖게 되며, 타인의 반응에 대해 과도하게 민감하고 아주 쉽게 상처 받게 된다. 편집증 환자는 현실 공동체에서 다른 사람과 관계 맺는 능력이 손상되었기 때문에 카메론(1959)이 말한 "편집증적 의사 공동체"라는 것을 형성한다. 편집증적 의사 공동체는 자신이 타인에게 중요한 존재라는 것과 자신이 타인과 관계 맺고 있음을 확인시켜주는 특수한 기능을 갖는다. 자신이 타인에게 의미 있는 존재라는 것을 부인하는 자폐적 정신분열증 환자와는 달리, 편집증 환자는 특별한 의미를 갖는 심리적 맥락 안에서 타인들에 대한 이미지를 만들어낸다. 편집증적 망상 체계가 적절하게 기능하는 한, 편집증 환자는 그런대로 타인들과의 관계를 계속해 나갈 수 있다. 그러나 망상 체계를 위협할 정도로 자기의 취약성이 증가할 경우, 환자는 타인을 더욱 불신하게 되고, 의심하며, 방어하고 심지어 그에게 화를 내게 된다.

샐즈먼(Salzman, 1960)은 편집증에서 낮은 자기 존중감에 대한 부인을 핵심적인 징후로 보는데, 이 견해도 카메론의 견해와 비슷하다. 그는 편집증 환자의 낮은 자존감에 대한 부인이 일차적으로 과대주의를 낳고, 이것이 주변 환경의 이차적인 거절을 발생시킨다고 본다. 그때 일차적인 과대주의에 대한 위협을 방어적으로 다루기 위한 방법으로 망상적 구조를 통해 타인을 비난하는 투사적 전이가 조직된다. 과대주의가 모든 경우들에서 그런 일차적 역할을 하는지는 분명치 않다. 그럼에도 불구하고, 열등감이나 자기 존중감의 상실을 보상하려는 노력은 비교적 지속적인 특징으로 보인다.

모들린(Modlin, 1963)은 여성의 편집증적 상태에 대한 연구에서, 삶에 잘 적응하며 만족한 결혼 생활을 하고 있던 여성이 스트레스로 인해 자기 자신이 작아지는 느낌과 자기 존중감의 상실로 표현되는 우울증 단계가 촉발된다는 것을 발견하였다. 이것은 부부 관계에 심각한 변화를 가져오고 성관계 횟수의 감소 또는 완전한 중단을 수반한다. 자존감의 상실에 이어 퇴행이 뒤따르고, 투사적인 망상적 기제가 나타난다. 이러한 여성에 대한 치료는 여성의 사회적 역할에 대한 확인, 그녀의 상실된 자존감의 회복, 그리고 마지막으로 결혼 관계의 재확립에 초점을 맞춘 작업을 통해 성공적으로 이루어질 수 있다고 보았다.

또한 알렌(Allen, 1967)은 우울증과 편집증 사이의 관계를 강조했다. 이들 두 상태는 서로를 대신하는 것으로 보이며, 편집증 환자의 치료에서는 자주 근저에 숨어 있는 우울을 만나게 된다. 편집증 환자에게 우울증은 일차적인 증상이며, 편집증은 내재해 있는 자살 충동을 다루려는 시도로 볼 수 있다. 편집증 환자는 자살 충동에 극도로 민감하며,

투사를 통해서만 그 충동을 다룰 수 있다. 자살 충동이 너무 강해져서 부인과 투사의 기제로 다룰 수 없을 때, 심각한 자살 시도가 이루어질 수 있다. 따라서 우울증과 낮아진 자존감의 고통을 줄이고 피하기 위한 주요 전략으로 편집증적 방어가 조적 방어와 나란히 사용된다. 편집증 환자는 부인과 투사 기제에 의존하는 반면, 조증 환자는 부인과 활동으로의 도피라는 기제에 의존한다. 극단적으로 병리적인 편집증적 정신증과 조울적 정신증은 구별이 어려운 경우가 많다.

적대감

편집증적 정신분열증의 불안의 근원에 대한 논의에서, 써얼즈(Searles, 1965)는 편집증 환자가 자신의 세계를 악의적인 의미와 자신을 향한 악한 의도로 가득 차 있는 곳으로 본다고 주장한다. 그에게는 박해하는 인물들이 중요해지는데, 그 이유는 그들이 실제로 그의 투사된 무의식적 감정 및 태도를 나타내기 때문이다. 만약 그가 그들에 대한 관심을 포기한다면, 그는 사실 자신의 일부를 포기하는 것이다. 그러나 그는 자신이 박해하는 인물들에게 투사한 자신이 싫어하는 특성을 받아들일 수 없기 때문에 그것들과 화해할 수 없다. 이에 따른 결과는 정체성의 상실과 자기의 해체이므로, 또 하나의 선택이 절박하게 요청된다. 정신증적인 개인은 자신의 자기(self)를 모든 경험과 활동 바깥에 둠으로써 안전과 보호를 추구한다. 따라서 그의 자기는 끊임없이 진공 상태가 되어 바깥의 악한 현실에 의해 압도되고 위협당하게 된다. 그러나 그는 두려움과 나란히 현실 세계에 참여하고 싶은 강한 동경을 갖고 있다. 따라서 가장 깊은 자기의 동경은 취약한 자기 체계와 그것이 지닌 깊은 두려움의 원천이 되는데, 그 이유는 그에게 있어서 현실에 참여하는 것은 말살, 즉 렝(Laing, 1965)이 "삼킴"(engulfment)이라고 부른 것과 같은 위험을 감수하는 것이기 때문이다.

비쵸스키(Bychowski, 1966, 1967)는 원초적 대상과 원시적 자기 이미지의 상호 침투의 측면에서, 즉 궁극적으로 취약하고 무력하게 피해자화된 자기와, 강력하고 무자비하게 압도적인 현실과의 상호관계라는 측면에서 같은 딜레마를 언급했다:

> 이러한 적대감의 상호 침투는 원초적 대상 표상의 형성에 기여하는데, 이 대상 표상은 원시적이고 파괴적인 적대감의 중요한 저장소가 된다. 원래의 사랑-증오 대상에 대한 왜곡된 표상은 이미 외상에 노출된 정신 조직 안에서 분열되어 자아의 나머지로부터 분리된 채 남아 있으며, 그러므로 언젠가 미래의 심각한 정신 병리의 원천이 될 수 있다. 그런 원초적 대상 표상의 형성에서 적대감은 원래의 사랑-증오 대상이나 그것의 파생물로 외재화되고 투사되며, 따라서 그 대상이나 파생물은 대원수(大怨讐)나 박해자가 된다(1966, pp. 190~191).

편집증과 우울증의 문제는 서로 매우 밀접히 관련되어 있으며, 사실 몇 가지 동일한 발생적 뿌리를 공유하는 것으로 보인다. 치료자는 임상 현장에서 편집증적 환자가 그의 망상을 포기하도록 돕는 문제에 계속 직면한다. 즉 매우 위협적이고, 자기의 상실과 모든 개인적 가치의 파괴를 포함하는 근저에 있는 우울을 직면하고, 견디고, 그리고 해결하도록 돕고자 한다. 일반적으로 편집증 환자가 위니캇(1965)이 말한 "거짓 자기"를 표현하는 방법은 겉보기에 정상적으로 행동하는 것이다. 그는 순종적인 아이, 이상적인 남편, 근면한 노동자가 된다. 그러나 그런 개인은 자율성을 갖지 못하며, 따라서 타인들과의 관계에서 한편으로는 자신이 그들과 분리됨을, 다른 한편으로는 그들과 관련됨을 정상적인 방식으로 경험할 수 없다. 그 자신의 자기됨의 현실감은 타자에게 달려 있고, 따라서 그는 존재론적으로 타인에게 의존되어 있는 상태에 놓이게 된다. 실로, 그는 자신의 존재 자체가 타인에게 의존되어 있다는 사실이 몹시 위협적으로 여겨지기 때문에, 아무리 작은 것이라 하더라도 타인이 적대감을 표현하거나 거절하는 것을 자기의 존재에 대한 위협으로 받아들인다. 또 하나의 대응 방법은 전적인 분리와 소외이며, 여기에서 투쟁은 자신의 생사가 달려 있는 생존을 위한 투쟁이 된다.

정신분열적 과정

정신분석적 이론

이 논의는 쉬레버의 병리에서 편집증적 과정은 근저에 있는 정신분열적 과정의 해체적이고 와해적인 세력들에 대한 반응이며 보상 작용이라는 기본적인 가설에 기초해 있다. 우리는 근래에 이루어진 정신분석학적 공식화를 살펴봄으로써, 정신분열적 과정을 이해하는 데 도움을 받을 수 있을 것이다. 런던(London, 1973a, b)은 정신분열증에 관한 프로이트의 이론 안에 존재하는 두 가지 독립적인 사고에 대해 서술했는데, 그 두 가지 모두는 현재의 논의에서도 계속 이어지고 있다. 첫째는 단일 이론(unitary theory)인데, 그것은 정신분열증과 신경증의 연속성을 강조한다. 여기에서 이 둘은 본능적인 충동과 방어에 의해 결정되고 심리 내적인 동기에 의한 현상으로 간주된다. 이 틀 안에서, 탈리비도 집중(decathexis)과 현실 접촉에서의 장애는 모두 방어적인 동기에 의한 것으로 간주되며, 전이는 근본적으로 정신분열증과 신경증 모두에서 같은 것으로 간주된다. 프로이트는 단일 이론 또는 갈등 이론을 신경증과 정신증 모두를 포괄하는 전체 병리에 대한 통일된 설명을 제공하는 하나의 방법으로서 발달시켰다. 그러나 런던이 관찰하듯이, 이 이론은 정신분열적 과정의 본질을 탐구하기 위한 만족스러운 기초를 제공하는데 실패했고, 정신분열증의 고유한 현상에 대한 설명보다는 전체적인 이론을 유지하는데 더 많은 관심을 갖는다.

그러나 프로이트의 둘째 이론인 특수 이론(specific theory)은 정신분열증을 특수한 심리적 결함 상태를 반영하는 것으로 제시한다. 런던은 문제가 되는 심리적 결함을 일차적으로 대상의 정신적 표상에 대한 탈 리비도 집중이라고 본다. 이러한 맥락에서 탈 리비도 집중은 정신적 표상을 만들어내지 못하게 하는 근본적인 방해 현상을 지칭하며, 현실 접촉의 상실은 이러한 일차적 결함에 대해 이차적인 것으로 간주된다. 또한 정신분열증에서는 전이가 일어날 가능성은 제한되어 있거나 존재하지 않는 것으로 간주된다. 현재 우리가 알고 있는 정신분열적 과정에 대한 궁극적 이해는, 그것이 본질적으로 병리적 방어의 상태인지 혹은 결함의 상태인지 아직도 미해결인 채로 남아 있다.

런던은 변형된 특수 이론의 설명을 선택한다. 그는 오해의 소지가 상당히 많은 용어인 '탈 리비도 집중' 대신에 다음의 공식화를 제안한다:

> 기억 흔적을 정신적 대상 표상으로 조직하고, 그 표상을 유지하는 능력의 장애 … 그것은 본능적 충동의 발달보다 더 중요한 발달적 요인에 뿌리를 두고 있으며, 철수 반응에 생물학적으로 연결되어 있고, 불쾌감의 원리에 의해 조절된다(p. 182).

따라서 정신분열증 환자는 정상적인 개인의 경우에서처럼, 계속되는 지각적 경험의 흐름과 상호작용하며, 그 흐름과 통합하는 안정된 표상 체계를 갖지 못한 채 유입되는 자극의 유형을 인식하기 위해 환경을 살핀다. 이 경우에도 만약 충분한 구조가 있어서 유입되는 자극의 유형을 받아들이고 그것을 인식하고자 하는 시도가 비교적 성공적이라면, 적절하고 적응적인 현실과의 통합을 성취하는 것으로 보인다. 그러나 문제는 그 구조가 무력하고 깨지기 쉽다는 데 있다. 정신분열증 환자는 과거 경험 유형의 복잡한 조직에 의해 지원받지 않은 채 원초적인 자극이 그대로 유입되는 조직에 의존하고 있다. 그리고 그 과거 경험의 조직은 표상 체계 안에 고스란히 내재되어 있다. 런던(1973b)은 다음과 같이 말한다:

> 시간과 공간 차원의 제한으로 인해서, 환경은 표상 체계에 의해 주어지는 항상성, 상징적 압축, 그리고 일정 범위의 유형화를 제공할 수 없다. 환경적 유형화가 경험을 조직하는 데 실패할 경우, 급성 정신분열증의 특징인 혼돈스러운 행동 장애가 뒤따른다 (p. 185).

정신분열증을 행동의 문제로 보기보다는 갈등에 대해 방어적으로 동기화된 근저의 심리적 결함 상태를 반영하는 것으로 보는 견해는 정신분열적 과정을 연구하기 위한 다른 현대의 접근들과 더 일치한다. 이런 의미에서, 일차적인 심리 내적 장애는 기억 흔적을 정신적 대상 표상으로 조직하고 유지하는 능력과 관련되어 있다. 따라서 정신분열증은 정신 신경증과는 질적으로 다른 것이다. 이러한 일차적 장애는 대상 표상뿐만 아니라 자기 표상의 형성과 유지에도 영향을 미친다(Frosch, 1983). 이러한 표상적 결함이 생기면 환경의 자극을 조절하는 능력이 제한되며, 따라서 정신분열적 환자는 불충분하거나 과도한 자극에 특히 취약하다. 현실과의 관계에서 생기는 장애는 심리 내적 결함에 비해 이차적인 것이며, 그것은 환경에 대한 과도한 의존의 형태로 드러나거나, 정반대로 현실 수용이 과도하게 방해받는 형태로 드러날 수 있다 (London, 1973b).

특수 이론과 관련해서, 두 가지 점에 초점을 맞추어 볼 수 있다. 첫째로 정신분열증의 결함이 정신적 표상을 형성하고 유지하는 데 있다고 보는 견해는, 정신분열적 과정을 (표상의 측면에서 더욱 광범위하게 이해되는) 인지적 결함 상태라는 측면에서 이해할 것을 더욱 강조한다. 그러므로 우리가 지각적-개념적 통합의 결함과 반응 위계의 혼란에 대한 앞의 논의에서 보았듯이, 표상 체계를 형성하는 데 실패한 정신분열증 환자는 환경으로부터 오는 지각 내용을 조직하고 통합할 수 없다.

두 번째로, 최근의 정신분석적 이론의 경향과 일치하는 런던의 주장은 표상적 현상에 강조점을 둔다. 그러나 나는 정신분열적 과정이 단지 표상적 측면에서 이해될 수 있기보다는 더욱 깊은 측면에서 이해될 수 있다고 본다. 나는 자기 표상을 형성하지 못하고 유지하지 못하는 결함은 정신분열적 과정을 보여주는 중요한 장애라는 견해에 동의한다. 그러나 표상적 요소를 강조하는 대신에, 나는 그 과정을 더욱 분명히 구조적인 측면, 즉 정신분열적 과정에 포함된 구조적 취약성과 내재화 결함의 특수한 유형 및 형태의 측면에서 이해하고자 한다.

이러한 다양한 모델의 지지자들 사이의 논란은 계속되고 있으며, 각 모델은 근저에 있는 과정에 대한 이해와 치료적 개입의 과정에 대한 특수한 결과를 갖는다. 결함 모델에 기반한 치료는 내적인 대상 표상의 회복과 함께 근저에 있는 결함의 치료를 목표로 한다. 그러므로 정신분석 작업의 기법은 치료에 부적절할 뿐 아니라, 심지어 치료에 방해가 될 수도 있다. 카우치의 사용, 자유 연상, 그리고 치료적 중립성과 같은 정신분석적 방법은 분리의 공백을 증가시키고 대상의 상실감을 강화할 수 있다. 오히려 치료는 치료자가 환자와 접촉하고, 접촉을 유지하며, 의사소통의 통로를 열어 놓은 채, 돌봐 주며, 그들에게 관심을 갖고 있는 치료자와의 동일시를 계속적으로 강화하는 것을 목표로 해야 할 것이다. 그린슨과 웩슬러(Wexler, 1969)가 관찰하듯이, "'실제' 관계를 진전시키는 것이 무엇이든지, 적어도 장애를 입은 정신분열증 환자에게서, 치료자와의 실제 관계는 전이 문제보다 우선하며, 궁극적으로는 효과적인 해석적 개입을 위한 길을 연다"(p. 37).

정신분열증을 갈등에서 오는 혼란으로, 그리고 신경증과 질적으로 다르지 않은 것으로 이해하는 방어적 모델에서는, 내적 표상의 상실과 자아의 해체를 견딜 수 없는 정서를 가로막는 적극적인 방어 작용의 결과로 간주한다. 이러한 것들은 프로쉬(Frosch, 1983)가 "기본적 불안"이라고 서술한 것, 즉 자기의 해체 공포와 연관된 것이다. 정신증과 신경증 사이의 차이는 본능적 퇴행의 정도, 자아 및 초자아 기능에서 드러나는 공격성과 장애의 정도에 달려 있다. 방어적 견해를 지지하는 분석가들은 정신분석을 올바른 치료 방법으로 간주하며, 기본적으로 결함 모델에 기반한 치료 방법을 해로운 것으로 간주한다. 대상 대치(object replacement)의 개념에 기반한 그런 치료 방법에서는 정신분열적 조건의 내재적인 공격성과 파괴성이 무시되는 위험이 따른고 주장한다. 따라서 정신의 구조적 결함을 강조하는 이론가들은 분석적 방법을 해로운 것으로 간주하는 반면, 심리적 갈등을 강조하는 이론가들은 정신분석적 방법을 필수적이고 당연한 접근 방법으로 간주한다(Aronson, 1977).

그롯슈타인(Grotstein, 1977a, b)은 정신분열적 과정을 이해하는 데 다소 다른 접근을 한다. 그는 기본적으로 클라인의 입장을 따르면서, 정신분열증은 본질적으로 독립된 발달 과정을 따르며, 그것은 정상적인 발달 과정으로부터 떨어져 나간 성격의 한 부분이라고 재정의한다. 성격의 분열된 부분은 편집-분열적인 부분과 우울적인 부분으로 구성되어 있다. 편집-분열적 상태가 고착되면, 핵심적인 정신 기능의 발달이 가로막힘으로써 정신분열증이 발생한다. 정신분열증의 핵심적인 장애는 정신증과는 구별되는 성격의 분열된 부분에 있으며, 정신증은 정신분열증에 이미 노출되었거나 또는 정신분열증을 촉발할 수 있는 임상적 상태를 가리킨다. 정신증은 몇 가지 치료 방법이 있을 수 있으나, 정신분열증의 가장 바람직한 치료 방법은 정신분석이다.

성격의 정신분열적 부분은 유입되는 자극을 막아 주는 자극 장벽이 부적절하며, 지각에 대해 선천적으로 조숙하고 민감한 경향이 있다. 이 자극 장벽 또한 기질적으로 결정되는 요소이다. 지각에 대한 지나친 민감성은 지각을 적절하게 여과하지 못하게 방해함으로써, 지각 능력의 장애를 발생시킨다. 이러한 유아들은 정신분열증을 촉발시킬 수 있는 잠재적인 공포에 노출되며, 그 공포는 일차적 억압의 실패와 함께 알 수 없는 불안으로 기록된다. 이러한 정신 안에서 지각과 지각 대상은 공격을 받게 되고, 지각적으로 유입된 내용을 통합하는 능력이 방해받게 됨으로써 붕괴되며, 이러한 지각적 위기로 인해 절박한 방어적 조치가 촉발된다. 이와 같이 그롯슈타인은 정신분열적 과정의 이해에 있어서 지각적 유입의 통합과 지각적 조직의 변천 양상을 핵심적인 정신분열적 과정으로 재확립한다. 그러나 그 과정에 대한 그의 견해는 클라인의 가정으로부터 온 것으로서, 그것은 원시적이고 수정되지 않은 공격성의 역할, 자극 장벽의 붕괴가 가져오는 영향 및 그에 따른 불가피한 결과인 지각적 조직의 해체, 자기 구조의 형성 및 그 구조와 상호 연관된 자기 표상을 형성하는 정상적인 발달 과정의 붕괴, 그리고 지각적 경험을 개념적으로 조직화하고 통합할 수 있는 능력이 붕괴되는 것 등으로 구성되어 있다.

조직의 수준

여기에서 제시된 자료는 부분적이고 선택적이라는 것을 인정하지만, 그럼에도 불구하고 이 모든 것들은 비교적 일관된 방향을 가리키는 것으로 보인다. 몇 가지 연구들의 결론은 정신분열증 환자의 심리 내적 경험의 조직에는 일반적으로 인지적 결함이 있다고 지적한다. 정신분열증 환자는 유입되는 자극을 처리함에 있어서, 지각적 경험의 흐름을 통합, 조절, 조직하는 능력에 확실히 문제가 있는 것으로 보인다. 이것은 개념적 범주의 측면에서, 지각적 자료를 조직하지 못하는 무능력 때문이라고 생각된다.

인지적 조직의 또 다른 수준에서 보면, 정신분열적 결함은 대상 혹은 자기에 관한 표상적 도식을 조직화하지 못하는 무능력에 있다. 앞에서 서술된 지각적 경험을 개념적으로 조직화하지 못하는 무능력이 표상을 조직하거나 통합하지 못하는 무능력의 부산물인지 혹은 이 확인할 수 있는 결함 모두가 더 깊은 데 있는 결함 상태로부터 비롯된 것인지는 분명하지 않다. 우리가 앞에서 보았듯이, 정신분열적 과정의 본질과 중심적 결함에 초점을 맞출 때, 우리는 무엇보다도 자기 조직의 실패에 강조점을 두게 된다.

우리는 단지 이러한 현상의 표상적 측면들, 즉 일관되고 통합적이며 잘 분화된 자기 표상을 형성하고 유지하지 못하는 무능력을 강조하기보다는, 구조적 준거 틀을 강조한다. 즉, 중심적인 결함은 자기 표상의 해체에 있으며, 그것은 자기 표상의 근저에 있는 구조 안에 있다(Meissner, 1972b). 이러한 측면에서, 정신분열적 과정은 발달적 결함과 관련되는데, 이 결함은 개인이 자기 조직의 핵심을 형성하는 내재적 구조를 조직하고 통합하는 것을 방해하며, 그것을 안정시키지 못하게 한다. 따라서 정신분열적 과정은 내재화 과정에 개입하여 병인적 내사물을 만들어낸다. 일반적으로, 내사물의 내재화와 그것의 점진적인 발달적 수정을 통해서 자기감의 기초 재료를 획득하고 통합함으로써 통전적으로 기능하는 성격이 형성되게 된다(Meissner, 1979a, 1980a, 1981b). 이러한 준거 틀에서, 자기 표상은 근저에 있는 자기 구조의 이차적 표현이며, 그 자기 구조로부터 파생된 것이다. 따라서 이러한 이론적 측면에서 볼 때, 정신분열적 과정의 핵심적 결함은 이차적인 표상적 파생물의 수준보다는 구조적 결함의 수준에 있는 것으로 보인다.

그러나 실제로, 아직은 우리가 정신분열적 과정의 병인적 요소가 일차적으로 표현되는 영역인 구조적 결함과 선천적인 개념적-지각적 결함을 구별할 수 있는 아무런 근거도 없다. 그러한 인지적 결함이 환경과 경험하는 개인 사이의 경계에서 상호작용하는, 근저에 있는 구조적 결함을 보여주는 것이라고 보는 견해가 가능하다. 이와 마찬가지로, 구조 형성의 본질은 개인의 유아기 경험에서부터 시작되는 내재화에 달려 있으며, 그러한 내재화의 성격은 대상관계의 유형과 대상 관계 경험을 반영한다는 사실을 염두에 둘 때, 이러한 인지적 과정의 기능적 수준의 왜곡은, 심리 구조 형성의 중요한 요소로서의 내재화의 궁극적인 특성과 본질을 결정하는 데 중요한 역할을 할 수 있다.

어떤 경우든, 우리는 매우 밀접하게 연관되어 있고 복잡하게 얽혀 있는 것으로 보이는 이 세 가지 수준의 심리적 조직과 기능에 영향을 미치는, 정신분열적 과정에 대한 하나의 견해를 도출해낼 수 있다. 정신분열적 과정은 인지적 과정의 조직, 표상 체계—대상과 자기에 대한 표상—의 형성과 통합, 그리고 자기 체계의 구조적 통합 과정을 크게 방해하고 파괴하는 것으로 보인다. 그 결과, 투입되는 것을 적절히 처리하고 반응하는 능력을 가로막는 혼란과 역기능의 상태를 만들어내고, 방어적인 왜곡과 불안정한 표상을 발생시키며, 다양한 정도의 구조적 혼란, 불연속, 불안, 그리고 역기능을 발생시킨다.

투사적 체계

자기애와의 관계

프로이트는 쉬레버의 병리에 대한 논의에서 주로 투사적 체계를 강조했다. 또한 우리가 보았듯이, 프로이트 이후의 연구들은 쉬레버의 투사적 망상의 요소와 그의 아동기 경험, 특히 그의 아버지에 의한 박해 사이의 관계를 잘 보여주었다(Niederland, 1951, 1959, 1960, 1963). 어떤 의미에서, 쉬레버의 투사적 체계는 아버지와 맺은 관계 경험을 보존하기 위한 것이었다. 박해자-피해자 관계는 쉬레버가 그의 아버지와 가졌던 유일한 관계 경험이었다. 굴복과 항복은 아버지와 관계 맺기 위해 지불한 대가였다. 그것은 마치 그의 여성으로의 전환 환상과 같은 의미를 갖는 것이었다. 그의 여성으로의 전환은 세상을 구원하는 목적을 위해 신의 도구로 선택받은 데 대해 그가 지불한 대가였던 것이다. 쉬레버의 투사적 체계는 그로 하여금 그의 아버지 상이 투사되어 만들어진 신적 대상에게서 인정받고 수용 받으며, 그 대상과 특별한 관계를 맺도록 허용했다.

따라서 쉬레버의 투사적 체계는 그의 손상된 자기애를 회복하고 건져내려는 시도라고 간주할 수 있다. 그는 망상 체계 속에서 다소 과대적이고 자기애적으로 과장된, 신의 신성한 목적을 대행하는 대리자로서의 위치를 획득했다. 그 결과 그의 낮은 자기 존중감과 손상된 내면의 가치감은 많이 회복되었다. 그러나 중요한 요소는 그의 여성으로의 전환이었다. 한편, 여성으로의 전환은 그가 건강한 아이를 낳지 못한 실패를 통해 경험한 자기애적 상실을 보상하는 잠재력으로 작용하였다. 다른 한편, 그의 여성으로의 전환은 근저에 있는 어머니와의 동일시를 확립하고 공고화 하는 것이었다. 이러한 쉬레버의 망상 체계의 역동을 연구함에 있어서, 우리가 쉬레버의 어머니에 대해서 알고 있는 것은 별로 없고 단지 추측할 뿐이기 때문에, 우리의 논의는 다소 불확실한 근거 위에 있다. 그럼에도 불구하고, 이 동일시는 편집증적 정신병리의 본질적이고 핵심적인 부분을 구성하고 있음이 분명하다.

이 투사적 체계의 기능을 더 구체적으로 살펴볼 수 있다. 자기애적 인격의 역동은 특히 자기감의 확립과 보존과 관련되어 있다. 투사적 체계가 상처받은 자기애의 구원과 구조에 기여하는 한, 그것은 자기의 유지에 기여한다. 정신분열적 과정의 한 부분은 자기감을 구성하는 요소를 방해하는 것이다. 쉬레버에게 있어서, 그의 근저에 놓여 있는 분노, 굴욕, 상처받기 쉬움과 같은 느낌은 정신분열적 혼란을 강화했고,

그의 내면 세계의 통합을 방해했으며, 불안정한 내면 세계를 만들어냈다. 개인의 자기감 형성은 대상과의 맥락 안에서 이루어질 수 있는 것이다. 자기는 대상과의 관계를 통해서 규정되며, 심지어 그것의 구성물 자체가 대상과의 관계에서 유래한다.

자기 보존

자기감이 확립되고 유지되려면, 자기가 규정될 수 있고 분명히 표현될 수 있는 의미 있는 맥락이 필요하다. 이러한 맥락 안에서 자기는 소속되어 있고 의미 있으며 지원받는다고 느낄 수 있다. 정상적인 발달 과정에서, 출현하는 자기는 중요한 대상과의 실제 관계를 통해 이러한 의미 있는 소속감을 획득하는데, 이 관계 안에서 자기는 그 자체로서 인정받고 수용되며 가치를 인정받고 있다는 사실을 발견한다. 그러나 이러한 소속감과 의미 있는 관련됨이 출현하는 맥락은 병리적인 영향력에 의해 오염될 수 있다. 특히 파괴적 충동과 해결되지 않은 강력한 양가감정이 대상관계 안에 스며들 경우, 소속감 및 중요한 대상과 의미 있게 관련되어 있다는 느낌은 손상을 입는다. 쉬레버의 삶의 경험에서 의미 있는 인간적인 관련됨(relatedness)의 느낌은 분노, 증오, 실망, 그리고 상실에 의해 오염되었고, 그의 대상 세계와의 연결은 깨어졌다. 그런 환경에서, 출현하는 자기는 불가피하게, 결여되었거나 손상된 관계망을 새롭게 구성하려고 추구하게 된다. 쉬레버는 투사적 체계를 통해 재구성한 자기가 스스로를 규정하고 표현할 수 있는 대리 기반으로서 자신의 망상 체계를 형성했다.

투사적 체계는 출현하는 자기를 구성하는 내사물의 유형과 관련되어 있고, 그 내사물과 파생적인 관계를 갖는다. 투사 체계의 뿌리는 내사물의 유형화에 있는데, 그것은 또한 투사 체계의 구조가 내사적 리비도 경제에 기반된 침해받고 박탈된 자기애에 대한 반응이라고 하더라도 마찬가지이다. 쉬레버는 초기 발달 경험에서 자신을 무가치하고, 굴욕적이며, 악하고, 사랑 받을 수 없는 존재로, 궁극적으로는 가학적인 복종과 잔인한 속박을 받아야 마땅한 존재로 여기는 손상된 자기감을 갖게 되었다. 이러한 핵심적 내사물에 기초한 자기감에 의해 그의 대상관계 체계가 세워지게 되었다.

내사적 리비도 경제는 주로 내사된 양쪽 부모 상으로부터 파생된다. 실제적인 사실에 가장 가까운, 그리고 쉬레버 사례에 대한 전통적 견해에서 가장 주목되는 요소는 공격적이고 원시적인 아버지 상의 내사물이다. 아버지 내사물을 중심으로 해서 발생하는 공격자와의 동일시가 박해적 투사의 기초를 형성한다. 여기에는 다른 요소도 있다. 비록 우리가 쉬레버의 어머니에 대해 알고 있는 것은 별로 없지만, 우리는 그녀가 피학적인 요소를 많이 지닌 우울한 여성이었다는 사실을 추측할 수 있다. 그녀는 가학적이고 권위적인 남편과의 관계를 유지하기 위해, 자신의 성격 구조의 피학적인 요소를 강화시켰음이 분명하다.

쉬레버는 강한 확신을 갖고 자기 자신을 아버지에 의해 심리적으로 거세된 인물인 어머니와 동일시했다. 그의 망상적 체계는 아버지-신의 힘에 대한 굴복에서 궁극적으로 실현되었다. 편집증적 병리에 대한 철저한 연구는, 편집증 환자의 내사적 리비도 경제에 있어서 공격자와의 동일시와 피해자와의 동일시의 결합이 지속적이고 핵심적인 역할을 한다고 지적한다. 최소한 한 측면에서는, 편집증적 과정은 공격적이고 가학적인 내사물에 대한 방어의 수단으로서 피학적인 내사물을 강화한다고 말할 수 있다(Meissner, 1978b).

이 내사물의 역동의 변화는 복잡한 편집증적 과정의 표현을 위한 기초를 제공한다. 한결같이 편집증적 환자는 우울해지며—편집증적 표현이든지 아니면 박해 불안과 함께—종종 그 정도는 심각하다. 그런 시점에서, 피해자 내사는 심리 내적 리비도 경제를 지배하게 되며, 외재화하는 방어가 붕괴되거나 방어에 실패하게 될 때, 병리적 내사물이 상황을 지배하도록 만든다. 이것은 곧 침울하고 우울한 정서로 분출된다. 외재화 방어 혹은 편집증적 방어는 이번에는 우울 및 그와 관련된 무가치감, 부적절감, 나쁘다고 느끼는 고통으로부터 벗어날 기회를 제공한다.

따라서 투사적 체계는 자기감을 보존하고 유지하는 데 중요한 역할을 하는 것으로 볼 수 있다. 편집증적 개인에게 있어서, 자기감은 병리적 내사물로부터 파생된 것으로서, 그것은 실제 대상과의 관계와 진정한 자기감을 확립하거나 조직하는 것을 가로막는다. 자아는 이러한 내사물과 관련된 병리적인 자기감을 유지하기 위해 투사적 체계를 조직하여 병리적인 자기로 하여금 관계성의 대체물(substitute relatedness)을 조직하도록 허용하며, 투사적 관계 체계 안에서 그 나름의 의미 있는 소속감을 제공하고자 한다.

결론

우리는 성격의 형성 또는 왜곡이라는 측면에서 비교적 독립적으로 작용하는 두 가지 심리적 과정을 살펴보았다. 이 두 가지 과정은 모두 유전적, 생리학적, 신진 대사적, 대인 관계적, 그리고 사회 문화적 영향 등 다양한 측면들과 중요하게 관련되어 있는 것으로 드러났다. 이것들은 각 개인의 삶의 역사에서, 고유한 유전적 역사를 가지며, 또한 발달 과정에서 형성된 나름의 유형들을 갖고 있다. 정신분열적 과정은 내면의 구조가 분화되고 조직되며 통합되는 과정을 방해한다. 그것은 통합되고 조화롭게 기능하는 성격 조직의 형성을 가능케 하는 정상적인 심리 구조의 발달을 가로막는다.

정신분열적 과정

　정신분열적 과정은 유전적으로 결정된 다양한 기질적 특질과, 환경적인 스트레스를 포함하는 무수히 많은 요소들의 결합에 의해 발생한다. 유전적이고 잠재적인 병적 요소로 인해 고통받는 개인들에게서 발생하는 정신분열적 병리는 환경적인 스트레스의 정도와는 거의 상관이 없다. 다른 개인들은 환경적인 스트레스와 주변의 중요한 타자와의 병인적인 상호작용의 결과, 또는 스트레스를 초래하는 다른 병인적 요소가 정신분열적 병리를 발생시키는 원인으로 작용할 것이다. 현재로서는 한 개인에게 유전적인 병적 요소가 없다면, 그가 극도로 해로운 스트레스를 받는다고 해도, 즉 그 스트레스가 아무리 병인적이고, 또는 그에 따른 성격 조직이 아무리 병리적이라고 해도, 그에게 정신분열적 병리가 발생할 것이라고 생각할 수 있는 실질적인 증거는 없다.

　현재 우리는 정신분열적 과정이 상당히 광범위하고, 다양한 심리적 통합 수준과 심리적 기능의 측면에 영향을 미치는 것으로 보고 있다. 그 결과, 심리적 역량의 통합은 다양한 차원과 수준에서 방해받으며, 상호 관련된 심리적 역량과 심리적 기능의 조직 및 통합 과정에서 심각한 구조적 결핍을 발생시킨다. 그리고 개념적 기능 및 지각적 기능에서 유사한 혼란과 불균형을 발생시킨다. 이것은 잘 분화되고 안정된 심리 구조 형성의 상대적인 실패를 뜻하며, 이는 곧 성격 통합의 실패를 의미하며, 그 결과, 스트레스를 심하게 받지 않는 상황에서조차 아주 쉽게 퇴행할 수 있는 취약성을 드러내게 된다. 그리고 또한 이것은 개인으로 하여금 현실과의 접촉을 유지하고 환경 요소에 적응할 수 있는 역량을 가로막고 왜곡하는 유아적 수준의 퇴행적 조직 및 원시적인 방어에 더욱 의존하게 한다. 따라서 우리는 만성적이고 퇴행적인 정신분열증으로 고통 당하는 환자에게서 가장 심각한 형태의 정신분열적 과정이 작용하고 있음을 발견한다.

편집증적 과정

이와는 대조적으로, 편집증적 과정은 내면적 성격 구조의 조직화 및 성격 구조의 통합과 관련된 몇 가지 구체적인 기제를 포함한다. 편집증적 과정은 삶의 시작부터 다양한 형태의 내재화에 따른 성격 구조의 유형을 결정한다. 편집증적 과정의 내사 및 투사 기제의 상호작용은 개인의 자기 조직을 형성하고, 그것에 의해 외부의 중요한 대상들과 주체 사이에서 발생하는 상호작용의 특성과 유형화에 기여한다. 만일 편집증적 과정이 적절한 유전적 자질과 충분히 좋은 질적 요소를 지닌 대상관계와 함께 작용한다면, 성격 조직은 비교적 정상적이고 건강하며 적응적인 발달 과정에 따라 의미 있고, 목적적이며, 건설적인 자기감과 심리적 기능을 지닌 구조로 이루어질 것이다.

이와 마찬가지로, 편집증적 과정은 성장 과정과 발달 과정 동안 비교적 건강하거나 건강하지 못한 대상과의 상호작용과 유전적인 본능적 자질과의 만남에 따라 병리적인 결과를 가져올 수 있다. 발달적 경험이 양가감정에 의해 과도하게 영향받는다면, 내사물은 온전한 구조적 응집성과 통합성을 성취하는 과정을 방해할 수 있으며, 다양한 정신 병리의 형태와 정신 병리의 수준으로 나타나는 내면의 병인적 요소를 형성하는 토대가 될 수 있다.

그러한 병인적 결과는 편집증적 정신 병리의 형태에서 쉽게 확인될 수 있다. 그런 경우, 편집증적 과정의 기제는 병인적 내사물과, 환자의 병리의 중심에 자리잡고 있는 병리적인 자기감과 자기 조직이 유지되도록 영향을 미친다. 투사와 편집증적 구성은 일반적으로 위협적이고, 적대적이며, 병리적인 세계관을 조직하는 수단이 되며, 이러한 병리적 세계관은 환자의 대인관계와 경험 세계를 다루는 능력에 영향을 미친다. 동시에 그것은 일관되고 현실적인 방법으로, 투입되는 자극을 조직하고 통합하는 환자의 성격 구조 및 성격 기능을 안정시켜 주는 완충물로서 사용된다. 그리고 이것은 설령 그 구성이 병리적인 왜곡을 수 반한다고 해도 그렇다.

상호작용

편집증적 정신분열증이나 편집 분열증(paraphrenia)의 경우에, 여러 독립적인 정신 과정들이 결합함으로써 발생하는 효과와 그것들이 서로 상호작용 하는 증거를 볼 수 있다. 심리 구조의 붕괴와 심리적 기능의 와해는 보상과 재통합 세력의 작용을 불러일으킨다. 성격 구조를 황폐화시키는 정신분열적 과정의 파괴성에 직면해서, 편집증적 과정은 이러한 보상과 재통합의 목적을 성취하고 환자로 하여금 내적 응집성을 성취하여 안정적으로 보이게 하기 위해 사용된다. 그러한 안정성의 대가로서 심각한 편집증적 병리가 발생하더라도 그렇다. 어떤 의미에서 편집증적 정신분열증 환자는 그것이 비록 병리적이라 하더라도 내면의 조직 및 통합을 어느 정도 획득하기 위해서, 외부 세계에 대한 관계의 상실과 왜곡을 대가로 지불할 것이다. 따라서 편집증적 정신분열증의 경우에, 우리는 그것이, 비록 정신분열적 과정이 갖는 부정적이고 침범적인 요소에도 불구하고, 편집증적 과정의 긍정적이며 통합하고 구성하는 측면을 갖고 있다고 말할 수 있다.

쉬레버는 아마도 이 범주에 해당할 것이다. 우리는 정신분열적 과정에 기여하는 요소로서, 그의 가족 특히 그의 아버지에게서 영향받은 심각한 병인적 요소와 상호작용하는 어느 정도의 유전적인 기질적 요소가 존재했다고 추측할 수 있다. 그로 인한 내면의 혼란과 해체 상태는 쉬레버의 자기감이 멸절되고 해체되는 위협을 초래하였다. 이것은 동시에, 그의 성격의 방어적 기능을 강화시켰다. 투사와 편집증적 구성의 기제는 현실 세계와의 관계를 어느 정도는 의미 있는 것이 되도록 하는 한편, 내사적 기제는 병리적인 내사물—일차적으로 피해자 내사를 중심으로 한, 그러나 다른 보완적 형태를 배제하지는 않는—의 측면에서 파편화된 그의 내면 세계의 나머지 부분을 보존하는 데 사용되었다.

그러나 편집증적 병리의 형태들—예컨대, 우리가 주목하였듯이 그러한 진단의 유효성에 대해 어느 정도의 의심을 허용할 만큼 드물게 발견되는 소위 진정한 편집증과 같은—은 사실상 문화 안에 퍼져 있는 편집증적 과정의 표현일 수 있다. 그러한 병리에 대해서 우리는 단지 근저에 있는 혹은 잠재적인 정신분열적 과정에 대한 방어적인 보상일 뿐이라고 생각할 필요는 없다. 편집증적 과정 그 자체는 어느 정도의 해롭고 병인적인 영향이 주어지면 병리적 표현으로 나타날 수 있다. 게다가, 편집증적 정신 병리의 표현은 편집증적 과정의 다양한 정도의 이탈과 왜곡을 반영하며, 그것은 여러 형태의 정신 병리에서 광범위하게 발견될 수 있을 뿐 아니라, 정신분열적 과정이 전혀 작용하지 않는 정상적인 심리적 기능의 다소 퇴행적인 측면에서도 발견될 수 있다.

편집증적 환자는 정신분열적 과정 자체가 확인될 때, 이 정신분열적 과정이 지닌 파괴성을 수정하고 막기 위해 편집증적 과정의 자원을 동원하는 능력을 보유한 사람이다. 따라서 그런 환자들은 비교적 더 건강하고, 치료적 반응과 회복에 대해 내재적으로 더 큰 잠재성을 갖는다. 정신분열적 과정과 편집증적 과정 사이의 상호작용에 대한 이러한 이해는 또한 치료 과정에 대한 함축을 갖는다. 이 사실이 우리에게 제시하는 것은 최소한 정신분열적 과정의 세력을 교정하고, 수정하며, 그것을 막기 위한 최적의 자원이 있다면, 그것은 편집증적 과정에 대한 우리의 이해를 확장하는 것과, 그 과정을 효율적으로 사용하는 우리의 능력일 것이다.

제 4 장

편집증적 과정과 경계선 정신 병리

개념의 발달

신경증 대 정신증

경계선 정신 병리라는 진단 범주는 정신증과 신경증 사이의 고전적인 이분법적 분류가 명확히 적용되지 않으며, 특히 두 가지 병리 중의 하나로 진단하기가 곤란한 중간적인 특성을 지닌 정신 병리의 형태들에 의해 그 두 범주의 경계가 무너짐으로써 출현했다. 경계선 정신 병리 환자들은 어떤 상황에서는 다양한 정도로 근저의 정신증적 과정의 증상을 보이지만, 다른 상황이나 삶의 다른 국면에서는 신경증적 기제 및 행동의 특성을 지닌, 상당히 잘 기능하는 성격 조직을 보인다. 이러한 중간 형태의 병리를 어떻게 개념화할 것인가? 많은 저자들은 이러한 사례를 "까다로운 병리 유형들," 혹은 근저의 좀 더 경미한 정신분열적 과정의 표현으로 간주하였다. 이 병리 형태와 정신분열증이나 혹은 정신증적 과정과의 관계는 매우 불확실하다. 그것은 한편으로는 정신증, 다른 한편으로는 신경증 사이의 경계에 있고, 분명히 말하기는 어렵지만, 그 둘의 특성을 공유하는 것으로 간주된다.

수년 동안 이러한 정신증적 기제와 신경증적 기제의 상호작용을 어떻게 묘사할 것인가에 대해서 확실하게 결정하지 못하고 있었다. 이 불투명한 정신 병리 영역의 차원을 규정하고 묘사하려는 노력은 병리의 전체 모습 중의 어느 한 부분을 이해하거나 복잡한 현상의 어떤 측면만을 강조하는 것처럼 보였다. 이처럼 다양한 이론적 관점과 방법론적 접근에 의한 이러한 노력은 한계가 있었고, 따라서 그것의 성공 여부 역시 상대적일 뿐이었다.

경계선 인격

이러한 혼란스러운 모습은 컨버그의 작업을 통해 명료화되었다. 그는 1960년대 중반에 경계선 인격 조직의 이론을 확립했다. 컨버그(1967)는 몇 가지 중요한 점을 강조한다. 첫째 소위 경계선 인격 장애는 신경증적인 것도 아니고 정신증적인 것도 아니라, 좀 더 초기의 고전적 범주와는 구분되는 다른 정신적, 정서적 장애의 범주를 나타낸다. 둘째 경계선 병리의 근본적인 문제는 행동적이거나 현상학적인 것이 아니라, 본질적으로 경계선 병리의 기초를 이루는 근저의 구조적 문제이다.

따라서 경계선 병리의 진단은 환자의 행동, 정서 및 다른 현상적 표현이라는 피상적인 현상에 근거해서 내릴 수 있는 것이 아니라, 환자의 성격 구조 및 성격 조직을 평가하는 기준에 근거해서 내려야 한다. 이러한 접근에서는 환자의 원시적인 자아의 조직, 자아의 상대적인 약함, 그리고 경계선 자아가 사용하는 전형적인 방어 기제, 즉 분열, 투사, 원시적인 이상화, 그리고 투사적 동일시와 같은 원시적인 특징이 강조된다. 뿐만 아니라 컨버그는 자아 조직 근저의 구조적인 결함을 고찰하면서, 불안정하고 분열된 자아 상태를 만들어내는 심리 내적 방어 기제인 분열의 역할을 강조한다. 그런 자아의 구조적 허약성은 자기 응집성을 약화시키고, 정체감의 상실에 취약하게 만드는 결과를 가져온다. 따라서 컨버그가 말하는 경계선 개념은 분열, 정체성 혼돈, 원시적이고 해결되지 않은 공격성의 우세 등을 주요 특징으로 한다.

컨버그가 불확실했던 경계선 병리에 관해 많은 것을 광범위하게 설명하고 해결하는 데 기여했지만, 그의 접근 방법이 너무 포괄적이고 설명적이었던 것 또한 사실이다. 그의 사고는 경계선 병리의 조건에 대한 그 이후의 연구 흐름에 커다란 영향을 끼쳤다. 예컨대, 컨버그의 개념화로부터 출발해서 건더슨(Gunderson)과 그의 동료 연구자인 싱거(Singer, 1975)는 경계선 장애의 특징적인 징후들을 중심으로 더욱 신뢰할 수 있고 정확한 경계선 병리의 진단 기준을 위한 목록을 만들었다. 그 진단 목록은 다음과 같다:

1. 보통 심하게 적대적이거나 우울한 정서의 현존;
2. 자기 파괴(자해, 약물 남용 등등)의 우발적인 행동 또는 마약에 의존하거나 성적 문란과 같은 만성적인 행동을 포함하는 충동적 행동의 내력;
3. 직장 혹은 학교에서의 훌륭한 성취나 적절한 행동에서 반영되는 사회적 적응성;
4. 스트레스 상황이나 약물 투여의 결과로서 촉발될 수 있는, 편집 증적 특성을 띠고 나타나는 일시적인 정신증적 경험;
5. 심리 검사와 관련해서, 구조화된 검사에서는 다소 정상적인 결과를 보이지만, 비구조화된 검사 혹은 투사적 검사에서는 이상하고, 비현실적이며, 비논리적인 반응이나 원시적인 반응을 보이는 경우, 즉 근저의 사고 장애를 암시할 경우;
6. 일시적이고 피상적인 관계와 강렬하고 갈등적이며 의존적인 관계 사이를 오가며, 다양한 정도의 조작, 과도한 요구 (demandingness), 가치 비하를 반영하는 대인관계.

경계선 징후의 특성을 밝히는 데 있어서 더 세밀하게 정교화하고 정의하려는 노력은 DSM-Ⅳ에서 공식화된 경계선 인격과 분열형 성격에 관한 진단적 특성을 상대적으로 구체화시켰다. 이러한 공식화는 경계선 상태의 진단적 평가에 좀 더 확실한 명료성을 제공하는 한편, 그 진단적 명칭을 적용할 수 있는 환자의 범위를 제한하는 위험을 감수해야만 했다. 그 결과, 임상적으로는 경계선으로 분류될 수 있으나 좀 더 연구 지향적인 진단적 범주에는 명료하게 들어맞지 않는 환자가 생겨나게 되었다.

경계선 조직의 고유한 특성

경계선 인격 조직에 대한 컨버그의 개념에는 몇 가지 한계점들이 있다. 컨버그는 정신증과 신경증 사이의 불명확한 영역을 차지하고 있는 병리적 실체에 대한 많은 임상적 서술을 포함하는, 매우 포괄적인 전략을 사용한다. 이러한 접근 방법에는 유리한 점도 있지만 불리한 점도 있다. 임상적 관점에서 볼 때, 컨버그가 경계선 인격에 대해 서술한 전체 범위에 들어맞는 환자는 거의 없다. 컨버그가 서술한 내용 가운데 어떤 부분은 어떤 환자에게는 적용할 수 있지만, 다른 환자에게는 들어맞지 않는다. 그 다른 환자에게는 그의 서술의 다른 측면을 적용할 때 들어맞는다. 컨버그의 서술에서는 매끈하게 처리되는 경향이 있지만, 경계선 상태는 내재적으로 이질적인 측면들을 포함하고 있는 것으로 보인다. 뿐만 아니라 컨버그의 서술은 경계선 환자의 좀 더 원시적인 측면, 특히 자아의 허약성, 정체성 혼란, 그리고 좀 더 원시적인 방어기제에 더 큰 비중을 두는 것으로 보인다. 임상 자료가 제시하는 바는, 이러한 이론을 적용할 수 있는 어떤 범주의 경계선 환자들이 실제로 있을 수 있지만, 그러나 또한 그것을 적용할 수 없는 범주의 경계선 환자들도 있을 수 있다는 것이다. 즉 우리는 광범위한 종류의 경계선 환자를 다루어야 되지 않겠는가 하는 것이다.

어떤 경계선 환자들은 퇴행의 위기와 혼란 상태에서 전문적인 치료를 받으러 온다. 그들은 응급실에서 흔히 볼 수 있거나, 자살이나 다른 자기 파괴적인 행동을 포함한 심각한 퇴행적 사건으로 인해 입원하게 된 환자들이다. 그러나 이러한 상황과는 다른 상황에 있는 또 다른 환자 집단이 있다. 이런 환자들은 다양한 생활의 문제나 갈등으로 인해 치료를 받게 되며, 사회에서 비교적 유능한 사람들로 보인다. 그러나 치료 과정에서 그들은 점진적인 퇴행을 겪는다. 따라서 때가 이르면, 이런 환자는 더욱 혼란스러운 경계선 특성을 나타낼 수 있다. 우리는 여기에서 겉보기에는 비교적 잘 통합되고 기능적으로 유능한, 따라서 분석가가 분석 작업을 하기에 좋은 대상이라고 판단되는 환자들에 대해 말하고 있다. 사실상, 이러한 환자들은 거의 모든 정신분석가들이 공통적으로 만나고 있는 사람들이다. 그럼에도 불구하고, 이들 환자들이 분석 과정에 참여하면서 그리고 분석적 퇴행이 점진적으로 진행되면서, 점점 더 많은 경계선 특성들을 드러내는 것을 관찰할 수 있다.

이러한 두 환자 집단에서 경계선 기능에 대한 상반되는 두 가지 견해가 생겨나게 된다. 전자는 더욱 원시적으로 조직된, 혹은 비교적 심각한 퇴행적 상태에서 드러나는 경계선 병리를 보여준다. 이러한 환자들은 비교적 잘 통합된 수준에서 정상적으로 기능하다가, 어떤 퇴행적 영향—생활 환경, 발달적 위기, 약물 경험 혹은 심지어 정신분석—에 의해 촉발될 때에만 근저의 경계선 특성을 드러내는 사람들과는 상당히 다르다. 후자의 환자들은 전자의 환자들보다 자아 역량이 더 크며, 더 높은 수준의 심리 구조의 조직, 그리고 더 나은 수준의 방어 조직과 기능을 갖고 있는 것으로 보인다.

컨버그의 견해는 경계선 인격의 특성을 임상적으로 정확하게 묘사한 것이라기보다는 경계선 인격에 대한 일종의 희화(戱畫)를 제공한 것이라고 말할 수 있다. 그러나 경계선 인격의 특성을 더 상세히 규정하고 명료화하려는 이후의 시도들 또한 이처럼 더욱 원시적이고, 덜 조직된, 그리고 덜 기능적인 경계선 병리의 수준에 초점을 맞추는 경향이 있는데, 그것은 바로 그러한 성격이 더 분명히 묘사될 수 있고 더 명료하게 평가될 수 있기 때문이다.

이러한 사항들은 경계선 진단에서 어느 정도 환자 개인의 고유한 특성을 다루어야 한다는 점을 말해준다. 그린커와 동료 연구자들(Grinker et al., 1968)은 그들의 고전적인 연구를 통해 그와 같은 견해를 지지했는데, 그들은 경계선 상태를 경험적이고 체계적으로 평가하려고 시도하였다. 그들이 연구대상으로 삼은 51명의 젊은 성인 남녀는 정신분열증 환자는 아니지만 분노, 결함 있는 대상관계, 정체성 형성의 실패, 그리고 흔히 공허감이나 고독감으로 표현되는 우울적 특징을 포함해서 경계선 특성을 나타내는 환자들이었다. 그들은 광범위한 범위의 행동에 대한 관찰 및 측정 자료의 분석을 통해 환자들을 네 집단으로 분류했다: (1) 정신증적인 특징을 가끔씩 나타내며 겉보기에는 정신증에 가까운 심각한 장애를 지닌 집단 ; (2) 혼란스러운 대인관계, 행동화, 고독감으로 특징지어지는 "핵심 경계선" 집단 ; (3) 정체성의 확립과 유지에 어려움을 갖는, 소위 도이취(Deutsch, 1942)가 "마치-인양"(as-if) 성격이라고 부른 집단과 유사한 집단 ; 그리고 마지막으로 (4) 일반적으로 좀 더 훌륭하게 기능하며 신경증적인 증상에 더 가까운 것으로 보이는 덜 심각한 집단. 약 3년 6개월이 경과했을 때, 가장 심각한 환자 집단의 환자들 중 단지 두 명만이 좀 더 순수한 정신분열적인 증세를 보였다.

이후의 연구들은 그린커의 연구 결과를 정교화하고 명료화하였으나, 기본적인 요지, 즉 경계선 상태는 비교적 잘 기능하고 비교적 잘 조직된 형태뿐만 아니라 더욱 심각한 장애와 병리적인 형태를 포함하는 만연된 병리 상태를 나타낸다는 사실을 수정하지는 못했다. 전자의 범주에 속한 환자들은 어떤 종류의 스트레스나 퇴행이 발생하는 상황에서만 퇴행적 경계선 상태가 된다. 대부분, 그런 환자들은 경계선 환자들로 보이거나, 느끼거나, 행동하지 않는다. 그들의 경계선적 특성은 퇴행적 상태에서만 확인할 수 있다.

경계선 정신 병리의 스펙트럼

이러한 사고의 흐름은 경계선 정신 병리의 스펙트럼이라는 측면에서 경계선 인격 장애의 조건을 공식화하게 했다(Meissner, 1984a). 경계선 인격 장애의 병리적 조건의 범위는 현실 검증 능력의 상실로 특징지어지는 정신증에 가까운 수준으로부터 좀 더 나은 심리적 기능을 갖는 발달 수준에까지 펼쳐져 있다. 이보다 나은 심리적 기능을 갖는 발달 수준은 예전에는 신경증이라고 규정되었다. 그러나 지금은 코헛의 공헌(1971)의 여파로 인해 신경증은 대체로 자기애적 인격으로 새롭게 규정되고 있다. 그 범위는 더욱 불안정하고 혼란스러우며, 아주 혼돈스러운 성격 기능을 갖는 형태―불안정한 정서적 유형, 자아의 해리 상태, 더 높은 수준의 퇴행적 취약성, 두드러진 자아 결함, 행동화하는 경향, 강한 분노와 격노, 그리고 빈약하고 낮은 수준의 발달적 성취와 욕구 충족, 자기애적 취약성 및 요구성 등을 모두 반영하는 대상관계의 형태들―로부터 더 잘 조직된 성격, 즉 자아 역량이 비교적 온전하고 사회적으로 높은 수준에서 기능하며, 우리가 경계선 인격과 연관 짓는 퇴행적이거나 취약한 특성을 보이지 않는 경향을 띠는, 그러나 다른 한편 어떤 스트레스나 대인관계적 갈등의 상황에서는 근저의 경계선적 특성을 보이는 성격에 이르기까지 펼쳐 있다. 이러한 현상은 대체로 좀 더 건강하고 훌륭하게 기능하는 환자가 보이는 경계선 인격의 특성을 드러내며, 분석적 퇴행에 반응하는 정신분석적 치료의 상황에서 가장 생생하게 드러난다. 이 현상은 정신분석가가 되기 위한 훈련 과정으로서 분석을 받는 수련생에게서도 드러난다.

히스테리 연속부분

우리는 경계선 병리의 범위를 히스테리 연속부분과 분열성 연속부분으로 나눌 수 있다. 히스테리 연속부분은 병리적 심각성이 덜한 일련의 장애를 나타내는데, 정신분열증에 가까운 가장 원시적인 성격 병리의 형태로부터 자기애적 장애와 히스테리에 가까운, 좀 더 고도로 조직되고 통합된 성격 장애 형태에 이르기까지 펼쳐진다. 이 연속부분 안에 속한 좀 더 심각한 수준의 장애는 깊은 정서적 불안정, 불안 혹은 좌절에 대한 내성(耐性)의 감소, 좀 더 허약한 자아, 긴장을 푸는 수단으로서 외재화하고 행동화하는 경향성의 증가, 내사물의 심각한 불안정성 및 취약성과 상응하는 자기 응집성의 취약성, 좀 더 원시적인 수준의 전성기적 공격성, 더욱 원시적인 방어적 조직, 심각한 퇴행 경향성, 버림받음과 상실의 공포에 의해 계속적으로 위협받는 경향성 및 대상에 대해 더욱 집착하며 의존하려는 경향성 등을 그 특징으로 한다.

의사 정신분열증(Pseudoschizophrenias)

첫 번째 환자 집단은, 그 징후가 정신분열증 환자에 비해 덜 두드러지고 덜 심각하기는 하지만, 정신분열증 환자들과 일차적 징후를 공유한다; 이 징후에는 정신 과정과 내용 모두에서 사고와 연상의 혼란, 정서 조절의 혼란, 심지어는 감각 운동적, 자율적 기능의 혼란이 포함된다. 불안은 만성적으로 만연되어 있고, 강렬하고, 전적이다. 신경증적 징후는 보통 다중적이고, 변화가 심하며 혼란스럽다; 그것들은 강박과 강제, 공포증, 히스테리적 증상들, 건강 염려증, 우울증, 탈인격화

(depersonalization), 그리고 동시적 혹은 연속적으로 나타나는 신경증적인 방어기제를 포함한다. 강박증과 공포증은 망상 수준에 이를 수도 있다. 이러한 모든 신경증적인 증상은 행동화와 극적인 행동 혹은 히스테리적 행동, 심지어 반사회적 행동 및 마약 의존적인 행동으로 나타날 수도 있다. 성적인 영역의 조직과 기능은 사실과 환상 영역 모두에서 혼돈스럽다.

그들은, 기본적으로 정신분열증에 속하지는 않지만, 정신증의 경계 영역에서 살아간다. 자아의 약함과 상처받기 쉬움은 욕동의 영향에 쉽게 노출되는 모습과, 불안을 견뎌내고 감당하지 못하는 무능력에서 드러난다. 따라서 이 허약한 자아는 외상적 불안 또는 심지어 파국적인 불안에 의해 동요될 수밖에 없다. 그들은 종종 심각한 정도의 멸절 불안(Adler, 1985)을 드러낸다. 이들의 방어 조직과 징후 유형은 종종 신경증적인 것으로 보이지만, 증세는 신경증적 유형에서 나타나는 증상보다 일반적으로 더 심각하며(Dickes, 1974), 근저의 불안을 지탱하는데에 전혀 효과적이지 않다.

이들에게는 자기 조직의 응집성이나 안정성이 거의 없으며, 따라서 설령 어떤 임시적인 형태가 성취되더라도, 그것은 상당 기간 동안 유지될 수도 안정될 수도 없다. 그 결과, 이들은 대상관계에서 많은 어려움을 겪는다. 이들의 대상관계는 광범위하고 강렬한 원시적 분노를 은폐하고 있고, 양가적인 경향이 강하며, 강한 욕구와 극도의 공포 사이에서 딜레마에 빠져 혼란을 겪는다.

정신증적 인격

이런 환자는 실제로 정신증적 징후를 발달시키지는 않지만, 어떤 상황에서는 정신증적 장애를 일으킬 수 있는 상당한 잠재력을 갖고 있다. 이런 환자는 일시적 퇴행으로 인해 현실 검증 능력을 상실할 수도 있으나, 퇴행을 즉시 역전시킬 수 있는 역량을 보유하고 있다. 따라서 이런 환자의 정신증적 사건은 일시적인 것으로 남는다. 그는 의사 정신분열증 환자와는 달리, 퇴행하지 않은 시기 동안에 다소 일관된 수준에서 자신의 기능을 유지할 수 있는 좀 더 높은 역량을 갖고 있다. 따라서 그의 현실 접촉 능력과 적응적 기능은 비교적 양호한 편이다. 그러나 비교적 짧고 역전이 가능한, 일시적 퇴행의 경향성은 이런 환자의 성격의 두드러진 측면으로 남는다.

이런 환자의 자아는 일반적으로 약하지만, 의사 정신분열증 환자보다는 더 강하다. 의사 정신분열증 환자는 방어 조직이나 신경증적 징후의 일관된 모형을 조직하는 역량을 거의 갖지 않는 데 반해, 정신증적 인격 장애자는 퇴행으로 끌려가기 쉬운 상태이기는 하지만 일관된 수준의 방어 조직을 성취할 수 있다. 후자는 통합되고 응집적인 자기감을 계속 유지하지 못하며, 그의 자기는 지속적으로 용해와 해체의 위협 아래 있는데, 그것은 대상에게 매달릴 수밖에 없는 필요성뿐만 아니라 그 대상과 융합되는 공포에 의해 고통 당하는 데서 온다. 이와 같이 자아 경계에 구멍이 생기고 불확실해질 경우에, 이런 환자는 정체성 문제에 몰두하게 된다; 이것은 분석 과정에서 종종 일어나는 일이기도 한데, 그 이유는 분석에서 퇴행적인 끌어당김이 자아 경계의 탈분화(dedifferentiation)와 탈융합(defusion)을 증가시키는 경향이 있기 때문이다. 프로쉬(1970)가 주목하듯이, 이것은 분석 상황에서 환자와 분석가와의 완벽한 동일시를 가져오는데, 이러한 모습은 "마치-인양" 인격의 특성을 보여 준다. 뿐만 아니라, 그것은 환자로 하여금 분석가와 자신을 구별하고 분석가로부터의 분리감을 증가시키려는 시도로 이끌 수 있는데, 그 시도는 부정주의(negativism) 혹은 심지어 편집증적 왜곡의 형태를 띨 수도 있다.

퇴행 단계에서, 이러한 강력한 공포는 정신증적 상태에 가까운 원시적 방어기제에 의해 방어된다. 그러나 심지어 더 나은 기능 수준에서 조차도, 이러한 개인은 투사적 기제와 내사적 기제를 적극적으로 사용하기 때문에 그의 대상관계는 크게 제한된다. 뿐만 아니라 그 기제는 대상관계에 편집증적인 색채를 입히며 취약성과 피해자됨의 내적인 감정을 심화시킨다.

일반적으로 그런 환자는 비현실적인 요구에로 이끄는 강한 욕구 충족적 기초 위에서 대상관계를 맺는다. 그런 욕구가 좌절될 때 그는 강한 분노에 사로잡히게 되는데, 이 분노는 종종 편집증적 형태를 띤다. 따라서 그의 대상관계는 매우 갈등적이며 심하게 양가적이다. 게다가 초자아의 통합 상태 역시 빈약하다; 즉 그의 초자아 구성 요소는 탈개인화나 추상화를 거의 거치지 않은 상태이다. 따라서 그의 초자아 기능은 원시적인 초기 수준에서 수행되는데, 이것은 외재화와 투사에 의해 영향을 받기 쉬운 채로 남아 있다. 따라서 그의 초자아의 통합 상태는 몹시 불안정하며, 다중의 틈새들을 가지고 있기 때문에, 그는 과도하게 비판적이고 징벌적인 태도와 나란히 충동적인 행동화의 경향성을 갖게 된다. 그는 우울과 죄책감을 느낄 수 있는 역량을 가지고 있기는 하지만, 그것은 파편적이기 때문에 일관성이 없다.

정신증적 인격은 퇴행적이고, 혼란스럽고, 행동화하는, 그리고 광포한 경계선 환자, 특히 정신증원에 입원해서 치료 받고 있는 환자에 대한 서술에 가장 가깝다. 정신증적 인격은 DSM-Ⅳ에서 서술된 경계선 인격장애와 아주 가깝다. 마찬가지로 의사 정신분열증은 분열형 (schizotypal) 성격장애와 유사하다. 이러한 범주는 이 연구에서 좀 더 낮은 수준의 경계선 장애라고 지칭된 것을 포함한다. 좀 더 낮은 수준의 경계선 장애는 기본적으로 성격 조직이 만성적인 정서적 불안정 상태를 보이며, 다소 퇴행적으로 기능하는 경향이 있다. 좀 더 높은 수준의 경계선 장애에서는 이러한 특징이 퇴행적 위기와 경계선 상태에서만 나타나고, 일상적이고 더 나은 통합된 상태에서는 나타나지 않는다.

불쾌 인격

불쾌 인격(Dysphoric)은 좀 더 높은 수준의 경계선 상태보다 좀더 심한 장애를 나타낸다. 이런 환자는 대인관계적 상황에 대한 좀 더 특이한 주관적 경험을 갖고 있다. 그는 무의식적 환상과 충동에 대해서 과도하게 민감한 반응을 보일 뿐만 아니라 그 주변의 중요한 대상과 맺는 관계에서 원시적인 초자아 내용을 경험하는 것 같다. 그는 주변 사람들의 의식적이고 의도적인 자아 활동을 계속되는 의심과 불신을 갖고 바라본다. 그는 자아 활동을 다소 기만적이거나 해로운 속임수인 것처럼 여기는 반면에, 원본능과 초자아 요소를 좀 더 진정된 것으로 여긴다. 그는 지속되는 자신의 특징적 성격 요소, 자기 조직, 그리고 자아 기능에 대해 다소 비현실적이거나 허위라고 느끼는 경향이 있다 (Krohn, 1974).

이러한 환자에게서 오이디푸스 단계는 그렇게 명확히 나타나지 않는다(Frijling-Schreuder, 1969). 결과적으로 그는 컨버그(1967)가 말하는 유아적 인격에서처럼, 성적인 억제와 과도한 성적인 경향성 (pseudohypersexuality)의 혼합, 구강기적인 노출증 및 과도한 요구와 혼합된, 다소 직접적이고 거칠거나 부적절한 성적인 자극의 요소를 갖는다. 오이디푸스 단계의 확립을 성취하지 못하는 실패는, 이러한 환자의 병리에서 리비도적 요소가 모든 리비도 발달의 단계에 걸쳐서 나타날 수 있다는 것을 의미한다. 그리고 이것은 혼란스러운 장애로 이끌 수 있다. 이때 남근적 경향이 방해를 받게 되고, 그 결과 욕동의 작용과 자아 사이의 관계에 결함이 생기며, 대부분의 리비도는 구강기 및 항문기 단계에 고착된다.

성격의 탄력성과 각 단계에 따른 발달적 성취의 결여는 경계선 상태의 행동화 경향성과 관련된다. 특별히 폭발적이고 파괴적인 행동화가 경계선 상태에서 발견되는데, 그러한 행동화는 강렬한 감정이나 고통의 상황을 만들어냄으로써 현실감을 회복하려는 시도이다. 또한 그것은 퇴행된 상태에서 몹시 산만한 정체성과 관련된 공허감과 비현실감을 방어하기 위한 것이다(Collum, 1972). 이러한 퇴행적 행동화의 형태는 불쾌 인격의 기능보다는 정신증적 인격의 기능과 더욱 깊이 관련되어 있다. 그러나 더욱 일반적인 적응의 수준에서, 불쾌 인격의 행동화는 외재화 형태를 취할 수 있는데, 환자는 이 외재화에 의해 자신의 내면의 갈등과 어려움들을 외부 세계로 옮겨 놓으며, 그것들을 외부 세계에서 다루는 것에 대해 전적으로 몰두한다. 그들은 자기 바깥에 있는 요소를 비난하면서 자신의 문제에 대해 거의 혹은 전혀 책임을 지지 않는다. 이것은 특히 치료적 상황에서 미묘한 투사의 형태를 취한다(Giovacchini, 1972).

퇴행적 위기에서, 불쾌 인격 환자는 신경증 환자와는 달리, 치료자와의 신뢰 관계를 쉽게 확립하지 못한다. 따라서 마술적 기대, 환상과 현실 사이를 구분하는 능력의 감소, 분노와 의심, 거절에 대한 공포가 오랜 기간 동안 치료 관계를 지배한다. 그러나 그런 환자들은 차츰 좋은 치료적 관리(management)에 반응하고, 적어도 부분적으로는 비현실적이고 마술적인 기대뿐만 아니라 그의 공포와 의심을 포기하게 됨에 따라 효과 있는 치료적 연대를 확립하게 된다(Zetzel, 1971).

불쾌 인격 환자가 치료적 연대를 확립하기 어렵다는 것이 종종 드러나는 것이 사실임에도 불구하고, 그는 비교적 높은 수준의 자아 기능과 현실 적응 능력을 갖고 있는 것으로 드러난다. 이러한 환자의 퇴행은 흔히 점진적인 치료 관계의 발달에 따른 결과로서 나타난다. 또한 그의 퇴행은 정신분석뿐만 아니라 심리치료에서 또는 치료 상황 바깥의 중요한 대상과의 강렬한 관계에서도 나타난다.

이러한 퇴행 상태에서는 적대적이고 파괴적인 정서 혹은 강렬한 우울 정서가 풀려 나온다(Gunderson and Singer, 1975; Kernberg, 1967). 이러한 파괴적 충동은 자기 자신에게로 향해져 자기 파괴적인 자르기 (cutting), 자해, 혹은 충동적인 자살 시도로 나타날 수 있다. 그러한 퇴행적인 파괴적 충동의 표현은 자아 조직이 원시적 수준에 머물러 있음을 반영하며, 또한 그것은 피해자 내사와 이에 상응하는 공격자 내사가 내면 세계 안에 자리를 잡고 있음을 말해준다(Meissner, 1978b; Robbins, 1976). 컨버그는 그러한 자기 파괴적 경향성을 전성기기 공격성 및 구강기 공격성의 우세와 관련시킨다. 또한 그는 이러한 자기 파괴적 경향성은 다소 자기 파괴적인 원래적 요인을 반영하는 병리적 성격 특성에 의해 드러나거나, 혹은 그러한 특성을 지닌 성격으로 조직화된다고 본다(Kernberg, 1971).

경계선 정신 병리의 서술에서는 일반적으로 자아 결함(Blum, 1972; Maenechen, 1968; Masterson, 1972; Brody, 1960)이나 자아 약함 (Kernberg, 1967)을 병리의 주요 원인으로 내세운다. 그러한 자아 결함은 경계선 병리의 퇴행 상태에서 아주 명백하게 드러난다. 그러나 나는 좀더 구체적인 성격론적 측면에서 자아 기능의 문제에 초점을 맞추려고 한다. 그런 측면에서, 불쾌 인격의 자아는 꽤 적절한 기능적 역량을 유지할 수 있으나, 자아 장치가 취약한 상태에 있기 때문에 불안정성을 가장 큰 특징으로 갖는다(Rosenfeld and Sprince, 1963). 나는 경계선 병리를 좀 더 낮은 수준의 자아 결함과 약함을 지닌 정신 병리를 지칭하는 용어로서 사용한다.

불쾌 인격의 자아는 수동성을 보이는데, 이 수동성은 다소 수동적이거나 피학적인 행동이나 자아의 무력감으로 나타나기도 하고, 통제하는 능력이나 목적을 성취하는 능력을 유지하는 것을 어렵게 만들기도 한다. 그런 개인은 패배를 예견하고 수동적인 입장을 선택한다. 이것은 환자가 일상적인 삶에서 적응해 나갈 때 성격적으로 그다지 드러나지 않는 역할, 그리고 종종 상당히 미묘한 역할을 맡도록 하며, 퇴행된 상태에서는 경계선 병리의 두드러진 특징으로 드러난다. 따라서 이때 원시적인 방어들(Rosenfeld and Sprince, 1963; Kernberg, 1967)을 확인할 수는 있으나, 이러한 불쾌 인격의 조직에서 작용하는 방어를 신경증적 성격이나 좀 더 높은 수준에 속하는 성격 장애에서 작용하는 유사한 방어와 구분하는 것은 쉬운 일이 아니다. 예컨대, 컨버그(1967)가 서술했듯이, 분열, 원시적 이상화, 투사, 부인, 전능, 가치절하를 포함한 원시적 방어는 퇴행의 위기에서 가장 뚜렷하게 활동한다. 일반적으로 불쾌 인격은 퇴행이 일어나지 않는 동안에는 상당히 높은 수준의 신경증적 혹은 거의 신경증적인 방어로써 기능하는 경향이 있다. 그러나 퇴행된 상태에서 불쾌 인격의 방어는 미성숙한 혹은 자기애적 방어의 수준으로 변화하는 경향이 있다(Meissner, 1980b).

불쾌 인격에서는 불안에 대한 내성이 손상을 입지만, 정신증적 인격에서 그리고 훨씬 더 극단적으로 의사 정신분열증에서 발견되는 정도만큼 손상을 입지는 않는다. 이러한 상황에서, 불안은 심각한 분리 불안이나 심지어 파국적 불안 혹은 멸절 불안으로 나타나는 경향이 있다. 이러한 불안의 문제는 부분적으로는 정신증적인 수준에 달하는 경향이 있으며, 또한 불안은 생과 사의 문제로 다가온다. 불쾌 인격에서, 불안의 문제는 거세 불안과 분리 불안의 수준에서 더 많이 발생하는 경향을 띤다. 그런 환자는 일반적으로 거세 공포와 거세 동기를 표현할 것이다. 그러나 특히 의미 있고 생산적이며 점진적인 치료적 퇴행 상황에서, 그 불안의 문제는 사랑의 상실과 대상 상실의 공포와 관련된 문제가 된다. 해체와 멸절에 대한 강렬하고 압도적이며 외상적인 공포, 융합이나 삼킴에 대한 공황적 공포, 내적 붕괴와 정체성 상실의 공포(Maenchen, 1968; Rosenfeld and Sprince, 1963; Frijling-Schreuder, 1969)는 좀 더 낮은 수준의 경계선 병리나 일시적인 경계선적 퇴행 상태에서 발견된다.

불쾌 인격의 대상관계를 서술할 때에는 세심한 주의를 기울일 필요가 있다. 불쾌 인격의 대상관계는 일반적으로 욕구 충족적인 특성을 갖는다. 또한 불쾌 인격의 대상관계는 비교적 강렬한 자기애적 욕구의 영향을 받는 경향이 있다. 그러나 이러한 강렬한 자기애적 욕구는 치료 상황에서 불쾌 인격이 보여 주는 더욱 전형적인 모습으로서, 치료 관계가 발전되고 치료 관계의 퇴행적인 측면이 더욱 심화됨에 따라 출현하는 것이다. 대상과 빠르고 강렬한 양가적인 관계를 맺는 것은 정신증적 인격이나 의사 정신분열증과는 달리 불쾌 인격의 특징은 아니다.

불쾌 인격에서 대상 항상성은 비교적 잘 유지되지만 여전히 취약한 상태이다(Rosenfeld and Sprince, 1963; Frijling-Schreuder, 1969; Kernberg, 1970, 1971). 일반적으로 대상과의 정서적 참여가 깊어짐에 따라, 점차 강렬한 양가감정을 인내하고 통합하는 불쾌 인격의 능력은 더욱 더 빈약해진다. 따라서 불쾌 인격은 성격적 기능의 수준에서조차, 대상관계의 불안정성, 공감 능력의 감소(Kernberg, 1970), 또는 의미 있는 관계에서의 기이성 등의 특징을 드러낸다. 이것은 주체가 좀 더 지속적이고 일관된 성격 특성이나 자아 특징보다는 본능적으로 파생된 대상 측면에 더욱 강하게 반응하기 때문이다(Krohn, 1974). 성격적 기능 수준에서의 그런 환자의 욕구-공포(need-fear) 딜레마는 좀 더 우세한 주제와 일상적인 관심사 아래에서 계속적인 대항 선율(counter-melody)로 흐르면서, 명시적이지는 않지만 미묘하게 널리 퍼져 있는 관심사로 남는다; 대상과의 중요한 관련이 있을 때, 전체적인 관계의 방향에는 미묘하고 묵시적인, 그러나 또한 비교적 의식적이고 명시적인, 버림받음에 대한 공포가 광범위하게 스며들어 있다.

이러한 요소는 경계선 인격 병리의 지배적인 영역을 가리키는데, 그것이 바로 병인적 내사 조직을 이루는 요소이다. 불쾌 인격의 일차적 결함은 좀 더 낮은 수준의 경계선 병리에서 그런 것처럼 자아 구조의 결함으로 간주되지 않는다. 경계선 인격 장애의 일차적 결함은 자기(self)의 구성 요소에 있다. 경계선 인격에서 확인할 수 있는 내사물의 병인적 형태는 피해자 내사와 공격자 내사뿐 아니라 자기애적으로 결정되고 각인된 과대주의와 열등감을 포함한다.

원시적(구강기적) 히스테리 인격

원시적 히스테리 인격은 다소 두드러진 히스테리 증세를 보이지만, 그러나 성격 조직은 좀 더 유아적인 경향이 있다. 히스테리 인격의 두드러진 특징은 경계선 인격 특징들 가운데, 특히 정서적 불안정, 강한 피암시성, 쉽게 실망하는 경향성, 의존의 대상을 번갈아 이상화하고 가치절하하기, 사랑과 존경을 받아야 하는 강박적 욕구, 부적절하다는 강렬한 감정, 타인에 대한 심한 의존, 자기 존중감을 유지하기 위해 인정을 받으려는 욕구, 감정을 극화하거나 연기하는 경향 등을 포함한다. 원시적 히스테리 인격을 히스테리 인격과 구분하고 구별할 수 있게 해주는 특징은 성기기 이전(특히 구강기)의 리비도 발달 수준, 성격 조직의 두드러진 자기애적 요소, 낮은 수준의 자기 조직의 응집성, 높은 수준의 퇴행적 잠재성, 비교적 덜 성숙한 수준의 방어적 조직 등이다.

대상과의 관계가 오래 지속되거나 중요해질 때, 차츰 더욱 퇴행한 유아적, 구강기적, 요구적, 그리고 좌절된 공격적 특성이 자주 드러나는데, 이 특성이 히스테리 인격의 특징은 아니다. 경계선 장애에서 사랑 받고, 주목 받으며 관심을 끌려고 하는 욕구는 히스테리 인격에 비해 덜 성화(性化)된 수준에서 기능하고, 더 강한 무력감과 부적절하게 요구하는 특성을 보이며, 더 원시적인 자기애적 경향을 보인다. 히스테리 인격에서 성적인 억압과 결합되어 나타나는 과도한 성적인 경향성은 경계선 장애에서 좀 더 거칠고 부적절한 성적 도발로 변하며, 이것은 성화된 히스테리 인격에서 볼 수 있는 것보다 더 구강기적인 과시주의 욕구를 반영한다. 이것이 성문란의 형태를 취할 때, 그 개인의 대상관계는 안정성을 갖지 못하고 더욱 표류하는 특성을 갖게 된다. 또한 유아적 성격에는 원시적인 다중 도착적(polymorphous-perverse) 형태를 띤 의식적인 성적 환상을 갖는 경향이 포함되는데, 이것은 일반적으로 히스테리 인격에서 이루어지는 산만한(diffuse) 억압에서는 찾아볼 수 없는 특징이다.

원시적 히스테리 인격은 기본적인 경계선적 특성을 공유하면서, 동시에 구별되는 몇 가지 특성을 갖는다. 대상에 대한 일시적인 애착과 관계 그리고 이상화와 경멸 사이의 동요는 "마치-인양" 인격을 떠올리게 하지만, 원시적 히스테리 인격은 "마치-인양" 인격의 특성을 갖고 있지 않으며, "마치-인양" 인격보다 더 잘 통합되고 더욱 응집적인 자기감을 유지한다. 더욱 원시적인 조직의 수준에서, 원시적인 히스테리 인격은 불쾌 인격처럼 보일 수 있으나, 불쾌 인격에서 드러나는 응집적인 자기감을 유지하지 못하는 무능력과 다양한 내사물 사이를 왔다갔다 하는 경향에 의해 불쾌 인격과 구별된다. 원시적 히스테리 인격은 심지어 성격 조직의 가장 낮은 수준에서조차도 피해자 내사를 중심으로 스스로를 드러내는 경향이 있기 때문에 우울적 구조의 몇 가지 특성을 갖고 있는 것으로 보인다. 또한 원시적 히스테리 인격은 근저의 갈등을 방어하기 위해 히스테리적 방어와 히스테리적 행동 유형을 동원하는 역량을 갖고 있다.

분열성 인격의 연속부분

분열성(Schizoid) 성격의 연속부분은 기본적인 분열성 곤경(dilem-ma)을 다루기 위한 다양한 해결 방법을 나타내는, 다소 느슨하게 조직된 성격 병리의 집단을 말한다. 분열성 곤경이란 대상에 대한 강한 욕구가 있지만, 대상과의 친밀함이나 가까움에 대한 공포 때문에 대상 관계에 참여하지 못하는 어려움을 말한다. 분열성 방어는 이러한 참여

(involvement)에 대한 공포(이것의 더욱 심각한 표현에서는 삼킴을 당하는 공포가 된다)에 직면해서 대상에 대한 욕구를 철회하거나 최소화하는 것으로 대응한다. 분열적 성격의 연속부분은 분열성 인격, "마치-인양" 인격, 거짓 자기 조직, 그리고 마지막으로 정체성 혼란의 상태를 포함한다.

분열성 인격

분열성 곤경과 방어는 분열성 인격에서 가장 특징적으로 드러난다. 분열성 인격 환자는 자신이 고립되고, 폐쇄적이며, 접촉을 상실한 것 같고, 이상하게 느껴지며, 삶이 쓸모 없고, 무의미하며, 공허해 보이고, 어디에도 이르지 못하고 아무 것도 성취할 수 없을 것 같다고 불평한다. 외부 세계와의 관계에서, 그는 정서적으로 공허해 보이며 감정적으로 위축되어 있다. 그들에게서 활기 있고 힘있는 정신적 활동은 시야로부터 숨겨진 내면 세계로 옮겨지며, 따라서 환자의 의식적인 자기는 생생한 느낌과 행동의 역량을 상실하고 비현실감에 의해 지배된다. 내면 세계에서의 이러한 강렬한 활동은 꿈이나 환상의 파편들에서 일별할 수 있으나, 환자는 자기 내면의 혼란스런 드라마와는 상관없는, 냉담하고 수동적인 관찰자처럼 그것들을 바라본다. 그는 외부 세계에 대해서는 아무런 느낌도 없고, 집착하지도 않으며, 참여적으로 개입하지도 않으면서 단순한 관찰의 태도를 유지한다.

그런 개인은 혼자서 살며, 친구가 매우 적거나 없는 것이 특징이다. 또한 그는 동료들의 집단에서 의미 있게 상호작용을 하는 경우가 매우 드물며, 철수해 있고, 흔히 과도하게 민감하며, 몹시 수줍음을 타고, 종종 기괴한 모습을 보인다. 그는 어떤 감정이나 분노도 표현하지 못하며, 갈등에 대해 비교적 초연하게 반응한다. 이러한 환자는 또한 극도로 민감하고, 의심하며, 경계하는 편집증적 특성을 보일 수도 있다. 뿐만 아니라 이들 환자들은 종종 우울하다고 호소하며, 자기 주변의 사물과 사건 그리고 사람들에 대해 흥미를 느끼지 못한다고 불평한다. 그들은 삶을 쓸모 없고 무의미하게 느끼며, 종종 자살 충동을 느낀다.

분열성 인격은, 설령 삶으로부터 정서적으로 멀리 떨어져 있다고 해도, 현실 세계에서 상당히 양호하게 기능할 수 있다. 이러한 성격에서는 방어가 엄격하게 유지됨으로 해서 성격 구조가 상당히 안정되어 있기 때문에 성격 구조가 비교적 쉽게 붕괴되지 않는다는 특징을 지닌다(Pine, 1974).

이러한 조건을 가진 환자는 핵심적인 문제, 즉 핵 구조의 잠재적인 분열이라는 위험으로부터 벗어나기가 매우 어렵다. 이러한 측면에서, 분열적 환자의 자기애적 취약성은 자기애적 인격의 자기애적 취약성과는 두드러진 대조를 이룬다(Kohut, 1971). 분열성 인격의 철수는 심각한 자기애적 취약성과 자기애적 상처가 통제할 수 없는 퇴행을 일으킬 것이라는 공포에 의해 발생한다. 그때 그가 현실 대상으로부터 철수하는 것은 반갑지 않은 대상 또는 위협적인 대상으로부터 자기 안의 중요한 것을 보호하기 위해서가 아니다. 그 철수는 자기애적 욕구의 좌절에 내재된 위험 때문에 발생한 것이다. 이와는 대조적으로, 자기애적 인격은 자기애적 욕구 충족의 원천으로서 대상을 추구하며, 대상과 관련되어 있다.

어떤 경우에서든, 정서적 철수의 특성 때문에, 분열성 개인이 대상 관계를 추구하지 않는다거나 대상 관계의 영향을 받지 않는다는 생각은 잘못된 것이다. 실로 분열성 개인이 추구하는 대상 관계는 강렬하고, 고도로 양가적이며, 이미 앞에서 서술한 대로, 분열성 곤경의 고통 아래에 있다. 그의 대상과의 교류는 이러한 대상을 위협적이고, 박해하며, 삼키는 대상으로 전환시키는 투사의 왜곡에 의해 크게 영향을 받는다. 그때 분열성 자기의 기본적 조직은 성격 조직의 핵심을 구성하는 내면의 피해자 내사를 중심으로 형성된다. 분열성 철수는 그의 취약하고 피해자화된 자기 조직의 핵심을 보호하기 위한 것이다. 분열성 인격의 결함은 일차적 대상을 내사하는 아주 초기 발달 수준에 놓여 있다. 분열성 상태는 적대적이고 파괴적인 내사물의 내재화에 기반을 두고 있다. 이러한 내재화된 무의식적 대상은 정신 안에 갇히며, 거기에서 그것들은 항상 거절하고, 무관심하거나, 적대적인 상태로 남는다. 이러한 부정적 내사물은 결과적으로 내적인 무가치감, 나쁨, 파괴성, 사악함의 감정과 악한 힘의 세력을 만들어내는 원천이 된다. 우리는 이러한 내사물을 피해자 내사와 또 그것과 상호 관련된 공격자 내사로서 이해한 바 있다(Meissner, 1978b).

거짓 자기 조직

거짓 자기의 특징은 본질적으로 대인 관계로부터 돌아서는 것이며, 이러한 상태는 대상과의 친밀한 접촉에 대한 특수한 불안 때문이 아니라 내적인 자율성과 개별성의 느낌을 보존하려는 욕구에 의해서 동기화된다. 이것은 원래 위니캇(1960a)이 도입한 개념이다. 위니캇은 외부 환경 및 현실 대상들과 관계 맺는 성격의 부분인 거짓 자기와, 성격 안의 핵심에 자리잡고 있으며 관찰자의 조사에서 드러나지 않는 숨겨진 참 자기 사이의 분열에 대해 서술한다. 그에 따르면, 개인의 내적 자율성과 관련된 성격의 부분은 참 자기이며, 외부 대상과 관련된 성격의 부분은 거짓 자기이다.

거짓 자기는 참 자기를 보호하고 보존하며, 그것의 주체성, 생명력, 그리고 내적인 자율성을 잃는 것에 직면해서 참 자기를 지키기 위해 봉사한다. 따라서 거짓 자기의 곤경은 참 자기의 내적인 자율성과 진정성이 대상 관계에 의해 삼킴을 당하는 위험에 의해 위협받는다는 점에서 본질적으로 분열성 곤경에 해당된다. 이러한 거짓 자기 성격이 경험하는 대상 경험은 유아가 "충분히 좋은 어머니라고 할 수 없는 어머니"에 의해 침범 받을 때 경험했던 것과 같은, 자기가 압도되거나 말살되는 경험이다.

거짓 자기 조직이 갖고 있는 자기애적 취약성은 유아적인 과대적 자아 이상이나 과대적 자기를 지속시키는 원인으로 작용한다. 거짓 자기 개인은 어린 시절에 그를 돌봐주는 양육자와 이후의 중요한 대상이 내적인 자발성과 통합성을 보존하려는 그의 과대적 시도를 인정하지 않거나 받아주지 않을 때, 스스로 자신의 생명력과 자발성을 보존하기 위해 내면 세계로 물러나야 했던 사람이다. 그것은 분열성 상태의 특징인 일종의 과대적 자기-충족 상태로 철수하는 것을 의미한다(Modell, 1975). 이러한 과대적 자기-충족 상태를 유지하려는 욕구는 종종 이러한 환자들이 치료를 받게 되는 동기로 작용한다. 그들에게 있어서, 치료의 목적은 상실감이나 버림받음의 느낌을 다시 경험하지 않은 채, 그런 고립과 자기 충족 상태를 성취하고 유지하게 되는 것이다.

위니캇이 서술하는 거짓 자기의 또 다른 중요한 구성 요소는 순응의 요소이다. 건강한 성격의 경우, 참 자기는 노출이나 취약성에 대한 공포감을 느끼지 않은 채, 순응할 수 있는 능력을 갖는다. 따라서 아동의 사회화는 순응과 적응을 포함한다. 그러나 여기에서조차도 위니캇은 중요한 발달 지점이나 시기에, 예컨대 청소년기에 나타나는 순응을 능가하는 참 자기의 세력에 대해 주목한다. 그러나 거짓 자기의 순응은 대상들과 관계 맺는 것과 허위적이고 비현실적이며 깨지기 쉬운 외부 환경을 다루는 데 있어서 하나의 대리적인 방법을 형성한다. 결국 거짓 자기의 작용은 모든 것이 거짓되고 공허해 보이며 생명력과 의미가 결여되어 있다는 느낌을 만들어내고, 내면의 자포자기와 절망감의 원천이 된다.

거짓 자기는 상당히 정상적인 적응 능력으로 보일 수 있다. 그것은 심지어 개인에게 적어도 부분적인 "정체감"을 제공할 수도 있다. 대의명분, 집단, 지도자 등에게 집착함으로써 산만한 정체성 혼란에 대해 방어하려는 경향 역시 거짓 자기 조직에 해당될 수 있다. 그러나 거짓 자기 개인은 진정성과 진정한 대상 참여가 요청될 때 문제에 부딪친다. 거짓 자기가 그런 압력이나 요구에 직면해서 그것을 성취하지 못하거나 스스로를 유지할 수 없을 때, 경계선 상태로 퇴행하는 심각한 문제가 발생할 수 있다. 가장 병리적인 수준에서, 거짓 자기 조직은 근저에 있는 분열적 과정을 덮고 있는 상태일 수 있으며, 따라서 거짓 자기가 붕괴될 때 급격한 혼란과 해체의 형태를 띤 정신 분열증이 발생하기도 한다.

'마치 인양' 인격

처음으로 "마치-인양" 인격에 대해 서술한 사람은 도이취(1942)였다. 그는 이런 환자의 빈약한 정서적 관계에 초점을 맞추었다. 그에 따르면, 그런 환자는 자신이 정상적인 정서적 관계를 맺지 못하고 정서 반응이 부족하다는 것에 대해 알지 못할 수도 있다. 그런 이유로 장애는 타인에 의해 처음으로 인식되거나 치료 작업에서 처음으로 발견되기도 한다; 그런 환자는 자신의 정서적 결함으로 인해 큰 고통을 겪기도 하는데, 이는 일시적이고 곧 지나가는 것으로 경험되기도 하고, 특수한 상황에서 재발할 수도 있고, 혹은 고통스러운 징후로서 지속적으로 경험될 수도 있다.

이런 환자가 맺는 관계에는 따뜻함이 없고, 감정 표현은 피상적이며, 내면의 경험이 배제되어 있다. 도이취는 그러한 상황을, 어떤 역할을 연기하도록 잘 훈련되었으나 그의 연기를 살아 있게 만드는 데 필수적인 열정이 결여된 배우의 연기에 비유한다. 그녀는 이러한 내면의 공허를 더 심한 분열성 인격에서 나타나는 냉담함과 멀리 있음의 상태로부터 구분하려고 시도한다: 후자에서는 현실 도피 혹은 금지된 본능적 충동에 대한 방어가 있는 반면, 전자에서는 불안이 담긴 환상을 피하기 위한 외부 현실에의 추구가 있다. "마치-인양" 인격은 억압보다는 대상 리비도 집중의 부재에서 기인하며, 그럼에도 불구하고 현실에서 표면적으로는 양호하게 적응한다. 결과적으로, 환경의 요구에 대한 수동성, 그리고 자기 자신과 자신의 행동을 외부의 기대에 맞추는 고도로 가변적이고 거짓된 성격이 형성된다. 대상에 대한 애착이 끈끈할 수 있으나, 그 관계 안에 진정한 따뜻함과 애정이 결여됨으로써 공허함과 지루함을 발생시키고, 그 결과 상대방으로 하여금 서둘러서 관계를 끊도록 만든다. 따라서 "마치-인양" 인격을 지닌 사람이 버림을 받으면, 그는 거짓된("마치-인양") 정서 반응을 보이거나 정서적 반응을 전혀 보이지 않을 수도 있다. 그리고 대상은 곧 새로운 대상으로 바뀌고 그 과정은 반복된다.

"마치-인양" 인격은 경계선 병리에 해당하는 순응의 특성을 보인다. 이러한 특성은 근저의 피해자 내사와 관련된 역동을 나타낸다(Robbins, 1976; Meissner, 1976b, 1978b). 그 역동은 일시적이고 피상적인 순응을 통해서 피해자 내사물에 대처하고 자기애적 위기와 대상관계 갈등의 곤경에서 벗어나려고 하는 해결방식이다. 순응의 문제는 다른 경계선 환자들, 특히 정체성 혼란, 분열성 인격, 그리고 거짓 자기 조직의 사례와 공유하는 문제이다. 이런 상태들 사이의 구별은 갈등이 다루어지는 방식—정체성의 혼란에 의해서인지, "마치-인양" 인격의 모방적 애착에 의해서인지, '분열성 철수'에 의해서인지, 혹은 거짓 자기의 조직에 의해서인지—에 따라 결정된다. "마치-인양" 인격은 일시적, 피상적, 모방적은 특성을 갖고 있으며, 이상화하는 대상에게 애착함으로써 근저의 갈등을 해결하려는 경향이 있다. 그러한 애착은 환자 자신의 방어의 변천 양상으로 인해 의미 있게 내재화되지 못하는, 모방적인 내사 기제에 의해 이루어지는 자기를 형성한다(Meissner, 1974c).

따라서 이러한 환자는 일반적으로 자아 기능에서 중요한 결함을 나타내지는 않는다; 오히려 병리는 그러한 "마치-인양" 인격의 기제를 통한 일시적인 응집성을 성취하는 자기 조직의 영역에 있다. 자아 조직에서 뿐만 아니라, 특히 초자아 조직의 결함은 이러한 자기 조직 안에 있는 기본적 역동에 비해 이차적인 것이다.

정체성 혼란

정체성 혼란은 에릭 에릭슨에 의해 개념화 된 주제이다. 그는 정체성 혼란이 경계선 환자와 청소년기 환자에게서 삶의 위기의 문제로 나타난다고 서술한다(Erikson, 1956). 에릭슨이 서술한 것처럼, 매우 심각한 정체성 혼란의 상태는 발달적 경험에서 신체적으로 친밀한 관계 맺기, 직업의 선택, 다양한 종류의 경쟁 등이 요구될 때 발생한다; 일반적으로, 심리 사회적인 자기 규정의 특수한 형태를 선택하고 참여하고 싶은 개인의 욕구로 인해 갈등적인 동일시가 일어나게 되며, 이때 개인의 선택 가능성은 더욱 축소된다; 따라서 어느 방향으로든지 심리 사회적인 자기 규정의 요건은 제한될 수밖에 없다. 결과적으로, 개인은 선택을 회피하게 되고, 자기에 대한 내적 규정을 결여하게 되며, 외부 현실을 회피함으로써 소외되고 고립되게 된다. 성인의 정체성 확립 과정에서도 같은 어려움들이 정체성 혼란의 문제로 서술되는, 성격 장애의 형태로 계속해서 발견될 수 있다.

책임적 참여(engagement)는 우정, 경쟁, 성, 혹은 사랑 등 어느 측면에서든지 자신의 자기 규정(self-delineation)에 대한 시험이 된다. 왜냐하면 책임적 참여는 융합과 정체성 상실에 대한 위협을 수반하기 때문이다. 책임적 참여에 직면하는 것은 다양한 형태의 사회적인 고립, 판에 박히거나 형식화된 대인관계, 심지어 가능성이 없거나 부적절한 대상과의 친밀성을 열광적으로 추구하는 행동으로 나타날 수 있다. 우정이든 연애이든, 그러한 애착은 단지 상호적인 자기애적 반영에 의해 정체성을 확인받고자 하는 시도이다. 그런 환자는 그 자신이 어떤 행동을 하거나 직업을 선택할 때 스스로 참여하고 결정하는 것을 몹시 힘들어 한다. 그는 특히 직업을 갖는 것과 사랑의 관계에 들어가는 것을 힘들어 한다: 그런 환자는 삶에서 스스로 직업을 선택하는 것을 힘들어 하는 것과 마찬가지로, 삶의 동반자를 선택하기를 힘들어 한다. 때때로 자기 자신을 규정하고 삶에 참여하는 것과 관련된 이러한 어려움은 어느 한 영역에서는 발견되지만, 다른 영역에서는 발견되지 않기도 한다. 이런 환자는 직장 생활을 잘 하고 화려한 경력을 쌓을 수 있으나, 친밀한 사랑의 관계를 맺지는 못한다.

이런 환자는 일련의 생각이나 이데올로기, 집단, 대의명분, 혹은 심지어 지도자에 대한 강렬하고 헌신적인 애착에 의존되어 있다. 이것들 모두는 함축적으로 다른 대의명분이나 집단 그리고 지도자들에 대한 거부를 포함한다. 그러한 대의명분이나 집단에 대한 애착은 일부 "마치-인양" 인격의 특성들을 띨 수 있으며, 심지어 거짓 자기 형태로 진화해 갈 수도 있다. 집단이나 지도자, 대의명분, 그리고 이데올로기에 대한 애착과 거부는 거의 편집증적인 성격을 띨 수도 있다(Meissner, 1978b). 그러나 이러한 장치는 실패할 수밖에 없기 때문에 그런 개인은 계속적인 자기 질문과 자신에 대한 불확실성에 사로잡히게 되고 끊임없이 자기를 의심하고 자기를 검사할 것을 요구받을 수 있다. 그러나 그런 요구는 점점 더 깊어지는 고독감, 정체성 상실, 내적인 불확실성과 깊은 수치감, 외부적 행동으로부터 어떠한 성취감도 이끌어낼 수 없다는 무능감을 가져다 줄 뿐만 아니라, 자신은 운명에 대해 아무런 주도권도 없고 책임도 질 수 없는, 환경과 힘의 피해자라는 느낌을 갖게 됨으로써, 거의 모든 것이 마비되는 경계선 상태로 환자를 이끌 수도 있다.

이러한 개인은 정체성 혼란의 불확실성과 공허로부터 도피하기 위해 피해자 내사와의 동일시에로 후퇴할 수도 있다. 이러한 형태의 자기애적 측면은 간과되어서는 안 될 중요한 요소이다. 이 측면들 중에는 잠재적인 거대함, 놓친 기회에 대한 항의, 이용할 수 있는 모든 가능성에 전적으로 매달릴 필요성, 어떤 것을 선택하고 결정하는 것이 불가피하고, 자기 한계를 인정해야 하는 상황에서 어떤 가능성이나 잠재적 가능성을 희생하거나 제한하지 못하는 특성이 포함되어 있다. 또한 거기에는 책임적 참여에 대한 공포, 분리되고 개별적인 사람으로서 타인과 경쟁하거나 자신의 의사를 주장하지 못하는 문제, 시간의 흐름에 대한 공포, 계속되는 동요, 의심, 불확실성, 종종 강박에 의한 것으로 보이지만 실은 다른 종류의 동기에 의한, 선택을 미루기 등이 포함되어 있다.

정체성 혼란은 의미 있는 동일시 과정이 손상되었다는 것과, 따라서 자기가 누구인지를 정의하지 못하는 무능력을 나타낸다. 그러므로 병리는 자아나 초자아보다는 자기의 조직에 있다. 거기에는 자신을 정의하지 못하고 특정한 삶의 영역에 참여하지 못하는 무능력과 관련된, 대상관계적인 갈등과의 복잡한 상호작용이 포함되어 있다. 그러나 원초적인 발생 수준에서, 그의 근저의 공포는 분리-개별화 과정에서 겪는 위협과 유아기 대상 및 그 대상에 대한 의존의 포기와 관련되어 있다. 궁극적으로 직업을 갖든, 사랑을 하든, 삶에 참여하는 것은 한계와 변화를 수용하고, 유아적 전능성과 자신에 대한 자기애적 자격감(narcissistic entitlement)을 포기하는 것, 그리고 인간 존재의 유한성과 죽음을 궁극적으로 수용하는 것을 의미한다. 지속적인 불확실성, 자기 규정의 결여, 그리고 삶에 대한 책임적 참여의 결여는 현실의 요구 및 기대와 궁극적으로 화해해야 할 필요성을 거부한 결과이다.

경계선 정신 병리의 사례: 늑대 인간

늑대 인간의 병리

늑대 인간의 사례는 정신분석의 역사에서 중요한 위치를 차지한다. 현재의 맥락에서, 그것은 경계선 정신 병리와 연관된 역동적·구조적 문제를 검토하고, 먼저는 프로이트가 그리고 그 후에는 루스 맥 브런스윅(Ruth Mack Brunswick)이 씨름했던 치료와 관련된 몇 가지 문제를 탐구할 수 있는 기회를 제공한다. 근래에 발달된 임상 이론의 관점에서 볼 때, 늑대 인간의 병리는 경계선 범위에 해당하며(Frosch 1967b; Blum, 1974), 늑대 인간의 병리에 대한 프로이트와 브런스윅의 논의에서 상세하게 서술된 치료적 문제는 경계선 환자의 치료 과정에서 자주 부딪치는 문제이다. 앞에서 서술된 바 있는 진단적 개요에서, 우리는 늑대 인간의 병리를 불쾌 인격의 한 형태로 간주하였다.

늑대 인간은 처음에 1910년 2월부터 1914년 6월까지 프로이트에게서 치료를 받았다. 그는 1919년에 몇 개월에 걸쳐 프로이트에게 다시 치료를 받았다. 그러나 1926년에 그가 다시 붕괴되어 프로이트에게 진찰을 받으러 왔을 때, 프로이트는 그를 브런스윅에게 소개해주었다. 그래서 그는 브런스윅에게서 5개월에 걸쳐 2차 분석을 받았다.

브런스윅과의 분석 기간 동안, 그는 우울증적 특징을 띠는 망상적인 편집증적 정신증을 앓고 있었다(Brunswick, 1928). 늑대 인간의 이러한 병리 현상은 그의 병리를 편집증적 과정의 관점에서 재분석하는 데 유용하게 사용될 수 있다(Meissner, 1978b). 우리의 직접적인 관심사는 편집증적인 망상적 투사 체계에서 궁극적으로 드러나는 바, 환자의 자기 체계의 핵과 그의 병리의 핵을 형성하는 병인적 내사물의 조직에 집중되어 있다. 우리는 이러한 내사물과의 상호 관련성이라는 측면에서 그리고 그 내사물의 형태라는 측면에서, 환자가 세계와 상호작용을 형성하는 데 사용하는 투사의 양태에 대해 서술할 수 있다. 그리고 나서 우리는 환자가 자신의 투사적 체계를 응집적이고 지속적인 신념으로 조직화 하는 틀로 사용하는, 편집증적 구성에 대해 정의를 내릴 수 있다.

프로이트의 사례 분석

공포증

늑대 인간의 첫 번째 정신 병리의 표현은 그의 네 번째 생일 직전에 발생한 동물 공포증이었다. 이 공포증은 유아 신경증이 드러난 것이며, 유아기에 발생한 리비도적 경로는 성인 신경증의 과정에 영향을 미치는 방식으로 고착되었다. 이 공포증적 징후는 그가 자신의 누이와 자신을 돌보아준 보모에게서 느낀 가학적인 공격과 함께 버려졌다는 느낌과 상실감에서 유래된 것이었다. 그런 점에서 그것은 동물과 그의 보모를 향한 가학적 경향의 출현과 평행을 이룬다. 그는 그의 누이가 어렸을 때 보여 준 위협적인 늑대 그림을 무서워했다. 그리고 이 공포증은 나비, 딱정벌레, 애벌레 그리고 말을 포함한 다른 동물에게로 확대되었다. 그는 말이 얻어맞는 것을 보면, 울면서 비명을 지르곤 했다; 그는 이 증상 때문에 한 번은 서커스를 보러갔다가 중간에 그냥 나와야만 했다. 그러나 동시에 그의 가학적인 소망은 말을 때릴 때 즐거움을 느끼는 것으로 표현되었다.

프로이트가 자세히 설명하듯이, 우리는 아동기 동물 공포증이 복합적으로 결정되는 것임을 알 수 있다. 여기에 관련된 몇 가지 요소는 늑대 인간의 분리 불안의 심화와 그것에 수반되는 자기애적 외상, 성기적 충동의 출현과 거세 위협, 그리고 리비도적 고착이 발생한 항문

기 가학적 수준으로의 퇴행 등이었다. 로클린(1973)은 늑대 인간의 공포증에 대해 다음과 같이 말한다:

> 늑대 인간은 작은 곤충을 괴롭히는 것을 즐겼다. 서커스에서, 그는 동물이 매를 맞고 순종하는 것을 보았을 때, 겉으로는 흥분하며 기뻐했고, 그리고 나서는 갑자기 참지 못하고 비명을 지르면서 집으로 돌아가야만 할 정도로 공포를 느꼈다. 동물에 대한 이러한 그의 양가감정은 그가 자신을 공격자로 느끼는 동시에 피해자로 느끼는 자신에 대한 분열된 느낌을 투사한 결과로 보인다(p. 74).

이러한 공포증적 배열의 중요한 요소들은 어린 시절에 형성된 늑대 인간의 양가적인 측면의 분열과, 그에 따른 가학적이고 파괴적인 충동의 외재화이다. 따라서 그는 꿈에서 위협적인 늑대로 표현된, 외부의 강력하고 파괴적인 힘을 두려워하는 무력한 피해자가 된다. 동시에 그는 스스로 자신을 괴롭히는 자와 동일시함으로써 공격적인 파괴자가 된다. 이러한 유아 신경증의 요소는 아동의 내면 세계의 조직과 정신 병리의 형성에 영향을 미치며, 또한 이후의 병리 발달 조건을 결정하는 내재화의 성향에 영향을 미친다.

강박적 신경증

늑대 인간의 항문기 가학적 조직 및 그것에 따른 공포증적 징후는 그가 4세 때에 유아 강박 신경증으로 전환되었고, 이것은 그가 약 10세가 될 때까지 지속되었다. 그의 초기 불안의 징후는 어머니에 의해 강박적 징후로 대체되었다. 그의 어머니는 그의 공포증적 관심을 분산시키는 수단으로 성경 이야기를 가르쳤다. 그는 매우 경건한 태도를 갖게 되었고, 종교적 형태의 다양한 강박적 의례에 탐닉했다. 그는 잠자리에 들기 전에 수없이 성호를 그으면서 오랫동안 기도해야 했다. 또한 방안의 모든 성화에 입을 맞추고, 기도문을 암송했으며, 그 외에 여러 가지 행동을 했다. 그렇게 하는 동안에 "나쁨"(naughtiness)의 요소를 지닌 그의 행동이 전적으로 사라지지는 않았지만, 차츰 감소했다.

늑대 인간의 강박 신경증은 아동기 경험에 한정된 것이 아니었다. 그는 마음의 동요, 자기 의심, 양가감정에 대한 경향 때문에 오랫동안 어려움을 겪었다. 어느날 그는 대학에서 강의를 듣기 시작했을 때, 어느 과목을 들어야 할지를 결정하지 못한 적이 있었던 일을 회상했다. 그의 강박적인 의심은 곧 고통스런 생각으로 변했고, 이것은 그의 우울증을 심화시켰던 것으로 보인다. 그가 고민하며 잠정적으로 결정했던 일은 곧 쓰디쓴 자기 비난과 가책에 의해 뒤집어지곤 했다. 그는 어떠한 결정을 내리거나 어떤 활동을 하든지, 그것을 끝까지 밀고나가지 못하는 우유부단한 성격의 소유자가 되었고, 심각한 우울증 환자가 되곤 했다.

늑대 인간은 이처럼 무관심하고, 우울하며, 의지가 전적으로 마비된 상태에서 프로이트의 주목을 받게 되었다. 프로이트는 이러한 늑대 인간의 강박적인 특징이 그의 분석과정에서 연장되고 있음을 주목하였다. 특히 프로이트는 그가 모순적인 리비도 집중을 동시적으로 유지하는 능력, 양가적인 성향, 그리고 집요한 고착을 갖고 있다는 점에 주목하였다. 따라서 그는 양가감정을 지닌 채 동요를 반복했는데, 이것이 그의 분석 작업의 주된 특징이었다.

우울증

뿐만 아니라 늑대 인간은 그의 전 생애에 걸쳐 우울증의 성향을 나타냈다. 그는 우울증으로 인해 한 번은 입원해야 했는데, 그때 그의 증상은 조울적 정신증이라는 진단을 받을 정도로 심각했다.[7] 늑대 인간은 생의 위기에, 특히 그의 누이가 자살했을 때 그리고 몇 년 후 그의 아내가 자살했을 때, 또 다시 심각한 우울증으로 고통을 받았다.

건강 염려증적 편집증

늑대 인간의 병리의 또 다른 중요한 요소는 심각한 건강 염려증적 몰두였다. 프로이트와 헤어진 후, 늑대 인간은 특히 그의 코와 치아와 관계된 일련의 건강 염려증적 망상을 발달시켰다(Frosch, 1967b). 브런스윅(1928)은 늑대 인간이 자신과 치료를 시작했을 때 그의 코의 상태에 몰두했던 일을 상세하게 서술했다. 늑대 인간은 코에 막힌 피지선을 제거하기 위해 전기분해 시술을 받았는데, 그 치료과정에서 발생한 구멍과 상처로 인해 코가 영구적으로 손상되었다고 불평했다. 그는 아무 이상이 없으므로 코를 치료할 필요가 없다는 말을 듣고는 절망 상태에 빠졌다. 그는 계속적으로 손거울에 자신의 코를 비춰 보았고 코에 생긴 흠을 가리려고 분을 바랐으며, 그런 행동을 몇 분마다 반복했다.

늑대 인간은 자신의 코에 생긴 작은 구멍에 강박적으로 관심을 갖게 되었고, 모든 사람들이 그것을 바라보고 있다는 편집증적인 생각을 발달시켰다. 브런스윅은 환자의 병을 건강 염려증적 편집증의 한 형태로 서술하였다. 뿐만 아니라 그녀는 그의 건강 염려증적 생각이 더욱 박해적인 환상을 감추기 위한 가면으로 기능하고 있다는 사실에 주목

---

7. 늑대 인간의 아버지 역시 조울적 정신증이라는 진단을 받았다. 뿐만아니라 그의 큰아버지도 아마 편집증적 정신분열증이었던 것 같다. 자료에 따르면, 늑대 인간의 병리의 근원에 상당한 유전적 요소가 있는 것으로 암시된다. 이 문제는 늑대 인간의 사례(Meissner, 1977)와 더 일반적으로 경계선 병리(Meissner, 1984a)에서 보다 상세하게 논의하고 있다.

하였다. 늑대 인간은 이러한 건강 염려증적 생각에 몰두하면서 그의 여드름을 치료해준 피부과 의사인 X가 자신을 거세했다고 믿게 되었고, 그 믿음으로 인해 그는 거세되고 취약한 피해자의 위치에 처하게 되었다. 따라서 취약성과 피해자화의 동기는 그의 박해적인 생각 안에 자리잡고 있는 더욱 공격적인 요소와 연결되게 되었다.

늑대 인간은 병이 재발되어 프로이트를 다시 찾았을 때, 브런스윅에게 위탁되어 치료를 받게 되었는데, 재발된 그의 병은 뚜렷하게 편집증적인 경향을 띠는 것이었다. 프로이트는 그에게 해결되지 않은 편집증적인 전이의 특성에 관심을 기울였다(1937). 늑대 인간이 브런스윅에게 치료받으러 왔을 때, 그는 전기분해 시술 과정에서 코에 구멍이 생겼다고 불평하면서, 자신의 코를 치료해준 X교수를 증오하는 망상을 형성하였다. 브런스윅은 그가 의사들과 가졌던 관계는 항상 불신에 차 있고, 그는 다양한 상황에서 약을 남용하거나 자신의 담당 의사를 비난하기 위해 다른 의사에게서 반대되는 의견을 듣고 싶어 한다는 사실을 지적했다. 이러한 불신은 그가 프로이트와 가졌던 관계에도 영향을 미쳤다. 그는 자신이 러시아에서 재산을 날린 것이 프로이트의 탓이라고 비난했다. 늑대 인간이 X교수를 프로이트에 대한 대체 인물로 보았겠지만, 적어도 의식적으로는 그가 프로이트의 충고를 의도적인 악의를 지닌 것이라고 생각하지는 않았을 것이다. 하지만 다른 사람들에게 책임을 전가하고 비난하는 이런 경향성은 편집증 환자들이 일반적으로 그렇듯이, 늑대 인간의 지속적인 특징이었다.

취약성

비록 취약성이 생의 초기에 발생하는 것이고, 그것의 결정 요인이 이미 초기 유아기 발달 수준에 있다고 해도, 이 문제가 늑대 인간의 이후 병력에서 지속적으로 나타나게 된 데에는 다른 요소들이 관련되어 있다. 이런 요소들 중의 하나는 돈에 대한 환자의 신경증적인 태도였다. 그는 돈을 가장 중요하게 여겼으며, 돈을 소유함으로써 권력과 영향력을 가질 수 있다고 믿었다. 그러나 돈의 소유가 그에게 권력을 나타낸다면, 돈이 없는 것은 곧 참을 수 없는 취약성의 상태를 나타낸다. 자주 그리고 이유 없이, 그는 어머니가 아버지의 유산을 독차지하려 한다고 비난했다. 그가 공산주의 혁명 때에 가문의 재산을 빼앗긴 것은 그에게 특별히 심각한 타격이었다.

환자는 그리스도의 수난 이야기를 통해서 자신의 아버지에 대한 피학적인 태도를 승화시켰다. 그는 자신을 그리스도와 동일시했다—그와 그리스도의 생일이 같다는 사실로 인해 그 동일시는 더욱 용이했다. 그는 이 동일시를 통해서 자기애적인 소망을 충족시켰을 뿐만 아니라, 자신의 억압된 동성애적 태도와 자신이 아버지에 의해 여자처럼, 즉 원색 장면에서의 어머니처럼 사용될지도 모른다는 공포를 표현했다. 그는 또한 그리스도의 수난 이야기를 통해서 아버지-신의 가학적이고 잔인한 매질(거세-십자가 처형)의 피해자가 될 수 있었다. 다시 한 번, 왕좌의 상속자인 아버지의 아들은 피해자의 원형으로서, 희생과 고통의 상황에서 얻어맞는 특히 페니스를 얻어맞는 자가 되었다.

가학적인 아버지(공격자 내사)와의 동일시와 피해자화되고 거세된 아들(피해자 내사)과의 동일시에서 그의 이중적인 동일시가 드러나고 있다. 에델하이트(Edelheit, 1974)는 특히 원색 장면 도식에 기초한 십자가 처형 환상에서 드러난 이중적 동일시(내사)와의 관련성을 분석하였다. 늑대 인간에게서, 종교적 강박은 가학·피학적인 성적 경향성을 승화하는 데 사용되었고, 그로 인해 늑대 공포증은 사라졌다.

자기애

프로이트는 늑대 인간의 거세 불안과 근저의 동성애적 소원과 자기애적 모욕 사이의 연관성에 대해 주목한다. 성기의 온전성(genital integrity)을 보존하는 것에 대한 그의 몰두는 이러한 기본적인 불안에 의해 위협 받았다. 나중에 자신을 특별한 행운아라고 믿고 있던 그의 확신은 임질 감염에 의해 심각하게 손상되었는데, 이것은 거세당하는 것보다 더 큰 자기애적 모욕이었다. 위협 당한 자기애의 주제는 그의 원래의 공포증적 불안에서 서술된 원형을 반복하는 것이었다. 그 사건으로 인해 자신은 상처 입을 수 없다는 그의 전능한 과대주의적 환상은 산산조각이 났다.

그러나 그의 자기애적인 경향은 프로이트와의 분석 후에도 완화되지 않았다. 브런스윅(1928)은 늑대 인간이 코의 증상을 과장하고 그의 외모에 몰두하는 것에 대해서, 그리고 거울 속의 자신을 오랜 시간 동안 바라보아야 하는 자신의 초상화 그리기를 시작한 것에 대해서 말한다. 쉔골드(Shengold, 1974)는 거울 이미지와 투사 및 내사 과정의 관련성, 부모의 전능성과 자기애적 전능성의 오랜 경험을 통해 형성되는 자기애의 역동뿐만 아니라, 관음증, 노출증, 거세 동기, 그리고 원색 장면과의 관련성에 대해 논의하였다.

늑대 인간이 황혼기에 접어들었을 때, 그에게 남아 있던 어려움이 무엇이었든지 간에, 정신분석 치료는 그의 자기애적 통합성을 회복, 유지하고, 그의 과대적 자기의 욕구를 충족시키는 데 중요한 역할을 했음이 분명하다(Kohut, 1971). 프로이트와의 분석 경험을 회상해 달라는 많은 요청들과, "가장 유명한 정신분석 사례"로서 그가 자세하게 서술했던 자신의 삶의 이야기는 그에게 삶의 목적과 의미를 선사했음이 분명하다. 그는 이러한 수단을 통해서 자신을 확인하였다: "나는 이제 내가 해온 모든 것이 허사는 아니었다고 확신할 수 있다"(Gardiner, 1971, p. 342). 더욱이, 가디너(Gardiner)는 늑대 인간이 브런스윅에게 "글을 쓰는 것은 나의 삶에 방향과 목적을 주었다"고 거듭해서 말했던 일을 상기시킨다(p. 343). 그는 자신이 쓴 글이 처음 정신분석 잡지에 실렸을 때 매우 기뻐했으며, "이제 내가 사는 목적이 생겼다"는 글을 썼다(p. 346). 늑대 인간이 자기애를 회복해가는 이 측면은 그것이 상처받은 자기애를 회복시키고 자기의 응집성을 유지하는 데 편집증적 과정이 가져다준 일차적 결과를 가리키므로 상당한 중요성을 갖는다 (Meissner, 1977, 1978b).

늑대 인간과 편집증적 과정

내사물

늑대 인간의 성격 형성에서 구심점을 이루는 핵심적인 내사물은 자신은 허약하고 취약하다는 느낌과 상처받고 공격당하기 쉬운 상태를 만들어낸 것으로 보인다. 이 내사물은 물론 일차적으로는 부모와의 관계에서 파생된 것이며, 이에 따른 이차적 내사물은 우울하고, 자기 모욕적이며, 잠재적으로 분열적이고, 자살 충동을 지닌 그의 누이와의 관계에서 파생된 것이다.

내사 조직의 한 층은 피해자 내사물과 공격자 내사물이 상호 관련된 한 쌍으로 이루어졌다. 이러한 요소들 모두는 늑대 인간의 아버지의 내사 조직에서 확인할 수 있지만, 그의 어머니로부터 파생된 내사적 요소들에 의해서 보완되고 더욱 복잡하게 되었다는 것 또한 의심할 여지가 없다. 그의 피해자 됨과 그것과 관련된 취약성의 느낌은 그로 하여금 배변에 대해 히스테리적으로 몰두하게 하고, 항문기적 공격성에 대해 두려워 하게 하는 형태를 띠었는데, 이는 의심의 여지없이 그의 어머니 내사물을 나타내는 것이다. 이 내사물은 두 내사물 간의 상호작용으로부터 왔거나 혹은 그러한 상호작용을 산출한 원인이기도

하다. 이것은 원색장면에 대한 이중적 "동일시"에서 그 예를 찾아볼 수 있다.

늑대 인간에게 잔인하고 가학적인 행동의 토대를 제공한 것은 그의 두드러진 우울적 성향뿐만 아니라, 그 자신의 출현하는 자기감과 그의 성격 조직의 핵심을 형성하는 이러한 내사물이었다. 이러한 피해자 내사물과 공격자 내사물의 원형은 늑대 인간의 초기 악몽, 그의 공포증적 불안, 그리고 그의 이후의 편집증적 질환에서 분명하게 확인된다. 공격적 구성 요소는 꿈에서 늑대(아버지 대체물)의 형태로 외재화되었고, 피해자 측면은 그 자신의 역할로 받아들여졌다. 공포증에서, 거세적이고 공격적이며 적대적인 파괴적 구성 요소는 다양한 동물에게로 외재화된 반면, 취약성, 허약성, 무기력, 두려움에 떠는 무력감 등은 내면의 감정으로 유지되었다. 마지막으로, 그후 그의 편집증적 왜곡에서는, 공격적이고 상처를 주는 강력한 파괴적인 요소는 박해자—구체적으로, 그를 돌보는 척 하지만 그에게 해를 끼치려고 공모하는 의사들—의 형태로 다시금 외재화된 반면, 취약한 피해자의 느낌은 내적 대상으로 유지되었다.

자기애적 구성물(Configuration)

자기애의 역동은 편집증적 과정의 발생에서 중심적인 역할을 한다. 내사물은 자기애적 측면을 중심으로 조직되고 구조화될 뿐만 아니라, 이와 상호 관련된 투사의 기능도 똑같이 자기애적 방어로서 작용한다. 더 나아가, 발달 과정에서 자기애적 관심이 변함에 따라, 내사 및 투사의 상호작용은 자기의 형성과 내면 세계의 형성에 중심적인 역할을 한다. 따라서 내사물은 내재화의 결정적인 핵심을 형성하는데, 이 핵심을 중심으로 자기 체계가 조직되고, 자기감의 형태가 결정된다. 이와 유사하게, 이 과정의 내사적 측면과 투사적 측면 사이의 상호작용은 아동이 자기와 대상, 자기와 타인 사이를 구분하는 능력을 성취하는 데 필요한, 분화를 위한 기반을 제공한다(Meissner, 1978b).

이러한 자기애적 구성 요소들은 늑대 인간의 성인기 경험뿐만 아니라 그의 치료 과정에서도 드러난다. 그가 주변의 중요한 사람들과 맺은 관계는 객관적인 관계 형태라기보다는 중간대상 관계의 특성을 지닌 것으로 보인다. 이러한 대상들에 대한 늑대 인간의 의존적인 관계는 그의 내면의 자기애적 평형을 안정시키고, 파편화된 그의 자기감 대신에 응집력 있는 자기감을 확립해야만 하는 그의 내적인 요구에 기초해 있다. 이것은 그가 매우 수동적으로 의존되어 있는, 그의 아내와의 관계에서 명확하게 드러난다. 그것은 또한 프로이트를 이상화시키는 관계에서도 나타난다. 프로이트 및 정신분석에 대한 그의 경험은 브런스윅이 간파했듯이, 자기애적 과대주의를 유지할 수 있는 중요한 맥락으로 기능했음이 분명하다.

내사 조직의 자기애적 구성 요소들은 전형적인 자기애적 양극성에서 모습을 드러낸다. 우리는 이러한 내사 조직의 두 측면을 늑대 인간에게서 확인할 수 있다: 그의 본래적인 과대주의, 자신이 특별한 존재이고(특히 프로이트와 정신분석 운동과 관련해서), 자격 있는 사람이며, 운명적으로 특별한 자질을 부여받고 특권을 얻은 아이라는 믿음이 한쪽 축을 이루고 있는 반면, 그의 우울 성향, 자살 충동, 무가치감, 그리고 만성적인 낮은 자존감과 같은 성격 요소가 다른 쪽 축을 이루고 있다.

불쾌 인격(Dysphoric Personality)

이러한 병리적 측면이 한 데 모여 늑대 인간의 불쾌 인격을 구성한 것으로 보인다. 이는 이런 인격을 특징 짓는 투사와 내사의 상호작용에서 왜곡을 발생시키는 특별한 취약성을 반영한다. 내사물은 투사를 통해 그의 대인관계에 어두운 그림자를 드리운다. 따라서 그의 불안정한 대상관계는 개인적인 관계뿐만 아니라 전이 관계에도 영향을 미친다.

그의 전반적인 대상관계의 유형은 그가 치료받으러 오게 한 퇴행적인 사건들로 인해 주기적으로 붕괴되기도 하지만, 일반적으로 현실과 접촉하고 현실감을 유지하는 것으로 보인다. 늑대 인간의 경우, 가장 심각한 퇴행적 상태는 그 자신이 이상화한 프로이트와 맺었던 지지적인 관계의 상실이라는 사건에 의해 촉발된 편집증적인 정신증으로의 퇴행이었다.

치료적 접근

우리는 늑대 인간의 분석 사례에서 정신분석 과정의 유지를 어렵게 만드는 요인에 대한 정보를 얻을 수 있다. 이 사례의 경우, 분석을 유지하는 과제뿐만 아니라, 전이 왜곡의 본질과 그것의 강도로 인해 분석 작업을 진전시키고 효과적이며 의미 있고 안정된 연대를 형성하는 과제에서 어려움이 있었다. 좀 더 발달된 현대의 정신분석적 진단이라는 관점에서 볼 때, 늑대 인간은 분석의 성공 가능성이 희박한 사례로 간주되며, 엄격한 분석 과정을 시작하기에 앞서 좀 더 철저한 심리치료의 과정을 거치는 것이 바람직한 것으로 평가된다.

앞의 경계선 인격의 범위에 대한 내용에서 기술된 진단적 틀과, 경계선 병리를 지닌 환자들의 치료에 내재된 복잡성과 어려움들을 염두에 두면서, 나는 여기에서 편집증적 과정에 기초를 둔 치료 접근법을 제시하고자 한다. 치료 과정에서, 다양한 수준의 경계선 병리의 문제가 드러나는데, 나는 치료 과정의 세 가지 주요 구성 요소, 즉 치료적 연대, 전이, 그리고 역전이에 대해 논의할 것이다.

치료적 연대

어려움

모든 경계선 환자의 심리치료에서 치료적 연대를 형성하는 것은 매우 힘들고 어려운 과제이다. 몇몇 저자들(Adler, 1979, 1985)은 경계선 환자와의 치료적 연대는 존재하지 않거나 매우 깨지기 쉽다고 주장하였다. 대부분 그런 평가는 치료가 어려운 더 낮은 수준의 경계선 환자들, 특히 의사 정신분열증 환자와 정신증적 인격 환자의 치료 과정을 통해서 얻은 결론으로서, 치료적 연대를 위한 그들의 역량은 매우 미숙하고 심하게 제한되어 있다. 그러나 다행스럽게도 경계선 범위에 속하는 모든 환자가 그런 것은 아니다. 새로운 관찰에 의하면, 경계선 병리라는 개념은 발달의 초기부터, 그리고 더욱 원시적인 형태의 측면에서, 혹은 경계선적 퇴행 상태의 측면에 초점을 맞추는 좀 더 최근의 시도에서 파생된 것이라는 점에서, 경계선 환자의 치료에 관한 많은 문헌에는 구조적인 편견이 담겨 있는 것으로 보인다(Meissner, 1984a).

치료 연대를 형성하는 데 필요한 환자의 역량을 제한하는 구조적 손상이나 퇴행적 잠재성이 있다면, 치료는 치료 연대를 위한 환자의 역량이 어떠하든지 간에, 치료 연대를 최대화할 수 있도록 구조화되어야 한다. 경계선 환자 치료의 처음 단계에서, 치료적 틀은 치료적 노력이 발생할 수 있는 의미 있는 작업 조건을 만들어내고, 환자가 이용할 수 있는 자아의 힘과 역량을 위한 여지를 제공하는 방식으로 구조화되어야 한다. 많은 경계선 환자들, 특히 퇴행 상태에 사로잡혀 있지 않은 환자들에게 이것은 특별한 문제로 나타나지 않는다. 그런 환자들은 어떤 즉각적이거나 심각한 혼란 없이 치료 상황에 참여할 수 있고, 치료 관계 안으로 들어갈 수 있다. 그런 환자들의 경우, 일상적인 치료적 구조를 설정하는 일은 거의 문제가 되지 않는다. 일반적으로, 치료적 관리와 관련된 문제들의 조절, 즉 치료 시간과 장소, 약속 시간의 지체, 면담의 불참, 치료비 지불, 비밀보장 문제에 관한 협상은 특별한 어려움 없이 수행된다.

환자의 자아 기능의 수준이 원시적일수록 치료적 틀을 고정시키는 것이 어려울 수 있다. 특징적으로, 원시적인 경계선 환자들은 치료 상황을 통제하고, 조종하며, 치료의 틀을 위반하려는 투쟁에 처음부터 치료자를 끌어들이고자 할 것이다. 그런 환자들은 치료적인 합의 사항을 둘러싸고 어떤 일을 저지르거나 다양한 방법을 사용하여 치료적 관리를 위반하고 싶어 하는 강한 경향을 갖고 있다. 이것은 시간 약속을 어기고, 늦게 오거나, 전화를 하고, 치료 시간 이외의 시간에 방문하거나, 심지어 치료자의 사무실 밖에서 기다렸다가 마치 우연히 만난 것처럼 꾸미는 식으로, 치료자와 치료 이외의 접촉을 추구하기도 한다. 치료 작업을 진전시키고 출현하는 치료적 연대를 맺는 데 필요한 기초를 놓기 위해서, 치료자는 그런 환자의 행동화 경향을 통제하고, 의미 있는 치료 상황을 점진적이면서도 확고하게 확립해야 한다. 또한 치료자는 면담시간 이외의 전화 통화의 빈도와 시간을 점진적으로 줄여가야 하며, 마침내는 본질적인 의사소통의 문제나 정말로 위급한 사항에 한해서만 그런 통화를 허용해야 할 것이다. 즉 치료자는 치료 외적인 다른 의사소통의 통로를 점차 최소화해야 하고, 궁극적으로는 제거해야 한다. 이 모든 것은 치료 상황을 확립하기 위한 것으로서, 이는 치료적 노력을 치료자의 진찰실과 실제 치료 시간 안에 한정시키는 것을 통해서 이루어진다.

시작 단계

낮은 수준의 경계선 환자를 치료할 때 치료의 시작 단계에서 발생하는 특별한 어려움이 있다. 위에서 서술했듯이, 치료자는 치료 상황을 확립해야 할 필요성과 확실하고 안전하게 안아주는 환경에 대한 환자의 요구 사이에 끼어 있다. 예컨대, 아들러(Adler, 1985)는 치료자를 사용할 수 있는 가능성과 전화 통화 및 치료 시간 이외의 방문을 장려한다. 현재의 접근 방법의 관점에서 볼 때, 치료자는 어디까지 그리고 어떤 측면에서 그런 요구를 받아줄 것인가에 대한 임상적 판단이 요청된다는 데 딜레마가 놓여 있다. 어쨌거나 치료자의 확실한 사용 가능성과 치료자의 지지는 치료 상황을 구조화해야 할 필요성과 조화를 이루면서 적절하게 제공되어야 한다. 치료자는 자신이 환자의 욕구에 적응할 필요가 있다고 느끼는 만큼, 치료의 틀을 구성하는 일이 중요하다는 사실을 염두에 두어야 한다.

비밀보장

비밀보장은 어떤 환자와의 치료 작업에서도 중요한 측면을 이루고 있는 것이 사실이지만, 많은 경계선 환자들에게 있어서 특히 환자가 편집증적 반응과 방어에 대한 경향성—경계선 환자들에게서는 매우 보편적인—을 갖고 있을 경우, 특별히 민감한 주제가 된다. 비밀보장의 문제는 모든 환자에게 명시적으로 언급되어야 하고, 환자가 이 문제에 대해서 충분히 이해할 수 있을 만큼 신중하고 상세하게 논의되어야 한다. 환자에 따라서는, 치료 과정을 침해할 수도 있는 특정한 의사소통의 형태를 취급해야 할 경우가 있는데, 이때 이와 관련된 문제를 환자와 자세히 의논하는 것이 필요하다. 보험회사, 고용주, 가족 구성원, 그리고 전화 통화에 관한 조정, 이 모든 것이 비밀보장과 관련해서 환자가 관심을 갖는 영역일 것이다(Meissner, 1979b).

이런 논의가 치료자와 나눈 대화 내용의 비밀보장 문제에 대한 환자의 불안을 잠재우지 못하는 경우도 있다. 이것은 특히 편집증적 경향이 작용할 경우 더 심해진다. 환자의 치료를 침해할 수도 있는, 외부 기관과의 접촉이 실제로 필요할 경우, 이 문제는 더 자세히 언급되어야 할 것이다. 예컨대, 만약 보험회사에서 환자의 치료 과정에 대한 정보를 달라고 요청이 왔을 때, 편지 쓰기, 환자가 그것을 읽고 동의하거나 수정하기, 환자가 타이프된 편지를 보고 최종적으로 승인하기, 봉투를 붙이고 그것을 환자가 직접 부치게 하기 등과 같은 모든 문제를 치료자가 환자와 함께 충분한 의논을 거칠 때, 치료 연대가 안전하게 확립된다. 기본 원리는 환자가 자신과 관련된 사실을 모두 알아야 하고, 환자의 협조와 승락 없이는 치료 상황에 대한 어떤 것도 외부에 누설되어서는 안 된다는 것이다.

치료 연대의 왜곡

일단 치료적 맥락이 확립되면, 치료자는 그것을 당연한 것으로 간주해서는 안 되며, 치료 과정이 진행되는 동안 계속해서 그것을 주시하고 돌보아야 한다. 대체로 경계선 환자들은 이런저런 문제, 오해, 미묘하거나 두드러지게 눈에 띄는 행동화와 그릇된 치료 연대를 만들어내는 경향을 갖고 있다. 이런 환자들의 치료에서 치료자는 계속해서 치료적 연대를 돌보고 조율하며 수정하기 위해 노력해야 한다. 그것은 특히 더 낮은 수준의 경계선 환자의 치료 작업에 중요한 초점과 수단을 제공할 것이며, 심지어 상대적으로 가장 잘 통합되고 잘 기능하는 경계선 환자의 치료 작업을 위해서도 중요한 초점과 수단을 제공할 것이다. 이 후자에 속한 경계선 환자의 경우에도 치료 연대가 왜곡될 수 있는 가능성이 있다는 사실을 결코 간과해서는 안 된다. 예컨대, 원시적 히스테리 인격 환자를 치료할 때, 치료자는 미묘하면서도 편재되어 있는 치료 연대의 왜곡을 가리키는 미묘한 빈정거림에 대해 경계해야 한다. 물론 그런 환자에게 있어서 치료 연대는 전이 요소의 침투에 의해 쉽사리 왜곡될 수 있다.

경계선 환자의 치료에서 치료자를 힘들게 하는 요소는 특히 더 낮은 수준의 경계선 병리를 다루거나 퇴행된 상태와 위기에 직면할 때, 치료 연대의 영역에서 발생하는 경향이 있다. 경계선 정신 병리보다 더 건강한, 신경증적이거나 자기애적 인격 장애 환자와 경계선 환자를 구분하는 중요한 판단기준 중의 하나는 치료 연대와 관련된 것인데, 경계선 환자의 경우, 그 치료 연대는 왜곡으로 인해 항상 깨지기 쉽다는 점이다. 경계선 환자와의 치료적 연대는 결코 가정되거나 당연한 것으로 간주될 수 없으며, 치료적 탐구와 조정을 위한 치료 작업의 중요한 영역으로서 계속해서 강조되어야 한다.

마찬가지로, 치료적 연대는 그것의 형태와 함축에 있어서 단일하거나 정적(靜的)이지 않다. 정신분석을 포함하여 집중적이고 의미 있는 모든 심리 치료의 형태에서, 치료적 연대는 치료 과정이 진전됨에 따라 점진적인 수정을 거친다(Meissner, 1981b). 치료 초기의 신뢰 단계로부터 점차 자율성과 주도성이 증가되는 치료적 국면의 진전이 경계선 환자의 심리 치료에서도 동일하게 발생한다. 그러나 경계선 환자의 경우에, 그 국면은 차츰 좀 더 건강한 환자들보다 더 많은 치료적 탐구와 치료 작업을 필요로 하는 투쟁과 갈등으로 드러날 수도 있다. 그 이유들 중의 하나는 경계선 환자의 내면 세계가 병인적 내사물에 의해 너무 철저하게 지배당하고 있기 때문에, 치료적 연대의 안정성이 확립되고 점진적으로 성장하는 데 필요한 자율적인 자아 기능이 발달할 수 없다는 것이다.[8]

이런 환자의 치료적 연대는 심지어 그것이 어느 수준에 이르렀을 때조차도 전이에서 나타나는 왜곡에 취약한 상태로 남아 있는 모습을 보인다. 따라서 치료 연대라는 영역에서 어렵게 쟁취한 어떤 기반도 퇴행적 압력에 직면해서 쉽게 상실될 수 있다. 치료적 진전의 중요한 지표는 환자가 치료적 연대의 기반을 획득했다가 퇴행한 후에 그 기반을 다시 회복하는 일이 점점 더 쉬워지는 현상이다. 또한 더 낮은 수준의 경계선 병리로부터 더 높은 수준으로 옮겨감에 따라, 이러한 취약한 요소는 좀 더 잘 조직된 경계선 상태에서, 자율적 기능을 획득하기 위한 더 큰 능력과 잠재성을 발달시킴으로써 점차 없어진다.

더 낮은 수준에 속한 경계선 병리에서 일어나는 붕괴는 종종 극적이며 병리적으로 나타난다. 따라서 치료자는 그것을 쉽게 알 수 있는 반면, 더 높은 수준의 환자에게서 일어나는 붕괴는 환자가 치료자에게 순종하거나 치료자나 치료 과정을 다양하게 이상화시킴으로써 은폐되기도 한다. 이러한 형태는 치료자를 잘못 인도하고, 치료적 연대의 지속적인 왜곡을 간과하는 길로 인도할 수 있다.

늑대 인간의 치료적 연대

늑대 인간에 대한 프로이트의 분석 치료를 재평가하자면, 늑대 인간은 처음부터 치료적 연대를 형성하는 데 어려움이 있었던 것으로 보

---

8. 아들러(1985)는 이러한 맥락에서 치료의 시작 단계에 본질적인 요소인 "안아주기 내사"의 발달을 언급한다.

인다. 늑대 인간이 매우 큰 기대를 가지고 프로이트를 만나러 왔다는 것은 의심의 여지가 없다. 그는 수없이 많은 종류의 치료를 받았고, 유럽에서 매우 유명한 몇몇 정신과 의사들에게도 치료를 받았지만 모두 실패로 끝났다. 심지어 세계적으로 유명한 크래펠린(Kraepelin)조차도 그를 치료하는 데 실패했다.

늑대 인간은 프로이트와의 첫 면담에 대해 다음과 같이 평하였다:

> 나는 프로이트를 만나자마자 그에 대한 신뢰감이 생기는 것을 느꼈다 … 프로이트의 태도와 그가 내 말에 귀 기울이는 모습은 내가 이제껏 알고 있던, 깊은 심리학적 이해를 결여하고 있던 그의 동료들과는 확실히 달랐다. 프로이트와의 첫 만남에서 나는 위대한 개인과 마주하고 있다는 느낌이 들었다(Gardiner, 1971, p. 137).

늑대 인간은 마침내 자신이 경험했던 모든 것을 완전히 이해해줄 수 있는 천재적인 정신과 의사를 만났다고 믿었다. 따라서 즉각적으로 전이가 발생했는데, 그것은 치료자를 이상화하는 전이였다.

늑대 인간은 즉각적으로 프로이트에게 맹목적으로 순종했고 의존하였다 ; 따라서 그는 아버지-대체물에 대한 복종을 받아들였다. 늑대 인간은 자신이 갈망한 좋은 아버지와의 만족스럽고 이상화된 관계를 발견하였으나, 그가 스스로 자초한 맹목적인 순종은 커다란 위험을 잉태하고 있었다.

늑대 인간은 프로이트와의 관계를 통해서 아버지의 죽음으로 인해 생긴 공백을 채우고 있었다. 늑대 인간은 자신이 자비롭고 이해심 있는 아버지를 찾았다고 느꼈다. 그가 프로이트의 착한 아들이라는 느낌은 분석이 끝난 이후에도 계속 남아 있었고, 그의 이후의 치료 과정에서 발생한 저항의 초점으로 작용했다. 사랑하는 좋은 아버지에게서 선물을 받고 싶어 하는 그의 갈망은 그가 프로이트에게서 선물을 받고 싶어 하는 소망과 프로이트에게서 재정적 지원을 받는 소망으로 유지되었으며, 이것은 프로이트가 죽은 후에도 해결되지 않은 채로 남아 있던 그의 무의식적 수동성을 강화했던 것으로 보인다. 프로이트는 의도적이든 아니든 늑대 인간이 자기애적 환상을 유지할 수 있는 현실적인 토대를 제공한 셈이다.

프로이트가 주의 깊게 주목한 분석 경험의 중요한 측면 가운데 하나는 분석 과정에 대한 늑대 인간의 저항이었다. 프로이트는 그가 "정중한 무관심의 태도 뒤에 숨어 공격할 수 없게 방어한다"고 언급하였다(1918, p. 157). 프로이트는 분석 작업에서 늑대 인간이 좀 더 독립적인 역할을 하도록 돕기 위해 많은 노력을 한 것으로 보인다. 늑대 인간의 징후가 어느 정도 완화되기 시작했을 때, 그는 더 이상의 변화를 피하기 위해 어떤 분석적 노력으로부터도 즉각적으로 후퇴하려고 했다. 늑대 인간은 자신의 강박적 방어들, 모호함, 지성화 등으로 도피함으로써, 그리고 분석 작업에서 독립성, 자기 충족감, 혹은 책임감으로부터 도피함으로써 프로이트의 노력을 허사로 만드는 데 성공했다.

늑대 인간의 저항에 직면해서, 프로이트는 마침내 막다른 골목에 다다랐고, 그는 당시로서는 혁명적이라고 할 수 있는 조치를 취하였다. 프로이트는 환자의 저항을 깨고 분석 작업을 진행시키기 위해 치료 종료일을 정하기로 결정한 것이다. 이러한 시간 제한이라는 압력으로 인해 늑대 인간의 저항은 사라지고 분석 작업은 계속해서 진행되었다. 그러나 그 사례의 이후의 분석 과정에 대해 우리가 알고 있는 것에 비추어 볼 때, 환자의 저항이 피상적으로 제거되고 난 후에 다시금 저항의 자료가 분출하는 것은 프로이트의 주장에 대한 늑대 인간의 복종이 지닌 또 다른 측면을 나타내는 것일 수도 있다. 그런 점에서 프로이트는 어쩌면 자신도 인식하지 못한 채 의미 있는 치료적 연대보다는 복종적인 피암시성에 만족했는지도 모른다.

전이

전이의 형태

경계선 환자는 변화무쌍한 성질의 전이를 드러낸다는 것은 잘 알려진 사실이다. 좀 더 수준 높은 심리 통합을 이룬 경계선 환자의 경우, 전이는 자기애적 환자 혹은 심지어 보통의 신경증적 환자에게서 발견되는 것과 그 성질에 있어서 크게 다르지 않다. 그러나 이들 환자들이 퇴행적인 쪽으로 기울게 될 때, 혹은 그들이 퇴행적인 위기의 고통을 겪을 때, 전이는 질적으로 다른 색채를 띨 수 있다. 여기에서 전치에 의한 전이, 즉 전이 표현이 좀 더 초기의 발달과정에서 경험된 대상관계를 반영하는 대상 표상으로부터 치료자에게로 전치되는 것과, 투사에 의한 전이, 즉 전이 내용이 환자의 내사물로부터 분석가에게로 투사되는 것을 구별하는 것이 가능하다.

이러한 전이 반응의 유형은 다음과 같은 차이가 있다. 전치에 의한 전이는 이전의 상황에서 유래한 대상 표상의 내용이 현재의 치료 상황의 대상 표상에게로 전치되는 것을 다루는 것인 반면, 투사에 의한 전이는 투사된 내용이 환자에 의해 병인적 내사물의 형태로 내재화되어 있는, 환자의 내면 세계 안에 확립된 중요한 역동적 및 구조적 문제를 반영하는 것이다. 경계선 환자가 좀 더 원시적인 수준의 경계선 조직을 향해 기울 때, 그것이 퇴행 때문이든 성격 때문이든, 투사적 전이가 미치는 영향은 전치에 의한 전이가 미치는 영향보다 우세해지는 경향이 있다. 이러한 변화가 일어날 때, 전이의 색채는 자기애적 구성 요소 및 공격적 구성 요소의 병인적 결합에 기초한 근저의 내사물에 의해 지배되는 색깔로 변한다. 퇴행이 원시적일수록, 전이의 패러다임은 공격적인 모습으로, 특히 공격자 내사―그리고 피해자 내사―의 형태로 나타난다.

투사

그러한 퇴행적인 투사적 전이 요소의 출현은 몇 가지 사실을 함축한다. 투사에 의해 치료 관계를 왜곡시키는 환자는 실제적이고 다양하게 그리고 지속적으로 편집증적인 특징들을 자주 나타낸다. 이 책의 제7장에 제시된 편집증적 환자의 치료 방법에 관한 관찰은 이러한 환자를 치료하는 적절한 방법이 될 것이다. 마찬가지로, 퇴행적이고 편집증적인 경향은 환자의 자기 조직의 부분적 파편화와 자아 경계의 불확실성을 반영할 것이며, 그것은 전이 신경증을 위한 무대가 될 것이다. 그러한 퇴행에 직면해서, 치료 결과는 퇴행 과정을 완화시키고, 좀 더 효과적인 자아 기능 수준으로의 역전을 가능하게 하는 적절한 치료 연대를 지탱하고 회복하는 환자의 타고난 역량에 달려 있다. 치료자는 치료 연대가 위협받을 때, 치료 과정을 원래 상태로 되돌리기 위해 이용 가능한 환자의 자아 자원을 강화시킬 뿐만 아니라, 환자에게 충분한 구조를 제공하고 한계를 설정해주는 것을 통해서 그러한 회복 과정의 효율성을 최대화하거나 최소화할 것이다.

보다 낮은 경계선 수준에서 기능하는 환자의 경우, 투사적 전이 요소가 우세해지는 경향이 있으며, 이는 치료 관계를 상당히 어렵게 만든다. 공격성의 변천 양상의 측면에서, 그런 환자는 피해자 내사물로 인해 종종 피해자됨의 위치를 선택하며, 결과적으로 공격적 요소를 치료자에게 투사함으로써, 치료자를 자신에 대한 공격자로 여긴다. 이것이 좀 더 낮은 수준의 경계선 환자 혹은 퇴행 상태의 경계선 환자에게서 자주 관찰되는, 편집증적 상태를 구성한다. 그러나 자주 그러한 낮은 수준의 환자의 경우, 하나의 내사물은 다른 하나의 내사물로 빠르게 이동하는 모습을 보이는데, 이는 환자의 내면 세계의 조직 근저에 있는 불안정성을 반영한다. 그런 환자는 종종 치료자를 자기 대신에 피해자로 만들려고 하는 방어적으로 동기화된 시도를 통해서 피해자의 처지로부터 공격자의 위치로 빠르게 변화할 수 있다. 이러한 변화는 분노의 분출, 치료자에 대항하는 적대적이고 증오적인 태도, 행동화, 그리고 효과적인 치료적 개입을 위한 모든 시도에 저항하는 형태를 취하는데, 이 모든 것은 자신의 일을 효과적으로 하려는 치료자의 노력을 좌절시키고자 하는 시도이다. 지각하기, 약속 시간을 지키지 않기, 치료비를 늦게 지불하거나 지불을 거부하기, 치료를 중단하겠다고 위협하거나 심지어 심하게는 자살이나 자해를 하겠다고 위협하기 등과 같은 행동은 피해자 내사를 공격자 내사로 전환시키는 역전을 나타내는 것일 수 있다.

병리적 자기애

모든 경계선 환자들은 다양한 정도로 심각하고 마비시키는 병리적 자기애의 문제를 갖고 있는 것으로 드러난다. 일반적으로, 환자의 성격 조직이 원시적일수록 자기애적 구성물은 더욱 원시적이고, 고태적이며, 유아적이다. 공격자 내사물—그리고 피해자 내사물—의 조직과 평행을 이루는 것이 우월한 자기애적으로 내사물과 열등한 자기애적 내사물인데, 이것을 중심으로 경계선 환자는 그의 병리적 자기애의 변천 양상을 형성한다. 병리적 자기애는 이상화와 가치절하의 유형, 자기애적 전능성과 무능감, 자존감을 유지하고 조절하지 못하는 심각한 어려움, 그리고 수치심, 열등감, 부적절감 등과 같은 광범위한 문제를 발생시킨다. 특히 좀 더 낮은 수준의 병리 형태에서, 급속히 변하는 이러한 자기애적 구성물의 불안정성은 종종 임상에서 가장 두드러지는 측면을 차지한다.

병리적인 배열이 어떤 것이든지 간에, 그것은 투사적 전이 반응의 기초를 구성한다. 내사물의 리비도 경제의 측면에서, 만약 환자가 내사물의 한 쪽 축으로 기운다면, 반대 쪽 축은 분석가나 치료자에게 투사되어 전이 경험을 형성하는 경향이 있다. 치료 과정에서 가장 중심적인 작업은 이러한 유형의 점진적인 동일시, 특히 환자 자신의 내사물로부터 투사된 요소를 확인하는 과제와 관련되어 있다. 대부분의 환자들은 치료가 진행됨에 따라 점진적으로 내사물의 다양한 측면을 표현할 것이다. 이때 예민한 치료자는 치료 과정 안과 바깥 모두에서 환자의 반응을 통해 드러나는 이러한 구성물의 목록과 점차 친숙해질 것이다. 이러한 유형이 점차 명료해짐에 따라, 치료는 그것의 발생 기원과 내재적인 동기에 관한 더욱 의미 있는 질문으로 불가피하게 이동할 것이다.

늑대 인간의 전이

이 점에서 늑대 인간의 전이는 매우 흥미롭다. 프로이트에 대한 그의 전이가 자신의 아버지와의 수동적이고 불만스런 관계에 기초한 것이라면, 우리는 또한 거기에 양가성이 포함되어 있었다고 말할 수 있다. 이것에 대한 증거 자료는 프로이트의 직접적인 설명에서가 아니라, 브런스윅(1928)이 재구성한 자료에서 발견된다. 우리는 환자의 코를 치료한 X교수에 대한 그의 망상적 증오에 대해 이미 논의한 바 있다. 늑대 인간은 프로이트가 소개해준 X교수를 쉽게 받아들였는데, 그는 프로이트의 친구로서 프로이트와 거의 동년배였다. 늑대 인간에게 X교수는 프로이트의 대체물이었음이 분명하다. 그러나 그는 프로이트에 대한 어떠한 적대감도 갖고 있지 않다고 강하게 부인했다. 늑대 인간은 X교수가 자신의 신체의 일부를 절단했으므로, 그것에 대한 유일하고 정당한 보상은 그를 죽이는 것이며, 최소한 재정적 보상 청구 소송을 제기하여 그의 명예를 실추시키겠다는 망상적 생각을 갖고 있었다. 그는 이러한 생각을 통해서 프로이트에 대한 자신의 적대감을 감추었다. 그는 자신의 신체 조건에 대해서는 X교수에게 책임을 전가하고 있었고, 자신의 정신적 조건에 대해서는 프로이트에게 책임을 전가하고 있었던 것으로 보인다. 또한 브런스윅은 그가 어머니의 병에 대한 책임을 아버지에게 전가했다고 회상한다. 이후에 프로이트가 그에게 보상해주었을 때, 그것은 그의 생각을 정당화시켜준 것으로 받아들였는데, 그것은 아마도 그가 자신의 병에 대한 책임이 프로이트에게 있다는 환상을 갖고 있었기 때문일 것이다.

사실, 환자가 프로이트에 대해 가지고 있던 양가감정은 그의 병의 핵심인 편집증적 측면을 포함할 정도로 더욱 확대되었다. 브런스윅(1928)은 이 핵심을 밝혀냈고, 따라서 박해적 내용이 지니고 있는 의미 전체가 명백하게 드러났다. 그것은 다음과 같다. X교수는 그를 의도적으로 손상시켰다; 이제 그는 죽었고 어떤 보복의 수단도 남아 있지 않다. 그의 담당 의사들 모두가 그를 잘못 치료했고, 그의 정신증이 다시 재발했으므로 프로이트 역시 그를 형편없이 치료했음이 분명하다. 전체 의료진이 그에게 적대적이고, 어렸을 때부터 그를 괴롭혔다. 그는 자신의 상황을 잔인한 아버지 신에 의해 고문당하고 십자가에 달린 그리스도의 수난에 비유하였다(p. 290). 그는 정신증적인 광란의 상태에서, 심지어 프로이트와 브런스윅 모두를 쏘아 죽이겠다고 위협하였다. 비록 그가 X교수를 죽일 수는 없지만, 적어도 그는 프로이트와 브런스윅에게 복수할 수는 있었다. 우리는 여기에서 X교수가 그의 아버지를 대신하는 인물이라는 사실을 덧붙일 수 있다.

늑대 인간이 프로이트와의 분석에 대해 언급한 말에는 자기애적 요소가 포함되어 있다. 그는 자신을 "환자라기보다는 프로이트의 동료 작업자로, 새롭게 발견된 땅을 탐구하는 경험 많은 탐험가의 젊은 동료"로 간주했다(Gardiner, 1971, p. 140). 그는 프로이트가 자신을 정신 분석을 잘 이해하고 있는 탁월한 사람이며, "흠없는 지성"을 가진 사람이라고 인정한 것에 대해 언급한다. 분석이 끝났을 때 그가 프로이트에게 선물한 이집트 동상의 그림을 보면서, 프로이트가 자신을 "정신분석학의 하나의 작품"이라고 말했던 일을 떠올렸다. 그는 두 번째 분석을 받을 때까지 자신이 프로이트와 직업적 관계가 아니라 개인적으로 친근하고 특별하며 친밀한 관계를 갖고 있다고 믿고 있었다. 프로이트는 매년 그에게 얼마의 돈을 선물로 보내주었는데, 이것이 그의 자기애를 강화시키고, 프로이트 사후에 자신이 그의 유산을 상속받게 될 것이라고 기대하게 만든 하나의 요인이었다. 따라서 늑대 인간에 대한 프로이트의 분석 치료는 본질적으로 환자의 과대주의가 분석되지 않고 해결되지 않은 상태로 남아 있었고, 그 결과 강력한 자기애적 전이를 형성하게 되었다는 점에서 실패한 치료였다고 말할 수 있다.

역전이

전이/역전이 상호작용

경계선 범위에 속하는 대부분의 환자와의 치료적 상호작용은 전이-역전이 상호작용의 형태를 띠는 경향이 있는데, 이 형태는 다양한 강도로 나타나며 의식의 다양한 수준에서 일어날 수 있다(Meissner, 1982~1983). 일반적으로, 환자가 내사물의 어떤 측면을 투사할 때, 거기에는 치료자로 하여금 투사를 지지하고 강화하는 방식으로 반응하고 행동하도록 이끄는 힘이 있다. 이러한 맥락에서 볼 때, 역전이 기제의 일부분은 환자가 투사한 것 가운데 일부를 치료자가 내재화하여, 적어도 일시적으로 그리고 주변적으로, 그것이 치료자 자신의 내사적 배열의 일부분이 되는 것으로 이루어져 있으며, 이는 인간의 본래적인 성향의 일부이다. 다음에 이어지는 환자와의 상호작용에서, 치료자는 환자의 투사 안에 담긴 기대를 실현시키는 미묘한, 그러나 때로는 미묘하지 않은 위치에 있게 된다. 뿐만 아니라 여기에는 역투사 요소, 즉 치료자가 자신의 예전의 투사적-내사적 상호작용이라는 측면에서 환자를 보고 다루기 시작하는 요소도 포함되어 있다.

이 과정을 명료화하기 위해 하나의 예를 들어보겠다. 최근에 나는 다소 높은 수준의 경계선 인격이나 원시적 히스테리 인격을 나타내는 여성 환자의 치료를 맡고 있는 수련의를 지도한 적이 있다. 환자는 치료 초기에 한동안 자신이 받은 고통에 대해 이야기를 했다. 그녀는 자신이 다양한 삶의 상황에서 주위의 모든 사람들에게 이용당했으며, 성난 운명이 던지는 돌팔매와 화살에 의해 희생된 불쌍한 사람이라고 묘사했다. 치료자는 환자의 이야기를 듣고 가슴 아파하고, 연민을 느끼면서, 감정도 없고 돌봐 주지도 않으며 착취적인 주변 사람들에게 이용당한 그녀를 불행한 피해자로 보았고, "오, 저런, 정말 안됐군요" 또는 "그런 끔찍한 일이 있을 수 있다니!"라고 반응함으로써 환자에게 연민의 감정을 주입하였다. 그렇게 하면서 치료자는 자신을 이해심 있고 공감적인 사람이라고 생각했다. 그러나 환자와 대화를 나눌 때 치료자의 음조는 마치 동정심을 갖고 자비를 베풀거나 유아를 다루는 것 같은 특색을 띠고 있었다. 여기에서 치료자가 잃어버린 것은 진정한 이해와 공감이었다. 치료자가 그런 요소들을 가지고 있었더라면, 그는 치료에서 동정심으로 은혜를 베푸는 것 같은 태도를 보여 줌으로써 환자의 피해자 위치를 강화하지는 않았을 것이고, 결과적으로 더욱 생산적이고 효과적으로 환자의 치료를 이끌었을 것이다.

보다 낮은 수준의 전이/역전이

보다 높은 수준의 경계선 인격을 다룰 경우, 전이-역전이 상호작용은 다소 미묘한 상태로 나타나지만, 좀 더 낮은 수준의 경계선 인격을 다룰 경우에는 그것이 훨씬 더 명시적이고, 강한 정서와 함께 나타나는 경향이 있다(Meissner, 1982~1983a). 환자가 공격자 내사물에 의해 지배되는 동안 치료자는 좌절하고, 분노하며, 무력하다고 느낄 것이고, 반대로 환자가 피해자 내사물에 의해 지배되는 동안 치료자는 개입하고, 환자의 삶을 통제하고, 한계를 설정하는 쪽으로 성급하게 이동하며, 환자가 책임져야 할 영역까지도 자신이 떠맡아야 한다고 느낄 것이다. 다시 말해서, 치료자는 환자의 피해자됨의 느낌에 대한 반응으로 공격자의 위치를 받아들이게 된다.

이와 유사한 과정이 자기애적 구성물을 둘러싸고 형성되며, 따라서 치료자는 때때로 자신이 특별한 치료적 기법이나 자원을 가지고 있다고 생각하거나, 혹은 자신이 이 특별한 환자를 효과적으로 다룰 수 있는 유일한 사람이라는 식의 전능한 태도를 취할 것이다. 반대로, 환자의 저항에 부딪히거나 치료적 진전이 없을 경우, 그는 자기 자신을 부적절하고 무가치하며 열등한 존재라고 느낄 것이다. 더욱 원시적인 수준에 있는 환자의 치료 과정에서, 이러한 역전이 경험은 강렬한 정서로 채워지는 특성을 갖는다. 그 안에서 치료자는 치료 관계에서 발생하는 것에 강한 정서로 반응하는 자신을 발견한다. 그런 강한 정서는 치료자가 전이/역전이 상호작용에 사로잡혀 있으며, 이 상황을 바로잡기 위해 조치를 취할 필요가 있다는 강력한 신호이다.

따라서 경계선 환자와의 치료 작업은 치료 관계 안에서 강렬하고 끊임없이 일어나는 역전이 변천 양상에 깊은 관심을 가져야 한다. 치료자는 환자의 전이 역동에 의해 계속해서 발생하는 치료적 함정을 피하기 위해 자신의 역전이 반응을 계속해서 감시하고 조절해야 한다.

이러한 상호작용은 환자의 내사물의 병리적이며 병인적인 측면을 표현하며, 치료 연대를 침해하고 치료 작업을 좌절시키는 데 상당한 영향을 끼친다.

늑대 인간 사례에서의 역전이

늑대 인간의 분석에서 역전이가 어떤 작용을 했는지를 고려하는 것은 의미있는 일이다. 프로이트는 1919년에 치료비를 받지 않고 늑대 인간의 2차 분석을 했으며, 뿐만 아니라 그를 지원하기 위해 돈을 주기 시작했다. 또한 1914년 1차 분석이 끝났을 때, 프로이트는 늑대 인간으로부터 이집트 여인의 상을 선물로 받았다. 이런 프로이트의 행동은 그와 같은 선물이 분석가에 대한 환자의 감사와 의존의 감정을 감소시킨다는 견해에서 유래한 것이었다.

프로이트가 늑대 인간에게 특별한 관심을 가지고 있었고, 그 사례에 대해 각별한 애정을 가지고 있었다는 점은 의심의 여지가 없다. 오페크란츠와 토빈(Offekrantz and Tobin, 1973)은 프로이트의 연구 대상으로서 늑대 인간이 갖는 특별한 위치가 효과적인 치료 연대를 확립하고 유지하는 데 문제를 야기했을 것이라고 주장한다. 프로이트는 그 사례에 대한 자신의 관심이 융과 아들러의 공격에 대응해야 하는 압력을 받고 있었던 사실과 관련성이 있다는 점을 주목하였다. 그는 그 사례가 유아적 성을 부인하는 모든 견해를 논박할 수 있는 중요한 자료가 된다고 느꼈다. 그 외에도 프로이트가 이 사례에 특별한 관심을 가졌던 이유는 그것이 치료의 초기 과정부터 꿈에 초점이 맞추어져 있었기 때문이었다.

칸저(Kanzer, 1972)는 그의 뛰어난 논평에서, 몇몇 중요한 통찰을 첨가한다. 그는 프로이트가 1912년에 이미 초기의 성적 경험이 영향을 미치는 것으로 보이는 꿈을 보고함으로써 그의 동료들의 관심을 끌었다는 사실을 주목한다. 또 그는 늑대 인간의 사례가 원색 장면이나 일차적 환상 가설에 대한 결정적인 준거점으로서 정신분석 역사에서 핵심적인 위치를 차지한다고 지적한다. 뿐만 아니라 칸저는 늑대 인간의 분석 전체가 늑대 인간의 결혼을, 즉 그의 누이의 대체물인 테레사와의 결혼을 프로이트가 묵인해줌으로써 발생한 삼각 관계에 의해 영향을 받았다고 주장한다. 그의 결혼은 그의 누이와의 관계에 대한 실연이라는 것이다. 칸저는 더 나아가, 늑대 인간에 대한 프로이트의 특별한 관심은 프로이트 자신이 원색 장면의 잔여물을 극복하고, 특히 아버지에 대한 공격성을 억압해야 할 필요성 때문에 촉진되었을 것이라고 추측한다. 늑대 인간은 프로이트 자신의 분석되지 않은 정신의 영역을 나타낸다는 점에서 프로이트의 대리 역할을 했다는 것이다. 프로이트는 그를 통해서 자신의 분석되지 않은 정신의 영역을 분석하고자 했다. 뿐만 아니라, 프로이트가 늑대 인간의 부정적인 전이 요소들의 분석 과제에 직면해서 뒤로 물러났다는 사실은 이런 맥락에서 주목해 볼 만한 가치가 있다.

이와 같은 요소들로 인해 늑대 인간은 해결되지 않은 전이 요소를 그대로 남겨둔 채 프로이트와의 첫 번째 분석을 마쳤다. 그가 1919년에 프로이트에게 다시 왔을 때, 그의 겉모습은 건강해 보였고 정서적으로 비교적 안정되어 보였다. 그럼에도 불구하고, 프로이트는 그에게 분석되지 않은 영역이 남아 있음을 인식했고, 빠른 시일 안에 그것을 분석할 것을 권유했다. 이후에 프로이트는 이것을 해결되지 않은 전이 문제라고 명명했다(1918). 프로이트가 브런스윅에게 그의 분석을 의뢰한 것과 관련된 후기의 발병도 역시 해결되지 않은 전이 요소와 관련된 것이었다. 프로이트는 다음과 같이 말했다(1937):

이 공격성 가운데 얼마는 해소되지 않은 전이 요소와 여전히 관련되어 있다: 그리고 그런 경우에, 비록 오래 가지는 않았지만,

그것은 분명히 편집증적인 특성을 나타냈다. 그러나 다른 공격성에서 드러난 병인적 자료는 환자의 아동기 경험의 조각들로 이루어졌는데, 이는 내가 그를 분석하는 동안에는 드러나지 않았고, 지금은 수술 후의 봉합선이나 죽은 뼈의 작은 조각들처럼 닳아 버렸기 때문에 그것을 다른 어떤 것과 비교하는 것이 불가능하다. 나는 이 환자의 회복 과정이 그의 병력에 못지 않게 흥미롭다는 사실을 발견했다(p. 218).

2차 분석

편집증

늦대 인간의 해결되지 않은 전이 구성 요소가 브런스윅과의 분석에서 드러났다. 브런스윅은 자신이 늦대 인간의 분석에 대해 프로이트와 계속해서 논의했을 것이라는 환상을 늦대 인간이 가지고 있었다고 말한다; 브런스윅이 의뢰를 받은 후에는 그에 대해 프로이트와 이야기하지 않았다고 말했을 때, 그는 프로이트가 자신의 분석에 대해 그처럼 관심을 보이지 않았다는 것을 믿을 수 없어 하면서 놀라고 분노했다. 블럼(Blum, 1974)이 주목하듯이, 늦대 인간의 편집증은 프로이트에 대한 초기 전이에서는 나타나지 않았고, 프로이트의 건강 악화로 인해 치료가 종료되었을 때 나타난 퇴행적 붕괴에서 표현되었다. 프로이트는 이것이 늦대 인간이 가진 경계선 병리의 본질, 그리고 치료를 종결하지 못하는 경계선 환자들의 전형적인 무능력을 암시한다고 주장했다. 이런 환자들은 자아 통합을 유지하기 위해 치료자와 계속 접촉하려고 하며, 치료자로부터 지지 받기를 원한다는 것이다. 따라서 늦대 인간의 자기애적 전이에서, 프로이트는 이상화된 부모상을 대신했을 수 있다(Gedo and Goldberg, 1973). 그와 같은 대상 상실의 위협은 심각한 자기애적 붕괴와 불균형을 불러왔다. 프로이트를 이상화하려는 늑대 인간의 계속된 시도들, 프로이트에 대한 자신의 부정적인 전이 감정을 인정하지 못하고 해소하지 못한 그의 무능력, 정신분석의 역사 안에서 차지하는 그의 특별한 위치는 그의 자기애적 통합과 자존감 및 자기 응집감을 유지하는 데 중요한 역할을 담당했다.

분석적 어려움

늑대 인간은 1926년 10월부터 1927년 2월까지 브런스윅에게 분석을 받았다. 프로이트는 늑대 인간이 재분석 비용을 지불하지 않겠다고 제시한 조건을 받아들였고, 그를 브런스윅에게 의뢰했다. 따라서 그의 사례는 특별하고 예외적인 것이 되었고, 그를 특별한 관심과 투자의 대상으로 만들었던 것과 동일한 요소가 새 분석가와의 경험에서도 계속 유지되었다.

그는 상당한 저항을 가지고 분석에 임했다. 브런스윅(1928)은 다음과 같이 관찰하였다:

그의 분석 태도는 위선적이었다. 그는 자신의 코나 피부과 치료에 대해서는 말하기를 거부했다. 프로이트에 대한 어떤 언급에 대해서도 헤프고 어설픈 웃음으로 넘겨 버렸다. 그는 과학적인 분석의 탁월함에 대해서, 자신이 즉시 판단할 수 있다고 공언한 나의 분석 기법의 정확성에 대해서, 프로이트가 자신을 내게 의뢰했기 때문에 느끼는 그의 안전감, 치료비를 받지 않고 치료하는 나의 친절함, 다른 친척 등에 관해 길게 이야기했다. 마침내 코에 대한 주제를 다루게 되었을 때, 나는 코에 관한 그의 생각이 얼마나 확고한 것인지를 알게 되었다(p. 280).

브런스윅은 늑대 인간의 꿈에 그녀 자신이 집시 여인으로 나왔고, 집시들은 본래 거짓말쟁이라는 이유로 아무도 그녀의 말에 귀 기울이지 않고 있는 모습에서 늑대 인간의 적대감이 처음으로 드러나고 있다는 것을 주목했다. 그리고 이후에는 프로이트와 그녀 자신을 모두 살해하려는 소원을 드러내는 순수한 편집증적 표현에서 그의 적대감이 드러나고 있음을 주목했다.

우리는 이러한 표현에서 늑대 인간의 견고하게 방어된 전투적 자기애를 분명히 읽을 수 있다. 우리는 이미 그의 이상화된 대상이 상실되는 위협에 직면해서 늑대 인간이 심한 자기애적 스트레스를 받았다는 사실을 알고 있다(Gedo and Goldberg, 1973). 프로이트가 자신을 브런스윅에게 추천한 것을 프로이트로에게서 거부당한 것, 이상화된 대상을 상실한 것, 어설픈 대리자에게 맡겨진 것—마치 그가 부모의 손에서 아이로서 겪은 유기와 같은—등으로 간주한 것은 당연한 것이었다. 그는 자신의 자기애적 격노를 표현하지 못했고, 그 상실과 버림받음에 의해 야기된 그의 취약성에 대한 위협을 견딜 수 없었기 때문에, 브런스윅을 또 다른 프로이트로 만듦으로써 그 상실을 만회하려고 했다. 그러나 우리는 여자의 손에 버려지고 떠맡겨지는 것이 그에게 무엇을 의미했는가에 대해서 아는 바가 전혀 없다. 브런스윅은 누구를 나타내는가?—환자의 어머니? 누이? 유모? 가학적인 보모? 아니면 그들 모두?

브런스윅은 그에게 프로이트와의 현실적인 관계를 직면시킴으로써 그의 환상을 깨고, 자기애적 방어와 과대적 환상을 공격하는 경로를 택했다. 이 전술은 극적인 효과를 나타냈다. 이 공격 후에 꿈들이 출현했다. 첫 번째 꿈에서는, 바지와 긴 부츠 차림으로 신나게 썰매를 모는 한 여성이 등장했고, 다음 꿈에서는, 자신을 분석하는 X교수의 집 앞에 그가 있고, 신문을 파는 늙은 집시 여인이 제멋대로 혼자 지껄이고 있다. 브런스윅은 그가 다른 분석가를 받아들인 것을 후회하고 있고, 프로이트에게 돌아가고 싶어 한다고 그 꿈을 해석했다.

이것은 그를 좀 더 직면으로 인도했는데, 그 직면에서 그는 그녀가 자신의 사례에 대해 프로이트와 계속 이야기를 나누지 않는 것에 대해 실망했다고 했다. 뒤이은 꿈에서, 그는 자신의 어머니가 벽에서 성화를 떼어 마루에 내동댕이치는 꿈을 꾸었다. 브런스윅은 이것을 환자의 종교적 신념, 특히 그의 그리스도 환상을 파괴하는 역할을 맡은 어머니의 측면에서 해석했다. 이 꿈에 이어 그는 다음 날 다시 꿈을 꾸었는데, 그것은 그가 온화하고 사랑스러운 풍경을 바라보고 있는 처음의 늑대 꿈이 반복된 것이었다. 무서운 늑대가 앉아 있던 나뭇가지는 이제 비어 있었고, 그 모습은 아름다웠다. 오페크란츠와 토빈(1973)은 이 자료의 의미에 대해, 분석가-어머니가 그림을 파괴한 꿈을 꾼 다음에 그의 꿈에서 늑대들이 사라졌다는 점에서, 브런스윅은 그녀 자신이 프로이트의 확장이나 대리인이 아니라, 그녀 자신이 충분히 고유하고 강력한 존재로서 해결되지 않은 늑대 인간의 전이를 제거할 수 있다는 마술적 신념을 암시하는 것이라고 재해석한다. 이제 그녀는 자기애적 전이를 위한 새로운 대상이 된 것이다.

자기애적 전이

그러나 이러한 전이의 특성은 그와 프로이트 사이에서 일어났던 전이와는 질적으로 다른 것이다. 프로이트는 이상화하는 자기애적 전이 안에서 이상화된 대상으로 기능했다. 게다가, 늑대 인간의 거울에 대한 몰두는 마술적인 거울로서의 자기 대상에게 연결되는 퇴행을 나타냈고, 이것은 브런스윅에 대한 자기애적 거울 전이의 발달을 위한 무대가 되었다(Blum, 1974). 이런 점에서, 이 몇 달 동안의 재분석 과정에서 그는 빠르게 회복되어 자기애적 전능성의 환상과 자기애적 대상관계를 형성했으며, 그의 빠른 회복은 자기애적 전이 치료에로의 퇴행이 이루어졌음을 보여준다. 우리는 늑대 인간의 편집증적 퇴행에서 여성과의 강력한 정신증적 동일시가 출현하고 있음을 이미 주목한 바 있다. 병리적 동일시와 자기애적 전이 모두에서, 그는 모성적 대상과 거의 융합된 상태에 있었다. 이때 거울은 모성적 대상에 의한 이러한 재함입과 자기 대상 경계의 혼란으로부터 자신을 보호하는 데 사용된 것으로 보인다. 전치된 거세 불안은 해체와 삼켜짐 같은 근저의 불안을 막아주는 보호막으로 기능했다.

평가

이러한 이론적 관점에서 바라볼 때, 늑대 인간의 치료에서 프로이트는 우리가 지금 자기애적 전이라고 알고 있는 것과 씨름했다는 사실이 명백해진다. 돌이켜보면, 늑대 인간의 무기력한 냉담함과 양가적으로 동조하는 겉모습은 프로이트와의 사이에 약간의 거리를 유지시켜 주었고, 분석 과정은 그의 유아적 과대주의를 강화시켰다는 사실을 알 수 있다. 이러한 방어의 견고성, 그것을 다루려는 프로이트의 시도에 대한 저항의 완고성, 그리고 자기애적 방어에 직면한 프로이트의 좌절감과 무기력감이 임상 자료에서 상당히 분명하게 드러난다.

프로이트는 마침내 치료 종료일을 임의로 정하는 극단적인 조치를 취하는 절박한 지점에 이르렀다. 이러한 조치에 대한 늑대 인간의 반응은 어떤 의미에서는 놀랍다. 왜냐하면 외견상 굴복하지 않고 거리를 두는 그의 방어가 이와 같은 두드러진 치료적 전환에서 무너지고 사라지는 것으로 보였기 때문이다. 프로이트는 이것을 유아 신경증의 치료에 있어서 많은 기억 내용을 회복하는 치료적 전환 현상으로 보았다. 그러나 돌이켜 보면, 이와 같은 프로이트의 기법적인 개입은 늑대 인간의 자기애적 평형을 유지하는 데 필수적인 이상화된 대상의 상실로 그에게 다가왔을 가능성이 있다. 이에 대한 반응에서, 늑대 인간은 방어의 제 2선으로, 즉 분석에서 프로이트를 만족시키기 위해 많은 거짓 이야기를 만들어내는 순종적인 거짓 자기에로 일단 물러났으나, 내사적 과대주의의 영역은 이것에 영향받지 않은 채로 남아 있었다. 늑대 인간은 프로이트에게 그가 찾는 것을 주었고, 그에 대한 응답으로 프로이트로부터 호의적인 찬사와 인정을 받았다. 심지어 엄격하게 방어적인 외면 배후에서 그의 한 부분은 계속적으로 프로이트를 갈망했는데, 그것은 그가 프로이트에게서 인정받는 것이 필요했기 때문이었다. 따라서 이러한 거짓 자기를 통한 조치는 몇 가지 결정적인 딜레마들을 해결했고, 분석 카우치의 양끝에서 두 사람 모두는 각자의 자기애를 만족시킬 수 있었다.

치료 연대의 실패

프로이트는 늑대 인간과 효과적인 치료 연대를 성공적으로 확립하지 못했던 것으로 보인다. 그 치료 연대는 처음 시작부터 자기애적 특성을 지닌 연대였다. 겉으로 표현되지는 않았지만, 늑대 인간의 마음에서 무의식적으로 유지되고 작용하고 있던 가정은, 그가 천재 분석가인 프로이트에게서 분석을 받은 것은 자신이 특별한 운명을 지닌 아이임을 입증해주는 것이는 믿음과, 이것이 그의 허약한 자기애적 평형을 재구성하고 회복하며 과대적 자기의 토대를 보존해줄 수 있다는 믿음이었다. 그러한 자기애적 불균형은 이상화 대상을 필요로 하는 늑대 인간의 내재적 욕구를 프로이트가 만족시켜줌으로써 효과적으로 처리되었다. 프로이트는 환자에게 접근하는 자신의 태도에서, 자신이 늑대 인간이 그의 정부(情婦)를 방문해야 할지 말지를 결정하는 힘을 가지고 있다고 가정함으로써, 이상화된 강력한 대상의 역할을 스스로 받아들였다(Gedo and Goldberg, 1973). 과대적 자기의 내적 통합을 유지하려는 늑대 인간의 자기애적 욕구는 그가 프로이트의 특별하고 유명한 환자가 됨으로써 응답되었다. 따라서 치료 연대를 위한 발판을 얻으려는 분석가의 어떠한 시도도 원시적이고 원초적인 늑대 인간의 자기애적 전이의 압도적인 측면과 세력에 의해 좌절되었다.

이런 사례를 성공적으로 다룰 수 있을지는 치료 연대에 대한 환자의 역량에 달려 있다. 자기애적 연대로부터 좀 더 효과적인 치료 연대로 전환될 수 있다면, 환자의 분석 치료는 희망적이다. 이 중요한 차이가 분석 가능한 자기애적 인격 장애와 분석 과정에 의해 접촉될 수 없는, 좀 더 원시적이고 고태적인 자기애적 구성물 사이를 구별짓는다. 다른 말로 하면, 코헛(1971)이 서술한 이상화 및 거울 전이 형태는 자기 응집성과 심리 구조의 자율성이 치료 연대의 확립과 유지를 충분히 허용할 수 있는 한에서 분석이 가능하다. 자기애적 전이와 수정이 불가능한 자기애적 치료 연대의 결합은 효과적인 분석의 가능성을 무효화시킨다.

제 5 장

자기애적 장애와 편집증적 과정

하트만(Hartmann, 1950)은 자기애를 자기에 대한 리비도적 투자로 이해했는데, 나는 자기애에 대한 이러한 하트만의 정의를 작업 가설로서 사용하고자 한다. 자기애에 대한 이러한 하트만의 정의는 종종 자기의 조직이나 기능에 관련된 것이면 무엇이나 자기애적인 것으로 간주하는 경향―코헛(1971, 1977: Meissner, 1981c)의 작업에서 볼 수 있듯이―으로 왜곡되었다. 물론, 자기의 조직에 관련된 것은 무엇이든지 자기애적 투자의 대상이 될 수 있다. 조페와 샌들러(Joffe and Sandler, 1967)는 정서적 가치가 대상 및 자기 표상에 지속적으로 부착되는 리비도 집중이 자기애적 장애의 한 요소라는 사실을 관찰함으로써, 자기애에 관한 개념적 분류를 제공했다. 자기 표상은 지속적으로 사랑 혹은 증오와 같은 정서적 가치가 부여되는 대상이 될 수 있다. 대상이 그렇듯이, 자기는 개인의 삶의 경험이 차츰 확장되어감에 따라 양가적으로 사랑 받거나 증오를 경험할 수 있다. 나는 여기에서 하트만, 제이콥슨(Jacobson), 샌들러 등의 입장을 따르는 일반적인 정신분석적 사용과는 달리, 자기애를 단지 자기 표상에 대한 리비도 집중이라는 측면에서만 고려하는 견해를 수용하지 않는다. 여기에서 자기는 구조적 측면에서 제안되고 고려되는데, 그것은 특히 구조적 요소가 표상적 이해를 보완하고 완성하는 데 중요한 역할을 하기 때문이다. 달리 말하면, 자기 표상은 그 자체로 홀로 설 수 없으며, 주체의 영역 안에서 그것에 앞서는 무엇인가에 대한 표상일 수밖에 없다는 것이다. 따라서 이어지는 논의에서 자기애적 내사물에 대해 이야기할 때, 이것은 단지 표상적 현상만을 지칭하지 않고 주체의 내면 세계 안에 형성된 자기의 구조적 측면을 포함한다는 사실을 기억할 필요가 있다.

먼저 자기애적 병리에 대해 논의한 다음에, 몇 가지 진단적 문제를 다루고, 치료 과정에 대해 언급함으로서 이 논의를 맺을 것이다.

병리적 자기애

병리

병리적 자기애는 다중적인 증상으로 드러난다. 그것은 보호받는 아이로 남으려는 유아적이며 신경증적인 소망을 포함한다; 병리적 자기애의 소망 속에는 자신은 타인들과는 달리 대가를 치르지 않고서도 사랑을 받고 관심을 받을 수 있는 특별하고 특혜 받은 사람이라는 숨은 확신; 자신은 아무도 대적할 수 없는 강력한 힘을 가진 신과 같은 인물이라는 과대 망상; 누군가가 자신을 끊임없이 감시하고 있고 수많은 사람들이 자신에게 피해를 입히려고 음모를 꾸미고 있다는 망상과, 그런 세상과 싸우고자 하는 전투적이고 적대적인 투쟁심; 마지막으로, 자신이 항상 기대해 왔고 계속 기대하고 있는 것을 주지 않는 부모에 대한 분노 등이 포함되어 있다.

이 모든 경우에서 병리적 자기애는 하부 층을 갖고 있다. 자기애적 병리의 핵심은 잘 은폐되기도 하고 보호되기도 하는데, 그것은 방어 층의 중심에 놓여 있고, 그것을 보호하기 위해 다른 모든 구조들이 세워져 있다. 자기애를 둘러싼 방어 층을 꿰뚫는 데에는 오랜 기간의 집중적인 치료적 노력이 필요하다. 이 자기애적 병리의 핵심은 인생이 결코 과거 또는 현재와 같아서는 안 되고, 세상이 자신에 대해 더 많은 관심을 가져야 하며, 더 친절하게 대해야 하고, 자신이 박탈당한 것에 대해 부모와 가족이 책임을 져야 한다는 기본적 확신에서 표현된다. 이런 환자는 끊임없는 그리고 타협을 모르는 폭군적인 자기애에 의한 희생자이다. 그의 자기애는 외상을 입고, 짓밟히고, 박탈된, 불명예스러운 자기애이다. 자기애적 병리는 이러한 상실감과 박탈감을 회복하고 그것에서 벗어나려고 하는 시도이다.

자존감

자기애가 그러한 병리적 표현에만 국한되어 있다고 생각할 필요는 없다. 자기애는 인간의 근본적인 관심사로서, 요람에서 무덤에 이르기까지 한 인간의 생애 전체에 걸쳐 표현되는 것이다. 생이 시작되는 순간부터 숨을 거두는 마지막 순간까지 인간은 매우 취약하고 깨지기 쉬운 채로 남아 있는 자존감을 보존하려는 욕구에 사로잡히기 쉽다. 인생에서 우리의 지위를 위협하거나 우리가 성취하고 획득한 것에 대해 회의를 느끼게 만들며, 우리가 얻고 싶어 하는 것을 가로막고 방해하는 것이 있다면, 그것은 모두 우리의 자기애에 대한 직접적인 공격에 해당될 것이다. 그것으로 인해 우리는 자존감을 의심하게 되고, 취약해지며, 패배감과 굴욕감을 갖게 된다. 우리는 자기감을 위협으로부터 지키고 자기애에 대한 공격에 수반되는 저하된 자존감을 어떤 방법으로든지 보존할 길을 찾기 위해 노력하지 않을 수 없다(Rochlin, 1973).

태어나면서부터 아동은 자기감을 확립하고 유지하기 위해 중요한 타자와의 관계에 의존한다. 아동은 타자가 자신에게 헌신하고 있다는 것을 느끼고 인식하게 될 때, 자신을 타자에게 전적으로 맡길 수 있게 되는데, 이때 아동은 존재론적 안전감을 획득하게 된다. 우리는 이러한 생애 초기의 관계 경험이, 그 이후의 삶의 역사가 어떠하든지 간에, 인간 존재의 주요 뿌리가 된다고 믿는다. 로클린은 이 점에 대해 다음과 같이 말한다:

> 자기애를 잃는다는 것은 영구불변한 관계에 대한 요구를 포기하는 것이며, 모든 사물이 헛되고, 따라서 우리 자신이 덧없는 존재임을 인정하는 것을 의미한다. 그것은 우리가 지닌 취약성에 대한 부인으로 인도하고, 우리가 가진 종교적 신념을 포기하게 만들며, 현실을 변화시키려고 하는 우리의 기대를 버리게 하며, 결과적으로 성취에 대한 소망을 버리게 인도한다(p. 3).

자기애는 그 어떠한 포기에도 맞서는 힘을 갖고 있다. 자기애는 우리가 가치를 두는 사물이나 대상으로부터의 어떠한 분리도 쉽게 받아들이지 않는다. 내사 과정은 아동이 자신의 대상에게 방어적으로 매달리는 하나의 방식이다. 사랑 받는 대상의 상실은 자존감을 위험에 처하게 만드는 자기애의 박탈을 가져온다. 인격장애를 가진 환자는 대상 사랑의 상실, 혹은 거세불안과 관련된 상징적 상실의 공포에 매우 민감하다. 자기애적 장애에서는 대상 상실의 공포가 모든 공포 가운데 으뜸을 차지한다(Kohut, 1971). 대상에게 자기애적 리비도를 투자함으로써 그는 그 대상의 상실에 민감하게 된다. 그 결과, 개인은 그 대상의 존재, 인정, 그 대상에게서 주어지는 다른 자기애적 만족에 의존하는 삶을 살게 된다. 즉 그는 자기 응집감과 자기 존중감이 파괴되는 자기애적 불균형을 갖게 된다. 자존감의 감소는 자기애적 상처의 주요한 결과이며 지표이다.

발달

코헛(1971)의 틀에 따르면, 모성적 돌봄의 불가피한 결함으로 인해 발생하는 본래적 자기애적 평형 상태의 파괴는 그러한 상태를 과대적이고 과시적인 자기 이미지(과대적 자기)로 대체하거나, 자기애적 완전함의 요소를 전능한 대상, 즉 이상화된 부모 원상(imago)에게 돌리는 현상을 초래한다. 이러한 두 가지 상반되는 자기애적 양태는 자기애적 완전함의 일부를 보존하는 데 사용된다. 최적의 상황에서, 자기의 과시주의와 과대주의가 점차 좀 더 성숙한 성격 구조로 통합되고, 따라서 그것은 출현하는 건강한 자존감을 위한 기초가 된다. 동시에 이상화된 부모상은 내사에 의해 자아 이상 혹은 초자아의 이상화된 측면으로서 통합된다. 그러나 자기애적 실망의 압력이 있을 때, 원시적인 자기애적 자기는 과대주의를 보유한 채로 남게 되고, 이상화된 부모상은 자기애적 항상성을 유지하는 데 꼭 필요한 요소로 통합되지 못한 채 정신적인 내사물로 남게 된다. 비교적 안정된 자기애의 양태는 고도의 자기애적 리비도의 투여 대상이 될 수 있으며, 따라서 특정한 대상을 향한 어느 정도의 애착 형성에 기여할 수 있다. 그러한 안정된 양태의 애착이 분석가에게 부착될 때, 그것은 자기애적 전이를 위한 기초가 된다.

아동이 겪는 실망감 가운데 가장 심각한 것 중의 하나는 오이디푸스 시기의 종결과 함께 발생한다. 아동의 기대들이 무너지고 오이디푸스적 소망들이 실패하는 경험은 이후의 상실과 실망의 모델이 된다. 이후의 삶에서 상실에 따른 우울은 오이디푸스적 야망이 좌절되는 실패로 인한 상실감으로의 무의식적인 후퇴를 반영한다. 로클린(1973)이 지적하듯이, 그러한 갈망이나 소망을 성취하지 못했을 때 이 소망이 영원히 포기되거나 폐된다고 가정할만한 아무런 근거가 없다. 오이디푸스적 상황에서 겪은 실망감은 심각한 자존감 상실의 원인이 된다.

이러한 조건은 상실한 자기애의 회복을 위한 자극제가 된다. 아동은 잠재기 동안에 신화와 동화 속의 영웅을 힘과 고매한 가치감을 회복하는 수단으로 사용한다. 유사하게, 아동이 정신적 및 신체적 차원에서 자신을 엄격하게 통제하고 학습에 열중하는 것은 그의 에너지를 자신의 자기애적 상처를 회복하는 데 사용하고 있는 것이다.

모든 인간이 직면해야 하는 자기애적 공격 중에 결코 가장 작지 않은 것이 죽음의 위협이다. 죽음의 사실을 받아들이는 것과, 그것을 거부하고 극복하려는 투쟁은 전체 생애 동안에 걸쳐 지속된다. 우리가 직면해야만 하는 피할 수 없는 죽음의 문제는 우리에게 무력감과 궁극적인 취약감을 가져다 준다. 원시인은 마술에 의존했다; 현대인은 종교적 신념에 의존하는데, 이런 현상은 이러한 근본적인 자기애적 공격을 극복하려는 회복의 시도가 가장 깊은 종교적 동기로 작용할 수 있음을 보여준다. 인간은 또한 현실적이지 못한 더욱 병리적인 형태, 특히 전능과 천하무적의 환상에 의지할 수도 있다.

일차적 자기애

프로이트는 일차적 자기애의 상태가 존재한다고 가정했으며, 이 상태는 발달 과정에서 유아가 주변의 중요한 대상들을 알게 되고 그들과 애착을 형성함에 따라 점차적으로 수정된다고 보았다. 이러한 의존적이고 유아적인 애착은 결코 만족을 보장하지 못하며, 인간의 한계에 의해 항상 좌절 경험으로 변한다. 유아적 요구가 충족되지 못할 때, 아이는 원래의 자기애와 그것이 수반하는 자기 중심성에 더욱 매달릴 것이다. 심각한 실패에서 비롯된 상실감이나 실망감은 개인의 자기감에 상처를 주는 요소로 작용한다. 그러한 자기애적 결함은 유아로 하여금 일차적 자기 중심성으로 되돌아가게 하는 요소로 작용한다. 그러한 박탈 경험은 자기애적 상처를 가져오며, 아동기 초기에, 즉 자존감이 형성되는 예민한 시기 동안에 발생하는 박탈은 자존감의 상실로서 경험된다. 로클린 (1973)은 다음과 같이 말한다:

역설적으로, 응석받이 아이는 박탈 경험을 잘 참아내지 못하며, 자상한 돌봄을 덜 받은 아이보다 박탈의 영향을 훨씬 더 심각하게 받는다. 자기애가 무분별하게 만족될수록 스트레스를 감당해내는 능력이 떨어진다. 이는 초기 아동기의 자아 중심적 성격이 과도한 만족을 통해 연장됨으로써 아이가 타자에게 잘 적응하지 못하고 변화에 무의식적으로 저항하기 때문이다(p. 50).

모성적 돌봄의 결함에 의해 생겨난 일차적 자기애 상태의 붕괴와 그와 관련된 실망감과 박탈의 경험은 아동으로 하여금 과시적이고 과대적 자기를 확립하거나 이전의 완전함을 전능한 자기 대상, 즉 이상화된 부모상에게 옮겨 놓게 한다(Kohut, 1971). 유아기의 초기부터 생애 전체를 통해서 성취되지 못한 욕구와 소망은 박탈감으로부터 벗어나고자 반복적으로 시도한다. 게다가 박탈의 경험은 자존감의 저하와 밀접하게 연관되어 있다. 그때 아동은 무엇인가를 시도하게 되는데, 그것의 의미는 그가 이해할 수 있는 범위를 훨씬 넘어서는 것이다. 연약한 아동은 자신의 의지를 관철하기 위한 노력과 자신이 원하는 것을 얻지 못하는 데 따른 좌절감으로 인해 불만스럽고 위협적인 상태에 처하게 된다.

이것은 아동의 자존감 발달에 큰 타격이 된다. 타인에게 애착을 형성하고 그 타인에게 관심을 갖고 자기애적 리비도를 투자할 때에만, 아동의 일차적 자기애는 발달할 수 있다. 이 과정에서 실패하거나 장애물을 만나면, 자기애의 발달은 어려움을 겪는다. 좌절된 자기애는 자기 중심적인 유아적 요구를 포기하지 않고, 그런 욕구를 심화시키고 그것에 집착한다. 좌절감과 박탈의 경험이 깊을수록 그는 자신의 자기 애적 기대에 더 고집스럽게 집착한다.

아이가 차츰 현실을 인식하게 됨에 따라, 자기애는 불가피하게 현실의 영향을 받는다. 그는 현실과 무수히 부딪치면서 제한을 받아들이고 타인의 주장과 확신을 받아들이게 된다. 아동은 자신의 역량에는 한계가 있고, 자신은 유한한 존재이며, 자신의 선택과 결정은 불안과 불확실성으로 가득하다는 사실을 배우게 된다. 고통스러운 모든 학습 과정과 경험이 진행되는 동안 아동은 자신의 무력함과 약함의 감각을 계속해서 경험한다. 아동은 활동적이고 생생한 환상에서 나타나는 상상의 힘, 즉 마술적인 힘과 전능에 대한 믿음, 그리고 주변의 강력한 인물을 모방하고 통합하는 역량이 발달함에 따라 현실 세계와 그 한계를 초월한다. 어린아이가 공격자와 동일시하는 경향에 대해 아주 실감나게 서술한 안나프로이트는 이것을 잘 보여준다. 아동은 그러한 장치를 통해서 점차 수동성과 피해자됨의 상태로부터 심리적 성숙에 토대를 둔 활동과 투쟁으로 나아가게 된다.

자기애의 형태(Forms of Narcissism)

킨스톤(Kinston, 1980, 1982)은 "자기-자기애"와 "대상-자기애"를 유용하게 구분하였다. 자기-자기애는 통합되어 있고 긍정적인 가치감을 성취하는 자기 표상의 보존을 목적으로 한다. 우리는 그 정의를 자기 구조나 조직의 어떤 측면에도 확대 적용할 수 있다. 자기-자기애의 병리는 부정적으로 인식된 자기 이미지들, 그리고 그것과 관련된 자기애적 취약성으로 나타난다. 이와는 대조적으로, 대상-자기애는 대상관계의 방어적인 양식으로서, 이는 정서적으로 메마르고 의존적인 환자로 하여금 의미 있고 만족스러운 관계로부터 스스로 고립되게 만든다.

킨스톤(1982)이 제시한 이 개념은 대상으로부터의 분리됨을 부인하는 것과, 의존 대상을 파괴하는 것을 함축하며, 따라서 성격 형성에 필요한 대상과 어떤 애착도 형성하지 못하는 것을 포함한다. 그런 환자는 특징적으로 자기 충족적인 태도를 보이며, 다른 사람들에게 애착하거나 의존할 필요성을 전혀 느끼지 못하는 경향이 있다.

분석 상황에서, 대상-자기애는 환자의 자기와 분석가의 관계에 대한 혼동으로, 혹은 그러한 관계에 대한 무관심의 형태로 나타날 수 있다. 그것은 부정직한 형태로, 그리고 분석에서 환자의 역할에 과도한 가치를 부여하거나 거짓 자기의 가면을 채택하는 형태로 표현될 것이다. 이와는 대조적으로, 자기-자기애는 분석의 경험과 분석가의 사람됨이 환자의 행복에 매우 중요해지는 모습, 심지어는 그것을 필수적인 것으로 인식하는 모습으로 나타난다. 그런 환자는 일상적인 분석 과정에서 일어나는 작은 변화에도, 또는 분석가가 공감해주고 이해해주는 데 있어서 일시적이고 아주 작은 실패에도 극도로 취약한 상태에 빠지게 된다. 그런 환자들은 규칙성을 요구하며 분석가가 자상하게 자신을 대해 주고 존중해주며, 심지어 존경의 태도를 보여주기를 원한다.

이러한 병리적 자기애는 자기-자기애가 자기를 거절할 경우, 대상-자기애가 타인을 거절할 경우, 타인에 의해 거절당할 경우, 그리고 아동기에 거절당할 경우에 주로 발생한다. 킨스톤(1982)은 거절의 구성 요소를 다음과 같이 제시한다: (1) 아동의 진정한 자기 주장에 대한 부모의 암묵적 혹은 명시적인 거절, (2) 내재화된 거절하는 부모의 태도, (3) 자기 안의 나쁘거나 불쾌한 것을 제거하려는 유아적 경향성에 기초를 둔 자기 거절의 일차적 형태, (4) 자신의 부적절성, 미성숙, 혹은 무능력에 대한 인식에 기초를 둔(즉 부모의 이상을 충족시키지 못하는 실패) 자기 거절의 이차적 형태, (5) 앞에서 열거된 모든 요소에 대한 방어의 활성화.

자기애를 이해하는 데 필요한 몇 가지 기본적인 요소가 있다. 자기애는 스스로를 지탱할 수 없으며, 계속적으로 새로운 욕구의 충족을 필요로 한다. 그것은 본질상 비타협적이며 무제한적이다. 그것은 내적인 안정성이 없으며, 만족할 줄 모르는 특성을 갖는다. 병리적 자기애는 어떤 연대도 허용하지 않으며, 오직 적만이 있을 뿐이다. 현실에 대한 경험을 통해서 아동은 그 현실이 없었더라면 자신은 박탈당하지 않았을 것이고 자기 자신이 소망하는 것을 가질 수 있었을 것이라고 확신한다. 그의 소망이 지닌 성질 자체가 그것의 실현을 미리 배제하며, 이것이 바로 그의 박탈 경험의 근본적 원인이 된다. 이런 점에서 우리는 자기애와 편집증적 과정 사이를 연결시켜주는 내적 고리가 있다는 것을 알게 된다. 여기에서 편집증적 과정은 자기애에 봉사하게 된다. 그것은 분리하고 나누고자 한다; 그것은 적을 발견하고 확립하려고 한다. 그것은 박탈당하고 위협받은 자기애가 유지되고 회복되는 과정이기도 하다. 우리는 편집증적 과정이 자기의 방어와 보존이라는 목표를 갖고 있다는 사실을 잊어서는 안 된다.

자기애의 병리로서의 우울증

자기애적 내사

우울증은 무엇보다도 병리적 자기애의 임상적 표현이다(Rochlin, 1961, 1965). 프로이트는 자신의 논문인 "애도와 우울증"(1917[1915])에서 우울적 상태의 본성에 대한 기본적인 통찰을 제공하였다. 프로이트는 이 병리의 기초가 자기애적 (내사적) 동일시를 통하여 양가적으로 인식된 대상이 내재화되는 데 있다고 공식화했다. 외부에서 내부로 리비도 집중이 이동하는 것과 함께, 공격적이고 파괴적인 에너지가 새로운 방향으로 나아가게 된다. 결과적으로, 양가적인 분노와 증오의 요소는 환자의 자기에게로 향한다. 이 글에서 프로이트는 공격 충동의 방향을 재조정하라고 강조했지만, 분명한 것은 이 병리의 주된 부분이 명백히 자기애적 리비도의 분배 및 그것의 파생물로 이루어진다는 것이다. 이후에 프로이트는 초자아의 개념을 형성하는 데 내사적 기제를 적용했다. 따라서 초자아 개념은 무의식적인 죄책감을 이해하는 기초가 되었고, 우울증 상태를 이해하는 데 필요한 수단이 되었다.

자존감의 감소

비브링(Edward Bibring, 1953)은 우울적 현상과 자기애적 역동 사이의 밀접한 관련성에 대해 설명했다. 그는 다양한 우울적 상태의 공통적인 문제는 자존감의 붕괴 또는 감소라고 지적한다. 우울적 상태에서, 환자는 우월한 힘에 직면해서 무기력하게 느끼거나 질병에 걸린다. 또는 그는 심리적으로 외로움, 고립감, 사랑과 애정의 결핍, 혹은 약함에 대한 다른 명백한 증거, 열등감이나 실패감 등을 느끼며, 이와 같은 자신의 운명은 피할 수도 없고 통제할 수도 없으며 그 방향을 바꿀 수도 없다고 느낀다. 그는 자신이 아무런 희망도 없고, 무력하고 무능한 존재라고 느낀다. 이러한 현상들에 근거해서, 비브링은 우울증을 "무엇이 자존감을 붕괴시켰는가와는 관계없이 무력하고 약한 자아 상태에 대한 정서적 표현"이라고 정의한다(p. 24).

역설적으로, 이런 환자는 무력감에 직면해서 자존감 유지에 필요한 일련의 요소들에 강하게 집착하는 경향이 있다. 우울증 환자는 자신이 힘이 있고 강하며 가치 있는 존재로 그리고 사랑스럽고, 인정받을만하며, 뛰어난 재능과 특별한 자질을 타고난 존재로 간주되기를 갈망한다. 그는 선하고 사랑스러운 존재이기를 바라며 증오스럽거나 파괴적인 존재가 아니기를 바란다. 우울증의 핵심에는 이러한 매우 강렬한 자기애적 열망과, 그것을 성취하지 못하는 자아의 무력함과 무능력에 대한 의식 사이에 심한 불일치가 자리잡고 있다. 여기에는 실패에 대한 공포가 늘 따라 다니며, 환자는 열등함이나 결함에 대한 공포가 느껴질 때마다 자신에게는 희망이 없다고 느낀다. 그는 자신이 압도적인 힘의 피해자가 되는 것을 자신의 운명이라고 느끼거나, 자신의 잠재적인 공격적 경향성을 발견할 때마다 스스로가 증오스럽고 사악하다고 느낀다.

자기애적 열망이 어떤 형태를 취하든지, 그 결과로 나타나는 우울증 기제는 공통된 경로를 따르는 것으로 보인다. 비브링(1953)은 이렇게 말한다. “우울증은 자아의 자존감이 부분적으로 붕괴되거나 전체적으로 붕괴될 때 나타나는 정서적 측면이다. 왜냐하면 자아는 그것의 야망(자아 이상, 초자아)을 강하게 갖고 있는 반면, 그 야망에 맞추어 살 수 없다고 느끼기 때문이다”(p. 26). 자아가 자기애적으로 투자된 대상에 대한 갈망을 유지하는 한, 그리고 대상을 획득하거나 상실감을 회복하지 못하는 무능력하고 부적절한 자아와 부딪치는 한, 우울증의 조건은 지속된다. 따라서 우울증은 무력하다는 느낌, 혹은 아무런 희망도 없다는 느낌을 갖는 것과 자존감의 감소가 일차적인 특징으로 나타나는 정서 상태로 간주될 수 있다.

무력함

비브링의 견해에서, 우울증의 기본적인 기제, 즉 성취할 수 없는 과도한 야망과 관련된 무력한 자아에 대한 인식은 그 우울적 반응이 정상적 수준, 신경증적 수준, 정신증적 수준 등, 어느 수준에서 발생하든 관계없이, 우울적 상태의 핵심을 나타낸다. 비브링은 우울증 경향이 초기 아동기에 고착된 무력함의 상태와 관련이 있으며, 이러한 원래적 상태가 이후의 자기애적 소망이 좌절되는 상황에서 퇴행적으로 재활성화될 때 발생한다고 본다.

자기애를 이해함에 있어서, 자기애가 우리에게 요구하는 것을 구강기적으로 고착된 유아적인 무력함이라는 병리적인 개념으로만 이해해서는 안 될 것이다. 사실, 자기애의 요구는 보편적인 것이며, 자기애의 만족을 위한 요구는 어느 누구도 피할 수 없는 것이다. 로클린(1973)은 최근에 관찰한 사실을 다음과 같이 말한다:

> 사랑 받는 아이, 전설 속의 영웅, 신에게 선택 받은 사람, 그 누구도 분노의 시련을 면할 수 없다. 이 모든 것은 자존감에 대한 위험의 정도에 달려 있다. 그것에 대한 방어는 최고의 명예를 가져올 수도 있고, 가장 끔찍한 폭력을 가져올 수도 있다. 자기애를 상실하는 것은 우리가 멸절할 수도 있는 위험한 문제이다 (p. 216).

과대적 자기

보통 자기애적인 어머니와의 병인적인 얽힘(enmeshment)과 그에 따른 외상적인 실망으로 인해 발생하는 자기애적인 고착은, 과시적이고 과대적인 환상을 고립시키고 거부하거나 억압하며, 따라서 그런 환상은 현실적이고 적응적으로 기능하는 자아에 접근할 수 없다. 과대적 자기가 지속될 때, 그것은 원시적이고 자기애적이며 과시주의적인 리비도의 흐름을 가로막으며, 이것은 건강 염려증적 불안을 심화시키고, 자기 의식을 강화시킴으로써 수치심과 당혹감이라는 증상으로 나타날 수 있다.

항구적인 과대적 자기는 심지어 그 자기가 억압되거나 거부될 때조차도 자존감을 붕괴시킬 수 있는 영향력을 갖는다. 이것은 비록 무의식적이고 거부된 것이지만, 자기애적 기대와 억압된 과대적 자기 안에 포함된 비현실적인 과대적 환상 및 충동이 연결되는 데서 오는 직접적인 결과이다. 그와 같은 연결이 발생하는 이유는 자아가 그런 환상과 충동을 현실적인 조절 활동에 사용하는 것이 불가능하기 때문이다.

라이히(Reich, 1960)는 자기애적 고착의 문제를 리비도 집중의 양적 불균형의 상태, 즉 대상 집중(object cathexis)과 자기 집중(self cathexis) 사이의 균형이 깨지는 것과 관련시킨다. 리비도가 과도한 자기 집중으로 기울거나, 자기 집중이 불완전한 자아 분화 및 자기 대상 분화의 수준에서 이루어짐으로써 유아적 형태의 자기애에 대한 고착이 발생한다는 것이다. 그러한 고착은 욕구를 만족시키기 위해, 혹은 어느 정도 현실을 지배하기 위해 마술적 장치에 의존하는 결과를 가져온다. 그러나 성장하는 자아는 그 자체의 약함 및 제한성과 항상 직면하며, 계속해서 이러한 제한성을 받아들이도록 촉구받는다. 따라서 지속적으로 비현실적인 것을 획득하려고 하는 유아적 소망은 내면 세계와 외부 세계의 모든 현실에 직면할 수 있는 능력이 결핍되어 있음을 나타낸다. 자존감에 대한 상처는 종종 자기애적인 자기 팽창과 과대주의를 통해서 보상된다. 그러나 이러한 보상 시도가 실패했을 때 심각한 징후가 나타날 수 있다.

따라서 우울증은 자기애적 고양, 특히 과대주의의 다른 쪽 측면이다. 밀러(Miller, 1979)는 과대주의와 우울증 사이의 연관성에 대해 명쾌하게 서술했다. 그녀는 과대적인 사람은 찬사를 절박하게 필요로 하는 사람이라고 묘사한다: 무엇이든지 그가 시작한 일은 훌륭하게 성취되어야만 하고, 그가 가지고 있는 특별한 자질은 찬사를 받아야 하며, 특히 그가 성공과 성취를 했을 때에는 더욱 그러하다. 그러나 그의 허약한 자기애에 대한 이러한 지지 중에서 하나라도 실패한다면, 그는 심각한 우울증에 빠진다. 그런 인격의 경우에 찬사 받기를 바라는 욕구는 만족될 수 없는 것이며 사람을 지치게 하는 것이다: 전적인 찬사를 요구하면서 다른 사람에게는 찬사를 보낼 수 없는 것이 그에게 내려진 저주요, 그의 비극적인 결함이며, 그가 자기애의 횡포에 시달리고 있다는 것을 나타내는 표시이다. 다른 사람이 신뢰받고, 인정받거나 칭찬을 받으면, 그는 그 사람이 그것을 자신에게서 빼앗아간 것으로 인식하며 심하게 질투를 한다. 그는 심지어 자기보다 더 건강한 주변 사람을 질투하는데, 그는 찬사를 받으려는 욕구가 없으며, 다른 사람에게 깊은 인상을 주거나 그에게 인정을 받기 위해 끊임없이 자신을 과시할 필요가 없는 사람이다. 밀러(1979)는 과대적인 사람이 결코 진정으로 자유로울 수 없다는 사실에 주목한다. 그것은 과대적인 사람은 타인으로부터 찬사와 인정을 받기 위해 그에게 과도하게 의존할 뿐만 아니라, 그 자신의 자기애적 균형을 유지하지 못하는 취약한 자질과 역량에 의존하기 때문이라고 한다. 그런 인격에서, 우울증은 과대주의가 질병과 상처, 혹은 노화 과정으로 인해 붕괴될 때마다 나타난다(제11장을 보라). 우울증은 자기애적 지지와 자기의 중요성과 자신은 특별한 존재라는 느낌에 대한 계속적인 강화가 제공되지 못할 때 절박한 대안으로 나타난다.

우울증과 함께 과대적 환상은 병리적 자기애의 일차적 측면을 형성한다. 라이히(1960)는 더 나아가 지속되는 과대적 환상을 원시적 동일시(내사)와 관련된 원시적 자아 이상의 형태라고 서술하였다. 병리의 정도는 현실적인 수준에서 적절하게 기능하는 자아의 능력과, 환상적 야망을 부분적으로 실현하거나 혹은 현실적 성취로 바꾸는 데 사용되는 승화의 사용 가능성 및 그 능력에 달려 있다. 종종 과대적인 환상은 강한 내부의 욕구로 인해 과도하게 집중되며, 이때 소망과 현실 사이의 구분이 모호해진다.

그러한 비교적 과대적이고 승화되지 못한 환상은 전적인 낙담과 무가치감 혹은 건강 염려증적 불안으로 쉽게 화한다. 자기애적인 고통으로 인해 자존감은 극단적이고 난폭하게 동요하는 형태를 띤다. 자기 자신에 대한 고양감과 매혹에 빠지는 상태는 거의 주기적으로 전적인 낙담과 무가치감으로 이어진다. 유아적인 가치 체계는 절대적인 완벽함과 성취를 추구하거나, 전적인 파괴와 무가치감만을 알 뿐이다. 이러한 변동은 대수롭지 않은 실망감이나 실패의 경험에 의해 촉발될 수 있다. 그러한 극단의 논리 안에는 정도의 차이나 근소한 차이란 의미가 없다. 이때 모든 상황은 전부 혹은 전무, 흑과 백, 모두 좋은 것이거나 모두 나쁜 것, 전능한 것이거나 완전히 무능한 것이 된다. 어떤 것을 완벽하게 성취하지 못한다면, 작은 실패라도 절대적인 실패로 간주된다.

부적절감 / 격노

자기애적이고 과시주의적인 충동을 경험하는 환자는 주변 사람으로부터 관심을 끌고 찬사를 받음으로써 스스로에 대한 부적절감을 극복하려고 시도한다. 그러나 그것을 얻지 못하고 실패하면, 자신이 받은 관심에 대해 긍정적인 느낌 대신에 부정적인 느낌을 갖는다. 그는 다른 사람들이 자신을 꿰뚫어 봄으로써 열등하고 결함 있는 자신의 내면 세계가 탄로날까봐 두려워한다. 그는 자신이 지닌 두려움에 대한 방어로서, 찬사 받을만한 사람을 경멸한다. 그 경멸은 자기 경멸로 변하고 종종 수치심으로 경험된다. 이러한 환자는 실제에 있어서는 재외재화된 초자아의 역할을 떠맡고 있는 외부의 관찰자가 자신을 계속적으로 평가하거나 판단한다고 느낀다. 그러므로 자기애적 방어는 투사의 형태를 띤다.

원시적인 자기애적 인격

컨버그(1970)가 자기애적 인격 병리에 대해 서술하면서 지적했듯이,

자기애적 환자가 다른 사람을 무자비하게 통제하는 행동은 정신 병리의 핵심적인 구성 요소인, 기본적으로 구강기적인 분노가 투사되는 데 따른 결과로 볼 수 있다. 자기애적 병리의 이러한 측면은 일차적으로 내사적인 요소와, 그것의 원시적이고 파괴적이며 우울적인 측면을 가리킨다. 이것은 내사와 투사의 임상적 변증법에 의해, 그리고 때로는 왜곡된 대상관계에 의해 반영된다. 내사적 측면이 경험의 내적 영역을 지배하게 될 경우, 그는 부적절감과 열등감을 강하게 의식하게 된다.

이러한 감정—자기애적인 양 극단에 잡혀 있는—은 과대적이고 전능한 환상과 번갈아 나타날 수 있다. 매우 빈번히 전능한 환상을 갖는가 하면 다시금 그런 자신을 과소평가한다. 그런가 하면 표면적으로 자신을 과소평가하는 환자의 전능성과 자기애적 과대주의는 길고 힘든 분석 과정을 통해서만 표면에 드러난다. 그러한 성격의 병리적 조직은 경계선 장애에 가까운 것이다. 그는 분열, 부인, 투사, 전능, 이상화 등의 원시적인 방어기제에 퇴행적으로 의존한다. 보통 그는 삶의 어떤 영역에서는 일관되고 효율적이고 뛰어난 작업능력을 보여 주는데, 그는 이것을 통해 자기애적 보상과 상당한 만족감을 얻는다.

그러한 성격 조직은 전문적인 영역에서 창조적인 역량을 발휘할 수 있는 가능성을 배제하지 않는다. 이런 개인은 전문 분야 및 학술 분야에서 뛰어난 지도자로, 그리고 예술 분야에서 특출한 예술가로 성공할 수 있다. 그러나 매우 빈번히, 그의 극단적인 자기주장과 자기애적 기대의 요구에 맞추어 살지 못하는 실패로 인해 발생하는 우울한 경향은 그의 전문적이고 예술적인 성취에 커다란 장애물로 작용하기도 한다. 거기에는 자아 이상을 위한 전조와 이상화된 자기 이미지를 통합하지 못한 과거의 실패가 있다 ; 결과적으로, 한편으로 과대적 자기가 그리고 다른 한편으로 초자아의 원시적인 공격적 측면이 수정되지 않은 채 그대로 남게 된다. 이러한 구조는 성격의 통합 과정에서 일차적인 내사적 수준에 머물러 있으며, 그 결과로 구강기적이고 항문기적인 모든 원시적인 공격성의 요소가 투사되는 편집증이 발생한다.

그런 개인은 권위적에 대한 순응 패턴을 보이면서도, 자신은 그런 권위로부터 벗어나고 있다고 믿는다. 반사회적 경향성과 권위에 대한 갈등은 종종 자기애적 과대주의와 그것이 수반하는 원시적인 공격 충동 및 그것들과 관련된 요소를 투사를 통해 외부 세계로 분출시킴으로써 발생한다. 그런 경우에 자기애는 그가 안정과 보상을 얻기 위해 일하거나 노력하지 않고도 자신이 원하는 것이 주어지기를 바라고 요구하는 형태를 띨 수 있고, 이 요구에 반응해주지 않는 세상에 대해 분노하는 형태를 띨 수도 있는데, 이 분노는 모든 외적인 통제에 대해 분노하고 저항하는 모습을 띨 것이다.

수치심과 병리적 자기애

신호 정서

수치심은 근저의 자기애적 박탈이나 굴욕 경험에 대한 직접적인 정서적 표현이다. 그것은 환자가 어떤 대가를 치르더라도 은폐해야 하는 고통스러운 취약성의 핵이며 특별히 보호해야 할 요소이다.

매우 강렬하면서도 힘들게 드러나는 환자의 저항은 마침내 자신은 수치스럽고 보잘것없는 존재라는 환상을 드러낸다. 환자는 이러한 끔찍한 비밀을 분석가와 함께 공유한다. 이때 분석가는 실망감을 경험하거나 낙담할 수 있는데, 그것은 환자가 중요하다고 느끼는 그 경험이 사실상 현실성을 갖고 있지 않기 때문이다. 코헛(1971)이 지적하였듯이, 환자의 수치심은 다듬어지지 않고 중화되지 않은 자기애적인 과시주의적 리비도의 방출과 관련되어 있다. 환자의 염려는 비웃음과 굴욕에 대한 공포와 불가피하게 연관되어 있다.

혐오감과 함께, 수치심이 성본능의 과도한 표현을 억제하는 중요한 세력이라고 말한 프로이트의 견해에 기초해서, 레빈(1967)은 수치심이 하나의 신호 정서로서 기능할 수 있다고 제안하였다. 레빈의 견해에 따르면, 수치심은 거절 받는 외상에 과도하게 노출되는 것을 막아주는 중요한 기능을 하며, 자기애적 외상에 대한 보호막으로 작용한다. 자기애적 외상은 비웃음, 경멸, 버림받음, 거절 등의 형태를 띨 수 있다 (Rochlin, 1961; Spiegel, 1966). 따라서 그것은 자존감의 구성 요소인, 소망에 대한 수용이나 찬사의 반대편에 위치한다.

수치심은 굴욕, 열등 의식, 혹은 자기애적 상처를 나타내는 신호 정서이다. 그것은 투사 기제를 통해 꽤 직접적으로 작용할 수 있다. 왜냐하면 수치심에 포함된 자기 노출은 자기를 실패자로 보거나 무시하고 경멸하는 타인에 대한 인식을 포함하기 때문이다. 또한 수치심은 이차적으로 파생된 고통스러운 정서에 대한 신호 정서로도 작용할 수 있는데, 이 신호 정서는 자아로 하여금 수치 정서를 억압이나 다른 방어를 사용하여 다루도록 만든다.

상처받은 자기애

비록 수치심이 발달 과정에서 리비도에 대한 기본적인 내적 조절자로서 발생하지만, 그것은 일차적으로 상처받은 자기애를 반영하는 기능을 갖는다. 부모가 아동의 사회화 과정에서 수치심을 이용할 경우, 아동이 수치심에 민감해진다는 사실에는 의심의 여지가 없다. 부모가 아동을 수치스럽게 만들 때, 그것은 자기애적 외상으로 작용할 수 있다. 부모가 수치감을 사용함으로 인해 생긴 외상은 부모와 아동 사이의 상호작용이 잘 이루어지고, 자녀에게 수치감을 주는 부모의 태도가 변화되어 그 태도 안에 아동을 위한 긍정적인 애정이 담겨 있을 때 완화되기 시작한다.

부모가 자녀를 수치스럽게 할 때, 자녀는 금지나 억압을 발생시킨다. 성인에게서 발견되는 기본적인 억압은 이렇게 확립된 것이다. 따라서 부모가 자녀를 수치스럽게 만드는 것은 아동의 성격 발달에 그리고 자기를 실현하고 표현하는 그의 능력에 심각한 영향을 미친다. 리히텐슈타인(Lichtenstein, 1961)은 부모가 자녀를 수치스럽게 만드는 것을 자녀가 정체성을 획득하는 과정과 관련시킨다. 매우 자주 편집증 환자는 어느 정도 수줍음과 민감성을 드러낸다. 그러한 개인은 자기가 노출되는 상황에서 자신이 경험하는 강한 수치심으로부터 자신을 보호하기 위한 방법으로 타인과 어느 정도 거리를 두는 경향성을 갖는다. 그러한 많은 환자들은 타인이 자신들에게 보여주는 모든 관심을 수치스런 것으로 경험한다. 심지어 이러한 환자는 타인이 찬사를 보내거나 칭찬할 때조차도 수치스럽게 느낀다.

그런 개인은 타인으로부터 비판받을 수 있는 가능성에 대해 예민하게 반응한다. 그는 자주 그런 비판적 태도가 예상된 대로 나타나지 않을 때, 훨씬 더 심한 비난이 감추어져 있다고 생각하면서 내심으로 의심하고 방어적이 된다. 이런 반응이 좀 더 심한 정도의 수치심을 수반할 때, 그것은 관계 망상이나 타인이 자신의 마음을 꿰뚫어 본다고 느끼는 등, 노골적인 편집증적 징후로 나타날 수 있다.

자기애적 장애

킨스톤(1983)은 수치심에 기초해 있는 자기애적 장애는 개별화하려는 아동의 욕구가 공생을 유지하려는 부모의 욕구와 충돌하는 데 그 기원이 있다고 가정한다. 이러한 부모는 아동이 자신의 무의식적인 욕구에 반응하는 자율성을 발달시키는 것을 인정하지 못한다. 그들은 자신의 자기애적 평형을 유지하기 위해 아동에게 계속 의존할 것을 요구한다. 따라서 그들은 자율성을 향해 나아가려는 아동의 노력을 자신들에게 고통과 우울을 가져다 주고 대립을 초래하는 냉혹한 거절, 버림받음, 또는 분리로서 경험한다. 그들은 그렇게 하는 아동이 옳지 않고, 나쁘며, 은혜도 모르고, 자신들을 거절한다고 생각한다. 아동은 한편으로 개별화 및 자기 주장과, 다른 한편으로 부모와의 공생 및 부모의 자기애적 욕구 사이에서 방황하게 된다.

수치심이 수치심에 대한 부모의 태도와 밀접한 관련이 있다는 사실은 임상에서 얼마든지 입증될 수 있다. 나는 내게서 분석을 받은 30대 젊은 여성의 사례를 예로 들어보겠다. 그녀는 자존감이 심각하게 손상되어 있었고, 우울증이 상당히 심각했던 환자였다. 그녀는 만성적이고 반복적으로 자신이 무엇을 하든지 그것 때문에 비난받을 것이라고 생각했다. 그녀는 이러한 자신의 감정이 그녀에 대해 지나치게 비판적이었던 어머니로부터 온 것임을 곧 알아냈다. 그녀의 어머니는 그녀가 제대로 할 수 있는 일은 아무 것도 없고, 가치 있는 일은 아무 것도 할 수 없을 것이라고 생각했다. 그녀의 어머니가 가지고 있던 이러한 기대는 전이로 전환되었다. 따라서 그녀는 내가 자신을 비난할 것이고 분석 받을 가치가 없는 환자라고 말할 것이며, 내가 앉아서 그녀를 기다리고 바라보고 있다가 분석 자료가 충분히 축적되면, 자신을 향해 돌아서서는 자신이 얼마나 무가치하고 악한가를 보여줄 것이라는 확신을 갖고 있었다. 그녀는 심지어 때때로 내가 그녀의 마음속에 떠오르는 잘못되고 타락한 생각을 꿰뚫어 보고 있으며, 내가 그녀를 경멸하고 혐오할 것이라고 생각했다. 이러한 전체 내용의 밑바닥에는 수치스러운 감정이 광범위하고 강력하게 자리잡고 있었다.

수준

레빈(1967)은 수치심의 두 가지 수준에 대해 언급한다. 좀 더 깊은 수준의 수치심은 일차적 수치심으로서, 이는 금지되거나 억압되는 경향이 있는 생각이나 충동에 부착되어 있다. 그리고 좀 더 피상적인 수준의 이차적 수치심은 일차적 수치 정서에 대한 반응으로 경험되는 것이다. 환자는 수치심을 갖는 것을 부끄러워한다. 이러한 이차적인 수준에서는 수치심 및 그와 관련된 금지들을 은폐하려고 시도할 수 있다. 개인은 이차적 수치심 때문에 동료 집단의 기대에 순응할 수 있다. 또는 젊은이들은 동료들의 비난이나 비웃음을 피하는 방법으로 성적인 행동이나 마약에 탐닉할 수 있다. 게다가 여러 하위문화들에서는 수치심의 부재가 힘이나 능력을 나타내는 것으로 간주되며, 따라서 수치 반응은 은폐되지 않으면 안 된다. 이러한 과정은 때때로 수치심 경험에 노출되는 것에 대한 공포증적 반응이나 시도의 형태를 띨 수도 있다.

수치심 대(對) 죄책감

수치심은 종종 죄책감과 연결되거나 관련되지만, 이 두 가지의 신호 정서를 구별하는 것은 유용하고 중요하다:

(1) 수치심에서는 우리의 행동, 느낌, 사고, 소망을 포함한 자기의 모든 측면과 우리 자신이 원하고 다른 사람들이 우리에게 바라는 이상화된 자기 이미지가 서로 비교된다. 죄책감에서는 자기의 모든 측면을 자신이 어떠해야 하는가 혹은 자신이 무엇을 해야 하는가라는 기준과 금지의 규칙과 관련시킨다. 수치심은 자기의 특질에 강조점이 있는 반면, 죄책감은 행해진 행동의 특성이나, 행해지지 않은 행동의 특성에 강조점이 있다.

(2) 수치심은 전체적 인격을 포함한다. 여기에서 전체적이라는 것은 자기 평가의 척도가 되는, 자신이 그렇게 되기를 소망하는 이상적 자기 이미지에 초점을 맞추는 것을 의미한다. 죄책감은

대조적으로 특정한 행동과 그것의 결과에 초점을 맞추며, 전체적이기보다는 제한되어 있고 부가적이다.

(3) 수치심은 자기 경멸의 한 형태인데 반해, 죄책감은 자기 증오의 한 표현이다. 이러한 구별은 공격성의 서로 다른 변천 양상을 반영한다: 증오는 어떤 대상에게 상처 주고 그것을 파괴하려고 한다; 경멸은 어떤 더러운 것이나 악한 것을 제거하려고 한다.

(4) 수치심과 죄책감은 그것의 신호 기능에서, 본능적 소망의 서로 다른 모습을 반영한다. 수치심은 과시주의적이고 관음증적인 소망에 반대된다. 죄책감은 공격하고 상처 주고 파괴하려는 소망에 반대된다. 수치 경험은 일련의 노출, 비난, 거절, 경멸, 그리고 은폐 등을 포함한다; 죄책감의 경험은 일련의 공격, 징벌에 의한 복수, 고통에 의한 속죄 등을 포함한다.

(5) 수치심의 경우 갑작스러움이나 놀라움, 특히 발견의 요소가 있으나 죄책감의 경우에서는 그렇지 않다.

(6) 두 정서 모두 보호적 기능을 갖는다; 그것들은 침입과 합병으로부터 분리된 사적(私的) 자기를 보호한다. 수치심은 시각적이고 지각적인 경험(만지기, 보기, 드러내기 등)의 영역을 보호하는 반면, 죄책감은 운동 활동과 공격성(공격, 상처 주기, 거세하기, 죽이기 등)의 영역을 보호한다(Wurmser, 1978).

환자의 경험 안에서 수치심과 죄책감은 서로 연관되어 있는 것을 볼 수 있다. 피어스와 싱거(Piers and Singer, 1953)는 그러한 복잡한 반응을 "죄책감-수치심의 순환"이라고 지칭한다. 수치심은 좌절된 자기애적 열망과 관련되지만, 대부분은 타인의 그런 실패에 대한 지각에 의존한다. 그러한 태도는 내재화될 수 있으나 수치의 경험은 여전히 외부로 노출되는 것을 필요로 한다. 강렬한 수치심의 경험은 리비도적 경제의 장애에 이를 수 있으며, 따라서 산만함이 뒤따르고, 파괴적 에너지가 중화되지 못한 채 초자아에 의해 자기에게로 향할 수 있다. 이것이 발생할 때 그것은 죄책감으로 경험된다. 그런 경우, 자기애적 방어는 내사적 경로를 취하며 우울적 상태를 초래한다. 그런가 하면 중화되지 못한 에너지는 비난의 형태로 외부로 향할 수도 있다. 이것은 전형적으로 투사되는 요소와 관련되며, 더욱 편집증적 반응의 특징을 띤다. 비난은 자기애적 균형을 지지하고 회복하는 것을 돕는다. 우울적인 대안은 이런 측면에서 편집증적인 반응보다 덜 만족스럽다.

자아 이상

코헛(1971)은 수치심의 정서가 자아 및 자아 이상 사이의 긴장과 관련되어 있으며, 자아 이상이 지닌 열망에 맞추어 살지 못하는 자아의 실패를 반영한다는 가정에 도전했다. 그는 수치 신호가 자기애적인 균형을 유지시키고 회복하는 역할을 한다는 생각에는 동의한다. 그러나 그는 수치심이 자아 이상의 기대를 성취하지 못하는 실패에 대한 자아의 반응이라는 생각을 거부한다. 그는 수치심을 잘 느끼는 개인은 대부분 이상이 크지 않으며, 비현실적인 야망을 가지고 있는 과시주의적인 사람이라고 말한다. 수치심으로 경험되는 리비도 경제적 불균형은 자아 이상과 관련된 상대적인 자아의 허약성 때문이라기보다는 중화되지 못한 과시주의적 리비도로 인해 자아가 침몰되기 때문이고 본다.

그런 개인은 자기애적 패배를 수치심으로 경험하는데, 수치심 뒤에는 시기심이 따른다. 수치심과 시기심이 결합되면, 자기 파괴적인 충동과 죄책감이 뒤따를 수 있다. 그러나 코헛은 이것을 초자아의 공격에 의한 것이 아니라, 실패로 인한 실망스러운 현실을 없애려는 자아의 시도의 결과로 본다. 자기 파괴적인 충동은 자기애적 격노(narcissistic

rage)의 표현이다. 코헛은 수치심을 잘 느끼는 환자를 치료할 때 이상
(理想) 체계의 힘을 감소시키는 치료 방법을 사용하는 것은 기법적 오
류를 범하는 것이라고 지적하면서, 그런 환자는 과대적 자기로부터 자
아 이상 체계로 자기애의 투자를 전환시키는 것을 통해서 자기애가
변화될 때 성공적으로 치료될 수 있다고 주장한다. 그의 접근 방법은
자아 이상을 감소시키기보다는 그것을 강화하는 데 기초해 있다.

시기심과 병리적 자기애

자격감

시기심은 자기애적 환자에게서 빈번하게 드러난다. 프로이트는 "예
외들"이라는 제목의 논문에서 이 시기심의 패러다임을 다루었다
(1916). 자기애적 개인의 경우, 신체적 결함은 자기애적 상처로 작용
하는데, 이는 박탈된 느낌을 갖게 하며, 따라서 그러한 박탈을 겪어
보지 않은 다른 사람에게는 해당되지 않는 보상적인 인정이나 수용
혹은 특별한 배려와 특혜를 받을 자격이 있다고 느끼게 한다. 그런
개인은 자신은 인정을 받기 위해 노력할 필요가 없으며, 자신에게는
무조건 인정이 주어져야 한다고 느낀다. 그는 세상이 자신을 먹여 살
려야 마땅하다고 느끼면서, 먹고 살기 위해 자신이 일해야 한다는 사
실에 대해 분노한다. 그는 무정하고 금지하는 현실적인 제한과 한계
에 계속해서 직면하면서, 그것을 인정하고 받아들여야 한다는 사실이
공평하지 않다고 느낀다(Jacobson, 1959).

그러한 박탈감과 분노에 찬 자격감은 일부 여성환자들이 갖고 있
는 페니스 선망과 연결되어 있다(Freud, 1916; Jacobson, 1959). 그러
나 만일 성기기와 관련된 사항과 거세 불안만을 고려한다면, 시기심

이 지닌 본질적인 자기애적 차원을 간과하는 것이다. 이러한 감정은 전이에서도 나타날 수 있다. 이것은 나에게 분석 받은 환자 가운데 유아적 수준의 자기애 상태에 상당히 강하게 고착되어 있던, 한 여성 환자에게서 특히 잘 드러나고 있다. 그녀는 두 살 아래인 남동생의 출생으로 인해 자신은 사랑을 박탈당하고 기만당했으며, 더 이상 부모의 애정과 관심의 첫 번째 대상이 아니라, 두 번째 자리로 밀려났다고 느꼈다.

그녀는 자기애적인 상실과 그에 따른 시기심에서 비롯된 자신의 모든 분노를 남동생의 페니스에 집중시켰다. 이것은 그녀가 남동생이 부모에게 어째서 자신보다 더 중요한 존재인지를 이해하는 과정에서, 자신과 남동생 사이의 유일한 차이점이 남동생의 페니스로 드러났기 때문이었다. 페니스 선망은 그녀의 신경증의 주된 원인이 되었고, 그로 인해 그녀는 매우 경쟁적이고 자기애적인 야심을 갖게 되었으며, 그 결과 그녀는 학문적 성취를 추구하게 되었다. 하지만 그녀의 노력이 자신의 야심에 미치지 못했을 때, 그녀는 실패했다는 느낌을 피할 수 없었고, 그때마다 우울한 상태에 빠져들곤 했다. 그녀는 페니스를 갖지 않은 사람은 그 누구나 아무런 가치가 없는 존재이며, 삶에서 중요한 어떤 것을 성취할 수 없는 존재라는 생각에 사로잡혔고, 그로 인해 우울해졌다.

전이 관계에서, 그녀는 자신이 나에게 의존했고, 내가 자신에게 좋은 대상이 되어줄 때 그녀의 상황이 개선될 수 있다고 확신했다. 이러한 그녀의 생각은, 부모에게 소중한 존재이며 가치 있는 존재로 인정받으려면 아버지를 기쁘게 해드려야 하고, 아버지의 사랑을 받기 위해서는 끊임없이 노력해야 한다는, 아동기의 확신이 직접적으로 반영된 것이다. 어머니를 기쁘게 하는 것은 그녀에게 그다지 도움이 되지 않았다. 왜냐하면 페니스를 갖지 않은 어머니는 중요한 존재가 될 수 없었기 때문이다.

이 환자는 분석이 오랜 기간 진행된 뒤에야 나에 대한 얼마의 강렬한 시기심을 드러냈고, 그것을 극복할 수 있었다. 그녀는 나를 도움을 주는 강하고 유능한 사람으로 생각했고, 따라서 나를 의지하고 신뢰했다. 그러나 그녀는 나에 대한 신뢰와 치료 연대의 차원을 넘어 나에게 의존하고 나를 기쁘게 하며 내가 원하는 대로 순응해야 한다고 확신하고 있었는데, 이것은 그녀가 강력한 페니스를 가진 대상에게 매달리는 것을 통해서 힘을 얻고 자신의 가치감을 안정시킬 수 있다고 믿고 있었기 때문이다. 여기에는 페니스에 대한 깊고 지속적인 시기심이 자리잡고 있다. 시기심은 페니스가 상징하는 힘의 문제에 집중되어 있었으나, 좀 더 깊은 수준에서는 어머니의 젖가슴이 주는 즐거움과, 이에 수반되는 유아적 관심 및 과시주의를 표현할 기회를 박탈당한 데 대한 원시적인 구강기적 격노가 숨어 있었다.

치료의 장애물

이런 종류의 시기심은 치료를 방해하는 장애물이 될 수 있다. 모델(1971)은 프로이트가 무의식적 죄책감, 특히 근친상간적이고 경쟁적인 충동이 부정적인 치료적 반응의 원인이라고 가정했지만, 자신의 경험에 따르면, 부정적인 치료적 반응과 관련된 죄책감은 분석을 잘 마친 후에도 더 나은 삶을 살 수 없을 것이라는 환자의 믿음과 관련되어 있다고 주장한다. 여기서 본질적인 요소는 시기심의 요소이다. 그러한 개인은 자신에게는 치료에 성공하고 더 나은 삶을 누릴 권리가 없다는 생각으로 인해 고통을 겪는 것으로 보인다. 이런 환자는 일반적으로, 그가 만일 어떤 좋은 것을 갖는다면, 다른 누군가에게 그것을 빼앗길 것이라는 환상을 갖고 있다. 따라서 그는 성공적인 분석의 결과로서 주어지는 치료 결과를 받아들이지 못하는데, 그것은 그가 자신의 치료적 개선에 대해 다른 누군가에게서 빼앗은 것이라고 생각하기 때문이다. 모델(1971)은 다음과 같이 말한다:

> 이러한 개인은 특히 강한 시기심과 탐욕, 즉 다른 사람들이 가진 모든 것을 빼앗고 싶은 욕구로 인해 고통을 겪는 것으로 보인다. 따라서 부정적인 치료적 반응은 환자가 분석가가 가지고 있는 "좋은 것"을 분석가로부터 빼앗으려는 소망의 표현으로 이해할 수 있다(p. 340).

멜라니 클라인(1957)은 이것과 유사한 지적을 했는데, 그녀는 시기심을 부정적인 치료적 반응에 기여하는 중요한 요인 중의 하나로 간주했다.

모델의 가정은 자기애적 논리 안에 뿌리를 두고 있다. 자기애적 논리는 만일 주체가 어떤 좋은 것을 갖고 있지 못하다면, 다른 모든 사람들은 그것을 분명히 가지고 있으며, 따라서 주체는 열등하다고 진술한다. 환자는 자기애의 역동에 따라, 어떤 제안도 완전하지 않으면 안 된다고 믿는다. 즉 만약 환자가 어느 정도의 박탈을 경험한다면, 그 박탈은 절대적인 것으로 보여진다. 결과적으로, 만약 환자가 스스로를 그렇게 박탈된 존재로 느낀다면, 그는 자신은 아무 것도 가지고 있지 않으며, 그 주변의 다른 사람들은 모든 것을 가지고 있다고 믿게 된다. 여기에 시기심의 뿌리가 놓여 있다. 그러나 환자가 어떤 좋은 것을 획득하게 될 때, 거기에는 다른 사람들이 그것을 박탈당한다는 느낌이 뒤따른다. 여기에 부정적인 치료적 반응의 뿌리가 놓여 있다.

굴욕감과 병리적 자기애

자기애적 환자는 완전함의 환상을 잃어버리는 것에 대한 공포를 가지고 있으며, 그 상실은 그에게 굴욕감으로 경험될 수 있다. 로스슈타인(Rothstein, 1984)은 굴욕감의 공포를 자기애, 피학, 그리고 가학과 연결시킨다. 어떤 피학적 환자는 가학적 대상에게서 굴욕감을 자극 받고 통제 당하는 것에서 자기애적 쾌감을 이끌어낸다. 다른 자기애적 환자는 자신이 굴욕감을 주는 초자아에 의해 고통 당하는 것과 마찬가지로, 타자에게 굴욕감을 주는 데서 쾌감을 얻는다. 피학적 환자가 불가피한 모욕을 자청하는 것을 통해서 무의식적인 자기애적 만족을 얻는다면, 자기애적 환자는 자신에게 굴욕감을 주는 가학적 대상과의 적극적인 동일시에 의해 암시적인 위험을 극복할 수 있다는 환상을 드러낸다. 타인에게 굴욕감을 주는 자기애적 환자의 행동은 그의 타고난 우월성을 드러내는 이점을 갖는다. 그러한 환자의 심리 내적인 조직은 부모로부터 경험한 굴욕감이 내사되어 있음을 반영한다. 그 내사물은 내재화된 대상에게서 파생된 가학적, 피학적, 그리고 자기애적 구성 요소를 담고 있다.

자기애와 편집증적 과정

우월성 대 열등성

우리는 이러한 자기애적 병리의 유형을 편집증적 과정의 요소와 연결시킬 수 있다. 여기에서는 이 책의 1장에서 다루었던 자기애적 내사물에 관한 내용을 재검토하고자 한다. 수록된 도표(표1)는 근저의 자기애적 병리를 드러내거나 반영하는 병리적인 자기애적 표현을 열거한 목록이다.

이 도표에서 각 항목은 자기애적 우월성과 열등성의 각 차원을 구성하는 요소를 제시한다. 이 요소는 자기애적 우월감 내사물의 근저에 있는 자기애적 과잉성을 중심으로 형성되어 있다. 마찬가지로, 자기애적 열등성을 반영하는 특징을 갖는 항목은 열등감 내사물의 기능을 나타낸다. 또한 도표에서 두 부류의 항목으로 나뉘어져 있는 특성은 방어적으로 그리고 상호적으로 연관된 것으로 보이는 자기애적 요소를 반영한다. 따라서 과대주의는 근저의 우울에 대한 방어이며, 과대주의가 실패할 경우에는 임상적으로 대개 근저에 숨어있던 우울이 출현한다. 또한 임상 상황에서는 빈번히 이러한 특징이 다양하게 결합되고 겹치는 상호작용이 발생한다는 사실을 주목해야 한다. 임상 의학자는 매우 자주 이러한 병리적 자기애적 특징 중 하나와 만나는 것이 아니라, 근저의 자기애적 내사 조직의 특정한 형태나 특성을 반영하는 결합물과 만난다.

진단

논쟁

병리적 자기애의 목록은 자기애적 역동이 작용하고 있음을 알려주고 근저의 구조적 통합이 병리적 자기애의 노선을 따라 이루어졌음을 반영한다는 점에서 병리의 진단에 중요하게 기여할 수 있지만, 그것 자체가 특정한 진단적 범주를 가리키는 것은 아니다. 이러한 특징은 다양한 강도의 병인적 요인을 가질 수 있으며, 따라서 정신증적인 것으로부터 신경증적인 것에 이르기까지 모든 병리의 수준에서 발견될 수 있다.

진단상의 논쟁은 컨버그와 코헛의 접근방법의 차이에서 시작되었다. 한편, 문제는 경계선 인격 구조의 분석에 자기애적 인격을 포함하도록 확장하는 시도로부터 발생했다. 예컨대, 컨버그는 근저의 경계선 특성의 측면에서 자기애적 인격을 바라보면서(1967), 분열, 부인, 전능 그리고 이상화와 같은 원시적 방어를 포함한 방어 조직의 유사성을 강

표 Ⅰ. 자기애적 병리의 특징

우월한 자기애적 구성물	열등한 자기애적 구성물
과대주의	우울
자격감	무가치감
과시주의	수치심
완전주의	결함이 있다는 믿음
전능감	부적절감/무능감
자만심	굴욕감
의기양양	낮은 자존감
경멸(타자에 대한)	시기심
우월감	열등감
자신은 상처 입을 수 없다는 느낌	자기애적 취약성
가치절하(타자에 대한)	이상화
자기 충족감	찬사받고 싶은 욕구
고립	의존

조했고(1970), 특히 성격 조직의 두 유형 모두에서 자기애적 인격 특성과 자기애적 결핍을 공통 분모로 갖는다는 점을 강조했다(1971).

다른 한편, 코헛(1971)은 자기애적 인격 장애를 본질적으로 특정한 원시적 자기애적 구성물을 나타내는 자기 조직으로 서술했다. 그는 퇴행을 유발하는 취약성의 문제를 고려하지 않은 채로 남겨 두며, 따라서 그가 자기애적 장애를 경계선 상태와 구별할 것을 주장하지만, 실제적으로 경계선 상태와 자기애적 장애를 구분하는 것은 쉽지 않다.

경계선 인격과 자기애적 인격을 비교해 보면 자기애적 특성과 퇴행, 특히 일시적이고 부분적인 퇴행에의 경향 모두에서 이 두 부류는 상당히 중복된다. 컨버그는 또한 자기애적 인격의 퇴행 가능성에 대해 언급하고 있으며(1970, 1974), 따라서 퇴행 가능성이라는 관점에서 그것을 구분하려고 하지 않는다. 이러한 문제를 요약하면, 컨버그는 경계선 인격이라는 용어를 정신증과 신경증 사이에 걸친 진단적 범위를 채우고 있는 형태라는 의미로 사용하는 반면, 코헛은 그 동일한 진단적 범위가 단지 자기애적 인격 형태로 채워져 있는 것처럼 자기애적 인격이라는 용어를 사용하고 있다.

코헛은 이 상태를 핵심적인 자기애 구조의 상대적인 응집성이라는 관점에서 설명한다. 그는 자기애적 인격은 핵심적 자기와 자기대상의 응집성이 불안정하기는 하지만, 그것들이 단지 일시적으로만 파편화되는 특징을 지니고 있다고 생각한다. 그는 이것을 경계선 상태와 대조시키는데, 경계선 상태에서는 핵심적 자기애적 구조가 파편화되는 것을 은폐하거나, 혹은 그러한 구조의 파괴가 분열성 인격에서 그러하듯이, 퇴행을 유발하는 자기애적 상처를 회피함으로써 징후가 예방되기는 하지만, 언제라도 퇴행이 일어날 수 있는 위험을 내포하고 있다고 본다. 이 상태는 다시 순수한 정신증과 구별되는데, 후자에서는 자기애적 구조가 계속적으로 파편화되는 현상을 보이며, 병의 징후는 그것의 붕괴 과정을 공개적으로 나타낸다. 자기애적 구조가 일시적으로 파편화되는 것과 경계선(분열형을 포함한) 상태에서 핵심적인 자기애적 구조가 은폐되거나 잠재적으로 붕괴되는 것을 구별하기란 쉽지 않다. 비록 개념적인 구별을 위해서는 충분한 근거를 갖고 있다하더라도, 그것을 실제로 파악하기란 매우 어렵다(Rothstein, 1979).

이러한 접근이 지닌 모호성은 이러한 다양한 정신 병리의 형태를 적절하게 구별하는 문제에 상당한 혼란을 가져다준다. 사실, 오른스타인(Ornstein, 1974)은 자기애적 인격장애에 대한 코헛의 분류 안에는 예전에 경계선 특성이나 정신증적 특성으로 간주하던 조건들이 포함되어 있으며, 심지어 예전에 신경증적 혹은 정신신경증적이라고 진단

되던 조건들도 일부 포함되어 있다고 주장한다.

코헛의 분류는 그 안에 본질적으로 다른 환자 집단을 포함하고 있다는 점에서 정당화될 수 없으며, 이러한 진단 상의 모호성으로부터 어려움이 발생한다는 오른스타인(1974)의 제안은 타당성을 지닌 것으로 보인다. 다른 저자들도 이와 동일한 관점을 말하고 있다(Spruiell, 1974: Schwartz, 1974; Rothstein, 1979). 스프뤼엘(Spruiell, 1974)은 또한 컨버그가 서술한 자기애적 인격 환자 집단은 코헛이 서술한 환자 집단보다 더 적은 집단을 구성하고 있다고 주장한다. 따라서 코헛의 자기애적 환자 집단은 컨버그가 서술한 환자 집단과 겹칠 뿐만 아니라 그들을 포함하는 것일 수 있다.

방법론

모든 성격 조직의 형태는 병리의 형태를 반영하는 자기애적 요소를 갖고 있다. 그러나 여기에서 논의되고 있는 것은 자기애적 장애가 환자의 병리의 중심적 또는 핵심적 차원을 구성하고 있는 성격 병리에 관한 것이다. 광범위한 자기애적 병리는 좀 더 제한적인 자기애적 인격 진단과 동일한 것이 아니다. 자기애적 인격 진단의 본질적인 특성은 안정된, 그리고 적어도 분석될 수 있는 자기애적 전이를 형성할 수 있는 환자의 역량 유무에 달려 있다.

코헛이 자기애적 인격 진단의 본질적인 요소로서 전이 현상에 집중한 것은 일반적인 정신과에서 사용하는 서술적인 진단 범주와는 상반되는 것이라는 주장이 있다. 이러한 주장은 코헛이 자신의 범주를 정의함에 있어서, 현상적인 요소를 사용하지 않았다고 가정한다. 그러나 우리는 정신분석에서 현상적이지 않은 것은 아무 것도 없음을 관찰한다. 심지어 전이에 대한 우리의 판단도 그것으로부터 구성적 "전이"가 파생될 수 있는 전이(행동이나 내면 상태에 대한 언어적 보고 내용)

현상에 대한 관찰에 기초해 있다.

더 나아가, 전이 현상에 대한 정신분석적 관찰 결과가 서술적인 관찰 결과와 상반되지 않는 것은 정신분석적 사고가 일반 정신과적 사고와 상반되지 않는 것과 같다. 정신분석은 단지 정신과적 관찰 결과에다 정신 기능이 지닌 무의식적 환상 내용의 차원 및 정서적, 전이적, 대상관계적 차원 그리고 이와 관련된 다른 차원들을 첨가하고 있을 뿐이다. 현재 논의되고 있는 입장은 정신분석적 관찰과 정신과적 관찰은 상호보완적이라는 것이다.

따라서 행동적 서술이나 전이, 그리고 대상관계 현상에 기초해서 진단하려고 하는 어떠한 시도도 부분적이고 불완전하다는 것은 분명한 사실이다.

리비도 투자의 양식

로스슈타인(Rothstein, 1979)은 자기애적 인격에 대한 진단 분류 작업이 자기애적 리비도 투자의 두 가지 다른 양식을 포함하고 있음을 주목하였다: (1) 대상에 대한 자기애적 리비도 투자에서의 우세한 양식, (2) 주체 내부의 자기애적 구조의 통합 상태. 그는 전이 현상의 성질에 대한 코헛의 강조가 리비도 투자에서의 우세한 양식과 같은 것이 아닐 뿐만 아니라 환자의 자기애의 구조적 통합에 대한 고려가 없는 불완전한 견해라고 지적한다. 자기애적 리비도 투자에서의 우세한 양식과, 자기애와 자아통합 상태의 상호관련성은 진단적 구별을 위한 근본적인 원리가 될 수 있다는 주장이다.

나는 자기애적 투자의 우세한 양식은 자기에 대한 리비도 투자와 대상에 대한 리비도 투자 모두를 특징짓는다는 더 진전된 고려에 근거해서, 이러한 관찰을 수정하려고 한다. 이것은 자기애의 발달과 좀 더 진전된 자기애의 변천 양상에 대한 개념을 함축하며, 자기-자기애와 대상-

자기애에 관해 위에서 주목하고 있는 관찰 결과를 포함시킨 고려이다 (Kinston, 1980, 1982). 뿐만 아니라 나는 리비도 투자의 양식은 단순히 자기 표상에 대한 투자만이 아니며, 표상의 근저에 있는 자기 조직이나 자기 구조에 대한 자기애적 리비도 투자를 함축한다고 본다. 나는 자기애적 리비도 투자가 자기에게서 파생된 표상이라기보다는 자기에게 부착되는 것으로 앞에서 제시한 기본 원리를 고수하려고 한다. 마찬가지로, 자기애적 리비도는 대상 표상이 아니라 대상에게 투자된다. 달리 말하면, 그러한 리비도 투자의 기본적 의도는 대상 자체에게로 향한다: 표상은 단지 대상과 관계하는 자기의 역량의 일부분으로 기능하는 매개 수단일 뿐이다(Meissner, 1981b, 1985).

남근적 자기애적 인격

자기애적 인격 유형을 정리하면서, 버스텐(Bursten, 1973)은 자기애적 인격 조직의 가장 높은 수준의 구성물이 남근적 자기애적 인격에서 발견된다고 제안하였다. 과시주의, 용기 있음에 대한 자부심, 자랑, 반공포증적(counterphobic) 경쟁심리 그리고 자기애적 과시주의로 나타나는 아슬아슬한 행동은 우리에게 상당히 친숙한 것들이다. 그러한 개인은 자기 중심적인 경향이 있으며, 타인으로부터 인정과 찬사, 특히 찬양 받으려는 욕구가 아주 크다. 그는 타인과의 관계에서 방어적인 특성을 띠며, 근저의 억압된 부적절감이나 열등감을 은폐하기 위한 방어로서의 교만이나 경멸의 특성을 띤다.

이러한 내면의 열등감을 형성하게 된 원인은 교만하고, 고집스럽고, 경쟁심이 강하고 과도하게 남성적이며 스스로를 내세우는 겉모습과는 반대로, 허약한 아버지 인물과의 근저의 동일시로부터 오는 수치감에 있다. 달리 말하면, 거세 공포로부터 오는 무의식적인 수치심은 남근적 주장성(assertiveness)에 의해 계속 부인된다. 이것은 심지어 전능감이나 자신은 상처 입을 수 없다는 느낌을 수반할 수도 있는데, 이때 그런 개인은 어떤 기적적인 운명이나 행운이 성취를 가져다 줄 것이라고 느끼면서 계속적으로 위험을 감수하게 된다. 그러한 개인들은 확고하게 세워진 응집적인 자기감을 갖는 경향이 있으며, 퇴행하거나 파편화되는 경향은 거의 보이지 않는다.

또한 그는 자신의 독립성을 유지하는 데 필요한 강한 내적 자원을 가진 것으로 보이며, 그에게 타인은 존중받고 인정받고자 하는 자신의 욕구를 채워주는 대상에 지나지 않는다. 다른 형태의 자기애적 병리에서 발견될 수 있는 자기 대상에 대한 강한 애착은 이런 환자에게서는 뚜렷하게 드러나지 않거나 과도하게 정상적인 겉모습에 의해 은폐되어 있다. 그의 실제 의존의 정도는 그러한 대상의 사랑이나 지지가 상실될 때에만 명백하게 드러난다. 이러한 성격은 코헛이 말한 지속적인 과대적 자기를 반영하는 과대주의와 전능성의 요소를 가질 수 있으며, 때로는 모방이나 동일시를 위한 모델로 사용되는 대상에 대한 이상화가 있을 수도 있다. 그러한 성격의 취약성은 두려움을 모르고 의존을 거부하는 방어 기제에 의해 일반적으로 쉽게 은폐될 수 있다.

그럼에도 불구하고, 그런 환자는 세월과 함께 활동 역량이 감소되고 기력이 쇠퇴함에 따라 성격의 취약성에 쉽게 노출된다. 나이를 먹음에 따라 성적으로, 신체적으로, 혹은 지적으로 감소되는 활동 역량은 그에게 심각한 자기애적 외상이 될 수 있다. 그 결과는 대체로 우울증이다. 컨버그(1974)는 특히 인생의 후반기 동안에 나타나는 미해결된 병리적 자기애의 심각한 붕괴를 생각할 때, 자기애적 장애의 치료는 필수적이라고 강조하였다. 청소년기와 초기 성인기에 속하는 삶의 경험에서, 그리고 자기애적 인격의 경우, 심지어 생산적인 삶의 기간인 성인기 동안에도, 즉 지식, 근면, 재능 그리고 금전적 혹은 직업적으로 성공함으로써 적절한 자기애적 만족을 얻는 동안에도 적절한 자기애적 지지가 더욱 필요해지는 경향이 있다. 그러나 나이가 들면서 피할 수 없는 노화와 질병, 예리하던 정신이 둔해지고 창조성이 상실됨으로써 점진적인 붕괴가 나타나고, 분리와 상실감이 커지고 소외감과 고독감이 점점 깊어지는 상황에 직면할 때, 내면의 자기애적 구성물은 점증하는 압력 아래 놓이게 된다.[9]

그런 개인은 일반적으로 급작스럽게 퇴행되는 위기를 보이지는 않지만 급성의 스트레스 상황 하에서 심각하고 때로는 치유하기가 어려울 정도로 퇴행할 수도 있다. 예컨대, 전쟁 신경증(war neurosis)의 경우, 환자는 외상적 사건 이전에는 위험에 대한 공포나 불안을 거의 혹은 전혀 경험하지 않는 것으로 보이지만, 일반적인 방법으로는 외상 이전의 상태로 회복하기가 어려운 상태로 급격히 퇴행하는데, 그는 사실상 남근적 자기애적 인격에 해당되는 것은 아닌지 의심스럽다. 그런 경우에 외상적 사건으로 인해 그의 자기 이미지와 자존감이 지나치게 손상되었기 때문에, 그것을 회복시키는 것이 몹시 어려운 것으로 보인다.[10] 이 자기 이미지는 두려움을 모르는, 어떤 압력이나 위험도 견디어 낼 수 있다는 믿음에 기초해 있다. 심각한 불안의 경험은 그와 같은 자기 이미지를 파괴하고, 그것을 회복시키거나 효과적으로 치료하지 못하게 하는 장애물을 만들어낸다(Zetzel and Meissner, 1973).

---

9. 노화와 그것의 변천 양상에 대한 좀 더 광범한 논의는 제11장에서 보라.

10. 이런 형태의 자기애적 병리에 대한 놀라운 문학적 표현이 John Hersey의 "The War Lover(1959)"에 등장하는 영웅인 Marrow의 성격에서 나타난다.

노벨상 콤플렉스

타르타코프(Tartakoff, 1966)는 분명히 사회적으로 잘 적응하고 있고 "건강한" 성격으로 보이는 사람들 중에 자기애적 병리가 아주 미묘하게 변형된 형태로 숨어 있는 사람들이 있다고 서술한다. 그런 개인은 종종 학문적으로나 직업적으로 성공한 사람으로서, 능력 있고 야심 있으며 꽤 실력있는 전문가로서 존경과 인정을 받고 있음에도 불구하고, 자신의 삶에 대해서는 대체로 만족을 느끼지 못한다. 그가 겪는 어려움은 경쟁심이나 경쟁적인 상황과 관련해서, 혹은 가족, 친한 친구 등과의 친밀한 인간 관계에서 타인이 필요로 하는 것을 충족시켜 주지 못하는 그의 무능력에서 발생한다. 이러한 사람들 가운데 얼마는 자신의 증상에 대해 인식할 수 있는데, 그들은 흔히 삶의 상황에 대한 반응적 우울증, 스트레스 상황에서 엄습해오는 불안, 또는 다양한 심리 신체적 증상 등을 호소한다. 그 외의 사람들은 본질적으로 자각 증상을 느끼지 못하며, 치료를 받아야겠다는 동기도 갖고 있지 않다. 그런 사람이 정신분석에 임할 때, 그는 본질적으로 자신의 전문적인 능력을 확장하기 위해 분석을 받으려고 한다. 그는 자신이 성공하기 위해 노력한다면, 자신의 특별한 능력, 재능, 혹은 덕목이 성공을 가져다 줄 것이라고 확신한다. 이러한 사람에게서 삶의 목표 또는 삶의 기대를 성취하는 것은 그 자신의 심리적 조화를 위해 본질적인 것이 된다. 그는 삶에서 거의 어려움을 겪지 않는다. 그것은 그에게 환경으로부터 어떤 자기애적인 만족을 얻고 인정을 받을 수 있는 능력과 자질이 있으며, 또는 그로 인해 최소한 자신의 자기애적 기대를 성취하리라는 희망—상당한 문화적, 사회적 지원을 받을 수 있는—을 가질 수 있기 때문이다. 그러나 문화적, 사회적 지원이 실패하거나 자기애적 기대를 충족시켜 주지 못하게 될 때, 그에게는 자기애적 불균형과 증상이 나타날 수 있다.

  그에게 분석에서의 성공은 만족을 얻기 위한 수단으로 간주된다. 분석 상황과 그것이 활성화하는 갈등을 적극적으로 숙달하는 것은 이런 환자의 제1차 방어선이다. 그에게 있어서, 분석은 분석가가 자신의 노력에 대한 보상으로 자신을 승인해주고 자신에게 갈채를 보낼 것이라는 암묵적인 가정을 수반하는, 적응해야 할 과제로 간주된다. 그의 행동은 방어적이며, 자신이 분석가와 특별한 관계를 맺을 것이라는 암시적인 기대와 함께, 분석가와 경쟁하기도 한다. 이것은 자신은 특별히 흥미롭거나 어려운 특별한 환자이고, 분석가가—배타적으로—다른 환자들보다 자신을 더 좋아하고 사랑한다는 환상으로 표현될 수 있다.

  분석 상황에서 발생하는 어려움을 극복하려는 환자의 시도를 예전에 성공적이었던 그의 노력을 반복하는, 적응적 기능을 갖는 것으로 분석가가 이해해줄 때, 분석가를 이상화하는 전 오이디푸스적 전이 형태가 출현한다. 이러한 자아 이상의 외재화는 부모상의 이상화라는 코헛(1971)의 개념에 가깝다. 분석가의 기대에 맞추는 환자의 순응에는 환자가 분석의 성공에 의해 보상받을 것이며, 그가 분석가에게 돌리는 전능과 전지의 특성을 갖게 될 것이라는 약속이 담겨져 있다. 그런 환상은 말로 표현되지 않은 채 유지되며, 저항의 숨은 원천이 될 수 있다. 분석가가 이러한 환자의 자기애적 기대를 충족시키지 못한다면, 환자의 환멸과 자기애적 격노는 강렬해질 수 있다. '노벨상 콤플렉스'는 두 가지의 주된 환상을 포함한다: (1) 강함과 전능함과 거대함에 대한 적극적인 환상, (2) 뛰어난 재능, 능력, 덕목 등을 지닌 특별히 선택된 존재라는 좀 더 수동적인 환상.

조종적/착취적 성격

　좀더 병리적인 수준에서, 자기애적 욕구는 단순히 인정받고 존경받고자 하는 충동의 측면에서가 아니라, 더 나아가 자기 증대의 목적을 위해 자신은 타인을 이용하고 조종하거나, 착취할 수 있는 특권을 갖고 있다는 믿음으로 표현된다. 버스텐(1973)은 그런 성격을 "조종적 성격"이라고 서술한다. 이러한 성격에 대한 그의 묘사는 정신증적인 또는 반사회적인 성격에 대한 묘사와 가까우며, 이 병리는 상당히 심각한 정도로 빈번히 나타날 수 있다. 그러나 이러한 성격의 반사회적이거나 정신증적인 특성은 이 병리가 단지 자기애적인 것 이상의 것이며, 그런 성격이 경계선 인격의 좀 더 원시적인 수준에서 기능한다는 사실을 암시한다.

　그럼에도 불구하고, 타인에 대한 경멸, 자기 고양을 위해 착취할 수 있고 조종할 수 있는 한에서만 타인이 가치를 갖는다는 생각, 타인이 무엇인가를 훌륭히 해냈을 때, 설령 그것이 기만적이거나 심지어 부정직한 행위를 포함하고 있다고 해도, 그것에 많은 가치를 부여하는 현상, 이 모든 것은 자기애적 인격의 특징을 나타내며, 과대적 자기의 잔여물이 지속되고 있음을 반영한다. 자기애적 손상을 회복하고자 하는 충동은 겉으로는 타인을 위한 행동으로 표현되는데, 이것은 타인이 자신을 착취하고 조종한다고 느끼는 근저의 자기애적 취약성을 은폐하고 있는 것이다. 이러한 자기애적으로 취약한 자기 이미지에 부착된 수치감, 취약함, 무가치함에 대한 내적인 느낌은 자신이 착취한 피해자에게 똑같이 투사되며, 따라서 자신의 자기는 이 투사와 피해자에 대한 착취를 통해 실제로 피폐한 자기 이미지 안에 사로잡히지 않을 것이라는, 현실에 대한 부인에 기초한 확신을 얻는다.

　이러한 상황에서 피해자는 주체의 자기애적 균형을 유지하는 수단으로서 본질적인 중요성을 갖는다. 그러나 주체는 피해자에게 가치를 부여하거나 피해자를 이상화하는 일이 결코 없으며, 오히려 피해자를 가치절하거나 혹은 심지어 경멸한다. 이러한 자기애는 타인으로부터 호의나 지지를 얻거나, 더 나아가 타인을 조종하거나 착취하려는 압력이 거의 없는 정상적인 자기애와 대조를 이룬다. 정상적인 자기애의 경우, 개인의 뛰어난 자질과 조숙함(precocity)은 그가 성공하고 존경을 받게 될 것이라고 기대하도록 이끌며, 따라서 타인으로부터 그러한 자기애적 인정을 강요할 필요가 줄어든다. 그의 행동은 그러한 성공 및 그 성공과 관련된 자기애적 만족을 얻는 것과, 또한 이와 관련된 의미 있는 사랑의 능력이 손상되는 것에 초점이 맞춰져 있다.

착취적인 환자의 자기감은 자기애적 회복을 위한 자원이 계속적으로 이용 가능한 한 비교적 안정된 상태를 유지하고 거의 퇴행하지 않는다. 이러한 환자는 타인과의 관계에서 분리감을 유지하는 일과 의미 있는 관계 혹은 상호적으로 만족스러운 관계를 발달시키는 일에 상당한 어려움을 갖는데, 그것은 그의 의미 있는 모든 관계가 타인이 자기를 위한 위치에 놓여질 것을 요구하는 근저의 자기애에 기반해 있기 때문이다. 자기애적 회복의 수단이 실패하거나 이용이 불가능할 때, 그런 환자는 일반적으로 우울증에 빠진다. 그 우울증은 병리의 정도에 따라 아주 심각한 상태가 될 수 있고, 심지어 자살 시도를 수반할 수도 있다. 강제로 입원되거나 이동이 제한된 정신증적 범죄자들에게서 이와 같은 모습이 발견되는데, 그것은 대체로 더욱 극적인 형태를 띤다(Vaillant, 1975). 그런 환자가 감금되거나 행동이 통제되어 도주할 수 없게 되고 상대적으로 움직일 수 없게 될 때, 근저의 우울증은 임상적으로 명백하게 드러난다. 그러한 정신증적 인격은 착취적인 자기애적 인격보다 더욱 원시적인 경계선 병리에 해당된다(Meissner, 1984a).

원시적 자기애적 인격

병리가 훨씬 더 깊은 자기애는 더 절실하고, 심하게 매달리며, 요구적인 모습으로 드러난다. 여기에는 자신은 받아야 하고 지지받아야 하며 돌봄을 받을 자격이 있다는 독단적이고 비타협적인 믿음이 있다. 타인으로부터 그러한 리비도적 투자를 받아야 할 필요가 지나치게 강하기 때문에 그것은 공생적인 특성을 띨 수 있으며, 따라서 이러한 개인은 그의 삶에서 중요한 타자에게 강렬하게 의존적이고 요구적인 관계를 형성한다. 빈번히, 그런 관계는 매우 양가적이고 적대적이며 의존적인 특성을 띠는데, 그것은 대상이 환자의 자기애적 요구와 기대를 결코 만족시켜 줄 수 없기 때문이다. 그런 개인은 실망과 좌절의 위협에 계속적으로 노출되어 있고, 박탈감과 절박감을 느낀다. 그런 상태에서, 그는 감언이설을 통해서라도 중요한 타자로부터 필요한 반응을 얻어내려고 시도하는 과정에서, 심지어 애처롭게 울거나 불평하며, 부루퉁하게 토라지는 모습을 보일 수도 있다.

모든 자기애적 인격이 그렇듯이, 이러한 개인에게도 매력이 있고 타인을 즐겁게 하고 아첨하며 타인에게 영향을 미칠 수 있는 역량이 있다. 그러나 이러한 행동의 특성은 타인에게서 존경을 얻는 것을 목적으로 하는 남근기 자기애적 환자의 특성과는 상당히 다르며, 타인을 자기 자신의 자기애적 목적에 이용하는 좀 더 착취적인 자기애적 인격의 특성과도 다르다. 이러한 좀 더 심각하게 장애 입은 자기애적 환자는 자신을 위해주고, 지지하며, 돌봐 주는 위치로, 또는 환자 자신의 강한 욕구와 박탈된 공허함을 채워 주는 위치로 다른 사람을 몰아넣고자 하는 목적이 더 우선적이다. 따라서 그런 개인의 행동은 강렬한 구강기적 특성을 띠며, 버스텐(1973)은 이것을 "갈망"(craving)이라고 적절히 특징지었다.

취약성/과대주의

자기애적 병리의 모든 수준에서, 자기애적 취약성과 과대주의는 다양한 정도로 드러난다. 이러한 특성은 내재적으로 연결되어 있고, 결코 고립되어 발견되지 않는다. 흔히, 하나나 그 이상의 차원이 자기애적 인격의 명백한 혹은 의식적인 표현으로서 발견될 수 있지만, 그런 경우에도 좀 더 깊은 임상적 조사를 한다면, 자기애적 병리와 상호 연관된 다른 측면들이 발견될 것이다. 따라서 공공연하게 자신의 허영과 과대주의를 과시하는 남근적 자기애적 인격이나 착취적 자기애적 인격은 자기애적 취약성과 열등감, 수치심, 허약성, 그리고 민감한 감정으로 구성된 은폐된 자기의 핵을 갖고 있는 것으로 드러날 수 있다. 유사하게, 더욱 정밀한 평가에서, 더욱 원시적인 자기애적 인격 병리에서 드러나는 매달리고, 의존적이며, 필요로 하고 요구적인 유형은 과대주의의 핵을 은폐하는 것으로 드러날 수 있다. 이러한 핵은 환자로 하여금 타인이 자신 때문에 상당한 자기 희생과 불이익 또는 손해를 본다고 해도, 타인으로부터 관심과 돌봄, 그리고 주목받을 권리가 있다고 느끼게 만드는 유아적 기대와, 자신은 당연히 그런 것을 받을 자격이 있다는 믿음의 근저에 자리잡고 있다. 이 동일한 과대주의는 자기애적 만족을 얻지 못할 때 부루퉁해지고, 토라지고, 투덜대며, 요구하는 특성으로 나타날 수 있다.

그런 개인은 자신이 타인에 의해 고통을 당했다고 느끼며, 타인은 자신이 경험한 박탈과 결핍을 보상해야 할 의무가 있다고 가정한다. 그러므로 그는 자신이 가지고 있는 어려운 문제를 주체적으로 다루고 스스로 책임을 지기보다는 이 결핍을 보상하고, 회복시켜야 할 책임이 타인에게 있다고 믿는다. 이것은 일반적으로 그런 개인을 비난하는 경향과 병행하는데, 이는 자신이 직면하고 있는 어려운 문제에 관한 책임을 다른 누구에게, 즉 일반적으로 부모나 돌보는 사람, 또는 다른 가족 구성원, 친구, 고용주, 동료들에게 전가하는 경향이 있다. 이러한 경향은 좀 더 극단적인 형태로서 편집증적 표현으로도 나타날 수 있다. 우리가 이미 살펴보았듯이(Meissner, 1977, 1978b), 자기애적 병리는 편집증의 실질적인 핵심 부분을 형성한다.[11]

자기애적 전이

코헛(1971)은 자기애적 인격의 우세한 특징으로서 성격을 조직하는 데 있어서 핵심적인 요소인 응집적인 자기애적 구성물의 확립을 강조했다. 이 구성물은 객관적인 측면과 관련해서는 이상화된 부모상을 포함하며, 주체적 측면과 관련해서는 과대적 자기를 포함한다. 이러한 비교적 안정된 형태의 자기애는 이상화하는 리비도 또는 과대적이고 과시적인 자기애적 리비도가 집중되는 것을 통해서 이루어지며, 다양한 형태의 대상관계와 정신분석적 전이에서 그 모습을 드러낸다.

이상화 전이

전능하고 이상화된 대상의 치료적 활성화는 이상화 전이의 형성으로 인도하는데, 이때 유아기에 경험한 자기애적 완전감의 잔여물은 일종의 잠재적 대상인 이상화된 부모상에게 부여됨으로써, 그 완전감이 회복된다. 따라서 모든 힘과 권력은 이 이상화된 대상에게 귀속되며, 주체는 그것과 분리될 때 공허감을 느끼고 무력해진다. 결과적으로 그는 이 대상과의 접촉과 일치를 유지하기 위해 온 힘을 기울이게 된다. 이상화된 대상과의 계속적인 접촉과 일치는 라이히(1953)가 말하는 형태 중 첫 번째 것을 적절하게 특징짓는 것으로 보인다. 두 번째

---

11. 편집증적 정신병리에서의 자기애에 대한 확대된 논의를 위해서는 제6장을 보라.

형태는 일관된 대상 애착을 유지하지 못하고, 매혹과 경멸, 이상화와 가치절하 사이에서 빠르게 동요하는 자기애적 양태를 보인다. 이러한 불안정성과 대상 항상성의 결함은 '마치-인양'(as if) 인격의 특성을 초래하며, 따라서 그러한 자기애적 애착은 본질적으로 경계선 병리에 속한 것임을 암시한다.

그러한 이상화 전이는 발달의 한 수준 또는 다중적 수준에 뿌리를 둔 원시적 자기애적 상태를 재활성화시킬 수 있다. 이러한 것은 이상화된 모성적 원상(imago)과 자기의 원시적인 합병을 포함할 수도 있으며, 또는 특별한 자기애적 고착을 낳는 좀 더 후기의 발달적 외상을 반영할 수도 있다. 그러한 외상 혹은 자기애적 실망은 아동의 이상화 발달 또는 대상의 이상화를 가로막음으로써, 이상화 구조를 오염시키거나 파괴할 수 있다. 이것은 내재화 과정의 실패로 인한 초자아의 불충분한 이상화로, 그리고 오이디푸스기 이전 및 오이디푸스기 대상의 자기애적 측면에 고착된 이차적인 구조적 결함으로 나타날 수 있다. 코헛(1971)은 다음과 같이 말한다:

> 그러한 외상을 겪은 사람(청소년 그리고 성인)은 끊임없이 이상화된 대상과의 연합을 추구한다. 그의 자기애적 평형은 특정한 구조적 결함(그들의 초자아의 불충분한 이상화)으로 인해 상실된 자기대상의 역할을 담당하고 있는 현재의 대상이 관심과 반응을 보여주고 인정해줄 때에만 보호받는다(p. 55).

이러한 여러 종류의 병인적인 자기애적 고착은 다양한 전이를 발생시킨다. 어떤 이상화 전이는 자아 이상의 형성 과정에서 이상화된 대상을 내사하는 시기보다 후기 단계의 장애를 반영한다. 좀 더 원시적인 자기애적 이상화의 형태는 존경받는 구체적인 인물로부터 오는 것이 아닌, 일종의 경외감을 불러일으키는 특성과 관련된 우주적, 신비적, 혹은 심지어 종교적인 모습으로 나타난다. 그러한 원시적인 이상화 요소는 특히 과대적 자기의 요소와 융합될 때, 더욱 산만하고 희미한 경향을 띠는데, 그러면서도 분석가와의 특별한 유대와 이상화 애착에 대해서는 결코 의심하지 않는다. 그런 경우, 회복된 자기애적 평형은 심미적, 도덕적 완전함의 감정과 함께 전능과 전지에 대한 느낌으로 경험된다. 이러한 감정은 환자가 이상화 대상인 분석가와 연합되어 있고 그에게서 지지 받는다고 느끼는 한, 균형이 유지된다. 동시에, 만연된 우울증, 직무장애, 초조감, 수치심 혹은 열등감, 건강염려증적 몰두 등을 가져오는 자기애적 불균형이 감소한다. 이상화된 대상과의 연합을 확립하는 것은 아마도 더욱 원시적인 이상화된 부모상과의 연합을 성취하려는 자기애적 퇴행의 위협을 줄여줄 것이다(Kohut, 1971). 늑대 인간의 경우에서 볼 수 있는 자기애적 역동은 그와 같은 경우에 속한 것으로 보인다(Meissner, 1977).[12]

거울 전이

어떤 개인에게는 자기애적 고착이 과대적 자기의 발달로 인도하는데, 이 경우 분석에서 과대적 자기의 재활성화는 거울 전이의 형성을 위한 기초를 제공한다. 코헛(1971)은 과대적 자기가 재활성화되는 세 가지 형태에 대해 서술한다:

분석 과정에서 과대적 자기의 치료적 재활성화는 세 가지 형태로 나타난다: 이것은 심리 구조 발달의 특정 단계와 관련되어 있으며, 병리의 치료적 퇴행은 그 단계로 인도한다: (1) "과대적 자기의 확장을 통한 원시적 융합"; (2) "제 2자아(alter ego) 전이

---

12. 늑대 인간의 자기애에 대한 논의는 제 4장을 보라.

혹은 쌍둥이 전이"라고 부르는 덜 원시적인 형태; 그리고 (3) 좁은 의미에서의 "거울 전이"라고 부르는 좀 더 진전된 형태(p. 114).

가장 원시적인 융합 전이 형태에서, 환자는 분석가를 자신의 과대적 자기의 확장으로서만 경험한다. 따라서 분석가는 환자의 과대적 자기의 특성인 과대주의와 과시주의의 저장소가 된다. 코헛은 과대적 자기의 확장에 대해 "융합"(merge)이나 "공생"과 같은 용어를 사용하여 서술하지만, 여기에서 이 융합은 이상화된 대상과의 융합이 아니라, 오히려 분석가를 자신의 일부로 포함시키는 정도에 이르기까지 자기의 경계가 퇴행함으로써 성취되는 데 문제가 있다. 그때 분석가는 환자의 과대적 자기에 종속된 존재로 경험된다. 환자가 이런 대상에 대해 통제하고 지배하는 것을 당연시하는 것은 성인이 자신의 신체나 마음을 그렇게 할 수 있다고 생각하는 것과 비교될 수 있다.

그런 환자와의 관계에서, 분석가는 환자가 자신을 마음대로 통제하려는 강제적 행동에 대해 저항감을 느끼는 것을 발견할 것이다(Kohut, 1971). 과대적 자기의 이러한 합병과 확장은 대상 자체를 제거하며, 대상을 단순히 자신을 반영하는 것으로 만드는 특성을 갖는다. 심각한 퇴행 상태로 간주되어야 하는 이러한 융합은 우리가 다른 곳에서 서술한 합병(incorporation) 양식과 매우 가깝다(Meissner, 1971b, 1979a). 병리가 이런 정도일 경우, 환자는 정신증적인 혹은 적어도 퇴행적인 경계선에 속한다고 간주할 수 있다.

다소 덜 원시적인 성격조직의 수준에서, 과대적 자기의 활성화는 과대적 자기와 유사한, 그리고 과대적 자기의 반영으로 경험되는 자기애적 대상으로 인도한다. 이러한 변형에서, 대상 자체는 보존되지만, 그것에 대한 인식은 주체의 자기애적 욕구에 적합하도록 수정된다. 코헛은 이러한 전이의 형태를 제2 자아 전이, 혹은 쌍둥이 전이라고 지칭한다. 임상적으로 분석가와의 그러한 제 2 자아 혹은 쌍둥이 관계는 꿈이나 환상에서 명백하게 드러난다. 환자는 "분석가가 자신과 같거나 유사하다고 느낀다. 또는 분석가의 심리 구조가 자신의 심리 구조와 같거나 유사하다"고 가정한다(Kohut, 1971, p. 115). 이러한 유형의 전이에서, 분석가의 현실은 보존되지만, 그것은 환자가 과대적 자기의 어떤 측면을 분석가에게 투사함에 따라 왜곡된다.

가장 성숙하고 잘 발달된 형태에서, 환자는 분석가를 어느 정도 독립된 사람으로 경험한다. 하지만 그러나 그럼에도 불구하고 분석가는 환자의 재활성화된 과대적 자기의 요구에 반응하는 한에 있어서만 중요한 사람으로 경험된다. 코헛은 여기에서 아동의 과시주의에 반응하고 그것을 비추어 주는 어머니의 눈빛을 강조한다. 이러한 방법으로 어머니는 아동의 자기애적 쾌감에 참여하고 그것을 강화시킨다. 따라서 이 좁은 의미의 거울 전이에서, 분석가의 기능은 환자의 과대주의와 과시주의를 칭찬하고 반영해주는 것이 된다. 이러한 환자의 욕구는 환자가 분석가로부터 그런 칭찬과 확신을 추구함에도 불구하고 그것을 얻지 못하는 것에 대한 공포를 반영하는, 더욱 미묘한 형태의 행동으로 계속해서 나타날 수 있다. 결과적으로, 환자는 이상적이지 못한 충동, 환상이나 소망을 드러낼 때 자신을 칭찬해주는 분석가의 눈빛을 빼앗길지도 모른다는 공포로 인해 극도의 저항을 나타내게 된다. 그런 환자의 경우, 과대적 자기는 발견되지 않은 채 고도로 방어적인 외면 뒤에 본래대로 유지된다. 분석가는 환자의 과대적 자기가 지닌 취약성을 위협하는 것으로 환자에게 인식되는 위험을 감수해야 하며, 심지어 박해적 혹은 편집증적 형태의 전이 왜곡으로 인해 박해적 대상으로 인식될 수도 있음을 알아야 한다.

진단적 함의

코헛은 "원시적" 자기애적 구성물과 그것의 전이적 표현이 나타나면, 그 환자의 문제는 자기애적 것임이 분명하다고 가정한다. 그러나 이것은 진단적 혼란을 가져오는 한 가지 원천이 될 수 있다. 왜냐하면 두 가지 자기애적 구성물 모두가 좀 더 낮은 수준의 병리적 조직, 심지어 정신증적인 성격에서 뿐만 아니라, 비교적 잘 조직되고 다소 신경증적인 성격과 같은 좀 더 높은 수준의 성격 조직에서도 다양한 정도와 양식으로 표현되기 때문이다. 코헛은 이상화된 원상이나 과대적 자기가 확인되는 곳이면 어디서든 자기애적 인격을 다루고 있다고 가정한다. 그러나 나의 관점에서 볼 때, 코헛의 견해는 병리와 성격 구조의 여러 수준들에서 표현되는 병리적 자기애 조직의 근본적인 형태를 가리키는 것으로 보는 것이 더 합리적인 것 같다. 결과적으로, 자기애적 인격 구조는 이 형태들 중 한 가지 혹은 두 가지 형태 모두를 우세한 측면으로 갖는다고 볼 수 있으나, 진단적 공식화에 있어서는 이러한 형태를 확인하는 것만으로는 충분하지 않다. 여기에는 다른 요인들도 포함되어야 한다.

자기 응집성

자기애적 인격조직의 일차적 측면 중의 하나인 동시에 자기애적 인격 진단의 중요한 차원 중의 하나가 바로 자기 응집성의 요소이다. 코헛은 이런 환자는 발달 과정에서 응집적인 자기 조직을 성취한 사람이며, 그런 이유로 안정된 자기애적 전이를 확립할 수 있다고 강조한다. 뿐만 아니라 오른스타인(1974)은 응집적 자기를 확립하고 유지하는 것은 정신분석을 위한 필수조건이며, 자기애적 전이의 형성을 위한 가능성의 기초라고 강조한다. 버스텐(1978)은 이러한 비교적 견고한 자기 응집성을 자기애적 인격조직의 중심적 특징으로서 성격짓는다. 그는 다음과 같이 말한다:

> 자기애적 인격 유형을 가진 사람은 좀 더 견고한 자기감을 갖고 있으며, 일반적으로 더 쉽게 자신의 자기감을 확인한다. 코헛(1971)은 그런 개인의 자기는 좀 더 응집력을 갖고 있고, 파편화에 덜 취약하다고 지적한다. 그러나 이 응집력 있는 자기는 자기감을 확인받음으로써만 유지되므로, 그것은 전형적인 자기애적 특징을 갖고 있다; 그는 자기 지향적이다(p. 18).

코헛(1971)은 자기애적 인격 안에 있는 자기의 구조와 기능의 응집성을 강조했을 뿐 아니라, 이것을 인격 조직의 원시적인 경계선 형태나 정신증적 형태로부터 구분하는 요인으로 보았다.

자기애적 장애의 치료

나는 자기애적 인격과 자기애적 정신병리의 치료에 대한 좀 더 일반적인 관찰을 몇 가지 덧붙이겠다. 이 주제는 범위가 넓고 내용이 복잡하므로, 여기에서 단지 기본적인 틀만을 제공하겠다. 나의 목적은 편집증적 과정의 측면에서 자기애적 병리의 몇 가지 측면에 초점을 맞추고, 편집증적 과정에 의해 생겨난 기본적 틀이 자기애적 문제의 치료에 적용될 수 있는 가능성을 제시하는 것이다. 다음의 관찰은 이미 앞에서 제시된 심리치료적 접근(제3 장을 보라)과 그것의 틀을 정교화한 것이다.

치료적 연대의 어려움

치료적 연대는 의미 있는 치료를 위해 절대적인 요소이다. 그러나 자기애적 환자의 치료에서 치료적 연대를 형성하고 유지하는 것은 치료 과정 처음부터 어려운 문제로 드러나며, 치료 과정의 광범위한 영역에 걸쳐서 지속적인 문제로 남는다. 자기애적 환자는 치료 영역에서 치료적 연대를 형성할 수 있는, 잘 발달된 혹은 진화된 능력을 활용하지 못한다. 그의 어려움은 자기애적 병리에서 기인하는 매우 특별한 성질의 것이다.

치료가 가능하려면 어디에선가 치료적 연대가 시작되어야 한다. 어떤 내적인 스트레스에 의해서든, 외부적인 상황이나 힘에 의해서든, 환자는 흔히 자신의 자기애적 방어를 가지고 치료를 받으러 온다. 자기애적 환자는 치료자에게 도움을 받고 의존하고, 치료를 받아야 하는 바로 그 점이 심각한 자기애적 모욕으로 느낄 수 있다. 그럼에도 불구하고, 환자는 자신의 방어를 완화시키고 치료자와의 치료 관계에 들어갈 수 있을 정도로 충분히 자신의 저항을 극복하기 위해 기꺼이 노력할 것이다.

자기애적 연대

자기애적 연대란 환자가 치료자와 서로 돕는 관계에 들어가기 위해서 자신의 자기애적 방어 조직을 수정하는 것을 가능케 하는, 초기의 부분적인 치료적 친밀 관계를 말한다(Meissner, 1981b). 이러한 관계는 환자가 치료자를 자신의 고통을 덜어주고 위안을 주는 인물이라고 신뢰할 수 있을 때 가능하다. 치료자에 대한 환자의 신뢰는 기본적으로 자발적으로 치료자의 능력을 인정하는 형태를 띤다. 자기애적 연대가 성공적이라면, 환자는 치료자를 자신의 자기애적 불균형과 자기애적 취약감을 회복하는 데 필요한 잠재적 자원으로 받아들인다.

그러나 치료의 초기에 원시적 자기애적 요소가 성격조직에서 지배적인 역할을 할 경우에는, 자기애적 연대를 위한 역량마저도 심각하게 손상될 것이다. 과대적 자기의 절박한 요구나 이상화된 대상에게 집착함으로써 자기애적 균형을 유지하려는 압력(Kohut, 1971)은 처음부터 자기애적 연대를 가로막을 것이다. 과대적 자기의 병리에서는 도와주는 대상에게 의존할 수 있는 능력이 매우 빈약하다; 마찬가지로, 이상화된 대상에 대한 필요는 치료자와의 잠재적인 연대가 환자의 자기애적이고 방어적인 필요에 의해 전복되고 압도당할 것이라는 마술적이고 환상적인 기대를 수반한다. 치료자는 치료 과정의 시작에서, 환자의 상처 입은 자기애가 어느 정도의 자기애적 연대를 허용할 것인지, 또는 심지어 최소한의 자기애적 연대가 출현하도록 하기 위해 어떤 예비적인 작업이 필요한지를 결정해야만 한다.

자기애적 연대 배후에 놓여 있는 자기애적 필요와 환상적 기대는 치료 관계에서 지속적인 특성으로 남는 경향이 있다. 치료적 연대가 진전되고 전개됨에 따라, 미묘하고 다양한 형태를 띠고 지속적으로 나타나는 그러한 자기애적 필요는 치료적 연대를 계속적으로 잠식할 수 있고, 그것이 병인적인 자기애적 필요에 사용되게 할 수 있다. 결과적으로, 치료적 연대와 그것을 가로막는 자기애적 장애물에 초점을 맞추는 일은 치료 과정의 어떤 지점에서도 뒤로 물러나지 않는다. 이러한 치료 작업 혹은 분석 작업의 영역은 치료 결과에 대한 일차적이고 핵심적인 중요성을 지닌다고 말할 수 있다.

전이 왜곡

자기애적 내사물

자기애적 전이는 전 오이디푸스적 전이의 형태인데, 이것은 근저에 있는 자기애적 내사물의 역동과 조직으로부터 파생하며 또한 그것의 표현이다. 이상화는 내사물로부터 자기애적 요소들을 분석가에게 투사하는 것을 포함한다. 이에 상응하여, 과대적 자기는 그 핵심 구성 요소로서 우월한 자기애적 내사물을 중심으로 조직된다. 거울 전이는 대체로 대상을 과대적 자기의 자기애적 필요를 위해 사용하는 데 사용된다. 이것의 세 가지 형태는 첫째, 좀 더 고태적이고 원시적인 융합 전이 형태(과대적 자기의 확장에 의한), 둘째, 덜 원시적인 쌍둥이(제2자아) 전이의 형태, 셋째, 좀 더 성숙한 형태인 좁은 의미의 거울 전이(환자가 분석가를 분리된 존재로 경험하면서도 자신의 과대적 자기의 욕구에 반응해주는 존재로서만 가치를 인정해주는) 이다.

가치절하

기본적인 자기애적 역동은 사례에 따라 그 강도가 다양한 정도로 드러난다. 이상화의 정도는 대체로 분석 작업 과정에서 커졌다가 작아지는 변화를 거친다. 마찬가지로, 거울 반영의 정도 역시 변화한다. 두 가지 모두에서, 자기애적 역동은 자기의 가치절하를 수반한다. 이상화의 경우에, 이상화가 환자의 자기의 가치절하를 수반하거나 수반하지 않는 정도는 상당히 다양할 수 있다. 그러나 분석 작업 과정의 어느 지점에서는 거의 불가피하게 자기에 대한 가치절하 요소가 분명하게 나타날 것이다. 편집증적 과정에서, 이것은 예상을 벗어나는 것이 아니다. 왜냐하면 자기애적으로 우월한 내사 요소가 투사되는 것은 그 이면에서 열등한 자기애적 내사가 작용하고 있음을 의미하기 때문이다. 결과적으로, 외부적 대상에 대한 이상화가 발생하는 정도만큼, 자기 가치감의 저하, 자존감의 저하, 그리고 심지어 우울한 상태가 예상된다.

거울 전이에서는 가치절하가 대상을 향하는 경향이 있다. 대상이 환자의 자기애적 욕구에 사용되고 그것에 종속되기 때문에, 열등한 자기애적 내사물의 투사에 기초해서 그와 상응하는 정도만큼 대상에 대한 가치절하가 일어난다. 이런 관점에서 보면, 자기애적 전이는 투사를 위한 기반을 제공하는데, 그 기반 안에서 자기애적 내사 조직의 역동과 유형이 드러난다. 그리고 그것은 곧 치료 작업을 위해 사용할 수 있게 된다. 그것은 마치 자기애적 자료가 생생하게 재활성화된 형태로 치료자와 환자 모두가 참여하는 치료적 상호작용에서 나타나는 것과 같다. 따라서 전이라는 모체(transference matrix)는 이러한 자기애적 변천 양상을 관찰하기 위한 가장 직접적이고 생생하며 강력한 장(場)을 제공하고, 가장 효과적이고 효력 있는 치료적 개입을 위한 매개물을 제공한다.

내사물의 명료화

심리치료적 틀이라는 측면에서 볼 때(제3장), 내사물에 대한 설명은 특별한 중요성을 갖는다. 환자의 자기애적 자료를 다룸에 있어서, 치료자는 우월한 내사물과 열등한 내사물 모두에 귀를 기울여야 한다. 치료자의 일차적인 과제는 자기애적 극의 두 측면 모두에서 이 내사적 자료를 상세히 탐색하는 것이며, 따라서 이러한 내사적 요소가 개인의 삶의 경험에 스며들고 다양한 상황에서 자신을 표현하는 방법과 양식에 대한 더욱 정교하고 정확한 정보를 획득하는 것이다. 치료자는 환자가 열등감과 부적절감, 수치심과 무가치감, 굴욕감, 시기심과 취약성에 대해 느끼는 공포에 관해 말할 때, 일차적으로 그것에 대해 이해해주고, 공감해주며, 수용해주어야 한다. 치료자는 환자가 자신의 피폐화되고 자기애적으로 가치절하된 자기에 대한 이런 감정을 표현하고 탐구하는 데 필요한 충분한 공간을 제공해주어야 한다. 그러한 감정이 환자의 권리감, 완벽주의, 과시주의적인 충동과 소망, 칭찬 받고 싶은 욕구의 형태로 나타나기 시작한다면, 그것은 우월한 자기애적 구성물이 나타나는 것이며, 그때 치료자는 환자가 자신의 내면의 이러한 영역을 탐구할 수 있도록 넉넉한 심리적 공간을 제공해주어야 한다.

여기에서 코헛이 제안한 몇몇 주의 사항이 적절히 적용된다. 대부분의 치료자가 환자의 열등한 자기애적 감정과 태도를 공감해주고 수용해주는 과제에서는 그다지 큰 어려움을 겪지 않는다. 그러나 이것조차도 그렇게 쉬운 일만은 아닌데, 어떤 치료자에게는 환자의 고통스럽고 자기 연민적인 우울을 받아주는 것이 어려울 수 있기 때문이다. 그러나 일반적으로 그러한 정서를 견디는 역량은 치료자가 되기 위해 갖추어야 할 실제적인 요소이다. 코헛은 분석가가 환자의 과대주의와 자기애적 우월감에 반응할 때, 특히 환자의 과대주의가 분석가를 가치절하하는 시도를 수반할 경우에, 분석가는 자신의 반응에 대해 주의할 것을 주문한다. 자기애적으로 열등한 측면에 대해 주어지는 관용과 공감적 수용은 자기애적으로 우월한 측면에도 똑같이 적용되어야 하며, 설령 그러한 측면에 대한 치료자의 반응이 아무리 강하다고 해도 또는 치료적 개입(명료화, 해석 등)의 유혹이 강하게 작용한다 하더라도 그것은 꼭 지켜져야 한다.

내사물에 대한 명료화 과정의 일부는 전이 상호작용에서 내사물이 그 모습을 드러내는 것과 관련되어 있다. 이 과정은 치료 작업의 다른 측면에서 발견되는 우월한 내사물과 열등한 내사물 모두를 전이 상호작용에서 출현하는 유형과 연결시켜 주는 역할을 한다. 왜냐하면 그것은 동일한 뿌리에서 유래한 것이기 때문이다. 이러한 유형에 대한 인식과 인정은 환자에게 강한 인상을 줄 수 있으며, 그와 같은 기본적인 유형에 확신과 생생함을 더해줄 수 있다.

치료적 전략

그러나 치료 과정에서, 환자의 자기애적 욕구를 수용해주고 공감적으로 이해해주는 것만으로는 충분하지 않다. 이 문제는 코헛의 관점에서 벗어나 있고, 그것을 능가한다. 모든 내사물이 점차 설명되고 정의됨에 따라, 그것에 대해 치료적으로 무엇을 할 수 있는지에 관한 질문이 생겨난다. 우월한 자기애적 구성물이 나타날 때 처음에는 해야 할 일이 거의 없다. 그것이 확장되고 드러남으로 해서 그것의 다양한 형태와 그 특성이 적절하게 서술될 수 있어야 하기 때문이다. 이러한 과정이 전개됨에 따라, 치료자는 이 우월한 형태의 방어적 측면에 대해 주의 깊게 주목하고 확인해야 한다. 그러나 여기에서 사용되는 방어는 컨버그(1974)가 서술한 것과 같은 것이 아니다. 컨버그가 서술한 자기애적 방어는 경계선 인격에 대한 설명으로 더 적절한 것으로 보인다 (Meissner, 1984a). 우리는 과대적 자기가 실제로 병리적인 자기애적 인격을 구성한다는 컨버그의 견해에 대체로 동의하지만, 모든 자기애적 인격에서 과대적 자기의 방어적 측면이 근저의 구강기적 공격성과 시기심에 대한 방어라고 말하는 그의 견해에는 전혀 동의하지 않는다. 이것은 분명히 좀 더 원시적으로 조직화된 인격(경계선)에 대한 묘사이며, 자기애적 인격 양태에서 지배적으로 나타나는 것은 아니다. 방어는 반대 편에 있는 자기애적 내사물의 요소, 즉 열등한 형태의 내사물에 대해 작용하고 있다. 과대주의와 자기애적 우월의 다른 요소는 열등한 자기애적 구성물인 수치감, 무가치감, 우울, 시기심, 그리고 열등감을 방어하기 위해 유지되고 있는 것이다. 치료자는 그러한 자기애적으로 우월한 요소를 포함하는 자료를 환자의 말에 경청함으로써, 그러한 요소가 방어적인 기능과 자기애적 균형을 유지하는 기능에 어떤 방식으로 그리고 어느 정도로 중요하게 사용되는지를 차츰 알 수 있게 된다.

치료 작업에서 자기애적으로 열등한 요소가 다루어질 때, 치료는 보다 성공적일 수 있다. 바로 그때 치료자는 환자의 성격의 이러한 측면을 받아들이고, 이해하며, 공감적으로 조율된 유대를 확립해야 할 것이다. 열등한 자기애적 요소에 대한 치료 작업은 자기애적 방어의 태도와 그것에 대한 이해의 폭을 넓히고, 자기애적으로 빈곤한 이러한 감정의 기원과 그 배후의 이유에 대해 더 많이 질문하도록 인도한다. 점차적으로, 자기애적인 과대주의와 우월성에 반대되는 요소들은 그것들의 방어 기능의 측면에 초점을 맞출 때 좀 더 잘 이해될 수 있다.

여기에서 내가 서술하는 치료 전략은 편집증적 환자(자기애적 병리의 극단적인 형태를 이루는)에 대한 접근과 유사한 것이다.[13] 편집증 환자의 치료에서, 편집증적 과정에 대한 전략은 환자의 망상적 체계나 과대주의에 대해 정면으로 공격하는 것이 아니라, 오히려 환자의 허약함, 무기력, 취약성, 피해자화됨—편집증적 체계의 "취약한 아래 부분"(soft underbelly)이라고 불리는—에 공감적으로 접촉하고 이해하는 것이었다. 그 취약한 부분이 점진적으로 다루어지고, 이해되고, 해결됨에 따라, 편집증적 방어가 더 이상 필요 없게 됨으로써 그것은 무너지고 사라진다는 것이다. 자기애적 병리를 가진 환자를 다루는 데도 그와 비슷한 요소가 포함되어 있다. 선호되는 전략은 어떤 의미로도 환자의 병리의 자기애적으로 우월한 측면을 공격하는 것이 아니라 "그것을 부드럽게 다루는 것"이다. 자기애적으로 방어적인 환자의 자세를 침범하고, 조종하거나 수정하려는 어떤 시도도 자기애적 추구를 강화시키고, 치료적 연대의 강화와 치료적 수정을 약속할 수 있는 발

---

13. 편집증적 환자의 치료에 대한 확대된 논의를 위해서는 제 7장을 보라.

판을 얻을 가능성을 붕괴시키는 결과만을 초래할 것이다. 만일 치료자가 환자의 자기애적으로 열등한 측면과 연대를 형성할 수 있고, 환자의 수치심, 시기심, 무가치감, 열등감과 같은 느낌을 이해하고 받아들이며 공감적으로 접촉할 수 있다면, 치료적 개선의 가능성은 크게 증대될 것이다.

수치심

예컨대, 수치심은 자기애적으로 열등한 내사에 대한 일차적인 신호 정서 중의 하나이다. 킨스톤(1983)이 지적하듯이, 수치심에 민감한 개인은 방어적으로 수치심을 느끼지 않거나 숨겨야 하는 딜레마에 빠져 있다. 그런 환자는 자신의 내면의 수치스러움과 부적절함에 대한 느낌을 치료자로부터 숨기는 장치를 만들어낼 수 있다. 그들은 수치심을 느끼지 않기 위해 감정을 차단하는데, 그것은 고립되고 자기 충족적이며 과대적인 자기를 보호하기 위한 일종의 후퇴이다. 궁극적으로 치료자는 그런 환자를 근저의 수치심과 접촉하도록 인도해야 한다 (Morrison, 1984).

수치심은 타인에 의해서 뿐만 아니라, 궁극적으로 자신에 의해서 수용받는 문제에 달려 있다. 치료에서 그 과정은 환자가 열등하다고 느끼는 느낌을 치료자에게서 수용 받는 경험과 함께 시작된다. 그러나 치료자는 환자의 수치스러운 상태가 자기애적으로 투자된 이상적 자기의 요구들을 성취하지 못한 환자의 실패를 반영하는 근저의 자기애적 역동에 기초해 있으며(Morrison, 1983), 환자가 내적인 결함과 주관적인 부적절감을 갖고 있다는 사실을 잊어서는 안 된다. 달리 말하면, 수치심 경험은 어떤 의미에서 존경받고 칭찬 받고 싶은 근저의 자기애적이고 과시주의적인 소망에 대한 방어이다. 그는 병리적 자기애의 지시, 즉 전부 아니면 전무의 법칙을 따라 인정받고, 존중받고, 칭찬받고자 하는 기대와 욕구를 충족시키지 못한 채, 부적절감과 수치심만을 경험하고 있는 것이다. 그런 환자에게는 어떤 중간 지점도 있을 수 없다. 그는 평범하고 평균적인 것, 혹은 "충분히 좋은 것"은 받아들일 수 없다.

환자가 이러한 취약하고 부적절한 자기애적 측면을 드러낼 때 치료자는 세심한 주의를 기울여야 한다. 그러한 자기 노출이 너무 조급하거나 침범적으로 이루어질 경우, 환자는 강렬한 자기애적 요구와 자기애적 격노로 반응할 수 있다. 그런 환자는 자기애적인 모욕이나 어떤 암시적인 평가절하에도 매우 민감한 반응을 보인다. 환자는 분석적 상호작용을 통해서 분석가와 충분한 신뢰 관계가 형성되었을 때, 자신의 근저에 있는 자기애적 취약감으로부터 그리고 외부의 견해로부터 스스로를 보호하고 방어하려는 강한 욕구들을 표면에 드러내기 시작한다. 은폐된 자기애적 소망은 우월한 자기애적 구성물의 역동을 반영하는데, 이 우월한 자기애적 역동은 그것이 받아들여지고 적절히 처리될 경우에만, 초점이 맞추어지고 다루어지며 통합될 수 있다. 환자의 이러한 자기애적 병리의 다양한 측면들 사이에 존재하는 상호적인 연결성 때문에, 어느 정도 이 우월한 자기애적 역동의 처리는 유사한 방식을 따라 이루어진다. 환자는 자신이 가지고 있는 것이 충분히 좋으며, 그가 그것을 가지고 잘 지낼 수 있고, 타인이 가진 어떤 것이 자신에게 없다고 해도 그것을 박탈이나 패배로 받아들이지 않을 수 있는 지점에 이를 때, 비로소 타인에 대한 수치심으로부터 자유로울 수 있다.

전이 신경증

환자의 삶의 경험과 태도 안에서 자기애적 구성물의 구성 요소를 점차 확인할 수 있게 됨에 따라, 그 요소는 치료 관계 안으로 들어와 전이 신경증으로 나타난다. 전이 신경증이 발생하는 정도와 속도는 환자에 따라 다르다. 이때 치료자는 이러한 전이 신경증을 구성하는 요소를 확인해야 한다. 이상화 전이에서, 자기애적 완전함과 우월감의 특질은 치료자에게 귀속된다; 이에 상응하여, 자기애적 열등성의 측면은 자기에게 귀속된다. 치료자는 이러한 자기에 대한 평가절하와 그것이 갖는 함의에 주목해야 한다. 이상화는 첫 번째 면담에서 논평이나 교정에의 시도없이 받아들여지고 용납되어야 한다. 그러나 치료자는 환자가 은밀하거나 암시적인 방식으로 자신을 평가절하하는 순간들을 놓쳐서는 안 된다. 자기애적 내사물을 더욱 명료화하기 위해 치료자가 언제 적극적인 시도를 할 것인가에 대한 결정은 임상적 통찰의 문제이다. 분석가는 이상화 전이가 환자의 자기애적 취약성을 위협하지 않을 정도로 비교적 안정되게 확립되어 있고, 치료적 연대가 치료 과정의 다음 단계가 유용하게 전개될 수 있는 지점에까지 진전된 상태인지를 확인해야 한다.

이와는 대조적으로, 거울 전이는 원래의 유아적 자기애를 과대적 자기에 대한 리비도 집중을 통해 그대로 보존하려는 시도를 나타낸다. 과대적 자기가 모든 힘과 완전함을 갖는 정도 만큼, 그 자기는 모든 불완전함을, 특히 열등한 자기애적 구성물의 측면을 외부로 투사한다. 거울 전이의 형태에서, 환자는 과대적 자기를 유지하고 지지해줄 수 있는 대상을 얻기 위해 노력한다. 이상화 전이에서처럼, 과대적 자기의 출현과 재활성화는 거울 전이 안에서 수용되고 관용되어야 한다. 여기에서는 과대적 자기의 출현이 대상에 대한 평가절하를 불가피하게 수반하기 때문에, 치료자는 더 큰 어려움에 직면하게 된다. 자기애적 우월 형태의 요소들이 스스로를 드러내도록 허용된다면, 그것은 환자의 내면 세계에 대한 중요한 정보를 제공할 것이다. 다시 말해서, 환자의 과대주의와 우월성은 그것에 대항하여 방어로서 작용하는 자기애적 구성물의 다른 측면도 드러낼 것이다.

치료자가 환자의 과대주의의 측면과 접촉하고 작업하려는 시도는 비교적 성공적이지 못하고 효과적이지 않은 것으로 판명된다. 오히려 치료 과제는 자기애적 열등의 요소에게 접근하는 데 있다. 복잡하게 얽힌 그 요소의 기원과 동기에 초점을 맞춰 탐구하고 이해할 때, 자기애적 방어는 사라지고 자기애적 우월과 과대주의의 하부구조는 와해될 것이다. 그러므로 이러한 접근이 함축하고 있는 것은 코헛(1971)이 강조하는 이론적 접근 방식과는 대조를 이룬다. 코헛은 이러한 자기애적 요소를 치료자가 수용해주고 공감적으로 견뎌 주는 것이 임상적으로 중요하다는 주장에 대한 이론적 근거로서, 이상화와 과대적 자기의 발달 두 가지를 모두 포함하는 정상적인 자기애적 발달 과정에 대한 이론을 제시한다. 그와는 달리, 나는 공감적 수용의 중요성을 적절하고 제한된 초점 안에서 강조하면서도, 자기애적 구성물은 본질적으로 병리적이며, 상호적이고 방어적인 관계 안에서 기능한다고 보는 입장을 취한다. 자기애적 구성물의 어떤 측면이 임상적 상황을 지배하더라도, 그것은 반대 쪽 극의 자기애적 구성물에 대한 방어적 압력으로서 스스로를 유지한다. 바로 이 점이 이러한 맥락에서 임상적 개입을 위한 전략과 관련된 본질적인 이해와 통찰이 될 것이다.

역전이 변천 양상

자기애적 전이의 변천 양상과 상호관련되어 있는, 분석가의 역전이 반응은 치료 결과에 특별한 영향을 미친다. 자기애적 환자의 치료에서는 보편적으로 역전이 압력이 심하게, 그리고 지속적으로 나타난다. 자기애적 전이가 출현하게 됨으로써, 분석가 자신의 자기애는 계속적인 압력과 공격 하에 놓이게 된다. 과대적 자기의 재활성화는 종종 자기애적 저항을 고조시키는 결과를 가져온다. 그 결과, 어떤 환자는 분석가를 자신의 게임에서 패배시키려고 할 것이다. 그는 다른 어떤 개인의 노력을 통해서 자신의 성장이나 더 높은 수준의 만족과 효율성을 성취했다고 느낄 때, 참을 수 없는 모욕감을 느낀다. 그런 환자는 기본적으로 분석가가 가진 모든 것, 즉 지식, 힘, 지위에 대한 시기심 때문에 고통을 받는다. 그는 어떤 의존적인 관계도 거부하고, 관계에서 상호 교류되는 감정, 애정, 칭찬, 혹은 존경심을 말살하고자 한다. 그는 분석 과정을 평가절하하고 특히 분석가에 대한 애착이나 의존적인 감정이 느껴질 때, 그 자신의 정서적 경험을 부인하려 할 것이다. 분석가가 자신과는 다르고 분리되어 있다는 사실에 대해 강렬하게 시기하는 환자의 시기심과, 분석가를 패배시키고 분석과정을 파괴시키려고 하는 환자의 욕구 모두는 분석가의 자기애를 위협하고, 또 분석가와 치료자로서의 그의 정체성을 위협하는데, 이때 분석가는 매우 어려운 곤경에 빠지게 된다. 즉 분석가는 그 환자의 분석 치료가 불가능하다고 느끼거나, 더 미묘하게는 빠르고 직접적이며 혹은 심지어 의도적으로 환자의 과대주의에 직면하고, 환자의 자기애적 태도를 수정하려고 시도하며, 환자의 자기애를 패배시키기 위해, 옳은 말이기는 하지만 시기적절치 않은 해석으로 보복함으로써, 환자를 평가절하하고 자기애적 공격을 역전시키고 싶어지는 압력을 계속해서 받게 된다.

치료자를 이상화하려는 환자의 시도는, 그것이 분석가의 해결되지 않은 자기애적 욕구와 자기애적 고양에 영향을 미침으로써, 다른 형태의 자기애적 압력을 만들어낸다. 치료자의 과대주의와 과대적 자기의 구성 요소들이 적절히 해소되지 못한 채로 남아 있다면, 치료자는 이러한 역전이 위험 앞에 취약하게 된다.

편집증적 과정의 관점에서 볼 때, 이러한 역전이의 변천 양상은 환자와 치료자 사이에서 작용하는 투사와 내사의 상호작용을 반영한다. 치료자의 역전이 반응은 환자의 자기애적 구성물의 어떤 부분이 투사됨으로써 유발된다. 이상화 전이의 경우에, 환자에 의해 투사된 요소는 우월한 자기애적 내사물로부터 파생되는 경향이 있다. 그리고 거울 전이의 경우에 그 투사는 열등한 자기애적 구성물로부터 파생되는 반면에, 우월한 자기애적 요소는 과대적 자기 안에 내사물로서 유지되는 경향이 있다.

치료자는 환자가 투사한 것을 내재화함으로써 그 투사된 내용에 상응하는 위치로 자신을 몰아넣는데, 때로는 자기애적으로 열등한 위치로, 혹은 그와는 반대로, 우월한 위치로 자신을 몰아넣도록 압력을 받는다. 이때 치료자는 환자의 이상화에 대한 반응으로 자기애적으로 투자된 중요한 역할을 모두 떠맡기 쉽다. 그는 환자에게 충고를 하고, 환자가 책임져야 할 영역까지 책임을 지려 하며, 환자에게 해석을 하거나, 관찰한 것을 말해주고, 극단적인 경우에는 모든 것을 알고, 모든 것을 돌보며, 모든 것을 주는 전능한 치료자의 역할을 떠맡게 된다. 그는 또한 환자의 과대주의를 지지하거나 강화하는 미묘한 방법으로, 거울 반영 과정에 대한 요구에 반응하거나, 환자의 한 측면 혹은 다른 측면에 관한 가치를 평가절하하고 그것은 중요하지 않으며 비효율적이라고 말함으로써, 암시적인 투사적 압력에 굴복하게 될 것이다.

내재화의 역할

투사/내사

이러한 형태의 정신 병리를 다루는 데 있어서, 내재화는 치료 과정의 가장 중심적이고 중요한 구성 요소이다. 전이/역전이 상호작용의 출현은 투사 과정과 내사 과정의 상호작용에 기초해 있다. 환자가 분석가와의 관계 안에서 창조해낸 중간(transitional) 대상에게 자기애적 요소를 투사하는 것은 전이의 기초를 형성한다. 그러한 잠정적 투사 내용과 이에 상응하는 분석가의 내사물 및 그것에 대한 내적인 처리 과정(internal processing)은 역전이를 위한 기반을 제공한다. 상호 작용 하는 투사와 내사 과정은 결과적으로 투사 내용을 변형시키는 경향이 있다.

여러 연구자들이 이 과정을 은유적 용어를 사용하여 서술했다 우리 는 위니캇(1960b)의 모성적 "안아주기"(holding)라는 은유와 비온 (Bion, 1984)의 "담아주기"(container)라는 은유를 생각해 볼 수 있다. 예컨대, 환자는 이상화된 요소를 분석가에게 투사한다. 분석가는 이 투 사를 편안하고 기분 좋게 수용해주며, 그것을 동화시켜내고, 환자에 대한 그의 연상적 반응이라는 사고의 흐름 안에서 그것을 통합해낸다. 환자의 이상화에 직면해서, 그는 그런 이상화와 자신의 내재적인 한계 에 대해 갈등하지 않고 편안히 그 이상화를 받아낸다. 그가 역전이의 덫을 피할 수만 있다면, 환자에 대한 그의 반응은 이상화된 우월성 혹 은 전능 대상의 반응이 아니라, 환자와 그의 행복에 적절히 헌신하고 관심을 갖고 존중하는 보통 사람의 반응일 것이다. 이상화로부터 온 것을 환자에게 되돌려주는 것은 환자를 평가절하하거나, 경멸하거나, 하찮게 보거나 무시하는 것이 아니다. 분석가의 그러한 부정적 반응들 은 역전이 패러다임을 작동시킬 것이며, 환자의 자기애적 열등감과, 중요하지 않다는 느낌, 부적절감, 그리고 심지어 수치심을 강화할 것 이다. 그럴 경우, 환자는 치료자에게 자기 자신의 가치감을 인식해줄 것을 요청할 뿐만 아니라 자신에게 다른 정서적 반응, 즉 좀더 평등하 고, 균형있는, 상호적 참여를 바라고 협력해줄 것을 요청할 것이다.

그 과정은 제한된 치료 시간 동안에 일시적인 전이/역전이 상호작 용의 맥락 안에서 작용할 수 있는 한편, 동일한 과정이 훨씬 더 오랜 시간에 걸쳐 전개될 수도 있다. 치료자를 이상화해야 하는 환자의 욕구는 치료적 상호작용이 일어나는 기간 동안에 수집된 치료자의 결점, 인간적 한계, 부적절한 측면에 대한 현실적인 인상에 의해 계속적으로 잠식된다. 환자는 궁극적으로 이러한 의식의 흐름을 치료자의 위대함과 자기애적으로 투자된 우월성에 대한 그의 평가 안으로 끌어들여 그것을 통합해내야 한다. 좋은 치료 관계에서 발견되는 보편적 사실로서, 이상화된 대상은 그 자신의 약점과 한계에 대해 불편해하거나 갈등을 느끼거나 힘들어하거나 혼란스러워 하지 않는다. 그는 그것들을 자신의 전반적인 기능 안으로 편안하고 쉽게 받아들여 통합할 수 있으며, 그가 이러한 결점을 뼈저리게 느낄 때조차도 자존감의 결핍으로 인한 고통을 겪지 않는다.

교정적인 효과

환자는 이러한 맥락 안에서 과대주의와 완전함의 고지를 향해 올라가지 않고도 세상과 인간사에서 능력 있고 효율적이며 의미 있는 위치를 차지할 수 있다는 것을 배운다. 그는 '충분히 좋음'과 같은 것이 있으며, 불완전하고 제한된 것이 반드시 무가치함과 수치스러움을 의미하지 않는다는 것을 배운다. 투사와 내사의 계속되는 상호작용에서, 환자가 분석적 관계 안에 있는 어떤 요소를 내재화함으로써 이루어진 내면 세계의 점진적인 수정은 질적으로 새로운 특질을 갖게 된다. 즉, 자기애적 요소의 강도가 수정됨으로써, 자기애적 요구의 압력은 환자로 하여금 정신 병리의 근저에 있는 극단적인 기반을 떠나 의미 있는 이상, 가치, 그리고 야심의 출현과 발달을 허용하기에 적합한 중간적인 기반을 향해 옮겨가게 만드는 추진력이 된다.

전이에서 치료적 연대로

이러한 내면 세계의 수정은 전이/역전이 상호작용을 통해 일어나며, 이 상호작용은 내사와 투사의 상호작용을 위한 기반을 제공한다. 그러나 분석 과정의 또 다른 중요한 차원이 있는데, 이는 치료 연대라는 맥락 안에서 나타난다. 동일시의 과정은 우리가 논의해온 내사적 요소와 나란히 수행된다. 의미 있고 건설적인 동일시를 위한 역량은 전이 변천 양상이 점차 전개되고 해결됨에 따라, 더욱 적극적으로 활용된다. 병인적인 자기애적 구성물이 더 적절하고 현실적인 자기애적 투자의 형태로 변화됨에 따라, 더욱 의미 있고 선택적인 동일시를 위한 길이 열리는데, 이 동일시는 분석 과정에서 치료 연대에 기초해 있다(Meissner, 1981b).

전이 요소가 해결됨에 따라, 치료적 상호작용의 더 많은 것들이 의미 있게 출현하는 연대 요인들에 의존하는 경향이 있다. 이때 분석가는 의미 있는 동일시를 위한 대상으로서 더욱 분명하고 결정적으로 인식된다. 치료 효과나 치료 결과가 일시적이고 부분적으로 분석가나 환자의 의식적인 자각 수준으로 떠오를 수도 있지만, 그것의 전체적인 과정은 무의식적인 수준에서 일어난다. 분석가나 환자가 치료 자체에서 효과적이고, 의미 있으며, 치료에 유용한 방식으로 작업하는 것 이상으로 이러한 동일시를 촉진하거나 용이하게 하기 위해 할 수 있는 일은 아무 것도 없다. 치료자가 자신을 어떤 의미에서든 동일시를 위한 대상으로서 제시하는 것은, 어떤 점에서도 치료 과정이나 환자에게 도움이 되지 않는다. 이것은 실로 자기애적 역전이의 덫을 피하지 못한 분석가의 실패를 반영하는 것이다.

사실 분석가는 동일시 모델로서 의미 있는 방식으로 사용되며, 때때로 분석가처럼 되고 싶다는 환자의 소망이나 그가 자신과 분석가를 연관시키는 태도, 사고, 감정으로 상황에 반응하는 자신을 발견하는 환자의 경험은 치료에 유익이 된다. 치료자의 과제는 그러한 동일시를 격려하거나 좌절시키는 것이 아니라, 그것이 역전이에 의해 가로막히지 않는 자연스러운 과정을 따르도록 허용하는 것이다. 이 과제가 실현되는 정도 만큼 환자의 동일시는 선택적이 되고 분화되며 자율적이 된다. 그 동일시는 확실히 환자의 것이며, 진정되고 목적적인 자기감의 통합을 위한 기초가 되는, 자발적인 창조성과 표현의 원형을 반영한다. 그러한 통합은 분석적 노력의 결과이며, 분석가는 다만 환자의 자기가 점차로 자율성과 통합을 성취하도록 심리 내적 과정에 무의식적인 씨앗을 뿌리는 역할을 할 뿐이다.

제 3 부

편집증 환자의 심리치료

제 6 장

진단

이 장의 의도는 제2장에서 제시된 심리치료 이론을 편집증적 정신 병리를 지닌 환자의 치료에 적용하는 것이다. 우리는 편집증적 특성과 그와 관련된 상태에 대한 진단의 문제를 다룰 것이며, 그 다음 이런 환자의 심리치료와 관련된 문제를 자세히 살펴볼 것이다.

편집증적 특징들

우리는 먼저 "편집증적인 사람은 어떤 모습으로 드러나는가?"를 질문해야 할 것이다. 한 개인이 편집증적 정신 병리로 고통받고 있다는 사실을 확인할 수 있는 특징들은 무엇인가? 하나의 관점에서 보면, 편집증적인 표현이 종종 극적이고 두드러지기 때문에 이 질문에 대답하기가 쉽다. 그러나 다른 관점에서 보면, 그 질문은 대답하기가 어려운데, 그것은 이 동일한 특징이 비교적 정상적인 사람들의 집단에서도 쉽게 발견되기 때문이다. 우리는 주체의 경험에 대해 부분적으로 검증하고 확인하면서도, 동시에 개인의 왜곡된 현실 경험을 포함하는 편집증적인 스타일, 즉 삶의 경험에 대한 편집증적인 구성 방식과 현실인식을 조직화하는 방식에 대해 말할 수 있다. 편집증적인 상태의 마음은 개인으로 하여금 자신의 현실을 어떤 적응적인 필요에 따라서 해석하고 조직하게 하는 일관된 신념 조직으로 볼 수 있다. 개인이 자신의 경험을 조직화하는 방식은 특히 근저의 불안이나 우울에 대한 특별한 방어적 욕구를 위해 사용된다.

비난하기 경향

편집증적 양상의 한 가지 지배적인 특성은 자신의 책임을 타인에게 돌리는 경향이다. 이러한 의미에서, 편집증적 환자는 내적인 갈등이나 내적인 부적절함 때문이 아니라 외부적인 힘과 영향 때문에 자신이 어려움을 겪고 있다고 생각한다. 자신의 불행에 대해서, 우울증을 지닌 사람은 자기 자신을 비난하는 반면에, 편집증적인 사람은 타인을 비난한다. 편집증적인 사람은 이러한 수단을 통해서 너무나 고통스럽고 위협적인 자기 비난을 회피하며, 동시에 어느 정도의 자존감과 자기 정당화를 유지한다. 비난하기는 편집증적 개인으로 하여금 자신의 행동과 느낌, 그리고 신념이 정말 옳고 진실하며 선하다고 느끼게 하며, 따라서 자신과 다른 방식으로 사물을 바라보거나 현실에 대한 인식이 자신의 것과 다를 경우, 그 견해는 잘못되었고, 어리석으며, 옳지 않고, 심지어 악의를 갖고 있다고 간주한다.

의심

의심은 편집증적인 성격에서 보편적으로 나타나는 특징이다. 편집증적인 의심과 편집증적인 방어는 자기 보호 기능으로 중요하게 사용되며, 개인으로 하여금 현실에 대한 자신의 해석이 옳다는 느낌을 보존하게 한다. 편집증적인 의심은 이용할 수 있는 현실적인 자료를 편집증적인 신념 속으로 동화시키려고 끈질기게 노력한다. 이것은 지적인 호기심이 아니라, 현실적인 자료를 편집증적 신념과 일치하도록 수정,

왜곡, 재해석하려는 계속적인 압력의 결과이다. 임상적으로, 편집증적 환자는 자신의 편집증적 확신과 다른 어떤 설명이나 현실검증, 혹은 해석과 같은 시도에 대해서 심하게 저항한다. 치료자가 그것들에 대해 어떠한 노력을 하더라도, 그는 치료자가 자기 자신의 가장 큰 취약점을 공격하고 있다고 느낀다.

과대주의

과대주의는 편집증적 상태의 일반적인 특징이지만, 과대주의에 포함된 병리적 왜곡의 강도와 정도는 상당히 다양하다. 프로이트는 편집증적 상태에서 나타나는 과대주의가 개인의 자존감을 보존하도록 돕는 역할을 한다는 점에 주목하였다. 편집증적 상태에서 나타나는 과대주의로의 후퇴는 현실 인식, 특히 개인 자신의 부적절성이나 한계를 인식하는 것을 거부하고, 그 인식을 왜곡할 뿐만 아니라, 자신은 특별한 존재이며 자신의 견해는 항상 옳은 것이라는 주장을 뒷받침하는 기초로서 사용된다.

망상

가장 병리적인 형태의 편집증적 과대주의는 자신을 특별하고, 비범하며, 고유한 존재라고 생각하는 정체성에 대한 망상으로 나타난다. 정신증적으로 편집증적인 사람은 스스로를 역사적으로나 종교적으로 위대한 인물과 동일시할 것이다. 즉 자기 자신이 예수, 동정녀 마리아, 성자 중의 하나, 혹은 중요한 정치적 인물이나 공적인 인물 중의 하나라고 생각한다. 그러나 과대주의는 더욱 미묘한 형태, 예컨대 타인들이 자신을 주목하고 있으며 자신에 관한 일을 생각하고 있다고(어떤 죄와 특히 동성애에 대해 그를 비난하는 일) 확신하는 근본적인 믿음에서도 찾아 볼 수 있다. 그런 생각은 공산당원이나 나찌, CIA, 혹은 FBI, 심지어 거대한 국제적 음모를 포함하는 광범위하고 복잡한 음모의 대상이라고 확신하는 환자의 경우에서처럼 훨씬 더 정교한 형태를 띨 수 있다. 유대인이 전세계적인 음모를 꾸미고 있다고 믿었던 히틀러의 망상은 유명한 예이다. 그런 망상 속에서, 환자는 자신이 많은 사람들에게 큰 관심의 대상이 되기도 하고 음모의 대상이 되기도 하는데, 이것은 환자 자신이 타인의 관심—그 관심이 악의적이고 파괴적이더라도—을 많이 받는, 중요한 사람이 되고 싶은 소망을 나타내는 것으로 보인다.

편집증적 망상과 그것의 현실성에 대한 확신은 특히 병리가 정신증적인 수준으로 퇴화되었을 경우, 매우 강하고 쉽게 변하지 않는다. 편집증 환자는 적대감이나 짜증스러움 혹은 자극에 몹시 민감한데, 이것은 자신의 행동이나 완고한 신념이 주변의 사람으로부터 그런 반응을 이끌어낼 때 특히 그러하다. 따라서 편집증적인 사람은 그의 현실 경험에 반응하는 것을 통해 자신의 신념을 수정할 수 없다. 그러나 프로이트가 지적하듯이, 대체로 망상적 신념 안에는 현실적인 기반, 즉 편집증적인 사람이 자기 자신의 신념에 매달릴 수 있는 충분한 기반을 주는 소위 "진실의 핵"이 전혀 없지는 않다. 또한 편집증적 확신은 자신의 실수에 대해 인정하는 것을 위협적이거나 고통스러운 것으로 받아들이는 심리 체계에 기초해 있을 수 있다. 환자는 자신의 이론적 견해 안에 어떤 잘못이나 불일치가 있다고 인정하는 것을 마치 자신의 인격적 결함을 인정하는 것인양 받아들인다.

편집증적 의사공동체

편집증적인 사람의 마지막 특징은 "편집증적 의사공동체"(Cameron, 1959)라고 불리는 것이다. 환자의 망상이 진전되고 더욱 공고화됨에 따라, 처음에는 이러한 망상적인 생각 또는 박해적 생각이 불특정 집단이나 개인에게 관련되지만, 차츰 이러한 망상은 환자 자신에게 어떠한 해를 끼치려는 것을 목적으로 더욱 구조적이고 광범위하게 확대된 음모가 있다는 인식으로 점차 조직화된다. 따라서 환자는 자신이 악의 있는 행동을 수행하는 어떤 음모에 연루된 것으로 인식하는 현실 및 환상의 인물로 구성된 상상 체계를 만들어낸다. 의사 공동체의 형성은 편집증적 정신증의 마지막 결정체이다.

진단

　여기에서 미국 정신의학협회의 진단 통계 표본(DSM-Ⅳ)에 포함된 편집증 진단 범주를 재검토하는 것이 도움이 될 것이다. 이 분류에서 편집증적 인격 장애의 주된 특징은 지속적인 박해 망상 혹은 질투 망상이다. 이러한 망상은 단순하거나 정교할 수 있다. 예컨대, 음모의 대상이 되는 것, 속거나 감시당하는 것, 자신을 의심하는 사람에게 쫓기는 것, 박해자에게 위협당하는 것, 독살되거나 마약을 강요당하는 것, 장기적인 목표를 성취함에 있어서 악의적으로 비방 당하고 괴로움 당하고 혹은 방해받는다고 느끼는 것 등을 들 수 있으며, 이런 것 가운데 하나 또는 일련의 주제들을 포함한다. 그런 사람인 경우에, 심지어 아주 작은 모욕도 엄청나게 과장될 것이며, 망상적 체계의 핵이 될 것이다. 질투 망상은 어떤 명백한 박해적인 주제 없이도 나타날 것이다. 그런 사람의 경우에, 어떤 기반이나 관련된 증거 없이도 자신의 배우자가 정절을 지키지 않았다고 확신하게 될 것이며, 망상적 사례를 뒷받침할 만한 작은 "증거들"을 모으기 시작할 것이다.

　편집증적 증후군은 때때로 신체적 폭력으로 발전할 수 있는 분노 및 증오와 관련될 수 있다. 관계 망상은 보편적이며, 종종 사회적 고립, 은둔성, 혹은 기이한 행동 경향을 수반할 수 있다.

편집증의 병리

편집증적 상태에 대한 파악과 진단적 범주화 작업은 임상적으로 어려운 일이 아니다. 확인할 수 있는 편집증적 징후에 대한 일반적인 동의가 존재하기 때문이다. 그러나 역사적으로, 그러한 편집증적 표현과 관련된 진단적 형태와 의미에 대해서는 합의가 잘 이루어지지 않고 있다. 현대사에서 이 문제는 19세기, 특히 하인로스의 연구로부터 시작되었는데, 그는 편집증이 의지나 정서보다는 지성과 이해에 주로 영향을 미치는 정신적 혼란의 한 형태라고 강조하였다. 편집증이 그 자체로서 고유성을 갖고 있는 지속적이고 만성적인 상태로 간주되어야 할지, 혹은 악화 경로를 따르는 경향이 있고 결국 치매에서 끝나는 정신증적 상태 안에 포함되어야 할지의 문제는 여전히 남아 있다. 예컨대, 칼바움은 편집증을 박해적 생각이나 과대적 생각에 의해 특징지어지는 망상적 질병의 형태로 보았다. 그는 그것이 비교적 안정적인 성향을 갖고 있으며, 점진적으로 악화되는 징후를 거의 혹은 전혀 보이지 않는 질병으로 간주하였다.

20세기에 들어와서야 이 혼란스런 상황은 명료하게 정리되었다. 이 시기의 정신의학계는 크래펠린의 사고에 의해 지배되었는데, 그는 정신의학 안에 서술적 접근 방법의 유효성을 확립하였으며, 편집증을 서술적으로 정의하는 데 특히 공헌하였다. 크래펠린은 결국 악화되는 질병을 조발성 치매의 형태로 간주했고, 편집증적 치매와 치매 그 자체를 구별했다. 단순한 편집증 환자는 비교적 환각 없이 망상을 체계화하고, 그 병은 치매로 진행되지 않으며, 다른 모든 성격 기능은 온전한 상태로 남아 있는 사람이라고 정의했다. 크래펠린은 또한 그가 의사 정신분열증(paraphrenia)이라고 부른 중간 집단에 대해 서술했는데, 그 집단 안에서는 비교적 체계화된 망상과 환각이 발견되지만 크래펠린이 조발성 치매로 본 증상으로 악화되는 단계를 거치지는 않는다.

크래펠린의 편집증 개념은 이러한 혼란 상황에 어느 정도의 진단적 명료성을 가져다 주었다. 그는 편집증 사례에서 망상이 두드러지게 나타난다는 사실을 관찰했는데, 이것은 종종 질병의 유일한 징후적 표현이었다. 그는 이런 개인들이 사고나 의지, 또는 행동의 혼란을 수반하지 않으면서 만성적이고 안정된 망상 체계를 발달시킨다는 사실을 발견하였다. 그러나 심지어 크래펠린의 접근 방법 안에서도 이러한 정의를 엄격하게 고수하는 것이 어렵다는 사실이 드러났다. 그가 면밀하게 검토한 사례 가운데 다양한 형태의 조발성 치매, 조울적 정신증, 만성적인 알코올 중독자의 망상적 상태를 포함한 많은 것들이 사실상 다른 임상적 집단에 속한다는 사실이 드러났다. 이후에, 크래펠린이 그의 정의에 맞지 않는 것으로 보이는 사례를 제외시키고, 그것을 의사 정신분열증이라는 명칭 아래 묶은 것은 이런 어려움 때문이었다. 그는 질병의 징후로 나타나는 증상이 없으면서 순수하게 망상적 왜곡이 나타나는 사례를 진정한 편집증으로 간주했다.

이러한 진단적 명료화와 함께, 이 장애의 본질에 관한 논란이 생겨났다. 한 부류의 사람들은 이 장애의 일차적인 어려움을 정서적인 것으로 본 반면(Kleist), 다른 부류의 사람들은 장애의 본질을 지적인 것으로 보고, 정서적 장애가 일차적인 원인이 아니라고 주장했다(Krafft-Ebing, Bleuler). 블로일러는 편집증을 어떤 생각들의 복합체 혹은 그런 복합체 집단이 어떤 강력한 정서와 연결되어 있는 상태라고 보았고, 따라서 이 복합체와 관련된 어떤 사고(思考)도 사실이나 논리가 아닌 정서에 의해서 결정되는 것으로 간주했다. 블로일러는 그런 사고를 "자폐적"이라고 불렀다. 이러한 경향이 지속되면 거기에는 왜곡이 발생하며, 따라서 개인의 어떤 경험이 이러한 연상을 자극할 때마다 이 왜곡은 반복되고 망상으로 확대되며, 이 망상은 다시금 지속적이되고 스스로를 정교화하는 경향이 있다. 여기에서 비정상적이라고 말할 수 있는 것은 이러한 특별한 복합체와 관련된 사고와 감정만이 해당된다. 여기에서는 치매라든지 또는 다른 정신증적 징후들은 찾아볼 수 없다. 애봇(Abbott, 1914)은 이와 관련해서 그러한 자폐적 요소와 망상은 정신증의 다른 형태에서도 발견될 수 있음을 주목하였다. 그는 프로이트가 1911년에 쉬레버 사례에 대해 설명한 것을 검토하면서 이 점에 주목했으나, 크래펠린의 노선을 고수하면서 그 사례가 진정한 편집증이 아니라 편집증적 치매의 사례—현대적인 범주에서 편집증적 정신분열증이라고 부르는 것—라고 생각하여 그 점을 진지하게 고려하지 않았다.

크래펠린은 진단적 범주를 분명하게 구분하려고 시도했지만, 그의 방법은 진정한 편집증 혹은 순수한 편집증과 같은 범주가 정말 존재하는가라는 문제를 더욱 불확실하게 만들었다. 설리반(Harry Stack Sullivan)은 모든 정신분열증에는 편집증적 요소가 있고, 주의 깊게 사펴본다면, 모든 편집증에는 정신분열증적 요소가 있다고 말했다. 따라서 우리는 쉬레버 사례에 대한 프로이트의 해석을 편집증적 현상의 이해에 더욱 일반적으로 적용할 수 있게 되었다. 또한 편집증적 징후들의 복합체는 광범위한 임상적 맥락 안에서 나타나며, 여기에서 편집증적 장애의 표현은 확인할 수 있는 특징을 공유한다는 사실에 대해 더 분명히 알게 되었다.

또한 정신분석학의 발달 과정에서, 이러한 진단적 탄력성 및 모호성을 수용함으로써 좀 더 초기의 서술적 몰두로부터 편집증적 기제의 발달적·방어적 측면에 대한 이해로 정신분석의 관심이 옮겨갔다. 애봇(1914)은 서술적인 접근으로부터 해석적인 접근으로 이동한 것이 프로이트의 영향 때문이라고 주장한다. 그는 다음과 같이 말한다:

징후뿐 아니라 심지어 질병과 질병 과정의 진행은 뒷배경으로 밀려난 반면, 사고 및 감정의 기원과 발달의 기제, 그리고 징후에 대한 해석과 설명이 전면으로 나오게 되었다. 선천적인 요소 또는 성격 그리고 개인적인 경험이 더 큰 가치와 중요성을 갖는 다(p. 31).

당시에 애봇은 이미 현재 우리가 갖고 있는 개념과 유사한 개념을 갖고 있었는데, 그것은 크래펠린적인 서술적 관심으로부터 정신 기제와 정신 과정에 대한 이해, 그리고 그것의 발생과 기능에 대한 인식에로 관심의 초점을 옮기게 하는 역할을 했다.

정신증

정신증적 형태의 편집증과 편집증적 형태의 정신분열증을 구분하는 것은 중요하다. 편집증적 징후는 종종 정신분열증의 두드러진 부분이며, 박해망상 혹은 과대 망상이나, 박해적이고 과대적인 내용을 지닌 환각의 형태를 띤다. 질투 망상도 정신분열적 과정의 징후를 나타내는데, 이것은 자율성, 성 정체성, 그리고 성적인 선호에 관한 관심과 함께 과도한 불안, 분노, 논쟁성, 폭력, 혹은 두려움과 공포감과 같은 혼란스러운 징후로 다양하게 나타난다.

정신증적인 수준에서, 편집증 환자의 내면 세계는 심리 내적 표상의 파편화와 융합, 퇴행적인 공생 욕구, 그리고 분리 개별화 과정의 불완전한 해결을 반영하는 불안정한 자아 기능에 의해 고통받는다. 삼켜짐과 사로잡힘에 대한 두려움은 융합이나 멸절의 환상과 혼합된다. 침범이나 삼켜짐에 대한 편집증적 공포는 역설적으로 진정한 친밀성과 분리됨을 모두 위협하면서, 버림받는 것에 대한 두려움 또는 배반의 공포와 섞이게 된다(Blum, 1981).

편집증적 정신증 외에도 편집증적 정신질환의 두 가지 다른 형태, 즉 공유된 편집증적 장애와 편집증적 상태가 있다. 공유된 편집증적 장애에서, 망상적 체계는 환자가 친밀한 관계를 맺은 사람이 이미 확립된 편집증적 정신증을 가지고 있을 때 발달한다. 흔히 이런 개인의 경우, 그에게 영향을 끼치는, 질병을 가진 개인으로부터 분리될 수 있을 때, 그의 망상적 신념은 감소되거나 사라진다. 이러한 공유된 망상 체계는 때때로 한 사람 이상을 포함할 수 있다. 예컨대, 이러한 현상은 사이비 종교 집단에서 나타날 수 있다. 대조적으로, 편집증적 상태는 개인의 삶이나 직업 상황에서 있었던 최근의 외상적 변화의 결과로서 나타나는 것이며, 비교적 급성적인 형태를 띤다. 그러한 편집증적 상태는 비교적 갑작스럽게 시작되며, 그 기간이 제한되어 있고 만성적인 경우는 거의 없다. 그런 상태는 삶의 터전을 떠난 지 얼마 되지 않은 이주민이나 피난민(Grinberg and Grinberg, 1983), 전쟁 포로, 군대 징집병, 혹은 심지어 처음으로 집을 떠난 젊은이나 대학생에게서 흔히 나타날 수 있다.

편집증적 인격

편집증적인 양식은 또한 성격 혼란의 형태, 즉 편집증적 특성이 현실과 인간관계를 다루는 비교적 지속적이고 일관된 방식으로 자리잡은 성격조직의 형태로 나타날 수 있다. 편집증의 다른 형태 안에서도 일반적으로 발견되는 의심과 신뢰의 결여는 편집증적 인격에서 광범하고 지속적인 특징으로 나타난다. 이러한 개인은 대개 과도하게 민감하고 쉽게 모욕당했다고 느끼거나 불쾌하다고 느낀다. 그는 자신의 편견을 뒷받침할 수 있는 최소한의 실마리라도 찾으려고 계속적으로 세밀하게 환경을 살핀다. 그는 제한된 범위의 정서적 경험을 가지고 있으며, 일반적으로 불안이나 우울한 감정은 거의 느끼지 않는다. 그런 사람은 비난을 받아들이지 않으며, 심지어 비난을 받아 마땅한 경우에도 어떤 방법으로든 그 비난을 피한다.

그런 개인이 새로운 환경에 처하는 것은 그에게 커다란 도전이 된다. 그는 자기 자신의 태도와 편견을 확증할 수 있는 실마리를 얻기 위해 새로운 상황을 조사하도록 강요받는다. 그는 그러한 편견을 확증하는 세부사항을 선택하고 강조함으로써 자신에게 주어진 상황이 지닌 더 많은 의미를 이해하지 못하며, 따라서 자신이 지니고 있는 사고의 왜곡을 수정하지 못한다. 그의 궁극적인 결론이 항상 처음부터 변함없이 그가 기대했고 찾고 있던 것으로 판명되는 것은 전혀 놀라운 일이 아니다.

편집증적인 사람은 일반적으로 논쟁적이며, 자기주장을 할 때 쉽게 흥분한다. 그런 사람은 침소봉대하는 데 선수이다. 그는 다른 사람을 대할 때 긴장하고, 불안해하며, 방어적이고, 심지어 엉뚱하게 곡해하며, 아주 사소한 우회적 표현이나 적대감에 대해서도 예민하게 반응하고 즉각적으로 반격을 가한다. 그는 타인의 모든 점에 대해 비판하고 평가절하하면서도 자신에 대한 어떤 비판도 받아들이지 않는다. 타인과의 관계에서, 그는 차갑거나 무정하며 유머나 자발성을 결여하고 있다는 인상을 준다.

편집증적인 사람은 종종 정열적이고, 야심이 있으며, 열심히 노력하고, 능력 있는 모습으로 나타날 수 있다. 일반적으로 그런 사람은 지적인 경향이 있는 반면, 종종 적대적이고 완고하며 엄격하다. 그는 자신의 판단에 대해 탄력성이 없으며, 타협하려고 하지 않는다. 그의 친밀성은 매우 제한되어 있는데, 그것은 그의 신뢰를 위한 역량이 미약하기 때문이다. 그는 자기 자신의 중요성에 대해 과장된 감각을 가지고 있으며, 또한 과도하게 자기 충족적이다. 따라서 집단 활동에 참여하는 것은 그에게 불편하게 느껴지거나 위협적으로 여겨진다.

편집증적 정신증과는 대조적으로, 편집증적 인격은 개인이 본래 가지고 있던 많은 영역을 그대로 보유하며, 비록 대상 항상성이 박해적 관계 안에서는 결여되거나 취약하더라도, 비교적 일관된 대상관계를 보존할 수 있다. 블럼(1981)이 주목하듯이, 자기애적 과대주의 체계와 박해적 관계는 항상성을 지닌 자기애적 대상과의 관련을 보존하기 위해 노력한다. 이것은 적대, 배신, 불륜, 그리고 음모가 도사리고 있다는 기대들 혹은 그럴 것이라는 확신을 갖게 되는 터전이 된다. 그 결과 증오와 분노가 종종 실망시키는 대상이나 그것의 대체물에게 향한다. 대상은 의심과 불신의 구름 아래에 놓여진다. 거기에는 자신에게 상처를 주고 변덕스러우며 배신하는 대상에게 복수하기 위해 의심을 유지해야 할 필요가 있다.

편집증적 인격의 특징은 많은 사람들에게서 매우 다양하게 자주 발견된다. 블럼(1981)은 다음과 같이 언급한다 :

모든 사람은 투사, 특히 공격, 비판, 비난의 투사를 사용하는 경향이 있다. 사람들은 어떤 실망이나 상처 혹은 위반에 대해 타인을 비난하며, 받아들일 수 없는 충동을 외재화(externalize)한다 (p. 790).

그러므로 편집증적 특징을 지닌 복합체가 존재하고 있고, 삶에서 초래하는 어려움의 수준이 매우 비적응적이거나 붕괴적인 수준일 경우에만 편집증적 인격이라고 진단을 내릴 수 있다. 문제는 약간의 편집증적 특성이 정상적인 사람들에게서도 나타날 수 있다는 데 있다. 따라서 병리와 정상성을 구별하는 것은 때로 상당히 어려운 문제가 된다. 편집증적 표현은 흔히 상당히 미묘하고, 특별한 환경이나 압력 아래에서만 나타나거나, 긴 치료 기간을 거친 이후에야 그 모습을 드러내는 환자의 성격의 비교적 잘 은폐되거나 잠재된 부분을 나타내기도 한다.

편집증적 특성들

중심성

몇몇 지표들은 편집증적 요인들의 미묘한 작용을 반영할 수 있고, 즉각적인 확인이 불가능한 근저의 편집증적 정신증의 작용을 나타내면서도, 병리적인 부분에는 아직 도달하지 않은 편집증적 특성에 대한 단서로 사용될 수 있다. 이러한 편집증적 과정을 보여주는 지표 중의 하나는 "중심성"이다. 이것은 다른 사람의 관심이나 주목의 중심적인 대상이 되려고 하는 환자의 사고의 특성을 말한다. 여기에서 취약성의 핵심을 이루는 감정은 외부의 세력에 의해 침해당한다고 느끼는 개인의 감정이나, 그가 거의 혹은 전혀 통제하지 못하는 외부 영향을 수동적으로 받고 있다는 느낌에서 미묘하게 표현된다.

과민성

과민성은 편집증적 특성에 대한 또 다른 미묘한 지표이다. 편집증적 성향이 있는 사람은 다른 사람의 말이나 의견에 대해 보통 이상으로 반응하는 것으로 보일 수 있다; 그는 종종 자신이 다른 사람에 의해 모욕당하고 해를 입으며 박해 당한다고 느낀다. 그러한 민감성은 정상적인 행동의 범위 안에서는 이상한 것으로 보이지 않으며, 종종 현실에서 합리성과 정당성을 갖기도 한다. 사람이 겉으로 과도한 자기 충족성을 드러낼 때, 우리는 그 이면에서 지나치게 잘 적응하는 겉모습에 의해 방어되는 근저의 취약감을 감지할 수 있다. 과도한 민감성과 과도한 적절성 모두는 환자가 지닌 근저의 취약성의 다른 측면을 반영한다. 환자가 숨겨진 의미에 몰두하는 특징적인 모습은 동일한 근저의 문제를 반영한다. 편집증적 자리의 내재적 역동이라는 측면에서 볼 때, 그는 겉으로 드러난 모습을 믿기보다는 숨어 있으며, 미묘하고 파편적인 함의를 드러내고자 하는데, 그것은 그의 경험이 현실에 대한 자신의 편집증적 견해와 일치해야 하기 때문이다. 따라서 편집증적 개인에게 있어서, 현실의 외견상의 자료 배후에 있는 의미는 항상 위협적이거나 해로운 함축으로 채워져 있다.

자율성

편집증적인 사람이 관심을 기울이는 또다른 미묘하고 광범위한 주제는 자율성이다. 이것은 다양한 형태를 띨 수 있으며, 종종 통제를 상실하는 것에 대한 공포와 같은 미묘한 형태를 띤다. 그러나 때때로 그런 사람은 이러한 관심을 타인이 자신에게 영향을 끼치거나 자신을 설득하고자 하는 시도라고 의심하고, 그것을 사양하거나 회피하는 방식으로 그것에 대해 무언의 저항을 하기도 한다. 편집증적 자율성은 항상 위협받고 있는, 깨지기 쉬운 자율성이다.

외재화

우리는 앞에서 편집증적인 사람이 비난하기를 좋아하는 경향이 있다는 사실을 주목한 바 있다. 이런 특성은 미묘한 형태를 띨 수도 있다. 그것은 외재화하는 경향, 즉 자신의 내적인 어려움이나 한계라는 측면에서보다는 외적인 환경, 세력, 사건, 사람 등의 측면에서 자신의 문제와 어려움을 인식하고 이해하고자 하는 경향과 밀접하게 관련되어 있다.

부적절성

자신이 부적절하다는 느낌이나 무언가를 결핍하고 있다는 느낌은 편집증적인 개인에게서 광범위하게 드러나는 특성이다. 그것은 키가 너무 크거나 너무 작은 데 대한 불평, 혹은 성기의 크기나 적절성에 관한 염려의 형태를 띨 수 있다. 어떤 편집증적인 개인은 자신이 살고 있는 사회적, 정치적, 혹은 문화적 상황에 속해 있지 않은 국외자(局外者)라고 느끼기도 한다.

권위

편집증적 성향이 있는 개인의 경우, 권위와 관련된 문제는 특별히 중요하다. 그는 권력의 유무에 과도하게 관심을 갖는 경향이 있다. 이러한 관심은 권위적인 성격의 형태로 표현될 것이다. 그런 개인은 관습적인 가치, 즉 중간 계층의 가치를 엄격히 고수하는 경향이 있다; 그는 모든 사회적 집단에서 이상화된 도덕적 권위에 복종적이고 무비판적인 태도를 갖는 경향이 있다. 그는 관습적인 가치를 위반하려는 사람에 대해서는 극도로 예민하게 반응하며, 그러한 위반에 대해 극도로 징벌적인 반응을 보인다. 그는 미신이나 고정관념을 갖고 있고, 사고가 다소 고정된 범주 안에 머물러 있는 경향이 있다. 그는 통제, 지배와 복종, 그리고 강함과 약함이라는 문제에 몰두하며, 강력하고 영향력 있는 인물과 동일시하는 경향이 강하다. 또한 지배와 굴종에 대한 갈등과 관심을 두드러지게 그리고 반복적으로 드러낸다. 그런 개인은 환경을 적대적이고 위협적인 것으로 보며, 통제와 제한이 엄격하지 않으면 끔찍스럽고 파괴적인 결과가 뒤따를 것이라고 믿고 있다. 따라서 그런 개인은 환경에 대해 일반적으로 적대적인 태도를 갖는 경향이 있다. 그리고 이때 그가 주로 사용하는 방어는 투사이다.

이러한 태도는 곧바로 종교적 상황에 적용될 수 있다. 그것은 지나치게 엄격하고 교조적인 자세, 다른 종교적 집단에 대한 편견적 태도, 엄격한 도덕성과 판에 박힌 사고, 권위적인 도덕적 지시에 대한 엄격하고 무조건적인 복종, 미신적이고 광신적인 몰입의 형태에서 발견될 수 있다. 이런 경우, 한 사람의 권위적 인물이 그러한 태도의 대상이 될 수 있으며, 그 인물이 행하는 지시나 선언이 어떤 것이든 그것에 순종하는데, 그 순종은 수동적이며 피상적인 것으로 경험된다. 현명한 주인, 지도자, 목사, 교사, 혹은 치료자는 그러한 피상적인 순종의 근저에 당연히 동일한 정도의 반항심이 감추어져 있다는 사실을 알고 있다. 이러한 태도와 감정은 정신분석적 상담 실제에서 널리 알려져 있다.

임상가들에게 있어서, 이러한 모든 지표는 근저에 있는 편집증적 과정에 대한 일차적인 암시나 최소한의 반영을 의미할 것이다. 그러나 좀 더 광범위한 임상 상황 바깥에서, 이러한 동일한 지표는 일상적인 인간 경험의 일부이기도 하다.

관련된 상태들

시기심과 질투심

여기에서 제시되는 진술은 명백히 편집증적이지는 않지만 편집증과 밀접하게 관련된 병리적 상태에 대한 고려로부터 온 것이다. 그 중에 제일 먼저 다루어야 할 것이 시기심과 질투심이다. 이 감정은 인간관계에서 비교적 보편적인 것이다. 시기심과 질투심에 대한 초기의 견해는 그것을 자기 불만족과 자기 비판의 감정을 포함한 내적인 결함에 대한 느낌과 연결시켜 생각했다. 초기 정신분석가들은 대체로 그 감정을 무의식적인 오이디푸스적 소망과 연관된 무의식적인 죄책감과 관련시켰다. 무의식적인 죄책감은 자기 사랑과 자존감이 없다는 느낌을 만들어냄으로써 질투하는 사람으로 하여금 비판에 민감하고, 칭찬 받고 인정받는 것을 과도하게 갈망하게 만든다. 그런 개인에게 있어서, 사랑의 상실은 그 자신의 자존감을 상실하는 것과 동일하다. 좀 더 최근의 견해는 이러한 개인이 반복되는 상실에 취약하다는 사실을 강조했는데, 그 상실은 투사와 부인과 같은 원시적인 방어기제에 의해서만 방어될 수 있다고 보았다. 그리고 그런 개인은 이러한 방어기제를 통해 슬픔과 강렬한 분노의 감정을 회피할 수 있게 되고, 내적인 갈등을 피할 수 있게 된다고 보았다. 따라서 질투심과 시기심이 강한 개인은 심각한 자기애적 취약성으로 인해 고통을 겪게 된다.

시기심과 질투심의 상태와 편집증적 상태 사이에 연속성이 있다는 것은 쉽게 알 수 있다. 이 두 상태 모두에서 부인과 투사의 기제가 작용할 뿐만 아니라 상처받은 자기애적 기대와 공평하지 않다는 느낌이 있는데, 이는 개인의 결핍감이나 상실감에 대한 비난을 다른 사람에게, 혹은 심지어 사회적 환경 안의 비인격적 세력에게로 옮기는 데 사용된다. 시기하는 개인은 자신에게는 자신이 바라는 행복을 소유할 권리가 있다고 생각하지만, 다른 사람이 그것을 소유한다는 사실에 대해서는 불공평하다고 느낀다.

원한(怨恨)

편집증의 측면과 흡사한 또 다른 마음의 상태는 복수심 혹은 원한을 품는 태도이다. 원한은 편집증과 일치하는 특성들을 갖고 있다 : 그것은 가깝고 긍정적인 관계의 맥락에서 발생한다 ; 이때 표현되는 분노는 흔히 어떤 잘못에 대한 감정의 표현으로서는 그 정도가 지나치다 ; 원한을 품은 개인은 종종 자신에게 가해진 잘못을 방어하거나 공개적으로 비난해야 한다고 느낀다. 또한 원한의 대상을 두렵게 여겨

회피하는 경향이 있다. 그리고 대체로 사고 내용의 특성에 있어서 명백히 편집증적이다. 실제적인 것이든 혹은 상상적인 것이든, 그 상처는 자기애적 상처이다. 즉 굴욕으로 해석된 자존감에 대한 상처이다. 더 깊은 원한의 표현으로서의 복수는 상실에 대한 이차적인 고통 및 분노와 연관된다. 복수에 불타는 개인은 용서하지 않으며, 연민의 정이 없고, 경직되어 있다. 극단적인 경우, 복수에 불타는 개인은 마음속에 한 가지 목적만을 갖고 산다. 즉 복수를 하는 것이다. 그는 모든 역경을 딛고, 어떤 대가를 치르더라도 복수를 감행하며, 자신의 복수에 따르는 도덕적 혹은 다른 결과에 대한 죄책감도 느끼지 않고 관심도 없다. 여기에서는 상처받은 자기애와 박해하는 대상에 의한 피해자라는 편집증적 주제가 명백하게 드러난다.

편견

편견은 편집증적 역동과의 연속성을 반영하는 또 하나의 중요한 현상이다. 편견은 심리 내적, 사회적, 리비도 경제적, 그리고 심지어 문화적인 많은 결정요인을 갖고 있는 복합적인 현상이다. 여기서 우리는 편집증의 기제들과 흡사하거나 근접한 편견적 태도에서 드러나는 심리 기제에 초점을 맞춘다. 우리의 사회적 상황에 대해 잠깐이라도 생각해 본다면, 우리 사회 안에는 편견이 다양한 형태로 존재한다는 사실을 알게 된다. 인종적, 성적, 종교적, 경제적, 그리고 문화적인 모든 편견은 사람들 사이에 널리 퍼져 있으며, 우리 가운데 누구라도 자신의 자기애적 취약성을 침해받는 정도에 따라 이런저런 편견을 갖게 된다.

편견은 내부로부터 오는 반감을 수반하는데, 그것은 그 근저에 있는 공포 및 분노와 관련되어 있으며, 이때 나타나는 적대감과 거부는 근저의 무의식적 욕구를 암시적으로 나타낸다. 편견에 관한 연구는 그러한 태도의 근저에 왜곡된 인식과 해석의 원인이 되는 투사 기제가 존재한다는 사실을 밝혀냈다(Traub-Werner, 1984). 편견적 평가절하는 주체 자신의 성격의 요소를 부인하고 그것을 편견 대상에게 전가하는 근저의 투사에 기반해 있다. 편견은 또한 우울함과 낮은 자존감을 방어하는 중요한 기제로 작용한다(Meissner, 1978b). 우울증 및 심리 생리적 징후로 인해 고통받는 퇴역 군인에 대한 연구에서, 그들이 외국인이거나, 백인이 아닌 모든 사람에 대해 적대적인 증오의 감정을 가지고 있다는 것이 드러났다. 트라우브 워너(Traub-Werner, 1984)는 이런 형태의 편견을 "촉진적 방어"(facilitating defense)라고 명명했다.

관련된 비병리적 상태

신념 체계

편집증적 측면과 비슷한 경향을 가지고는 있으나, 종교적 신념 체계 및 가치 체계가 그러하듯이, 그 자체로는 병리와 상관없는 인간 삶의 중요한 상황이 존재한다. 신념 체계는 설명하기 위한 일관된 틀을 제공한다는 점에서, 현실의 어떤 측면에 대한 이해를 조직화한다. 신념 체계는 증거의 기반 위에 세워지는 것이 아니라, 만족을 제공하는 내적 욕구의 기반 위에 세워지는 것이다. 종교적 신념 체계는 삶의 의미와 죽음에 직면한 인간의 불안을 포함하여, 인간의 가장 기본적이고 근본적인 욕구와 불안에 응답하고자 한다(Meissner, 1984c).

신념 체계는 다양한 정도의 폐쇄성이나 개방성을 가질 수 있다. 신념 체계가 폐쇄적일수록 더욱 고집스럽게 그것에 매달리고, 신념체계의 모든 부분과의 전체성을 유지하려고 더욱 강하게 주장하며, 다른 신념 체계를 용납하지 못한다. 교조주의 혹은 폐쇄성의 정도는 신념 체계 전체를 고수하려는 욕구의 정도와 관련되어 있다. 이 신념 체계 전체는 완전하고 통합된, 깨질 수 없는, 그리고 의심할 수 없는 것이라는 믿음에 의해 지지 받아야만 한다. 만약 어느 부분에 의심이 생기면, 개인의 내적 안정성은 위협받는다. 이 신념체계의 엄격성과 독단성은 우리가 자신의 망상적 투사 체계를 유지하려는 편집증 환자에게서 확인한 것과 동일한 특성에 속한다.

편집증 환자는 모든 자료를 자신의 망상에 일치시키려고 하며, 심지어 모순되는 증거에도 아랑곳하지 않으며, 자신의 내적 균형감을 보존하는 데 본질적이라는 점에서 그 망상을 유지하려고 한다. 따라서 편집증적인 망상 체계와 신념 체계, 특히 종교적 신념 체계 사이에는 그러한 기본적이고 근본적인 욕구가 포함된 유비가 존재한다. 우리는 종교적 신념 안에 엄격성과 교조성이 다양한 형태로 내재되어 있다는 사실을 발견하게 된다. 그러나 이것이 종교적 신념 체계를 편집증적 망상 체계와 동일한 것으로 환원시킬 수 있다는 의미는 아니다. 그러나 지나치게 교조적이고 엄격하며 판에 박힌 사고로 유지되는 종교적 신념이 근저에 있는 편집증적 역동의 수단이 될 수 있다는 가능성을 부인할 수 없으며, 이 점은 임상 학자뿐 아니라 종교인들도 경계해야 할 점이다.

제 7 장

편집증 환자의 심리치료

치료 가능성

편집증 환자의 치료에서는 처음부터 두 가지 중요한 질문이 제기된다. 그것은 치료가 가능한가라는 물음과 이 어려운 환자에게 어떻게 접근할 것인가라는 임상적 전략과 관련된 물음이다. 일반적으로 치료 가능성은 한편으로는 편집증적 체계가 얼마나 공고화되어 있으며 얼마나 깊이 자리잡고 있는가라는 문제와, 다른 한편으로는 심리치료 과정에서 요구되는 과제를 수행하는 데 필요한 환자의 심리적 자원의 정도 및 그 이용 가능성에 기초해서 평가된다. 이러한 측면에서 심리치료적 개입에 따른 몇몇 특별한 문제가 발생할 수 있다.

편집증 환자의 치료에서 만나는 첫 번째 어려움은 대상에 대한 신뢰가 없다는 것이다. 이것은 모든 편집증 환자가 가지고 있는 보편적인 문제이며, 임상에서 주로 편집증적 요소를 드러내는 환자에게 더욱 심각한 문제이다. 편집증 환자는 심리치료 과정에서 본래 의심이 많고 대상을 신뢰하지 못하는 특징적인 모습을 드러낸다. 따라서 이러한 환자의 치료에서는 대상을 신뢰하지 못하는 문제와 그로 인해 발생하는 의미 있는 심리치료 작업을 가로막는 장애를 무엇보다도 우선적으로 다루어져야 한다.

또 하나의 문제는 종종 편집증 환자가 자율성의 부족을 드러낸다는 것이다. 그런 환자가 겉으로 드러나는 편집증적 방어의 경직성을 다룰 때에는 자율성이 부족하고 쉽게 퇴행할 수 있다는 사실이 분명하게 드러나지 않을 수도 있는데, 그처럼 방어가 강하고 겉으로 보기에 침투하기가 불가능해 보이는 것은 근저에 취약감이 자리잡고 있고, 자율성이 결여되어 있기 때문이라는 사실을 기억해야 한다. 따라서 환자의 자율성에 대한 위협은 치료 작업에서 매우 중요한 초점이 된다. 이러한 위협 아래에서 치료 상황을 형성하려면, 몇 가지 사항을 먼저 다루어야만 한다. 여기에서 필요한 치료적 상황은 위협받고 있는 편집증 환자의 자율성을 강화할 뿐만 아니라, 환자가 임상적 상황에서 거짓된 자율감을 유지할 필요가 없는 환경을 말한다.

셋째, 특징적인 편집증적 방어인 투사가, 특히 그것이 다양한 정도의 부인 혹은 현실검증의 실패를 수반할 때, 치료적 맥락에서 특별한 문제를 야기한다. 치료자가 투사적 방어를 다루기 위해서는 상당한 숙련된 기술이 필요하며, 편집증 환자가 던지는 방어체계의 이 첫 번째 장벽을 넘기 위해서는 특별한 치료적 접근이 필요하다.

편집증적인 투사 체계의 경직성과 연관된, 망상적 신념의 문제는 환자의 병리에 지대한 영향을 끼치며, 특별한 치료적 개입의 필요성을 발생시킨다. 환자의 편집증적인 투사체계가 부분적으로 정신증적인 망상적 고착과 확신의 수준에 도달한 것이라면, 그것은 치료적인 변화를 위한 좋은 징조가 아니다. 고착은 대체로 편집증적 구성이 어느 정도 발달했고, 확고한가의 문제이다. 편집증적 구성이 망상적인 것이 되거나, 현실검증의 실패에 의해 특징지어지거나, 또는 다른 정신증적 징후를 수반한다고 해서 치료적 개입의 범위를 넘어섰다고 가정해서는 안 된다. 치료적 전망이 밝지는 않다고 해도, 치료 가능성이 전혀 없는 것은 아니다. 치료자들은 변하지 않을 것 같은 정신증적 신념이 치료를 통해서 어느 날 갑자기 변화하는 것을 보고 종종 놀라게 된다.

평가

특정 편집증 환자가 정신분석적 치료 대상인지를 판단하는 것은 그 환자에 대한 진단적 평가에 달려 있다. 특별한 종류의 압력이나 퇴행적인 세력에 직면하여, 다소 일시적인 편집증적 반응을 나타내는 환자는 치료적 개입에서 전망이 좋은 것으로 보인다. 다소 일시적인 편집증적 반응은 원시적인 자기애적 인격 구조나 경계선 성격 구조의 환자에게서 종종 나타나는데, 이런 개인은 비교적 퇴행하기 쉽고 퇴행할 가능성이 크다; 그런 환자는 퇴행적 위기에서 편집증적 형태로 반응할 것이다.[14] 이에 비해 편집증적 인격장애를 가진 환자는 의미 있는 심리치료 작업에 비교적 적합하다. 그런 환자의 편집증적 태도는 심각하게 고착되어 있지 않으며, 자아 지원 능력이 비교적 견실하기 때문에 좋은 치료 결과를 기대할 수 있다.

반면에 편집증적 요소가 정신증적인 성격 구조를 지닌 환자에게서 나타날 때 그 치료는 더욱 어려워진다. 일시적인 혹은 우발적인 정신증적 병력을 갖고 있는 환자는 편집증적 역동의 측면에서 치료에 적합할 수 있는데, 그러한 환자의 임상적인 모습은 근저의 정신증의 정도에 의해 다양하게 오염되는 것으로 나타난다. 편집증적 정신분열증 환자는 종종, 특히 그의 자아가 더 나은 대상 관계의 수준에서 기능하고 있기 때문에, 그가 치료 작업에 참여하도록 허용하고 자신의 자아 역량을 사용하도록 치료자가 유도할 경우, 치료될 수 있는 가능성이 높아진다. 그러나 그런 개인은 정신증적 요소가 재발되는 재붕괴의 시기에 편집증적 태도가 재발하는 것을 경험할 것이다.

마지막으로 남는 문제는 핵심적인 문제로서, 흔히 만성적이고 망상적인 정신증적 환자의 경우이다. 이런 개인의 편집증적 망상 체계는

---

14. 정신 병리의 이러한 형태에 대한 논의는 제 4장과 마이쓰너(1984a)를 보라.

정신증적 부인의 요소와 현실검증 능력의 상실을 수반하는 강한 확신과 고착을 낳는다. 이런 환자를 치료하는 치료자는 많은 어려움과 위험에 직면한다는 사실을 알아야 하며, 그러면서도 환자의 이러한 심각하고 만성적인 질병의 증상이 완화되도록 도울 방법이 있다는 희망을 간직한 채 장기적으로 볼 수 있어야 한다.

심리치료 과정

편집증적 과정의 치료를 위해 내가 제시하는 틀은 의도적으로 환자의 투사 체계와 그것의 본래적인 왜곡으로부터 근저의 내사물로 그 강조점을 이동시키는 전략을 포함하고 있다. 이 전략은 근저의 내사물을 반영해주고 그것에 관한 정보를 주는, 투사 체계를 다루기 위한 것이다. 그것은 환자의 투사 체계를 직면하고 도전하거나, 그것이 망상적인지 아닌지를 검사하기보다는 우회하는 방법이다. 그러므로 이 전략의 의도는 궁극적으로 투사 체계를 붕괴시키고, 근저의 내사적 조직에 초점을 맞추며, 그것을 다루고자 하는 것이다.

이처럼 편집증의 치료를 위해 필요한 전략은, 일차적으로 편집증적 방어체계에 초점을 맞추면서 환자의 왜곡된 현실인식에 대해 검사하고 교정하는, 좀 더 전통적인 접근 방법과는 상당히 다른 것이다. 현재의 접근 방법에서, 투사 체계는 환자의 핵심적인 내사물의 병인적 조직 안에 자리잡고 있는, 근저의 장애에 대한 징후적 표현으로 간주된다. 그렇게 보는 이유는 환자의 내사물의 본질에 초점을 맞추고, 그것을 더욱 분명히 인식하는 것을 통해 내사물이 수정되는 치료적 변화를 위한 기반이 마련될 때, 이차적으로 발달한 징후 체계는 붕괴되거나 사라질 것이라고 믿기 때문이다.

우울적 상태로의 전환

이 전략의 두 번째 측면은 편집증적 방어로부터 우울적인 상태로의 전환을 촉진하는 것이다. 이러한 전환의 논리는 환자의 투사 체계를 포함하여 편집증적 방어가 점차 붕괴되고 포기됨에 따라, 병의 근저에 있는 우울적 핵—특히 좀 더 자기애적이고 취약한 자기 조직의 측면과 관련된—이 명백히 드러나게 됨으로써 잠재적으로 성공적인 치료적 개입의 길을 열 수 있다는 것이다. 이러한 측면에서, 우울적 상태는 치료 가능성이 더욱 높아지며, 저항이 강한 편집증적 태도보다 치료적으로 좀 더 의미 있는 변화를 가져올 수 있는 가능성을 갖고 있다. 아래에서 제시되는 심리치료적 틀은 이중의 목적을 갖는다. 즉 심리치료적 작업에 의미 있게 참여할 수 있도록 환자의 자원을 증대시키며, 편집증적 방어 체계를 점진적으로 붕괴시키는 우회적 전술을 따라 근저의 병인적 내사 형태와 의미 있게 만나고, 또 그렇게 함으로써 그것을 해소하는 것이다.

치료적 연대의 확립

치료적 연대는 효과적인 치료를 위한 필수조건이며, 그것을 확립하고 유지하는 문제는 치료 과정의 시작 단계에서 마지막 단계까지 다른 무엇보다 먼저 고려해야 할 사항이다. 사실상, 편집증 환자의 경우 치료적 연대는 항상 쉽게 깨질 수 있는 위험이 따른다. 환자의 신뢰 능력의 결여와 불확실한 자율성은 치료적 연대를 형성하지 못하도록 가로막는 주요 장애 요소인데, 환자의 신뢰 능력과 자율성은 의미 있는 치료적 연대를 확립하는 데 있어서 본질적인 요소이다.

그러나 편집증 환자와 치료적 연대를 확립하는 과정에서 예외 없이 나타나는 어려움과 본래적인 불확실성에도 불구하고, 희망이 없는 것은 아니다. 치료자는 대부분의 편집증 환자와의 만남에서, 환자의 의심과 방어, 그리고 비밀스러움과 만나게 된다. 환자의 방어는 그가 치료를 받으러 오기까지의 상황과, 그와 치료자와의 관계가 지닌 본래적인 위협 때문에 과도하게 자극된 상태에 있을 수 있다. 이때, 치료자가 기억해야 할 중요한 사실은 그가 심리치료를 받으러 온 것은 그의 편집증적 방어가 실패했기 때문이라는 점이다. 환자는 그의 편집증적 방어가 실패했기 때문에 치료를 받게 되는데, 그 실패로 인해 그는 우울하거나 불안한 상태 또는 그 둘이 결합된 상태, 그리고 정서적 혼란에 매우 취약하고 민감한 상태에 처해 있다. 이때 환자는 도움을 요청하게 된다. 환자가 도움이 필요하다는 것을 인정하고 자발적으로 도움을 요청한다는 것은, 그의 편집증적 방어 체계 안에 첫 번째로 중요한 균열이 발생했다는 것을 의미한다. 환자의 병리에도 불구하고, 도움을 구하는 환자에게는 어떤 가능성이 있으며, 치료적 연대 안에서 실제로 안전과 평안을 찾을 수 있다.

만일 환자가 여러 가지 외적인 압력에 의해 강제로 치료를 받게 된 경우라면, 치료 상황은 매우 어려워진다. 기본적으로 환자는 자발적으로 치료에 참여하지 않을 뿐 아니라, 종종 이러한 외적인 압력을 박해 망상으로 인식하게 되며, 치료자를 악의 있는 공모자로 보려고 할 것이다. 이와 같은 치료적 노력을 상쇄하는 세력이 존재할 경우, 치료자가 의미 있는 치료적 연대를 형성할 가능성은 낮아진다.

치료 계약

환자를 치료하기 위한 분석가의 접근 방법이 갖는 몇 가지 측면은, 이러한 어려움을 극복하는 데까지 이르지는 못하더라도, 적어도 치료 작업의 방해 요소를 최소화할 수는 있다. 나는 이러한 맥락에서 치료 계약의 중요성을 강조하려고 한다. 치료 계약은 어떤 치료 작업의 상황을 설정하고, 환자와 치료자 모두가 치료 관계에 들어가는 상황을 확립하는 복잡한 조정 과정이다. 일단 적절한 평가가 이루어지고 예비적인 진단에 도달하게 되면, 환자와 치료자는 그들이 치료 과정을 계속한다는 데 동의해야 한다. 이러한 동의를 이끌어낼 때 치료자의 태도가 중요하다; 환자를 다루는 데 있어서 개방적이고, 솔직해야 하며, 정직해야 하고, 일관성이 있어야 한다. 환자와 계약에 관한 사항을 논의함에 있어서, 치료자가 너무 열정적이거나 적극적으로 보여서는 안 된다. 확실한 언질을 주지 않는 유보적 태도가 바람직하다. 글로버(Glover, 1955)는 이러한 태도를 "유보적 수용성"(noncommittal receptivity)이라고 단적으로 표현했다.

치료자는 치료 계약의 협상 초반에 치료의 주도권, 치료를 받는 일차적인 동기, 그리고 치료적 노력에 대한 근본적인 책임을 환자가 담당하도록 하는 것이 바람직하다. 만약 치료자가 환자보다 치료에 대해 더 강한 동기를 갖고 있거나, 치료 과정과 그 결과에 대해 너무 많은 책임을 떠맡게 되면, 치료적 연대를 형성하는 것이 처음부터 어렵게 된다. 치료자는 환자와 거의, 가능하다면 절대로 약속을 하지 말아야 하며, 그가 치료 작업에 자발적으로 참여하고 있다는 것을 환자에게 보여주어야 하지만, 치료 작업에 대한 책임은 환자가 지게 해야 한다. 치료자는 이러한 치료의 진행 과정에서 단지 환자를 돕고, 환자의 어려움을 이해해주며, 자신의 문제를 이해하고 해결하려는 환자의 노력에 동참하는 참여자로서 거기에 있는 것이다. 치료적 계약의 구체적인 내용은 어디서, 언제 만날 것인지, 그리고 만남의 지속 시간과 횟수, 치료비의 청구와 지불에 관한 내용, 치료 시간을 약속하고, 약속 시간을 지켜야 하며, 특히 치료 과정 동안에 다룰 자료를 치료자에게 가져오고 제시해야 할 책임이 환자에게 있다는 것을 분명하게 이해시키는 것 등의 문제를 다루어야 한다.

편집증 환자는 종종 이 과정에 자발적으로 참여하지 못한다. 그런 개인은 의심이 많고 방어적이어서 종종 낯선 사람과 의미 있는 합의에 도달하는 것이 쉽지 않다. 그러나 치료자가 솔직하고 개방적인 태도로, 논의되고 있는 특정한 세부사항에 대해 객관적으로 접근할 때 오히려 환자는 안심하게 되고, 치료자와 동의하는 데 따르는 위험을 감수할 수 있게 된다. 아마도 여기에 치료적 관계를 형성하고 치료 작업을 진행할 수 있게 하는 가장 기본적인 원리를 확립하는 데 중요한 환자와의 초 의사소통(meta communication)이 관련되어 있을 것이다. 그것은 환자가 치료에 참여할 것인가 말 것인가를 결정하는 자유의 원리이다. 치료자의 의연한 태도, 객관성, 그리고 치료 작업의 과정과 방향에 대해 부적절하게 책임을 맡지 않으려는 의지, 치료에서 환자의 책임과 환자가 해야 할 일에 대해서 치료자가 진술하는 것, 이 모든 것을 통해 치료에 대한 환자의 자유로운 참여의 원리가 나타나며 강화된다.

치료에 도움이 되는 또 다른 계약 조건의 조정은 환자가 예약 시간을 어겨서 치료를 받지 못했을 경우에도 치료비를 지불해야 한다는 사실을 이해시키는 것이다. 그러한 요청을 할 때, 치료자가 어떤 특정한 계약적 조정을 선호하든지 간에, 그 모든 것의 중심적인 의미는 치료 작업을 수행하는 데 있어서 환자의 선택의 자유를 보장한다는 것이다. 환자가 예약한 시간에 대해 비용을 지불했으므로, 그는 그의 선택에 따라 그 시간을 사용할 수도 있고 사용하지 않을 수도 있다. 환자는 그 시간에 치료를 받으러 올 수 있는 자유도 있고 오지 않을 수 있는 자유도 있다. 환자가 그 시간에 치료를 받으러 와서 그 시간 내내 침묵하고 있다고 해도, 그것은 그의 자유인 것이다. 치료자는 계약 조건의 조정을 통해서 자신의 시간을 보상받으며, 따라서 환자에게서 벌을 받는 입장에 처하지 않게 되고, 또한 환자의 변덕이나 양가감정에 의한 피해자가 되지 않을 수 있다. 따라서 치료자는 이 계약 조건의 조정을 통해서 환자가 약속 시간을 활용하지 않기로 선택했을 때 자신에게 나타날 수 있는 다양한 역전이 반응의 잠재적인 위험을 예방하게 된다. 치료자는 환자의 행동에 대해 분노하거나, 재정적으로 기만당했다고 느낄 필요가 없다. 따라서 그는 더욱 치료적이며 자유롭게 환자의 행동을 다룰 수 있게 된다.

검증

많은 편집증 환자들은 다양한 방법으로, 그리고 대개 상당한 정도로 이러한 조정을 검증한다는 사실을 믿어도 좋다. 그들은 기본적으로 치료자가 계약 내용을 지키지 않을 것이라고 믿으며, 동시에 치료자가 자신에게 계약 내용에 내포되어 있는 그런 자율성을 기꺼이 허용할 것이라고 믿지 않는다. 치료자는 이러한 계약 내용을 확고하고 일관성 있게 지키는 것이 중요하다. 치료자가 그러한 계약 내용을 무시하거나 평가절하하면, 그때 환자의 편집증적 방어는 강화될 것이고, 궁극적으로는 치료 과정이 붕괴되는 어려움 속으로 빠져들게 된다. 이런 맥락에서, 치료자가 계약 조건의 조정 내용 안에 들어 있는 기본 원리를 기억하는 것이 유용한데, 그것은 이런 조정이 기본 원리를 이행하고 강화하는 한에서만 의미가 있기 때문이다.

비밀보장

비밀을 철저하게 지키는 것은 어떤 환자와의 치료에서도 중요한 것이지만, 특별히 편집증 환자에게는 더욱 중요한 문제가 된다. 비밀보장의 문제는 당연한 문제로 간주되어야 하고, 치료 작업의 시작 단계에서 치료자가 특별히 관심을 보이거나 논의의 초점이 되어서는 안 된다. 치료자는 비밀을 보장하기 위해 계약 조건의 조정 내용을 명확하고 분명하게 실제적으로 이행하는 데 초점을 맞추어야 한다. 그러나 흔히 그런 것처럼, 만일 환자가 그 문제를 끄집어낸다면, 치료자는 비밀을 보장하기 위한 계약 조건의 모든 내용에 대해 논의할 준비가 되어 있어야 한다. 치료자는 비밀이 보장되어야 할 기록과, 외부 사람이나 기관 사이에서 이루어져야 할 의사소통, 그리고 환자의 자료를 사용할 경우에는 어떠한 목적과 어떠한 방법으로 사용할 것인가에 대해서도 명확하게 알고 있어야 한다. 예컨대, 임상 훈련을 받고 있는 치료자는 종종 감독 상담자에게 환자의 자료를 제시할 것이다. 이때 그는 이러한 의사소통의 본질과 목적에 관해 환자와 개방적으로 논의해야 한다. 감독 상담자를 밝히는 것은 환자에게 도움이 되지 않으며, 감독 상담자의 비밀에 대한 권리를 위반하는 것이다.

치료자는 환자에 대한 치료 외적 의사소통과 관련해서 매우 세심하게 주의를 기울여야 할 필요가 있으며, 그렇게 함으로써 편집증 환자가 치료에서 중요한 위치를 차지하는 자신의 비밀보장이 침해당하고 있다고 느끼거나 의심할 만한 여지를 조금이라도 주어서는 안 된다. 흔히 그러한 의사소통의 두 가지 통로는 전화와 편지이다. 어떤 환자에 대한 정보를 요구하는 전화가 왔을 때, 나는 그 요구자의 말을 멈추게 하고 다음과 같이 말한다: "미안합니다만, 어떤 환자의 과거나 현재 혹은 미래에 대해서도 전화로 정보를 주지 않는 것이 저의 방침입니다. 만일 환자 개인의 정보를 얻고자 하는 당신의 요구가 합법적이라고 느낀다면, 당신이 필요한 정보가 어떤 것인지, 그리고 그 정보를 어떤 목적으로 사용할 것인지를 분명히 밝히고, 그런 내용을 문서로 작성해서 보내주십시오. 그러면 우리는 최선을 다해 응답할 것입니다." 예컨대, 보험회사와 같이 환자에 대한 정보를 합법적으로 요구하는 사람이라면 누구나 그러한 절차를 받아들이고 협조할 것이다.

나는 개인적으로 이러한 전화 의사소통에 대한 규칙에서 유일하게 예외를 인정할 때가 있는데, 그것은 내가 잘 아는 동료가 내가 치료했거나 치료 과정에 대한 감독을 맡았던 환자에 대한 정보를 합법적으로 요구할 때이다. 그러나 심지어 그런 상황에서도 모든 치료자는 합법적인 임상적 필요를 충족시키기 위해 환자에 대한 어떤 정보가 적절하게 논의될 수 있을 것인가에 대해 현명하게 판단해야 한다. 환자에 대한 모든 정보가 그런 요구에 필요하거나 적합한 것은 아니며, 적절한 정보를 충분하게 제공하면서도 환자의 사생활을 보호하고 비밀을 보장할 수 있는 어떤 선별 작업이 이루어져야 할 것이다.

합법적으로 환자에 대한 정보를 제공해 달라는 편지를 받으면, 나는 환자가 있는 곳에서 환자와 함께 답장을 쓴다. 물론 환자가 동의하는 정보만을 편지에 쓴다. 나는 편지를 다 쓰고 나서, 그것을 읽어보고 승인하도록 환자에게 건네준다. 그리고 환자가 직접 편지 봉투를 붙이고 편지를 부치도록 한다. 그렇게 편지를 준비하고 보내는 일에서도 환자가 직접 관여하면서 모든 것을 통제하고 결정하도록 한다. 비밀보장의 문제를 명시적으로 드러내지 않더라도, 그런 절차를 따름으로써 편집증 환자는 크게 안심하고 신뢰하게 된다.

신뢰

신뢰는 치료적 연대 형성의 기본적인 요소이다. 환자는 우울하거나 고통스럽기 때문에, 혹은 그를 큰 위험에 처하게 하는 상황 때문에 고통받고 있다는 생각을 가지고 치료를 받으러 온다. 여기에는 환자 자신이 찾고 있는 위안을 얻을 수 있도록 치료자가 자신에게 무엇인가를 해줄 것이라는 가정과 함께, 그 자신이 치료자를 도와주는 사람으로 믿을 수 있는 어떤 근본적인 신뢰가 자리잡고 있다. 치료자의 돌봄에 자신을 맡기는 과정은 기본적으로 치료자의 역량과 능력을 받아들이는 자발성을 함축하고 있다.

이러한 자발성에는 합리적인 측면과 비합리적인 측면 모두가 있다 (Greenson, 1967). 합리적인 요소는 의료적 개입의 객관적 필요성뿐만 아니라, 치료자의 훈련, 지식, 경험, 능력과 관련되어 있다. 비합리적인 요소에는 자신을 다른 사람의 돌봄에 맡길 수 있는 기본적인 역량, 상징적 요소, 때로는 마술적 기대, 미신적 신념, 미리 형성된 전이 요소, 소망, 자기애적 방어를 포함한 여러 가지가 포함되어 있다.

자기애적 연대

멜만(Mehlman, 1976)의 설명을 따르면, 자기애적 취약성을 가정할 수 있는 상황에서 결정적으로 중요한 요소는, 환자가 치료자와의 관계를, 깨지기 쉬운 자신의 자기감을 보호하기 위해 자신이 사용하는 자기애적 방어 조직 안에 포함시키는 방향으로 움직인다는 점이다. 환자로 하여금 치료적 관계를 포함한 자기애적 방어 조직을 재조직할 수 있게 하는 특성은 "기본적 신뢰"라는 용어로 서술되었다(Zetzel, 1970). 멜만 (1976)은 초기의 친밀한 치료 관계를 기본적 신뢰에 뿌리박은 "자기애적 연대"라고 서술한다. 젯젤(Zetzel)은 치료적 연대에 대한 원래의 논의에서, 기본적 신뢰의 요소를 에릭슨(1963)이 말한, 초기의 어머니와 아기 사이의 대상관계를 성공적으로 성취하는 것과 연결시킨다.

여기에는 기본적인 구별이 전제되어야 한다. 환자는 자기애적 연대의 역량을 가지고 치료 상황에 임해야 한다. 그러나 만일 원시적 자기애적 요소가 성격을 지배한다면, 이 역량은 심각하게 손상될 수 있다. 그런 환자는 과대적 자기의 요구, 혹은 이상화된 대상(Kohut, 1971)에 대한 애착으로 인해 자기애적 평형을 유지하는 데 너무 급급한 나머지 자기애적 연대의 첫 단계조차도 도달하지 못한다. 과대적 자기는 도와주는 대상에 대한 어떤 의존도 용납하지 않으며, 이상화된 대상에 대한 욕구는 마술적이고 환상적인 기대를 낳기 때문에 효과적인 치료 연대는 전복되고, 다만 환자의 자기애적 욕구를 충족시키는 데 사용될 뿐이다(Meissner, 1977). 이러한 환자는 자기애적 연대를 형성할 역량이 결여되어 있으며, 기본적 신뢰가 부족한 사람이다. 그런 환자를 분석하기란 거의 불가능하거나 분석의 목표는 지극히 제한된다. 그러나 또다른 어떤 경우에는, 심리치료를 통해 자기애적 연대가 출현할 수 있도록 환자의 자기애를 충분히 수정할 수도 있다.

이러한 최초의 신뢰할 만한 친밀 관계 혹은 자기애적 연대는 치료적 연대가 성장할 수 있는 기본적인 뿌리를 제공한다. 이러한 치료적 연대의 기초는 대체로 환자와의 접촉이 시작되는 바로 그 지점에서부터 분석가의 공감적이고 직관적인 반응을 통해서 형성된다. 일차적 대상과의 관계를 통해서 형성된 문제가 치료적 상호작용에 영향을 미친다는 측면에서, 이러한 과정을 서술한 젯젤의 작업은 문제의 핵심을 정확하게 집고 있다. 왜냐하면 생의 초기에 경험한 부모와의 상호작용은 치료의 초기부터 치료적 상호작용에 영향을 미치기 때문이다.

치료자는 치료적 관계를 그의 자기애적인 방어적 조직 안에 포함시키려는 환자의 시도에 직면하여 환자의 자기애적 취약성의 영역에 민감하게 반응해주고, 불안을 줄여주며, 환자의 허약한 자기애를 떠받쳐주어야 한다. 멜만(1976)은 이러한 과정에 대해 언급하면서 합리적인 친밀 관계를 확립하기 위해서, 치료자는 환자가 치료자를 자발적으로 신뢰할 수 있게 해야 하며, 비합리적인 긍정적인 동기를 가질 수 있게 해야 한다고 주장한다. 합리적 이성에 호소하는 것은 단지 상황을 악화시킬 뿐이다. 치료자는 직관적으로 혹은 인지적으로, 환자가 느끼는 자기애적 위기의 심각성을 판단하고, 그것을 환자에게 말해주어야 한다. 치료자는 환자의 공포감의 증가를 막아주고 그것을 감소시킴으로써, 환자로 하여금 합리적인 것과 상관없이 치료자를 자신의 적응적-방어적 체계의 일부로 포함시킬 수 있게 해야 한다.

이차적 신뢰

편집증 치료를 위한 이러한 전반적인 후성적(後成的, epigenetic) 준거 틀과 나란히, 그 틀의 개별적인 요소 또한 그것 자체로서 독립적인 발생점(ontogeny)을 갖는다는 점을 주목해야 한다. 예컨대, 멜만(1976)은 기본적 신뢰와는 다른, 이차적 신뢰의 형태에 대해 서술했는데, 이차적 신뢰는 부모와의 관계에서 기본적 신뢰가 확립된 이후에 개방적인 상태가 유지됨으로써 획득되는 것이다. 그에 따르면 "이차적 신뢰는 적응적이고 방어적인 자아 기능들 가운데 어느 정도를 부모에게 양도하려는 자발성과 관련이 있으며," 만약 그렇게 하지 않는다면, 그의 내면 세계는 부모의 성격 특성과 관계없이 이전에 내재화된 원시적인 부모상들의 폐쇄된 체계를 나타내게 될 것이다(pp. 23~24). 따라서 신뢰의 요소는 아동의 발달 경험에서 구체적인 변천 양상을 반영하는, 비교적 독립적인 그 자체의 개체발생점을 갖는 것으로 보인다.

이것은 분석 과정과 평행을 이룬다. 만약 자기애적 연대를 형성하는 데 기본적 신뢰가 필요하다면, 그 이후에 이루어지는 치료적 연대의 정교화에서도 신뢰가 필요한데, 이 단계에서는 치료 연대의 기능을 유지하기 위해 더욱 특수하게 진전된 형태의 신뢰를 필요로 한다. 달리 말하면, 치료적 연대가 자기애적 연대로부터 출현해나옴에 따라, 신뢰의 요소도 그에 상응하는 발달을 거친다. 치료 연대는 그것의 뿌리인 기본적 신뢰와의 접촉점을 잃지 않는다. 오히려, 그것은 점진적인 분화를 거치며, 그 분화는 기본적 신뢰의 기초 요소를 유지하면서 그것을 이차적 정교화의 형태로 조직화하고, 그것의 기능과 구조 방식을 더욱 발달시킨다. 진정한 치료적 연대 안에서 이러한 이차적 신뢰의 형태가 작용한다. 이차적 신뢰의 실패, 혹은 때 이른 치료의 종결은 이후의 발달 가능성과(예컨대, 초자아의 발달) 진정한 치료적 연대를 위한 역량 모두를 제한한다. 치료적 연대는 비교적 성숙한 체계 안에서 서서히 발달되는 것으로서, 더 이상 원시적인 대상관계에만 종속되지 않는다. 이러한 치료 과정의 진전을 피하기 위해 부모 상에 매달리는 원시적인 애착은 치료 종결(예컨대, 오이디푸스적 위기의 해결)의 회피를 나타내며, 진정한 치료적 연대의 가능성을 제한한다.

멜만(1976)은 다음과 같이 말한다: "신뢰의 발달은 바로 자기애가 그렇듯이, 그것의 개체 발생점을 갖는다. 기본적 신뢰는 초기 자아의 내사물의 형성을 가능하게 하는 대상관계를 온전하게 확립하기 위해서 선행되어야 하는 요소라고 말할 수 있다. 이차적 신뢰의 실패는 아이가 너무 일찍부터 자기 자신을 돌보아야 하는 외상과 관련되어 있으며, 아마도 바로 이것이 우리가 순수한 자기애적 연대와 반대되는 것으로서의 치료적 연대를 발달시키고자 하는 이유일 것이다"(p. 24).

이차적 신뢰를 통해서 이러한 초기의 방어적인 자기애적 연대의 수준에서 진정한 치료적 연대로 옮겨가는 전이 과정이 발생한다. 결정적인 요소는 기본적 신뢰가 더욱 정교화되고 안전한 이차적 신뢰감으로 변형되는 것이다. 이러한 변형이 가능한 것은 분석가의 공감적인 반응에 의해서이다. 분석가는 환자의 자기애적 취약성이 어느 정도인지를 파악하고, 환자가 더 이상 자기애적 상처를 받지 않고 관계 안에 좀 더 깊이 들어갈 수 있도록 환자를 충분히 지지해주고 그에게 확신을 제공해야 한다. 바로 이 결정적인 시점에서 분석가의 특성과 민감한 공감적 반응이 핵심적인 역할을 한다(Greenson, 1960; Olinick, 1975; Poland, 1975; Schafer, 1959).

자율성

신뢰의 문제를 해결하고 통합할 수 있는 정도 만큼, 환자는 자율성의 출현 단계로 이동해갈 수 있다. 분석가와의 긍정적인 신뢰 관계 안에서, 환자는 자율적인 기능을 검증하기 시작한다. 분석 과정 안에서 출현하는 자율성은 연구할 가치가 있는 주제인데, 이 주제에 대해서는 지금까지 거의 아무도 주의를 기울이지 않았다. 이 영역에 대한 가장 훌륭한 공헌은 분석적 작업에서 의존으로부터 독립으로 가는 과정을 다루는 대상관계 이론가들의 연구결과인 것으로 보인다(Winnicott, 1965). 또한 이 영역은 걸음마 아동의 자율성 검증에 대한 연구 결과와도 관련이 있다.

분석 과정에서 자율성이 출현하는 것은 환자가 분석 작업 안으로 들어가고 있고, 그것에 대해 책임질 준비가 되어 있으며, 기꺼이 책임지려고 한다는 것을 의미한다. 이것은 신뢰적 의존이라는 이전의 태도와는 상당히 다른 것이다. 자율성의 출현은 환자가 분석 작업에 적극적으로 참여하는 행위자이며 분석 작업을 주도하는 세력임을 의미한다. 이러한 맥락에서 환자는 약속 시간을 지키고, 비용을 지불하며, 자료를 제공하고, 분석 시간에 적극적으로 참여하며, 꿈을 보고하는 것 등에 대해 책임진다.

자율성을 확립하고 유지하는 과정은 섬세한 주의를 요하는 과정이다. 이때 분석가는 환자의 요구를 주의 깊게 조절해야 한다. 분석가는 환자의 출현하는 자율성을 존중해야 하며, 분석에 도움이 되어야 한다거나 자신에게 순종해야 한다고 암시적으로 요구함으로써 환자의 자율성을 방해해서는 안 된다. 종종 분석되고 해석되며 효율적으로 감소될 필요가 있는, 환자의 저항적인 징후와, 지지되고 유지될 필요가 있는 환자의 출현하는 자율성의 측면 사이에서 경계선을 긋기가 어려울 수 있다. 주어진 분석적 맥락 안에서, 환자가 치료 시간을 어기는 것을 중요한 저항의 표현으로 볼 수도 있으나, 그것은 또한 출현하는 자율성의 표현일 수도 있다. 치료자는 환자의 방어의 상태, 치료 연대의 상황, 분석이 진전되는 정도를 주의 깊게 고려하면서, 전반적으로 복잡하게 진행되고 있는 분석 과정 안에서 환자의 특정한 행동의 의미를 이해해야 한다.

진정한 자율성이 생기면 환자는 타인이 지닌 자율성을 수용하고 인정할 수 있게 된다. 이러한 환자의 자율성을 촉진시키기 위해서는 치료자 자신이 진정하고 잘 통합된 자율성을 갖는 것이 중요하다. 결정적인 문제는 환자의 의존성이 수정되고 독립성이 출현할 때, 그것이 분석가에게 어느 정도의 압력으로 작용하고, 어느 정도의 어려움을 발생시키는가 하는 점이다. 치료자가 환자의 출현하는 자율성을 방해하고 빼앗는 것은 아주 쉽다. 이러한 어려움은 부모-아동 관계 안에 내재해 있다. 예컨대, 부모가 아동에게 순응하고 복종하도록 강요하는 것은 자율성을 성취하려고 노력하는 아동의 시도를 붕괴시킬 수 있다. 분석에서도 이와 비슷하게 분석가가 지나치게 빨리 해석을 하게 되면, 환자의 놀이를 빼앗을 수도 있고, 수줍게 출현하는 자율성을 박탈할 수도 있다.

자율성이 과도하거나 부족한 것 두 가지 모두는 분석 과정에 부정적인 영향을 끼칠 것이다. 만약 환자가 분석가로부터 지나치게 빨리 독립하려고 한다면, 치료적 연대는 붕괴될 것이다. 이렇게 과도한 독립성으로 후퇴하는 것은 방어 욕구를 충족시키기 위한 것이라고 가정할 수 있다. 다른 한편, 만약 환자가 지나치게 순종적이어서 분석적 과정의 적절한 단계에 이르러서도 스스로 독립적인 판단을 하지 못한다면, 치료적 연대는 어려움을 만나게 된다. 따라서 분석 작업의 효율적인 진행을 위해서는 치료적 연대의 특정 단계에서 환자와 치료자의 상대적인 자율성 사이에 적절한 균형이 유지되어야 한다. 환자는 분석가와 좀 더 자율적인 관계를 맺기 시작한 후에, 다시금 무조건적인 신뢰와 의존을 수용하는, 좀 더 초기의 상태로 후퇴할 수도 있다. 그러한 후퇴는 분명히 방어적으로 동기화된 것이며, 치료 연대 안에서 저항의 한 유형을 형성한다.

투사적 체계의 정의

목적

환자의 병리 내용과 구조를 확인하는 작업에 필요한 첫 단계는 투사적 체계를 정의하는 것이다. 편집증적 투사 체계는 투사되는 요소를 강화시키며, 그런 요소를 확인하고 그것을 목적 있는 통합된 감각을 획득하도록 지지해주는 의미 있는 기반으로 사용된다. 이러한 과정이 필요한 이유는 투사 자체가 내사의 리비도 경제와 밀접하게 관련되어 있으며, 내사물 자체의 조직을 보호하고 연장하는 데 사용되기 때문이다. 따라서 이러한 방어 조직에 기여하고 환자의 자기의 통합이라는 내적 목적에 사용되지 않는다면, 투사적 체계 자체는 그렇게 중요하지 않을 것이다. 그런 점에서, 투사적 체계를 다루는 것은 사실 하나의 목적, 즉 환자의 내사물과 그것이 정교화되고 발달되는 방식을 확인하고 알기 위한 수단이다.

편집증 환자는 대부분이 어느 정도 신뢰할 수 있는 치료 연대의 맥락에서 자발적으로 자신의 투사적 체계를 치료자와 공유하려고 한다. 그것은 대개 그의 공포증적 불안이나 박해 불안에 초점이 맞추어져 있다. 많은 편집증적 인격들에서 투사적 체계는 일종의 사실적인 느낌을 만들어내며, 환자가 몇 가지 핵심적인 해석이나 가정을 할 경우, 그것은 일관된 논리를 띠는 경향이 있다. 더 깊은 병리를 가진 환자의 투사적 체계는 망상적 요소를 포함할 수 있으며, 이 요소는 정신증적이라고 간주해야 할 정도로 약화된 현실검증 능력과 부인의 작용을 반영한다. 신뢰의 기초가 튼튼하지 않고 치료 관계가 편집증적 전이 왜곡에 의해 오염되어 있는 경우에, 환자는 종종 투사적 체계를 전체적으로 혹은 부분적으로 은폐하려고 노력할 것이다. 그런 환자는 의심이 많고 방어적이어서, 치료자가 그의 투사적 체계를 밝히기 위해 어떠한 시도를 하더라도 그것을 좌절시킬 것이다. 치료자의 그런 시도는 환자의 방어 체계와 부딪히는 경향이 있으며, 그 방어 체계를 강화시킬 뿐이다.

초점

이 지점에서 치료자가 취할 수 있는 최선의 전략은 환자의 입장에서서 공감적으로 듣고, 궁극적으로 이후의 치료 작업에서 유용하게 사용될 환자의 투사적 체계에 대한 지식을 얻는 것이다. 투사적 체계에 대해 관심을 갖는 것은, 그 체계를 통해서 환자의 심리적 역동과 조직에 대해 더 많이 이해할 수 있는 수단이라는 점에서, 다소 이차적이다. 그러므로 치료자는 배우기 위해 경청한다: 그는 현실적인 자료와는 다른 환자의 왜곡, 잘못된 인식, 혹은 잘못된 해석에 대해 비판하거나, 도전하거나, 혹은 검증하지 말고, 공감적으로 들어야 한다.

일반적인 투사적 체계의 유형은 자신이 위협받고 있고 박해 당하고 있으며, 평가절하되고 있고, 자신에게 상처 입히고 자신을 패배시키기 위한 목적으로 어떤 일이 행해졌다는 느낌을 두드러지게 드러내는 것이다. 치료자는 이러한 이야기를 경청할 때, 환자가 피상적으로 나타내는 투사적 체계의 세부사항과 그 내용에 초점을 맞춘다. 그는 공감적인 태도로 "제3의 귀"를 갖고 환자의 투사적 이야기 배후에 놓인 내면의 멜로디를 듣고자 한다. 그는 환자의 이야기 안에 널리 퍼져 있는 그리고 보편적이며 계속적으로 반복되는 내면의 주제인, 취약성, 허약성, 무능감, 그리고 피해자라는 느낌을 들어주고 공감해준다. 환자의 이야기에 대한 치료자의 공감은 치료자가 위협적인 방식이 아닌 공감적인 방식으로 환자를 이해할 뿐만 아니라, 치료자가 이러한 공포감과 약함 때문에 그를 공격하거나, 비판하거나 평가절하하지 않는다는 것을 환자에게 알려주는 신호이다.

의도성

나는 치료 과정의 이 지점에서 부각되는 의도성을 서술하는 데 "정의한다"는 용어를 사용해왔는데, 이것은 치료자가 담당하는 역할을 설명하기 위한 것이다. 여기에서 치료자의 목적은 환자가 지닌 병리의 내용을 확인하고, 병리의 정도와 깊이의 정도를 가늠하며, 병리에 포함된 요소의 특성과 중요성에 대한 어떤 감각을 얻는 것이다. 그러므로 투사적 체계에 대해 경청하는 과정에서, 적어도 첫 단계에서는 객관적인 이야기를 들어야만 한다. 공감적이고 관심 있는 청취자로서의 치료자는 환자로 하여금 구체적인 세부사항과 특수한 사건을 자세하게 묘사하도록 강조하는 동시에 환자가 자신의 이야기를 진전시키고 확대하도록 격려할 것이다.

예컨대, 만약 환자가 자신의 동료들이 자신을 적대적이고 위협적으로 대한다고 불평한다면, 치료자는 이 상황에 대해 좀 더 자세하게 알아야 하고, 환자의 동료들이 환자에게 해를 끼치려는 의도와 적대감을 어떻게 나타냈는지에 관해 환자로부터 자세한 이야기를 듣는 데 관심을 가져야 한다. 만약 그러한 정보를 수집하려는 치료자의 태도가 대결적이거나 도전적이지 않다면, 환자는 대체로 기꺼이 치료자에게 자신이 겪고 있는 어려움에 대해 자세하게 이야기할 것이다. 비판적이지 않은 공감적인 태도로 들어주는 사람을 위해 그 이야기를 재구성하는 바로 그 과정을 통해서 환자의 치료는 시작되는 것이다. 환자는 치료자에게 이야기하고 그것의 특수한 것들을 정교화하면서, 자신의 투사적 체계와 병리적 반응의 기초를 구성하는 사실, 인식, 해석을 파악할 뿐만 아니라, 무엇보다도 치료자와 정서적 반응을 표현하는 데 있어서 적당한 거리를 유지할 수 있는 능력을 획득하게 된다.

내사적 요소

이렇게 상세하고 객관적으로 이야기하는 과정에서, 환자는 거의 불가피하게 투사적 체계 자체로부터 온 요소뿐만 아니라 내사적 수준으로부터 직접적으로 혹은 간접적으로 파생하는 자료를 제시하게 된다. 만약 환자가 악의 있고 적대적인 그의 박해자의 행동에 대해 서술한다면, 거기에는 그 자신에 대한 취약성의 느낌과 피해자감이 함축되어 있을 것이다. 치료자는 이러한 박해자가 가지고 있는 적대감에 관한 환자의 이야기를 들으면서, 환자의 위협받는 감정, 불안의 강도와 고통, 그리고 그가 그러한 증오와 적대감의 대상이 되는 것이 얼마나 어려웠고, 또 지금도 얼마나 어려운가를 알고 있다는 것을 공감적인 언급을 통해 환자에게 전달하는 것이 유용할 것이다. 마찬가지로, 그리고 특히 신뢰의 요소가 충분한 발판을 마련했다고 판단되는 경우에, 치료자는 또한 환자의 내사 조직의 수준으로부터 오는 더욱 직접적인 내적 표상에 관해 듣게 될 것이다. 이러한 것들은 대체로, 환자가 적대자의 위협에 직면하여 얼마나 불안하고, 두렵게 느꼈으며, 또한 자신에 대해 얼마나 취약하고 무력하게 느꼈는지에 관한 서술로부터 온다.

이러한 내사적 요소는 흔히, 직접적으로 전달되든지 혹은 간접적으로 전달되든지, 우울적 특성을 갖는다. 그것은 흔히 이러한 환자의 자기 이미지와 내면 세계에 널리 퍼져 있는 무가치감과 수치감뿐 아니라 그의 내적인 연약성, 취약성, 허약성을 나타낸다. 환자 자신의 자기애적 갈등을 반영하는 이러한 취약한 요소가 편집증적 환자의 특성으로서 명료하고 확실하게 초점이 맞추어지는 경우는 매우 드물다. 이것은 가장 강력한 보호와 방어적 정교화를 요청하는 환자의 성격 조직의 가장 민감하고 어려운 부분이요, 그의 병리적 자기감의 가장 취약한 부분이기 때문이다. 그러나 치료자는 그러한 내사적으로 파생된 정서가 있을 수 있다는 가능성을 받아들이고, 환자의 이야기 속에서 그러한 함축된 의미가 드러나더라도 놀라지 말아야 한다.

이 지점에서 강조될 수 있는 또 한 가지는 투사적 체계의 자료, 특히 투사적 요소 자체와 내사적 조직의 파생물(그들이 확인될 수 있는 한에서)은 이후에 전이/역전이 상호작용의 발달을 위한 일종의 모형이나 "초기 경고 체계"로서 사용된다는 점이다. 투사적 체계의 차원을 정의하는 것을 통해서 치료자가 배우는 것은, 치료 과정에 직접적인 영향을 끼치며, 치료 관계에서 전개될 상호작용의 유형을 설정한다. 내사물이 환자의 다양한 병리적 상호작용에서 스스로를 드러내는 방식은 치료자와 환자 사이의 상호작용의 유형을 위한 기초로서도 동일하게 작용한다. 치료자와 환자의 관계에서 내사적 요소가 나타날 뿐 아니라, 투사적 요소도 동일한 상호작용 안에 개입할 것이며, 치료자는 자기 자신이 이 투사적 요소를 뒤집어쓰는 투사적 전이의 발생 과정 안에 놓여 있다는 사실을 발견할 것이다.

현실검증

기법

투사적 체계의 내용을 확인하는 과정이 환자의 망상적 체계에 대한 치료적 개입을 향한 첫 단계이다. 우리가 이미 말했듯이, 편집증 환자의 투사적 체계와 대결하는 것은 바람직하지 못하다. 왜냐하면 그것은 기껏해야 환자의 강력한 저항에 부딪히게 되고, 물의 흐름을 거슬러 노를 젓는 것과 같은 것이며, 최악의 경우 치료자를 박해자의 자리로 몰아넣는 위험을 감수하는 것이기 때문이다.

치료의 이 단계에서 필요한 기법은 제2장에서 설명했듯이, 환자의 감정에 꼬리표를 다는 것과, 환자의 지식의 한계를 검증하는 것이다. 이 두 가지 기법은 모두 투사적 체계를 정의하는 동안에 현명하게 도입될 수 있다. 이 접근은 점진적이어야 하고, 해석은 거의 눈치채지 못할 정도로 제공되어야 하며, 단지 이후의 좀 더 확대된 해석을 향해 천천히 가는 것이어야 한다. 편집증 환자의 이야기를 듣는 과정에서, 치료자는 불가피하게 환자의 내적 취약감, 무기력감, 그리고 위협받고 있는 자율성에 대한 암시, 그리고 때로는 암시 이상의 것에 대해 들을 것이다. 치료자는 이러한 정서적 요소에 대해 공감적이면서도, 그 경험의 감정적 특성을 강조하는 반응을 해야 한다. 환자가 자신을 덮치려고 하는 외부의 힘 때문에 자신의 인생이 위협받고 있다고 말할 때, 치료자는 그 말의 사실적 내용이 아니라 감정적 내용에 반응해야 한다. 치료자는 환자에게 그것이 얼마나 두렵고 위협적으로 느껴지는가에 대해 공감적으로 언급해야 할 것이다. 환자가 자신의 삶이 위협받고 있다고 느끼고 있고, 자신이 두려워하고 있다는 것을 인정할 수 있다면, 치료자는 그 감정에 공감적으로 응답할 수 있으며, 심지어 환자가 감정을 표현하고 있다는 것을 강조할 수도 있다.

환자가 가진 망상의 현실성을 검증하는 두 번째 기법은 환자의 지식의 한계를 검증하는 것이다. 환자가 유지하는 투사적 체계는 그것의 정교화된 내용물 안에 타인의 신념과 의도에 관한 다양한 결론, 태도, 확신, 그리고 많은 다른 추론적 신념들을 포함하고 있다. 점차적으로 치료자는 환자의 경험 안에 있는 그런 신념들의 기초를 탐구하고 검증할 수 있다. 이때 환자의 결론이나 신념에 대해 직접적으로 대결하고 도전하는 것은 무익하고 비생산적이다. 그보다는 환자가 내린 결론의 토대를 이루는 자료에 대해 상세하게 탐구한다면, 환자의 이야기 안에서 종종 어떤 틈새와 불확실성을 찾아낼 수 있을 것이다. 만약 치료자가 그러한 불확실성의 영역을 재치 있게 지적할 수 있다면, 환자의 결론이 전적으로 객관적인 증거에 기반한 것만은 아니며, 어느 정도는 자신의 주관적인 생각에 의해 영향을 받았다는 사실이 점차 확인될 수 있을 것이다. 그것은 환자가 현실적인 공백을 자신의 내면 세계로부터 파생된 투사적 자료로 채웠음을 말해준다. 불행히도, 치료자는 계속적으로 채워야 할 중요한 공백을 갖고 있는데, 그 중에는 다른 사람들의 내적인 태도, 사고, 감정, 그리고 판단 등이 있다. 편집증 개인의 경우, 타인의 내면 세계에 대한 표현을 정확히 평가하고 이해하는 능력은 상당히 제한되어 있으며, 따라서 치료적 대상관계의 장(場)은 편집증적 투사를 위한 비옥한 토양을 제공한다.

이러한 편집증 과정은 자신의 삶이 커다란 곤경에 처하게 되어 도움을 받으러 온 20대 중반의 젊은 남성 사례에서 생생하게 드러난다. 그는 약 2년 전에 편집증적 정신분열증을 앓았고, 그 후에 오랫동안 심한 우울증을 앓았다. 그의 삶은 공포감에 사로잡혀 있었다. 그는 가는 곳마다 어디서나 자신에게 적의를 가지고 있는 사람들을 만났다. 그는 사람들이 자신을 노려보고, 비웃었으며, 자신을 용기도 없고 기운도 없이 울먹이는 뼈대 없는 무가치한 녀석이라고 보고 있다고 믿고 있었다. 그는 상점 점원이 자신을 우습게 보면서, 무가치하고 타락한 사람으로 보고 있다고 믿었기 때문에, 물건을 사러 마을의 상점에 갈 수 없었다. 그는 자본주의 체계, 사회적 가치, 주식회사, 미국 정부 등을 맹렬히 비난했는데, 이는 자신을 그런 것에 의한 무력한 피해자로 보고 있는 그의 견해 때문이었다. 이러한 그의 태도는 무기력한 분노 그 자체였다.

이러한 편집증적 구성의 차원과 그것이 파생해 나온 내사물의 차원을 구별하는 것은 어렵지 않다. 그런 개인은 그와 같은 상황을 오랜 시간에 걸쳐 반복적으로 검증한 이후에야 자신의 반응의 투사적 본질을 파악하고, 자신의 관심을 내적인 준거 틀로 돌릴 수 있다. 이러한 변화가 전개됨에 따라, 그는 점차 사회적 상황을 견디어낼 수 있게 되었고, 안정된 직업을 갖게 되었으며, 성관계를 가질 수 있게 되었다.

이 환자가 극적으로 보여주듯이, 이 과정은 대체로 무의식적 수준에서 기능하는 환자의 환상 영역—그것의 외부적 준거와 내부적 준거 모두에 있어서—에 대해 점차적으로 더욱 분명하게 구별하여 서술하는 것으로 이루어져 있다. 이러한 내사물에서 파생된 환상 체계에 대한, 그리고 초기 대상관계 및 현재의 전이 관계에서 그것들이 갖는 역할에 대한 좀 더 상세한 설명이 주어진다면, 그런 시도는 내사물을 명료하게 인식하게 하고, 점차적으로 현실의 관점에서 그 내사물을 묘사하도록 돕는다. 편집증 치료를 위한 이후의 단계에서는 이러한 측면을 다루게 된다.

해체

투사적 체계의 현실성을 정의하고 검증하는 점진적인 과정은 투사적 체계 자체와, 그와 관련된 편집증적 방어의 점진적인 해체를 돕는다. 환자는 투사적 방어와 편집증적 방어가 약화되고 줄어들면서, 내사적 조직 안에 형성된 근저의 정서적 요소를 더욱 의식적으로 이용할 수 있게 되고 점차 직접적으로 표현하게 된다. 대부분의 환자가 정서적으로 다소 우울한 경향이 있는 것이 사실이나, 편집증 환자는 특히 더 우울한 정서적 특성을 보인다. 투사적 체계가 효과적으로 해체되면서, 더 이상 방어기제로 사용되지 않게 되면, 그 환자는 임상적으로 우울해질 것이다. 그리고 우울증의 정도와 심각성은 투사적 체계 안에 함축된 망상적 확신의 강도, 고정성의 정도와 직접적으로 비례할 것이다. 투사적 체계가 정신증적인 망상 체계의 부분을 형성한 많은 환자들의 근저에는 심각한 우울증이 깔려 있는데, 여기에는 심지어 자살 충동까지 포함될 수도 있다.

내사물의 명료화

초점

투사적 체계가 점진적으로 무너지면서 근저의 내사물이 더욱 더 노출되고, 탐구와 이해를 위해 사용될 수 있게 된다. 따라서 이 단계에서 치료자의 과제는 이 내사물에 관심을 갖고, 내사물 자체를 점진적으로 정의하고 명료화하는 것이다. 여기에서 치료자의 관심은 환자 자신에 대한 감정, 태도, 신념, 확신에 초점이 맞추어진다. 의심할 바 없이, 이 것은 편집증 환자와의 작업에서 종종 가장 민감하고 어려운 부분이다. 바로 여기에서 환자의 가장 예민한 핵심적 취약성이 드러나기 때문이다. 편집증 환자가 이러한 내사물을 개방하고 드러내며 설명할 수 있는 정도는, 치료적 연대가 안정적으로 확립된 정도와, 환자와 공감적 접촉을 유지할 수 있는 치료자의 역량에 비례한다.

내사적 수준으로 초점이 옮겨짐에 따라, 내사물이 지닌 더 많은 내용을, 특히 그것의 정서적 반향을 이용할 수 있다. 대체로 여기에서 드러나는 것은 환자의 성격 안에 있는 우울증의 민감한 핵심부분이다. 치료 작업의 이 수준에서, 치료 과제는 투사적 체계를 정의하는 과정에서 제시된 과제와 유사하다. 내사물을 설명함에 있어서, 치료적 의도는 내사적 배열을 도전, 교정, 해석 등의 방법으로, 혹은 다른 어떤 방법으로 수정하는 것이 아니다. 이것은 확실히 직접적인, 또는 일차적 과제가 아니다. 치료자는 내사물 안에 포함된 것과 동일한 것을 환자가 자신의 현재 삶 속에서 발견할 수 있도록 돕는 과정에 훨씬 더 많은 관심을 갖는다. 여기에는 투사적 체계를 정의하는 데 사용된 것과 동일한 전략이 사용된다. 치료자는 환자 자신의 내면 세계의 경험에 대한 이야기를 좀 더 넓은 삶의 영역으로 확장하도록 돕고자 한다. 점진적으로, 환자는 자신이 느끼고 있는 감정을 자세하게 서술할 수 있게 되고, 명료화된 용어로 표현할 수 있게 된다. 치료자는 환자가 자신에 대해 최대한 구체적이고 상세하게 이야기할 수 있도록 격려해야 한다.

내사물

이러한 탐구를 통해서 나타나는 요소는 공격성(공격자 내사와 피해자 내사)과 자기애(우월과 열등 내사)의 주제를 중심으로 모이는 내사물에 대한 논의에서 이미 다루어졌으므로 새로운 내용은 아니다. 편집증적 병리의 기본 구조로 인해, 이 맥락에서 더욱 우울적인 색채를 띤 요소, 즉 피해자됨과 열등성이 즉각적으로 드러난다. 치료적 전략은 어떠한 맥락이든지 일차적으로 환자가 제시하는 것에 대해 구체적인 세부사항을 채우는 데 초점을 맞추는 것이다. 각각의 사건이나 상황이 탐구되고 발전됨에 따라, 치료자는 환자가 자신의 지배적인 정서—여기에서는 대체로 우울함 그리고 약함, 취약성, 낮은 자존감, 수치심, 굴욕감, 열등성과 같은 주제와 종종 관계 있는—에 초점을 맞추고 그것에 대해 분명히 인식하도록 돕는 데 관심을 가져야 한다.

치료의 진행과정에서 이야기들이 수집됨에 따라, 치료자는 조금씩 광범위한 맥락에서 반복적으로 나타나는 주제에 주목하면서, 그 이야기들 사이에 어떤 연관성이 있다는 것을 발견하게 된다. 환자는 자신의 삶의 경험의 다양한 맥락 안에 동일한 동기가 작용하며, 그것이 세상에 대한 견해뿐만 아니라 자신에 대한 견해를 지배한다는 사실을 받아들이게 된다. 이로써 서로 관련된 내사적 주제가 점진적으로 통합된다. 이러한 것은 피해자됨의 동기 및 적대적이거나 파괴적인 공격성의 측면에서, 그리고 우월성과 열등성의 자기애적 주제라는 측면에서 표현될 수 있다.

치료자는 내사물의 우울적 측면이 치료의 이 단계에서 더욱 즉각적으로 이용될 수 있는 경향이 있는 반면, 관련된 다른 형태도 환자의 병리에 영향을 끼친다는 사실을 간과해서는 안 된다. 치료자는 편집증 환자가 자신의 취약성과 피해자됨의 감정을 비교적 기꺼이 표현하려고 할 때, 공격성, 권력욕, 적대감, 공격자 내사의 특징도 함께 작용한다는 사실을 알아야 한다. 이러한 것은 무엇보다도 특수한 투사의 형태를 지닌 투사적 체계를 통해 표현된다. 그러나 환자의 이차적 정교화 과정에서 동일한 요소가 확인될 수 있으며, 궁극적으로 내사물 자체의 측면에서 확인될 수 있다. 이와 같은 것이 자기애적 요소에도 적용되는데, 이 경우 환자는 자신이 자격이 있고 특별하다는 느낌, 그리고 과대주의를 드러내기보다는 자신의 수치스러운 열등감과 굴욕감을 드러낼 가능성이 더 크다.

사례

이 과정은 앞에서 서술한 젊은 남성 편집증 환자의 치료에서 매우 분명하게 드러나고 있다. 치료 작업이 진전됨에 따라, 환자는 점차 자신의 취약감과 무력감에 대해 이야기하기 시작했다. 그는 자신의 편집증적 경험에 대해 망설임 없이 서술했다. 환자는 거리를 걸어다닐 때 느꼈던 경험에 관해 자세히 이야기했다. 그는 지나가는 사람들이 자신을 쳐다보며, 자신을 이상하고 시시한 녀석이라고 생각하고, 정상인처럼 보도로 걸어갈 만한 자격도 없는 존재로 여기며, 동성애자가 아니면, 타락했거나 적대적인 생각을 갖고 있는 사람으로 보고 있다는 망상에 대해 이야기했다. 이러한 망상은 거리에서 그를 지나쳐가던 사람 중의 한 사람이 어느 한 순간에 갑자기 그에게 돌아서서 칼로 그의 가슴을 찌를 것이라는 생각에 사로잡히고, 심지어 압도적인 공황감을 느끼는 정도까지 심해졌다. 혹은 군중 속에서 누군가가 자신에게 기관총을 쏘는 환상을 가졌다. 그에게 있어서, 이러한 생각은 근거 없는 상상이 아니라 전적인 확신으로 자리잡고 있었고, 공황의 감정을 수반하고 있었다. 어느 시점에서, 그는 용기를 내서 시내 백화점으로 양복을 사러 갔던 일에 대해 서술했다. 그는 백화점의 정문으로 걸어 들어갔는데, 그 순간 고성능 라이플 총으로 무장한 돌격대가 발코니에서 자신에게 총을 겨누고 있다는 확신이 들었고, 그래서 그는 극심한 공황상태로 그 백화점에서 도망쳐 나왔다.

이러한 감정과 망상적 편견이 환자의 취약성과 피해자됨의 느낌(피해자 내사)을 반영하는, 강하고 격렬한 방식이었다면, 그가 거리를 걸어다닐 때 떠오르는 다른 환상 체계는 정반대로 공격자가 된 느낌(공격자 내사)을 반영하는 것이었다. 그는 자신이 지나가는 어떤 사람—대체로 특히 인상적이거나, 혹은 값비싼 옷을 입은 사람—을 칼로 찌르는 장면을 상상하곤 했다. 부유하고 성공한 사람들, 즉 자신과 같이 무력한 대중의 약함과 취약성을 이용하여 돈을 번 사람들에 대해 장황하게 늘어놓는 환자의 말을 통해서, 치료자인 나는 그가 큰 회사의 법률 사무소에 침입하여 눈에 보이는 모든 사람들을 총으로 쏘거나, IBM과 같은 어떤 유명한 회사 앞을 지나가면서 회사 정문 안으로 강력한 폭탄을 던지는 환상을 즐기곤 했다는 것을 알 수 있었다. 이 환자에게서 취약성과 피해자됨의 주제가 병리적으로 강하게 나타난 것은 동시에 공격적 적대감과 파괴성의 주제가 동일하게 강렬하고 극적인 모습으로 나타날 수 있음을 말해준다. 이것은 그러한 내사적 요소의 변천 양상에서 드러나는 법칙, 즉 내사적 양극의 한 측면이 병리적으로 왜곡된 정도는 그것과 맞먹는 정도의 반대편 병리적 왜곡에 의해 균형을 이룬다는 사실을 예시한다.

이 환자에게서는 병리적 자기애의 요소와 관련해서도 동일한 요소가 관찰되었다. 환자는 보통, 그리고 그의 오랜 치료 기간 동안 열등감, 무가치감, 자신에 대한 깊고 지속적인 수치심, 굴욕감, 부적절감

등을 가지고 있었다. 이러한 느낌은 종종 그의 확신으로 자리를 잡곤 했다. 그는 거리에서 혹은 그의 삶의 어떤 다른 측면에서, 자신의 앞을 가로질러 가는 사람들이 자신에게 무례할 뿐만 아니라 자신을 무가치하고 전적으로 열등한 사람으로 취급하고 경멸한다고 느꼈다. 일정 기간의 치료 후에, 환자는 이러한 내사적 양극성의 몇몇 반대되는 요소를 점차 표현할 수 있게 되었다. 그는 기본적으로 재능 있고 지성적인 젊은이었으나, 그의 자기애적 완벽주의 때문에 학업에서 아무 것도 성취할 수 없었다. 그에게 있어서 최고의 수준에 도달하지 못하는 것은 실패이고 아무 것도 아니며 전적으로 무가치한 것이었다. 따라서 그는 무자비한 운명의 덫에 사로잡히게 되었으며, 그의 삶은 "자기애의 폭정"에 짓밟히게 되었다.

그럼에도 불구하고, 환자의 과대주의는 때때로 그 모습을 드러냈다. 그는 전문가, 의사, 혹은 법률가나 과학자들이 자신보다 더 지적이지도 않고, 지식이 더 많지도 않으며, 사실상 자신이 그들 대부분보다 훨씬 더 많이 알고 있다고 씁쓸하게 말하곤 했다. 그는 지능이 높음에도 불구하고 학교 생활과 직장 생활에서 성공하지 못한 것을 직장 동료, 고용주, 교사, 그리고 다른 사람들이 자신에게 악의를 품고 있고 적대감을 갖고 있기 때문이라고 말했다. 그는 자신의 실패감과 부적절감을 방어하기 위해 투사적 체계를 사용했다. 이것과 함께 차가운 오만함, 보통 사람들에 대한 일종의 경멸을 드러냈는데, 그는 그런 사람들이 숨을 쉬거나 땅위를 걸어다닐 가치조차 없는 열등한 인종인 것처럼 간주했고, 그들이 단지 비천하고 하찮은 일에만 적합하다고 생각했다. 그는 그들을 노예, 날품팔이 일꾼이라고 불렀는데, 그것은 품위를 떨어뜨리는 언어일 뿐 아니라 그의 자기애의 강도와 병리를 드러내는 극심한 경멸의 표현이었다. 그가 이렇게 경멸하는 말을 장황하게 늘어놓을 때, 거기에는 자신이 운명과 주변 사람들의 음모 때문에 저급하고 열등한 위치에 있도록 강요당했다는 느낌이 깔려 있었다.

역전이 상호작용

내사물을 서술하고 공식화함에 있어서, 치료자는 앞에서 투사적 체계에 대해 다루었을 때 그랬듯이, 여기에서도 치료관계 안에서 드러난 요소들이 불가피하게 역전이 상호작용에 영향을 미칠 것이라는 점을 기억해야 한다. 환자가 피해자의 위치를 선택하는 고전적인 편집증적 형태는 공격자 내사의 파생물을 치료자에게 투사함으로써 심리적 평형을 유지하고자 할 것이다. 치료자는 그때 피해자인 환자에게 고통을 주는 사람으로 보일 것이다. 치료자는 비판적이고, 요구적이며, 다양한 방식으로 환자를 판단하고, 환자에게는 없는 권력을 가지고 있으며, 영향력 있고, 전지적이며, 심지어 적대적이고, 빼앗으며, 어떤 방식으로든 환자에게 상처를 주는 사람으로 간주될 것이다.

이와 유사한 방식으로 자기애적 요소도 나타날 것이다. 만약 환자가 치료자와의 관계에서 자신이 열등하고, 무가치하며, 굴욕당하고 있다고 느낀다면, 치료자를 자기애적인 과대주의와 이상화의 측면에서 보기 쉽다. 또한 병리가 작용하는 수준에 따라, 이런 극의 위치가 뒤바뀔 수도 있다. 환자는 방어적인 공격자가 되어 치료자를 피해자로 만들려고 하거나, 자기 자신을 자기애적 우월성의 위치에 놓고 치료자를 평가절하하거나 치료자로 하여금 굴욕감을 느끼게 할 수 있다. 전이와 역전이 요소 사이의 상호작용 측면에서 이러한 치료적 상호작용의 주제를 확인하는 것은, 치료 작업에서 매우 가치 있는 중요한 요소이다.

내사물을 설명하는 데 중요한 부가적인 작업은 감정과 사실을 구별하는 데 사용되는 기법과 관련되어 있다. 환자의 투사적 체계의 현실성을 검증하는 초기 단계에서, 감정의 문제를 사실의 문제로부터 구분하는 것은 투사적 체계가 작용하는 본래적인 준거 틀을 발견하는 데 도움이 된다. 그러나 여기서는 초점이 환자의 내면 세계, 특히 자신에 대한 감정에 모아지는 경향이 강해서 감정과 사실이 실제로 똑같지 않을 수 있다는 사실을 잊어버리기 쉽다. 앞에서 서술한 젊은이의 경우, 자신의 열등감은 자신이 누구이고 무엇인가와는 관계가 없으며, 전혀 다른 문제라는 것을 깨닫게 되었을 때, 점차 내사적 요소가 그의 시야에 들어오게 되었고, 더 깊이 있는 질문을 하게 되었는데, 이는 병인적인 내사물을 점차로 해체하는 것을 가능케 한 요소였다. 내사물의 본질과 구조에 대한 이러한 설명은 내사물의 파생과 그것의 내재적인 동기와 관련된 연구 영역을 더욱 확장시킬 것이다. 우리는 아래에서 이 문제를 좀 더 자세히 다룰 것이다.

내사물의 기원

대상관계

편집증적 과정에 근거한 기본적인 심리치료적 틀 안에서, 내사물에 초점을 맞추고 명료화하는 작업은 불가피하게 환자의 내사물의 기원과 원천에 관한 질문으로 인도한다. 편집증적 과정의 이러한 측면에 접근하는 것은 내사물이 내재화된 것으로 이루어진 구성물이며, 궁극적으로 환자의 발달적 역사 안에 있는 중요한 대상관계로부터 파생한다는 사실을 전제로 한다. 이러한 드라마의 일차적인 인물은 부모이지만, 그들만이 이러한 내재화를 위한 기초를 형성하는 것은 아니다. 형제 자매, 조부모, 숙모와 삼촌, 혹은 다른 중요한 가족들을 포함하여 환자에게 영향을 끼치는 다른 중요한 인물들, 예컨대 계부나 계모와 같은 인물로부터 파생된 요소도 있을 수 있다. 때로는 양부모도 이런 역할을 할 수 있다.

　이러한 내재화와 관련해서 몇 가지 중요한 사실을 강조할 필요가 있다. 첫째, 피상적인 관찰에서 내사의 패턴은 잘 드러나지 않는다는 점이다. 내재화는 대상의 피상적인 행동이나 적응의 유형보다는 대상의 인격 구조 안에 뿌리를 두고 있는 내사물에 기초해서 이루어지고, 그것으로부터 파생된다. 내사적 조직의 패턴들은 그것들의 방어 조직 및 양극화의 패턴과 함께, 내재화된 대상들 안에서 작용한다. 아동은 피해자됨, 공격성, 우월성, 혹은 열등성 등의 특정한 준거 지점들에서 부모의 내사적 조직의 측면들에 반응하고 그것을 동화해내며 내재화할 것이다. 자신을 여성으로서 부적절하고 무가치하다고 생각하는 어머니는 그녀의 아이에게 이러한 평가절하하는 요소를 수반하는 내재화의 유형을 전수할 것이다. 그러면 아동은 모성적 대상의 피해자가 되고, 열등한 특성을 내재화할 것이다.

　두 번째로 강조되어야 할 점은, 내재화 과정이 아동기 심리 발달 과정에서 마치 도장을 찍듯이 기계적이고 자동적으로 대상관계적 인상을 남기는 것은 아니라는 사실이다. 그것은 특정한 정신 기제들의 작용을 필요로 하는 과정이며, 아동의 자기 안에 어떤 성향을 형성하는 과정이다. 그러므로 내재화는 단순히 대상이 지닌 특성이 그대로 아동의 내면 세계로 옮겨지는 것이 아니며, 아동의 심리 생활의 내적인 변천 양상의 영향 아래 선택되고, 수정되며, 융합되는 과정을 거쳐 이루어지는 과정이다. 아동의 내면에 형성되는 내사물의 모양과 차원은 방어적 압력이 지시하는 대로 여러 대상으로부터 오는 요소를 받아들이고 종합되는 과정을 통해서 결정되는 것이다. 피해자 내사물은 궁극적으로 하나 이상의 대상에서 파생된 것일 수 있다.

가족체계

예컨대, 편집증 환자가 지닌 병인적 내사물은 대부분 전적으로 한 쪽 부모 혹은 다른 쪽 부모에게서만 파생된 것이 아니다. 즉 공격자 내사물은 한 쪽 부모의 공격적 측면만이 내재화된 것이 아니며, 마찬가지로 피해자 내사물도 다른 쪽 부모에게서만 온 것이 아니다. 그러한 환자의 가족 배경을 살펴보면, 상호적인 방식으로 작용하는 가학피학적 상호작용의 유형, 즉 피해자 되기와 피해자 만들기의 유형이 자주 나타난다. 예컨대, 잔인하게 공격하는 아버지에게 어머니가 피학적으로 피해자가 되고 순교자가 된다면, 거기에는 어머니 또한 은밀하게 아버지를 어머니 자신의 적대적인 공격성의 피해자로 만드는 방법이 함께 작용하는 법이다. 그런 상황에서 아동은 자기 자신의 성격 통합을 위한 과제로서 양쪽 부모로부터 파생된 공격적 요소를 자신의 내사적 구조 안에 형성할 것이다. 마찬가지로, 피해자 요소도 동일한 방식으로 구조화될 것이다.

이러한 관계와 그것의 함의를 탐구하는 데 있어서, 다음의 사실을 기억하는 것이 중요하다. 즉 내사적 요소는 특정한 대상관계와 그것의 상호작용으로부터 실제로 파생될 수 있는 반면, 이러한 관계는 복잡한 가족 감정 체계의 기반 안에 존재하는데, 이 기반은 대상관계의 상호작용과 교류의 유형의 근저에 자리잡고 있으며, 종종 그런 유형을 만들어낸다(Meissner, 1978a, b). 이러한 가족체계—그 안에서 발달을 경험하고 심리적 삶의 틀을 형성하는—는 종종 편집증적 상호작용의 형태로 나타날 수도 있고 그렇지 않을 수도 있는, 편집증적 색조를 띨 수도 있다. 그러나 그것은 가족체계에서 비교적 비병리적인 편집증적 과정의 작용을 반영하는 다소 미묘한 편견적 태도를 나타내는 것일 수도 있다. 심지어 거기에는 외부 세계와 현실을 공격적이고 위협적이며 파괴적인 것으로 인식함으로써 사랑과 안전이 있는 유일한 피난처는 가족밖에 없다고 믿는 경우도 있다. 그런 가족은 종종 전투적 우월 감을 반영하는 강한 자기애적 요소 때문에 사회적으로 고립되고 배타적일 수 있는 반면에, 겉으로는 사회에 친화적이지만 그 배후에는 그러한 편견적 태도를 감추고 있는 가족도 있다.

치료자는 가족체계 안에서 그러한 유형이 나타나는 방식을 알아야 한다. 치료 과제의 일부는 환자가 그와 같은 요소를 찾아내도록 돕고, 그것이 가족관계 안에서 어떻게 나타나는지, 그리고 특히 그것이 어떻게 그의 심리 발달에 기여하고 어떤 영향을 미치는지를 점차 이해하도록 돕는 것이다. 치료 과정의 이 부분은 예전에 얻어진 치료 성과를 강화하는 데 기여함으로써, 환자로 하여금 자신의 내면 세계에서 발견한 유형과 내사 조직의 구조는 모두 동기의 역사와 유형을 가지고 있으며, 확인할 수 있는 어떤 영향의 결과로서 생겨난 것임을 이해하도록 돕는다. 만약 내사 조직의 구조가 환자가 내재화한 특정한 동기와 영향에 의해 형성된 것이라는 사실을 받아들인다면, 그는 내사물을 재조사하고 그것을 다시 열어보는 것을 통해서 그 내사 조직의 구조를 수정할 수 있는 가능성에 대한 확신을 가질 수 있다.

때때로, 성격발달에 끼친 영향에 대한 좀 더 깊은 이해를 가능하게 하는 환자의 성격 발달 역사의 세부사항은 이용할 수 없거나, 적어도 이런 종류의 깊이 있는 통찰을 허용하는 형태로는 이용이 가능하지 않은 경우가 있다. 그러나 환자의 내사물을 명료화하는 과정에서, 이런 요소는 거의 불가피하게 전이 상호작용 안에서 나타난다. 치료자는 전이 상황에서 확인할 수 있는 환자의 행동 유형이 그의 가족체계와 그것의 상호작용의 맥락 안에서 발생한 행동 유형을 반영한다고 가정할 수 있다. 치료 작업을 통해서 이런 수준에 도달한 환자라면, 거의 누구나 자신의 생애 초기에 어떤 발생학적 요소가 있었는지를 재구성할 수 있는, 충분한 자료를 찾아낼 수 있다.

내사의 동기

자기 동기

내사의 세계 안에서, 우리는 구체적 동기라고 불리는 고유한 영역과 만나게 된다. 우리는 어째서 한 개인이 자신에 대한 특정한 견해를 형성하는가라는 수수께끼와도 같고, 쉽사리 파악되지 않는 질문과 맞닥뜨린다. 자기감은 근저의 내사물로부터 형성된다는 점에서 그 질문에 대한 답은 궁극적으로 그러한 내사물을 형성하고 유지하는 데 포함된 본래적 동기에 관한 탐구를 통해서 찾을 수 있다.

그러므로 우리는 여기에서 분명하고 고유한 내사의 동기적 요소의 체계를 다루고 있음을 강조할 필요가 있다. 전통적 정신분석 이론은 대체로 외적 대상과 관련된 내사적 동기의 문제를 다루는 것으로 만족하였다. 그러나 자기 심리학이 등장하면서 상황은 어느 정도 바뀌었고 자기의 조직, 유지, 보존과 관련된, 대안적인 그리고 종종 보완적인, 그리고 때로는 심지어 모순적이기도 한 동기들에 대한 고려가 불가피하게 되었다. 이러한 동기들이 정신 병리의 모든 형태에서 본질적인 역할을 하는 것이 사실이지만, 특히 편집증적 장애에서 그것들의 역할은 특별히 강조된다. 편집증 환자가 피해자 내사와 그것이 함축하고 있는 의미를 중심으로 자신의 내면 세계를 구성하는 방식에 대해서는 이미 논의한 바 있다. 공격적 요소는 다양한 정도의 외재화를 통해서 투사되며, 극단적인 편집증적 표현의 형태에서는 박해적 대상이나 다른 박해적 요소들로 변형된다. 편집증적 정신 병리에서 자기애의 변천 양상은 양극적인 특성을 갖는다. 그것은 어떤 때에는 자기애적 열등성의 측면을 나타내고, 다른 때에는 자기애적 우월성의 측면을 나타내는

데, 이 후자는 보통 편집증적 정신 병리의 더욱 심각한 표현으로 간주된다.

피해자 내사물

피해자됨의 요소는 쉬레버 사례에서 생생하고 극적으로 나타난다.[15] 쉬레버의 내사물은 한편으로 가학적이고, 거칠고, 징벌적이고, 적대적이고 파괴적이며, 엄격하게 요구하는 아버지상의 내사물과 다른 한편으로 우울하고, 피학적이며, 피해자인 어머니 상의 내사물이 혼합된 것이었다.

그의 책 「회고록」에 매우 생생하게 서술되어 있는 기본적 병리는 이러한 두 종류의 내사물이 차례로 작용하는 것으로 이루어져 있다. 아동기 박해는 먼저 저명한 의사인 플렉지히와의 박해적 관계에서 재연되었고, 궁극적으로는 자신의 목적을 이루기 위해 쉬레버를 자신의 대리자로 선택한 신과의 관계에서 더 크고 더 정교한 환상의 형태로 전개되었다. 피해자가 된 어머니와의 지속적인 동일시는 이러한 박해적 투사와 공동으로 환자의 내사물을 유지, 보존하는 데 본질적인 역할을 한다. 이러한 내사적 요소들—망상적 체계의 역동을 유지하는 데 필수적인 역할을 하는—은 여성으로의 전환에서 생생하게 드러나고 있다. 내사적 리비도 경제와 망상적 체계, 이 두 측면 모두는 실질적으로 해결되지 못하고 충족되지 못한 채 남아 있는 근저의 자기애적 욕구와 깊이 관련되어 있으며, 그 안에 동기적 뿌리를 갖고 있다.

그렇다면, 편집증적 병리에서 핵심적인 것은 환자의 내사 조직이다. 그러나 여기에서 간과되어서는 안 될 것은, 환자의 내사 조직은 가족 체계 안에서 부모의 투사에 의해 만들어지는 유형과 연관되어 있으며,

---

15. 쉬레버 사례에 대한 자세한 논의는 제3장을 보라.

또 그것으로부터 파생된 것들로 이루어져 있다는 사실이다. 쉬레버의 사례는 이 과정을 극적으로 예시해주는데, 쉬레버의 내사물은 그가 아버지에게 박해를 받았던 사실과 깊은 연관이 있음을 보여준다. 아버지가 아들을 공격했던 실질적인 이유는 그가 아들에게 투사한 자신의 가학적이고 파괴적인 요소를 굴복시키고 싶었기 때문이었다. 따라서 쉬레버 사례는 편집증적 과정의 모체가 부모의 투사와 아동의 내재화 사이의 상호연관성에서 발생한다는 사실을 보여준다.

내사 과정은 또한 어머니의 투사에 의해 일어나기도 한다. 우리는 다른 편집증 환자들과의 경험을 통해서 하나의 일관된 임상적 결론에 도달했는데, 그것은 어머니가 암시적으로 자신의 자녀가 결함 있고 약하며 부적절하다고 확신한다면, 그 어머니와 상호작용하는 자녀 또한 어머니와 동일한 생각을 하게 된다는 것이다. 이때 어머니의 약함, 부적절성, 취약성, 무력함, 그리고 거세된 열등성의 감정이 아동에게 다시 투사되는데, 아동은 그것을 내사한다.

자기 조직

지금까지 우리는 투사 체계와 내사 조직 사이의 역동적 관계를 논의해왔는데, 여기에서 투사 체계의 적응적 측면도 고려할 필요가 있다. 투사 체계의 적응적 측면은 자기감의 조직 및 자기감의 유지와 관련되어 있다. 아동의 출현하는 자기감은 부모로부터 파생된 핵심 내사물을 중심으로 구조화되고 조직된다. 정상적인 발달 과정에서 이러한 내사물은 비교적 양가적이지 않은 특성을 띠고 있고, 이는 두 가지 중요한 발달적 진전을 허용한다. 첫째는 동일시로서, 이는 자아 역량을 공고화하고 자율적 자아 기능을 안정화시키는 데 기여한다. 둘째는 대상관계의 기반(matrix)을 정교화하는 것으로서, 그 기반 안에서 발달하는 자아는 어느 정도 인정받고 있고, 수용되고 있다는 느낌과, 소속감, 그리고 의미 있는 관계성을 발견하며, 이것은 자기감을 유지하고 강화함으로써 개성을 성취하는 과정을 돕는다. 그러나 편집증 환자의 가족고 관계 안에서는 이 본질적인 대상관계의 기반이 왜곡되는 일이 발생한다. 그것은 일차적 대상과의 관계가 몹시 양가적이며, 지나치게 파괴적이고 적대적인 공격적 충동으로 가득 차 있기 때문이다. 따라서 이때 효과적인 자아 동일시와, 자기 통합성을 형성하고 유지하는 데 필요한, 의미 있는 소속감이 모두 붕괴된다.

이 경우, 자기감은 매우 양가적인 병인적 내사물을 중심으로 형성되는데, 그것은 퇴행하기 쉽고 다양한 충동 파생물에 의해 매우 민감하게 영향받기 쉽다. 손상된 자아는 투사적 영향에 더욱 지배되면서, 왜곡된 기반을 제공하는 대체(代替) 대상관계 체계를 세우는데, 그 체계는 병리적인 것이기는 하지만 나름대로 스스로에게 얼마의 통합감과 의미 있는 관련됨의 느낌을 제공하기도 한다. 우리는 이 병리적 정체성 형성 과정이 비교적 정상적인 정체성 형성 과정과 같은 것이라고 말할 수 있는데, 정상적인 정체성 형성 과정을 통해 출현하는 정체감은 현실 대상 체계와의 관계성 안에서 그리고 좀 더 정교한 사회적, 문화적 틀과의 관련성 안에서 스스로를 정의하고 분명하게 표현한다는 점에서 병리적 정체성 형성 과정과 구별된다.

거짓 자기

유사 소속감과 유사 의미있는 관계(quasi-meaningful relationship)의 체계 안에서 형성된 자기감은 위니캇(1965)이 "거짓 자기"라고 서술한 것과 가깝다. 거짓 자기는 양가적이고 병리적인 내사물을 중심으로 조직된다. 그러나 거짓 자기의 확립과 유지는 대상 없는 진공 속에서 일어나는 것이 아니다. 이 상황에서 자아는 방어적 체계를 형성하며, 이 체계를 통해 거짓 자기는 본질적으로 적응하기 위해 기능한다. 이러한 편집증적 체계를 이루는 핵심 요소는 피해자 내사를 중심으로 한 (거짓된) 자기감의 조직이다. 따라서 피해자됨은 대체 대상관계 체계의 기초이며 동기가 된다. 쉬레버에게 있어서, 피해자됨의 요소는 과대주의에 대한 보상적(compensatory) 측면에서 인정받고 칭찬받고 싶어 하는 자기애적인 욕구와 함께, 그의 아버지 신과의 구속적인 (redeeming) 관계를 통해서 적절하게 해결되었다. 그는 이것에서 자신의 자기애적 욕구를 충족시키는 데 필요한 어느 정도의 의미 있는 소속감과 목적을 발견하였다. 이러한 대리적인 소속감과 의미 있는 관계 체계의 조직은 편집증적 과정의 기본 기제—투사와 편집증적 구성—를 작용하게 만든다(Meissner, 1978b). 망상적 병리의 강도와 왜곡의 정도는 근저의 내사물의 원시성, 자기애의 정도, 그리고 내사물의 병리적 양가성에 비례한다.

내재적 동기

때때로 편집증 환자가 피해자 내사물에 집요하게 매달리는 모습에서 내사물의 내적 동기가 드러나는데, 그 동기적 요소는 분명히 객관적이면서도 동시에 주관적이다. 우리는 내사물 안에 자리잡은 동기가 파생된 맥락을 살펴봄으로써 근원적 대상과의 관계 안에 포함된 기본적인 내적 동기의 요소가 어떤 것인지를 알 수 있다. 따라서 피해자 위치를 받아들이는 것은 일차 대상과의 관계의 질을 반영하는 것일 수 있다. 예컨대 쉬레버는 피해자 위치를 고수하는 것을 통해서 자신을 피해자로 만든 아버지와의 관계가 지닌 질적 요소를 반영했다고 볼 수 있다.

마찬가지로, 대상과의 관계는 내재화, 즉 대상의 내사라는 형태를 취할 수 있다. 쉬레버는 고통 당하고 피해자된 어머니를 내사하여 자신을 피해자와 동일시하였다. 따라서 쉬레버는 아버지에 의한 피해자이며, 동시에 그의 어머니 안에 있는 피해자와 동일시된 존재이기도 하다. 그러나 그는 또한 아버지의 공격적, 가학적, 파괴적 측면을 내재화했고, 이러한 요소는 그의 박해 망상의 기초가 되었다.

피해자 내사와 가해자 내사라는 이러한 이분법의 주관적 측면 안에서 작용하는 동기는 자기감의 유지 및 보존과 관련되어 있다. 여기에서, 내적 동기는 자기애적이며, 동시에 비자기애적이다. 그 동기가 둘 중에 어느 것인지의 여부는 자기가 원시적 자기애의 잔여물로부터 파생된 특정한 구조를 자체 안에 어느 정도로 받아들이는가에 따라 결정된다. 코헛(1971)은 그것이 과대적 자기와 이상화된 부모상 모두의 측면을 포함한다고 서술했다. 자기애의 투자(narcissistic investment)는 그러므로 자기애적 취약성과 자기애적 온전성의 위협에 직면해서 생겨나는 보상적 압력을 반영한다. 이러한 요소는 매우 다양한 강도로 작용할 수 있다. 자기애적 잔여물이 더 구조화 되고 내재화 되어 나머지 다른 심리 조직과 효과적으로 통합될 때, 본질적으로 방어적인 압력은 이에 상응하여 수정되고, 그 결과로 나타나는 구조적 조직은 더 적응적이며 덜 병리적이다. 그러므로 더 높은 발달적인 수준과 구조적인 수준에서 자아 이상이 다른 초자아 및 자아 요소와 통합을 이룸으로써, 훨씬 더 강하고 기능적인 심리 기구가 확립될 수 있다. 자기애적 잔여물이 좀 더 유아적이고 병리적이며, 심리 구조의 나머지 부분과 잘 통합되어 있지 않을 경우, 거기에는 방어적 압력이 증대된다. 그리고 이때 자기애적 과대주의와 전능성의 원시적 요소를 유지하기 위한 자기애적 투자가 더욱 강화된다. 이러한 병리적 자기애의 형성은 우리가 이미 살펴보았듯이, 우월감과 열등감이라는 자기애적 내사물의 측면에서 명백하게 드러난다.

자기 구성물을 유지하기 위한 동기는 비자기애적일 수 있다. 여기서 제시되고 있는, 편집증적 과정에 대한 관심으로부터 나온 접근은 코헛의 준거 틀과 전적으로 다른 것이다. 여기에서는 자기가 자기애적 결정 요인뿐만 아니라 다른 본능적 결정 요인과 비본능적 결정 요인을 포괄하는 구조적 조직으로 간주되기 때문이다(Meissner, 1981c, d).

이러한 내적 동기 혹은 주관적 동기의 힘을 과소평가해서는 안 된다. 왜냐하면 치료 과정에서 편집증 환자가 그것을 통해서 가장 강력하고 결정적인 저항을 하기 때문이다. 병리적인 자기감을 유지하는 데 그렇게 강하게 리비도를 투자한다는 것은 역설적으로 보이겠지만, 여기에서 생겨나는 문제는 실로 생존의 문제일 수 있으며, 환자의 존재의 핵심 가까이 놓여 있는 동기를 포함하는 것일 수 있다. 우리가 이러한 환자의 동기를 공격하고 해체시킨다면, 그것은 환자의 존재감의 핵심을 공격하는 것이다. 그렇게 되면, 그는 병인적 형태에 대한 애착과 연관된 것을 제외하고는, 다른 어떤 의미나 자기감도 갖지 못하게 된다. 편집증 환자는 스스로를 피해자—취약하며, 공격당한 자로서의—로 느끼는 이러한 정교한 감각을 통해서 자신의 존재에 대한 의미를 찾고 유지하게 된다.

임상 상황에서 친숙한 현상으로서 환자가 망상적으로 고착되는 것, 즉 환자가 종종 자신의 망상적인 신념을 고집하고, 수정할 수 없다고 생각하는 것은 아마도 동기의 이런 측면 때문이라고 말하는 것이 어느 정도 신빙성 있는 설명이 될 것이다. 그 신념을 확신하는 것은 망상적 신념에 포함된 외부 상황이나 이유 또는 외부적 준거 틀 때문이 아니라, 내적인 자기감을 유지하는 데 그 신념이 필요하기 때문이다. 투사적 체계는 이 내적인 자기감을 유지하고 강화하는 기반으로서 내사물에 맞추어 배열된 것이다. 이러한 의미에서, 에릭슨이 언급했던 부정적인 정체성의 측면에서 설명한다면, 아무 것도 아닌 존재보다는 피해자가 더 낫다.

유아적 애착의 애도

앞에서 논의된, 숨겨진 내재적 동기와 내사의 파생물에 대한 발견과 탐구는 이러한 내사물에 대한 애착을 포기하고 애도 과정으로 가는 길을 연다. 애도과정은 상실감과 상실된 대상으로부터의 분리를 포함한다. 편집증 환자에게서, 이 과정은 내사물이 파생해나온 원 대상에 대한 애착을 점진적으로 애도하는 것뿐만 아니라, 내재화 체계, 특히 환자의 병인적인 내사물의 기초로서 작용하는 핵심 내사물을 애도하는 것을 포함한다. 그러므로 어떤 점에서 애도과정은 대상에 대한 애착이라는 맥락에서, 즉 특정 대상과 그 대상과의 관계에 대한 애착이라는 맥락에서 발생하는 것으로 볼 수 있다. 그리고 이 애도과정은 또한 내사물과 관련해서 내적 영역에서도 일어나는 것이다.

여기에서 대상 상실은 단순히 외부적인 어떤 것의 상실만이 아니다. 그것은 자기, 혹은 더 정확히 말해서, 자신의 자기에 대한 느낌의 상실이다. 환자는 자신이 존재한다는 것이 반드시 피해자로서 존재하는 것을 의미하지 않는다는 깨달음을 점차로 받아들이게 된다. 애도가 이루어지기 위해서는 병리적 내사물, 특히 피해자 내사에 근거한 정체감의 포기가 선행되어야 한다. 그 과정에서 환자는 의미 있는 소속감과 의미를 지닌 어떤 다른 맥락과 틀에 뿌리를 둔, 지금까지의 모습과는 다르고, 더 적응적이고, 더 의미 있으며, 더 병리적이지 않은 정체성의 출현을 허용하게 된다.

이 과정에는 환자를 두렵게 하고 마비시키는 하나의 커다란 위험이 도사리고 있다. 그러나 만일 미로처럼 혼란스러운 자신의 내면 세계로부터 벗어나 자신의 길을 찾고, 새로운 존재방식, 새로운 삶의 방식, 심지어 새로운 감정과 사고방식을 찾기 위해 새로운 방향으로 나아가고자 한다면, 그는 이 위험을 감수해야 한다. 새로운 정체감을 찾고 확립하는 이 모든 과정은 위험으로 가득 차 있다. 치료자의 과제는 첫 단계에서 환자의 공포감과 불안을 인정해주고, 환자와 함께 이것에 포함된 현실적인 위험을 인식하는 것이다. 이것은 자주 대부분의 편집증 환자에게서 나타나는 자기애적 취약성의 문제, 특히 환자 자신을 자기애적인 모욕을 당하고, 비판받으며, 실패에 처하게 만드는 위험과 관련되어 있다. 둘째 단계에서, 치료적 과제는 환자가 심리적으로 더 성장하고 기능적이고 유능하며 자율적인 자아의 성취를 향해 나아가도록 환자의 성장을 향한 잠재력을 강화하고, 지지해주며, 촉진하는 것이다.

전이 의존의 출현

다른 병리에서와 마찬가지로 편집증 환자의 경우에도, 유아적 애착을 해소하는 애도 과정은 환자의 그러한 애착을 치료자에 대한 의존으로 대체하는 과정에서 발생한다. 유아적 대상에 대한 애착은 처음부터 포기되는 것이 아니라, 먼저 전이 안의 애착으로 변형되거나 대체되는 과정을 거치면서 점차적으로 포기되는 과정을 따른다. 편집증 환자에게서 드러나는 이와 같은 전이 신경증의 심화와 강화는 증대된 취약감과 부적절감을 수반하는데, 이는 열등성과 피해자 내사물에 포함된 역동적 패턴들의 표현을 나타낸다.

이러한 역동적 유형이 강화되면, 공격성과 자기애적 우월성의 요소들이, 보상적으로 그리고 방어적으로, 증가할 수 있으며, 이는 공격적인 요소와 자기애적 요소 모두를 되찾기 위한 시도로서 우월한 공격자 내사물의 요소에 의존하는 것을 반영한다. 이러한 병인적 패턴들의 강화는 치료 관계 안에서 정서적 철수로, 즉 고립된 자기 충족성으로의 후퇴, 평가절하와 치료 관계 안에서의 거리 두기의 패턴으로 돌아서기, 혹은 거짓된 자율성이라는 가면의 채택 등으로 표현된다. 따라서

유아적 대상과 내사물에 대한 애착을 애도하는 것에 직면하여, 그리고
이와 상응하는 전이 의존이 강화되는 것에 직면하여, 편집증적 역동은
다시 활성화되고, 이것은 치료 과정의 병적 왜곡이라는 일시적인 형태
로 표현된다. 치료자는 이러한 일시적인 반동적 현상을 퇴행이라고 생
각하거나, 치료의 성과를 무화시키는 것으로 오해해서는 안 된다. 오히
려 그것은 치료 과정에서 예측할 수 있는 것이고, 심지어 필요한 부분
이다. 치료자는 이것을 환자가 애도를 통해 예전의 병인적 몰두로부터
벗어나 자유롭게 되고, 현재 나타나고 있는 전이 의존을 해결하는 과
정이라는 측면에서 보아야 하며, 따라서 환자로 하여금 치료적 관계를
내재화할 뿐 아니라, 그 자신의 경험 안에서 더욱 효과적인 방식으로
치료자를 의미 있는 대상으로 내재화 할 수 있도록 허용해야 한다.

전이의 해소

치료자에 대한 환자의 애착이 애도되는 것은 치료 과정의 마지막
단계에서이다. 환자는 예전의 유아적 대상에 대한 애착과 내사물에 대
한 몰두에서 벗어나고, 그 애착은 치료 관계 안에서 해소된다. 따라서
바로 그 치료 관계의 용해, 애착의 포기, 그리고 치료적 의존 대상의
상실은 이제 환자의 치료적 진전에 필요한 중요한 과제로 드러난다.

전이의 해소는 치료의 종결 작업의 핵심을 구성한다. 생산적이고 의
미 있는 치료 작업의 종결 지점에서 행해지는 작업은 치료 과정의 시
작 지점에서 행해지는 편집증 환자의 치료 작업과 본질적으로 다르지
않다. 치료 작업의 이 부분은 여러 관점에서 바라볼 수 있는데, 그 중
하나의 유용한 관점은 치료적 연대의 관점이다. 어떤 의미에서, 치료
연대의 연속선 상에서 애도과정이 진행되고, 환자가 치료자에게 갖는
애착과 의존이 점차 해소되는 과정이 일어난다고 볼 수 있다. 치료 작

업의 이 마지막 단계에서는, 치료적 상황 안에서 환자의 자율성, 주도성, 그리고 근면성을 발달시키고 강화시키기 위한 노력이 필요하다. 이러한 노력은 전이의 해소와 분리의 과정이 점점 더 강하고 분명하게 전개됨에 따라, 환자의 자아가 지닌 자원들을 활성화하는 데 도움이 되는 몇몇 기법적 접근을 필요로 한다.

치료자가 치료 작업의 이 마지막 과제를 완수할 때, 환자는 치료를 종결할 수 있고, 그 과정에서 핵심적인 치료적 동일시를 통해 병리적 잔여물을 제거하고 새로운 정체감을 발달시킬 기회를 갖게 된다. 이 과제를 성취하는 역량은 환자가 편집증적인가 아닌가에 달려 있지 않다. 그것은 성격 조직과 기능 수준에 달려 있다. 어떤 의미 있는 치료 작업이든지, 내재화할 수 있는 환자의 역량이 치료의 마지막 단계에서 가장 중요한 결정 요인으로 작용하는데, 그것은 환자가 편집증적인가 아닌가의 문제라기보다는 편집증적 과정이 작용하는 환자의 정신 조직의 문제이다. 정신 조직의 수준이 원시적일수록, 환자는 그러한 내재화를 성취하는 데 더 큰 어려움을 겪는다.

치료를 종결하기 위해 필요한 모든 것이 충분히 이루어진 심리치료 과정의 마지막 단계에서, 치료자는 항상 이 문제에 대해 너무 쉽게 판단을 내려서는 안 될 것이다. 만약 치료자의 느낌에 환자가 종결 작업을 수행하고 내재화할 수 있을 만큼 충분한 내적 자원과 자아 역량을 가졌다고 여겨진다면, 그 치료는 고전적인 방식으로 종결될 수 있을 것이다. 그것은 치료 종결의 적절한 날짜를 잡아서 의도적으로 치료의 종결점을 정하는 것인데, 그렇게 함으로써 모든 의미 있는 치료에서 그런 것처럼 치료의 종결과 함께 환자가 불가피하게 직면하는 상실, 분리, 애도의 과정을 다루고자 하는 것이다. 이것이 치료 작업의 마지막 목표를 향해 나아가는 방식이다. 다른 하나의 방법은 만남의 횟수를 서서히 줄여가는 전략으로서, 여기서는 치료 관계의 종결 날짜를 정하지 않고 열어 놓은 채, 시간이 흐름에 따라 그 관계를 점차적으로 끝내는 방법을 따른다. 다시 말해서, 치료자와 환자 사이에 만나는 횟수를 점점 줄여가고 면담과 면담 사이의 간격을 점점 더 늘여가는 방법이다.

제 4 부

임상 상황에서의 편집증적 과정

제 8 장

청소년과 편집증적 과정

청소년기라는 발달 단계는 본능적 압력이 다시 강화되는 단계이다. 청소년기에 나타나는 이러한 퇴행적 순간은 내사와 투사라는 기본적인 정신기제를 재활성화하고 강화시키는데, 이 두 정신기제야말로 이 시기에 성격의 양태를 결정짓는 가장 중요한 요소이다. 따라서 편집증적 과정은 청소년기의 변천 양상에 있어서 특수하고 특별한 역할을 한다.

이 장에서 나는 청소년기에 나타나는 편집증적 과정, 특히 투사와 내사의 상호작용에 초점을 맞출 것이다. 이러한 요소는 이런 편집증적 현상이 매우 병리적인 형태로 나타난 환자의 사례를 다룸으로써 조사될 것이다. 그리고 이러한 논의를 통해 치료적 개입에 관한 몇 가지 결론에 이를 것이다.

청소년기

투사의 급격한 변화

사르노프(Sarnoff, 1972)는 잠재기로부터 초기 청소년기에 이르는 동안에 투사의 사용이 급격하게 변하는데, 투사는 억압과 관련된 것으로부터 부인과 관련된 것으로 전환된다고 서술하였다. 그는 또한 후자의 투사 형태는 흔히 편집증적 조건에 포함된 것과 동일하다는 사실에 주목한다. 대조적으로, 억압과 관련된 투사는 공포증 유형의 병리 형성과 더 가깝게 관련된다. 이러한 점에서, 발달의 초기 청소년기 단계로 들어가면서 투사는 편집증적 형태로 급격하게 변화한다고 말할 수 있다.

투사의 이러한 급격한 변화와 함께 방어 기제의 주된 역할이 바뀐다. 이전에는 방어 기제가 일차적으로 환상과 증상을 형성하는 역할을 했는데, 이제는 현실에 직면해서 환상을 검증하는 역할을 한다. 개인의 대상관계는 투사가 급격하게 변화하고, 또한 초자아가 부분적으로 용해되는 것과 함께 문화적 영향에 개방된다. 다른 용어를 사용해서 말한다면, 투사가 원본능 투사로부터 초자아 투사로 급격하게 변화한다. 사르노프(1972)는 다음과 같은 사실에 주목한다:

초자아는 투사를 통해 외재화된다. 아동은 이전에 내재화한 명령을 또래나 교사에게 부여함으로써 새로운 대상이 지닌 자아 이상의 특징과 함께 외재화된 자아 이상을 획득할 수 있게 된다. 그 자아 이상의 재내재화와 함께(투사-재내재화는 역동적이고 계속적인 일련의 사건이다) 초자아의 수정이 발생한다(p. 521).

본능적 욕동

청소년기에 들어서면 신체의 변화와 함께 본능적 압력이 급증하게 된다. 따라서 청소년기에는 초기에 일어났던 발달적 갈등과 고착이 다시 나타나게 된다. 잠재기 종결 단계에서 비교적 미묘하고 일시적인 리비도 집중의 급격한 변화가 발생하는데, 이것은 청소년기에 본능적 압력이 더욱 현저하게 분출된다는 것을 미리 알려주는 경향이 있다. 청소년기 이전에는 동성의 동료들과 친밀하고 다소 이상화된 우정을 형성한다. 이것은 이미 확립된 잠재기 유형의 강화를 반영한다. 종종 잠재기 발달 과정 동안에 획득한 승화된 관심과 작업 습관을 유지하는 역량은 더욱 유동적이고 가변적인 모습으로 변화되는 것처럼 보인다. 다른 관심, 목표, 그리고 그것의 근원을 찾는 과정에서 혼란스럽고 다소 갈등적인 모습을 보이기도 하는데, 이것은 근저의 불만족감을 반영한다. 청소년기의 이러한 일시적이고 급격한 변화는 잠재기의 상대적인 조용함에 비해 더욱 적극적이고 소란스러운 발달 단계가 시작된다는 것을 알려준다(Blos, 1962).

청소년기에 접어들면서 본능적 욕동이 강하고 급격하게 나타나는 것은 분명히 자아에 문제가 있음을 가리키는 것이다. 청소년기의 주요 발달 과제 중의 하나는 이러한 본능적 욕동과 그것의 파생물을 다루는 능력을 획득하는 것이다. 이러한 본능적 욕동의 압력이 증가된 결과로서, 초기의 발달 단계에서 해결되지 않은 갈등을 재활성화하는 데 사용되는 자아 기능의 퇴행이 발생한다. 그 결과, 발달하는 자아는 이러한 근저의 갈등의 일부를 더욱 철저하고 명확한 방식으로 다시 경험하는 기회를 갖는다. 이전에 발생한 발달적 결함을 제거함으로써, 심리적 장치를 더욱 효과적이고 긍정적이며 건설적인 방식으로 재형성할 수 있게 되는데, 이것은 이러한 심리적 장치의 재형성 과정에서 새로운 구조를 조직할 수 있도록 의미 있는 동일시 기회를 갖는 것을 의미한다.

자기애

청소년은 아동기에 의존했던 친숙한 대상에게서 철수하면서, 자신에 대해 자기애적 과대평가를 하게 된다. 청소년은 점차 내면의 과정을 의식하게 된다. 그는 자기에게 몰두하고, 자기 중심적이 되며, 자기에게 관심을 집중한다. 이것은 외부 현실로부터 철수하게 하고, 현실을 파악하는 능력이 파괴되는 상태에 이르게 할 수 있다. 청소년은 현실에서 차지하는 자신의 미약한 지위에 대해 실망하고 환멸을 느끼게 되는데, 그것을 방어하기 위해 자기애적 방어에 의존하게 된다. 그는 자신이 의존하고 있고 자신에게 만족을 주는 부모—특히 만약 그 부모가 지나치게 보호하고 걱정했다면—를 의존하지 않고서는 자신의 한계와 부적절함을 직면하는 것이 쉽지 않다는 사실을 발견할 것이다. 그는 자신의 능력과 그 결과에 대해 책임을 져야 하고, 또한 성인으로서 책임져야 할 부분이 있다는 것을 두려움과 함께 받아들일 것이다.

자기애적인 퇴행과 함께 자기애적 욕구의 강도가 증가함으로써 청소년기의 자기는 자기애적 상처와 환멸에 더 쉽게 영향받는다. 그것은 또한 내사와 투사를 자기애적 방어를 위한 도구로 만들 수 있다. 따라서 내사와 투사는 자기애적 위협 하에서 자기감을 유지하고 그것의 온전성을 보존하는 데 사용되게 된다. 그리고 내사와 투사가 퇴행적으로 활성화될 때, 부모에 대한 리비도 집중과 그들에 대한 애착이 퇴행적으로 강화되는 경향이 있다.

청소년기 편집증

분리

개인의 정체감이 중요한 대상 및 소속감의 맥락 안에서 형성되는 것이라면, 그 동일한 대상으로부터의 분리를 견디는 능력이 정체감의 유지와 기능에 있어서 중요한 요소라는 것 또한 사실이다. 모델(1968)은 이러한 중요한 발달적 성취를 다음과 같이 말한다:

중요한 대상으로부터의 분리됨을 수용할 수 있는 역량을 가진 사람은 자신이 최소한 부분적으로 사랑 받고 있는 존재라는 분명한 자기감을 가진 사람이다. 만약 그가 자기 자신에게 사랑하는 부모가 될 수 있다면, 그는 대상으로부터의 분리를 더욱 쉽게 받아들일 수 있다. 이것은 심리 발달에서 중대한 진전이다 (p. 59).

중요한 대상으로부터의 분리됨을 견디는 역량은 고통스러운 현실을 견디는 능력과 관련되어 있다. 중요한 대상으로부터의 분리를 견딜 수 있어야 현실적인 대상관계를 맺는 데 필요한 성숙한 역량을 확립하고 유지할 수 있다. 따라서 성숙한 자기감 또는 충분히 발달된 정체감은 타인의 정체성을 인지하고 수용하는 역량, 타인을 분리된 자율적인 존재로 인정하는 능력, 그리고 그 타인과 관계 맺는 능력과 관련되어 있다. 그러한 타인의 분리됨을 받아들이지 못한다면, 거기에는 대상을 자신의 자기 경계 안에 포함시키기 위해 자기의 궤도를 확장하려고 하는 내적인 욕구가 발생한다. 이러한 대상과 자기의 융합이나 자기 궤도의 확장은 투사와 내사의 방어적인 사용을 통해 성취된다. 대상과의 관계가 내사적 요소에 의해 오염된다면, 대상은 자기에게 속한 것—코헛(1971)이 자기애에 대한 연구에서 고찰하고 있는 자기-대상(self-object) 관계의 한 종류—으로 간주되기 시작한다.

이러한 측면에서 지금 우리가 다루고 있는 것은 아동의 초기 경험에서부터 발달 과정의 필수적인 부분이었던 분리와 개별화 과정의 확장이라는 사실을 곧 알 수 있다. 대상으로부터의 분리를 견딜 수 있어야 정체감이 발달하고 유지될 수 있다. 그러나 우리는 여기에서 한 걸음 더 나아갈 필요가 있다. 즉, 아동이 대상으로부터 그리고 그 대상에 반해서 적극적으로 분리되는 것이 정체성 형성 과정의 필수적인 부분이라는 것이다. 따라서 우리는 관련됨과 소속감 문제의 이면에 초점을 맞출 필요가 있다. 만약 정체성 형성 과정에 기여한다는 측면에서 내적인 온전감과 소속감의 근저를 이루는 느낌이 형성되는 과정을 살펴본다면, 그 과정은 또한 출현하는 정체성을 다른 대상 및 맥락으로부터 분리해내고, 그 정체성이 대상에게 대항하게 하는 데 기여하는—출현하는 정체감을 문자 그대로 그러한 대립의 측면에서 정의하는—다른 과정과 상호적으로 기능한다는 사실을 알 수 있을 것이다. 여기에서 우리는 적대적 대상의 필요성과 만나게 된다.

적대적 대상의 필요성

적대적 대상의 필요성이란 주제는 꽤나 다루기가 힘든 주제이다. 정체감의 형성에 기여하고 그것을 유지하는 것으로 정의했던 바로 적대감이라는 요소가, 정체성을 다른 사람의 정체성으로부터 분리해내고 그것들과의 기본적인 대립을 설정하는 과정에도 사용된다는 사실을 인정하는 것은 당혹스런 일이다. 그러나 나는 이러한 사실을 인정하지 않을 수 없다. 블럼(1981)이 주목한 대로, 어느 정도의 증오는 보편적 현상으로 간주될 수 있다. 특히 심리적 평형을 유지하기 위해서는 적대감과 증오의 감정이 표출되어야 하며, 따라서 그 정서를 표출하기 위한 안전한 표적이 필요하다. 이러한 필요성은 특히 청소년에게서 강조된다. 급격하게 진행되는 발달로 인해 청소년은 기본적으로 딜레마에 빠지게 되고 어려움을 겪게 되는데, 그것은 청소년이 자기감을 표현하고 그 자기감을 특정한 사회, 즉 그 자체로서 특수한 한계가 있고 소속감의 기준 및 공유된 가치를 지니고 있을 뿐 아니라, 내적인 생성 과정을 거쳐 조직되는 공동체와 통합시켜야 하는 과제를 갖고 있기 때문이다.

공동체

에릭슨(1959)이 지적하듯이, 자아의 통합은 **상호적인** 인정과 수용을 통해서 성취된다. 공동체는 그것으로부터 인정받고 수용 받기를 원하는 개인에 의해 인정받을 수 있다. 공동체는 또한 공동체를 거부하고, 그것에 대해 반항하거나, 단순히 그것에 대해 개의치 않는 소외된 개인에 의해 거절될 수도 있다. 공동체는 인정받고 수용 받기를 원하는 개인을 수용—따라서 참여와 통합을 촉진시키며—해줄 수 있지만, 소외된 개인에 의한 수용은 받지 못할 수 있다. 이것은 편집증적 곤경의 상황, 즉 상호적 거부의 상황을 만들어내며, 이때 개인과 공동체는 서로 적이 된다. 편집증적 과정은 개인으로 하여금 다른 집단—종종 반문화적인 하위집단—과 관계 맺도록 요구하며, 그것이 실패할 경우, 병리적인 편집증적 체계를 구성하도록 강요한다.

청소년이 자신에 대해 정의하는 것과, 그들이 공동체와 맺는 관계의 표현—상호 거절의 조건이나 수용적 조건 모두에서—은 부분적으로 다른 공동체, 다른 집단, 그리고 다른 소속감에 반대하는 입장에 서는 것을 통해서 이루어진다. 이것은 최초의 사회적 집단으로부터 배제 당한 경험의 측면에서, 그리고 그 집단이 지닌 신념, 가치, 태도 등과 대립하는 경험의 측면에서 설명될 수 있다.

청소년이 정체성을 형성하는 데 영향을 끼치는 공동체는 내적 가치 및 태도를 중심으로 세워지며, 또한 다른 집단과의 대립관계에서 형성되기도 한다. 우리 사회에서 청소년은 어떤 집단에 참여하는 것을 통해서 자신의 정체감을 서술하고 분명히 표현한다. 청소년은 다양한 집단에 소속되어 있다는 느낌을 통해서 자신의 모습을 마음속에 그린다. 따라서 그는 시민으로서, 유대인으로서, 공화당원으로서, 또는 정신과 의사나 심리학자, 목수, 트럭 운전수 등의 어떤 집단이나 전문 직업에 소속되어 있는 자신을 생각한다.

이러한 소속감은 모두 다른 것으로부터 구별될 수 있고 그런 것과 대립될 수 있다. 또한 갈등과 이해관계 및 특권의 문제로 인해 이러한 문제가 전면으로 드러나게 될 때, 외부 집단을 내부 집단의 특별하고 구체적인 적으로 간주하는 감정과 태도가 형성될 수 있다. 이러한 현상은 우리가 공통적으로 경험하는 사회적 경험의 기본적 자료인 여러 사건들에서 다양하게 나타나며 심지어 병리적으로 왜곡된 모습으로 나타나기도 한다.

편집증적 성향은 내부 집단을 형성하는 데 중요하게 기여하는데, 그 내부 집단 안에서 형성되는 정체감은 스스로를 분명히 표현할 수 있고 개인적인 정체성으로서의 내면의 감각을 지탱하고 확인하는 데 기여하는 소속감과 공유감을 유지시켜준다. 청소년이 직면하는 중요한 과제는 이러한 복잡한 사회적 집단과의 관계 측면에서 자신의 자기감을 분명히 표현하는 것과 관련되어 있다. 말하자면, 어떤 특정한 내부 집단에 소속되고, 자신을 외부 집단을 이루는 다른 사회적, 문화적 집단과 대립되고 분리된 존재로 규정하는 것은 정체성 형성에 있어서 필수적인 요소이다.

그 현상은 사회적 집단 및 문화적 집단에도 적용할 수 있는 것으로서, 다른 자기들(selves)로부터 그리고 그들에 반해 분리되고 개별화된 사적인 형태의 자기에 대한 느낌이 표현되는 것으로 이해된다. 어떤 의미에서 청소년기의 중요한 과제는 청소년이 그의 부모나 다른 중요한 돌보는 인물로부터 스스로를 분리해내고, 그런 인물과 대립적인 위치에 서는 것이다. 청소년이 부모의 제재에 대해 반항하는 것을 단순하게 병리적인 측면으로 보아서는 안 되며, 그 반항은 청소년이 정체성을 획득하는 데 중요하게 기여한다는 사실을 잊지 말아야 한다. 이것은 또한 모든 권위에 대해 반항하는 청소년들의 반항 현상에도 마찬가지로 적용된다.

편집증적 기제

나는 이러한 점들에 대한 고려를 바탕으로, "청소년기 편집증" 과정이라는 용어를 사용할 것을 제안한다. 청소년기 편집증의 밑바닥에는 우리가 논의해 온 구체적인 편집증적 기제—투사, 내사 그리고 편집증적 구성—의 극복 과정이 있으며, 그것은 정체감 형성 과정의 본질적인 측면을 제공한다. 비록 이러한 기제가 발달적 변천 양상의 연장선상에 있는 것이기는 하지만, 나는 더 나아가 그것이 청소년기에 특정한 편집증적인 특성—임상적 정신 병리의 맥락에서 발견되는 편집증적 표현에 더 가까운—을 나타낸다고 제안한다.

청소년은 자기 자신을 부모의 통제와 구속으로 인해 피해 받은 피해자라고 생각한다. 청소년은 또한 어느 정도 자기 자신을 사회적 압력과 문화적 강제에 의해 통제받는 피해자라고 생각하는데, 이러한 강제는 청소년에게 어떤 규범적인 측면에서 그의 행동 및 가치를 둘러싸고 있는 주변 사회와 자기 자신을 통합하라고 요구한다. 청소년이 경험하는 혼란, 불안, 그리고 반항 등은 청소년기 발달 과정에 수반되는 박해 불안으로 인해 나타나는 심리적 현상이다. 그러나 청소년의 그러한 일탈적이고 반항적인 표현—극단적인 자기애, 방어, 반항, 적대감, 그리고 파괴적 잠재성향 등의 편집증적 왜곡에 의해 특징지어지는—은 동시에 정체감을 확립하고 공고화하는 데 작용하는 중요한 발달적 기능의 표현이라는 사실을 간과해서는 안 된다.

소외와 편집증적 과정

정체성

소외의 문제는 정체성의 문제, 특히 개인이 사회적, 문화적 기반과 가지는 관계를 나타내는 정체성 문제로 분명히 언급될 수 있다. 소외의 병리는 기본적으로 자기의 병리이다. 소외 문제에 대한 관심은 사회적, 문화적 요소에 대해서 강조한 신 프로이트 이론가들—특히 호니와 프롬(Horney and Fromm)—에 의해 촉진되었다. 그러나 자아 심리학의 출현 및 발달의 결과로서, 인간의 심리 내적 생활과 그가 발달하고 기능하는 가족적, 사회적, 문화적 맥락 사이의 관계는 깊이 있는 재고찰 과정을 거쳤다. 이러한 더욱 확장된 인간의 심리 발달과 심리 구조에 관한 이해에 기초해서, 신 프로이트 학파의 공헌을 정신분석적 이해의 주된 흐름과 의미 있게 통합하는 것이 가능해졌다.

호니는 소외의 문제를 이상화된 자기와 현실적인 자기 사이의 불일치와 관련시켰다. 이상에 부응하지 못하는 신경증적 실패 때문에 신경증 환자는 자신을 증오한다. 즉, 그는 자신이 가진 한계와 부적절함을 증오한다. 이러한 자기 증오는 자신에 대한 가혹한 요구, 반복되는 자기 비난, 자기 평가절하, 자기 고문, 그리고 자기-파괴 행동으로 나타난다. 그러한 소외는 기억 상실증, 현실감의 상실, 신체감의 상실 등과 같은 극단적인 형태를 띠고 나타날 수 있다. 그러나 소외는 무감각 또는 멀리 떨어져 있는 감정의 형태로 더욱 광범위하게 나타난다. 이때 개인은 그의 모든 일에서 더욱 비인격적인 존재라고 느끼는 경향이 있다. 그는 자기 자신과 자신의 삶과 행동에 대한 책임감을 상실한다. 자신에 대한, 그리고 환경과의 상호작용에 대한 자신의 계속적인 실망감은 그로 하여금 점점 더 현실적인 자기를 포기하고 무력한 삶의 양태로 철수하게 만든다(Horney, 1950). 우리가 부딪히는 심각한 질문

중의 하나는, 이러한 삶의 경험의 유형이 어느 정도로 문화적인 유형과 일치하는가라는 질문이다. 정신 병리와 문화적 부적응 사이의 경계선은 얇고, 이 둘은 고도로 삼투적이다. 많은 겉모습과 "표면적 형태"를 지니고 있는 소외는 일반적인 의미에서 일탈적이거나 병리적이라고 간주될 수 없을 정도로, 우리 사회에 널리 퍼져 있다.

아노미(Anomie)

그러므로 소외의 문제는 우리의 관심을 심리 내적 역동과 개인의 심리 발달 및 심리 기능의 역량에 불가피하게 영향을 미치는 사회적, 문화적 과정 사이의 공통 영역에 초점을 맞추게 한다. 소외는 우리의 관심이 인간 행동에 대한 사회적인 접근 방법이 가지고 있는 관심과 뒤섞이고, 어느 정도는 서로 겹치는 일종의 중간 지점이다. 따라서 소외의 개념은 개인에게 계속적으로 영향을 끼치고 있고 그 개인이 계속적으로 상호작용하는 사회적 상황에 대해 무엇인가를 말해준다. 소외는 개인의 바깥에 있는 그 무엇, 그리고 주위에 있는 그 무엇으로부터의 소외이다. 현대 사회과학의 가장 귀중한 통찰 중의 하나는 일탈적 행동 유형이 단지 혼란스런 심리 내적 과정의 산물이거나 심리 발달의 장애물—비록 이것들이 의문의 여지가 없는 결정적인 역할을 하지만—의 산물만이 아니라, 개인이 그 안에서 기능하는 사회 구조와 조직에 의해 결정적으로 영향을 받는 개인적 적응의 산물이라는 깨달음이다.

사회적 아노미과 심리적 소외 사이의 상호관계는 아주 복잡하다. 아노미에 포함된 사회 문화에 대한 불일치는 개인의 가치 혼란과 내적인 갈등이라는 심리적인 대응물을 갖는다. 기본적인 질문은 어떻게 심리 내적인 과정과 사회적인 과정이 가치를 형성하고 변화시키기 위해

서로에게 영향을 끼치는가이다. 머튼(Merton, 1957)은 현대문화가 물질적인 부와 경쟁성을 강조하고 아노미를 지향하는 경향성을 만들어 낸다고 제안하였다. 문화적 강조점이 경쟁적인 노력 그 자체에서 얻는 만족으로부터 결과—부와 권력이라는 기준에 의해 측정되는—에 대한 거의 배타적인 관심으로 전환됨으로써, 본능 조절 구조를 약화시켰을 뿐만 아니라, 사회 제도가 갖는 통제 기능을 약화시켰다는 것이다. 여기서는 문화적 가치와 개인적 가치가 해체되고, 개인의 이익에 대한 계산과 징벌에 대한 위협이 주요한 조정 수단이 된다. 아노미를 향한 이러한 사회적 경향성은 내재화 과정의 실패와, 내재화된 조정 수단으로부터 외적인 보상과 징벌, 외적인 권위로부터 주어지는 지시와 금지에 대한 좀 더 원시적이고 외재화된 의존으로 퇴행하는 현상과 나란히 진행된다. 아노미를 향한 사회적 경향은 극단적인 순응이나 극단적인 반항으로 향하는 내적인 경향과 병행한다.

소외 증후군

소외 증후군은 일차적으로 청소년 집단과 후기 청소년 집단에서 나타나는 것으로 서술되어왔다. 소외 증후군의 요소는 기본적인 고독감—자신이 어디에도 소속되어 있지 않고, 참여하지 못하고 있으며, 자신을 둘러싸고 있는 삶과 관심이 주류에 속하지 않는다는 느낌—을 포함한다. 여기에는 소원감(疎遠感)과 만성적인 좌절감이 있다. 소외된 사람은 계속적으로 자신의 소망 및 욕구와 주변에 있는 사람들의 소망 및 욕구가 서로 대립된다고 느낀다. 즉 타인들이 자신의 소망, 욕구, 그리고 야망에 대해 적대적이라는 감정과 함께 그는 만성적인 실망 상태에서 살아간다. 그는 다른 사람들이 자신을 계속적으로 실망시키고, 자신의 기대와 계획을 좌절시키며, 자신으로 하여금 그들의 소망과 욕구에 순응하도록 압력을 가한다고 믿는다. 그의 실망감과 만성적인 좌절감이 싸늘한 분노의 내적 상태를 만들어내기 때문에, 그는 고립되게 되고 더욱 깊은 소외감을 느끼게 된다. 때때로, 분노는 파괴적인 분출로 폭발함으로써 그를 훨씬 더 만족스럽지 못하고 더욱 실망스러운 상태에 빠지게 할 것이다.

이 증후군의 중심적 요소는 소외된 사람이 느끼는 계속적인 좌절감이다. 그는 자신 안에 만성적인 절망감을 안고 살아간다. 즉 그는 자신의 희망 없음과 무력감이 무한히 계속될 것이라고 여긴다. 이러한 희망 없음이 상황을 지배할 때, 소외는 낙오, 포기와 같은 움츠리는 형태로 나타나는 경향이 있다. 개인은 자신의 내적인 좌절감을 달래기 위해 술, 마약, 혹은 다른 종류의 도피 형태를 포함하는 병리적인 행동 형태에 의존할 것이다. 수년 동안 우범지대에서 보아온 수많은 현상과 마약 문제는 청소년들이 내적인 좌절감을 달래기 위해 병리적 행동에 의존하는 특성을 지니고 있음을 보여준다. 우리는 좌절된 분노감의 표현을 어떤 한 종류의 반항적 행동으로 보기 쉽다. 그러나 이런 개인에게는 무력감과 끓어오르는 분노가 함께 공존한다. 따라서 무력한 피해자는 때때로 무기력한 분노를 표현하게 된다.

가치에 대한 거부

소외 증후군의 중심적인 요소는 사회적 가치의 거부 혹은 그것과의 갈등으로 구성되어 있다. 소외 증후군은 개인적 과정과 사회적 과정이 만나는 접촉 지점에 놓여 있다. 이것은 진단의 문제를 제기한다. 정신분석가는 소외 증후군의 임상적 표현을 사회적 측면보다는 내적인 심리적 기능장애의 측면에서 보는 경향이 있다. 따라서 소외 증후군은 주로 성격 병리, 즉 그것의 자기애적 측면이나 우울적 측면에서 서술되었다.

다른 한편, 소외는 사회가 받아들일 것을 요구하는 암시적인 가치에 대해 더 철저한 거부를 반영한다. 개인이 이러한 가치를 거부할 때, 그는 상대적으로 가치가 없는 진공 상태에 처하게 된다. 또는 그는 문화의 우세한 가치에 대립되는 특수한 가치를 적극적으로 받아들일 것이다. 혹은 일반적인 문화 안에서 부분적으로 수용된 가치와 특수 가치 사이에서 내적인 갈등을 느낄 것이다. 소외 증후군은 이러한 잘 알려진 임상적인 모습 외에도 가치에 대한 갈등의 측면을 포함하고 있으며, 그것은 또한 사회 안에서 받아들여진 가치체계를 거부하는 경향성을 갖고 있다.

소외 증후군에서 드러나는 반항적인 표현은 특수한 가치 체계의 형성이나 수용에 의해 특징지어진다. 이것은 종종 동일한 특수 가치 체계를 공유하는, 비슷한 생각을 가진 개인들의 집단에서 나타난다. 이 맥락에서 "일탈적"이라는 용어는 더 낮거나 더 나쁘다는 의미를 나타내는 것이 아니다. 하위 집단은 더 큰 사회적 집단으로부터 소외되지만, 그들 자신 안에서는 상당한 통합을 이룰 수 있다. 소외된 개인은 이러한 하위 집단 안에서 보상적인 소속감을 갖는다. 이러한 집단 형성의 보상적 측면은 청소년 폭력 집단과 일반적인 청소년 운동의 배후 동기로서 중요하게 작용한다. 개인의 옷차림, 머리 모양, 성적인 관습, 언어, 가치, 태도, 신념 등, 거의 모든 행동 측면에서 가치 일탈이 집중적으로 표현될 수 있다.

이러한 가치 일탈의 차원은 새롭고, 건설적이며, 의미 있는 가치의 형성이 아니다. 오히려 소외 증후군은 기존 가치에 대한 거부, 그리고 그것에 대한 극단적인 반항으로서 그것을 전복시키는 데 강조점을 둔다. 소외된 일탈 집단은 그들의 거부를 표현하기 위해 특정한 이데올로기나 일탈적인 태도를 공식화하기도 한다. 그들은 종종 아주 극단적인 가치를 추구하는데, 그것은 그들의 좌절되고 무기력한 분노를 표출하기 위해 지배적인 사회적 가치들에 정면으로 도전하는 데 목적이 있는 것으로 보인다. 따라서 반항적 집단은 가장 극단적인 사회주의와 공산주의 수사학에서 발견되는 말의 잔치를 벌인다. 그들은 또한 모든 수준에서 사회 제도와 관행에 대해 문제를 제기하고, 도전하고 대결해야 할 필요가 있다고 느낀다.

젊은 반항아의 초상: 청소년기 소외의 사례

나는 거의 3년간 심리치료를 받은 한 젊은 남성의 치료경험에 대한 몇 가지 성찰을 제시하고자 한다. 이 환자는 사회에서 장애를 지니고 살아가는 많은 젊은이를 도우려는 심리치료사에게 중요한 문제를 탐구할 수 있는 흔치 않은 기회를 제공할 것이다. 그것은 환자 자신의 주변 세계에 대한 왜곡된 인식과 사회적 환경 안에서 지속되는 병리적이고 파괴적인 요소 사이의 상호작용의 문제, 환자의 편집증적 인식은 내면의 주관적인 욕구에 의해 추동되지만, 과연 어느 정도로 그런 인식이 외적 과정에 의해 반영되고 증명되는지에 관한 문제, 그리고 심리치료가가 그의 전문적인 노력을 수행하는 데 있어서 내면의 인식과 외적인 현실 사이에서 중복되는 것이 어떤 문제를 발생시키는지에 관한 문제이다.

현재의 병

제리는 경찰에 의해 내가 일하는 병원으로 실려왔고, 나는 그때 그를 처음 만났다. 그는 고속도로 한복판에 서서 쇠파이프를 휘두르며, 만약 그가 차에 다치면 그 차를 부수겠다고 큰 소리로 위협하며 교통을 방해하고 있었고, 그때 경찰이 그를 발견했다. 병원에 도착했을 때, 그는 흥분해 있었고, 혼란스런 망상 상태였으며, 거의 정신분열적 붕괴 직전이었다.

제리의 고통을 논의함에 있어서, 나는 그의 병의 후기 과정을 간략하게 살펴보고나서 그의 가족 배경과 초기의 유아기를 살펴볼 것이다. 그 후에 나는 약 3년에 걸쳐 그를 치료하면서 경험한 것들을 독자들과 공유할 것이다.

최근의 내력

제리가 병원에 입원한 것이 이번이 처음이 아니라는 사실이 곧 드러났다. 그는 이미 수년 전에 군대에서 정신병원에 입원한 적이 있었다. 군에 입대하기 전에는 동부에 있는 큰 대학에 다녔는데, 그는 그곳에서 학업 면에서만 별 어려움이 없었을 뿐, 대학 1학년 시절을 불행하고 외롭게 지냈다. 그는 자신이 동료 학생들로부터 소외되고 있다고 느꼈으며, 실질적으로 친구 관계를 거의 맺지 못했다. 그는 대학 1학년 학기말 무렵에 학업을 중단하고 군대에 지원하기로 결정했다. 그는 군대에서 컴퓨터 훈련을 시키는 부대로 배치되었다.

군대는 그에게 좋은 환경이 되지 못했다. 그는 군대 생활의 규율과 엄격한 분위기를 받아들이지 못했다. 그는 다시금 친구를 사귀는 것이 어렵다는 것을 깨달았다. 그것은 특히 그가 다른 사람들을 지적으로, 그리고 교육적으로 열등하다고 경멸했기 때문이었다. 그는 군대 규율에 적응하는 데 특별한 어려움을 겪었는데, 그 규율은 임의적이고 차갑고 과도하게 요구적이고 굴욕적이며, 그를 인격적으로 대해주지 않는다 것이라는 사실을 발견했다. 그는 점차 낙담하게 되었다. 그는 이런 상황으로부터 도피하기 위해 마약에 연루된 몇몇 대학 친구들과 만났고, 그들은 그에게 LSD를 보내주었다. 그는 대학에서 때때로 말썽을 피우기도 했지만, 그렇게 통제불능일 정도는 아니었다.

제리는 군대에서 자신이 파괴되고 있으며, 정신이 파멸되고 있다고 느끼기 시작했다. 그는 의심이 부쩍 많아졌고, 컴퓨터 프로그램을 가르치는 교관이 자신을 해치기 위해 음모를 꾸미고 있다고 생각하기 시작했다. 이 시점에 한 교관이 칠판에 가장 작은 화폐 단위(Least Significant Denominatior)를 뜻하는 "LSD"를 썼는데, 제리는 이것을 자신이 LSD를 소유하고 있기 때문에 감시당하고 있음을 말해주고 있다고 받아들였다. 그는 급히 자신의 사물함으로 달려가 가지고 있던 LSD를 몽땅 흡입했다. 그러자 군대가 컴퓨터로 그의 정신을 통제하고 있다고 생각하는 편집증적인 사고와 망상으로 가득한 심각한 환각 증세가 뒤따랐다. 그는 잠시동안 입원했고, 비교적 빠르게 회복되어 퇴원했다.

그는 대학으로 돌아갔고, 거기에서 다시금 자신은 고립되어 있고 동료 학생들과 관계 맺는 것이 몹시 어렵다는 사실을 발견했다. 그는 급진적인 정치를 표방하는 학생운동 집단에 깊이 관여하게 되었다. 그는 외로움과 소망감으로 고통받았고, 사람들이 자기를 체포하기 위해 나섰으며, 사람들이 자신을 쳐다보고 있고, 자신에 대해 수군거리고 있다는 느낌 때문에 고통받았다. 그는 급진적인 학생 운동에 참여했는데, 그것은 두 가지 목적에 기여했다: 그는 급진적인 학생 운동에 참여함으로써 소외되고 분노한 다른 학생들과 공동의 관심사를 가질 수 있었고, 제도권에 대한 자신의 분노를 분출할 수 있었다. 그는 군중 앞에서 열변을 토하는 연설을 했고 정치 활동을 조직화하는 기술을 발달시켰다. 그리고 마침내 급진파 후보로서 총학생회 간부로 출마했다. 이때 그는 모든 힘과 정열을 선거 운동에 쏟아부었는데, 그럼에도 불구하고 선거에 실패하고 말았다.

그는 이 패배로 인해 심각한 자기애적 타격을 받았고, 이것은 그의 정신적 붕괴를 촉발한 요인 중의 하나가 되었다. 그의 정신적 붕괴를 촉발한 두 번째 중요한 요인은 여자친구와 헤어진 것이었다. 그는 그녀와 매우 의존적인 애착관계를 맺고 있었으며, 그들은 수개월 동안 함께 생활했다. 그녀는 마침내 그가 어떤 진지한 관계를 갖기에는 너무나 불안정하다고 판단했고, 그래서 그와의 관계를 끝냈다. 그는 짓밟히고, 상처받고, 실망하고, 분노하고, 배신당했다고 느꼈다. 그는 자신의 급진적인 정치적 견해 때문에 학교측에서 자신이 선거에서 패배하도록 음모를 꾸몄고, 그래서 선거에서 패배했다고 믿게 되었다.

년말이 다가올 즈음, 제리의 정신병은 더욱 심각해지고 있었다. 그는 전국 학생대회에 참여했는데, 거기서 그는 통제불능이 되었고 그 모임에서 끌려나와야 했다. 그는 그 모임이 CIA에 의해 조종되고 있다고 생각했고, 그래서 그것을 파괴하기로 결심했다. 그는 음란한 말들을 쏟아내고, 제도, 당시의 대통령인 닉슨, 베트남 전쟁, 징병 등에 대해서 분노에 가득 찬 정치적 열변을 토해냄으로써 토론을 방해했다. 그는 어느 정도 그를 보호해준 동료 급진파 학생들과 공동체 생활을 하면서 몇 주 더 이런 상태로 지내고 있었다.

그러던 어느 날 저녁 그는 밖으로 나가서 근처의 고속도로를 건너가려고 했다. 그는 교통이 복잡하다는 이유로 도로를 건너지 못하게 되자, 이를 헌법이 보장한 자신의 권리를 침해당하는 것으로 느꼈다. 그의 욕구나 소망을 전혀 고려하지 않고 일방적으로 그를 밀쳐내는 냉혹한 기계장치는 그에게 의논 한번 없이 그의 인생에 대해 결정을 내리고 있으며, 그가 하고 싶지 않은 일들을 하도록 강요하는, 차갑고 무정하고 무관심한 제도를 상징하는 것으로 보였다. 그는 이러한 비인격적이고 무관심한 강요에 대해 강한 분노를 느꼈고, 그것을 공격하고 그것을 파괴하려는 강력한 소망을 갖게 되었다.

가족배경

그러한 그의 태도와 감정의 뿌리를 발견하는 것은 그리 어려운 일이 아니었다. 제리의 가정은 그다지 행복한 가정이 아니었다. 제리의 어머니는 다소 허세를 부리고, 불안정하며, 자기애적이고, 매우 요구적인, 아마도 경계선 성격 장애를 지닌 여성이었다. 그녀는 결혼한 날부터 거의 매일 술을 마셨고, 수년간 만성적인 알코올 중독자였으며, 겉보기에도 알코올 중독자라는 사실을 알 수 있을 만큼 여러 가지 신체적인 징후를 갖고 있었다. 그의 아버지는 마른 체구에 반백의 줄무늬의 옷을 즐겨 입는 사업가였다. 그는 유쾌하고 현실적인 성격을 가지고 있었으나, 사람들과 조화를 이루지 못하고 그들과의 관계에서 늘 거리를 유지했다. 제리의 부모는 서로 사이가 좋지 않았다. 결혼생활은 두 사람 모두의 갈등과 증오로 만신창이가 되었다. 아버지는 감정적으로나, 신체적으로 철수해버렸다. 그는 보통 아침에 일찍 일어나서 제리의 어머니가 잠자리에서 일어나기 전에 집을 떠났으며 밤 늦게 집으로 돌아왔다.

부모 사이의 분열과 아버지의 철수는 또 다른 문제를 낳았다. 그것은 제리가 어머니에게 지나치게 밀착된 것이었다. 어머니는 자신의 좌절감과 욕구를 제리에게 쏟아놓았다. 그녀는 완벽주의적으로 요구적이었고, 제리가 하는 것에 대해 결코 만족하지 못했다. 그녀는 사소한 일로 제리에게 화를 냈고, 가학적인 분노를 터뜨리며 그를 때리곤 했다. 그녀는 어떤 뚜렷한 이유도 없이 제리를 공격하고 사정없이 때리며 넘어뜨리고는 "남자답게 견디라"고 했으며, 그리고 나서는 그를 껴안고 애정을 표시하곤 했다. 제리는 이런 어머니를 결코 이해할 수 없었다. 즉 그는 그녀에게서 무엇을 기대해야 할지 전혀 알 수가 없었다. 그는 또한 아버지가 너무 멀리 있고 자신과 아무 관계가 없는 것 같은 사실에 분노했다. 그는 어머니의 문제가 그녀와 아버지 사이의 관계와 관련되어 있다고 느꼈으며, 아버지가 어머니로 하여금 자신을 그렇게 다루도록 방치했고 그런 어머니로부터 자신을 보호하지 않았다는 사실에 대해 분노했다. 시간이 흘러, 두 남동생들이 태어났지만, 어머니는 여전히 제리를 좋아했으며, 그에게 과도한 애정을 주면서도 종종 그를 잔인하게 구타했다.

제리의 아동기의 중요한 주제 중의 하나는 제리가 아버지와 친밀한 관계를 맺는 것을 계속 갈망했다는 사실이었다. 그의 이 갈망은 항상 좌절되었다. 그는 주중에 아버지를 거의 보지 못했다. 가족은 함께 있는 시간을 전혀 갖지 못했다: 아버지는 늦게 집으로 돌아왔고 저녁 식사하는 동안 아이들은 아버지 곁에 있을 수 없었다. 대개 그때쯤이면, 아이들이 잠자리에 들 시간이었다. 아버지는 집에 있는 날에도 대부분 신문을 읽으며 시간을 보냈고, 제리와 함께 시간을 보내는 것에는 관심도 없었다. 아버지 역시 거리감을 유지하고 부인하는 데 놀라운 능력을 발휘했다. 심지어 그는 제리의 심각한 정신적 붕괴에 직면해서도 자신의 가정 안에 어떤 문제가 있다거나 자신이 그 문제에 한 부분을 차지하고 있다는 사실을 알아차리거나 인정하지 못하는 것 같았다. 수년간, 그는 부인에게 문제가 있다는 어떤 생각도 가볍게 부인했다. 심지어 그는 그녀의 진행성 알코올 중독에 대한 증거가 뚜렷했음에도 이것을 극구 부인했다. 이 점이 제리가 아버지에 대해 분노하는 이유들 중 하나였다. 즉 제리는 어머니가 자기 파괴의 길을 가고 있다는 사실을 무시하고, 그것에 대해 아무 것도 하지 않았던 아버지에 대해 분노하고 있었다.

초기의 어려움

제리는 수줍음이 많고 외로운 아이였다. 그는 함께 놀 수 있는 친구가 없는 교외에서 살았던 것에 대해 불평했다. 그는 그곳에 사는 아이들과는 잘 어울리지 못했다. 그는 몇 가지 심한 아동기 공포증을 가진 겁이 많고 악몽을 심하게 꾸는 아이었다. 그의 아동기 경험의 특징은 거의 날마다 악몽을 꾸는 것이었다. 그는 피투성이가 된 사람을 살인하는 장면과 파괴 장면으로 가득한 꿈을 꾸곤 했다. 또한 가위에 눌리는 악몽도 자주 꾸었는데, 자신의 가슴이 짓눌리고, 마비시키고, 숨막힐 정도로 엄청난 무게를 느끼곤 했다.

제리가 기본적으로 겪었던 어려움은 이후에 계속된 생활 유형에 의해 강화되었다. 아버지의 직업 때문에 그의 가족은 거의 매년 이사를 해야만 했다. 제리는 실제로 정착해 살면서 친구를 사귈 시간이 없었다. 그가 친구를 사귈 때쯤이면 그의 가족은 다시 이사를 갔다. 그가 다 컸을 때, 아버지는 그를 영국에 있는 예비학교로 보내기로 결정했다. 아버지는 교육을 핑계 삼아 그렇게 결정했지만, 진짜 이유가 무엇인지를 다그쳐 물었을 때, 마침내 그는 제리가 어머니와 지나치게 밀착되어 있는 것이 건강하지 못하다고 느꼈고, 제리를 그녀로부터 떼어 놓는 것이 더 좋겠다는 생각 때문이었다고 말했다. 다른 두 남동생은 가족과 함께 머물렀다.

제리는 이것을 버림받고 거부당하는 것으로 경험했다. 이러한 제리의 감정은 가족이 그를 한번도 방문하지 않았고, 그가 생일이나 휴일과 같은 특별한 날에도 아무런 선물을 받거나 소식을 듣지 못했으며, 자신이 가족을 방문하려고 했을 때, 대개 아버지가 비용이 든다는 이유로 그것을 허락하지 않았다는 사실로 인해 강화되었다. 제리는 학교 생활을 증오했다. 그는 학교의 엄격한 규율, 아이들 사이의 심한 경쟁, 아이들이 미국놈이라고 부르면서 자신의 말투와 억양을 흉내내며 놀리는 것, 그가 친구를 잘 사귀지 못한다는 것 등으로 인해 분노했다. 그는 외롭고, 소외되고, 상처받고, 버림받고, 쓸모 없으며 사랑 받지 못한다고 느꼈다. 그는 분노한 철수와 반항으로 반응했다. 그는 다른 아이들과 계속해서 싸웠고 학교 당국과 마찰을 일으켰다.

마침내 그는 고등학교 교육을 마치기 위해 다시 미국으로 왔다. 아버지는 제리가 자신이 다녔던 예비학교에 가는 것이 좋겠다고 생각했다. 그러나 제리는 그 학교에서 더욱 규율을 지키지 못하는 아이가 되었다. 또한 그의 성적은 매우 나빴고 학년말이 되자 학교 당국은 그에게 자퇴할 것을 요구했다. 그리고 나서 그는 고모와 함께 살게 되었는데, 그에게 그녀는 매우 차갑고 요구적이며 베풀지 않는 사람이었다. 제리는 이런 저런 것들을 요구하는 고모에게 분노했고, 그녀가 자신을 이용하고 있다고 느꼈다. 그는 이 시기 동안의 삶을 모두 그가 징벌을 받은 것으로, 즉 가족으로부터 추방된 삶으로 경험했다. 그는 동생들이 가족과 함께 지내고 있는 동안 자기 혼자만 떨어져서 지내도록 강요되었다는 사실에 크게 분노했다. 그는 형제와의 경쟁관계에서 패배했다고 느꼈고, 그의 부모 특히 아버지에게서 거부당했다고 느꼈다.

돈 문제

제리의 어려움과 관련된 또 하나의 중요한 요소는 돈 문제였다. 아버지는 가족이 돈을 너무 많이 쓰고 수입을 초과해서 생활한다고 걱정하면서 늘 돈 이야기를 했다. 그의 가족이 제리를 방문하지 않았던 것과 제리가 더 자주 집에 오지 못하게 한 이유도 항상 돈 때문이었다. 제리는 집에서 떨어져 있는 대부분의 시간동안, 돈이 부족한 것에 대해 늘 걱정하고 증오하면서 절약하는 생활을 해야 했다. 그가 군대에서 제대하고 학교에 복학한 이후에, 그의 생활 수준은 거의 생존 수준이었다. 그는 하루에 1달러 미만의 용돈을 쓰고, 동료 학생들과 공동 생활을 하면서 값싸고 형편없는 음식을 먹었지만, 그래도 끝까지 아버지에게 돈을 더 달라고 요구하지 않았다. 그는 아버지가 돈이 있으면서도 자신에게 주지 않는다고 생각했다. 그의 병을 치료하는 문제에서도 돈이 걸림돌이 되었다. 그의 아버지는 병원비가 들어가는 것에 대해 걱정했고, 제리에게 퇴원하라고 요구했다. 제리는 그런 편지를 받을 때마다 눈에 띄게 퇴행했고, 그의 정신병은 상태가 더욱 악화되었다. 그런 악화 상태는 그가 그러한 편지를 받은 사실을 치료자가 알아내고 그것에 대해 논의할 때까지 계속되었다.

돈에 대한 제리의 증오는 깊은 것이었는데, 그것은 특히 아버지가 돈 문제를 이유로 제리를 향한 많은 거절을 합리화했기 때문이었다. 점차로, 그는 자신이 아버지로부터 도움 받고 지원받을 권리가 있다는 견해를 어느 정도 받아들이게 되었다. 그는 비록 아버지가 돈 문제로 걱정했지만, 가족이 교외의 부유한 지역에서 안락하게 살고 있었고, 어머니는 상당한 돈을 술값으로 소비했으며, 아버지는 가끔 휴가 여행을 즐기거나 보트를 사들이는 사치를 즐겼다는 사실을 알게 되었다. 제리가 자신의 분노 감정을 대리적인 인물들에게 전치시킨 채, 그들에게서 훔치고, 그들을 속이고, "벗기는" 행동을 합리화하면서도, 돈 문제에 관한 한 상당 기간 동안 아버지에게 정당하게 요구하지 못한 채 매우 힘든 삶을 살았다는 사실은 무척 흥미로웠다.

이러한 경험이 부모에 대한 그의 뿌리 깊은 양가감정을 강화했음이 분명했다. 어머니에 대한 그의 사랑은 그녀가 그를 성적으로 자극했고, 그를 과도하게 소유적으로 통제했던 사실에 의해 오염되었다. 그가 자주 변덕스럽고 부당하다고 느낀, 그녀의 가학적인 징벌 또한 어머니에 대한 그의 사랑을 오염시켰다는 사실은 말할 필요조차 없다. 그는 계속해서 좌절했지만 아버지와 친밀한 관계를 맺고 싶어 하는 깊은 갈망을 갖고 있었다. 그러나 아버지가 자신의 어려움뿐만 아니라 어머니의 문제에 대해서 전혀 무관심하고 그것에 대해 무엇인가를 하기를 거부하는 태도를 취했을 때, 그는 그런 아버지에 대해 분노했다.

청소년기 소외

제리의 사례는 청소년기 소외의 병리적 특징에 대해 많은 것을 말해준다. 현대 문화에서 청소년기의 소외는 자주 접할 수 있는 친숙한 현상이다. 청소년기는 발달 과정에서 퇴행적 해체가 일어나는 시기이며, 그러한 해체 이후에 성격의 발전적인 재조직이 이루어지는 시기이다. 이러한 발달적 진보는 청소년이 성인 사회에서 자신의 분명한 역할을 찾고 자신의 위치를 갖는 데 필요한 신체적, 심리적 변화가 일어남으로써 이루어진다. 그러나 청소년은 아직 실제로 그 사회의 부분을 책임지지 않는다. 그는 단지 잠재적으로만 사회의 일부를 구성하고 있다. 그는 자신을 성인 역할에 맞춤으로써, 그리고 그 역할을 수행할 준비가 되어 있음을 성인 사회에 보여주는 것을 통해서 성인 세계 안으로 들어갈 수 있다. 그럴 때에만 그는 성인 사회에서 인정받고 수용된다. 그러나 청소년기 동안에 청소년은 여전히 밖에서 안을 들여다보는 상태에 있다. 우리의 문화에서 청소년기 경험 안에는 소외감이 자리잡고 있으며(Berman, 1970), 나는 이 소외감을 "청소년기 편집증"이라고 부른다.

우울

헬레네 도이취(1967)는 청소년기의 한 현상으로서 우울한 정서가 자주 발견된다고 지적하였다. 많은 청소년에게 있어서, 청소년기는 외상적 시기이다. 그들은 현실의 요구, 성취 기준, 성인으로서 획득해야 할 지위를 둘러싸고 다가오는 경쟁에 직면하게 되고, 점차 그들 자신의 한계에 대해 인식하게 된다. 아동의 적응 능력의 중요한 측면은 자기애의 문제와 관련되어 있다. 건강한 아이는 대체로 높은 이상을 간직한 채 청소년기에 도달한다. 그 이상은 대개 그의 부모, 특히 어머니에 의해 촉진되고 유지된 것이다. 따라서 유아적 자기애는 그것의 이상, 기대, 자격 있다는 느낌과 함께 청소년기로 이어진다. 그리고 이 이상이 좌절될 수밖에 없다면, 그 좌절은 외상 경험이 된다. 어쨌든 청소년기의 한 특징으로서 자기애가 증가하는데, 특히 자기애적인 청소년은 자신이 언젠가는 어머니의 실망감과 좌절감을 보상할 것이라는 희망 안에서, 그리고 어머니가 그에게 과도하게 리비도를 투자함으로써 생겨난 기대 안에서 자라난다. 우리는 이러한 사실을 제리와 그의 어머니 사이의 심각한 갈등 관계, 즉 박해적이고 징벌적인 거부와 교대로 나타나는 그녀의 끊임없는 요구와 완벽주의에서 찾아볼 수 있다.

아버지에 대한 평가절하

기본적으로 이러한 자기애적인 모습과 함께, 소외된 청소년은 또 다른 특징을 보여준다. 어머니의 자기애적인 리비도 투자는 동일시를 위한 모델로서의 아버지의 자리를 무너뜨리는 경향이 있다. 종종 아버지가 어머니의 기대에 미치지 못함으로써 어머니는 아버지에게 크게 실망하고, 따라서 아버지는 평가절하된다. 그러므로 이러한 과정에 사로잡혀 있는 아이는 어머니의 꿈을 공유하고 그녀로부터 인정받기 위해 아버지를 평가절하하게 된다. 이러한 아버지에 대한 평가절하는 청소년기 동안에 강화된다. 아버지는 청소년의 눈에 약하고, 비천하며, 무가치하고, 중요하지 않으며, 대수롭지 않은 사람으로 비친다. 아버지에 대한 청소년의 분노는 더 깊은 수준에서 아버지가 너무 약하기 때문에 자신이 어머니에 대한 양가적인 의존으로부터 벗어날 수 없었고 어머니와의 근친상간적 얽힘으로부터 보호받지 못했다는 생각에 근거해 있다. 아버지에 대한 이러한 근저의 평가절하가 초기 아동기부터 시작된 것이라 하더라도, 그것은 종종 청소년기에 폭발한다. 그리고 그것은 성인들, 성인의 기준, 그리고 성인의 사회제도 등, 전체 세계로 확장된다. 사회와 사회적 가치 및 사회제도에 대한 청소년기의 분노는 평가절하된 아버지와 그가 상징하는 모든 것에 대한 분노에서 그 뿌리를 찾을 수 있다.

그러나 아버지를 평가절하해도 아버지에 대한 근저의 이상화와, 아버지와 친밀한 관계를 맺고 아버지로부터 인정받고 수용 받고자 하는 끊임없는 갈망은 없어지지 않는다. 제리의 경우 아버지로부터 응답은 없었지만 아버지에 대한 적대감 및 평가절하와 관계없이, 더 좋고, 더 강하며, 더 함께 해주고, 사랑하며, 지지해주는 아버지를 갈망하며 소망하고 있었다. 다른 소외된 청소년들처럼 제리에게도 그런 소망은 이루어지지 않았는데, 그것이 제리의 비극이었다.

따라서 청소년기 소년은 성인의 기준과 기대 앞에 서 있다. 그러나 그것은 그의 아버지의 세계이다. 아버지에 대한 평가절하와 아버지와의 동일시에 대한 거부는 모든 사회적 공동체, 사회적 가치, 전통적 역할, 책임들, 그리고 정상적인 사회 구조를 형성하는 타인들과 맺는 많은 정서적 관계의 형태를 거부하는 행동으로 인도한다. 청소년기 소녀도 비슷한 문제에 부딪힌다. 만일 청소년기 소녀가 자신의 아버지를 과도하게 이상화한다면, 그녀는 어머니를 평가절하하고 경멸할 위험이 있다. 이와 함께 그녀의 페니스 선망은 강화되고, 어머니와 의미 있고 건설적인 동일시를 하지 못하게 된다. 그녀는 따라서 전통적인 여성의 역할이나 지위에 대해서는 무조건 거부하는 경향을 가지게 되며, 더욱 남성적인 경쟁과 성취를 위해 노력하게 된다. 이런 반항적인 측면은 몇몇 급진적인 여성 해방주의 운동에서 드러나는 현상에서 웅변적으로 표현되고 있다.

동일시

긴 안목으로 볼 때, 소외의 과정이 발달 과정에서 중요한 기능을 담당한다는 것을 깨닫는 것이 필요하다. 소외가 증가함에 따라 제기되는 명백한 질문들 중의 하나는 소외가 구체적인 모습으로 표현되는 데 사회적, 문화적 조건이 어느 정도 영향을 끼치는가이다. 소외는 모든 청소년기 발달의 특징이며, 이 시기에 재조직되는 내면 구조, 방어, 가치, 동일시의 유형은 비적응적이고 심지어 병리적인 형태로 형성될 수도 있다. 그러나 또한 소외는 청소년으로 하여금 부모와 사회로부터 필요한 신체적, 심리적 거리를 유지하게 하며, 과거에 가졌던 관계에 대한 애착을 깨고 그것과 연관된 고통스러운 생각 및 정서에 대한 방어를 제공함으로써, 적응적인 목적에 기여할 수 있다(Berman, 1970). 정상적인 과정에서, 그러한 적응적 소외는 극단적이지 않으며, 성인과의 동일시를 통해 새롭고 기능적인 역할을 받아들이게 한다. 그러나 소외가 극단적인 경우에 성장 과정이 왜곡되며, 이 소외를 적응적으로 해결할 수 있는 전망은 더욱 어두워진다.

반항

소외의 문제와 그 문제가 지닌 역설은 사회적 반항과 혁명을 위한 폭력의 사용이라는 민감한 문제로 나타난다. 혁명을 이루기 위해 폭력을 사용한다는 것은 새로울 것도 없지만, 그것은 우리 시대에 새로운 사회적 함의를 갖는다. 폭력적인 위협은 불평과 불만을 토로하는 다양한 하위 문화 집단의 상투어가 되었다.

학생들의 반항은 이런 측면에서 특히 흥미롭다. 급진파 학생들의 반항은 매우 골이 깊은 것이다. 그것은 우리 사회의 본질적 구조를 형성하는 중요한 가치에 대한 반항이기 때문이다. 일부 학생들이 이러한 일탈을 표현하기 위해 선택하는 수단이 얼마나 파괴적이고 병리적이든지 간에, 만일 그들의 반대에 담긴 핵심적인 문제가 가치의 문제임을 간과한다면, 우리는 그러한 현상의 본질적 차원을 놓치고 있는 것이다. 젊은이는 단순히 성인 사회의 삶의 양식이나 생활 유형에 반대하는 것이 아니다. 그것은 성인 사회를 지배하는 가치 체계에 항거하고 반항하는 것이다. 문제는 가족 제도로부터 교육 제도 및 정부 제도와 같은 좀 더 큰 조직에 이르기까지의 모든 수준에서, 책임 있는 성인들이 종종 사실에 관한 문제에 대해 논의하고 논쟁하면서도, 가치의 문제를 직시하고 논의할 수 있는 방도를 찾지 못하는 데 있다. 그 결과, 청소년과 성인 사이의 대결은 실제적인 문제에 접촉하지 못한 채, 양편 모두에게 불만스러운 결과만을 가져온다.

반항과 반대가 사회적 과정에서 그 나름대로 위치를 갖는다면, 폭력은 어떠한가? 급진주의 학생들은 폭력을 신봉한다. 이러한 하위 집단이 내세우는 주장은 사회의 불의가 너무 깊이 뿌리 내렸기 때문에, 폭력없이 사회제도를 개혁하는 것은 불가능하다는 것이다. 그들은 사회제도가 소수의 이익을 위한 다수의 착취에 기반을 두고 있다고 본다. 그런 제도는 부정하고 악한 것이며, 돈과 권력에 의해 통제되는 것으로서, 파괴되어야 할 악으로 간주된다. 이들은 개혁이나 안으로부터의 변화 가능성에 대해서는 전혀 인정하지 않는다. 그런 사악하고 억압적인 제도와 그것을 지배하는 가치를 제거하는 데 효과적인 유일한 수단은 폭력적인 전복과 파괴라고 믿고 있기 때문이다.

이상주의

청소년의 이러한 불평과 불만 배후에는 유토피아적 이상주의를 꿈꾸는, 이데올로기적으로 채색된 신념이 자리잡고 있다. 에릭슨(1964)은 청소년이 성숙하고 성장하려면, 이데올로기적인 신념이 필요하다고 말한다. 한편으로, 이데올로기는 내적인 성장과 문화적 통합을 위해 유용하게 쓰일 수도 있지만, 다른 한편, 그것은 유아적 욕구와 소외의 역동을 위해 쓰일 수도 있다(Meissner, 1978b). 사회적 이상주의는 수백년 동안 인간적인 사회적, 정치적 열망을 위한 영감으로서 공헌해 온 것이 사실이다. 그러나 유토피아적 이상은 사실 유아적 자기애와 소망이 연장되어 나타나는 것이다. 그것은 권력의 원천을 나타내는 전능한 부모상에게서 무조건적인 사랑과 보호와 돌봄, 그리고 자유를 얻고 싶어 하는 유아적 소망이 구체화된 것일 수 있다. 제리의 편집증적 반항의 원동력은 그러한 강력한 유아적 갈망이었다. 그것은 또한 스스로 그러한 전능성을 얻고 싶어 하는 실현 불가능한 소망을 나타내는 것일 수 있다.

오늘의 좀 더 극단적인 청소년들은 유토피아적인 소망은 지체되어서는 안 되며, 그것은 별도의 고려, 성찰 또는 질문 없이 즉각적으로 시행되고 성취되어야 한다고 생각한다. 그들은 느린 문화적 변화 과정을 기다릴 수 있는 인내심을 가지고 있지 않다. 그들은 여러 입장들과 이해관계들 안에서 끈기 있게 숙고하고 상호작용함으로써 이루어지는 정치적 과정을 기다려 주지 못한다. 그들은 자신들의 소망과 요구가 즉각적으로 만족되기를 바라면서, 만족이 지체되거나 지연되는 것을 참지 못한다. 사회적 가치에 대해 강한 거부감과 분노를 가지고 있는 그들은 자신들의 요구를 들어주지 않는 것은 무엇이든 파괴하는 것이 좌절에 대한 해결책이라고 믿는다. 이런 생각은 자신들이 악이라고 믿는 것을 파괴하면, 자동적으로 그 자리에 선이 생겨날 것이라는 믿음에서 나온 것이다. 그들은 충동적인 내적 욕구와 외적 요구로 인해, 사회적, 문화적 과정 안에 있는 본질적 성질을 무시하고 간과한다 (Greenacre, 1970).

그러한 절박한 내적 요구의 밑바닥에 놓여 있는 더 깊은 자기애적 기대가 자주 좌절되고 부인될 때, 그것은 내적 실망감과 분노감을 가져온다. 우리는 무력감, 무가치감, 무의미감, 그리고 사회적 소외감 및 자기 소외감이 좌절된 분노의 표현으로 쉽게 나타날 수 있다는 것을 목격했다. 더 많은 연구 결과들은, 비교적 작은 무리의 소외된 개인들이 자신들의 유아적 욕구와 소망을 미숙한 방식으로 행동화—파괴적인 분노로 폭언을 퍼붓고 어떤 건설적인 계획이나 목적도 없이—하는 데서, 많은 폭력적 충돌이 발생한다는 사실을 보여준다. 내면 깊이 자리잡고 있는 무의식적이고 비합리적이며 유아적인 소망이 흔히 사회적 이상주의의 가면 아래 합리화되고 있으며, 사회를 폭력적인 방법으로 재조직해야 한다는 주장의 중심에는 의심의 여지없이 그러한 좌절된 유아적 소망이 자리잡고 있다. 이러한 내면의 심리역동 분석이 사회 변화의 필요성을 제거하는 것도 아니고, 또 그것을 대체하는 것도 아니다. 분석가는 물론 소수 급진파의 유아적 욕구와 행동을 분석할 수는 있다. 하지만, 그렇다고해서 그것이 사회 변화를 위한 필요성, 혹은 그러한 변화를 필요로 하는 우리 사회의 조건을 없애 주는 것은 아니다.

심리 사회적 상호작용의 보완적 모델

우리는 위에서 정신 병리적인 요인들과 사회적인 요인들의 복잡한 상호작용에 대해 고려했다. 제리의 이야기는 아동기 경험에, 그리고 부모에 대한 계속적인 좌절감과 거부감에 병리적인 뿌리를 두고 있는 반항이 학생운동과 "신 좌파" 급진주의 운동에서 그 모습을 드러내고 있는 경우에 해당된다. 우리가 강조한 것은, 비록 갈등과 양가성이 유아적 수준으로 이동하고 또 이것들이 사회체계로 투사되는 것이 명백한 사실이라 하더라도, 급진주의 학생운동을 이러한 측면에서만 이해하는 것은 오류일 수 있다는 점이다. 사회적 맥락과 그것에 포함된 상호작용적 과정은 분명히 일탈 행동의 발생에 중요한 영향을 끼친다.

치료자들이 어느 한 면에 치우친 정신 병리 모델에 근거해서 그러한 문제에 접근하는 것은 일탈 행동을 단지 병리적인 것이라고 속단하고 사회적 상황을 어쩔 수 없는 것이라고 판단하는 편견을 반영하는 것으로 볼 수 있다. 이러한 관점에서, 정신분석학이 환자를 사회 규범에 순응하게 한다는 잦은 비난은 정당화될 수도 있다. 그러나 상황은 매우 복잡하기 때문에, 그런 상황에 대한 더욱 세밀한 분석이 필요할 것이다.

프리드(Fried, 1970)는 양쪽의 입장을 변증법적으로 설득력 있게 묘사하였다. 심리 역동적 입장은 정신 병리를 중요한 대상들과 관련된 심리 내적인 세력—예컨대 욕동과 방어들—을 포함해서 해결되지 않은 갈등에 기초해서 설명한다. 이러한 접근은 사회적 관계 및 과정이 영향을 끼칠 수 있다는 가능성을 배제하지 않으며, 오히려 그러한 가능성에 대해 열려 있다. 자아가 현실과 관계 맺고 현실에 적응하는 역량의 개인적 차이들은 체계적으로 분류된 사회적 영향 및 사회적 유형들보다는 개인의 선택과 관련되어 있다. 사회적 접근 방법은 동기를 배제하지 않지만, 그것을 사회적 상호작용과 세력으로부터 파생된 것으로 본다. 각각의 접근 방법은 그 나름대로 정당성을 갖고 있을 뿐 아니라 상호 보완적일 수 있다.

제리의 내적 갈등과 중요한 대상(부모)과의 강렬한 양가적인 관계가 대학 혹은 정부 수준의 사회 구조로 전치(轉置)되었으며, 이러한 전치는 사회 구조가 지닌 비인간화하는 분리의 요소들, 무정한 비인격주의, 관료적 경직성, 권위주의적이고 억압적인 태도, 도덕적으로 일관성이 없는 착취적인 접근 방법에 의해 강화되고 보완되었다. 제리의 투사는 그가 항거할 수밖에 없었던 공적인 사회 상황에 의해 상당한 정도로 정당화되었다. 따라서 하나의 관점에서는 정신 병리로 간주될 수 있는 것이 다른 하나의 관점에서는 합법적인 사회적 저항으로 간주되기도 한다. 반대로, 만약 사회 제도가 젊은이들의 투사를 정당화하는 방식으로 운영되지만 않는다면, 사회의 젊은 구성원들의 반항적 태도는 줄어들 것이다.

치료 과정에서 만나는 문제들

입원

이 모든 문제들은 제리의 심리치료 과정에서 생생하고 직접적으로 드러났다. 그의 치료 과정에서는 많은 어려운 문제들이 뒤따랐다. 첫 번째 평가는 그가 의심이 많고, 방어적이며, 몹시 흥분되어 있고, 혼란스러운 정신병적인 상태에 있음을 보여주었다. 그의 마음은 그가 나중에 "혼란스러운 공상과 같은" 상태라고 서술했던 생각들, 즉 지구가 적대적인 외계 세력에 의해 공격을 받고 있고, 혼란과 파괴, 그리고 서로를 지배하려고 싸우는 강력한 세력에 의해 위협받고 있다는 생각으로 가득 차 있었다. 따라서 그의 행동은 매우 편집증적이었다.

입원 초기에, 그는 강한 분노에 차 있었고, 적대적이었으며, 치료에 저항적이었다. 그는 급진적인 사회주의 철학을 외치면서 제도권 안의 모든 정치 세력을 비난하는, 분노에 찬 연설을 쏟아 놓곤 했다. 여러 차례 그는 환자들에게 그들의 마음을 복종시키고 통제하려는 의사와 병원 관리에 대항할 것을 촉구하면서, 거칠고 분노에 찬 열변과 폭력으로 환자 공동체 모임을 훼방했다. 이러한 그의 감정의 폭발은 그가 의자를 마루에 집어던져 망가뜨리는 행동에서 절정에 달했다. 그의 이러한 행동은 다른 환자들에게 상당히 큰 피해를 주었기 때문에 사람들에 의해 제지되었다. 그는 많은 분량의 페노치아진(phenothiazines)을 복용하였고, 그 결과 덜 파괴적이 되었다. 그리고 나서 그는 수개월 동안 계속 우울하고 낙담한 상태로 지냈다. 그의 사고 과정은 차츰 나아지기는 했지만, 여러 주 동안 몹시 혼란스러운 상태였다.

심리치료

초기에 그는 끊임없는 격론으로 심리치료 시간을 소모하였다. 그는 정부, 전쟁, 징병 문제, 대통령, 학교 운영 등의 권위에 대한 어떤 표현이나 암시에 대해서도 맹렬히 비난했다. 그의 격론은 항상 동일한 주제를 가지고 있었다: 권력을 행사하는 사람들은 차갑고, 무관심하며, 무정하다는 것이었다; 그들이 내린 결정이 무력한 사람들의 삶에 많은 영향을 미치는 것이 사실인데도, 그들은 사람들의 감정과 소망이 어떤 것인가에 대해 아무런 관심도 없고 염려하지도 않는다는 것이다. 그의 이러한 불평은 강한 분노와 증오의 감정을 수반했다; 때때로 그는 문자 그대로 폭발할 것처럼 보였다. 그의 욕설은 몹시 극단적이고 파괴적인 말로 표현되었다. 그의 수사는 극단적이고 급진적이며 혁명적인 용어로 가득했다. 그는 현재의 정치 체제 및 그것과 함께 맞물려 있는 경제 구조가 해체되어야 한다는 것 외에는, 다른 어떤 대안도 고려하려고 하지 않았다. 악한 체제가 유지되지 못하게 하고, 그것을 무너뜨릴 수만 있다면, 어떤 책략이나 음모, 그리고 파괴적인 행동이라 하더라도, 그에게는 찬양할 만한 가치가 있고 선한 것이었다. 즉 인간을 속박하고 파괴하는 모든 체제는 파괴되어야만 하는 가증스러운 것이었다. 그것의 파괴를 위해 일하지 않는 것 자체가 그에게는 범죄였고, 반대로 그것을 파괴하기 위한 행동이라면, 어떤 행동도 영웅적인 행동이었다.

매 시간마다 제리는 학생, 흑인, 푸에르토리코인, 여성 등, 짓밟힌 사람들과 혜택받지 못한 사람들의 권리를 선언하곤 했다. 사람들의 생명을 위협하거나 통제하려는 권력자들의 모든 행동이 그의 분노와 비난을 촉발하였다. 대학 또는 정부의 정책 결정이나 시행 과정, 공공 관리의 진술 등도 그의 분노의 분출을 초래하였다. 그의 증오와 격한 분노는 끝이 없는 것으로 보였으며, 그 분노의 대상들 또한 끝이 없는 것으로 보였다. 이 기간 동안, 대학에서 수 차례의 학생 시위와 파업이 있었고, 그것들은 모두 장황스러운 격론을 불러일으켰다. 그는 이 격론에 적극적으로 참여했다. 그는 친구들이 체포되고 감옥에 끌려가는 모습을 보고 참을 수 없었다. 켄트 카운티와 잭슨 카운티에서 비극적 사건들이 발생했을 때, 그의 분노는 거의 정신병적인 수준에 달해 있었다.

이러한 그의 격론에 직면하여 나는 그의 말을 듣고 기다리는 것 외에는 아무 것도 할 수 없었다. 그의 격론이 끝이 없었고 믿을 수 없을 정도로 반복되었기 때문에, 그의 말을 듣고 기다리는 것이 쉽지가 않았다. 차츰 그는 부모에 대한 분노를 더 많이 말하기 시작했다. 내가 조금 격려해주자, 그는 현재의 분노와 어린 시절 부모에 대해 느꼈던 분노 사이를 오가기 시작했다. 어느 중요한 시점에, 나는 그가 사회와 사회 구조를 비난할 때 쓰는 용어와 주제는 부모, 특히 그가 아버지에 대해 쏟아내는 불평과 비슷하다고 지적했다; 차갑고 무관심했던 그들은 그의 개인적인 욕구나 소망은 무시한 채 그의 삶을 통제했고, 그들의 통제로 인해 그는 자신을 무력한 피해자로 느꼈다.

이러한 사실을 발견하자 그는 큰 충격을 받았고 혼란스러워했다. 그 지점에서 그를 위한 치료 전략은 현재의 삶으로 전치되는 그의 유아기적인 잔여물을 그의 현실적인 관심으로부터 분리하는 쪽으로 방향을 잡아갔다. 그의 강한 정치적 관심이 그가 과거에 경험한 유아기 좌절과 분노를 부분적으로 반영하고 있다는 깨달음은 그의 정치적 신념을 심각하게 흔들어 놓았다. 그는 그가 증오하는 전제적인 자본주의 세력에 맞서서 굴욕 당하고 짓밟힌 사람들의 권리를 찾아 주기 위해 투쟁하는 용감한 혁명가로서 이상화된 자신의 모습과 정치적인 신념에 의존하지 않고서는, 그의 자존감을 유지할 수가 없었다. 그의 정치적 신념의 동기를 문제 삼는 것은 정말로 그에게 심각한 불안을 자극하는 것이었다.

　나의 치료적 전략은 그에게 어떤 질문을 하거나 그와 대결하는 것을 피하는 것이었다. 나는 그가 자신의 감정과 사고를 탐구하고 조사하도록 격려했다. 우리 두 사람은 그의 분노의 강도가 과도하다는 사실을 깨닫기 시작했다. 우리는 그가 대개 어떤 실망으로 괴로워할 때 분노를 분출하였고, 그가 실망하는 횟수와 강도는 그의 기대의 수준과 관련되어 있다는 것을 알게 되었다. 그는 자신의 과도한 기대로 인해 계속 좌절하고 실망할 수밖에 없었고, 이는 다시금 그로 하여금 분노하게 했다.

　그의 자기 파괴성과 유아적 분노의 결과를 생생하게 보여준 한 사건이 발생했다. 그는 어느 날 밤 무엇인가에 대해 격노했고 주먹으로 벽을 쳤다. 그는 골절상을 입었고, 다음 날 손에 깁스를 한 채 수줍어하며 상담실에 도착했다. 우리는 그를 날뛰게 했던 눈먼 분노에 대해, 어떻게 그의 분노가 그를 그렇게 만들었는지에 대해, 그리고 대체로 그런 경우에는 모든 것이 단지 파괴적이고 자기 패배적으로 끝난다는 것에 대해 이야기했다. 그에게는 건설적이고 효과적으로 행동하기를 바라는 마음이 있었고, 또한 자신의 주변에서 본 사회악이 현실적이고 효과적으로 변화하기를 바라는 강한 소망이 있었다. 그의 유아적 분노는 그 소망을 실현하기 위해서 자신의 길을 개척하고 그것을 달성하기 위해 노력하기보다는, 그로 하여금 벽을 파괴하고 싶은 충동으로 이끌었다. 그는 자신의 유아적 분노의 파괴성에 대해서 서서히 깨닫기 시작하면서, 복잡한 문제와 직면하게 되었다. 이런 과정을 거치면서, 그는 점차 동료 학생들의 급진적 행동을 자기 파괴적이고 자기 패배적인 것으로 보기 시작했다; 그들 중 너무도 많은 사람들이 환각제를 복용하거나 사회 생활에서 낙오한 사람들이었고, 그들의 전술은 너무도 비효과적이었으며, 그들이 행한 어떤 것도 실제적인 변화를 가져오지 못했다. 그는 자신이 점차 그들로부터 소외되고 있음을 발견했다.

　그의 어려움은 생생하게 나타났다. 그는 자신의 유아적 분노를 포기하고 사회의 현실적인 문제에 접근하기 위해서는 좀 더 성숙하고 현실적인 접근이 필요하다는 사실을 깨닫기 시작했다. 즉, 그는 내적인 변화를 위해 사회가 제안하는 방법과 친숙해질 필요가 있었다. 그것은 자신이 교육받는 것, 아마도 법학 학위를 취득하는 것을 의미했다. 이것은 그에게 있어서 목표 달성을 연기하는 것, 그것을 위해 간접적인 행동 방식과 지연 전략을 채택하는 것, 열심히 공부하고 훈련에 전념하는 것을 의미했다. 그는 더욱 효과적인 방법을 발견하여 변화를 일으킨 사람들, 예컨대, 알린스키(Saul Alinsky)와 네이더(Ralph Nader)에 대해 감탄하며 이야기했다. 그러나 그때 그는 자신이 체제에 동조하는 것, 즉 그가 그의 부모가 상징했던 중간 계층의 가치의 유혹에 굴복하는 가능성에 대해 두려워했다. 그런 가능성 때문에 그는 좋은 회사에 취직할 수 없었고, 더 높은 교육을 받을 수 없었다. 그가 가진 기술로는 그저 하찮고 비천한 직업을 가질 수밖에 없었고, 이것은 체제에 대한 그의 분노를 증폭시키고 강화했다. 이러한 생각 안에 자기 패배적인 요소가 있다는 것을 알아차리거나 받아들일 수 없었다; 그는 자신을 그런 위치에 있게 한 체제를 비난하기를 더 좋아했다.

　나에 대한 그의 관계는 양가적이었다. 그는 나를, 보복하지 않고 결과에 대한 아무 두려움 없이 자신의 관심사를 함께 공유할 수 있는 동정심이 있고 이해심 있는 사람으로 보게 되었다. 그는 나로 하여금 그의 견해에 반대하도록 만들려고 시도했지만, 나는 이러한 그의 시도에 일관되게 저항했다. 그보다는 그가 스스로의 결론에 도달하고 그것에 대해 책임을 지는 역량을 가지도록 계속해서 강화하고 지지했다. 치료 과정에서, 그는 나를 신뢰하게 되기까지 많은 어려움을 겪었다. 그는 실제로 상당한 정도로 나를 신뢰했지만, 소위 "체제 지향적 유형"의 사람을 신뢰하는 것은 그의 원칙에 위배되는 것이었다. 그러나 마침내 나는 그가 그토록 갈망했지만, 결코 갖지 못했던 그의 아버지가 될 수 있었다.

투사적 왜곡들

제리의 병리는 대체로 그의 정치적 관심과 행동의 영역에 집중되어 있었다. 그의 병리는 권위적인 인물과 자신의 부모를 대하는 그의 태도가 매우 유사하다는 사실에서 드러났으며, 또한 그의 명백한 투사적 왜곡과 전치(轉置)된 분노의 강도에서, 그리고 그가 가진 기대의 과장되고 독단적인 특성에서 드러났다. 그러나 다른 한편, 대학 관리자나 정부 관료가 공적인 문제를 처리하는 과정에서, 제리의 투사를 강화하고 지원하는 방식으로 반응했던 것도 사실이다. 그들은 제리의 많은 동료들과 학교 친구들에게서 비슷한 반응을 불러일으켰고, 따라서 그들의 극단적인 견해를 정당화할 수 있는 구실을 제공했다.

제리는 베트남 전쟁에 대해 크게 분노했는데, 그는 그 전쟁을 동남 아시아에서 미국의 경제적 지배를 확장하기 위한 사업가들과 권력에 굶주린 광적인 정치가들의 합작품으로 보았다. 그의 관점에서 볼 때, 그 군사-산업-교육의 복합체는 조국을 떠나 추방자가 되는 것밖에는 다른 방도가 없는 젊은이들의 목숨과 자유를 희생할 것을 요구하는 것이었다. 그러므로 징병은 가장 착취적이고 타락한 목적을 위해 젊은 이들과 그의 친구들과 학교 동료들에게 부과된 사악한 강제이며, 기본 인권의 침해였다. 대학이 ROTC를 허용하고 해병대 신병 모집관이 학교에 오도록 허락한 것은 대학이 이들과 공모했다는 증거이며, 대학이 라는 제도가 기본적으로 타락한 의도에 의해 움직이고 있다는 증거였다. 그의 눈에 비친 대학은 학생들을 꾀어서 엄청난 돈을 받으면서도, 학생들에게 그것에 대한 보상으로 거의 혹은 전혀 아무 것도 주지 않고 있으며, 매번 그들에게서 박탈하고 빼앗고, 마침내 안정된 직업을 보장해주지도 못하고, 사실상 시시한 일자리를 구할 수 있는 가능성을 나타낼 뿐인 쓸모 없는 종이 한 장을 그들에게 주고 있었다.

태업(Sabotage)

앤토니(Anthony, 1981)는 청소년 환자들이 치료적 상황을 거의 고의적이고 지속적으로 방해하는 것에 대해 언급했다. 그리고 같은 문제가 초기 청소년기(사춘기) 환자들의 치료에서도 관찰되었다(Failberg, 1955). 치료가 이루어지려면, 치료자는 무엇보다도 환자의 요구에 적응하는 것을 배워야 한다. 치료자가 분석적으로 따지며 묻거나 해석하는 것은 의심이 많은 환자에게는 대단히 위협적일 수 있는데, 특히 신뢰가 형성되기 이전 단계에서는 더욱 위험한 것으로 간주된다. 청소년은 기본적으로 모든 어른을 불신하며, 특히 치료자는 권력과 권위를 갖춘 어른 세계의 대표자로 인식된다. 한걸음 더 나아가 청소년에게 치료자는 청소년이 아프거나 미쳤다고 판단할 수 있는 권력을 가진 신비스러운 인물이요, "좀 이상한 정신과 의사" 또는 "머리가 돈 의사"이다. 그러므로 청소년에게 치료자는 피해야 할 두려운 인물이며, 그의 시도는 어떤 대가를 치르더라도 망치고 방해해야 할 것으로 여겨진다. 치료자는 청소년에게 미움받는 두려운 박해자가 된다.

가정(假定)의 중지

치료는 임상적 이해에 크게 의존해 있다. 제리의 경우, 사회적 과정이 정상적으로 기능하고 적응하는 데 필요한 맥락을 제공한다고 단순하게 가정하는 것은 현실을 왜곡하는 것이며, 이상주의적인―이데올로기적이지는 않더라도―가정의 관점에서 현실을 바라보는 것이다. 나는 개방적이고 정직한 탐구를 위해서는 그러한 가정을 모두 중지하는 것이 필요하다는 사실을 깨달았다. 나는 나 자신의 개인적인 이데올로기적 확신을 중지(그것을 포기하고 싶지는 않았음에도 불구하고)시켰다; 나는 제리와의 상호작용이 나의 가정을 확인하고 지지하려고 하는 경향이 있다는 것을 인정해야 했음에도 불구하고, 그 가정에 대해 기꺼이 조사하고 질문하는 자세를 유지했다. 제리의 편집증적인 의심과 불신을 다루기를 원한다면, 그리고 그가 열린 마음으로 자신의 문제에 접근하기를 기대한다면, 기본적으로 나 자신부터 그런 문제에 대해 정직성과 개방성을 갖고 마음의 문을 열어야 한다는 것을 깨달았다.

　나는 제리와의 경험 또는 그와 비슷한 환자들과의 경험을 통해서 개방적이고, 정직하며, 냉정하게 객관적으로 탐구하는 태도가 본질적임을 발견했다. 치료자는 모든 것에 대해서 질문해야 하고 개방적으로 탐구해야 한다. 환자의 가정, 태도, 감정, 왜곡 그리고 치료자 자신의 확신, 가정, 태도, 가치뿐만 아니라 환자와 치료자가 모두 그 안에서 움직이고 경험하는 사회적, 문화적 맥락에 대한 가정과 가치에 대해서도 탐구해야 한다. 그리고 그 탐구는 가능한 한 객관적—사실에서가 아니라면 적어도 그 의도에서—이어야 한다. 제리의 치료에서 내가 처음에 택한 치료 방법은 단순히 그의 증오에 찬 불평과 주장을 끝까지 듣는 것이었다. 나는 그것에 대해 어떤 반대도 하지 않았고, 그의 불평과 주장이 명백하게 왜곡된 것임에도 불구하고, 그것을 교정하거나 그것에 대해 질문하지 않았다. 나는 공감적으로 들었고, 그가 자신의 이야기를 더 구체적이고 자세하게 말할 수 있도록 격려했다. 나는 그의 이야기를 객관적으로 이해하기 위해 때때로 그의 관찰이 실제 사실인지, 혹은 그가 인식한 것이거나 해석한 것을 이야기하는 것인지 매우 신중하게 판단해야 했다. 조금씩, 사실과 환상 사이, 실제 인식과 왜곡된 인식 사이, 실제 행동과 소문 사이, 자료와 해석 사이의 경계선이 더욱 분명히 그어질 수 있었다.

탐구의 유지

탐구는 모든 수준에서 유지되었다. 그의 현재의 관심사뿐만 아니라 과거의 경험도 탐구되었다. 점차 탐구의 초점은 권위와 권력을 유지하려는 사람들과 제도의 무감각, 어리석음, 비인격적인 거리감, 심지어 억압적인 적대감과 파괴성에 맞춰졌다. 또한 그의 부모가 가졌던 병리들—무관심, 억압, 멀리 있음, 거부, 병리적 갈등과 무능력—이 제리 자신의 불행한 경험을 유형화하는 데 중요한 역할을 했다는 것이 훨씬 더 분명해졌다. 그 자신의 과도한 기대에서 오는 실망과 그에 따른 강한 분노가 그에게 어려움을 가져다 주고 더 효과적으로 기능하지 못하도록 그의 역량을 가로막았다는 인식도 오래지 않아 훨씬 더 분명해졌다.

그는 자신의 많은 세세한 경험의 영역에서, 점차 명확하게, 유아적 갈등과 투사적 왜곡으로부터 파생한 그의 경험의 요소들을 풀어내고 그것들을 확실히 질문할 수 있거나 반대할 수 있는 더욱 현실적인 요소들로부터 분리해냄으로써, 그의 견해를 실제로 가로막고 왜곡한 것이 무엇이었는지를 서서히 깨닫게 되었다. 그는 점점 더 그의 동료인 급진적인 학생들의 파괴적인 폭발이 무용한 것이며 무능한 것임을 분명히 인식하게 되었다.

그는 과거에 여러 번에 걸쳐 스스로 자신의 몰락을 자초했다는 것을 분명히 깨달았다. 한 번은 그가 학기말 시험을 치러야 했는데, 그는 시험지를 받자마자 그 시험이 몹시 어렵다는 것을 알았다. 난감해하는 제리에게 교사는 시험 대신에 50쪽 분량의 보고서를 제출하는 대안을 제안했다. 제리는 그 대안을 받아들이기로 하고 시험실을 뛰쳐나갔다. 그는 그렇게 어려운 문제를 낸 교사와 대학의 무정함과 냉담함에 대해 격하게 분노했다. 그는 특히 보고서를 제출하는 것에 대해 증오했는데, 그것이 다른 과목의 시험 공부를 하는 데 지장을 주었기 때문이었다. 치료에서 그는 점차적으로, 열심히 공부하지 않은 것—혹은 아마 자신이 바라는 만큼 영리하고 민첩하지 못한 것—에 대한, 그리고 50쪽의 보고서를 써야 하는 상황으로 자신을 몰아넣은 데 대한 책임이 자신에게 있다는 것을 받아들이게 되었다. 유사하게, 그는 회사에서 사람들을 아주 잔인하게 착취한다고 생각했기 때문에 일반적인 회사에서 일하기를 거부했었다. 따라서 그는 자신의 기술과 교육 수준보다 훨씬 낮은 수준의 시시하고 보수가 적은 직업을 택할 수밖에 없었다. 그는 치료에서 힘든 과정을 거쳐서 점차 회사에 대한 자신의 증오심이 어느 정도 자신에게서 유래한 것임을 깨닫기 시작했다.

다른 문제들과 관련해서도 그의 편견을 바꾸는 작업은 결코 단순하지 않았고 쉽지 않았다. 전쟁에 대한 문제에서는, 현실에 대한 설명과 검증이 전혀 도움이 되지 않았다. 나는 그가 보는 관점에서 불행하게 보이고 분명히 비난할 수 있는 것들이 많이 있다는 사실에 동의했다. 그러나 또한 우리 두 사람은 차츰 거기에 불확실하고 복잡한 것들이 많이 포함되어 있음을 보기 시작했다. 이러한 영역에서, 그는 불확실성의 틈새를 그 자신의 확실성과 왜곡으로 채웠다. 정부의 정책 결정 배후에 있는 동기와 의도는 그가 느끼는 것처럼 단순히 타락한 것이거나 냉정한 것이 아닐 수 있다는 여지가 생기기 시작했다. 분명한 것은 그 불확실성의 틈새가 그의 소망과 욕구에 대한 어떤 반성이나 성찰 없이, 그의 유아적인 인식에 의해 채워진다는 사실이었으며, 그러한 그의 유아적 인식은 과거에 그의 부모가 그와의 관계에서 경솔하고 냉정한 결정을 내렸을 때 그가 경험했던 것이었다.

현실과의 대면

이 모든 것은 치료적 진전으로 간주될 수 있다. 그러한 탐구 과정이 치료를 성공으로 이끄는 것이 분명하다면, 아마도 치료 과정은 탐구 과정만으로 충분했을 것이다. 그러나 그것은 불가능했다. 3년간의 지속적인 치료 작업 후에, 제리는 근본적인 선택과 직면하는 지점에 이르렀다. 그는 현실의 요구를 받아들이고, 그의 이상과 목적을 성취할 수 있는 효과적인 수단을 찾게 되었다. 그러나 그것은 훈련, 힘든 작업, 고된 공부를 요구하는 것이었으며, 또한 위험을 감수해야 하는 것이었다. 그는 실패할 수도 있고, 그의 노력은 그가 집착하는 과대적인 기대에 부응하는 결과를 가져오지 못할 수도 있다: 그는 유토피아적 이상에 맞도록 사회의 모습을 바꾸기를 원했지만, 현실은 그에게 성공에 대한 어떤 보장도 제공해주지 않았다.

그러나 만약 그가 자신의 유아적인 기대와 분노에 집착한다면, 그는 반항적인 증오와 소외의 삶을 계속해서 살아가야 할 것이다. 그는 혁명적인 행동과 마술적인 수단에 의해 사회에 극적인 변화를 초래할 수 있다는 전능하고 과대적인 환상을 보유할 것이다. 그는 분명한 선택을 했다. 그는 많은 양의 메스칼린(mescaline)을 삼켰고, 병이 재발하여 재입원하게 되었다.

제리의 사례는 치료의 성공 측면과 실패 측면 모두에서 시사해주는 바가 많다. 치료의 성공에 본질적인 측면은 치료적 연대와, 상당 기간 유지된 객관적 탐구 과정이 결합된 것이었다. 전이는 혼합적인 것이었으나 차츰 긍정적인 측면이 부정적인 측면보다 많아졌고, 그는 나를 관심을 가지고 함께 해주기를 늘 갈망했던 그의 아버지로 보았다. 비록 형성 과정에서 오랜 시간이 걸렸지만, 치료적 연대는 치료 과정에서 거의 확고하게 유지되었다. 치료적 연대는 관심이 있고, 정직하며, 객관적인 탐구의 태도를 가질 수 있는 정서적 기반을 제공했다. 탐구 과정은 열매를 맺었다. 그것은 중요한 치료 목표를 달성했다; 그러나 결국 그것은 제리가 처음부터 비난하던 현실의 요구와 더 근본적으로 직면하도록 이끌었다. 그러나 분명히 직면은 달랐다: 그는 더 이상 억압적인 독재권력의 외부적 세력과 직면하지 않았다; 그는 대신에 자기애적 권리주장과 유아적 욕구충족을 추구하는 내적인 세력과 직면했다. 그리고 치료는 이 암초에 걸려 좌초되었다.

역전이 변천 양상

물론, 이 사례에는 더 많은 다른 요소들이 포함되어 있다. 나는 중립적이고 객관적인 상태를 유지하려고 했지만, 그가 나를 권위적으로 개입하는 사람의 위치로 몰아넣으려 했기 때문에, 그런 상태를 유지할 수 없었다. 그는 자신과 관련된 다른 모든 사람들과 제도에 대해서도 똑같은 시도를 했다. 어떻게 나만 예외일 수 있겠는가? 그는 내가 상담하고 있는 다른 여자 환자와 성적 관계를 맺게 되었는데, 그것은 전이 요소의 격렬한 행동화로 보였다. 나는 이것에 대해 오이디푸스적 그리고 전오이디푸스적 해석을 제공했지만 효과가 없었다. 나는 개입할 수밖에 없었다. 나는 그 두 사람에게 그들의 관계가 모두의 치료에 부정적인 영향을 미칠 것이라고 말했다. 비록 나는 그들에게 어떻게 하라고 말할 수는 없었으나, 그들이 선택해야 한다는 점을 분명히 했다. 그들은 서로를 택하든지, 치료를 택하든지 해야 했다. 나는 그들에게 선택을 요구하지는 않았지만, 그들이 그런 결정을 피할 수는 없다는 점을 지적했다. 그 여자 환자는 치료를 선택했고, 제리와의 관계를 끊었다. 그러자 제리는 그녀와 나에게 분노했다. 나 자신 또한 그의 욕구에 냉담하게 반응했다. 나는 그가 절박하게 원하는 그의 여자를 그에게서 빼앗은 셈이었다. 이 일이 있은 후에 그는 그 도시를 떠났고,

나는 오래지 않아 그가 다시 입원했다는 사실을 알게 되었다.

이런 환자들이 전이 안에 담겨 있는 패러다임을 촉발하고 구체화하는 능력은 치료에서 가장 힘든 영역들 중의 하나이다. 글로버(1955)는 방어를 분석하거나 공격자-피해자(가학-피학적) 상호작용의 유형을 다루려는 어떤 시도를 하기 전에, 편집증적인 의심과 불신의 문제를 다룰 필요가 있다고 강조한다. 편집증적인 청소년들에게서는 전오이디푸스적 문제들이 오이디푸스적 문제들보다 더 지배적이며, 수치심, 굴욕감의 역동 및 박해불안이 죄책감보다 지배적인 것으로 드러난다 (Anthony, 1981). 환자는 치료자가 신뢰할만한지를 시험하기 위한 덫을 반복해서 놓을 것이다. 그리고 매번 그 시험에 거는 판돈은 커지게 마련이고, 따라서 궁극적으로 그 시험은 실패하게 될 것이다.

치료가 진전됨에 따라, 치료자의 주된 과제는 자신을 박해자로 만들려고 하는 환자의 시도를 피하는 것이다. 이러한 치료적 딜레마는 강렬하고 지속적인 것이다: 적대감에 대해 친절함이나 호의로 반응하는 것은 청소년의 의심을 깊게 할 뿐이며, 가까워지고 친밀해지려는 시도는 그의 적대감을 강화시킬 뿐이다. 이런 문제가 충분히 다루어지고 해결될 때에야, 비로소 좀 더 친숙한 치료적 토대 위로 이동하는 것이 가능하다. 앤토니(1981)는 치료가 이 단계에 도달했을 때의 상황을 아래와 같이 관찰한다:

> 치료자는 내사된 가학적 초자아를 다루면서, 오이디푸스적 상황의 과정을 역으로 추적하는 분석 작업을 잠정적으로 시작할 수 있다. 그러나 이 단계 동안의 작업은, 다른 모든 단계에서와 마찬가지로, 간헐적인 퇴행에 의해 자주 방해받는데, 그 퇴행이 진행되는 동안에는 의심이 갑자기 최대의 방어 세력이 되어 되돌아온다. 환자는 이러한 퇴행적 위기들 중의 어느 하나에서 치료를 그만둘 수도 있다(pp. 761~762).

이러한 문제를 다룸에 있어서, 역전이 문제에 초점을 맞추는 것은 가치 있는 일이다. 제리는 내가 지닌 중산층의 가치를 다양하게 공격하고 비난하였다. 제리의 공격은 내가 방어적으로 반응하고, 기본적으로 불안해 하며, 의심받고 있다고 느끼도록 하기 위한 것이었다. 보다 치료적인 관점에서, 나는 그가 말하는 매우 많은 이야기가 왜곡되어 있고 자기 파괴성을 담고 있다는 것을 감지할 수 있었다. 나의 부성적 보호 본능은 그의 왜곡된 이야기와 대결하고, 그가 계속적으로 회피하는 진실을 그에게 보여주라고 내게 말했다. 그러나 그렇게 하기 위해서는 내가 구체적인 입장을 취해야 하는데, 그것은 곧 암시적으로 그에게 나의 입장에 순응하거나 저항하라고 요구하는 것이 될 것이다. 분명히 제리는 자율적인 입장을 감당할 능력이 없었고, 따라서 우리의 관계를 순종하거나 저항하는 어느 하나로 양극화할 방법을 찾아야 했을 것이다. 그의 성적인 행동은 그와 같은 목적을 이루는 데 사용되었다. 그 행동은 나를, 그에게 나의 견해에 동조하라고 위협하는 입장으로 몰아넣었고, 그것에 대해 그는 자기 파괴적이고 자기 패배적인 방식으로 반응했다. 여기서 흥미로운 것은, 내가 지향하는 가치의 많은 차원—정치적, 종교적 차원 등—에서 나를 객관적이고 중립적인 태도로부터 끌어낼 수 없게 되자, 나를 내가 지닌 치료적 가치 체계와 직면하게 하고 나로 하여금 치료 과정의 보존을 위해 적극적인 입장을 취해야 한다고 느끼게 만드는 것을 통해서, 나 자신의 가치를 스스로 위반하게 만들려고 시도했으며, 마침내 그 시도에서 성공했다는 사실이다. 이것은 이 치료의 범위 너머에 남아있던 근저의 성격적 결함을 말해주며, 또한 치료의 핵심적인 문제를 극적으로 조명해준다.

치료적 가치들

제리의 치료는 실패로 끝났지만, 어느 정도는 성공했다. 그러한 성공이 가능했던 것은 탐구의 분위기가 유지되었기 때문이다. 치료의 진행은 제리가 그러한 탐구의 분위기를 유지할 수 있는 한에서만 계속될 수 있었다. 그러나 그가 그 탐구를 통해서 자신의 유아적 욕구를 포기해야 할 필요가 있다는 사실에 직면해야 하는 지점에 도달했을 때, 치료는 그곳에서 실패했다. 이 지점에서 게도(Gedo, 1972)의 언급은 유용성을 갖는다:

> 만약 누군가가, 우리 문화가 파괴된다고 해도 우리는 치료 영역 안에서 조금도 손상 받지 않고 남아 있을 수 있다고 믿는다면, 그는 이 참혹한 전쟁이 우리의 치료실에 영향을 미치지 못할 것이라는 하트만의 잘못된 신념을 맹목적으로 따르고 있는 셈이다. 그러나 어쨌든, 우리는 가치 혼란의 시대에 살고 있으며 성공적인 분석 치료가 가능한 많은 환자들이 실패하는 것은 바로 그들이 가진 가치 체계 때문이다. 이런 근본적인 차이가 인식되지 않는다면, 그 분석은 중요한 무엇인가를 간과하고 있는 것이다. 그것은 바로 **세계관**에 대한 논의이다(p. 220).

따라서 객관적 탐구를 유지하는 치료자의 역량은 분석이 가능한 환자들뿐만 아니라, 제리와 같이 더욱 원시적이고 자기애적으로 취약한 환자들의 치료에서도 중요한 요소이다. 그러나 그러한 객관적이고 "과학적"인 탐구가 효과적이기 위해서는 타협적이어서는 안 된다. 심리치료를 받기로 작정한 급진적인 학생들의 치료에서, 탐구는 그들의 강한 반항심을 철저한 객관성의 요소와 연결되어야 한다. 치료 과정은 치료자가 그러한 비타협적 객관성에서 멀어질 때 비틀거린다. 그 비틀거림은 자신의 개인적인 가정이나 가치를 무조건 고수하는 형태로 나타나든지, 아니면 환자의 가정이나 가치를 무조건 인정하는 형태로 나타날 수 있다.

계속적으로, 그리고 강하게 공격받는 상황에서 발견되는 주된 위험은 치료자가 방어적인 입장으로 후퇴하고, 환자의 공격에 자신의 체면과 가치를 지키기 위한 역공격으로 반응하는 것이다. 그러한 반응은 바로 환자의 신경증과 그것의 내사적 역동이 요구하는 것이기도 하다. 환자는 그러한 반응을 이끌어낼 때까지 자신의 공격을 멈추지 않을 것이다. 이때 치료자가 취할 수 있는 것은 역전이의 덫을 경계하고, 자신의 치료적 역할과 방침을 견지한 채 "중립적인 상태에서의 수용성"을 유지하는 것 외에는 다른 방도가 없다. 이것은 물론 쉬운 기법은 아니다! 앤토니(1981)는 다음과 같이 말한다:

역전이의 작용은 청소년기와 편집증이라는 두 가지 자극적인 요인들로 인해 두 배로 커지며, 분석가는 부정적 전이에 대한 자신의 반응을 "끊임없이 살펴보아야" 한다. 글로버(1955)가 말하듯이(그리고 편집증 환자의 치료를 담당하는 모든 분석가들이 생각하듯이), 편집증의 분석은 의심할 바 없이 환자의 끊임없는 적대감을 견디어낼 수 있는 분석가의 역량에 대한 가장 심각한 시험이 된다. 그러한 적대감을 견딜 수 있는 사람만이 이와 같은 박해적 불안의 분석을 맡을 수 있을 것이다(p. 762).

치료적 진전이 가져올 수 있는 결과 중의 하나로서 환자가 사회제도에 대한 반항을 선택할지도 모른다는 가능성도 열어 놓아야 한다. 그리고 치료적 진전의 다행스런 결과로서, 그 반항이 좀 더 현실적인 방향으로 이동할 수 있는 가능성도 열려 있다. 그러나 만약 치료자가 개인적인 가정에 집착함으로써 객관성을 잃는다면, 그는 신뢰를 잃고, 치료적 연대는 붕괴되며, 치료자는 제약하고 억압하는 세력과 동일시되는 위험에 빠질 것이다. 환자의 편집증은 바로 이 억압적인 세력에 대한 방어인 것이다. 다른 한편, 만약 치료자가 환자의 가정을 받아들이거나 인정하는 것을 통해 객관성을 잃는다면, 마찬가지로 그는 치료 효과를 감소시키고, 환자의 인식과 태도를 현실 측면에서 검사할 수 있는 가능성을 없애는 위험에 빠질 것이다.

제리와 비슷한 유형의 환자들과 함께 했던 나의 경험에 비추어볼 때, 나는 심리·사회적으로 상호 보완적인 이론을 통해서만 과학적, 객관적 탐구의 목적을 성취하거나 유지할 수 있다고 생각한다. 개인적 병리와 사회적 과정 사이의 상호 겹침과 상호 얽힘의 기능 모두를 고려할 때에만, 치료적 탐구를 지지할 수 있는 편견 없는 정신 체계를 유지할 수 있다. 치료자는 환자의 병리적인 심리적 기능을 파악하고 인식할 수 있는 준비가 되어 있어야 하고, 동시에 병리적이고 파괴적인 사회적 환경을 파악할 수 있는 준비가 되어 있어야 한다.

제 9 장

자살

아마도 자살보다 더 당혹스럽고 혼란스러운 수수께끼는 없을 것이다. 자살 충동의 동기는 우리의 이해 능력의 범위를 벗어나 있으며, 따라서 자살 사건을 예측하고 방지하고자 하는 우리의 노력은 계속 좌절되어 왔다. 자살은 "자기에 의해 자의적으로 행해지는 인간의 끝내기 행동"이라고 정의되어 왔다(Shneidman, 1973). 인간 행동으로서의 자살은 의식적이고 무의식적인 근저의 다중적인 동기를 포함하며, 심리 내적인 많은 요소들에 의해 영향을 받는다. 이러한 상태는 또한 대인관계적 사건, 사회적 세력, 경제적 위기, 문화적 영향, 그리고 과학적으로 모두 상술할 수 없을 정도의 수많은 다른 결정 요인에 의해 큰 영향을 받는다.

이 장은 자살 행위의 기본적 유형을 지적하고, 자살에 대한 기본적인 사회학적 정향을 간략하게 논의한 후에, 특히 편집증적 과정의 관점에서 자살 현상의 정신분석적 이해에 초점을 맞출 것이다.

자살의 유형

자살 행위의 유형에 대해서는 다양한 방법으로 서술되어 왔다. 첫번째 중요한 구분은 실행된 자살과 시도된 자살 사이의 구분이다. 실행된 자살은 실제적인 사망—자연적인 사망, 사고, 자살, 혹은 살인에 의한 사망—의 확인과 관련된 일반적으로 인지된 죽음의 양태 중의 하나를 가리킨다. 이 용어는 피해자가 자기 자신의 죽음을 가져오는 치명적인 행동을 의식적으로 의도했음을 암시한다. 그러나 시도된 자살은 의도의 문제로 인해 복잡해진다. 스텐겔(Stengel, 1968)은 자살 시도를, "그것이 비록 아무리 희미하고 모호한 것이라 하더라도 자기 파괴적 의도에 의한 치명적인 자기 손상의 행동"이라고 정의한다.

두 번째 중요한 구분은 자살 시도의 심각성과 관련되어 있다. 자살에 성공한 경우 이외에, 죽으려는 의도로 자살을 시도했지만, 어떤 예측하지 못한 외부 요인으로 인해 실패하는 심각한 자살 시도의 경우가 있는가 하면, 덜 심각한 다른 자살 시도, 즉 자살 시도자가 죽음과 무모한 모험을 벌이거나 자기 자신에게조차 자살 의도가 확실하지 않은 경우가 있다. 이 모든 경우에, 자살 행동은 분명히 생명에 위협을 가져올 만큼 심각한 것으로 간주되어야 한다. 자살 의도가 거의 없으며, 의식적으로나 무의식적으로 누군가를 조종하려고 하는 동기로 인해 수행되는 자살 시도조차도 가볍게 취급되어서는 안 될 것이다. 우리는 의도성의 문제와 관련해서 나중에 자살의 이러한 측면을 다시 다룰 것이다.

메닝거(Menninger, 1938)는 또한 자살에 준하는 현상에 대해서 서술한다: (1) 만성적 자살은 금욕주의, 순교, 중독, 병약, 그리고 정신병을 포함한다; (2) 국소적 자살은 신체 절단, 꾀병, 여러 번의 수술, 빈번한 사고, 그리고 성적 무능과 불감증을 포함한다; (3) 유기체적 자살은 심리적 요소들, 특히 자기 징벌적, 공격적, 그리고 성애적 요소들의 작용으로 인한 유기체적 질병 상태를 지칭한다. 메닝거는 그 외에도 알코올 중독과 마약 중독에서 차지하는 자기 파괴적 충동의 역할, 고혈압과 당뇨와 같은 만성적인 질병에 대한 의료적 치료를 무시하는 행동, 그리고 심지어 살인 사건의 피해자들이 갖고 있는 자살 충동의 역할을 주의 깊게 연구했다.

보다 광범한 맥락에서 준 자살적 현상 및 자살 현상을 살펴본다면, 인류에게 있어서 자살 행위와 자살 충동의 발생 빈도는 결코 작은 것이 아니며, 또한 그것의 중요성도 과소 평가되어서는 안 된다. 이러한 인간의 자기 파괴적인 차원에서 제기되는 질문은 정말 깊고 당혹스러운 것이다. 그것들은 인간 본성과 인간 존재에 대한 가장 기본적인 신학적, 철학적, 사회학적, 심리학적, 그리고 도덕적 질문과 밀접히 관련되어 있다. 우리는 자살 충동과 치명적인 자살 행위의 빈도가 어느 수준 이상으로 감소될 수 있을지 정말 의아스럽다.

자살 위험의 인지

자살 문제를 다루는 데 포함된 가장 중요한 정신의학적 측면은 자살 환자들을 인지하는 문제와 자살 행위의 예방적인 측면이다. 자살 위험의 심각성을 나타내는 몇 가지 지표들이 있다. 정신의학적 질병, 특히 심각한 정신병적 우울증 및 양극성 우울증, 그리고 정신분열증, 이 모두는 자살할 가능성을 증가시킨다(Litman, 1975). 심한 우울증에서 회복되는 기간은 자살할 위험이 크게 증가하는 시기로 간주되어 왔다(Shneidman and Faberow, 1957). 증상의 호전 또한 많은 경우에, 환자가 자살을 결정했음을 나타내는 신호일 수 있다. 동성애, 알코올 중독, 마약 중독, 그리고 이전의 자살 시도는 자살할 위험이 있는지를 알 수 있는 다른 중요한 지표가 된다(Hendin, 1982). 모든 자살 피해자들의 거의 3/4이 예전에 자살하겠다고 협박한 적이 있거나 실제로 자살을 시도한 적이 있는 것으로 보고되었고(Shneidman and Faberow, 1957), 자살을 시도한 환자들의 2/3 이상이 어떤 방법으로든지 자신의 자살 의도를 전달한 것으로 드러났으며, 그들 중 41%는 자살할 의도가 있다고 분명히 밝힌 것으로 보고되었다. 가장 보편적인 자살 의도의 표현은 죽고 싶다거나 죽는 것이 더 낫다는 생각, 자살 의도가 명백한 진술, 혹은 자신의 가족을 위해 자신이 죽는 것이 더 나을 것이라는 감정의 형태를 띤다. 50세 이상의 백인 남성들이 자살할 위험성이 가장 높으며, 시도된 자살의 비율은 여성들이 더 높고, 성공한 자살의 비율은 남성들이 더 높다. 발생 빈도는 남녀 모두에게서 연령과 함께 증가하며, 별거, 이혼, 혹은 배우자가 죽은 경우에 가장 높다. 따라서 자살로 죽을 가능성은 50세 이상의 백인 남성이 별거하고 있거나, 이혼을 했거나, 사별하고 혼자 살고 있을 경우에 가장 높다.

자살 행위는 또한 의사소통의 한 형태로 간주될 수 있다. 모든 자살 행위는 암시적으로 도와달라는 외침이다(Faberow and Shneidman, 1961). 도와달라는 외침은 많은 자살 행위, 특히 타인을 조종하기 위해 시도하는 덜 심각한 자살 시도에서 두드러진 역할을 하는 한편, 도와달라는 외침이 너무나 암시적이어서 관찰되기 어려운 다른 경우도 또한 있다. 기본적인 문제는 근저에 있는 삶과 죽음 사이의 딜레마이며, 그 균형이 죽음의 힘에 반해 생명의 힘 쪽으로 어느 정도 기울어지는가에 달려 있다.

치사성

슈나이드만(Shneidman, 1969)은 자살 시도의 치사성을 현재 혹은 가까운 미래에 개인이 자신을 죽일 수 있는 개연성, 혹은 그 행동의 "치명성"(deathfulness)이라고 기술했다. 와이즈만(Weisman, 1971)은 더 나아가 치사성을 세 가지 형태로 구분하였다: (1) 생각, 기분, 그리고 문화적, 사회적 문제와 관련된, 의도성이 지닌 치사성, (2) 위험과 구조의 요소와 관련된, 자살을 수행하는 방식이 지닌 치사성, 그리고 마지막으로 (3) 이용 가능한 자원, 지지, 위안의 원천 그리고 방향 전환과 관련된 중재 요소가 지닌 치사성.

자살 시도의 치사성은 환자의 불안이나 심적 고통의 정도와 구별되어야 한다. 오히려, 그것은 환자가 성공적으로 자살을 범할 수 있는 개연성과 관련되어 있다. 어떤 주어진 시점에서, 모든 성인은 이러한 치사성의 측면을 한 가지 이상 가질 수 있다; 개인의 심리 사회적 성질의 필수적인 부분으로서 기능할 뿐 아니라 삶에 대한 철학과 일반적인 기능의 다른 측면에 영향을 미치는, 죽음이나 자살을 향한 다소 만성적이고 광범위한 성격적인 성향이 있을 수 있다. 동시에, 개인의 치사성은 비교적 단기간에 매우 빠르게 악화될 수도 있다. 임상적으로, 이것은 바로 환자가 자살할 위험이 있다는 것을 의미한다. 이 두 측면은 어떤 환자이든 자살 가능성에 대한 임상적 평가에 중요하다. 환자가 매우 불안하고 크게 고통받고 있으며, 정신분열적 성질의 급성적인 혼란에 사로잡혀 있다고 해서 반드시 자살을 시도하는 것은 아니다. 그 반대로 환자가 그렇게 크게 고통받고 있지 않다 하더라도, 정말로 자신을 죽이는 상황에까지 가는 경우 또한 자주 일어나는 일이다. 실제로 환자를 죽음에 이르게 하는 것은 특히 치사성이 악화될 때이다. 치사성이 악화되는 기간에 그것을 확인하고 예방 차원에서 환자를 보호하는 것은 자살행동을 다루는 데 있어서 중요한 문제이다.

의도성

의도성은 치사성과 관련되어 있다. 이러한 측면에서 죽음은 의도적, 준의도적, 혹은 비의도적인 것이 있을 수 있다(Shneidman, 1973). 주체가 죽음을 초래하는 데 직접적이고 의식적인 역할을 할 때, 그 죽음은 의도적인 것이다. 주체가 죽음에 어떤 실제적인 역할을 하지 않았을 때, 다시 말해서 죽음이 심리적 외상이거나 또는 생물학적인 사건으로부터 발생했을 때, 그 죽음은 비의도적인 것이다. 이러한 두 개의 극단적인 범주들 사이에 준 의도적인 죽음이 있는데, 이것은 광범위하고 비교적 잘 알려져 있지 않은 영역이다. 이것은 주체가 자기 자신의 죽음을 초래하는 데 부분적이고, 암시적이며, 무의식적인 어떤 역할을 하는 경우이다. 자살 의도는 다소 심각하지 않은 조작적 자살 연기(演技, Sifneos, 1966)로부터 자살하겠다고 심각하게 결심한 생각을 변경할 수 없는 경우에 이르기까지 다양하다. 이런 경우에서조차 치료자는 조심스러워야 한다. "조작적"이라는 것과 "연기"(演技)라는 용어는 임상가들이 이런 환자의 내재적인 자살의 잠재적 가능성에 대한 인식을 최소화할 수 있다는 점에서 잘못된 용어이다. 그러한 많은 환자들이 자살로 끝을 내는데, 그 중의 얼마는 비의도적으로, 또 얼마는 준의도적으로, 그리고 나머지 소수는 의도적으로 그렇게 한다.

자살에 대한 프로이트의 견해

사고(事故)들

다른 많은 심리 역동적 이해들과 마찬가지로, 자살의 역동에 대한 이해의 일차적인 방향은 프로이트에 의해 제공되었다. 프로이트(1901)는 연구 초기 단계 동안에 사고의 발생에 대해 관심을 기울였다. 그는 외견상으로는 우연하고 비의도적인 것으로 보이는 자기 손상의 사건이 실은 자기 징벌적인 충동의 표현이라고 보았고, 이 충동은 보통 자기 비난이나 증후 형성을 통해 표현되지만, 어떤 경우에는 자기 손상을 가져오기 위해 외부적 상황을 이용하기도 한다고 설명하였다. 그는 다음과 같이 관찰하였다:

> 준 의도적으로 자기를 손상—내가 서투른 표현을 사용해도 된다면—시킬 수 있다는 사실을 믿는 사람은 누구나 다음의 사실

또한 받아들일 준비가 되어 있을 것이다. 즉 의식적이며 의도적인 자살뿐만 아니라 준 의도적인 자기 파괴(무의식적인 의도로 이루어지는 자기 파괴)라는 것이 있으며, 이는 생명에 대한 위협을 교묘하게 이용하고, 그것을 우연한 재난으로 위장할 수 있다는 것이다. 그러한 자기 파괴가 드물다고 생각할 필요는 없다. 왜냐하면 자기 파괴의 경향성은 그것을 실행하는 사람들보다도 훨씬 더 많은 사람들 안에 어느 정도 현존하고 있기 때문이다; 자기 손상은 대체로 이러한 본능과 여전히 그것에 반해 작용하는 세력 사이의 타협의 산물이다. 자살이 실제로 이루어졌을 때, 그 자살하려는 경향성은 심하지 않은 상태로 혹은 무의식적이고 억압된 경향성의 형태로 오래 전부터 현존해 왔을 것이다(p. 80~81).

프로이트는 쥐 인간(1909b)의 분석에서 자살에 관해 더욱 상세하게 논의했는데, 거기에서 그는 자살 충동은 그 자체가 외부 대상을 향한 살인적 소망에 대한 처벌의 한 형태라고 주장하였다.

자기 파괴적 가학주의

이러한 견해는 프로이트의 고전적 논문인 "애도와 우울증"(1917)에서 좀 더 구체화되었다. 자기 파괴적 가학주의에 대해 고찰하면서, 프로이트는 어떻게 자아가 자살 행동에서 자신을 파괴하는 하는 데 동의할 수 있는지를 숙고하였다. 프로이트는 자살 충동이 원래는 사랑하는 대상에게 향했던 살인적 충동이 자기에게 향해지는 것과 같은 것이라고 보았다. 따라서 우울적 기제는 기본적으로 대상 선택으로부터 퇴행하여 자기애적으로 대상을 선택하는 상황에서 리비도가 양가적으로 집중되었던 대상을 심리 내부로 들이는 내재화 과정이라는 것이다.

그런 점에서, 자기는 예전에 대상에게 향하던 파괴적 충동을 포함한 모든 충동의 저장소이다. 프로이트의 공식화 이후, 자살은 사랑 받고 미움받는 양가적인 대상과의 동일시, 그리고 양가적인 애정대상에 대한 살인적 적대감이 내사되는 과정에서 공격성이 자기에게로 향해진 것이라는 개념이 지배적이었다. 따라서 자살은 안과 밖이 바뀐 살인과 같은 것으로 간주되었다. 프로이트(1917)는 다음과 같은 사실을 관찰했다:

> 우울증의 분석은 다음의 사실을 보여준다. 자아는 대상에 대한 리비도 집중의 회귀(回歸)로 인해 그 자신을 대상으로 취급할 때에만 자신을 죽일 수 있다. 다시 말해서, 자아가 대상과 관계하는 데 사용했던 적대감과, 외부 세계 안의 대상들에 대한 자아의 원래적 반응을 나타내는 적대감을 자아 자체에게로 돌린다면, 자아는 자신을 죽일 수 있다(p. 252).

따라서 자살 충동은 자아 자체와, 사랑과 미움의 대상에게 동시에 타격을 가한다(Freud, 1917).

자살에 대한 프로이트의 이해는 공격성에 대한 그의 견해가 발달하는 것과 나란히 발달했다. 프로이트가 죽음 본능(1920a)에 대해 공식화 한 이후에, 자살 충동은 죽음 본능이 자기에게로 향하는 것으로 간주되었다. 프로이트는 나아가 그러한 죽음의 소망이 모든 인간의 무의식 안에 존재한다고 주장하였다.

초자아

자살 심리에 대한 다음 단계는 프로이트가 자신의 심리 이론을 구조적 이론으로 전환하고 초자아에 대한 사고를 구체화시키면서 논의되었다(1923). 프로이트는 죄책감의 현상 배후에 자아에게 향해진 초자아의 가학성이 있다고 보았다. 그는 우울증에 대한 자신의 원래의 분석으로 다시 돌아간다:

> 우선 우울증을 살펴보면, 우리는 과도하게 강력한 초자아가 의식을 지배하고, 마치 그 개인의 가학성 전체를 소유한 것처럼 무자비한 폭력성을 띤 채 자아에 대해 분노하는 것을 발견한다 … 이제 초자아를 지배하는 것은, 소위 순수한 죽음본능이며, 사실 그것은 자주 자아를 죽음으로 몰아넣는 일에 성공한다(p. 53).

프로이트는 이러한 문제에 관한 마지막 진술이요 미완의 논문인 "개요"(Outline, 1940)에서, 인간 심리 내부의 자기 파괴성의 형태인 원시적 공격성의 개념을 강조하였다. 따라서 자기 파괴의 충동, 또는 죽음의 충동은 자기 보존 본능에 의해 상쇄되고 균형이 이루어진다. 이러한 본능을 하나로 묶어주는 정상적인 융합이 해체될 때, 그 결과는 파괴적 본능의 해방을 초래하며, 이 파괴적 본능은 내부로 향하고 자기 보존 충동이 역전되어 자살 의도가 발생한다. 프로이트가 자기에게로 향하는 초자아 공격성으로 정의한 개념은 자살 행위를 이해하기 위한 중요한 모델로 간주되어왔다.

가학 피학주의적 파생물들

자살에 대한 프로이트의 견해는 "자신에게 반(反)하는 인간"(Man against himself, 1938)이라는 책에서 전개된 메닝거(Karl Meninger)의 이론에서 가장 발전된 형태로 나타나고 있다. 메닝거는 적대성의 심리 역동에 대해 상세하게 설명하면서, 자살의 살인적 소망을 죽이고 싶은 소망, 죽임을 당하고 싶은 소망, 그리고 죽고 싶은 소망으로 구분한다. 질부르그(Gregory Zilboorg, 1936, 1937)는 모든 자살이 강한 무의식적 적대감을 포함하고 있을 뿐만 아니라, 또한 타인과 관계 맺을 수 있는 능력 및 타인을 사랑하는 능력이 현저하게 부족하다는 사실을 나타내는 것이라고 덧붙인다. 이와 비슷하게, 그는 자살 경향성과 관련해서 파괴된 가정이 담당하는 역할이 있으며, 그 가정의 역할에 대한 연구는 자살이 심리 내적이고 외부적인 인과관계 모두의 결과임을 보여준다고 주장한다. 따라서 자살 혹은 그와 상호 관련된 살인의 위험은 본질적으로 가학 피학적인 부모와의 관계에서 유래한 근저의 오이디푸스적 갈등 및 그와 관련된 내사물을 활성화시키는 퇴행에 의해 증가될 수 있다. 부모와의 대상관계로부터 파생된 그러한 가학 피학적 구성 요소의 내재화는 자살의 역동에서 상당히 중요한 역할을 할 수 있다. 질부르그는 또한 자살은 좌절시키는 외부적 세력에 맞설 필요성에 의해 동기화될 뿐만 아니라, 좀 더 정확하게는 자아를 종식시키기보다는 자아의 존재를 불멸의 상태로 만들기 위해 동기화된다는 중요한 지적을 덧붙인다.

죽음 본능

멜라니 클라인(1934)은 프로이트의 이론에 기초해서 몇 가지 중요한 내용을 첨가하였다. 그녀는 분명히 자살을 내사된 대상에게 향해진 죽음 본능의 표현이라고 본다. 그러면서도 그녀는 자살 행위에서 그 이상의 목적, 즉 사랑하는 대상과의 합일이라는 목적을 제시한다:

나의 견해로는, 자살을 범하는 것은 자아가 나쁜 대상을 살해하는 것과 동시에, 항상 사랑하는 내적 대상이나 외적 대상을 보존하는 것을 목적으로 한다. 간단히 말하면, 어떤 경우에 자살의 근저에 있는 환상은 내재화된 좋은 대상 및 좋은 대상과 동일시되는 자아의 부분을 보존하는 것을 목적으로 하며, 또한 나쁜 대상과 동일시되는 자아의 다른 부분 및 원본능을 파괴하는 것을 목적으로 한다. 자살을 통해서 자아는 사랑하는 대상과 연합하고자 한다(p. 296).

클라인의 견해에서, 자살의 시도는 또한 세상 또는 사랑하는 대상에게서 나쁜 대상과 동일시되는 자아의 부분과, 원본능과 관계된 내재적인 파괴적 본능을 제거함으로써, 좋은 외적 대상을 보존하려는 시도일 수 있다. 따라서 우울적 자살은 통제할 수 없는 죽음 본능의 파괴성으로부터 외부의 사랑하는 대상을 구하려는 시도이다.

숨겨진 사형 집행자

애쉬(Asch, 1980)는 자살의 특정 하위 집단에서 근본적일 수 있는, 그리고 넓은 범위의 자살 동기에서 발견되는, 좀 더 일반적인 무의식적 내용의 구성 요소를 나타내는 특정한 무의식적 환상에 대해 서술한다. 이러한 환상은 보통 대상 상실에 대한 반응으로 일어나며, 중요한 대상을 실제적으로나 상상 속에서 사형집행자로 행동하게 하거나 강제하는 노력을 포함한다. 자살은 수동적인 피해자와 "숨겨진 사형집행자" 사이의 퇴행적인 피학적 관계로 돌아가려는 시도이다. 따라서 양가적으로 그리고 자기애적으로 내재화된 사랑하는 대상에 대한 갈등은 외재화된 사형집행자에게로 옮겨지고 투사되는 한편, 주체 자신은 수동적인 피해자의 위치를 선택한다. 이때 이 역할은 적극적으로 추구될 수도 있고 방어적으로 저항될 수도 있다. 따라서 자살 행위는 외재화된 공격자에 의한 수동적인 피해자로 보일 수도 있는, 가학 피학적 퇴행을 통해 대상과의 연결을 되찾으려는 무의식적 환상의 행동화로 볼 수 있다. 이러한 견해는 자살은 살인적 공격성이 자기에게 향해진 것이라는 이전의 견해를 윤색한 것이다. 애쉬는 "행동의 최종 선택은 궁극적 피해자가 내재화(자살에서 자기 자신으로)되는가 아니면 외재화(살인에서 외부의 사람에게로 옮겨진 증오스런 이미지)되는가에 달려 있다"고 관찰한다(p. 54).

자살 환상에서 수동성은 지배적인 역할을 한다. 자살하는 사람은 자주 자신을 환경이나 운명의 피해자라고 주장한다. 수동성은 공격성의 변천에 대한 방어적 기능을 가질 뿐만 아니라, 상실된 대상관계 혹은 위협적인 대상관계를 재확립하기 위한 원시적 수단이 될 수 있다. 애쉬(1980)는 다음과 같이 말한다:

> 자살 행위에서 침묵의 상대자는 원래 내재화된 대상관계로부터 파생한다. 피학적 부모와의 동일시로부터 파생된 자아 이상은 사랑 받기 위해 복종과 고통을 영속화시키는 경향이 있다(Asch, 1976). 갈등을 외재화함으로써, 그리고 초자아의 원시적 요소 및 자아 이상 요소들 모두의 재투사와 함께, 도덕적 피학주의는 모면된다. 이럴 경우, 내적인 갈등의 결과로 죄책감이라는 고통스러운 감정을 경험하는 대신에, 외부 대상을 공격한다. 우리가 살펴보았듯이, 피학적 부모를 갖게 될 때 그것은 선택과 관계없이 개인에게 던져진 운명이 되며, 이 '운명'이 바로 사형집행자가 된다; 즉 '죽음'의 세력이 우세해진다(p. 55).

자살과 우울증

프로이트의 초기 공식화의 영향으로 인해, 자살을 초자아 모델의 측면에서 우울증의 역동과 연관시키는 경향이 있어왔다. 비브링(1953)은 우울증에 대한 중요한 연구를 통해서 이러한 경향에 문제를 제기하였는데, 그는 그 연구에서 우울증을 무력감과 절망감이 근저의 역동을 구성하고 있는 자아 상태로 간주한다.[16] 비브링은 우울증을 적대감이 자기에게로 향하는 것으로 설명하지 않고, 오히려 그 자체가 독립적인 일차적 정서라고 설명한다. 따라서 임상적 우울증의 병인론은 공격성의 변천 과정과는 무관하다고 본다. 그럼에도 불구하고, 무력감과 절망감의 역동은 우울적 기제와 자살 행동에 내재한 피해자됨의 의식적인 정서적 내용물로 간주된다.

이후의 연구들(Gershon et al., 1968; Friedman, 1970)은 이러한 견해를 지지한다. 예컨대, 그 연구들은 급성 우울증 환자와 자살 환자의 비교를 통해서, 적대성으로 인해 자살을 시도하는 환자와 더욱 순종적이고 수동적으로 수용하는 우울증 환자를 명백하게 구분하는 것이 매우 중요한 요소임을 보여준다(Weissman et al., 1973). 이것은 적대성이 감소하면 자살 충동이 강화될 것이라고 보는 고전적인 모델에 속한다.

자살 증후군에서는 무력감과 절망감의 역할이 강조되어왔으나(Appelbaum, 1963; Stengel, 1964), 자살 행위와 우울증과의 연관은 절대적인 것으로 간주될 수 없다. 스토틀랜드(Stotland, 1969)는 미래에 대해 부정적으로 기대하는 인지적 도식이 무력감의 기본적인 특성이라고 정의한다. 이러한 인지적 왜곡은 자신은 아무것도 제대로 할 수 없으며 중요한 목표를 달성할 수 없고 중요한 문제를 해결할 수 없다는 비관적이고 무력한 견해를 초래한다. 그 외에도 다른 증거들은(Minkoff et al., 1973) 무력감의 구성 요소로서의 그러한 부정적인 기대가 우울적 정서보다는 자살 의도의 심각성과 더욱 밀접하게 관련되어 있다는 사실을 뒷받침해준다.

---

16. 우울증과 자기애와의 관련에 대해 논의한 비브링의 견해를 제5장에서 보라.

심리 역동적 문제

자기애적 환상

자살에 대한 정신분석적 견해는 초자아 역동이나 우울증의 변천이라는 관점에 제한되어 있지 않다. 자살 역동과 우울증 역동이 분화된 것은 정신분석적 사고의 발달에 따른 결과였다. 자살에 대한 정신분석적 사고의 요약 진술에서, 페니컬(1945)은 자살 역동의 두 가지 중요한 형태에 대해 논의했다: 첫 번째는 초자아의 공격성이 자아에게로 향한 것이라는 고전적 모델(우울적 자살)이고, 두 번째는 어떤 대안적 만족으로 이끄는 희망적 환상에 기초한 역동이다. 따라서 자살 시도는 살인에서처럼 자아를 파괴하는 것이 목적이 아니고, 오히려 죽음의 사고와 관련된 리비도적 목적을 성취하는 것이 목적이다. 이러한 희망적 환상은 상실한, 사랑하는 죽은 사람과의 연합, 사랑하는 죽은 사람과의 동일시, 혹은 심지어 어머니와의 재연합을 갈망하는 형태를 취할 수 있다. 이러한 희망적 환상은 또한 우울적 자살에서 용서와 화해의 획득이라는 측면으로 나타나는데, 이것은 보호해주고 사랑하는 초자아와의 재연합, 또는 내면의 악에 종지부를 찍고 공생적 연합의 원래적 자기애적 전능성을 재창조하는 재연합의 형태를 띨 수 있다. 페니컬은 사랑하는 초자아와의 그러한 자기애적 연합이 사실상 조적(manic) 상태에서 성취되며, 따라서 조적 상태는 근저의 자살 충동에 대한 방어로서 작용한다고 지적한다.

심지어 우울적 자살에서도 자기를 정화한 다음, 전능하고 이상화된 사랑 대상과 연합(재연합)하고자 하는 이중적인 목적이 발견된다. 우울적 자살은 자기 비판이나 자기비하적인 생각에 몰두한 상태에서 행해지는데, 부분적으로는 자신을 처벌하는 것이 목적이지만, 자기 청결, 정화, 나쁜 부분의 제거 등이 일차적인 목적이다. 즉 자살 행위는 귀신

축출이다(Alvarez, 1972). 이러한 관련에서 말츠버거와 부이 (Maltsberger and Buie, 1980)는 다음과 같이 말한다:

> 자살은 처벌이 아닌 다른 목적으로 인해 일어날 수 있다. 죽음에 매혹되고, 그것을 평화스러운 피난처로 알고, 그곳으로 가기 위해 자기 파괴를 감행하는 사람들이 있다. 그런가 하면 어떤 사람들은 자살을 마술적이고 전능한 순간의 성취, 불가피한 인간의 한계에 대한 승리로 여기기도 한다. 대부분의 경우 자살은 자기 파괴를 목적으로 한다는 주장이 가능하지만, 그러나 그것이 전부는 아니다. 비록 환상적인 것일지라도, 자살 행동은 죽음이라는 마술적 여행을 거쳐서 더 나은 삶을 위해 자신의 본질을 보존하려는 의도를 갖고 있을 수 있다(p. 61).

퇴행

그 뒤를 이어 나온 문헌들은 자살의 리비도적이고 퇴행적인 측면을 강조했다. 여기에서는 경계선 인격에서의 리비도적 측면과 최초의 공생적 소망이 특별히 강조되었다(Blanck and Blanck, 1974). 자살 시도는 어머니의 젖가슴과의 융합에 대한 소망, 즉 대상이 따로 없는 자기애적 만족 상태의 환상을 성취하려는 소망을 나타낼 수 있다. 이 단계에서, 욕구 충족을 목적으로 하는 대상은 더 이상 필요하지 않으며, 따라서 상실되거나 파괴될 수 없다(Modell, 1961). 그러한 자살 시도는 자아 경계의 상실과 어머니와 융합되고 싶은 소망을 포함하는, 심각한 퇴행적 상태와 관련될 수 있다(Socarides, 1962). 따라서 자살 환상은 어머니의 가슴에서 잠드는 초기 유아기 환상과 연관되어 있으며, 초기 미분화된 상태에서의 어머니와의 연합과 분리라는 복잡한 대상관계의 문제를 반영하는 것으로 보인다(Lewin, 1950).

구강기적 삼각관계와 어머니와의 공생적 연합에 대한 퇴행적 소망 사이의 연관은 몽롱한 상태에서 시도되는 자살 경향과 관련되어 있다(Luparello, 1970). 이러한 경우들 중 일부에서 분리 혹은 버림받음의 위협은 살인적인 분노를 낳으며, 따라서 퇴행적인 공생적 소망은 이 살인적 충동을 다른 데로 돌리기 위한 것이다. 이러한 역동은 원래의 우울적 모델에 더욱 근접하는 것으로 보인다. 폴락(Pollock, 1975)은 비슷한 지적을 하였는데, 그는 불멸성을 얻기 위한 자기 파괴적 소망이 부모의 죽음에 대한 억압된 소망과 관련된 죄책감의 근저에 자리잡고 있으며, 이 죄책감이 자기 파괴적 소망을 동기화한다고 보았다. 이 견해는 자살이 가장 초기의 공생적 상태로의 회귀를 나타내는 것이라고 주장한 질부르그(1938)의 초기 견해를 따른 것이다. 자살적 퇴행에서, 심리 내적 구조와 자아 경계가 해체되며, 자살 피해자는 개인적 이상향의 형태인 자기애적으로 행복한 재연합 상태에 빠져들게 된다.

산다는 것은 즐거움보다는 고통이 더 많이 따르는 것이라는 믿음 때문에 죽음을 갈망하는 많은 노인들에게서 이와 비슷한 동기가 발견된다. 로웬스타인(Loewenstein, 1957)은 성기적 만족감의 감소가 성기기 이전의 리비도적 단계들로의 퇴행을 초래하며, 이 퇴행은 공생적 어머니와 재연합하고 싶은 소망을 수반한다고 추측한다. 옛적의 어머니와의 미분화된 자기애적인 공생적 연합에 대한 이러한 강력한 소망이 사랑하는 죽은 대상과의 연합에 대한 강한 소망 및 불멸성을 성취하고자 하는 욕구의 근저에 놓여 있다. 폴락(1975)이 관찰한 대로, "이상화된 대상과 과대적 자기의 융합이야말로 가장 초기의 자기애적 평형과 자기의 응집성을 재확립하는 퇴행적 해결을 추구하는 이유이다. 신적인 인물과의 퇴행적인 융합은 불멸적이고, 행복한, 성기기 이전의 존재로 돌아가게 한다"(p. 343). 이런 경우, 자살은 자기애적 평형을 재확립하는 기능을 수행하며, 따라서 자기의 응집성에 기여한다;

그러나 자기애 발달의 좀 더 높은 수준에서 그것은 자아 이상과의 재연합을 가리킨다.

헨드릭(Hendrick, 1940)은 이상화된 오빠와의 성애적인 관계로의 퇴행으로 인해 자살을 시도한 젊은 여성의 사례를 제시하는데, 여기에서 자살은 오빠와의 동일시에 대한 그녀의 소망의 성취로 이해되었다. 그녀의 오빠는 1차 세계 대전에서 영웅적인 비행사였는데, 프랑스의 들판에서 산화함으로써 최고의 남근적 형태의 죽음을 성취하였다. 환자의 운명은 아동기 이후로 그녀의 자아 이상을 형성해 온 죽은 오빠와 같아지려는 절박한 욕구에 의해 지배되었다. 오빠는 그녀의 자아 이상의 표현이었다. 헨드릭은 이러한 외부적 자아 이상을 "사춘기 이전의 자아 이상"이라고 지칭하는데, 이것은 환자의 자기의 응집감을 유지하는 데 필수적인 요소였다. 따라서 "자아 이상은 그것이 대표했던 실제 인물(혹은 동등한 인물)의 죽음이라는 외상적 사건으로 인해서 자아 실패와 원시적인 자기애로 퇴행하는 현상이 발생하였다"(p. 525).

자살 의도

이런 다양한 사례들에 비추어 볼 때, 자살 의도는 다양하며 다양한 동기를 갖는다는 점이 분명하다. 어떤 경우 그것은 고전적인 프로이트가 생각했던 것처럼 자기 징벌적, 자기 파괴적 충동의 역동을 나타낼 것이고, 다른 경우 그것은 자기애적 자기 성취와 자기 표현에 대한 가장 깊고도 가장 무의식적인 소망과 욕구를 표현할 것이다. 와이즈만(1971)은 의도성이 자신을 죽이고 싶다는 소망이나 자살 의도와 같지 않음을 지적했다. 자살 동기는 어떤 행동의 동기보다 더 모호하지는 않더라도, 적어도 그것들만큼은 모호하다. 자살 의도의 표현은 치사성의 정도에 대한 믿을 만한 실마리가 된다. 그러나 그 두 가지가 반드시 관련되어 있는 것은 아니다. 자살 시도자들이 자신들의 소망을 부인하거나 혹은 그들의 양가성이나 이중적 해석의 가능성을 제시함으로써 그것들을 위장하는 것은 흔히 있는 일이다. 심지어 자살 행위에서조차도, 의도성은 활동 목적의 조직 및 방향과 관련되어 있다. 따라서 의도성은 우리가 인간 활동의 목적을 이해함에 있어서 단순히 반사적이거나 판에 박힌 행동의 형태로부터 구분되는 의식의 한 형태이다. 인간의 의도성은 우리의 경험과 삶의 모호성으로부터 의미를 형성하는 인간 본연의 능력과 관련되어 있다. 따라서 치사적 의도성은 "사람들로 하여금 더 큰 고통을 예견하게 하고, 생명을 끝내도록 강제하는 일시적인 신념체계들"을 반영하고 표현하는 것으로 보아야 한다(p. 229).

자살 행동

슈나이드만은 급성 자살 행동의 몇몇 구성 요소들에 관해 서술했다(Schneidman, 1976a). 그가 서술한 요소들은 적대성, 혼란, 제한된 인지적 범위, 그리고 종결(終結)에 대한 생각이다. 이 네 가지 요소들의 결합은 폭발적인 복합체를 구성하며 그것은 아주 작은 불꽃만으로도 폭발할 수 있다.

적대성은 대체로 자기 증오 혹은 자기 파괴성의 개념으로 해석된다. 자살적 상태는 극도의 적대성에 의해 특징지어지며, 따라서 개인은 자신의 최선의 이익에 반대되는 행동을 하거나, 혹은 더욱 극단적인 형태에서는 자기 파괴적으로 되기가 쉽다. 상실감이나 실패의 경험은 적대성을 고조시키는 경향이 있으며, 자기 패배적인 행동이나 자기 파괴적인 행동의 경향을 증가시킬 것이다.

혼란은 심리적 비평형의 상태, 내적인 혼란과 심한 갈등의 상태를 지칭한다. 개인은 당황하고, 염려하며, 우울하거나, 동요되어 있다. 심한 정서적 혼란은 심한 적대성과 결합하여 자살의 잠재성을 증가시킨다.

　제한된 인지 능력은 터널을 통해 보는 것과 같은 시야의 형태, 즉 주의의 범위가 좁아지는 것, 인식, 고찰, 그리고 대안이 닫혀지는 것을 말한다. 또한 기억과 연상이 제한되며, 따라서 보통의 애착과 몰두의 범위는 더 이상 의식되지 않는다. 주의의 초점은 참을 수 없는 정서적 상태와 그것으로부터 도피하는 수단으로 전적으로 쏠린다. 자살의 세계관은 닫혀 있으며, 그것은 캡슐에 둘러싸여 견고하고 전적으로 확실한 것이 된다.

인지적 조직

　자살하는 개인의 인지적 조직은 자살하지 않는 개인에게서는 발견되지 않는 몇 가지 특징을 갖고 있다. 자살하는 사람은 자살하지 않는 사람보다 상상적 자원을 이용하는 데 훨씬 더 많은 어려움을 겪는다. 그의 인식은 다른 어떤 비교 집단의 사람들보다 훨씬 더 양극화 경향을 나타낸다. 그의 사고는 더욱 고정되고 제한되며, 과거나 미래보다는 거의 배타적으로 현재에만 집중되는 경향이 있다. 그런 개인들은 자신들의 이미지를 미래에 투사하거나, 혹은 그들의 삶의 미래 환경을 상상할 수 없는 것으로 보게 된다. 슈나이드만(1976b)은 자살하는 사람들이 남긴 유서에서 발견되는 동일한 인지적 특징을 서술하였다. 자살하는 사람은 마음속에 제한적인 인지적 틀을 가지고 있기 때문에, 유서를 명료하게 서술하지 못하는 것으로 보인다. 이것은 자살하는 사람이 유서에서 자신의 행동에 대한 심리 역동적 관련성에 대해 만족스럽게 설명하지 못한다는 사실을 보여준다.

절망감

　인지 능력을 제한 받는 현상은 자살하는 환자들이 느끼는 절망감의 역동과 밀접하게 관련되어 있는 것으로 보인다. 자살 의도와 절망감 혹은 우울의 정서 사이의 관계를 밝히려는 노력을 통해서, 자살 의도는 우울보다는 절망감과 더 깊이 연관되어 있는 것으로 발견되었다(Beck, 1963; Wetzel et al., 1980). 사람은 어떤 결점으로 인해 희망을 잃고 절망한다; 그는 소망이 이루어 지지 않거나, 야망이 좌절되고 계획한 일의 실패로 인해 희망을 잃는다. 그는 또한 과도하고 비현실적인 기대에 매달림으로써 절망하게 된다. 그는 무엇이든지 다 이룰 것이라고 생각하는 인간의 전능한 기대 때문에 고통을 연장시킨다.

절망감은 불가능하다는 느낌에 의해 깊어진다. 절망감에 빠진 사람은 자신이 출구가 없는 감옥 안에 사로잡혀 있다고 느낀다. 절망감은 무용지물이라는 느낌, 활동과는 관계없이 목표와 목적을 성취할 수 없다는 느낌을 포함한다. 그는 자신이 해야 할 일을 자신의 역량 너머에 있는 것으로서 자신이 수행하기도 어렵고 성취할 수도 없는 것으로 본다. 환자는 덫에 걸려 있고 좌절해 있다. 그가 늘 하는 말은 "난 할 수 없어"이다. 그는 세계와 자신에 대한 모든 것을 불가능한 것으로 인식한다.

환자는 절망 속에서 문제를 해결하거나 소망을 성취해낼 수 있는 내적 자원이 없다고 하는, 혹은 적어도 자신의 내적 자원을 매우 부적절한 것으로 여기는 기본적인 가정을 형성한다. 그는 좌절감과 부적절하다는 느낌 속에서 타인들이 자신을 위해 일해줄 것을 기대하거나 요구할 것이다. 그는 어떤 일을 하려고 하지도 않으면서 타인들이 자신의 소망에 대해 응답해주지 않고 만족시켜 주지 않는다고 화내고 분노할 것이다. 그는 좌절된 자격의 느낌과 함께 타인들의 실패에 대해 비난하고 자신의 기대를 만족시키지 못하는 자신의 무능력에 대해 분노하게 될 것이다. 환자가 자신이 받을 비난과 자신이 져야 할 책임을 타인에게 전가하는 것은 타인들에게 악의를 투사하는 행동을 수반하며, 이는 명백히 편집증적으로 될 수 있는 과정이다.

부정적인 자기감

　이러한 절망감의 밑바닥에는 자신이 무가치하고 부적절하며 수용될 수 없는 존재라는 인식이 자리잡고 있다. 이러한 인식은 자기 인식의 내적인 핵을 구성하는 환상에 기초해 있다. 그것은 징벌적이고 적대적이며 공격적인, 내재화된 부모상으로부터 파생된, 지속적이고 저항적인 내사의 기능을 반영한다. 이 내재화는 자기 자신을 악하고 파괴적으로 보는 환자의 내적인 느낌과 상처 입히고 손상시키려는 파괴적 충동을 만들어낸다.

　이러한 내재화된 파괴성은 부정적인 자기감을 형성하며, 이는 그 개인의 삶, 경험, 활동의 전체 영역으로 스며든다. 그것은 성격의 모든 영역을 물들이고 어떤 현실의 영향에도 변화되지 않고 완고하게 저항한다. 종종 임상적으로 우울한 환자들을 보게 되는데, 이들은 확실한 증거가 부족할 뿐만 아니라 그 반대 증거가 압도적인데도 불구하고 자신이 무가치하고 보잘것 없는 존재라는 견해를 계속 유지한다. 자신이 무가치하다는 내적인 부정적 자기감은 현실의 영향을 전혀 받지 않고 계속된다. 자신이 사악하다는 내적인 느낌은 그 개인이 유용한 목표를 세울 수 없고, 희망을 갖거나 노력할 권리가 없으며, 좋은 행동을 수행할 수 없음을 뜻한다. 왜냐하면 이러한 행동은 그것들의 기원의 흔적, 즉 자신의 무가치함과 사악함을 나타낼 것이기 때문이다.

　절망감은 어떤 목표를 성취할 가망성에 대한 개인의 주체적 평가와 관계가 있다. 계획과 목표는 서로 어긋나는 것으로 보인다. 목표는 현실적으로 그것들을 성취할 것이라는 어떤 기대가 사라진 후에도 오랫동안 추구될 수 있다. 계획은 어떤 장기적인 목적을 배제하고 즉각적인 단기적 목표에만 제한될 것이다. 희망은 활동의 계획이 예측된 목표에 도달하고 그것들을 성취하리라고 기대한다. 그러나 절망감은 실패를 기대한다; 계획하는 것은 쓸모 없고 의미 없다. 계획과 목표의 분리, 그리고 절망감은 우울증 환자들에게서 가장 특징적으로 발견된다. 그것들은 우울증의 중심적이고 기본적인 주제를 형성한다. 환자들은 목적이 없고 쓸모도 없다는 느낌에 압도되어 있다.

우울증 환자는 절망감과 무력감에 의해 고통받는다. 그는 자신이 세운 목표를 성취하기에는 자신의 기술과 능력이 부족하다고 믿으며, 자신의 실패를 그 자신의 부족한 내적 능력과 무능력 때문이라고 믿을 뿐 아니라, 자신이 이전에 이룩한 성취도 무의미한 것이라고 믿는다. 그는 자신은 무력하고, 어떤 것을 성취하거나 만족을 얻기 위해서 타인들에게 의존하며, 자신의 잠재적 능력을 마음껏 발휘하더라도 그것은 쓸모 없는 것이 되도록 이미 운명지워져 있다는 느낌을 갖고 있다. 그의 동기를 유발시킬 수 있는 요인은 상실된다; 그는 포기하는 것 외에 다른 방도를 찾지 못한다.

우울증 환자는 자신의 목표, 특히 계속적이고 장기적인 목표를 포기하지 않는다. 그는 야망과 성취 사이의 불일치 때문에, 그리고 자신의 목표를 성취할 수 없다는 느낌 때문에 절망한다. 그러한 장기적인 목표와 야망은 좌절의 경험과 불가능하다는 생각에 의해 소멸되지 않는다. 우울증 환자는 방해받고 좌절된 미래에 매달린다. 그는 자신의 능력과 기술이 그러한 목표를 성취할 어떤 가능성의 원천이라고 믿지만, 자신이 가진 자원이 그 과제를 수행하기에는 빈약하다고 생각한다.

자살의 과정

개인은 고조된 적대감, 증가된 정서적 혼란, 그리고 인지능력의 제약이라는 세 가지 요인이 결합될 때, 잠재적인 자살 인구에 포함된다. 앞에서 논의된 치사성의 개념은 이 세 가지 요인이 결합된 상태를 가리킨다. 여기에 네 번째 요인이 추가될 때, 자살의 과정은 가속화된다. 개인이 자기 자신의 삶에 종지부를 찍을 수 있고, 따라서 고통을 겨지 않을 수 있다는 종결에 대한 믿음, 즉 죽음은 참을 수 없는 상황을 해결하기 위한 방법이라는 믿음을 가짐으로써 삶을 포기한다. 종결에 대한 생각은 참을 수 없는 상황의 해결로 여겨지며, 자살극에서 하나의 전환점이 된다(Shneidman, 1976a).

이러한 과정에 포함된 인지적 제약, 대안의 제한, 그리고 결심과 확신의 감각은 편집증적 구성을 특징짓는 인지적 조직과 유사하다. 편집증적 변형에서, 망상체계는 견딜 수 없는 내적 긴장으로부터 벗어날 수 있게 하는 위안감을 제공한다. 그것은 인지적 폐쇄를 통해서 정서적 위안을 성취하고자 하는 시도이다. 이때 그의 마음은 하나의 결심으로 고정된다(Meissner, 1978b). 자살에 대한 생각이 지니는 인지적 구조는 내적인 압박감을 경감시켜 주는 특성을 가지나 보통은 편집증적 과정에서 볼 수 있는 정도로 폐쇄성과 고정성이 심각하지는 않다.

이러한 이론적 고찰에 비추어 볼 때, 우리는 자살 행위의 촉매 역할을 하는 요인에 대한 좀 더 명확한 이해에 접근할 수 있다. 자살 행위의 배후에는 일반적으로 하나 혹은 그 이상의 대상 상실이 있다. 대상의 상실은 애도의 과정을 작동하게 하고, 이 과정은 불완전하며 상실된 대상으로부터의 분리를 성취하는 것을 가로막는다. 현재의 상실은 억압되거나 부인된 이전의 아동기 상실 경험에 대한 반응을 재생하고 상징하는 것으로 보인다.[17] 뿐만아니라, 이러한 환자는 자기애적 통합과 자기애적 평형을 유지하기 위해 상실된 대상에게 강하게 의존한다 (Dorpat, 1973). 일반적으로, 자살 시도자들은 아동기에 분리(Levi et al., 1966) 경험이 더 많았고, 촉매 역할을 하는 삶의 사건(Paykel et al., 1975)을 더 많이 경험하였다. 자살 시도들이 자살을 시도하기 6개월

---

17. 자살하는 환자들에게 있어서 아동기에 경험한 가정의 파괴가 자살의 중요한 요소라는 증거가 있다. Dorpat et al.(1965)은 자살한 사람들의 50%와 자살을 시도하는 사람들의 64%가 파괴된 가정 출신임을 발견하였다. 부모의 죽음은 성공한 자살의 가장 흔한 원인이었으며, 반면 이혼은 시도된 자살의 가장 흔한 이유였다.

이전에 촉발적 사건을 경험한 횟수는 통제 집단보다 4배나 많았으며 우울증 환자들보다 1.5배나 많았다. 촉매적 인생 사건은 자살을 시도하기 한달 전에 절정을 이루는 것으로 보였다.

자살 행위에서 촉매적 요소로서의 대상 상실과 애도의 역동은 기념일 자살의 문제와 관련되어 있는데, 이 기념일 자살은 부모의 기일과 가까운 기간에 발생한다. 그러한 자살의 발생 빈도는 통계적으로 예측 가능한 비율을 훨씬 능가한다(Bunch and Barraclough, 1971). 기념일에 나타나는 반응은 상실된 대상에 대해서 불완전하거나 부분적인 애도가 이루어졌음을 나타내는 것으로 간주되어야 한다. 그럴 경우, 자살 행동의 동기는 자기애적 상실로 인해 깨어진 자기애적 평형을 회복해야 할 필요성, 그리고 결과적으로 나타나는 자기애적 격노와 죄책감을 보상할 필요성에 의해 다양하게 나타날 수 있다(Pollock, 1970).

청소년 자살

아마도 이러한 역동이 청소년의 자살에서 가장 생생하게 표현될 것이다. 위니캇(1971)은 이 점에 대해서 몇 가지 점을 분명하게 지적했다:

아이가 성인이 되기 위해서는 성인의 죽은 시체를 딛고 서고자 하는 그의 동기가 성취되어야 한다 … 사춘기와 청소년기의 성장에 속하는 전체 무의식적 환상 안에는 '누군가의 죽음'이 있다 … 이것은 이 중요한 단계에서 성숙에 속하는 살해와 승리에 수줍게 다가오는 청소년 자신들에게도 힘든 일이다. 이러한 무의식적 주제는 자살 충동의 경험 혹은 실제 자살로 드러날 수 있다(p. 145).

분리

프리드만과 동료 연구자들(Friedman et al., 1972)은 자신의 몸을 파괴하거나 절단하려는 충동이 청소년기 이전에는 거의 나타나지 않는다는 사실을 주목한다. 그들은 청소년기의 변화가 이러한 공격적 충동을 자극해서 청소년기에는 공격적 충동이 그처럼 극단적인 방식으로 자기에게 향하도록 만든다고 제안한다. 청소년기의 중요한 과제 중의 하나는 자신을 리비도가 집중된 원래적 대상으로부터 분리하는 것이다. 그러나 자살하는 청소년들은 이 분리를 성취하지 못하며, 특히 자신의 어머니에 대한 리비도적 연결을 포기하는 것이 매우 어렵다. 그리고 이 연결을 끊는 것은 참을 수 없고 직면할 수 없는 상실인 것처럼 느끼게 된다.

청소년기에는 부모로부터 떨어져 독립을 향해 가는 여정에서 애도 과정을 거치는 것이 정상적인 발달 과정이지만, 이러한 개인은 우울증과 좀 더 유사한 상태를 발달시키는 것으로 보인다(Toolan, 1975). 그의 어머니에 대한 감정은 두드러지게 양가적인데, 사랑하며 의존하는 감정이 강하고, 그와 함께 매우 적대적이며 심지어 살인적인 감정 또한 나란히 존재한다. 따라서 부모, 특히 어머니로부터의 분리는 리비도적 공급에 위협을 가하고, 또한 나아가 자기애적 보전에 위협을 가하는 것으로 보인다. 그들은 대상을 포기하지 못하고 슬퍼하는 것을 회피함으로써 어머니 상을 내사하게 되고, 프로이트(1917)가 서술한 "자기애적 동일시"를 하게 된다. 따라서 자살은 내면적 대상, 즉 내재화된 어머니에게 가해진 적대적이고 파괴적인 공격으로 볼 수 있다.

청소년기 소녀들은 어머니에게 복종하지 않으려는 욕구를 느낄 수 있다. 그런 청소년의 반항심은 강력하고, 압도적으로 보이는 어머니에 대해서 느끼는 퇴행적이고 피학적이거나 동성애적인 소망에 대한 방어로서 작용할 수 있다. 그러나 내 경험에 비추어 볼 때, 방어적 공격은 종종 근저에 있는 의존의 감정, 그리고 어머니의 친근함과 보살핌에 대한 갈망을 상쇄하고 위장하려는 시도와 관련되어 있다. 따라서 그런 청소년의 반항적이고 공격적인 태도가 나타날 때조차도, 강한 모성적 내사의 요인을 확인할 수 있다. 이러한 방어적 공격과 근저의 공격적 소망은 공격성의 정당한 표현에 대한 어려움과 갈등을 강화하는 경향이 있으며, 이는 전형적인 청소년기 문제의 원인이 된다. 젊은 여성에게 있어서, 이차적 성징의 출현은 그녀의 어머니와의 동일시를 증가시키는 경향이 있다.

공격성의 내재화

그런 환자들에게서 나타나는 공격성의 내재화는 종종 주목을 받아왔다 ; 많은 사람들이 우울증, 죄책감, 낮은 자존감, 그리고 심지어 심리 신체적 곤란으로 인해 고통을 겪는다. 그러나 부모의 좀 더 취약하고 약한 측면을 내사하고 동일시하는 경향이 더 자주 발견되지는 않는다 하더라도, 그것이 자살의 역동에 미치는 영향은 매우 중요하다. 이것은 취약하며 피해자가 되고 거세된 모성적 원상과 동일시되어 있는 청소년기 소녀들의 자살에서 특히 중요하게 관찰된다. 따라서 자살 시도는, 하나의 관점에서는 살인적 공격성의 수단으로서 자신의 몸을 파괴하려는 시도를 나타내는 한편, 또 다른 관점에서는 최대한으로 내적인 취약성을 유지하려는 시도를 나타낸다. 그것은 청소년이 그 취약성을 이용해서 부모 대상으로부터 가장 잘 조율되고 동일시된 상태를 이끌어낼 수 있다고 느끼기 때문이다.

그러나 자살 행동에서 주체는 파괴적 공격자인 동시에 수동적 피해자라는 점을 기억해야 한다. 프리드만과 동료들(1972)은 그러한 자살 시도나 자해(自害) 행동이 원색 장면 환상의 역동을 반영한다고 제안한다. 내가 다른 곳에서 제안했듯이(1977, 1978b), 원색 장면 환상이 자살을 시도하는 데 영향을 끼칠 뿐만 아니라, 그것은 또한 가학 피학적으로 조직된 내사물이 그 개인의 정신 안에 있다는 사실을 반영한다. 따라서 원색 장면 환상은 부모 사이의 가학 피학적 관계의 측면들, 혹은 가족 상황의 다른 측면에 의해 강하게 영향을 받는다고 할 수 있다.

가족 역동

성인의 자살 역동은 내재화된 가족 역동의 일부분이 반영되는 한편, 청소년들의 자살 역동은 지속적으로 영향을 미치는 가족의 행동유형들에 대한 훨씬 더 즉각적인 반응이라는 점이 이해되어야만 한다. 청소년기 자살 시도는 종종 가족 안에서 진행되는 해체, 붕괴 그리고 사회적 부적응의 최종 결고로서 나타난다(Barter et al., 1968). 새버스(Sabbath, 1969)가 지적하듯이, 청소년기 자살은 부모가 자녀를 "소모품"으로 생각하는 경우, 즉 그 자녀가 없어지거나 죽기를 바라는 아이에게서 자주 발견된다. 그러한 경우에, 아이가 겪는 성장 갈등은 부모 자신들의 해결되지 못한 청소년기 갈등을 자극한다. 그런 아이는 출산을 원하지 않은 아이일 경우가 대부분인데, 이럴 경우 부모와 아이의 관계에서 형성된 오래된 양가 감정은 청소년기의 발달적 압력이 고조되는 동안에 위기에 도달한다. 부모는 아이에게서 나타나는 성과 공격성을 자신들의 결혼의 안정성, 정신의 온전함, 심지어 자신들의 존재에 위협을 가하는 것으로 간주하게 된다. 따라서 부모는 청소년기 자녀에게 점점 더 억압적이고 박해하는 모습으로 보여지게 된다. 이때 자살은 암시적인 부모의 소망에 대한 순응이 된다.

헨딘(Hendin, 1975b)은 자살 소망이 부모의 소망에 대한 순응의 표현으로 볼 수 있는 환경에 대해 서술한다. 이러한 청소년들에게 있어서, 죽음은 삶의 방식이 된다. 그들의 가정 환경이 우울함으로 스며들어 있기 때문에, 가족의 우울한 정서적 기반을 유지하기 위해 그들의 생명 없음이 요청되는 것이다. 헨딘(1975a)은 다음과 같은 사실을 관찰했다:

> 자살은 내가 본 많은 학생들, 즉 계속적으로 자신들의 열정, 희망과 자유를 죽이고, 그리고 마지막으로 자신을 죽이려 시도하는 학생들에게는 하나의 삶의 방식이다. 그것은 그들이 부모와 함께 펼치는 계속되는 드라마의 절정이며, 그 드라마에서 가정의 평화를 위해 치루는 대가는 청소년의 정서적 죽음으로 나타난다 (p. 253~254).

분명히, 앞에서 서술된 것과 유사한 역동이 여기에서도 작용하며, 그것은 "청소년기 편집증"의 유형을 반영한다(제11장을 보라). 청소년기 자살은 가족 내의 역동을 반영하고 표현하며, 따라서 자살 행동은 가족의 정서적 체계 안에 있는 견딜 수 없는 긴장을 완화시키기 위한 것이라는 사실이 첨가되어야 할 것이다.

자살과 편집증적 과정

우리는 이러한 자살 역동의 몇 가지 요소를 편집증적 과정과 연관시켜 생각해 볼 수 있다(1978b).

피해자 내사

병인적 내사 조직은 자살 역동을 이해하는 데 있어서 핵심적인 부분이며, 실제로 자살 충동의 기본적 역동 근저에 자리잡고 있는 요소이다. 말츠버거와 부이(1980)는 이렇게 지적한다: "자살은 장애 입은 내재화의 현상이요, 적대적 내사물에 대처하려는 노력이며, 정신적 안정에 필요한 위안을 주는 내적 자원의 부재에 대처하려는 시도이다"(p. 61～62).

피해자 내사물은 병인적 자기의 조직의 핵심적이고 가장 중요한 구성 요소 중의 하나이다. 우리가 자살 역동을 설명하기 위해 잠시 프로이트의 초자아 모델로 돌아가 생각해본다면, 그 역동의 기본적 기제는 양가적으로 유지되고 내재화된 대상 파생물에게로 공격성이 향하는 것이다. 이것은 대상의 피해자 측면의 내재화, 즉 피해자 내사에 대한 설명이 된다. 피해자는 파괴적 공격성을 표적이 되는 대상이다. 그러나 공격성은 주체 자신의 것이다. 이 모델이 초자아에게 적용된다면, 문제의 공격성은 공격자와의 동일시(내사)를 통해 획득한 대상의 공격성이다. 따라서 이 설명은 어떤 모순점을 갖고 있으며, 내재화의 다른 측면을 적절하게 설명하지 못한다.

현대의 견해들 대부분은 내재화의 역동에서 자기애가 중요한 역할을 한다는 사실을 인정하고 있다. 오늘의 견해에 비추어볼 때, 상실한 대상에 대한 분노는 상실로 인한 자기애적 상처나 혹은 외상을 반영한다. 그런 많은 경우들에서, 그 대상은 자기애적 평형과 온전성을 유지하는 데 중요하다. 대상은 이상화 대상, 즉 헨드릭(1964)이 말하는 사춘기 이전의 자아 이상이나, 혹은 코헛(1971)이 서술하는 또 다른 형태의 이상화 대상으로서 기능할 수 있으며, 혹은 좀 더 원시적인 수준에서 주체의 내적 보전이나 응집성을 유지하는 데 사용될 수 있다. 따라서 자살은 상실되었으나 중요한 대상과의 재연합에 의해 자기애적 보전을 재구성할 필요성을 반영하는 것일 수 있다.

현재의 공식화에서는, 피해자 내사가 바로 이러한 역동을 만들어낸다는 견해가 제시되고 있다. 피해자 내사물의 내재화와 그것에 대한 집착은 대상에게 매달리고 심지어 대상과 융합하려는 자기애적 욕구에 의해 동기화된다. 피해자 내사는 자기애적으로 투자된 대상의 내재화와 동일한 과정을 포함하고 있다. 대상과의 동일시의 궁극적 실현은 자살 행동을 통해 이루어지는데, 그 자살에 의해 개인은 궁극적 피해자가 되고, 그럼으로써 피해자 대상과의 융합을 획득한다. 그때 피해자 내사물의 조직은 초자아 공격성, 가학 피학적 내사물(특히 피학적 우울적 태도의 역동 근저에 있는 내사물), 그리고 피해자 대상과의 연합이나 융합의 방어적 흡수를 위한 수단으로 사용된다. 따라서 그것은 무력감과 절망감의 핵심을 구성한다.

피해자 내사의 역동을 공격성의 변천 과정이라는 측면에서 주로 살펴보는 것이 가능하지만, 다른 한편 이런 상호작용이 자기애적 관심과 투자의 하부 층에 의존되어 있다는 점이 간과되어서는 안 된다. 결과적으로, 피해자 내사는 필요한 대상과의 계속적인 관련됨과 자기 보전을 목표로 한다. 똑같은 필요성이 가족 체계에서 암시적으로 요구하는 순응의 근저에도 있다. 따라서 자살은 부모의 심리적 안정감과 가족 체계의 평형을 유지하기 위한 시도일 수 있다.

공격자 내사

발달적 관점에서, 공격자와의 동일시는 공격적 욕동을 외재화하여 그것들을 외부적 원천과 동일시함으로써 공격적 욕동으로부터 자신을 방어하려는 데 그 목적이 있다. 따라서 이 기제는 이러한 공격적 욕동을 외부 대상에게로 투사함으로써 자기 이미지와 대상 이미지를 분리시키는 방식으로 자신을 방어하는 한편, 동시에 이러한 공격적 욕동의 일부를 일시적으로 자기 안으로 흡수한다. 결과적으로, 공격적 욕동의 외재화는 비중립화된 공격성의 파괴적 영향 하에 미성숙하고 취약한 자아를 부분적으로 남겨놓는다. 오르겔(Orgel, 1974)은 이 점에 대하여 다음과 같이 언급한다:

진정한 도덕성은 또한 자기 대상 분화가 안정적으로 이루어졌음을 의미하며, 심지어 대상의 위협적인 공격에도 아랑곳하지 않고 대상관계를 유지한다는 것을 의미한다. 따라서 구조화된 초자아는 동일시와 정상적 공감과 조화를 이루는 투사적 요소들 사이의 균형을 유지함으로써 대상 상실과 퇴행적 자기 대상 융합 모두를 막는데, 이것이 곧 자살을 막아주는 방어벽이 된다(p. 531).

오르겔은 계속해서, 그가 "피해자와의 융합"이라고 부르는 것이 공격자와의 동일시가 퇴행적으로 변형된 것이라고 서술한다. 피해자와의 융합은 피해자 내사물의 역동과 관련되어 있다. 내사적 리비도 경제의 이러한 측면이 두드러지게 나타나는 경우에서, 우리는 대상을 향한 안정된 공격적 감정을 안정적으로 감당하지 못하는 무능력을 볼 수 있다. 이것은 가학 피학적 관계에 대한 단순한 자기 주장으로부터 공격적인 타인에 대한 철저한 증오에 이르기까지 그 범위가 다양하다. 따라서 피해자 내사는 공격자와의 동일시와 정반대 되는 것이며, 비록 그것이 공격자 내사의 위치로 이동하거나 겉보기에 명백히 편집증적인 반응의 형태를 띠더라도 그러하다.

그러므로 자살의 심리 내적인 드라마는 환자의 심리적 삶을 지배하는 두 개의 심리 역동적 형태 사이에서 발생한다. 그때 환자는 자기 증오와 자기 파괴성이라는 강력한 힘에 의한 수동적 피해자가 된다. 그는 내면의 박해자, 낯설고 파괴적인 내적 존재, 숨겨진 사형 집행자에 의한 피해자이다(Asch, 1980). 모든 자살 과정에서는 수동적인 자살 피해자와 파괴적 박해자인 사형 집행자 사이의 본래적인 갈등이 있다. 말츠버거와 부이(1980)는 이 과정을 이렇게 서술한다:

자살 환자들의 임상 작업에서는 다음과 같은 경우를 거듭 만나게 된다. 즉 환자는 안정된 자기 통합을 성취하지 못했고, 일종의 분열된 내적 삶으로 인해 고통받고 있다. 그리고 그런 상태에서 약하고 무력해진 환자는 어떤 낯선 내적 대상이 지속적으로 자신을 경멸하는 눈빛으로 감시하고 있다고 느끼게 된다 … 때때로 이 내적 대상은 사형을 요구할 정도로 심각하게 자기를 경멸하며, 지쳐버린 자기는 절망적으로 그 요구에 따르게 된다 (p. 63).

나는 이 모든 형태를 구조적 용어, 즉 피해자 내사물과 공격자 내사물이라는 용어를 사용하여 서술하였다.

여기서 자살 역동과 편집증적 역동 사이의 공통점이 현저하게 드러난다(Meissner, 1978b; Maltsberger and Buie, 1980). 편집증적 상태에서, 공격자 내사의 역동적 구성물에 기초한 박해적 대상은 자기 표상으로부터 전치되어 외부 세계의 적대적 대상으로서 외재화된다. 따라서 박해자는 내면적 존재라기보다는 외부적인 적이나 박해적 세력이 된다. 그러나 자살에서는 공격적 내용이 환자 자신에게서 분리된 것으로 인식되거나 경험되지 않은 채, 환자의 내적 세계의 일부분으로 남아 있다. 어떤 경우든, 자살의 맥락과 박해적 망상이라는 편집증적 왜곡은 모두 참을 수 없는 자기의 부분을 없애고 싶은 소망이라는 보편적 동기를 갖고 있다. 이런 점에서, 편집증적 체계가 근저의 자살 충동들에 대한 방어로 작용하는 편집증적 병리의 사례들이 있게 된다.

거짓 자기 체계

나는 이 지점에서 아동 발달에 대한 위니캇의 견해의 한 측면에 주목하고자 한다. 위니캇은 그가 거짓 자기라고 부른 성격 구조가 형성되는 과정을 연구했다(1960a).[18] 우리가 위에서 서술한 역동이 실패할 경우, 거짓 자기가 출현하게 된다. 이 거짓 자기는 보통 방출되지 못하고 비중립화된 공격성에 대한 방어로서 작용하며, 아동의 순응에 기초해 있다. 이것은 아동의 자기를 참 자기와 거짓 자기로 분열시키고, 아동의 발달을 거짓 자기가 정교화 되는 과정으로 대체되게 한다. 그리고 거짓 자기의 발달에 대한 대가는 진정한 자기감의 상실이다.

거짓 자기는 부분적으로 외부 세계의 위험과 어려움에 대처하려는 노력으로 보일 수도 있다. 따라서 그것은 상당히 분명하고 중요한 방어적 욕구를 충족시킨다. 때때로, 그것은 살아남기 위한 영웅적인 투쟁을 나타낼 수 있다. 그것은 안전과 확실한 외적 지지라는 더욱 절박한 욕구를 위해 창조성, 생기발랄함, 그리고 독창성의 희생이라는 대가를 지불한다. 돌봐주는 중요한 대상들이 아이의 출현하는 공격성에 의미 있게 그리고 사랑으로 견뎌주고 반응해주지 않는다면, 아이는 순응과 분열을 강요받으며, 이는 거짓 자기의 형성으로 이어진다.

자살적 행동화(Suicidal Acting Out).　이러한 거짓 자기는 자살 행동의 배경을 형성하는 데 크게 영향을 미칠 수 있다. 위니캇은 이점을 분명히 지적한다(1971):

> 창조적인 삶을 위한 개인의 역량이 완전히 파괴되는 일은 있을 수 없으며, 심지어 가장 극단적인 순응으로 형성된 거짓 인격의 경우에도, 그 자신에게 만족스러운 비밀스런 삶이 그의 삶 어딘가에 숨어 있다는 가능성을 인정해야만 한다. 왜냐하면 그는 본래적으로 창조적이고 독창적인 존재이기 때문이다 … 그러한 극단적 경우에, 개인은 그 혹은 그녀가 살았는지 혹은 죽었는지조차도 별 문제가 되지 않는다. 그러한 상태가 강력하게 조직될 때, 그에게 자살은 별로 대수로운 것이 되지 못한다(p. 68~69).

---

18. 거짓 자기 형태의 논의에 대해서는 제 4장을 보라.

여기에서 우리는 한 젊은 여성의 사례를 검토해볼 수 있다. 그녀의 어머니는 적대적이고 거부하는 성격을 지녔고, 그녀는 초기에 그러한 어머니로부터 계속해서 거절당하고 가치비하 되는 삶을 살았다. 그녀 인생의 전체적인 형태는 악의적이고 비하하는 모성적 인물의 내재화를 중심으로 이루어졌다. 환자는 자신 안에 선한 것은 아무 것도 없고, 모든 것이 약하고, 가치 없다고 느껴졌다. 그녀의 계속되는 불평은 자신에게는 아무런 희망도 미래도 없다는 것이었고, 자신이 태어나지 않았더라면 더 좋았을 뻔했다는 것이었다. 게다가, 그녀의 전체적인 외적 삶의 행동 유형은 어머니의 기대를 충족시키고 어머니로부터 수용 받으려는 시도로 이루어져 있었다. 그녀의 직업은 간호사였는데, 그것은 그녀가 다른 어떤 것을 할만한 능력도 없고 머리도 좋지 않다고 느꼈던 그녀의 어머니의 제안에 따랐기 때문이었다. 물론 거짓 자기 유형은 단순히 직업 선택의 문제보다 훨씬 더 광범한 것이다. 환자는 자신의 삶의 전체적인 유형을 저주하였다; 그녀는 자신의 삶의 거의 모든 측면을 혐오했으며, 절망에 사로잡혀 있었다. 그녀의 눈에는 자살이 유일한 대안이었다. 그녀의 자살 행위는 두 가지 의미를 함축하고 있다는 것이 명백해 보였다. 첫째 그것은 그녀가 일생 동안 어머니에게서 인정받기 위해 어머니의 소망에 순응하는 삶을 사는 것을 통해서 형성한 거짓 자기를 파괴하는 것이었고; 둘째 그것은 그녀가 인생 경험에서 느꼈던 자신이 피해자라는 느낌을 최대한으로 실현시키는 것이었다.

분열성(Schizoid) 자살　　이 환자의 자살 시도는 건트립이 거짓 자기의 기본 개념에 기초해서 서술한 분열성 자살의 측면들과 많은 공통점을 갖고 있다. 분열성 자살은 자기 파괴적 충동이 분노나 적대감의 형태로 표현되는 우울증적 자살과는 다르다. 분열성 자살은 삶의 현실을 견뎌내지 못하고 무감각해지는 결과로 나타난다. 거기에는 삶의 무대를 떠나 투쟁을 포기하려는 조용하고도 완강한 결심이 있다. 거짓 자기의 죽음은 주체 자신의 존재가 더욱 진정되고 창조적인 존재로 다시 탄생하기를 바라는 희망을 수반하고 있다. 건트립(1969)은 이것에 대해 다음과 같이 말한다:

> 우울적 자살에서의 주된 세력은 본래 증오하는 사랑 대상에게로 향했다가 자신에게로 방향을 돌린 분노, 공격성, 증오와 파괴적 충동이며, 따라서 자기 살해가 그 행동의 목적인 반면, 분열성적 자살은 본질적으로 자신이 대처할 수 있을 만큼 충분히 강하지 못하다고 느끼기 때문에 그 상황으로부터 도피하려는 갈망의 표현이며, 그런 점에서 자궁으로 돌아가 제2의 삶의 기회를 기약하려는 의미를 담고 있다(p. 218).

이런 증상을 보이는 다른 환자들과 마찬가지로, 나의 환자는 그녀의 자살 충동의 근저에 자신의 어머니와 의미 있고, 수용적이며, 사랑하는 관계를 경험하기 위해 다시 태어나겠다는 희망을 간직하고 있었다. 그녀가 계속적으로 갈망했음에도 불구하고 결코 이루지 못했던 것은 바로 그녀의 어머니와 사랑이 있는 친밀함과 수용의 관계를 경험하는 것이었다.

내사물 좀 더 이론적인 관점에서, 우리가 여기서 제시하고 있는 바는 거짓 자기가 지금까지 서술되어온 내사물을 중심으로 조직된다는 것이다. 자살 환자들에게서, 자살 성향의 뿌리와 근저의 동기를 형성하는 것은 바로 피해자 내사물로 이루어진 거짓 자기 체계이다. 자살 충동은 개인의 자기감의 핵심에 자리잡고 있는 중립화되지 못하고 해결되지 않은 공격적 충동의 표현이며, 이것은 공격자 내사물과 피해자 내사물이라는 이중적 형태 안에 공고하게 뿌리내리고 있다.[19] 공격성이 적절하게 방출되거나 그것이 투사되는 중요한 사랑 대상에 의해 흡수되지 못할 경우, 그것은 재내재화되어 아이의 출현하는 자기감의 항구적인 부분을 이루지 못한 채, 부정적인 형태의 공격성으로 남게 된다. 이러한 맥락에서, 그런 개인의 자기 증오와 자기 혐오는 특별한 의미를 갖는다. 이 자기 증오와 자기 혐오는 그가 자신 안에서 느끼는 내면의 증오스러움과 사악함에 대한 죄책감과 수치감을 반영할 뿐만 아니라, 그의 중요한 사랑 대상들과의 관계에서 해소되지 못하고 동화되지 못한 증오를 반영한다(이것은 의식적이라기보다는 더 자주 무의식적인 과정이다).

한편으로 피해자 내사물 또는 피해자됨의 역동과 다른 한편으로 증오의 역동 사이의 상호작용은 아동의 발달 경험에서만이 아니라 성인의 삶의 경험에서도 발생한다. 자살 환자는 피해자됨의 지점에 고착되는데, 그것이 전부가 아니다: 거기에는 또한 피해자됨에 대한 결심과 피해자 내사물에 대한 집착이 있다. 피해자 내사물에 대한 집착은 강한 자기애적 요소에 의해 강화된다. (이 주제에 대한 논의는 우리의 주제를 벗어날 것이다.) 이것은 자살 환자의 무의식적 동기 안에서 강력한 세력을 가질 수 있는데, 우리는 이것을 유아기 의존의 원래적 대상에 대한 강하고 양가적인 집착을 나타내는 것으로 볼 수 있다. 내가 말하고자 하는 것은 피해자됨에 대한 환자의 결심이 그의 성인 관계의 많은 영역에서 피해자됨의 상황을 이끌어내고 유발할 수 있다는 것이다. 이러한 역동에 대한 이해는 아동의 발달 경험에 대해서 뿐만

---

19. 따라서 피해자 내사물은 그것을 중심으로 "부정적인 정체성"이 조직되는 핵이 된다. 청소년기 자살에 대해 논의하면서, 에릭슨(1956)은 제안하기를, "'죽고 싶다'는 소망은 '자살하는' 것이 그 자체로서 피할 수 없는 정체성으로 선택되는 예외적인 경우에서만 정말로 자살적인 소망이 된다"라고 말한다(p. 82).

아니라 자살 환자의 삶의 경험 유형에 대해서도 몇 가지 소중한 통찰을 제공한다.

나는 말츠버거와 부이(1980)를 인용하는 것으로 이 논의를 요약하고 그것에 초점을 제공해보겠다:

자살은 내재화의 실패를 다루려는 노력으로 이해할 수 있다. 빈약하게 통합되고 어느 정도는 항상 낯선, 증오로 채워진 내사물(공격자 내사물)은 사악한 자기(피해자 내사물)의 사형집행을 요구한다. 증오로 채워진 내사물은 박해자를 없애기 위해 자신을 공격할 것을 촉구하며, 그 결과 영속적으로 자기를 위협한다. 이때 죽음 자체는, 마치 무덤 너머에서 기다리는 저 어두운 망각이 그러하듯이, 위안을 주는 어머니로 경험될 수 있다.

환자는 견딜 수 없이 고독하고 무력하며 메마른 삶으로부터 그리고 내면의 박해자로부터 도피하여, 위안을 주는 어머니 품안에서 다시 태어나기 위해 죽음으로 향하고 싶어 한다. 삶에서 내면의 죽음을 발견하는 피해자가 죽음에서 내면의 삶을 추구하는 것이 곧 자살의 역설을 구성한다(p. 70~71).

치료적 함의

자살 환자가 그의 삶의 경험 안에서 이러한 역동적 과정을 실행한다면, 동일한 역동이 치료적 만남에서 훨씬 더 강하고 자극적인 방식으로 작용할 수 있다는 것을 말해준다. 환자는 일차적 사랑 대상과의 원래적 관계 안에서 작용하던 파괴적이고 양가적인 충동의 역동을 재창조한다. 환자가 돌봐주는 사람에게 투사할 때 증오로 경험되는 것은 본질적으로 방출되지 못하고 비중립화된 공격적 또는 파괴적 충동이다.

이러한 전략은 명백하게 피해자로서의 환자의 위치를 무의식적으로 강화하고 공고화하는 결과를 가져온다. 환자는 내적인 사악함, 무가치함, 그리고 원시적인 죄책감을 갖게 된다. 이러한 투사적 장치를 통해 이루어지는 방어적 과정은 여러 가지 형태의 도발적 행동으로 자체를 드러낸다. 환자는 치료자를 불신하고, 비하하고, 비판하고, 경멸할 것이다. 환자는 치료자가 나타내는 초조함이나 분노 등의 어떤 표현도 자신의 투사를 확증하는 것으로 간주한다. 환자의 도발은 신체적 공격이나 개인 소유물의 파괴를 포함하여 직접적인 물리적 행동의 형태를 띨 수 있다. 또는 특별히 불편한 시간에 전화를 건다든지, 치료 상황에서 침묵으로 일관하거나 철수하는 형태를 띨 수도 있다.

치료자의 역할

자살을 시도하는 많은 환자들은 자신들의 생존에 대한 책임이 치료자에게 있다고 생각한다. 그들이 치료자와 맺는 유대의 본질에 관한 이러한 가정은 정신분석학 문헌에 다소 광범하게 나타나는 동기, 즉 환자를 자살 충동으로부터 보호해야 한다는 관점에서 형성된 것으로, 치료자의 역할을 강조하는 경향이 있다. 환자의 자해를 예방하기 위해 다양한 관리 기술(치명적 무기의 제거, 행동의 제한, 입원, 제3자에 의한 감시 등)이 필요하다. 이들을 다루는 데는 조종 기술도 필요하다. 그런데 이 모든 것들은 환자 자신이 세상에 살아 있는 것과 관련된 책임을 타인에게 전가하는 경향성을 강화하는 역할을 한다. 헨딘(1982)이 지적하듯이, 그런 접근이 실제로 자살을 방지하는 데 효과가 있다는 증거는 없다. 그는 다음과 같이 언급한다:

어떤 경우든, 병원 안이나 밖에서 치료자가 자살하기로 결심한 환자를 감시, 감금 혹은 예방의 어떤 형태를 통해 그의 생존을 보장하기는 어렵다는 것을 깨닫는 것이 더 중요하다. 환자를 돕는 최선의 방법은 그가 죽음을 위협으로 사용하는 방법을 포함, 해서 그가 죽고 싶어 하게 만드는 문제를 이해하는 것이다 (p. 162).

자살 환자들은 치료자가 불안해하는 것, 특히 환자가 자살하겠다고 위협할 때 치료자가 불안으로 반응하는 것에 매우 민감하다. 그들은 치료자를 조종하는 방법으로 그러한 불안을 사용하는 데 익숙해 있으며, 그런 방식으로 치료자의 기질을 시험해 보려고 한다. 헨딘(1982)은 다음과 같이 관찰한다:

만일 치료자가 자살의 위협에 대한 반응으로 환자의 불합리한 요구를 들어주면, 이러한 상황은 보통 반복되는데, 점차 환자의 요구가 증가되고 그것이 충족되지 않으면 분노와 불만도 늘어난다. 이러한 환자의 성격 특성과 기대가 탐구되고 이해되지 않으면, 치료자는 환자에게 예속되기 쉬우며 바람직하지 못한 치료 결과를 초래하게 된다(p. 163).

치료자는 자신의 피할 수 없는 관심, 즉 환자가 자살하지 못하게 막으려는 자신의 소망, 그리고 환자의 자살 위협에 따른 불안으로 인해 취약한 입장에 처하게 된다(즉 환자의 피해자가 되는 위치에 놓인다). 만일 그가 환자를 자살로부터 구할 수 있다는 자기애적 환상에 빠지거나 환자가 살아 있게 하는 책임을 기본적으로 떠맡는다면, 그가 실제로 그 환자를 자살로부터 구할 수 있는 가능성은 감소한다. 헨딘은 (1982) 말한다:

치료자는 단순히 삶에서 경험하지 못한 돌봄과 관심을 치료 상황에서 제공함으로써, 즉 거절하지 않음으로써 환자에게 삶에 대한 희망을 줄 수 있을 것이라는 가정으로 인해 곤란을 겪는다. 그러나 종종 환자의 숨겨진 의도는 치료자가 할 수 있는 것은 결코 충분하지 않다는 것을 증명하는 것으로 드러난다. 치료자는 자신이 자살 환자의 구원자이기를 바라고 있기 때문에 환자가 자신을 사형집행자로 몰아간다는 사실을 알아채지 못할 수 있다(p. 171~172).

환자는 치료자가 자신의 치료에 부적절하고, 도움이 되지 않으며, 자신의 고통을 덜어주기 위해 거의 혹은 전혀 아무것도 하지 않는다고 계속적으로 비난한다. 즉 그는 일반적으로 지속적이고 직접적이며 암시적으로 치료자가 무능하다고 주장한다. 따라서 치료적인 침범이나 효과적인 치료 진전에 대한 저항은 상당히 완고하고 강할 수 있으며, 심하게 부정적인 치료적 반응의 형태를 띨 수 있다. 치료자는 자살 환자가 그의 삶의 경험의 많은 국면들에서 이러한 행동을 보인다는 것을 상기한다면, 이러한 역동의 계속적인 강화가 자살의 성공 가능성을 더욱 증가시킬 수 있다는 사실을 어렵지 않게 이해할 수 있을 것이다.

역전이 증오

이러한 상호작용의 역동은 말츠버거와 부이(1974)에 의해 사려 깊게 서술되었다. 그들은 환자에 의해 유발된 고통스런 증오의 경험을 다루기 위해 치료자가 동원하는 방어의 유형에 대해 상세하게 서술한다. 그러한 역전이 증오는 억압되며, 따라서 치료자는 백일몽에 빠지거나 치료에서 일어나는 일 이외의 다른 것을 생각하기도 한다. 그는 초조해지거나, 지루해하거나, 졸릴 수도 있다. 역전이 증오는 치료자 자신에게로 돌려질 것이며, 환자를 돕는 자신의 역량을 의심하게 될 것이다; 그는 죄책감, 굴욕감, 부적절감, 무력감, 그리고 절망감을 경험할 것이다. 그는 심지어 자살 충동과 감정까지도 경험할 것이다. 이러한 피학적이고 자기비판적인 치료자의 태도는 환자가 치료자에게 공격적인 충동을 직접적으로 분출할 수 있는 모든 가능성을 가로막으며, 그 결과 자살적 역동을 심화시킬 수 있다.

역전이 증오는 그 반대 방향을 취할 수도 있다. 치료자는 우선적으로 환자에게 도움을 주려고 애쓰며, 그의 행복에 대해 과도하게 걱정하게 되는데, 여기에는 빨리 치료해주고 도와주어야 한다는 불안이 포함되어 있다. 치료자는 환자의 자살에 대한 과도한 공포에 사로잡힐 수 있고, 환자에게 특별히 필요하지 않은 제한을 가하거나 심지어 입원시키는 등의 과도한 조처를 취할 수 있다. 그런 치료자는 환자의 충동과 분노를 다루는 데 따르는 합리적인 위험을 감수할 수 없으며, 일반적으로 자살 충동을 가진 환자를 도울 수 없다.

역전이 증오는 또한 환자 자신의 투사적 작용으로 재투사되는 형태를 취할 수 있다: "나는 너를 죽이고 싶지 않은데, 너는 너 자신을 죽이고 싶어 한다." 여기에는 주관적인 불안감이 수반될 수 있고, 치료자는 환자가 자살 충동을 실행에 옮길 수도 있다는 불안이 있다. 따라서 치료자는 종종 무력감을 느끼고, 그가 염려하는 것 중에 얼마 만큼이 객관적인 가능성에서 오는 것이고, 얼마 만큼이 자신의 적대적인 감정에서 오는 것인지를 아는 데 어려움을 겪는다. 이러한 상황 안에는 몇 가지 위험이 도사리고 있다. 치료자는 입원과 같은 불필요한 외적 통제를 부과하는 것으로 자신의 역전이 적대감을 행동에 옮길 것이다. 이러한 행동은 치료적 연대를 붕괴시키는 작용을 하고, 마침내 자살 행동을 유발할 수 있다. 치료자는 그런 행동에 대한 공포로 인해 객관적인 보호 조치가 필요하다는 사실을 인지하지 못할 수도 있다. 또는 치료자가 실제로는 그렇지 않은 상황을 절망적이라고 느끼는 바람에 사례를 포기하고 환자를 거부할 수도 있다. 투사는 때때로 "나는 너를 죽이고 싶지 않지만, 너는 나를 죽이고 싶어한다"는 형태를 취할 수 있다. 이것은 부분적으로는 환자의 증오를 인지하는 데 따른 반응일 수 있으나, 여기에는 치료자가 환자를 거부하고 버리는 방식으로 반응할 수 있는 위험이 따른다.

마지막으로, 치료자는 역전이 증오를 확인하기 위해 객관적 현실의 왜곡과 부인에 의존할 수 있다. 이러한 상황에서, 치료자는 환자를 비하하고, 그 사례를 절망적인 또는 나쁘거나 위험한 사례로 보기 시작한다. 그래서 시기적으로 치료를 종결할 때가 아닌데도 환자의 치료를 중단하고, 환자를 다른 치료자나 다른 기관으로 보내거나, 아직도 보호 환경을 필요로 하는 환자를 병원에서 퇴원시킬 수도 있다.

말츠버거와 부이(1974)는 역전이 증오의 역동 안에 있는 이러한 방어적 상호작용의 유형에 대한 논의를 끝맺으면서 다음의 관찰 내용을 제시한다. 이것은 아이에 대한 어머니의 증오라는 주제에 대해 언급한 위니캇의 말과 상당히 유사하다:

반치료적 행동화로부터 환자를 보호해주는 최고의 요소는 그러한 충동을 의식할 수 있는 치료자의 능력이다. 좀 더 완전한 보호를 위해서는 치료자가 자신의 역전이 증오를 인정하고, 견디고, 직면함으로써, 그것에 대해 편안하게 느끼는 것이 필요하다. 달리 말하면, 치료자의 역전이 증오 안에는 반복적으로 악의적인 관계 안에 타인들을 연루시키고 궁극적으로는 그들로부터 거부 당하려고 하는 자살 환자의 충동이 나타난다. 치료자가 역전이를 수용하고, 견디며, 담아줌으로써, 거부 받는 경험을 반복하고자 하는 환자의 시도에 말려드는 대신 환자의 과거 상처를 회상하도록 돕는다면, 그것은 해석을 통해 극복될 수 있다(p. 632).

사례

이 요소들은 한 여성 환자의 사례에서 그 모습을 드러내고 있다. 50세 된 화려한 외모의 소유자인 그녀는 여러 해에 걸친 치료기간 동안에 강한 자살 충동을 드러냈다. 유복한 가정의 외동딸이었던 그녀의 부모는 사회적으로 저명한 사람이었지만 그녀에게는 무관심했다. 특히 아버지는 반복적으로 우울증에 시달렸고 자살 충동을 느끼곤 했다. 부모는 서로 잘 맞지 않았고, 계속 싸웠으며, 빈번히 이혼 직전까지 가곤 했다. 그녀가 5세였을 때, 고아가 된 사촌 오빠가 함께 살게 되었는데, 그때 그녀는 자신이 부모의 관심 밖으로 밀려났다고 느꼈다. 반면에 사촌 오빠는 점차 요구하는 것이 많아지고 다루기가 힘들어졌다. 사촌 오빠는 그녀의 집안에서 갈수록 어려움과 불화의 원천이 되었고, 그녀는 계속해서 자신의 부모와 사촌 오빠를 화해시키는 역할을 하는 것이 자신의 운명이라고 느꼈다. 마침내 부모가 모두 돌아가셨을 때, 그녀는 사촌 오빠가 가진 것이 없고 의지할 사람도 없는데 반해, 그녀 자신은 스스로 잘 헤쳐나갈 수 있다 ― 즉 아동기 유형의 반복 ― 는 이유로 자신의 유산(상당한 액수의)을 사촌 오빠에게 넘겨주었다.

이런 피학적 유형은 환자의 삶에서 계속해서 반복되었다. 그녀는 또한 자신보다 나이가 많은 남성들에게 희생적으로 헌신했는데, 그들과의 관계에서 자신에게 상당한 불이익이 되는 결정을 하였다. 그때마다 그녀는 항상 자신은 더 좋은 일을 하고 있고 자신을 잘 돌볼 수 있다고 느끼면서 그렇게 하였다. 그녀는 결혼을 하지 않았고, 기회가 올 때마다 피하곤 했다. 이런 방식으로 그녀는 반복해서 자신을 피해자의 위치에 두었고, 그럴 때마다 쓰디쓴 분노와 살인적인 격노를 축적했다. 이 과정에서, 그녀는 뛰어난 능력과 재능을 필요로 하는 직종에서 일하게 되었다. 그녀가 우울증에 걸리고 자살을 생각하게 된 직접적인 촉매제는 그녀보다 나이가 훨씬 많은 그녀의 상사가 퇴직하고 나서 그 도시를 떠난 사건이었다. 회사에서는 그녀에게 다른 직위를 제의했지만 그녀는 갑작스럽게 회사를 그만 두었고, 인생의 내리막길을 달리기 시작했다.

여기에는 오이디푸스적인 요소가 명백하게 드러나고 있다. 그녀는 다시 한번 비틀거리는 그녀의 아버지 인물인 직장 상사를 도와주는 지지자가 된 것이다. 그녀가 어렸을 때 그녀의 아버지는 우울증에 시달리고 있었고, 철수한 상태였으며, 일을 할 수 없었다. 환자는 그녀의 상사가 자신을 좋아했고 언젠가는 자신에게 청혼하리라는 환상을 간직하고 있었다. 그 상사가 그녀를 버리고 떠남으로써 그녀의 환상이 깨졌고, 그녀는 극심한 피해자의 상태에 빠졌으며, 그녀의 무의식적인 분노가 자극되었다. 그녀는 일을 그만 두었고, 저축한 돈을 탕진했으며, 친구들도 만나지 않았고, 심지어 다른 도시로 이사를 갔다. 그녀는 삶의 모든 측면에서 더욱 절망적인 피해자됨의 상황을 만들어냈다. 그녀는 혼자였고, 가족이나 친구도 없었으며, 일도 없이, 그녀의 재정적 자원을 고갈시키고 있었다. 그녀가 파고 있던 구멍이 점점 더 깊어지는 이 지점에서, 그녀는 치료를 시작하였다.

상당한 저항에도 불구하고, 그녀와 나는 점진적으로 이러한 피해자됨의 유형을 명료화할 수 있었다. 그 유형은 그녀가 좋은 아버지 인물에게서 (그리고 어느 정도는 나에게서) 사랑과 돌봄을 필사적으로 갈구했음에도 불구하고, 그것을 받지 못했을 때 상처받고 분노하며 버려졌다고 느끼는, 그녀 안의 작은 소녀와 관련되어 있었다. 그 작은 소녀는 좌절된 분노를 그녀 자신에게 돌리면서 자신을 피해자됨의 구덩이 속으로 더 깊이 빠뜨리는 방식으로 반응하였다. 매번 새로운 도움을 요청할 때마다 그녀는 자신의 환상 속에 있는 아버지 대리물로부터 도움 받기를 소망했다. 그러나 그때마다 그녀는 실망했고, 그녀의 상처, 분노, 그리고 죄책감은 강화되었다. 이러한 유형의 근저에는 격렬하고 완고한 원시적 자기애가 놓여 있었다. 그 작은 소녀는 스스로 노력을 하거나 책임을 지는 일없이 자신의 기대가 성취되고, 좌절과 박탈에 대한 보상을 받기를 원했다. 그녀는 자신은 아무 것도 받을 수 없는 가치 없는 존재라는 확신과는 모순되게, 타인들이 소유하고 있는 좋은 것은 모두 그녀의 것을 박탈해간 것으로 간주(아동기에 그녀의 사촌과의 상호작용에서처럼)하는 근저의 시기심을 갖고 있었고, 그 시기심의 층 위에는 죄책감의 층을 가지고 있었다. 남들이 부러워할 만한 자격을 갖고 있다는 느낌과 자신은 모든 것을 박탈 당했다는 느낌은 내사물에서 양극적으로 드러나는 병인적 자기애의 표현임을 알 수 있다.

환자는 거짓 자기 체계를 중심으로 피해자 내사물을 조직화함으로써 중요한 인물에게 순응적으로 복종하는 모습을 드러냈다. 그러나 그 내사물의 자기 희생적이고, 피학적인 자기 훼손의 요소는 그녀의 공격자 내사물 안에 자리잡고 있는 자기 파괴적 요소의 강도를 증가시키는 데 사용될 뿐이었다. 피해자 내사물은 분명히 다소 피학적이고 자기 희생적인 그녀의 어머니와 함께, 우울하고 비기능적인 피해자인 그녀의 아버지의 모습에 기초한 것이었다. 피해자 내사물은 부모 모두의 내재화에 의해 강화되었고, 특히 우울하고 자살 충동을 갖고 있던 그녀의 아버지와의 동일시를 통해서 확립되었다.

치료는 마치 전설속의 이야기처럼 그녀가 나와의 관계 안에서 이러한 요소를 실연하는 방식으로 전개되었다. 그녀는 너무나 무력하고 어려운 상황에 처해 있는 자신을 치료자가 안스럽게 느끼고, 동정하고, 도와주며, 확신을 주고, 치료 과정에서 예외를 허용해줄 것을 계속해서 요구했다. 나는 이러한 압력에 직면해서, 그녀의 고통에 공감하면서도 그녀의 감정이 지닌 역동을 탐구할 것을 요구하면서 확고한 치료적 자세를 유지하는 치료의 정도(正道)를 유지했다; 그녀의 행동, 삶, 치료에서 스스로 피해자가 되는 패턴에 지속적으로 초점을 맞추었다; 그리고 그녀가 자신의 삶과 행동에 책임을 지고 받아들이며, 자신의 자살 충동에 굴복하도록 유혹하는 퇴행적 세력에 저항할 필요가 있다고 주장하였다. 나는 그녀가 부모에 의해서거나, 그녀의 삶의 조건이나 충동과 감정에 의한 무력한 피해자가 아니며, 그녀가 스스로 피해자됨을 선택하고 집착하는 데는 어떤 이유가 있다는 사실을 그녀에게 계속 말해주었다. 나는 또한 그녀가 느끼고 행한 것에 대해 스스로 책임질 것을 요구하는 것—즉 그녀의 피해자됨의 침해—에 대한 그녀의 분노와 대면해야 했고, 그 어떤 죄책감도 나의 책임으로 돌리지 않고 그녀의 책임으로 되돌려주는 역할을 감당해야 했다.

피해자 내사물

숙련된 치료자들은 저항이 심한 자살 환자들과의 관계에서 그러한 역전이가 발생할 위험이 있다는 것을 잘 알고 있다. 이런 환자는 치료 과정을 방해하는 일에, 그리고 모든 점에서 치료자의 노력을 허사로 만드는 일에 열중하는 것으로 보인다. 이런 환자의 증상은 어떤 약물로도 완화시킬 수 없다. 약물은 항상 성가신 부작용을 낳으며, 그래서 약을 끊거나 바꾸어야 한다. 이런 환자는 치료자의 어떤 해석이나 통찰을, 그것들에 의해 아무런 영향을 받지 않은 채, 그저 순응적으로 받아들이는 경향이 있다. 그럴 경우, 치료자는 계속해서 좌절하고, 자기 의심에 사로잡히며, 죄책감이나 분노를 느끼게 된다. 치료 상황에서 그의 치료적 기법은 무용지물이 되고, 자기애는 공격받으며, 조급함과 좌절감은 쉽게 짜증으로 그리고 환자에 대한 절망으로 변한다. 치료적 상호작용은 치료자가 환자의 피해자 역할의 상대역인 가해자 역할을 하도록 유도하기 쉽다. 이런 환자는 치료자의 한계와 치료 과정의 본래적 한계에 계속적으로 도전하는 경향이 있다.

치료자의 중심적인 과제는 이러한 역전이 요소에 지속적으로 관심의 초점을 맞추는 것이며, 피해자 내사물을 강화하려고 유인하는 환자의 의도에 부주의하게 빠져들지 않는 것이다. 이것은 치료적 연대라는 핵심적인 치료적 요소를 유지하려는 일관된 노력, 피해자 내사물―특히 치료적 상호작용 안에서 나타나는―의 차원들을 탐구하려는 지속적인 노력을 필요로 하며, 자신의 자살적 소망에 대해 책임을 지지 않으려고 하는 환자의 시도에 직면하는 시도를 필요로 한다. 이러한 접근을 위한 개요는 이 책의 앞 부분에서 제시된 바 있다(제2장을 보라).

자살 환자의 피해자 내사물을 다룸에 있어서, 치료자가 환자의 자살 욕구에 대한 책임을 떠맡지 않는 것이 특히 중요하다; 동시에, 환자의 자살 충동이 압도적일 때, 환자를 보호하기 위한 목적으로 입원 조치를 포함하여 환자로 하여금 자신의 자살 충동을 탐구하고, 이해하며, 조절하도록 충분히 도와야 할 책임이 치료자에게 있다. 이 과제는 결코 쉬운 일이 아니지만, 치료의 성공은 불가피한 일탈에 대한 지속적인 점검과 그 일탈의 이유에 대해 환자와 함께 살펴보는 데 달려 있다. 이것은 치료 상황 안에서 피해자 내사물이 어떻게 작용하는지를 규명하고, 치료적 성과를 얻기 위한 가장 효과적인 기회를 제공할 수 있다. 피해자 내사물이 차츰 제거됨에 따라, 환자가 좀 더 긍정적인 자기를 조직할 수 있는 여지가 만들어진다. 이 새로운 자기 조직은 그 혹은 그녀의 허구적이고 이분법적인 거짓 자기 조직보다 더욱 진정되게 살아 있다는 느낌을 허용하고, 환자 자신의 내면의 목적과 더 큰 조화를 이룬다.

비록 이 과제가 매우 어려운 일이라고 해도, 그 일을 통해 치료자는 피해자 내사물의 역동을 붕괴시키고 거짓 자기 양태가 강화되는 것을 막을 수 있다. 치료자는 자신의 역전이 증오를 인정하고, 견디며, 다룰 수 있는 만큼, 공격적이고 파괴적인 환자의 충동에 의한 피해자가 되지 않을 수 있다. 그때 환자는 방해받고, 지속적으로 퇴행적인 피해자 내사물의 지배를 받음으로써 가로막혀 있던 공격자와의 동일시라는 초기 어린 시절의 문제를 다룰 수 있게 된다.

제 10 장

중독과 편집증적 과정: 정신분석적 관점

정신분석은 중독 현상에 대한 지속적인 관심을 통해서, 특히 중독의 심리적 조건을 밝혀내는 것을 통해서 중독에 관한 가장 핵심적인 이론을 제공해왔다. 요크(Yorke, 1970)는 중독 이론의 발달사를 종합하였는데, 그의 접근 방법은 개인 연구자들의 관심사를 그대로 보여주는 것이었다. 이런 접근 방법은 각 이론을 일관성 없이 그대로 모아놓은 것에 지나지 않을 뿐만 아니라, 현대의 약물 사용과 약물 의존의 경험에 대한 좀 더 포괄적인 견해를 제시하지 못하고 있다는 결점을 갖고 있다.

중독에 대한 좀 더 포괄적인 견해를 제시하려는 이후의 시도들은 훨씬 더 만족스러운 것이었다. 우름저(Wurmser, 1974, 1978)는 중독을 "자기애적 위기"와 관련시켜 설명했다. 그는 자기애적 위기의 발생에서 기질적 요소들이 담당하는 역할을 강조했다. 크리스탈과 래스킨(Krystal and Raskin, 1970)은 약물 중독 상태의 병인을 고통스러운 감정, 특히 자아가 감당할 수 없는 불안과 우울; 대상 및 자기 표상의 병리적 변천; 그리고 마지막으로 약물 효과에 의한 의식 상태의 변화에서 찾았다.

그러나 약물 현상을 이해하려는 포괄적인 시도는 몇 가지 특수한 문제들을 만나게 된다. 일차적으로 만나는 것은 진단의 문제이다. 좀 더 초기의 분석적 연구는 중독 행동의 좀 더 원시적인 측면을 강조하는 경향이 있었고, 중독 상태를 정신병이나 정신병과 유사한 상황과 밀접하게 관련시켰다. 심지어 현대 문헌들조차도 중독 현상을 정신증적 과정의 측면에서 서술하거나, 환자의 정신증적 잠재성과 관련시키거나, 혹은 빈번히 경계선 상태와 연결시키는 두드러진 경향을 보인다. 그러한 공식화는 일반적으로 입원 중인 중독 환자에 대한 정신과적 경험을 바탕으로 한 것이고, 우리가 이미 언급한 바 있는 선택적 경향성의 요인에 의해 영향을 받았을 가능성이 크다. 우름저(1978)는 예외적으로 원시적 성격 조직의 다양한 수준을 반영하는 충동적 중독자는 이러한 공식화에 해당되지 않는다고 보았다.

약물을 사용할 수 있는 가능성이 높아지고 약물 사용 및 남용 현상이 유행병처럼 확산된 이래, 정신과 의사들은 약물에 의존하기 쉬운 다양한 성격 조직에 대해 많은 것을 이해하게 되었고, 특정 개인의 약물 의존이 심리 내적 기질뿐만 아니라, 외적인 결정 요인의 영향을 반영한다는 사실을 더 분명하게 알게 되었다. 그 결과, 진단의 문제는 논란 대상으로 남게 되었다.

뿐만 아니라, 약물 의존을 초래하는 원인과 결과를 가려내는 것은 쉬운 문제가 아니다. 이것은 특히 문제의 심리적 측면에서 심각하다. 왜냐하면 중독과 관련된 심리적 장애나 취약성이 사실상 약물 의존의 결정적인 원인이라고 결론을 내릴 수 없기 때문이다. 성격 요인들이 독성 있는 약물의 효과로 인해 변화되고, 수정되고, 영향받는 정도는 아직도 결정되어야 할 문제로 남아 있다.

약물에 의한 중독 효과와 약물 의존이 발생할 수 있는 다양한 조건들에 대한 우리의 경험이 확장되면서, 중독에 관한 이론에서 복잡한 결정 요인들이 차지하는 비중에 커다란 변화가 생겼다. 중독에 대한 원래의 정신분석학적 관점은 리비도적 요소의 역할을 강조한 프로이트의 견해로부터 온 것으로서, 일차적 중독은 자위라는 생각에서 분명히 드러나고 있다. 그러나 지금은 약물 경험의 다양성에 대한 인식이 더 명료해졌고, 또한 그러한 현상의 이해에 있어서 배타적으로 심리 내적 결정 요인에만 의존하는 것이 오류일 수 있다는 사실이 명백해졌다. 약물 의존의 중요한 발생 요인에서 환경과 상황적 결정 요인이 담당하는 역할이 점점 더 강조되었다(Zinberg, 1975). 약물 의존에 대한 모든 포괄적인 이론이 상황적인 결정 요인을 특별하게 생각하는 것은 아니지만, 최소한 핵심적인 이론에 대한 공식화에서 상황적이고 사회적인 현상이 결정적으로 영향을 미친다는 사실은 수용되고 있는 것으로 보인다.

또 다른 문제는 특정한 약물 효과에 대한 이해가 점차 정교화되는 현상과 관련되어 있다. 이 문제에 대한 초기의 이론적 접근은 약물 의존을 단일한 현상으로 간주하는 경향이 있었다. 따라서 요크(1970)는 다음과 같은 사실에 주목한다:

대부분의 저자들은 서로 다른 종류의 약물 중독을 구별하지 않고 있으며, 그것들을 동일한 것으로 간주하는 경향이 있다. 그리고 알코올 중독 역시 동일한 병리의 일부분으로 포함시키고 있다. 그러나 이것은 사실이 아닐 수도 있다(p. 143).

다양한 유형의 중독에 대해서 점점 더 많은 것을 알게 되면서, 특정한 중독성 약물이 지닌 약리적 특성을 약물 의존 문제의 일부로 취급해야 한다는 것을 깨닫게 되었다. 예컨대 글로버(1932)의 견해와 같은 좀 더 초기의 견해는 환자의 성격 안에 잠재되어 있는 중독 가능성을 강조하는 반면, 특정 약물이 갖고 있는 잠재적 중독성을 최소화하는 경향이 있다. 그러나 약물의 약리학에 대한 지식이 다양하게 제시되면서 현대 이론가들은 특정한 약물이 지닌 약리적 효과를 약물 의존 문제의 일부로 취급하게 되었다.

편집증적 과정

이 장은 편집증적 과정 안에 있는 심리 내적 결정 요인들의 복잡한 상호작용, 환경적이고 상황적인 요인, 그리고 특정 약물의 효과에 대해 서술할 것이다(Meissner, 1978b). 이러한 시도의 목적은 약물 중독 현상의 이해를 위한 좀 더 통전적인 맥락을 제공하고, 의미 있는 심리치료적 개입과 약물 의존 상태에서 벗어나는 데 필요한 좀 더 안정된 기초를 마련하는 것이며, 이를 위해 편집증적 과정의 구체적인 변형이라는 측면에서 중독이라는 문제를 정의하는 것이다.

약물에 대한 의존과 약물 중독을 초래한 원인이 되는 상황의 중심에는 주체의 내사물 조직이 있다. 그러한 내사물 조직이 원시적일수록, 그리고 그것이 초기 대상관계의 변천 및 그것과 관련된 발달적 어려움에서 기인하고, 그러한 내용을 반영할수록 그것은 퇴행적 압력에 취약하며, 자기 조직은 상대적으로 더욱 취약해진다. 결과적으로 내사물의 내적 조직과 응집성, 그리고 그것과 관련된 자기 조직이 취약할수록 자기 조직은 외부로부터 오는 안정감을 더욱 절박하게 필요로 하게 된다.

이러한 외부적 원천에 의존하는 모습은 다양한 형태를 띨 수 있다. 그것은 다양한 유형의 집단에 가입하는 것, 종교에 헌신하는 것, 정치에 열성적으로 참여하는 것, 혹은 개인적으로 자기 유지를 위한 관계에 몰입(고도로 의존적이고 자기애적으로 동기화된 치료 관계에서 그렇듯이)하는 것 등을 포함한다. 혹은 그것은 변태나 성도착의 형태, 또는 특정한 약물에 의존하는 중독 형태로 나타날 수도 있다. 자기의 내적 취약성때문에 외부의 지지를 필요로 하는 이러한 경우에 문제가 되는 것은 그런 개인이 단순히 외적 자원에 의존한다는 사실에 있는 것이 아니라, 모든 것을 외재화시키는 정신 조직을 사용해서, 즉 투사를 통해서 자신의 내적 욕구와 관계를 맺는다는 사실에 있다. 이 모든 경우에 외부적 자원은 수정되고 변형되며, 따라서 그것은 자기 체계의 내적 욕구 및 결함과 더 이상 잠재적으로가 아니라 실제적으로 연결되어 있는, 의미 있는 대상 혹은 대상의 대리물이 된다. 우름저(1978)는 다음과 같이 관찰한다.

> 약물은 원하는 모든 것을 할 수 있고 모든 것이 될 수 있는 자기의 이미지와 느낌으로 퇴행하려는 소망에 응답하는 것으로 보인다. 따라서 개인은 약물을 통해 모든 것을 얻을 수 있다고 믿고, 모든 경계와 좌절감을 무시한다. 그러나 그것은 단지 환상일 뿐이다. 그것은 창조성과 정체성 문제에 대한 해결이 아니라, 원초적 자기애적 갈등에 대한 해결이다. 그것은 자아의 통제에서 벗어난 조종과 지배의 환상적 형태이며, 자아에 해를 끼치는 퇴행의 한 형태이다(pp. 24~25).

대상 의존

약물 사용자들이 맺는 대상관계의 특성은 상대적으로 제한되어 있고, 유아적이며, 뚜렷한 자기애적인 특징을 보인다. 그리고 이것은 이성애이든 동성애이든, 특히 성관계에서 특히 두드러지게 나타난다(Hartmann, 1969). 그들에게는 구강기적인 자기애적 요소가 우세할 뿐만 아니라, 상실된 대상을 대체하려는 강한 욕구가 있는 것으로 보인다. 환자는 종종 중요한 대상을 상실하는 경험 뒤에 약물을 사용하기 시작하며, 약물을 끊은 후에도 대상 상실의 상황이 발생하면 다시 약물을 시작하게 된다. 약물은 부재한 대상, 흔히 부모 중의 어느 한 사람을 대신하거나, 치료 상황에서는 치료자를 대신하는 의미가 있다(Hartmann, 1969). 상실된 부모 대상과의 관계를 안정시키려는 시도는 중독의 근저에 있는 무의식적인 동기로서 작용한다.

중독자는 약물을 예측할 수 있고, 의존할 수 있으며, 항상 자신의 통제하에 있는 대상, 따라서 상실할 염려가 없으며 항상 사용할 수 있는 대상으로 삼는다(Pinderhughes, 1971). 그런 개인에게 있어서, 대상 상실의 위협은 멸절(annihilation) 불안과 같은 심각한 분리 불안을 발생시킨다(Krystal and Raskin, 1970). 발달 초기에 일차적 대상이 주는 좌절이 지나치거나, 그 대상이 주는 만족이 지나치게 유혹적으로 경험될 경우, 대상에 대한 양가감정이 심화된다. 결과적으로, 개인은 외부의 공급을 통해 자신의 욕구를 채우지 못하는 만성적인 불만을 경험한다. 그때 그는 모든 내적 긴장을 완화시키기 위해서 대상과의 융합을 갈망한다. 이러한 개인은 약물을 통해 대상과의 융합을 실현하며, 긴장이 해소된 만족한 상태를 성취하게 되는데, 이때 약물은 대리적 대상으로서 역할을 한다. 개인이 갖는 약물에 대한 이미지 안에는 공격적이고 가학적인 요소들이 스며들 수 있다. 글로버(1932)가 지적하듯이, 약물이 신체 내에 있는 동안에는 가학적 성향이 나타날 수 있다: "그런 상황은 외재화된 편집증적 체계의 위협적인 가학성과 실재로 내재화된 우울적 체계의 가학성 사이에서 어느 한쪽으로 반복해서 이동하는 모습으로 나타난다"(p. 207).

원시적인 양가감정의 충동 하에서, 상실된 대상과 재연합하고 융합하고자 하는 강렬한 갈망이 나타나며, 동시에 분리를 원하는 강한 욕구도 나타난다. 이런 경우, 예전의 원시적 드라마가 반복해서 재연되지만, 근본적인 욕구는 해결되지 못한다. 약물의 사용에서, 상실된 대상은 통제될 수 있고 반복적으로 내사될 수 있으며, 반복적으로 융합될 수 있다. 그리고 그렇게 함으로써 약물은 항상 이용할 수 없고 통제할 수 없는 사랑하는 인간 대상들보다 훨씬 더 욕구를 잘 채워주는 적합한 대상이 된다(Krystal and Raskin, 1970).

중간 대상

중독자가 약물과 갖는 이러한 상호작용의 역동을 이해하기 위해서, 우리는 약물이 중간 대상(transitional object)으로 기능한다고 가정할 필요가 있다. 중간 경험의 양식은 위니캇의 연구를 통해 우리에게 잘 알려져 있다(1953). 우리는 이 시점에서, 중간 대상은 내사적 과정 및 투사적 과정의 상호작용을 통해 형성되며, 그 결과 실제의 외적 대상이 주체 자신의 내사적 준거 틀로부터 파생한 요소들이 투사되는 매개체가 된다는 사실을 주목할 수 있다(Meissner, 1978b). 약물을 복용하는 개인은 그 약물을 투사를 통해 변경시킨다. 즉 약물은 전능하고, 만족을 주며, 현실을 자기애적으로 재구성하는 특성을 갖는데, 그것은 실제로 주체 자신의 내적 준거 틀로부터 파생되어 나온 것이다. 크리스탈과 래스킨(1970)이 "실체의 변형"이라고 부른 것이 바로 이 과정이다. 하트만(1969)은 약물 경험의 중간적 특성에 주목하였고, 그리네이커(Greenacre, 1969)는 중간 현상과 주물 애착(fetishism)의 연관성에 대해 공식화했는데, 이로써 약물 경험과 주물 애착 사이에는 밀접한 관련성이 있다는 사실이 밝혀졌다(Berman, 1972). 우름저(1974)도 약물 중독과 주물 애착의 유사성에 대해 지적했다.

편집증적 과정의 측면에서 볼 때, 이러한 비교적 원시적이고 자기애적인 뿌리를 갖고 있으며 강렬하게 양가적인 내사물은 중요한 초기 대상과의 관계 경험에서 파생된 것이다. 심하게 오염되고 양가적인 구강기적 내재화가 문제가 되는 경우에, 비록 아버지의 영향력이 배제되는 것은 아니지만, 그것은 일차적으로 어머니와의 관계에서 기인한다. 그 관계로부터 획득된 내사물은 병리의 핵을 제공하며, 그 핵을 중심으로 개인의 자기감 및 그와 관련된 속성이 조직된다.

최초의 내사 경험에는 이용할 수 없고 반응이 없거나 혹은 과도하게 양가적인 사랑 대상에 대한 느낌과, 그 대상과 내적으로 관련되어 있다는 느낌을 보존하려는 욕구가 포함되어 있다. 동일한 욕구가 약물 경험에서도 지속되고 재연된다. 다만 약물 경험에서는 약물이 투사적 변형을 통해 중간 대상이 된다는 점이 다를 뿐이다. 약물의 이러한 중간적 변형 혹은 "실체의 변형"은 중독자의 내면의 긴장을 완화시키고, 내면의 고통을 덜어주며, 만족을 주는 마술적인 힘과 환상적인 잠재력을 발생시킨다(W. A. Frosch, 1970).

중독의 유형

중독의 정의

"약물 중독"이라는 용어를 재정의하고자 하는 시도는 이 문제의 강조점과 의미가 변화해왔다는 사실을 말해준다. 약물 중독에 대한 논의에서, 예전에는 약물 의존 성격이 지닌 심리적 측면들이나 약물 자체가 갖고 있는 중독 효과를 강조하였다. 그러나 오늘날에는 이러한 문제들이 약물 중독의 결정적인 요소가 아니라고 인식하게 되었고, 그 결과 약물 중독에 관한 이론은 복잡한 영향에 더 개방적인 이론으로 변화되었다. 세계 보건 기구는 1957년에 다음과 같은 개정된 정의를 채택하였다:

약물 중독은 약물(자연적, 혹은 합성된)을 반복적으로 사용하여 개인과 사회에 해로움을 줄 정도로 간헐적으로 또는 만성적으로 약물에 취하는 상태이다. 그것의 특성으로는: (1) 약물을 계속 사용하고, 모든 수단을 동원하여 약물을 구하려는 강한 갈망이나 욕구(강제)에 압도당하는 것 ; (2) 사용량을 늘리려는 경향 ; (3) 약물의 효과에 대한 정신적(심리적) 의존, 그리고 때로는 신체적 의존(Krystal and Raskin, 1970, p. 10) 등이 있다.

이것은 몇 가지 중요한 차원을 서술할 수 있는 광범위하고 중요한 연구의 범위를 설정해준다.

약물 사용의 정도.   약물을 우연한 기회에 일시적으로 사용하거나 혹은 실험적으로 사용하는 경우로부터 강박적으로 사용하는 경우에 이르기까지 약물 사용의 정도는 다양하다. 실험적으로 사용한 경우에, 그것은 호기심이나 다양한 사회적 압력 때문이지 약물 효과에 대한 어떤 내적인 강제적 욕구 때문이 아닐 것이다. 아직까지는 약물 사용자들 가운데 그러한 실험적 약물 사용자들이 가장 큰 집단을 구성하며, 그들의 약물 사용은 중독의 범주 안에 포함되지 않는다. 결과적으로, 그러한 실험적 약물 사용의 원인은 어떤 심리 내적 요인보다는 외부적인 원인과 환경적 결정 요인에 의한 것으로 이해될 수 있다. 그러나 이들과는 달리 강박적인 약물 중독자는 좀 더 깊은 근저의 심리적 문제의 증후를 나타낸다.

중독의 심리적 표현이 약물에 의존되어 있음을 드러내는 정도.   우리는 다양한 유형의 약물 중독을 구별할 필요가 있다(Yorke, 1970). 좀 더 초기에는 중독 상태를 비교적 단일한 것으로 간주하는 경향이 있었는데, 당시에는 여러 종류의 약물들 각각이 지닌 약리적 효과를 구별하지 않았다. 약물에 중독되는 사람들이 공통적으로 갖고 있는 심리적 특성에 관한 문제는 여전히 해결되지 않은 채 남아 있으나, 중독성 물질이 중독 과정과 관련이 없다는 견해(Glover, 1932)는 더 이상 유지될 수 없는 것으로 보인다.

정신 병리의 정도. 실험 결과는 과다한 약물 사용자와 사회 부적 응자에게서 비교적 심각한 정신 병리가 발견된다는 견해를 지지한다 (Westermeyer and Walzer, 1975). 따라서 이 둘 사이의 원인 관계가 구체적으로 밝혀지지 않은 상태이지만, 정신과적 장애와 과다한 약물 사용은 종종 공존한다. 심지어 마리화나와 같이 중독성이 낮은 약물을 과다하게 사용하는 사람들도 보통 대인관계에 어려움이 있고, 실직이 잦거나 임시직으로 고용되어 있으며(Mirin et al., 1971), 종종 온전한 사회적 기능을 수행하지 못한다(Hochman and Brill, 1972).

라도(Rado, 1933)는 중독에 관한 그의 초기 논문에서 기본적인 우울적 특성 및 그것과 연관된 초기 자기애적 취약성, 좌절과 고통을 견디지 못하는 것, 그러한 불편을 정서적인 "고조 상태"(high)로 바꾸어야 하는 지속적인 필요성, 정서적이고 의미 있는 대상관계의 부재(약물을 사용하는 동안에 다른 약물 투여자들과의 유사 친밀감을 통해서 극복하려고 하는), 그리고 마지막으로 자존감을 유지하기 위해 사용하는 인위적 기법 등을 강조한다. 약물 청소년에 대한 연구에서, 도라 하트만(Dora Hartmann, 1969)은 이러한 특성이 뚜렷한 중독자뿐만 아니라 중간 영역에 속하는 집단에도 적용된다는 사실을 관찰했다. 그녀는 초기 대상관계와 자아발달이 심각하게 방해받지 않았을 경우, 부모의 권위에 대한 반항이나 호기심 때문에 일시적으로 약물을 사용했다 하더라도, 이런 행동 유형이 더 이상 필요 없게 되었을 때 약물 사용을 중단할 수 있었다는 사실을 지적한다. 다른 한편, 그녀는 자존감을 유지하는 수단으로서 약물을 사용하는 집단에 대해 서술한다. 이 "인위적 기법"(artificial technique)—라도의 용어—을 사용하는 개인은 현실에 직면해 경험하게 되는 좌절감을 감당하지 못하고, 청소년기 발달의 본질적인 과제인 좀 더 성숙한 대상관계를 확립하는 데 필요한 활동을 적극적으로 수행하지 못한다. 그들은 감정적인 친밀감이 없는 다른 약물 투여자들과 유사 친밀감을 유지하며, 성적 만족은 자위의 수준에 머무른다.

유연성의 문제.　　에드워즈(Edwards, 1974)는 이 문제에 관한 훌륭한 논의에서, 특정한 정신활성 물질(psychoactive substance)의 유연성은 그 물질에 의해 나타난 행동이 변화될 가능성의 정도를 가리킨다고 제안했다. 약물 의존(drug dependence)이라는 개념이 일반적으로 행동적 유연성의 상실을 함축하는 반면, 약물 의존 행동(drug dependent behavior)이라는 개념은 항상 어느 정도의 유연성을 지니고 있다는 것을 함축한다.

유연성은 약물이 유기체에 미치는 직접적인 영향력과 중독자 행동의 유연성뿐만 아니라 약물을 추구하는 개인 행동의 유연성, 특히 약물 사용의 횟수와 사용량, 환경 요인과 이유들, 그리고 약물 투여 행위가 개인의 다른 행동들보다 어느 정도 우선적인 것인지 등의 요소들을 포함한다. 약물과 관련된 행동의 이 두 가지 측면 모두는 환경적 요소에 의해 영향을 받고 수정된다.

에드워즈가 지적하듯이, 약물에 대한 연구가 임상적 유형론을 과도하게 강조한 것은 약물 의존의 이러한 차원을 고려하지 못했기 때문이었을 수 있다. 따라서 알코올 의존 행동이 지닌 유연성의 정도에 따라, 그 개인은 다양한 문화 안에서 정상적인 성격의 범주 안에 포함될 수 있다.

에드워즈(1974)는 맥 앤드류와 에드거튼(MacAndrew and Edgerton, 1969)이 제시한, 알코올에 관한 태도가 각 사회마다 다르다는 사실을 지적한다. 어떤 사회에서는 술에 취한 상태가 통제 받아야 할 법규 위반이지만, 다른 사회에서는 그렇지 않을 수도 있다. 에드워즈는 "알코올이 '억압을 풀어주는'(disinhibiting) 약리적 효과를 지니고 있다고 관습적으로 가정해온 많은 견해들에 대해, 이것들은 문화적 증거의 빛에 비추어 재평가되어야 한다"고 결론을 내린다(p. 182).

우리는 유연성의 개념을 통해서 약물 행동이란 다소 신축성 있는 함축을 담고 있는 핵심적 의존 상태라고 간주할 수 있게 되었다. 여기에서 정신 병리의 정도와 환경적이고 상황적인 결정 요인은 어느 정도 상호 관련되어 있다. 문화적 요인 혹은 환경적 요인은 중독의 증후와 행동뿐만 아니라 중독 현상의 병인적 결정 요인에 있어서도 중요한 변수로 작용한다. 역으로, 정신 병리의 정도 혹은 강박성의 정도는 문화적 혹은 상황적 요인들이 어느 정도 영향을 끼치는가의 문제와 상호적으로 관련되어 있다.

중독의 원인

중독 상태의 인과관계는 분명히 복잡하고 다중적이다. 프로이트(1895)에게서 영향을 받은 우름저(1974)는 약물 중독 또는 약물 의존의 원인과 이유에 관해 위계적으로 서술하였다. 그는 이 원인을 전제 조건, 특정 원인, 공동으로 작용하는 원인, 그리고 촉발 원인이라는 네 가지 유형으로 구분한다.

전제조건은 그것이 없이는 중독 결과가 나타나지 않지만, 그것이 작용하는 정도와 무관하게 그것 자체로는 중독을 가져오지 않는 요인을 가리킨다. 우름저는 중독의 소인이 되는 특성을 제시하는데, 이러한 기질적 요인으로 정서에 대한 방어의 필요성과 퇴행적 만족에 대한 강박적인 소망을 꼽는다.

특정 원인은 중독이 있는 곳이면 어디에나 항상 존재하는 요인으로서, 그것이 일정한 정도나 강도로 존재하고 또한 전제조건이 선행된다면, 중독의 충분한 원인이 되는 것을 가리킨다. 우름저는 자기애적 위기를 특정 원인으로 보는데, 이러한 위기는 외부의 통제에 직면하여 갑작스러운 자존감의 붕괴 및 힘과 통제의 상실을 포함하여 근저의 자기애적 갈등의 급격한 악화를 수반하기 때문이다. 그는 다음과 같은 일련의 인과적 특성들에 대해 서술한다: 자기애적 위기와 원초적 자기애적 갈등이 재발됨으로써 정서적 퇴행이 일어나게 되는데, 이것은 압도적이고 전체적인 분노, 격노, 수치심, 죄책감, 지루함, 고독감, 공허감 혹은 우울함 등의 감정을 수반한다; 여기에는 부분적으로 심리적 이유로 또 부분적으로 약리적인 이유로, 방어적 반응(주로 분열과 부인, 그리고 또한 억압과 다른 방어들)이 뒤따른다. 그리고 이 방어적인 반응은 공격성과 자기 파괴적인 가학 피학주의의 원초적 형태와 연결됨으로써, 좀 더 정교화된 방어인 외재화로 그리고 약물을 통한 마술적 (자기애적) 힘에 몰입되는 것으로 발전한다. 대부분의 경우, 이것은 원시적인 초자아 기능의 출현(초자아 퇴행)과 이에 수반되는 원시적 초자아 공격성에 대한 방어와 함께, 초자아의 분열과 붕괴를 초래한다. 이것은 강렬한 본능적 욕동의 만족과 자기애적 위기의 해결, 자기애적 성취감, 응집적인 자기감의 일시적인 성취 등의 결과를 가져온다(Wurmser, 1978).

공동으로 작용하는 원인은 모든 경우에 존재하는 것은 아니며, 그 원인 자체의 힘만으로는 중독 현상이 발생하지 않지만, 그럼에도 불구하고 전제조건 및 특정 원인과 결합하여 중독의 원인으로 작용하는 것을 지칭한다. 우름저는 문화적 갈등, 특히 한계를 지닌 인간의 가치들 사이의 갈등, 외적 초자아 표상의 소멸, 그리고 점증하는 권위와 전통의 붕괴 등을 공동으로 작용하는 원인으로 꼽는다. 따라서 약물은 권위로부터의 해방에 대한 상징적 표현, 즉 저항과 반항의 상징이 된다.

촉발적 원인은 중독 원인 가운데 마지막 자리를 차지하고는 있지만, 중독 현상에 비교적 크게 영향을 끼치는 요인이다. 그것은 약물 행동의 인과관계를 완성하고 그 효과를 초래하는 데 한 몫을 한다. 우름저는 약물을 쉽게 사용할 수 있게 된 사실과, 또래 집단의 영향에 취약한 사회적 순응을 촉발적 원인으로 꼽는다.

약물 행동의 인과관계

하트만(1969)이 지적하듯이, 어떤 심리적 전제조건도 약물 사용자나 약물 중독자에게만 해당되는 것으로 간주될 수는 없다. 그와 같은 심리적 요인은 약물 행동에서만 발견되는 특징이 아니라 신경증, 우울증, 비행, 그리고 심지어 정신증에서도 발견되는 특징이다. 결과적으로, 약물 행동의 인과관계는 중독 현상이라는 특정한 원인과 충분한 전제조건과의 결합에 기초되어 있으며, 그러한 원인들의 복합체인 동시에 그것에 대한 심리 내적 설명을 제공한다.

따라서 중독 조건의 인과관계에 대한 논의에서, 결정적인 중독 요인은 심리 내적 요인과, 약물 행동이 발생하는 사회적 환경 그리고/혹은 문화적 환경과 관련된 외부적이고 환경적인 원인 사이의 공유 영역에 존재한다고 말할 수 있다. 진버그(Zinberg, 1975)가 관찰하듯이, 불법 약물 사용의 동기와 그것의 효과를 이해하기 위해서는 약물의 종류, 성격 변수들, 그리고 환경을 고려해야만 한다는 견해가 널리 받아들여지고 있다. 따라서 불법적인 약물의 투여라는 구체적인 행동은 사회 환경으로부터 떼어놓고 생각할 수 없다.

사회 환경의 효과는 일종의 위약(僞藥) 효과로 서술될 수 있지만, 그러한 위약 효과를 단순히 암시 기제의 측면에서 이해한다면, 그것은 적절치 못한 것이 될 것이다. 오히려 에드워즈(1974)가 제시하듯이, 약물과 관련된 행동을 사회 환경의 병리로 규정하는 것의 효과는 문화적 요인 자체만큼이나 복잡하고 다중적으로 결정되는 것으로 보아야 한다. 예컨대, 유대인 사회에서 음주에 대한 문화적 통제는 단순히 알코올 한 가지에 대한 태도에 의해서 결정된 것이 아니며, 일반적으로 유대인의 문화적 태도, 가치 그리고 자존감 및 자기 이미지를 토대로 결정된 것이다.

가족의 영향

확실히, 약물 행동을 결정하는 데 중요한 역할을 하는 환경 요인이나 상황 요인 가운데 가장 우선적으로 고려해야 할 것은 중독자의 가족이 끼치는 영향이다(Wurmser, 1978). 중독자의 가족에 대한 대부분의 서술은 환자와 어머니의 관계는 과도하게 친밀한 반면에, 상대적으로 환자와 아버지의 관계는 소원한 것으로 드러난다는 점을 강조한다. 이런 어머니는 자녀를 과잉으로 보호하고, 통제하며, 허용적인 경향이 있고, 무의식적으로 자녀를 유아 상태에 머무르도록 유도한다(Schwartzman, 1975; Calogeras and Capp, 1975). 중독자와 그의 가족들은 그들 중 한 사람이 약물에 노출된다면, 그는 그 유혹에 저항할 수 없을 거라고 믿는 것으로 드러난다. 그리고 약물의 효과에 대한 이러한 무력감은 가족 구성원에 의해 강화된다. 만약 중독자가 약물을 자제한다면, 다른 가족 구성원은 이것을 단지 일시적일 뿐이라고 생각하고, 그에게 그렇게 말한다. 이러한 암묵적인 믿음 체계는 어머니의 과잉보호에 의해 강화되는데 반해, 좀 더 성숙하고 책임 있는 행동을 주문하는 아버지의 모든 시도들은 어머니의 과잉보호에 의해 번번이 좌절된다. 결과적으로, 모든 가족 구성원들은 중독자를 부적절한 존재로 보게 된다.

중독 행동은 환자 안에서 작용하는 심리 내적 요인의 결과일 뿐만 아니라, 가족체계 안에서 무의식적으로 중독 행동의 전제 조건을 강화하고 환자를 중독 상태에 머무르도록 강요하는, 복합적인 세력과 영향력의 결과이다. 따라서 중독자의 중독 행동은 좀 더 깊은 수준에 자리 잡고 있는 가족 병리의 표현일 수 있으며, 가족 내의 심리적 평형과 항상성을 유지하는 중요한 요인일 수 있다. 중독 행동의 원인이 되는 상황적 요인을 고려할 때, 내가 제시했듯이, 좀 더 광범위한 사회·문화적 영향뿐만 아니라 가족 집단의 하위 문화와 역동 안에서 직접적으로 발생하는 좀 더 구체적인 세력들도 고려해야만 한다.

중독의 정신 병리

중독의 정신 병리를 구성하는 우울적, 자기애적, 그리고 공격적 요인은 자살 역동[20]과 밀접하게 관련되어 있으며, 그것들은 모두 내사물 조직의 측면들을 반영한다. 그런 개인은 투사를 사용하여 내적인 고통과 불행한 정서로부터 벗어나려고 한다. 이러한 기제는 투사가 내사 체계의 압력을 완화시키고 근저의 우울한 정서를 감추는 데 사용되고 있는—고전적 이론에서 말하는 초자아 투사의 경우—명백한 임상적 편집증 사례에서 흔히 발견된다. 중독에서 투사를 통한 해결은 편집증적 구성으로 정교화될 것이며, 따라서 중독자는 자신을 불이익을 당하는 피해자로 묘사하는 데 필요한 주변 세계에 대한 일련의 믿음, 태도, 그리고 가치를 확립할 것이다. 약물은 이러한 틀 안에서 투사적으로 변형되고, 내적 고통을 마술적으로 완화시키며, 우울적 압력을 덜어주고, 그리고 상실된 혹은 갈망하는 대상들(보통 유아적 및 부모적 대상)의 기능을 대신하는 역할을 한다.

알코올 중독과 우울증 사이의 관련성을 암시하는 몇 가지 증거들이 있다. 알코올 중독자의 자살 시도는 장기간의 음주에 이어 죄책감을 느끼고 후회하는 기간 동안에 가장 많이 행해진다는 것이 관찰되었다. 더욱이 실험적인 중독(Tamerin and Mendelson, 1969)의 경우, 초기 단계의 행복감 뒤에는 우울과 불안이 심해지는 단계가 따라온다. 여기에서도 원인의 순서는 모호하다. 그러므로 초기 우울의 기능이 무엇이든 간에, 알코올 중독은 그 우울을 자살 시도에 이를 정도까지 심화시킬 것이다(Mayfield and Montgomery, 1972). 이러한 맥락에서, 우리는 중독 현상을 만성적 자살로 이해하는 메닝거의 견해를 생각할 수 있다 (1938).

---

20. 자살에 대한 자세한 논의는 제 9장을 보라.

약물 사용은 또한 다양한 형태의 공격성에 대한 방어로서 작용할 수 있다. 칸치안(Khantzian, 1974)은 마취제 중독자들과의 경험에 기초해서 다음과 같이 가정한다: "마취제에 중독된 사람들 가운데 다수는 약물이 공격성, 분노 및 이와 관련된 우울을 포함하여 불행한 감정을 약화시키고 그것을 더 견딜만한 것으로 만듦으로써 퇴행 상태에서 벗어나게 하는 특수한 작용을 한다고 믿고 있으며, 그로 인해 중독된다"(p. 65). 이런 불쾌하고 고통스런 정서는 "비켜가기"(Krystal and Raskin, 1970) 형태에 의해 다루어질 수 있는데, 이는 약물을 투여함으로써 촉발된 감정과 의식 상태의 변화를 자각하지 못하도록 하는 방어 효과를 갖는다. 따라서 약물의 약리적 효과와의 상호작용을 통한 의식 상태의 변화는 일차적으로 정서적 경험(Wurmser, 1974; Galenter, 1976)의 내용과 그것이 반영하는 내사물을 수정하는 기능을 담당한다.

약물 의존적인 행동과 약물 중독 행동의 가장 독특하고 강력한 측이 바로 강제성이다. 약물을 사용하지 못하게 하는 것은 그런 개인에게서 심각한 우울, 불안, 혹은 다양한 형태의 이상 행동을 불러일으키며, 신체적인 철수와는 별도로, 약리적으로 무관한 약이나 그런 약의 복합 효과에 의존하게 될 수 있다. 이러한 강제성의 정도와 마음의 위안을 찾으려는 욕구는 정신 병리에 대한 척도가 된다(Wurmser, 1974; Glover, 1932).

자기애

중독성 병리를 이해하는 데 있어서, 핵심적인 주제 가운데 하나가 퇴행, 구강기 고착, 그리고 자기애라는 삼중적 요소이다. 중독에 대한 정신분석적 견해에서, 이 삼중적 요소는 아주 초기부터 중요하게 취급되어왔다. 프로이트 역시 구강기 고착이 중독성 병리에서 중요한 요소로 작용한다고 지적하였고, 심지어 어떤 경우에는 중독과 구강기 성도착의 형태를 연결하는 기질적인 소인이 있을 것이라고 암시하기도 했다(1905). 글로버(1928)는 알코올 중독, 약물 중독, 그리고 조울증적 정신병 환자의 정신분석에서 구강기 고착이나 구강기 퇴행의 작용을 강조하였다. 구강적 성애, 구강적 고착, 수동적인 자기애적 목표들, 구강적 퇴행, 그리고 해결되지 않은 구강적 의존 욕구의 역할은 여러 연구 문헌들에서 지속적으로 강조되어온 주제들이다(Rado, 1933, 1957; Fenichel, 1945; Marmor, 1953; Meerloo, 1952; Hartmann, 1969). 어머니 젖가슴과의 상징적 연합뿐만 아니라, 레빈(Lewin, 1946)이 말하는 구강기의 삼중적 소망—먹고 싶은 소망, 먹히고 싶은 소망, 그리고 자고 싶은 소망—의 작용을 통해 중독자는 자기애적 평형을 회복하려고 한다는 것이 강조되어 왔다(Savitt, 1954, 1963; Krystal and Raskin, 1970). 중독에서 약물의 투사적 변형이 갖는 기능의 측면들 중에 적어도 몇 가지는 이러한 상징적 재연합을 이루기 위한 것이며, 그것은 중독의 구강기적 및 자기애적 차원들과 상실된 대상(부분 대상)에 대한 재애착이라는 측면 모두에서 그러하다.

이론가들은 원초적이고 전능한 자기애와 자기애적 균형을 일시적으로 회복시키는 약물의 기능에 주목해왔다(Rado, 1933; Hartmann, 1969). 그러한 자기애적 손상은 우울한 정서에 취약하게 되는 바탕을 마련하는데, 이 우울은 대체로 만성적이다(Krystal and Raskin, 1970). 같은 맥락에서, 페니컬(1945)은 수동적인 자기애적 목표들에 대한 중독적 고착에 대해 언급한다.

병인적인 자기애가 심각해지면, 대상관계의 질과 대상관계의 능력이 침식되는 경향이 있다. 우름저(1974)는 과대적 자기를 강화하거나 원초적 자기대상을 이상화하는 것을 통해 전능적 자기애의 균형을 유지하는 것이 중요하다는 사실에 주목하였다. 이러한 자기애적 형태에 부가되는 제한, 한계, 혹은 정서적 불균형은 원시적 정서를 급격히 증가시킨다. 이 원시적 정서들 가운데 가장 현저하고 파괴적인 것은 자기애적 격노로서, 이것은 살인이나 자살에까지도 이를 수 있다. 수치심은 자신의 과대주의적 이상을 유지하지 못하는 실패와 연결되어 있다. 여기에는 또한 거절받고 버림받은 아픔의 감정도 수반되는 경향이 있는데, 이는 이상화된 대상과 전적으로 연합하지 못하고 그 대상으로부터 수용 받지 못하는 데서 오는 결과이다.

약물, 특히 마취제는 자기애적 변천과 관련된 이러한 고통스런 정서들을 완화시키거나 제거하는 것이 아니라, 자기애적 균형을 이루는데 그 목적이 있다. 칼로게라스와 캅(Calogeras and Capp, 1975)은 자기애적 격노가 약물 경험의 요인으로 작용한다는 사실과, 그러한 약물 경험이 개인 자신과 사회에 가져다주는 파괴적인 결과에 대해 서술하였다. 또한 우름저(1974)는 자기애적 위기의 측면에서 근저의 더욱 만성적인 자기애적 취약성과 결합된, 특정한 자기애적 위기에 관해 서술하였다 :

따라서 이 자기애적 위기는 갈등과 성격적 결함이 특별한 외부 상황과 그리고 문제 해결의 수단으로 보이는 것과 만나는 지점이다. "자기애적 위기"는 타인과 자신, 혹은 이 둘 모두에 대한 심각한 실망과 관련되어 있다. 그 실망은 과장된 기대로 인해 지나치게 강렬한 것이 되고, 그 기원이 삶의 아주 초기로까지 거슬러 올라가는 것이기 때문에 상처 또한 심각할 수밖에 없다 (p. 840).

앰피타민 중독

버만(Berman, 1972)은 앰피타민에 중독된 젊은 여성 히스테리 환자에 대한 보고에서, 중독 과정의 몇 가지 본질적 측면에 대해 서술한다. 환자는 여성으로서 부적절하다는 감정, 결핍감, 자신이 무가치하다는 감정, 그리고 자신의 성기에 집중된 혐오감과 수치감이 내면에 깊이 자리잡고 있었고, 그것들은 그녀의 우울적 내사물의 핵을 이루고 있었다. 그녀 자신에 대한 병인적 감정의 기초를 이루고 있는 그런 감정들은 성적 문란을 포함하여 자기비하적이고 피학적인 방식으로 다양하게 계속 재연되었고, 그녀는 그것들과 싸우는 삶을 살아야 했다. 환자는 13세 때에 월경 불순 때문에 앰피타민을 복용하기 시작하였고, 그 이후에는 살을 빼려는 목적으로 계속 복용하면서 복용량을 늘였다. 그리고 그것의 효과는 극적인 것이었다:

> 그녀의 일상생활에서 앰피타민은 중요한 역할을 하였다. 그녀는 앰피타민에 의존함으로써 직장에서 일하는 데 필요한 힘과 에너지를 얻었고, 그녀가 "인간 다이나마이트"라는 명성을 얻을 만큼 활기 있게 생활하였다. 그 약물은 그녀가 활발하고 생기 있는 사회 생활을 하고, 성적으로 활동적이 되도록 만들었다. 그녀는 약을 복용함으로써 자신이 견딜 수 없는 약함의 느낌과 여성성에 대한 수치스런 느낌을 방어했다(p. 329).

그녀는 약물의 복용량을 줄이면 자신이 약해지고, 생기가 없어지고, 둔해지고, 무기력해지며, 성적인 매력이 없어지고, 사랑스럽지 못한 사람이 될 것이라는 공포감을 느꼈다. 그녀는 자신의 성기가 부적절하다는 불안을 갖고 있었다. 그녀는 그것을 "혼란스럽고, 축축하고, 털이 많은 불결한 신체 부위"라고 생각했다. 그녀는 갑작스럽게 많은 에너지를 필요로 할 경우를 대비해서 늘 지갑에 앰피타민 반 알을 가지고 다녔다. 이것에 대해 물었을 때, 그녀는 그것은 "버팀목" (crutch)이라고 대답하면서 실수로 자동차의 변속장치인 클러치 (clutch)라고 말했다. 그녀는 이 "클러치"를 그녀가 매달려 붙잡을 수 있는 어떤 것과 연관시켰다. 이렇게 묘사하면서 그녀는 자신의 성기 바로 위에서 기어를 손으로 움켜쥐는 장면을 상상했다. 그녀에게 약물은 남근적 대리물로 변형되었으며, 이는 상처받고 결함 있는 그녀의 여성성에 대한 느낌을 보상하는 데 사용되었다. 그녀는 이 약물을 원래는 생리통(약하고 병든 여성성)을 완화시키기 위해 복용했고, 나중에는 비만(축 늘어지고, 매력 없는 여성성) 때문에 복용했다. 그녀에게 그 약물은 정력, 힘, 정신적 예민함, 그리고 성적인 힘을 가진 남성적 감각을 제공하였다. 그 약물은 그녀에게 남근적 대리물이 되었는데, 이는 아버지의 남근과 남근적 능력에 대한 그녀의 부적절한 내사를 나타내는 것이기도 했다.

더 깊은 수준에서, 약물은 구강적 대상을 이용할 수 있는 가능성을 의미하는 것이었으며, 이는 그녀가 구강기적 버림받음의 원시적 공포를 방어하기 위해 자신의 침대 옆에 늘 사탕을 놓아둔 것과 비슷한 행동이었다. 약물이나 사탕이 전혀 없는 상태가 되는 것에 대한 공포는 구강적인 동시에 남근적인 공포이다. 그녀의 어머니가 그녀에게 비만약을 복용하라고 권했을 때, 그것은 그녀에게 음식을 먹는 것과 관련된 갈등 및 박탈감과 관련된 초기 구강기적 갈등을 재생시켰다. 그러므로 비만약은 먹을 것을 주기도 하고 박탈하기도 하는 어머니를 상징하게 되었다. 버만은 다음과 같이 말한다:

약물 복용을 병적 증상으로 만드는 요인은 바로 약물이 지닌 이러한 고유한 특성, 즉 자체를 객관적인 동시에 주관적인 상징으로 변화시키는 점이다. 그녀의 작은 지갑 안에 가지고 있는 이

알약 한 알에 그녀의 신경증이 지닌 구강적 요소와 남근적 요소가 상징적으로 압축되어 있다. 그 알약은 이러한 여러 가지 요소를 하나로 결합시키는 회반죽으로 기능하였고, 그것이 지닌 심원한 상징적-약리적 효과를 통해 그녀의 신경증을 강화하고 공고화하였다(p. 336~337).

이와 유사한 일련의 역동들이 앰피타민에 중독된 또 다른 젊은 남성의 분석 사례에서도 발견되었다. 이 환자가 지닌 내사물의 조직은 자신은 작고, 약하고, 취약하며, 거세되었고, 사회에서 성인에게 요구되는 기준에 맞추어 살 수 없으며, 성인으로서 해야 할 일을 할 수 없다는 생각에 사로잡혀 있었다. 이 환자의 내사물 조직은 선천적인 심장 결함에 의해 강화된 초기 거세 공포와 관련되어 있었는데, 이 심장 결함으로 인해 그는 정서적으로 불안하고 소유적인 어머니로부터 강박적인 돌봄을 받았다. 그는 5세 때에 심장 수술을 받았는데, 그것은 그에게 외상적 사건이었다. 그는 자신이 치료되고 건강해졌다고 느끼는 대신에, 항구적인 결함을 지닌 약한 존재가 되었다고 느꼈다. 그는 체격이 건장했고, 다소 격렬한 운동, 특히 레슬링을 했음에도 불구하고, 그와 같은 생각에 사로잡혔다. 수술 후에, 그는 가슴에 난 큰 상처 때문에 취약하고 무력한 상태에 빠졌고, 그 상처가 언젠가 터질지도 모른다고 불안해했다. 그는 자신이 온전하지 못하고 건강하지 않다고 생각했으며, 가슴의 수술자국을 살펴보고, 조사하고, 검사하면서 많은 시간을 불안하게 보냈다.

게다가 심장 수술과 그 상처로 인해, 본래 불안한 성격의 소유자였던 그의 어머니는 그를 절대적인 관심 대상으로 삼았다. 그는 삼형제 중 막내였고, 바로 위의 형과 7세나 차이가 났다. 그는 어머니의 아기가 되었고, 그녀는 그를 걱정하고 보호했다. 그러나 이러한 어머니의 관심은 자신이 결함을 지닌 부적절한 존재라는 그의 느낌을 강화시킬 뿐이었다. 이 상황은 그의 형들에 의해 복잡해졌다. 환자는 여성들에게 인기가 많았던 큰 형을 우러러보고 존경했다. 실제로 환자와 큰 형은 아버지와 아들 놀이를 하곤 했다. 즉 큰형은 환자의 눈에 어머니에 의해 통제된 모습으로 보이는 약한 아버지 대신, 성적으로 능력 있는 아버지 대리물이었다. 둘째 형은 가정에서 학생의 역할을 맡았고, 높은 수준의 학업 성취를 목표로 설정하였다. 환자는 형들을 결코 따라 잡을 수 없고, 어울릴 수 없으며, 자신은 성적으로나 학문적으로 실패하도록 운명지어졌다고 느꼈다. 그는 성관계를 갖거나 시험을 보거나 논문을 쓰는 일과 같은 학문적 성취에 도전할 때마다, 약물의 도움 없이는 불가능하다고 느꼈다. 약물은 남성적 힘, 능력, 그리고 능숙함을 보증해주는 일종의 부적이었다. 그는 약물이 없이는 발기를 유지할 수 없었고, 마치 오줌을 싸는 무력한 아기처럼 바지 안에다 사정하곤 했다. 그는 약물 없이는 시험을 치거나 논문을 쓸 수 없었다.

그의 약물 복용에 내포된 이러한 요소들이 분석됨에 따라, 약물은 그가 억압하고 있던 자기 자신의 좀 더 남성적이고, 공격적이며, 경쟁적인 측면을 담고 있는 저장소임이 분명해졌다. 그에게 있어서 강하고, 남성적이고, 공격적이 된다는 것은 병든 아기에 대한 어머니의 염려에 찬 애정을 상실하고, 자신보다 더 강한 위의 형들과 경쟁하는 위험을 감수해야 한다는 것을 의미했다. 그러한 남성적이며 공격적인 요소는 그가 실제 아버지를 가치비하하는 것을 통해서 부인되고 억압된, 아버지에 대한 유아적인 견해와 내사물로부터 전치된 것이었다. 환자의 인격 안에 있는 이러한 요소들이 약물에게로 투사됨으로써, 약물은 그가 스스로 부인해야만 했던 힘과 능력을 그에게 주는 마술적인 물질이 되었다. 이것과 동일한 역동이 버만(1972)의 여성 환자에게서도 관찰되는데, 그녀의 경우 자신이 억압하고 부인했던 남근적, 공격적 투쟁이 약물에게로 투사됨으로써 약물은 상징적 의미와 힘을 갖는 것으로 드러났다. 따라서 이와 같이 상징적으로 변형된 약물은 두 환자 모두에게서 자기애적 취약성과 결핍감을 보상하는 데 사용되었다. 두 경우 모두에서, 성기적 결함은 핵심적 내사물의 조직과 관련된 환자의 자기감 안에 자리잡고 있는, 좀 더 깊고 널리 퍼져 있는 결함을 반영하고 있었다.

자아 퇴행

자아 심리학의 영향으로 인해, 약물 의존과 약물 중독은 약물 복용이 특정한 자아 퇴행을 불러오는 자아 병리의 한 형태로 간주되게 되었다(Wieder and Kaplan, 1969). 약물에 계속 의존하게 되면, 자아의 자원이 점점 무력화되고 불안 및 우울을 통제하는 능력이 감소하게 된다. 그 결과 자아의 적응 능력, 행동의 자유 그리고 자율성은 계속해서 붕괴된다(Rado, 1933; Hartmann, 1969). 따라서 기존의 자아 병리는 퇴행적인 약물 의존 상황으로 인해서 더욱 복잡해진다. 개인은 약물에 의존함으로써 자신의 심리적 기제들이 할 수 없는 방식으로 내적 긴장과 압력에 대처하고, 그것을 완화시킨다.

초자아 결함

초자아 조직과 그 기능에도 유사한 구조적 결함이 있다는 사실이 주목되어왔다. 글로버(1928)는 알코올 중독을 원시적 양심이 지닌 비정상성을 치료하려는 파국적인 시도로 간주한다. 그리고 유사한 자기 파괴적 측면들이 약물 중독에서도 발견된다(Glover, 1932). 이러한 측면들 외에도 비교적 원초적인 형태의 수치심과 죄책감의 지배가 첨가되는데, 이는 굴욕감과 보복에 대한 원시적이고 보편적인 공포와 밀접하게 연결되어 있다. 따라서 원초적 초자아는 매우 보복적일 수 있고, 타락할 수 있다(Wurmser, 1974). 여기에는 일반적인 초자아 기능의 쇠퇴가 따르며, 따라서 약물 중독자는 사회적 행동의 보편적인 규칙이나 규약을 지키지 않는 경향이 있다. 그는 거의 책임을 지지 않으며, 자신의 어려움을 대부분 타인의 탓으로 돌리는데, 특히 약물을 조달하고 사용하는 것을 방해하는 공무원들을 비난한다. 이러한 비난과 함께 그는 자신 주변에 있는 사람들이 기만적이고 착취적이라고 비난한다(Zinberg, 1975). 이러한 초자아 기능의 쇠퇴는 초자아의 금지적이고 징벌적인 측면뿐만 아니라, 자아 이상의 기능에도 영향을 미친다. 그에게는 무엇보다도 삶을 인도해주는 가치와 이상, 혹은 개인적 신화가 심각하게 결핍되어 있다(Wurmser, 1974). 심리 체계 내부에 존재하는 긴장과 초자아 기능의 장애는 그가 약물을 통해 해결하고 싶어 하는 일차적인 문제들 중의 하나이다(Krystal and Raskin, 1970).

그러한 원시적 초자아 기능의 퇴행적이고 자기애적인 측면은 초자아 조직이 본질적으로 내사물로 이루어져 있으며, 또한 발달적 왜곡과 관련되어 있음을 보여준다. 샌들러(1960)는 초자아에 대한 의존이 장기화되는 현상은 개인이 아동기에 자기애적 욕구충족의 원천으로서의 부모에게 유아적으로 의존했었음을 암시한다고 관찰한다. 그러한 자기애적 보상을 다른 데서 얻을 수 있다면, 초자아에 대한 의존은 포기될 수 있다. 따라서 약물 중독은 초자아에 대한 의존을 외부 물질에 대한 의존으로 대체하는 것일 수 있다. 달리 말하자면, 개인의 심리 내적 조직이 좀 더 분명히 분화되고 기능적인 구조를 지닌 초자아를 중심으로 구조화된다면, 그는 더 이상 약물에 의지할 필요가 없게 될 것이다.

투사 체계

외재화

중독 상태에서 작용하는 투사 체계에 대한 논의를 통해서, 우리는 중독의 정신 병리에서 편집증적 과정의 기능에 가장 가까이 접근하게 된다. 중독 성격에서 나타나는 편집증적인 특징은 정신분석 영역 안에서 자주 관심 대상이 되어왔고, 그 자료들이 제시되어왔다. 중독자의 일반적인 특징으로는 자신의 불행에 대해 타인, 특히 권위를 상징하는 인물을 비난하는 경향이 지적되었다. 그런 사람은 의심이 많고, 방어적인 태도를 취하며, 자신이 지속적으로 불이익을 당하고 착취당하고 있다고 불평한다. 그리고 그는 계속 의사, 간호사, 조사원, 상담가 등 힘있는 인물이 불쌍하고 불이익 당한 자신을 충분히 생각해주지 않고 도와주지 않는다고 불평한다.

우름저(1978)는 중독에서 나타나는 특징적 측면을 외재화로 간주한다. 그는 외재화를, 통제할 수 없는 것에 대한 마술적이고 전능한 통제 과정으로 본다. 강력하고 압도적인 정서에 대한 공포는 마술적인 물질에 의해 방어된다. 외재화는 외부의 어떤 것에 대한 비난이라는 구체적인 형태를 띠는데, 이는 근저의 수치감, 굴욕감, 약함의 느낌, 그리고 실패의 느낌을 숨겨준다. 중독자는 이러한 근저의 느낌을 숨기기 위해 외재화된 적을 필요로 한다. 따라서 중독자는 외부의 사회적 대리인과 권위자가 자신을 처벌하고, 금지하며, 추적하고, 박해한다고 느끼는데, 이러한 중독자의 피해자됨의 느낌은 그 이면에 공격자를 필요로 한다. 그 결과 구체적이고 특정한 방어 기능을 갖는 편집증적 투사 체계가 생겨난다.

편집증적 경향

중독자는 이러한 일련의 불평과 함께 자기 혐오와 가치비하라는 압도적인 느낌을 갖는다. 진버그(1975)가 주목하듯이, 이러한 환자가 드러내는 맛과 내용은 확실히 편집증적인 것이지만, 그것은 여전히 구체적으로 정신증적인 요소라고 부를 수 있는 것은 아니다. 글로버(1932)

는 중독적 편집증이 지닌 이러한 특성 때문에 중독을 정신증보다는 "중간적 상태"라고 서술했다. 이런 환자가 보여주는 까다롭고, 골치 아프며, 논쟁적인 겉모습 뒤에는 자신이 약하고, 취약하며, 무력한 상태에 머물러 있어야 한다는 강박적인 느낌을 반영하는 공포증적 불안이 숨겨져 있다.

이런 맥락에서, 칸치안(1974)은 메타돈(methadone)이라는 약물치료를 받고 있는 환자들에게서 중요한 행동적, 심리적 변화가 나타난다는 사실에 주목하였다. 이 환자들은 메타돈 투여와 함께 훨씬 더 조용하고 덜 불안정하며, 적대적인 투사와 편집증적인 요소가 상당히 줄어드는 반응을 보였다. 그러나 메타돈을 공급받지 못하자, 그들은 공격적-충동적 요소를 분출하고, 투사하며, 편집증적 행동 유형을 보이고, 정신증적 사고와 행동 유형을 보이기 시작했다. 이러한 관찰은 약물이 좀 더 일반적인 편집증적 특성을 조절하거나 변경하는 데 역할을 한다는 사실을 말해준다

자이츠(Seitz, 1974)는 히피 집단을 대상으로 한 연구에서, 약물 사용과 편집증적 표현 사이에 유사한 관련성이 있다는 사실을 관찰하였다. 처음에 약물 사용자들은 약물에 의해 촉발된 감정을 부인했는데, 이것은 약물이 담당하는 정서에 대한 방어 역할과도 일치하는 것이다. 자이츠는 또한 약물을 계속 사용하면, 피학적으로 묶여 있던 공격성이 편집증적-투사적 기제를 통해서 자신을 표현하는 형태로 슬그머니 이동한다는 사실을 보여주었다. 이런 경우, 편집증적-투사적 기제는 근저의 우울적 핵을 방어하기 위해 사용되는 것으로 보인다. 다른 편집증적 태도, 특히 권위 있는 인물에 대한 편집증적 태도는 유럽에 주둔했던 군부대에서 행해진 약물 사용자에 대한 연구에서 정의된 바 있다(Calogeras and Capp, 1975). 글로버(1928)는 비난, 무책임성, 의심, 방어, 불신의 경향성들과 함께 일반적인 투사적 태도에 주목했다. 그는 다른 중독 형태의 경우, 중독성 인격이 피상적이고, 강

박적인, 혹은 히스테리적인 심리 층을 드러낼 수도 있으나, 치료를 위해서 해결되어야 하는 병리의 핵은 근저의 편집증적 심리 층에 놓여 있다고 보았다(1932).

우울적 핵

중독 상태의 핵심적인 문제는 내적인 자기애적 취약성과 관련된 수치심과 의심을 수반하는 불안 및 우울하고 불행하게 느껴지는 정서와 함께, 근저의 우울적 조직의 문제이다(Wurmser, 1978). 핵심에 있는 우울증으로부터의 도피는 조증 형태를 띨 수도 있고, 편집증적 반동의 형태를 띨 수도 있다. 글로버(1932)는 근저의 우울 정서에 대해 중독을 사용하는 방어 유형에 대해 서술하면서, 그러한 유형에서 나타나는 편집증적인 해결 방식은 임상적 편집증에서 나타나는 것과는 다른 것임을 강조한다. 임상적 편집증에서는 환자가 외부의 적에 의해 위협당하는 반면, 중독 상태에서는 환자가 내부의 적을 파괴하기 위해 약물을 사용한다.[21]

---

21. 3중 구조 이론의 관점에서 볼 때, 초자아는 오랫동안 내면의 박해자로서 인식되어 왔다. 편집증적 과정의 관점에서, 피해자 내사는 우울증적 조건 안에 내재화된 채로 남아 있거나, 혹은 좀 더 편집증적인 상태에서 외재화될 수 있는 상호 관련된 내사물, 즉 공격자 내사를 항상 수반한다. 따라서 공격자 내사는 특히 우울증에서 병리적 초자아 조직의 핵을 제공하는 것으로 볼 수 있다. 피해자 내사는 그런 상태에서 필수적인 요소—종종 암묵적이더라도—이다. 마약을 사용하면 초자아가 변화되는데, 그것은 마약의 약리적 효과가 아니라 투사적 작용에 의한 것이다. 초자아의 엄격성이 감소되는 한편, 이상화하는 다른 기능도 약화된다. 마술적으로 강력하고, 가학적으로 파괴적인 측면 모두가 근저의 내사적 양가성을 반영하면서, 마약에게로 투사될 것이다(p. 746).

내사물

우리는 지금 편집증적 과정이라는 관점에서, 심리 내적인 내사물 조직과 개인이 현실과 맺는 관계에 영향을 끼치는 투사 사이에서 발생하는 피학성의 요소와 가학성의 요소를 다루고 있다. 핵심적 우울증은 내적인 약함, 부적절함, 취약함, 그리고 악함의 감정들이 뿌리 내리고 있는 내사물과 관련되어 있다. 이러한 피해자 내사물의 측면은 반드시 "공격자와의 동일시"로부터 파생하는 가학적 파괴성의 요소를 수반한다. 동시에, 내사물의 조직은 또한 자기애적 노선을 따라 유형화되며, 열등성, 자기애적 취약성, 그리고 수치스러움의 요소가 우월성, 특별함, 자격감, 그리고 과대주의의 요소와 나란히 공존한다.

내사물의 피해자화되고 열등한 요소가 강조될 때, 환자의 병리의 우울적 측면이 우세해진다. 이때 내사물의 다른 반대적 요소(공격적, 우월적 요소)는 억압되거나 외재화된다. 중간 대상 모델의 측면에서, 약물은 일종의 중간대상으로서 투사적 외재화를 통해서 환자의 부모 중의 하나 혹은 둘 모두에 대한 사랑과 증오의 특성을 지닌 외부 대상으로 변형된다(Glover, 1932). 따라서 환자가 약물을 사용하고 그 약물과 심리적으로 상호작용 하는 것 자체가 일종의 유사 편집증적 체계가 된다.

우리가 다루었던 환자의 경우, 그의 내사물 조직은 열등한 병리적 자기애의 차원과 함께, 피해자됨과 취약함의 느낌에 의해 지배되고 있었다. 그는 몇 알의 앰피타민을 복용하는 것으로 남근적 자기애적 인간으로 바뀌었고, 자신에게 힘과 능력이 있다고 느꼈으며, 이로써 자신의 자기애적 취약성을 극복할 수 있었다. 이러한 공격적이고 우월한 자기애적 차원은 이미 그의 성격 구조의 일부분으로 자리잡고 있었으며, 억압되고 부인되어 있던 것이 외재화되어 약물에게로 전가된 것이다. 그는 투사를 통해서 자신의 기질 안에 있는 매우 위험하고 위협적이며 갈등을 일으키는 요소를 표현할 수 있었다. 비록 그가 앰피타민을 복용함으로써 남근적 자기애적인 특성을 나타냈지만, 그는 자신의 잠재력을 좀 더 효과적으로 사용할 수 있게 되었다. 그러나 병리가 더욱 원시적이고 공격적이며, 자기애적 양극이 극단적일 경우, 약물 사용은 더 심각한 병리적 결과를 가져올 것이다.

투사적 방어

투사적 장치는 공격적이고 자기애적으로 취약한 내사물을 중심으로 조직된 우울적 체계가 지닌 내적 긴장과 압력을 해소하기 위한 즉각적이고 현상학적인 시도라는 점을 주목해야 한다. 이러한 공식화는 중독의 문제에 대해 분명히 더 많은 것을 말해주며, 정서에 대한 방어라는 개념보다도 더 큰 설득력을 지니고 있다. 게다가 투사적 장치는 조적 방어(manic defense)를 지원하고, 좀 더 구체적으로는 편집증적 해결을 지지할 것이다. 약물이 투사적 요소에 의해서 환자가 갈망하는 대상, 환자를 돌봐주는 대상, 환자가 이상화하는 대상, 환자에게 자기애적인 만족을 주는 대상으로 변형된다면, 환자는 약물을 통해서 만족에 탐닉하고 행복감에 도취될 가능성이 높다. 이것은 본질적으로 조적 방어의 유형을 따른다. 투사적 요소가 일차적 대상에 대한 근저의 양가성을 반영하고 내면의 악함과 가학적 파괴성의 느낌을 대체하는 한, 문제 해결은 더욱 분명히 편집증적 성질을 띨 것이다. 약물은 해로운 성질을 갖든지 아니면 이로운 특성을 갖게 될 것이다. 약물 복용의 원인이 대개는 초기의 양가적인 대상관계로부터 파생되기 때문에, 약물은 고도의 양가적인 성질을 띤다. 그러므로 글로버(1932)가 매우 명확히 지적했듯이, 약물은 쉽사리 가학적이고 파괴적인 성질을 띨 수 있다.

약리적 효과

중독에 대한 초기 정신분석적 사고는 심리 내적 결정 요인과 특정한 약리적 효과 사이의 상호작용에 대해 진지하게 고려하지 않았고, 나중에서야 그 점에 관심을 갖게 되었다. 정신분석적 사고는 일반적으로 약물 효과에 대한 라도(1933, p. 2)의 견해를 따르는 경향이 있었다. 라도는 초기에 "개인은 중독성이 있는 약물에 의해서가 아니라, 그 약물을 사용하고 싶은 충동에 의해 중독자가 된다"고 관찰했다. 이러한 견해는 약물 의존적인 행동의 강박적이고 중독적인 측면이 내면의 정신 병리의 반영이라는 주장을 따르고 있는 것이다. 따라서 글로버(1932)는 심지어 화학작용이 없는 물질에 강박적으로 중독될 수도 있다는 점을 강조했고, 사실상 적당한 심리적 조건이 주어진다면 어떤 물질도 약물로서 기능할 수 있다는 결론에 도달했다. 그는 이러한 현상을 "심리적 중독"이라고 서술하였다. 이와 비슷하게, 우름저(1974)는 강박적인 약물 사용자가 선택한 약물의 효과가 떨어지면, 다른 증후로 대체하거나 혹은 사용하던 약물과는 전혀 무관한 다른 약물로 대체하는 경향성에 대해 언급하였다. 그는 약물을 강박적으로 사용하는 것은 근저의 병리적 장애를 표현하는 다른 현상과 함께, 하나의 증후로서 간주되어야 한다고 결론 짓는다. 결과적으로, 그런 환자에게 가장 어려운 문제는 약물의 자제가 아니라, 약물을 사용하려고 하는, 사실상 내면의 긴장으로부터 벗어나기 위해 외부 수단을 사용하려고 하는 환자의 감정적 욕구에 대처하는 것이다.

일반적으로, 이러한 정신분석에 의해 재가(裁可)된 접근은 약리적으로 분명한 약물 자체의 효과를 최소화하는 경향이 있다. 그러나 편집증적 과정의 작용이라는 측면에서 볼 때, 이러한 현상은 중간 대상 모델을 따라, 내면의 내사적 준거 틀로부터 파생한 투사적 요소가 환상적이고 마술적인 효과를 일으키는 약물 자체의 특성과 결합함으로써 발생하는 결과라는 것이 좀 더 합리적인 설명으로 보인다. 이러한 상징적 상호작용은 위더와 카플란(Wieder and Kaplan, 1969)에 의해 분명히 지적된 바 있다. 약물의 영향은 심리 역동적 의미와 약리적 성질을 통해 매개된다. 이러한 상징적 의미는 대상 혹은 부분 대상을 나타내는 약물 자체뿐만이 아니라, 그것을 사용하는 행동과 그것이 가져오는 생리적인 이차 효과에 의해서도 더해진다.

이러한 약리적 효과는 여러 가지 측면에서 직접적으로나 간접적으로 폭넓은 생리적 변화로 나타내는데, 이것은 정신적 측면에서는 성격 구조의 변화로 나타난다. 개인의 정신 병리가 어떤 것이든지, 충분한 양의 약물은 특정한 중독 상태를 초래할 것이다. 그러나 성격 구조는 이러한 약리적 효과에 대한 개인의 반응을 결정한다. 위더와 카플란은 "개인은 자신의 갈등을 쉽게 해결해주는 화학적 대리물을 발견할 때, 그것을 약물로 선택한다"(p. 492)고 언급한다. 약물은 심리적 자물쇠에 꼭 맞는 약리적 열쇠가 되며, 개인은 중독을 통해 특별한 만족을 얻는데, 이 만족이 다시금 그러한 만족을 얻게 해주는 물질을 갈망하게 만든다는 것이다(Wieder and Kaplan, 1974). 에드워즈(1974)는 이러한 약물의 약리적 효과의 특성에 대해 환경적 및 성격 요소에 의한 약리적 효과의 수정이라는 측면에서 서술하였다.

그러한 효과는 무작위적인 사건이나 우연한 선택의 산물이 아니라 특정한 방식으로 결정된 결과이다. 여기에는 심리 내적 성향의 작용뿐만 아니라 다른 주변적 요소들도 중요한 역할을 하는데, 예컨대 복용량, 투약의 경로, 약물이 투여되는 구체적인 환경, 그리고 심지어는 약물 행동이 발생하는 준거 틀을 형성하는 문화적, 사회적 태도, 금지, 행동 등을 포함하는 더욱 광범위한 틀이 관련되어 있다.

개인이 만성적으로 어떤 약물을 필요로 하는 것은 성격 안에 발달적인 또는 구조적인 결함이 있기 때문이다. 성격의 발달적 결함들은 약물 복용과 관련된 상징적 동등시(symbolic equation)를 결정하는 데 중요한 역할을 한다. 그러나 상징적 동등시의 이러한 측면이, 약물에 대한 갈망이 단 하나의 약물에 집중되거나, 혹은 유연성이나 변화가능성을 받아들이지 못한다는 사실을 가리키는 것이 아니라는 점을 주목해야 한다. 약물 사용자들은 흔히 다양한 약물을 시험해보고 나서 자신의 갈망을 만족시켜 주는 특정한 약물에 집중한다. 그러나 이것은 또한 유사한 효과를 얻기 위해 약물을 조합하여 사용하는 결과를 낳기도 한다. 따라서 선호하던 약물을 다른 것으로 바꾸거나 하나의 조합으로부터 다른 조합으로 바꾸는 것은 근저의 심리 역동적 형태의 변화를 반영하는 것이며, 이 심리적 변화는 다시금 다른 약리적 효과를 필요로 하게 되는 것이다. 위더와 카플란(1969)이 지적하듯이, 그러한 변화는 치료적 개입에 상당한 의미를 가질 수 있다.

상호작용

이러한 약리적 효과가 또 다른 심리적 욕구를 충족시키고 투사를 수정하기 위해 이용할 수 있는 모체를 제공하는 한, 서로 다른 종류의 약물 사이에서 발생하는 어떤 약리적 효과는 우리가 서술하고 있는 복잡한 심리-약리적 상호작용에 기여할 수 있다. 향정신성 약물이나 환각적 약물을 복용할 경우 지각, 기분, 시간 개념, 그리고 자기감 등이 현저하게 상실된다. 자기와 대상세계의 경계에 대한 정상적인 감각이 상실되고, 상실했거나 갈망하는 대상과 융합되고 합병되는 주관적 경험이 발생한다. 마찬가지로, 황홀감을 불러일으키는 약물 또한 중독성 성격에서 자주 발견되는 공허함, 지루함, 환멸, 고독, 그리고 무의미함의 상태에서 벗어나기 위한 수단으로서 기능한다. 환자는 약물을 통해서 의미와 가치에 대한 환상을 갖게 되는데, 이때 그의 자기는 신비적 수준으로 팽창하고 거대해지며, 환경이 우주적 의미를 갖는 것으로 해석하게 된다.

아편과 그것의 파생물 그리고 합성 마취약은 무기력감을 가져오고, 외부 현실에 대한 환자의 참여도 감소시킨다(Wieder and Kaplan, 1969). 중독자는 약물이 마음을 고요하게 안정시켜 준다고 말한다(Khantzian, 1974). 이것은 중독자의 주관적인 느낌일 뿐, 실제로는 마취로 인해 정서적 고통이 마비되고 의식이 약화되며 통각을 상실하게 된 것을 말해준다(Krystal and Raskin, 1970). 프로쉬(1970)와 위더와 카플란(1969)은 마취약이 전능감, 마술적 소망 성취, 그리고 자기 충족성(self-sufficiency)의 환상에 과도하게 집중하게 하는, 황홀한 만족 상태에 빠지게 한다고 강조한다. 칸치안(1974)은 마취 효과가 공격성, 분노, 강렬한 우울적 감정으로부터 발생하는 불행한 느낌을 막아주는 작용을 하고 그런 감정을 약화시킨다고 본다. 또한 약물은 중독자에게 보호 받고 있고 합일 상태에 있다는 느낌을 주고, 자존감을 높여주며, 자기 통제감을 강화시키기도 한다(Wurmser, 1978).

뿐만 아니라, 우름저(1974)는 바비탈(barbiturates) 계통의 약물처럼 진정제이면서도 최면 효과가 있는 마취약이 강렬한 분노, 고통, 고독의 감정 및 이러한 정서와 관련된 불안을 진정시키는 효능이 있다는 점에 주목하였다. 굴욕감, 수치심, 그리고 분노는 부분적인 혹은 전적인 탈인격화나 탈현실화에 토대한 강력한 방어를 필요로 하는데, 이 방어가 바로 이러한 약물에 의해 강화된다. 그리고 이때 자기는 둔화되고 마비되며 소외된다(Wurmser, 1978).

앰피타민, 메타드린(methadrine), 그리고 코카인을 비롯한 흥분제 혹은 정력제에 속하는 약물은 욕동 감정과 충동적인 힘에 대한 자각을 증가시키고, 피로를 덜 느끼게 해주며, 자기 주장을 할 수 있는 용기를 북돋아주며, 자존감을 높여주고, 좌절을 견디는 힘을 증가시키는 것으로 보인다. 그러나 것은 수동성에 대한 부인으로 보이는, 침착하지 못한 활동을 초래한다(Wieder and Kaplan, 1969). 그것은 또한 공격적 지배, 통제, 천하무적이라는 느낌, 그리고 과대주의의 감각을 제공하는 것으로 보인다(Hendin, 1974a; Wurmser, 1978). 이러한 효과는 근저의 우울 혹은 더욱 일반적인 무가치함과 약함의 감정에 대한 방어를 강화시켜준다(Wurmser, 1974, 1978). 이러한 약물의 효과가 발생시키는 적극적인 지배의 감각은 프로쉬(1970)에 의해서도 마찬가지로 관찰된 바 있다.

에너지를 불어넣고 활성화시키는 특성을 지닌 앰피타민 계통의 약물은 우울증의 수동성과 취약성에 대한 방어를 강화하는 역할을 한다. 그런 약물을 복용하는 사람은 우울, 수동성, 혹은 지루함으로 고통받는 것보다는 차라리 흥분하고, 불안을 느끼며, 고민하거나, 혹은 경조증(hypomania) 상태를 더 선호할 것이다. 약물과 연관된 과민성과 활동성은 우울에 대한 조적 방어와 비교되어왔다(Krystal and Raskin, 1970). 하지만 우리는 이러한 약물의 남용이 편집증적 정신분열증과 유사한 편집증 상태를 초래할 수 있음을 기억해야만 한다. 편집증적 과정의 기제에 대한 이해의 측면에서, 우리는 이러한 약물이 활성적이고 에너지를 불러일으키는 성질을 사용하여 심리 내적 리비도의 균형을 내사적 요소의 우세로부터 투사적 기능의 우세로 이동시키는 작용을 한다고 제안할 수 있다. 우울증 병리 밑바닥에는 공격적인 색조를 띤 자기애적으로 결정된 내사물이 자리잡고 있다. 이러한 심리 내적인 요소가 좀 더 적극적인 형태로 이동하는 것은 투사적 방어를 동원시킬 뿐만 아니라 우울적 태도 및 그것과 관련된 정서를 완화시킬 것이다. 버만(1972)은 이러한 앰피타민 효과의 특징과 내사물의 우울적 배열과의 상호작용을 앰피타민 중독에 대한 사례 연구에서 생생하게 서술했다.

알코올과 마리화나는 적은 양을 복용하더라도 욕동 및 충동 분출에 대한 방어를 약화시키는 유사한 효과를 갖고 있는 것으로 보인다(Wieder and Kaplan, 1969). 어느 정도 적당한 양을 복용할 경우, 알코올과 바비탈제는 모두 억압된 정신 내용을 해방시키는 것으로 보이는 데, 그것은 알코올과 바비탈제가 중앙 신경 체계의 중심적인 통제 기능을 약화시키기 때문인 것으로 보인다. 알코올과 진정제는 모두 불안 및 갈등과 관련된 내면의 고통스런 상태를 완화시키는 데 기여한다 (Khantzian, 1975). 알코올과 마리화나의 약리적 효과는, 지각적으로 예민해지고, 과잉 활동적이 되며, 말이 지나치게 많아지고, 자신의 심오한 사고와 감정의 깊이에 스스로 감동하며, 시간 감각과 신체 이미지가 변화되고, 성적이거나 적대적인 충동을 행동으로 표현하는 것 등으로 나타날 수 있다.

여기에서 우리가 제시하는 견해는, 편집증적 과정의 작용과 함께, 약물의 투여가 외부적 준거 틀로부터 오든지 아니면 개인의 내적인 심리적 성향으로부터 오든지, 서로 다른 약물은 다양한 영향에 의해 변화되고 변형될 수 있는 구체적인 약리적 효과를 갖는다는 것이다. 우리는 약물 사용자의 특성과 환경이 주체의 심리 내적 준거 틀 안에서 발생하며, 그로부터 파생하는 특정한 투사적 요소를 위한 매개 수단이 된다고 가정한다. 투사적 과정은 어떤 절대적 혹은 필수적 의미에서, 심리 내적 욕구를 만족시키기 위해서 약물을 사용하도록 강제하지는 않는다. 약물은 반드시 그것이 투여되고 사용되는 환경과 결합하여 개인의 투사적 정교화를 허용하는 하부 층을 제공한다. 결과적으로, 모든 중독의 경우에 주체의 욕구와 약물의 약리적 성질 사이에는 궁극적으로 그것들이 잘 조화를 이루느냐에 따른, 그리고 약물을 투여하는 개인의 내적 욕구를 충족시킬 만큼 성공적으로 융합될 수 있느냐에 따른 특정한 약물에 대한 선호도의 문제가 있다.

편집증적 과정과 약물 동등시

마지막으로, 약물과 관련된 다양한 문제를 편집증적 과정과 연관시키는 일이 남아 있다(Meissner 1971b, 1978b). 편집증적 과정은 하나의 준거 틀을 제공할 것이며, 그렇게 함으로써 약물 의존에 관련된 복잡한 문제들이 전체 영역 안에서 갖는 적절한 위치를 인식할 수 있도록 도울 것이다. 투사적 내용은 내사물로부터 파생되어 나온 것이기 때문에, 그것은 개인의 내적 안정성을 유지하기 위해 보완할 요소가 무엇인지를 정확히 나타내고, 내적 안정성을 성취하도록 돕는다. 중독 과정에서, 약물은 투사적 요소에 의해 주관적인 것으로 바뀌고, 따라서 마술적이거나 신비적 특성 또는 중간적이고 환상적인 성질을 획득한다. 이러한 중간적 변형(혹은 실체의 변형)에 의해 약물은 자기가 심리적으로 상실한 중요한 자기 지원적 대상관계를 대신하게 된다. 이러한 관점에서 볼 때, 약물 투여와 약물 행동의 강박성은 단순히 약물 자체의 생리적인 습관화나 중독의 특성에 달려있을 뿐만 아니라, 자기의 안정성과 응집성 유지에 대한 심리적 필요성에도 달려 있다. 대부분의 중독자들이 느끼는 위협의 강도와 그것과 관련된 심각한 불안은 심하거나 원시적인 분리 불안 수준에서, 혹은 훨씬 더 불길하게는, 멸절 불안의 수준에서 작용한다.

약물이 일종의 중간적 대상으로 발달해가는 것은 단순히 투사적 왜곡에 의해 외부적 물질이 변형되기 때문만은 아니다. 약물 자체가 지닌 약리적 성질이 어느 정도 이 과정에 기여한다. 약물 투여자는 자신의 정서적 해체나 혼란스런 내적 상태를 충분히 변화시키는 데 효과가 있는 약물을 발견할 때까지 여러 종류의 약물을 사용해보거나, 다양한 약물들을 조합해서 그 효과를 실험한다(Wieder and Kaplan, 1969). 그렇다면, 이제 대체로 약물의 어떤 특수 효과가 개인적인 심리적 필요성과 결합하여 약물을 투여하는 개인의 주관적 욕구를 만족시켜주며, 그래서 자기를 지탱하는 데 필요한 투사를 매개해주는가라는 질문을 해야 한다. 이러한 중간적인 요소와 투사적인 요소의 통합은, 투사의 특성, 그 투사된 내용이 파생해 나온 내사적 기반, 그리고 궁극적으로 그 기반이 재생해내고 대체하는 병인적 대상관계 등에 따라서 다양한 역동적 의미를 가질 것이다.

편집증적 구성

우리가 서술해온 과정에 영향을 끼치는 외부적인 요소에 대한 질문이 있는데, 그것은 우리가 "편집증적 구성"이라고 부른 측면으로서, 편집증적 과정의 핵심을 이룬다(Meissner, 1978b). 그것은 외부의 다양한 사회·문화적 요인 그리고 심지어 정치적 요인과도 관련된, 약물 의존에 다양하게 영향을 미치는 요소를 지칭한다. 약물의 투사적 변형은 단순히 그 자체로서만 이루어지는 것이 아니다. 약물 투여의 현상과 경험은 광범위한 기반 안에 자리잡고 있음이 분명하다. 약물 경험과 편집증적 과정의 상호작용에서 자주 관찰되는 바, 약물 하위 문화의 현상과 주변 사회, 그리고 특히 그 사회의 권위적인 인물들에 대한 편집증적인 적대성이 발생한다.

따라서 약물 투여자는 실제로 상당히 정교한 편집증적 체계를 발달시킬 수 있는데, 이는 약물 문화—그것이 내포하고 있는 가치, 확신과 함께—를 유지하려는 (부분적으로) 암시적인 목적을 갖고 있으며, 그 체계는 약물 투여와 중독자 개인이 약물에 대해 갖는 관계에 특정한 지지적 맥락과 의미를 제공한다. 편집증적 구성은 그 안에서 투사들이 계속적으로 유효화되고 유지되는 준거 틀로서 작용하며, 그럼으로 해서 전체 과정을 위한 궁극적인 동기 유발의 초점으로 기능하고, 따라서 병인적 내사적 조직의 내적 응집성과 안정성을 유지시켜준다.

사회적 기반 안에 존재하는 외부의 힘은 다양한 방식으로 이 과정에 기여하고 상호작용할 수 있다. 우름저(1978)가 언급하듯이, 마취제와 마리화나의 사용에 대한 대중의 그리고 사회의 분노는 그들 자신의 분노에 대한 "투사라는 강한 여운을 남긴다. 외부의 표적이 되거나 '희생양'에게 행해지는 감정적 폭행, 온갖 거짓과 과장을 수반하는 분노와 공모는 그러한 투사를 통해서 이루어진다"(p. 19). 따라서 약물 금지법이나 엄격한 법적 제재 혹은 약물 사용을 비난하는 사회적 태도 등은 이러한 편집증적 구성과 그것의 본래적인 투사적 요소를 의미 있게 통합하고 확고하게 지지해주는 모체를 형성하는 데 기여할 수 있다. 이러한 해결이 어떤 적응적 특성을 갖든지 간에, 그것은 불가피하게 약물에 대한 병리적 의존을 포함한다. 약물 중독은 정신증적 혹은 경계선 수준에서 기능하는 성격, 즉 가장 원시적으로 조직된 성격에서와, 개인 경험의 다른 영역에서는 비교적 자율적으로 기능하는, 특수하고 제한적인 편집증 형태를 유지하는 데 기여할 것이다. 그러나 그런 개인은 이미 잘 알려진 편집증적 체계의 일반적인 경향 때문에 위험한 상황에 노출되게 된다.

나는 이러한 요소들이 약물 중독의 모든 단계에서 작용하고 있다고 제안한다. 약물 중독의 현상을 이해하기 위해 심각한 정신 병리를 예로 들 필요는 없다. 개인은 빈번히 자기감 및 자기의 본래적인 자기애적 조직과 일시적인 평형 상태를 유지하고, 특정한 내면의 심리적 욕구를 만족시키기 위해 약물에 의존하게 되고, 결국은 중독 상태에 이른다. 만약 환경이 변하고 영향을 미치는 주변 상황이 변한다면, 그때 어떤 사람들은 약물에 의존하는 것이 더 이상 도움이 되지 않는다는 것을 발견할 것이다. 이러한 관점에서 보면, 약물에의 의존을 대체하기 위해 종교적 개종이나 명상 기법을 사용하는 것도 같은 이유에서라는 것을 이해할 수 있다(Carrington and Ephron, 1975). 이러한 대안적 상황은 대체로 개인의 내적 욕구를 충족시키고, 의미 있는 소속감,

참여감, 그리고 자기 응집감을 유지하는 데 기여할 수 있는, 편집증적 과정의 다른 표현을 나타낸다.

마지막으로, 우름저(1974)의 원인론적 도식과 관련해서, 우리는 내사물 조직이 약물 의존의 필수 전제조건—비록 그것이 그 자체만으로는 그 효과를 가져올 수는 없지만—이라고 말할 수 있다. 중독에는 특정한 원인이 반드시 존재하는데, 그것은 자기애적 위기, 혹은 자기의 조직, 자기의 안정성, 또는 자기의 응집감에 대한 위협이라고 분명하게 말할 수 있다. 환자는 편집증적 과정을 통해서 그 위협을 해결하려고 한다. 이와 동시에 직접적인 효과를 가져오지는 않지만 전제조건 및 특정한 원인과 함께 영향을 미치는 또 다른 원인이 존재하는데, 그것은 사회적·문화적 조건 및 그것의 효과와 관련된 외부적 요소이다. 그리고 마지막으로, 촉발적인 원인이 존재하는데, 이것은 약물 자체에 대한 접근 가능성의 문제이다. 중독의 인과관계에 대한 등식의 최종 결과 혹은 특정한 효과는 편집증적 체계가 조직화되는 것이다. 약물을 중간 대상으로 포함시키는 이 체계의 목적과 목표는 개인의 자기 체계를 조직하고 지속시키며 유지하는 것이다.

치료적 함의

이 장의 논의가 중독의 치료적인 측면을 강조하고 있지는 않지만, 현재의 공식화된 심리치료 이론으로부터 중독의 심리치료에 대한 몇 가지 시험적인 제안을 끄집어낼 수는 있다. 나의 의도는 편집증적 과정에 대한 설명이 중독의 몇 가지 측면을 이해하는 데 필요한 준거 틀을 제공한다는 사실을 분명히 제시하는 것이다. 여기에서 나는 약물과 관련된 조건이 혼란스러운 이질성을 지닌다는 사실을 인정하면서도, 광범위하고 다양한 중독적 상태에 빠지게 만드는 핵심적인 심리적 요소에 대한 설명을 제공하려고 시도했다.

내가 이 책에서 제안한 치료적 접근방법은 투사적 측면에 대한 주의 깊은 탐구로부터 근저의 내사적 조직에 대한 설명과 조명으로 이어진다. 그러므로 치료 작업은 투사적 차원을 분명하게 서술하고, 그것이 환자의 내사물과 연관되어 있다는 사실을 명백하게 밝히는 것을 포함한다. 중독의 경우, 치료는 약물의 의미를 상세하게 탐구하고 이해하며, 그것이 지닌 투사적 요소를 체계적으로 규명하고, 그리고 그 요소가 내사물과 연관되어 있다는 사실을 이해하는 노력을 포함한다. 앞에서 언급한 앰피타민 중독 환자는 자신의 내사물에 대한 애착을 포기했을 때 약물에 대한 의존으로부터 벗어날 수 있었다. 그의 경우, 약물 의존은 이차적인 것이었고 실제 중독은 내사물에 대한 의존이었다. 그가 약하고, 취약하며, 무능한 아기로서의 자신의 이미지에 집착하는 한, 약물에 대한 그의 욕구는 그가 다루기에 너무나 강력한 것으로 남아 있었다. 약물은 그가 자신 안에서 부인하고 있는 어떤 것을 반영하고 있는 것이며, 그는 더 이상 자신의 강한 공격성을 부인할 필요가 없다는 것을 깨달았을 때 비로소 약물을 포기할 수 있었다. 이것과 본질적으로 연결된 것은, 환자가 약물에 투사했던 공격적이고, 강력하며, 과대적인 자기애적 요소를 자신의 자기 이미지에서 파생된 것으로, 또는 그 이미지의 일부분을 반영하는 것으로 인정하고 받아들이는 작업이었다.

이 환자가 그랬듯이, 그런 환자들은 대개 내사물의 한쪽 면과는 비교적 잘 접촉하고 있으나, 다른 쪽을 받아들이는 데는 매우 저항이 심한 사람들이다. 이 환자의 성격의 좀 더 공격적이고 과대적인 측면은 그의 적극적인 환상과 꿈에서 강력한 공격자 그리고 여성을 유혹하는 사람으로 나타났는데, 그런 상황에서 여성은 자신의 의지와 상관없이 강제로 그를 위해 여러 가지 도착적 성행위를 해야만 했다. 그는 바로 이러한 자신의 억압되고, 부인된, 그리고 위협적인 부분을 약물에 투사했던 것이다. 따라서 그에게 약물은 그를 훌륭한 논문을 써서 학문적 업적을 남기고 성적으로나 남근적으로 유능한 남자로 만들어주는 마술적인 변형 물질이었다. 그가 자신의 이러한 측면에 대한 인식을 받아들이는 것은, 그 자신이 어머니의 특별한 아기로서 보호받고 만족을 얻는 위치를 포기하는 것을 의미했다. 또한 그에게 이것은 이중적인 위협이 존재하는 세계 안으로 들어가는 것이기도 했다. 왜냐하면 그것은 투쟁하고, 경쟁하며, 도전해야 하고, 실패와 성공이 엇갈리는 세계로 나아가는 것을 의미했기 때문이다. 그가 특별한 아기로 남아 있는 한, 그는 자신의 한계와 실패에 대한 책임을 지지 않아도 되고, 심지어 힘과 능력을 약물에 돌림으로써 좀 더 성숙한 개인이 짊어져야 할 성취의 결과에 대한 책임 또한 회피할 수 있었던 것이다.

예후

충동적이고 심각한 중독 환자를 위한 어떤 치료적 노력도 그 예후가 낙관적일 수만은 없지만, 환자가 자아 역량의 공고한 핵(직업과 결혼에 대한 책임과 헌신의 능력에서 보여지듯이)을 가지고 있다면, 치료적 전망은 긍정적이다. 성격 구조가 원시적이고, 좀 더 낮은 서열의 경계선 조직의 특성이 우세할수록(Meissner, 1984a), 치료에 대한 예측은 더욱 불확실하다. 환자 가족의 긍정적인 협력은 치료에 도움이 되기도 하지만, 환자가 가족의 정서적 체계 안에 계속 사로잡혀 있는 경우에는 오히려 치료를 방해할 수도 있다. 가족들 사이에서 부인과 외재화(투사)의 기본적 방어 유형이 유지되고 강화되는 상황에서는 치료적 노력이 실패할 수도 있다. 약물로부터 자유로운 배우자와의 공고한 결혼 관계는 치료 예후를 위한 긍정적인 신호이다. 그러나 배우자가 약물에 의존되어 있다면 그것은 나쁜 신호이다. 가족 내에서 아이들의 존재는 치료에 도움이 된다. 우름저(1978)가 지적하듯이, "환자가 배우자와 자녀들이 있고, 그들을 헌신적으로 사랑하며, 도전적이고 성취적인 유형의 직업을 갖고 있을 경우에, (메타돈을 끊는 것을 포함하여) 최상의 치료적 성공이 가능하다"(p. 283).

중독 경험은 매우 이질적이고, 복합적이며, 개인에게 특이하게 여겨지는 역동을 반영한다. 약물 중독에 대한 치료적 접근은 빈번히 해독, 약물에 대한 규제나 대체를 포함하는 어려운 과제를 수행할 것을 요구한다. 현재 우리의 관심은 특정한 약물의 성질과 약물 투여자의 개인적 역동 사이에 중요한 상호작용이 있음을 제시하는 데 머물러 있으며, 약리적 측면을 다루지는 않았다. 우리는 중독의 심리적 측면과 그와 관련된 심리치료적 문제에 강조점을 두고 있다. 여기에는 약물 문제가 어느 정도까지 심리치료적으로 접근될 수 있는가라는 중요한 문제가 남아 있다. 앞에서 논의된 내용을 바탕으로 추론해본다면, 약물 문제를 다루는 데 의미 있는 모든 접근은 약리적 조절과 심리치료적 개입의 통합 모델에 기초해야 한다고 말할 수 있다. 약물 의존과 관련된 문제와 그것의 상호작용에 대한 이해가 진전될수록, 치료 전망은 더욱 밝아진다. 희망하건대, 편집증적 과정에 대한 이해는 그러한 이해를 위한 하나의 가능한 틀을 제공할 수 있을 것이다.

제 11 장

노화 과정과 편집증적 과정

노화 과정(老化過程)의 심리학은 복잡하다. 그것은 개인의 내적인 심리 역동과 기능의 측면뿐만 아니라, 다중적인 요인, 즉 사회학적, 경제적, 문화적, 그리고 환경적 요인을 포함한다. 따라서 노화 과정의 심리학적 연구는 진공 상태에서 이루어지는 것이 아니며, 사회적, 환경적 영향인 외부 세계뿐만 아니라 심리 내적 세계도 노화 과정에 영향을 미친다는 사실을 인식할 필요가 있다. 나는 이러한 인식을 이 노화 과정 연구를 위한 출발점으로 삼을 것이다. 그리고 그런 점에서 나는 노화 과정과 관련된 심리 내적 변화 및 발달을 살펴볼 것이며, 뿐만 아니라 노화 과정을 겪는 개인의 삶의 환경 및 경험에 영향을 끼치는 외부적 요소가 어떻게 심리 내적인 과정을 변화시키는지를 보여주려고 노력할 것이다.

노화 과정

이 장은 편집증적 과정이라는 전체 틀 안에서 노화 과정에 포함된 심리 내적 결정 요인과 사회적, 환경적, 그리고 상황적 요인의 복잡한 상호작용에 초점을 맞추고 있다. 여기에서 나는 정상적인 노화의 기초로서 작용하거나 혹은 개인의 병리 발달에 영향을 끼치는 노화 과정의 측면을 조사할 것이며, 그러한 내부적, 외부적 영향이 노화 과정에 있는 개인의 내적인 심리 세계를 수정하고 형태를 만들어가는 과정에서 편집증적 과정과 상호작용하는 방식을 서술할 것이다. 그리고 나서 다양한 형태의 정신 병리의 발생에서 노화 과정이 미치는 영향에 대한 이해를 심화시키기 위해, 노화 상황에서 발생하는 병리적인 징후에 주의를 기울일 것이다. 즉, 노화와 관련된 요소들, 그것들이 병리의 출현에 끼치는 영향, 그리고 그러한 병리의 발달 과정을 촉진하는 데 심리 내적 요인이 담당하는 역할에 초점을 맞출 것이다. 그리고 노년기 환자들을 위한 치료적 개입과 관련해서 이러한 접근이 지닌 몇 가지 함의를 제시할 것이다.

연구

노화 과정은 근래 몇 년 동안 집중적으로 연구되어 왔지만, 그것은 정신과 의사들과 정신분석가들의 심한 편견 하에 이루어졌다 (Gutmann, 1981). 노화 과정에 대한 연구 자료들 안에는 연구 집단 표본과 관련된 오류가 포함되어 있다. 그것들은 공동체 안에서 잘 지내고 있는 노인보다는 입원해 있거나 공공시설에 수용되어 있는 노인 환자에게 초점을 맞추는 경향이 있다. (대부분의 노인들은 오랫동안 비교적 안정된 방식으로 스스로 잘 유지할 수 있지만, 삶의 마지막 단계에서 신체적·정신적·감정적 기능이 급성으로 악화될 때 시설에 수용되어 정신건강 전문가의 돌봄을 받게 된다.) 결과적으로, 이처럼 부분적인 임상 경험에 기초한 연구 결과들은 좀 더 넓은 노인 집단에까지 과도하게 일반화해서 적용되는 경향이 있다. 따라서 이것들은 노년기를 삶의 마지막 단계에서 임박한 죽음을 기다리는 시기로 보는 편견을 심어주고, 상실의 측면에서 노년기를 바라보도록 이끄는 경향이 있다.

이런 견해 안에는 노인이 지닌 힘을 간과하는 경향이 있다. 예컨대,

우리는 노인이 가까운 가족과 친구들의 죽음을 통해 겪은 복합적인 상실 경험으로 인해 비교적 쇠약해진 상태에 있다고 가정한다. 그러나 그렇게 노인의 상실감과 비탄의 고통을 강조하는 것은 죽음과 상실에도 아랑곳하지 않는 노인의 특별한 탄력성과 생명력을 간과하고 있는 것이다. 죽음은 노인에게 익숙한 경험이 되어 있으며, 젊은이들이 경험하는 것처럼 강렬하게 경험하거나 충격을 받지 않는다. 동시에, 노화의 경험은 노인 자신 내부의 창조적인 역량과 자원을 불러일으킴으로써 시간이라는 약탈자를 좀 더 효과적으로 다루도록 준비시켜 주는 경향이 있다.

변화

의심의 여지없이, 노화 과정에서 맞게 되는 중요한 도전 중의 하나는 변화에 적응하는 것이다. 노인기에는 생물학적이고 생리적인 변화가 냉혹한 현실로서 나타난다; 친구와 동료들이 세상을 떠나면서 대인관계적 환경도 변화한다; 일상적인 사회적 역할을 수행하기가 더욱 어려워지고 그것으로부터 은퇴해야 한다; 새로운 역할이 은퇴의 형태로, 혹은 자신을 노인으로 재규정해야 하는 형태로 강요된다; 다양한 사회·문화적 태도와 기대가 늙어가는 사람에게 강요되는데, 그것은 노인에 대한 사회적 환경의 반응뿐만 아니라 노인 자신에 대한 경험에도 영향력을 행사한다.

노년기에 이르러 개인적, 사회적 환경이 복잡하게 변화되고 변동되는데, 이것은 다른 삶의 주기에서와 마찬가지로 많은 압력을 만들어낸다. 이탈 이론(disengagement theory, Cumming and Henry, 1961)은 노화 현상에 대한 개인과 사회적 모체 모두의 반응을 강조한다. 이 이론에 따르면, 노인은 개인적인 역량과 능력이 감소함에 따라, 점차적으로 환경의 변화에 취약해진다. 노인이 계속해서 자신의 능력을 발휘하고 내적 구조를 보전하기 위해서는 긍정적이고 지지적인 환경을 필요로 한다. 만약 환경이 노인에 대한 부정적인 기대를 가진 채, 노인의 역할에 대해 부정적인 정의를 내리고, 노인의 효율적인 기능을 경시한다면, 노인은 점점 더 능력을 상실하게 되고, 환경에의 적응이 더욱 힘들어질 것이다(Lawton, 1974).

연속성

인간이 노화 과정을 거치는 동안 많은 것들이 변화하는 것이 사실이지만, 변함없이 그대로 남는 것도 많이 있다. 삶의 초기에 확립되는 자아의 방어 기제와 적응 능력은 삶의 주기를 통해 지속되는 경향을 갖고 있다. 마찬가지로, 본능적 욕동, 소망, 그리고 동기들은 삶을 통해 계속되는 영속적인 특성을 갖는다. 노인에게도 젊은 사람과 동일한 욕구, 갈망, 그리고 소망이 있고, 그것들을 충족시키고 이루려고 한다; 차이가 있다면, 그것은 양적인 것이지 질적인 것이 아니다. 이것은 성욕의 경우에 가장 분명히 드러난다(Berezin, 1969). 노년기의 성욕과 성적 소망의 표현에 대한 문화적 편견에도 불구하고, 성적 충동과 소망은 그대로 남아 있다. 노인은 비교적 성적인 것에 무관심해야 한다는 문화적 편견이 가져오는 결과는 불행한 것이다: 그것은 노인에게 자신의 본능적인 성 충동과 욕망에 대해 부정적인 죄책감과 수치심을 가져다줄 수 있다.

더욱이, 개인의 성격 조직은 노년기에도 변화되지 않는 경향이 있다. 사람이 늙어감에 따라 더욱 자신답게 된다는 것이 빈번히 관찰되어 왔다. 그러나 외부의 압력이나 환경의 변화 아래에서 방어 기제가 더욱 굳어지고, 이것이 후에 어려움을 초래하는 원인이 될 수 있다. 예컨대, 주로 투사 방어에 의존하는 노인은 계속되는 변화와 상실의 압력 아래 편집증적으로 되어갈 수 있다. 혹은 근저의 수동성을 부인하는 데 공격성을 사용해온 경우, 노화의 압력 아래 방어작용이 실패함으로써 수동성의 지배를 받게 될 수 있다(Berezin, 1978).

개인적 차이

노화의 심리학에 대한 논의에서 염두에 두어야 할 또 하나의 중요한 사항은 개인적 차이의 문제이다. 아나스타시(Anastasi, 1974)는 이 점에 대해서 다음과 같이 관찰한다: (1) 노인 연령층에 속한 사람들의 개인적 차이는 다른 연령층에 속한 사람들의 평균적인 개인적 차이보다 훨씬 더 크다. 이것은 노인 집단에 속한 사람들의 능력이 다른 연령 집단에 속한 사람들의 능력과 상당한 정도로 중복되고, 전자에 속한 사람들의 적응 능력과 기능 수준이 상당히 넓은 범위에 걸쳐 분포되어 있다는 것을 말해준다. (2) 연령의 양적 차이와 질적 차이 사이에 중요한 구별이 존재한다. 다른 연령 집단의 수행 능력과 노인 연령 집단의 수행 능력을 비교해 보면, 연령의 차이는 별 의미가 없다는 것을 알 수 있다. 노인기 동안의 활동에 영향을 미치는 것은 생리적이거나 심리적인 요소보다는 교육적이거나 문화적인 요소인 것으로 드러난다. 따라서 한 개인이 살아온 시간의 길이보다는 그 시간 동안 그가 무엇을 하면서 살았는가가 더 중요하다.

변동

의심의 여지없이, 노화 과정이 진전됨에 따라 중요한 심리적 변동이 발생한다는 점이 고려되어야 한다. 예컨대, 굿맨(Gutmann, 1981)은 젊은층 환자와 노년층 환자가 호소하는 불편함과 증상이 각각 다르다는 사실에 주목했다. 젊은 환자는 거세적인 아버지에 대해 불평하는 반면, 나이가 든 환자는 지배적이고 질식하게 하는 어머니에 대해 불평하는 경향을 보인다. 마찬가지로, 노년층 환자는 자신의 공격성을 자신 안에 있는 것으로 보지 않고, 그것을 외재화하고 외부적 위협으로 느끼며 그것에 대해 불평한다. 예컨대, 노년층 남성들 중에 최소한 절반이 아내가 횡포를 부린다고 불평을 한다. 노년층 환자들의 내적 경험은 성기적, 공격적 욕구를 중심으로 이루어지기보다는 "여성적인"(feminine) 욕구를 중심으로 이루어지는 경향이 있다. 노인은 의존 욕구, 생존 경쟁으로부터 탈출하고 싶은 욕구, 그리고 심지어 울고 싶은 욕구로 인해 괴로움을 겪는다. 마찬가지로, 노인 남성들이 좀 더 수동적이고, 관계적이며, 심지어 양육적으로 변화됨에 따라, 노인 여성들은 더욱 개인주의적이고, 자아 중심적이며, 심지어 공격적으로 변하는 경향을 보인다.

몇 년 전, 노이가르텐(Neugarten, 1964)은 노화가 비교적 독립적인 내적 변화의 과정과 관련되어 있는데, 그 과정은 처음에는 사회적 및 적응적 변화보다 앞서고 그 다음에는 그것들과 나란히 일어난다는 가설을 제시하였다. 이 이론에 따르면, 개인은 환경을 적극적으로 지배하던 자세에서 좀 더 수동적으로 환경에 적응하려는 자세로, 그리고 타인들 및 외부 상황과의 관계 경험보다는 심리 내적인 경험을 더 중요하게 생각하는 자세로 이동한다는 것이다. 그러나 여기에서조차도, 개인의 적응 능력의 변화를 설명하는 데, 나이의 변화보다는 외부적인 사회적 조건이 더 큰 비중을 차지하는 것으로 보인다.

심리적 변동은 또한 삶의 과정에서 발생하는 동기의 변화 유형에서도 확인될 수 있다. 콜렌(Kohlen, 1959)은 확장과 제한이라는 두 가지의 대조적인 동기에 대해 서술하였다. 젊은 시기에는 주로 성취 욕구가 증대되고, 자신이 중요하다는 느낌과 인정받으려는 욕구가 증가하는 한편, 노년기에는 제한이라는 동기가 전면에 나타난다. 확장과 제한은 삶의 전체 과정을 통해 작용하며, 자존감에 대한 욕구와 그것을 충족시키는 수단도 삶의 전체 과정을 통해 다양하게 나타난다. 사람이 나이가 들어감에 따라, 삶의 혼란과 위기의 강도는 증가한다. 그러한 변화는 애도 반응을 불러일으킬 수 있지만, 긍정적이고 보상적(restitutive)인 정신 과정이 작용한다면, 무능력한 상태에 빠지는 결과를 가져오지는 않는다. 노년기에도 긍정적인 자기 이미지와 동일시 대상을 가진 상태로 활기찬 생활을 할 수 있고, 대인관계에서 의미 있는 역할을 할 수 있으며, 다양한 사회적인 접촉과 활동에서 성공적일 수 있다.

가치

앞에서 서술된 것 외에도, 중년기에서 노년기로 들어가는 동안 가치에 대한 태도의 변동이 발생한다. 에릭슨(1959)은 최초로 그러한 변동들을 설명하면서, 중년기의 특징적인 가치인 생산성(generativity)이 노년기의 지배적인 가치인 자아 통합(integrity)으로 변동된다고 제안했다. 에릭슨은 자아 통합을 개인이 자신의 인생을 있는 그대로, 적절하고, 의미 있는 것으로 받아들이는 능력으로 설명했으며, 이것을 죽음의 공포에서 드러나는 절망감과 대비시켰다.

펙(Peck, 1955)은 이러한 접근 방법을 더욱 진전시키고 분화시켰다. 그는 중년기의 지배적인 가치를 다음과 같이 서술하였다: (1) 나이가 들면서 신체적인 능력이 감소하는 것에 걸맞게 신체적인 힘보다는 지혜에 가치를 두기; (2) 생물학적인 변화에 따라 성적인 인간 관계보다는 서로 사귀는 인간 관계를 강조하기; (3) 삶의 유형이 변화하고 상실 경험으로 인해 사람과 대상에 대한 감정적인 투자를 새롭게 발달시키는 능력이 중요하다는 것을 깨닫기. 즉 에너지 집중의 유연성에 가치를 두기: (4) 감정적인 적응성뿐만 아니라 인지적 적응성이 필요하다는 것을 강조함으로써, 정신적으로 경직되지 않고 유연성 있는 삶에 가치를 두기.

이 도식 안에는 중년기의 가치로부터 노년기의 가치로 전환하는 과정이 포함되어 있는데, 이것은 자아 통합 대(對) 절망이라는 에릭슨의 개념을 확대시킨 것이다. 노년기의 가치에는 다음의 것들이 포함된다: (1) 자신의 직장 생활과 삶의 다른 상황에서 자신이 무엇을 하는가 보다는 자신이 누구인가에 대한 인식을 발달시킬 필요가 있다는 것을 강조함으로써, 직장에서 주어진 역할에 몰두하기보다는 자아의 발달에 더 큰 가치를 둔다; (2) 신체적인 제한과 한계에 얽매이지 않는 자아 자율성을 강조함으로써, 신체에 몰두하기보다는 신체를 초월하는 데 가치를 둔다; (3) 자아 몰두보다는 자아 초월, 특히 다가오는 죽음과 살아온 삶 그리고 자신이 남기고 갈 유산을 있는 그대로 받아들이고 만족함으로써 자신과 화해하는 일에 가치를 둔다.

상실

상실은 인생에서 피할 수 없는 경험이며, 특히 노년기에는 상실이 갖는 심리적 의미가 증가하고, 상실의 속도가 빨라진다. 상실은 개인의 인생 경험의 거의 모든 측면에 영향을 미친다. 수입이 줄어드는 물질적인 상실을 경험하고; 친구, 친척, 그리고 일상 생활에서 중요하게 알고 지내던 사람들의 죽음을 포함한 인격적, 대인관계적 상실을 경험한다. 또한 전문인으로서의 사회적 역할의 상실과 심지어 가족 집단 안에서도 역할의 상실을 경험한다. 노년기에는 죽음이나 이사 등의 이유로 가족을 상실하기도 하고 출산과 입양을 통해 가족을 새로 맞아들이기도 하면서, 가족 형태의 진화와 변화를 겪는다.

뿐만 아니라, 노인은 환경과의 관계를 변화시키고, 환경에 계속적으로 적응하는 데 필요한 접촉 능력이나 조율 능력의 상실을 초래하는 생리적 변화도 경험하게 된다. 여기에는 특히 시각 및 청각 능력이 감소되는 것과 관련된 지각 능력의 변화뿐만 아니라, 환경을 조정하고 다루는 능력에 영향을 미치는 운동 능력(일반적인 또는 섬세한 운동 능력 모두)의 변화도 포함된다. 결과적으로, 노인이 획득하는 정보의 질이 떨어지고 양 또한 줄어들며, 특히 복잡한 과제를 수행하는 데 필요한 빠르고 효과적인 반응 능력이 감소한다. 따라서 노인은 중심적인 정보처리 능력의 감소와 함께 감각운동 수행 능력의 저하를 경험하게 되고, 그로 인한 작업 수행 능력의 한계를 경험하게 된다. 노인들은 새롭게 학습하거나 더 많은 시간을 들여서 노력함으로써 이러한 과제 수행 능력의 부족을 보충할 수도 있지만, 그렇지 못할 경우에는 일의 정확성—특히 계속적인 움직임이나 일련의 연관된 움직임들이 요청될 때에는—이 떨어질 수 밖에 없다(Campbell, 1974).

노인 문제를 발생시키는 요인들로는 정신적·신체적 기능과 역량의 자연적인 감소뿐만 아니라, 노인들에게 고정된 역할이나 지위를 강요하는 사회적 압력과 부정적인 문화적 기대도 중요하게 자리잡고 있다(Campbell, 1974). 고도로 성공 지향적이며 성취 지향적인 현대의 산업 문화는 성공을 돈, 활동, 그리고 젊음의 관점에서 정의하는 경향이 있다. 그러한 암묵적인 사회적 기준에 맞추어 살지 못하는 노인들은 부정적인 자기 이미지를 만들어내고, 따라서 스스로 그러한 부정적 기대에 맞추어 살기가 쉽다. 진버그(1976)는 그 과정을 성적 활동의 측면에서 다음과 같이 서술한다:

이 영역을 깊이 연구한 결과, 그러한 확신이 생리학이 아닌 서구의 청교도 유산에 기반을 두고 있다는 것이 분명히 밝혀졌다. 그러나 그런 사실에도 불구하고 노인의 성적 활동이 줄어들 것이라는 예측은 여전히 계속되고 있으며, 종종 그 예측 자체가 결과를 만들어내기도 한다. 많은 노인들이 문화적 고정 관념을 받아들이고 그들의 성적 활동을, 더 기본적으로는 그들의 성적 욕구를 무의식적으로 금지한다(p. 131~132).

버틀러(Butler)와 루이스(1973)는 노인의 경험과 적응 능력에 영향을 미치는 상실 경험과 중요한 변화를 외부적 요소와 내부적 요소의 측면에서 서술하였다. 외부적 요소는 개인적으로 사랑하는 중요한 사람의 상실, 사회경제적 어려움, 강요된 퇴직, 쓸모 없다는 느낌과 고립감을 강요하는 노인에 대한 문화적 비하, 그리고 사회적 격리 등을 포함한다. 내부적 요소는 성격 조직, 뇌 기능과 지각 능력에 영향을 미치는 신체적 질병, 차츰 왜소해지는 신체와 외모의 변화(따라서 신체 이미지의 조직과 통합에 영향을 끼치는), 빠르게 반응하고 즉각적으로 이해하는 지각 능력의 감소, 그리고 마지막으로 쇠약해져 가는 신체와 다가오는 죽음에 대한 인식 등을 포함한다. 노인은 신체적 힘, 정신적 민감성, 유머, 그리고 자유와 자율성을 점차적으로 상실하며, 또한 인생의 적극적인 참여자에서 수동적인 방관자로의 전환을 경험한다. 그러한 상실의 압력을 받으면서, 노인은 더욱 소심해지고 신체적으로 쇠약해진다. 노인은 우울함, 피곤함, 혹은 불면증을 호소하는데, 그로 인해 고립감은 더 커지고, 자식들과 친구들을 접촉하는 것이 더욱 힘들어지며, 결과적으로 회피와 고립을 강요받는다. 노인은 쇠약해지는 자신의 신체, 가족과 자신의 운명에 대해 분노하고 배신감을 느낀다. 노인은 식사, 음주, 활동, 그리고 운동 등의 영역에서 점차로 제한을 받게 되는데, 그로 인해 인생이 살만한 가치가 없는 것이 되고 무거운 짐으로 느껴지며 좌절감이 확대된다.

로클린(1965)은 노화 과정에 따른 황폐화(impoverishment)의 문제를 강조하였다. 노화는 갈등이나 혹은 그것의 잔여물이 인생의 마지막 단계에서 회복이 뒤따르는 상실로 경험되기보다는 회복이 불가능한 상실로 경험된다는 점에서, 이전의 발달 기간에 겪었던 것과는 전혀 다른 인생의 경험이다. 게다가, 황폐화 과정은 노화 과정의 진전과 함께 더욱 지배적인 역할을 하게 된다.

애도

노인의 상실 경험은 불가피하게 애도의 과제로 인도한다. 폴락(1981)은 상실과 회복의 주기를 리비도의 "애도-해방 과정"(mourning-liberation process)이라는 관점에서 서술하였다. 그의 견해에 따르면, 정상적인 노화 과정은 계속되는 애도 과정을 포함하는데, 이는 개인으로 하여금 인생 주기의 좀 더 초기 단계에 부착된 리비도를 풀어내고, 풀려난 에너지를 현재의 창조적인 잠재적 가능성에 투자할 수 있게 한다. 그는 리비도의 애도-해방 과정에 따른 4가지 가능한 결과를 서술한다:

1. 애도 과정을 성공적으로 거치면서, 개인은 창조적이며 새로운 길을 갈 수 있는 더 큰 자유를 얻게 된다.
2. 애도 과정의 발달 과정이 정지될 경우, 그 과정이 계속 정상적으로 발달하기 위해서는 특별한 치료적 개입이 요구된다.
3. 애도 과정의 다양한 지점에서 고착이 이루어질 경우, 이후의 삶의 단계에서 경험하는 압력으로 인해 유기체의 통합 능력에 긴장이 부과될 경우, 개인은 그 고착 지점으로 퇴행할 수 있다.
4. 비정상성과 심각한 어려움이 수반되는 병리적인 애도가 이루어질 수 있다.

폴락(1981)은 다음과 같이 말한다 :

노화 과정을 잘 거치려면, 개인은 자기 조직(self-organization)의 과거 상태를 애도하고, 더 이상 현실이 아닌 것을 포기하고 현실을 재조직하며, 현재와 미래의 현실을 있는 그대로 받아들일 수 있어야만 한다. 병리적인 노화 과정은 애도-해방 과정의 실패를 반영하는 것이며, 발달 과정에서의 병리 또는 일탈을 의미한다(p. 582).

자기애적 상실

노화 과정에서는 자기애적 변천의 문제가 중요한 변수로 작용한다. 내가 보기에, 노화의 기본적 문제는 자기애적 상실의 문제이다. 노화와 연관된 상실은 자기애적 공격의 유형을 형성한다. 로클린(1965)은 다음과 같이 말한다 :

노화 과정 안에서 혹은 노년기에 자기애는 가장 큰 시험에 부딪힌다. 그 동안의 가치와, 오랫동안 자기애와 관련되어 있던 모든 것이 노화에 의해 위험에 처하게 된다. 삶의 과정에 적응적으로 기능함으로써 만족을 제공했던 기술, 숙달(mastery), 힘, 그리고 힘들여 얻은 모든 것이 인생의 마지막 단계에서는 제 기능을 다하지 못한다. 자원, 힘, 적응 능력, 기능, 그리고 그 자신이 의존하던 친밀한 관계, 즉 가족과 친구들의 관계는 계속 줄어들고 상실된다. 거의 대부분의 사람들은 오래 살수록(마치 도박을 오래 할수록 그런 것처럼), 더 많이 잃게 된다고 느낀다. 노화는 자기애에 대한 공격이다. 인생의 초기에 느끼는 존재의 불확실성이 아이에게 분명한 것이었듯이, 노인에게 있어서 분명한 것은 이전에 소중했던 모든 가치가 쉽게 부스러진다는 것이다. 그러므로 자기애는 이전 시기 못지 않게 노년기에도 중요한 역할을 한다(p. 377~378).

그러한 자기애적 외상은 해결되지 않은 자기애적 욕구를 강화시킨다. 그 결과, 공격성과 공격적 갈등의 수준이 증가한다. 여기에는 코헛(1972)이 서술한 "자기애적 격노"(narcissistic rage)가 포함된다. 게다가, 노인기에는 자기애적 외상으로 인해 불안이 고조되고, 죄책감이 커지며, 희망이 상실되고, 회복 능력이 감소되면서 우울증이 초래될 수도 있다. 이러한 자기애적 감소는 자기애적 상실에 대한 방어로서 편집증적 경향을 발달시킬 수 있고, 비판, 비난, 책임의 전가, 그리고 심지어 편집증적 투사의 형태로 귀결될 수 있다(Meissner, 1978b). 우리는 바로 이런 측면에서 "세대 차이"(generation gap)의 문제를 이러한 편집증적 경향의 표현으로 볼 수 있다.

아마 모든 상실 중에 최대의 상실은 박탈과 죽음이라는 궁극적인 자기애적 외상일 것이다. 이것은 회복의 요소를 수반하지 않는 상실의 유령을 불러일으킨다. 로클린(1965)은 이 점에서 다시금 적절한 언급을 제공한다:

노화 과정은 인간의 발달 단계 중에 일반적으로 그리고 일관되게 저항을 받는 유일한 단계이다. 노화에 대한 저항은 노인기의 황폐화가 인생의 끝에 이르게 한다는 분명한 사실에 대한 자각에서 기인한다. 노인은 인생의 끝에 가까워질 때, 회복의 약속을 황폐화로 대체함으로써 더욱 불안정해지는데, 어떤 경우에는 거기에다 박탈의 위험이 더해진다(pp. 365~366).

이러한 내적 박탈의 관점에서, 사회가 노인들에게서 회복의 약속을 박탈하는 방식에 대해 생각해볼 수 있다. 이것은 심지어 재정적으로 안정되고 합리적이며 안전하고 편안한 생활을 보장하기 위한 물질적 차원에서 사회가 제공하는 회복의 수단에도 적용된다. 박탈의 다른 형태는 우리 사회가 갖고 있는 가치 체계로부터 기인하는데, 이것은 사람들에게서 종교적 신념 체계가 가진 회복적 자원을 박탈하는 경향을 나타낸다. 그러한 체계, 특히 삶과 죽음, 그리고 종교적 신실성을 통해 획득하는 내세에서의 보상과 관련된 믿음 체계는 죽음에 직면한 노인의 자기애적 외상을 회복할 수 있는 강력한 자원으로서 기능한다. 사회가 이러한 자원을 효과적으로 지원해주지 않고 그것을 침해하고 박탈하는 한, 노인의 자기애적 손상은 더욱 심화될 것이다.

이런 맥락에서 자기애의 이론을 제시한다는 이유로, 내가 노인 문제에 대해 전적으로 내재화되고 내향적인 이해를 선택하고 있다고 가정하는 것은 옳지 않다. 자기애는 자기의 통합 및 자기의 응집성과 관련되어 있으며, 자기는 타자로부터의 분리됨 안에서 뿐만 아니라 타자와의 관계 안에서 정의되고 유지될 수 있다. 노년기의 자기애적 상실에 대한 이론은 어떻게 사회적 영향력이 노인의 적응 능력에 영향을 미치고, 그것을 침해하는지에 관한 것뿐만 아니라, 사회적 기능과 구조가 노인의 자기애적 평형을 회복하도록 돕는 방식에 대해서도 설명해야만 한다.

노화의 병리

지금까지 논의된 부분은 대체로 비교적 정상적이라고 간주될만한, 혹은 적어도 반드시 병리적 일탈에 해당되지 않는 노화 과정의 측면을 다루었다. 이 지점에서, 우리는 좀더 구체적으로 노화와 연관된 정신 병리에 대해 살펴보아야 할 것이다. 대부분의 경우, 정상적인 노화 과정과 좀 더 일탈적인 정신 병리의 징후는 분명하게 구별되지만, 그것을 명확하게 구분하기 어려운 경우도 있다.

사실상 정상적인 기능과 질병에 의한 일탈 사이에 명확한 경계선을 그을 수는 없다. 정상으로부터 병리적인 것으로의 전이는 점진적인 것이며, 우리는 제시된 상황이 어느 정도의 일탈을 초과할 때에만 그것이 병리적이라는 합의에 도달한다. 그리고 그 정도의 문제는 일탈적 기능에 대한 환자 자신의 내성(耐性)이나 방어의 정도와, 환자가 살아가는 사회적 환경이 수용하는 정도에 따라 상대적이다. 심리적인 혼란과 관련된 경우에 어떤 것이 정상적인 것으로 받아들여지고 어떤 것이 병적인 것으로 규정되는가는 사회의 판단에 달려 있다(Campbell, 1974).

발달적 관점

앞의 논의에서 드러났듯이, 모든 노인 환자들의 증후는 중앙 신경 체계의 내적 구조가 변화하는 노화 과정 자체에 의한 증후이기도 하고, 사회적 태도와 기대, 가족 관계에서의 변화, 사랑하는 사람의 상실, 퇴직으로 인한 생활 방식과 안전감의 변화 등 사회적인 변화에 의한 증후이도 하다. 또한 굿맨(1981)이 강조하듯이, 노년기의 정신 병리를 박탈이라는 관점에서만 이해하기보다는 발달적 관점을 포함하는 관점에서 이해하는 것이 유익할 것이다.

노인에게서 발생하는 병리는 단지 돌이킬 수 없는 상실에 직면해서 나타나는 퇴행 현상만이 아니며, 지금까지 수용적인 환경 안에서 적절한 반응을 받아보지 못함으로 해서 중지되었던 발달적 잠재력이 출현하는 현상일 수도 있다. 따라서 병리적 일탈이라는 관점에서 볼 때, 노년의 의사분열증은 인생의 상실 및 실망이 일으키는 분노에 대한 퇴행적인 방어로 보일 것이다; 그러나 발달적 관점에서 본다면, 그것은 또한 인생 경험의 변화하는 상황에 의미와 맥락을 부여하려는 근저의 욕구를 반영할 것이다. 굿맨은 다음과 같이 관찰한다:

겉으로 보이는 것의 배후에 놓인 근저의 유형을 통찰하는 노인의 역량이 지원적인 심리-사회적 환경을 만날 때, 그 역량은 지혜라는 성숙된 형태로 나타난다; 출현하는 잠재력을 인정해주고, 가치를 부여하며, 후원해주는 문화가 없을 때, 그것은 성격의 성숙한 부분보다는 병리적인 부분과 연결되고, 따라서 편집증적 증상으로 나타날 것이다(p. 495).

노인 환자에게서 임상적으로 드러나는 증후와 일탈 행동 가운데 많은 부분은 성 역할 기능의 변화와 관련되어 있을 뿐만 아니라, 다양한 상실과 자기애적 침범에 의해 크게 흔들려진 자기애적 평형을 되찾으려는 시도와 관련되어 있다. 능동성에서 수동성으로 가는 전환, 그리고 성적 정체성을 유지하는 데 미치는 영향력이라는 측면에서, 노인이 알코올에 의존하는 것은 상실된 성적 능력과 힘을 보상하려는 시도이다. 알코올은 즉각적으로 금지된 남자다움과 공격성을 해방시켜주는 원천으로 기능함으로써 남성적 힘에 대한 은유가 된다. 동시에, 그것은 퇴행적인 구강기적 욕구를 충족시키며, 따라서 알코올 중독자는 술에 취하는 것을 통해서 전능한 수퍼맨인 동시에 무력한 유아가 될 것이다 (Gutmann, 1981).

노인들에게 만연되어 있는 심장마비를 포함한 심리 신체적 증후는 노인의 수동성을 사회가 받아들이게 하는 통로로서 사용된다. 사람은 수동적일 수 있으며, 병원이나 치료자에게 의존할 수 있다. 하지만 의존할 수 없는 사람의 경우, 의존성은 견딜 수 없는 것이 된다. 마음은 젊으나 육체가 약하다. 도움을 청하는 것은 환자의 마음이 아니라, 약하고, 의존적이며, 여성화된 그의 육체이다. 따라서 어떤 사람의 질병에서는 부인(denial)이 중요한 역할을 한다. A 유형 성격에 속하는 (Friedman and Rosenman, 1974) 개인은 노화 과정의 변화를 견디지 못하며, 따라서 그는 심장 마비에 걸리기 쉽다. A 유형 성격의 특성과 관상 심장 질병 사이의 상관관계는 50세를 전후하여 낮아지기 시작하는데, 이것은 그 시점부터 과도하게 남성적인 많은 남성들이 그들 자신의 심리적 조직의 내재적인 이중성을 받아들이기 시작한다는 것을 말해준다. 그러나 새로운 정복 대상과 새로운 적대자를 끊임없이 추구하면서, 그들의 남성적 추구의 속도를 증가시키는 사람들도 있다. 그들은 모든 수동적 소망을 부인하며, 그것에 대한 책임을 대상에게 전가한다. 비슷하게, 노인의 이혼은 남성이 새로운 성적 능력(virility)을 추구하기 때문만이 아니라, 그가 자기 내부에서 출현하는 수동성을, 즉 그의 여성적 소망의 투사를 받아주는 그릇을 새로운 대상 안에서 찾기 때문이라고 볼 수 있다. 이와는 반대로 여성은 나이가 들면서 더 자율적으로 변하고 자기 주장이 강해진다. 따라서 이때 남성은 자신의 아내보다 더 의존적이고 자신을 숭배하는 젊은 여성을 추구하게 되고, 자신의 아내를 버리고 싶어진다.

여성의 노화 과정에도 무거운 짐이 부과된다. 가장 빈번하게 나타나는 증상은 우울증인데, 이것은 흔히 상실과 연관된다. 환자는 폐경으로 인한 생식 기능의 상실, 자녀들이 떠나버린 텅 빈 보금자리, 남편과의 관계에서 느끼는 거리감과 무관심, 혹은 과부가 되는 데 따른 고통 등으로 어려움을 겪는다. 그러나 상실은 단순히 외부적인 것만이 아니다: 그러한 상실은 그녀의 자기감의 핵심에 상처를 입히고, 따라서 자존감의 상실을 가져온다.

자신의 내재적인 여성성을 받아들이는 것을 힘들어 하는 남성이 있는가 하면, 자신의 남성성을 받아들이지 못하는 여성이 있다. 그런 여성은 자신과 남편 사이에서 성 역할의 발달적 변동에 의해 위협받으며, 자기 자신의 공격성으로 인해 갈등하고 두려워한다. 그녀는 자신이 독립적이 되고 자기 주장이 강해짐으로써 여성스러움과 매력을 잃게 될 것을 두려워 한다. 그런 여성은 남편이나 아이들을 대신해서 공격성을 사용하거나, 혹은 자신의 공격적 충동을 남편이 통제해주기를 기

대한다. 남편이 병들거나 죽을 경우, 문제는 악화된다. 그녀는 무의식적인 죄책감으로 인해 남편의 죽음이 자신 때문이라고 스스로를 비난하며, 우울증을 통해 스스로에게 징벌을 가한다. 그런 여성의 우울증은 사랑하는 대상의 상실뿐만 아니라 자기 자신이 받아들일 수 없는 자신의 공격적이고 적대적인 요소의 분출에 의해 복잡해진다.

치매

노인의 정신 병리가 어떤 형태로 나타나든지 간에, 치료자는 증후를 만들어내는 데 유기체적 요소들이 끼치는 광범위한 영향을 염두에 두어야 한다. 노인성 치매의 증후는 처음에는 대개 잠행성으로 나타나지만, 후에는 초조함, 심지어는 청각적, 시각적 환각을 수반하는 급성 정신착란, 그리고 격렬한 감정의 폭발을 가져오는 편집증적 의심으로 분출될 수 있다. 그러면 환자는 전보다 더 심각한 치매 현상을 보이게 된다. 이 퇴화 과정의 초기에 지각 기능과 기억력이 손상되며, 따라서 인지 기능은 일반적으로 결함을 갖게 된다. 환자는 처음에는 최근의 사건, 그 다음엔 사람의 이름, 그 다음에는 사물의 이름을 잘 기억하지 못하게 된다. 그는 시간과 공간에 대해 혼란을 경험하게 되고, 현실과 환상, 사실과 상상, 그리고 지각과 환각 사이를 구별하는 데 어려움을 겪는다.

치매는 종종 심한 우울증의 특징을 띠는데, 이것이 진단 상의 어려움을 증가시킨다. 그런 환자를 진단할 경우, 진정한 치매와 노인성 우울증을 구별하는 것이 가장 중요하다. 정신착란 상태에 빠진 환자들 대부분은 단순히 치매에 걸린 것처럼 보일 수도 있다; 그러나 그 가운데 약 20%는 주로 편집증적인 증후군을 발달시킬 것이며, 다른 10%는 주로 정서적 증후를 나타낼 것이다(Campbell, 1974). 또한 노인성 우울증이 치매로 오진될 위험도 있다. 노인성 우울증은 대개 심리운동(psychomotor) 과정을 둔화시킨다; 환자가 65세 이상일 경우, 이것은 인지 능력의 퇴화로 보일 수 있기 때문에, 근저의 우울증에 충분하게 주의를 기울이지 않으며 치매로 오진하기 쉽다(Weinberg, 1980).

웰즈(Wells, 1978, 1982)가 지적했듯이, 기능적인 우울증적 혼란을 생물학적 치매로 오진하는 일은 자주 있는 일이다. 이와 같은 진단상의 어려움은 인지적 손상을 입은 환자가 우울증을 앓을 때 특별히 심각해진다. 명백히, 인지적 손상 정도가 클수록 우울증이 공존할 가능성은 더 적어진다; 이와 마찬가지로, 경미한 인지적 손상을 입은 환자에게서는 더 심한 우울증이 발견되는 경향이 있다(Reifler et al., 1982).

웰즈(1978)는 정신의 기능적인 측면에서 혼란을 경험하는 환자가 치매와 매우 유사한 증상을 보이는, 우울적 유사 치매 증후군에 대해 서술했다. 그는 우울적 유사 치매는 진성 치매가 아니면서도 심각한 인지적 손상을 수반할 수 있기 때문에 진단적 구별이 어렵다는 점을 강조했다. 그러나 우울적 증후군은 진성 치매에서도 나타날 수 있는데, 이는 진단 상의 어려움을 더욱 가중시킨다(McAllister and Price, 1982).

우울증

노인에게서 가장 빈번하게 발견되는 정신장애 중의 하나가 우울증이다. 우울증은 명백한 임상적 증후를 나타내는 것이 보통이지만, 증후가 잘 드러나지 않는 경우도 있는데, 그때 환자와 치료자 모두는 그것을 인식하지 못할 수도 있다. 그것은 또한 건강 염려증 증후나 정신신체적 질환에서처럼 다양하게 위장된 모습으로 나타날 수 있으며, 혹은 우리가 언급했듯이, 생물학적 두뇌 증후군의 표현일 수도 있다. 노인에게 있어서 우울증은 단순한 애도나 불행한 상태가 아니며, 자주 낙담과 낮은 자존감과 같은 고통스러운 감정을 포함한다; 그 외에도 노인의 우울증은 사고 과정의 둔화와, 과거의 잘못이나 죽음에 대한 강박적 반추(反芻)로 나타나는 인지적 결함, 그리고 대개는 느린 행동의 형태로 나타나지만, 때로는 초조함, 서성거림, 흥분 등의 심리 운동을 포함한다.

때때로, 우울증은 건강염려증적 우려, 변비, 불면증, 의욕 상실, 그리고 민감하게 반응하지 못하거나 사고가 둔해지는 것을 포함하는 증상들과 결합하여 단순히 느린 행동의 형태를 띨 수도 있는데, 이 증후는 때때로 생물학적 혼란으로 오진될 수 있다. 흥분하는 형태로 나타나는 우울증은 예컨대, 배우자나 가까운 친구의 죽음, 생명을 위협하는 질병의 발견, 중요한 지위나 역할의 상실로 인한 개인적 상황의 변화, 결정적인 상실로 인한 위기 등에 의해 촉발되는 경향이 있다. 불가피한 상실에 직면하여, 노인 환자는 자신이 버림받고 거부당했다고 느끼는데, 이는 무력감과 무가치감을 증가시키고, 자신에 대한 자부심과 자존감의 상실을 강화한다. 노인 층에서 알코올 중독자가 증가하는 것은 우울증과 관련되어 있는데, 이는 알코올이 자존감의 상실을 은폐해주기 때문이다. 지나친 음주는 근저에 우울증이 있다는 것을 명백하게 말해준다.

앞에서 서술된 우울증 이외에도, 캐스(Cath, 1967)는 고갈 상태(depletion) 증후군에 대해 서술하였는데, 이는 상실과 쇠퇴로 인해 약해진 능력을 회복하지 못하는 무능력에 의해 특징지어진다. 이 고갈 상태 증후군에서는 자기 비난이 적게 나타나며, 우울증의 다른 기제들이 주된 특징으로 나타나지 않는다. 우울증에서는 자아 기능이 손상되고 자존감이 감소되지만, 자기애적 목적은 변화되거나 포기되지 않는다. 그러나 고갈 상태에서는 이러한 자기애적으로 투자된 목적이 차츰 포기되며, 자기 비난도 보이지 않는다. 고갈 상태의 초기에는 사고와 정서의 고립, 자아 분열, 탈인격화, 그리고 과거에 대한 반추 등이 나타난다. 자아 기능이 점차 손상되고 초자아 기능이 붕괴됨에 따라, 죄책감이 거의 없어진다. 고갈의 과정이 개선될 수 있다면, 그 개선의 첫 표시는 우울해지는 능력을 되찾는 것으로 나타날 것이다. 고갈 상태의 개념은 로클린이 서술한 성격의 황폐화 문제와 매우 근접해 있다 (Rochlin, 1965, pp. 374~376).

노인 우울증은 상당히 예측 가능한 경로를 따를 수 있다. 막연하고 불만스러운 자기 비난이 발생하며, 이는 점차 예전에 자신이 저지른 사소한 과오나 실패 때문에 그런 감정을 갖게 되었다는 확신으로 발전한다. 노인 환자는 자신의 과거의 사건 중에서 실패한 일과 잘못된 일을 모두 생각해내어, 대수롭지 않은 사건임에도 불구하고 그것을 매우 큰 사건으로 간주할 것이다. 환자는 자신의 가정된 잘못이나 나쁜 생각으로 인해 죄책감에 사로잡히게 된다. 그는 대체로 자신이 상상한 잘못을 되돌리려는 헛된 시도를 통해서 자신의 죄를 속죄하고 보상하려고 한다.

어떤 노인 환자는 자신에게는 재산이 많지 않다고 불평하는 형태로 내면의 무가치감을 표현할 것이다. 자신에게 필요한 만큼 저축된 돈이 있고 퇴직금이 있음에도 불구하고, 그는 자신이 가난하며, 돈이 없고, 특히 자신을 위해서는 아무 것도 살 수가 없으며, 심지어 치료받을 돈조차 없다고 생각할 것이다. 다른 환자는 자신의 인생에서 남겨진 시간에 대해 곰곰이 생각하고, 자신이 언제 어떻게 죽을지를 생각하는 등 우울한 생각에 사로잡힐 것이다. 이처럼 죄책감과 우울증 계속해서 깊어지면, 환자는 무력감과 절망감을 느끼게 되고, 심지어 자신의 불행으로부터 벗어날 수 있는 유일한 탈출구는 자살이라고 생각하게 될 것이다. 자살은 자신이 상상한 비행과 악행에 대한 적절한 형벌이 되기 때문이다. 나이가 많을수록 자살 시도는 성공할 가능성이 높아지므로, 이 점은 심각하게 고려되어야 한다.

편집증적 과정이라는 관점에서 볼 때, 우울증의 다양한 형태는 노화 과정 안에 뿌리 내리고 있는 변화와 상실의 유형에 따른 결과로서, 예측이 가능하다. 우리가 보았듯이, 노화는 다양한 신체적, 심리적 능력의 상실과 같은 내면적 변화뿐만 아니라, 사회적 역할과 기능, 지위, 그리고 환경과 맺는 관계 유형 등과 같은 외부적 변화를 불가피하게 수반한다. 노인들이 그러한 환경에의 참여에서 벗어나는 방식과 정도는 개인마다 크게 다르다. 결정적인 변수는 개인 성격 구조 안에 있는 자기애적 요소의 정도와, 회복적 자원을 조직하고 활용하는 것을 통해서 자기애적 균형을 재구성할 수 있는 능력의 정도이다. 노화 과정에 포함되어 있는 세력은 자기애적 균형을 자기애적 상실과 고갈 상태로 몰고 가며, 개인의 자기애적 취약성에 심각한 상처를 입힌다. 이때 회복적 자원을 효과적으로 이용하지 못한다면, 개인은 우울증 방향으로 나아가는 경향이 있다.

노화 과정에서 반복되는 주제로 나타나는 또 하나의 동기는 자신이 피해자라는 생각이다. 점점 더 커지는 피해자 의식이 자기 주장적이고 효과적인 활동 능력에 의해, 그리고 환경에 대한 통제와 지배 수단을 갖고 있다는 감각에 의해 어느 정도 완화되지 않는다면, 개인은 우울증과 피해자 내사물에 내재된 역동을 표현하는 경로를 따를 수밖에 없을 것이다. 결과적으로, 우울증 병리에서는 자기애적 취약성과 열등감의 요소뿐만 아니라 무력감과 피해자됨의 감각을 강화하는 자기애적이고 공격적인 요소가 명료하게 표현된다. 따라서 피해자 내사물과 열등한 자기애적 내사물이 성격 구조를 구성하는 내용물이 된다.

사례 이야기

흥미롭게도, 이러한 노화 과정의 전개 과정에서 복잡하게 얽힌 문제가 저절로 풀리는 일이 종종 있다. 내가 치료했던 한 사례는 이런 몇 가지 점들을 보여준다. 70대 초반에 처음으로 치료를 시작한 나의 환자는 식욕 상실과 거식증을 수반한 우울증을 호소했다. 내가 처음 방문했을 때, 그녀는 체중이 약 15파운드 줄어든 상태였다. 그녀는 자신이 죄책감으로 인해 괴롭다고 했지만, 그 죄책감이 무엇에 관한 것인지에 대해서는 명료하게 설명하지 못했다. 그녀는 내가 자신의 행동을 인정해주지 않거나 비난할까봐 매우 두려워했는데, 내가 만약 그렇게 반응했다면, 그것은 치명적이었을 것이다. 어느 정도 안심시키는 나의 말을 들은 후에, 그녀는 마침내 자신이 십대에, 즉 인생의 초반기에 경험한 몇몇 사소한 과오들에 대해 털어놓기 시작했다. 그 시절에 그녀보다 나이가 많은 남자들이 그녀에게 성적으로 접근해왔었다는 이야기였다. 그녀는 우울증적인 반추를 통해서 이 초기 사건을 죄라고 여겼고, 이 죄책감을 토대로 자신의 삶은 실패했고, 자신은 영원히 지옥의 고통에 처하도록 운명지어졌다는 믿음을 형성하게 되었으며, 그런 믿음과 함께 자신의 죄책감을 극대화하고 있었다.

나는 대화를 통해서 그 사건이 단순한 애무에 해당하는 것이었고, 실제 성교까지 진전된 적은 없었다는 것을 알 수 있었다. 그녀의 기억 속에 특별히 생생하게 남아 있는 또 하나의 사건은 이런 것이었다. 어린 소녀였을 때, 그녀는 한 젊은 부부와 친해졌고 가끔 그들의 집에 놀러가곤 했다. 어느 날 밤 그녀는 그 부부와 저녁식사를 했는데, 그때 아주 심한 폭풍이 몰아치기 시작했다. 그 부부는 그녀에게 자고 가라고 간곡하게 권했다. 한밤중에, 부인의 남편이 그녀가 자고 있는 침대로 들어와서 그녀를 애무하고 그녀의 성기를 만지기 시작했다. 그녀는 두려웠고, 그가 자신을 겁탈할지도 모른다는 공포감과 자신이 저항하면 무슨 일이 벌어질지도 모른다는 두려움 사이에서 괴로워했다. 그녀는 나중에 부인이 무슨 일이 있었는지를 알게 될까봐, 그리고 자신 때문에 그들의 결혼이 파탄에 이르게 될까봐 두려웠다. 그녀의 남편은 얼마 후 자신의 침대로 되돌아갔지만, 환자는 일어난 일에 대한 상념에 강박적으로 사로잡혔고, 그 일을 걱정하면서 남은 밤을 뜬 눈으로 새웠다. 아침이 될 무렵, 그녀는 알 수 없는 죄책감에 사로잡혔다 ; 부인이 맛있는 아침식사를 차려주었지만, 그녀는 그 음식을 전혀 먹을 수가 없었다.

내가 그녀에게 우울증과 식욕 상실이 언제 시작되었느냐고 물었을 때, 그녀는 상담하러 오기 약 2년 전이라고 말했다. 그때 무슨 일이 있었느냐고 묻자, 그녀는 그때 자신보다 몇 살 위인 남편이 전립선 비대증 수술을 받았는데, 수술 후유증으로 남편은 그후로 발기불능이 되었다고 말했다. 그는 아내에게 성적으로 접근하지 않았고, 모든 성적 행동을 거부했던 것으로 드러났다. 그녀는 자신이 남편에게 거부당하고 버림받았으며 사랑 받지 못한다고 느꼈다.

그녀가 거부당하고 버림받았다는 감정에 취약하게 된 근저의 이유에 대한 질문은 그 수수께끼의 또 다른 부분으로 이끌었다. 그것은 그녀가 아주 어렸을 때, 그녀의 부모가 몇 개월의 간격을 두고 모두 사망한 사건이었다. 그들은 그녀가 5~6세 되었을 때에 마을을 휩쓴 유행성 독감으로 목숨을 잃었다. 그녀는 가정이 산산조각이 나고 형제들은 모두 뿔뿔이 흩어져서 다른 사람들의 집에서 살게 되었던 일을 회상했다. 어린아이가 경험한 상실감, 버림받았다는 느낌, 그리고 어린 그녀가 갈망했던 사랑과 애정과 보호에 대한 욕구의 좌절이 그녀에게 영원한 상처를 남겼음이 분명했다.

생의 초기에 경험한 상실감은 그녀에게 친밀함, 애정, 그리고 사랑에 대한 채워지지 않는 갈망을 남겨놓았다. 그녀의 양부모는 교양 있는 사람들이었고 그녀에게 음식과 옷을 충분하게 주었지만, 그녀는 양

부모에게서 그런 것들을 거의 받지 못했다고 느꼈다. 그녀가 친부모로부터 받고 싶었던 사랑과 소중한 돌봄은 결코 다른 것에 의해서 대체될 수 없었다. 어린 소녀의 이러한 갈급한 욕구는 그녀가 청소년기에 들어서면서 어느 정도 만족을 얻기 시작했으나, 그것은 성적인 상황에서였다. 문제는 이러한 근저의 정서적 욕구에 대한 만족이 죄책감과 연결되었다는 점이다. 이러한 동일한 욕구가 남편의 철수와 발기불능에 의해 다시 한번 자극되었고, 이때에 사랑과 애정에 대한 그녀의 좌절된 갈망이 다시 분출하면서, 동일한 죄책감과 자기 비난의 감정이 다시 한번 표면 위로 떠올랐다. 그리고 이것은 그녀가 과거에 죄책감을 갖게 된 가장 결정적인 사건에서 경험했던 것과 동일한 증후, 즉 거식증을 수반했다. 그녀의 거식증, 즉 음식을 먹지 못하는 증상은 이중적인 목적을 갖고 있는 것으로 드러났는데, 첫째는 그녀가 부분적으로 죄라고 여긴, 애정을 바라는 자신의 소망에 대한 형벌이었고, 둘째는 주변의 여러 사람들이 자신을 염려해주고 자신에게 더 많은 관심을 보이며 애정을 표현하게 만들기 위한 것이었다.

현재 그녀가 관심과 애정을 얻고자 하는 핵심 인물은 그녀의 남편이었다. 남편 스스로가 자신의 성적 억압과 갈등, 그리고 발기불능으로 인해 자신은 부인에게 더 이상 가치 있는 성적 파트너가 아니며 부인을 만족시킬 수 없다고 생각했기 때문에, 그녀의 요구에 반응할 수 없었다. 상황의 전체적인 그림이 짜 맞추어지고, 환자가 자신의 증후의 뿌리에 대해 통찰하기 시작한 후에, 치료자는 그녀에게 비록 남편의 발기 불능으로 인해 완벽한 성교를 할 수는 없다고 해도, 그의 애정 표현과 나아가 성적 행동을 이끌어내는 데 그녀가 좀 더 적극적인 역할을 할 수 있다는 점을 지적했고, 또 그 방법에 대해 논의했다.

환자는 그러한 성적 활동을 시작하는 것, 자신의 성적 소망과 욕구를 받아들이고 통합하는 것, 그리고 남편과의 좀 더 의미 있는 접촉을 시작하는 방법을 찾는 것 등과 관련해서, 그녀 자신이 갖고 있는 억압을 검토해야만 했다. 치료의 이러한 다양한 측면들이 점차 효과를 나타내면서 그녀의 우울증은 나아졌고, 그녀는 다시 행복하고 만족하게 되었으며, 식욕이 되돌아왔고, 줄었던 체중이 회복되었다. 노인 환자들에게는 짧은 기간의 심리치료가 성공적으로 이루어질 수 없다고 믿는 사람들이 있지만, 이 사례의 치료는 놀랍게도 첫 면담부터 마지막 면담까지 8회 만에 성공적으로 이루어졌다.

편집증적 과정

분명한 것은, 불행하게도 그녀의 부모가 거의 동시에 죽었고, 그 후에 차갑고 애정 없는 양부모에게 맡겨졌을 때 경험한 상실감과 버림받았다는 느낌이 그녀의 내사물 조직에 영향을 끼쳤다는 사실이다. 그녀가 자신은 사랑 받지 못할 것이고 사랑스럽지 않다고 느끼는 깊은 감정, 거부당하고 버림받은 느낌에 대한 취약성, 수치심과 무가치감, 이 모든 것은 피해자 내사물과 자기애적으로 열등한 내사물이 그녀의 정신 안에 자리잡고 있음을 말해준다. 이것이 그녀의 질병을 일으킨 요소였다.

우리는 또한 그녀에게 자격이 있다는 느낌이 더 많이 억압되어 있었고, 오이디푸스 시기의 아이가 느낄 수 있는 부모의 죽음과 연관된 아이의 공격적 소망에 대한 죄책감이 심하게 억압되어 무의식적인 형태로 작용했을 것임을 추측할 수 있다. 그녀가 결혼한 여성으로서, 한 남자의 아내로서, 어머니로서 걸어온 긴 인생의 여정은 성공적인 것이었고, 자신의 삶의 상황을 비교적 양호한 균형 상태로 유지해왔음에도 불구하고, 남편이 성적으로 철수하자 그녀는 사랑과 애정의 상실로 인해 취약한 상태가 되었고, 그녀 자신의 자기애적 균형을 지탱해주던 지지물이 무너져버리는 상황에 처하게 되었다. 그 당시에 마침 그녀의 자녀들은 성장해서 집을 떠나고 없었다. 그녀는 나이에 비해 비교적 젊어보였음에도 불구하고, 아름다움과 신체적 매력을 상실했다; 그리고 이러한 모든 상실이 그녀의 자기애적 균형의 불안정성과 취약성을 악화시켰다.

편집증적 질병

노년기 병리의 또 하나의 주요 형태가 편집증이다. 기텔슨(Gitelson, 1948)은 노인들이 점점 더 고립되면서 타인들로부터 무시당한다는 느낌에 민감해지는 경향을 갖는다는 사실을 관찰하였다. 이것은 그들의 자기애적 취약성이 증대되고, 타인들과 갖는 접촉의 의미와 중요성이 감소하는 데서 오는 결핍감의 증가와 관련되어 있다. 따라서 노인들은 타인들과의 상호작용으로부터 물러나고, 점차로 그들의 삶이 좀 더 의미 있고 자존감을 느낄 수 있었던 과거에 몰두하게 된다. 그들은 자신들의 특권이 제대로 인정받지 못한다고 느낄 때, 분노하고 불평하게 된다. 그들의 예민함은 편집증적 질병에 이르기까지 심해질 수 있다는 것이 명백하다.

기텔슨은 A 유형 성격을 가진 열정적인 활동가인 한 남자의 사례를 언급한다. 그는 난관을 성공적으로 극복하면서 일생을 살아왔으나 심장질환으로 인해 갑자기 무력해졌다. 그는 신체적으로는 상당히 회복되었으나, 감정적으로는 편집증적 생각을 수반한 쓰디쓴 분노의 감정에 사로잡혔다. 그는 질병으로 인해 사업을 못하게 되었는데, 자신이 없는 사이에 자신보다 젊은 동업자가 그의 사업을 꽤 성공적으로 수행했다는 사실을 용납하기가 어려웠다. 그는 자신의 동업자와 의사들이 공모하여 자신을 사업에서 제외시키려는 음모를 꾸몄다는 망상에 사로잡혔다. 그는 자신이 실제로는 다른 사람들로부터 들은 것만큼 그렇게 많이 아프지 않다고 확신하였다. 그는 편집증적인 태도를 취함으로써 자신의 지위 및 자존감을 유지할 수 있었고, 또한 그가 초기에 어린 남동생들과 경쟁할 때부터 계속되어온 적대적 경쟁 스타일을 유지할 수 있었다. 그는 자신이 경쟁하지 못하고 자신보다 더 어린 경쟁자를 이길 수 없다는 내적 무력감과 취약감을 견딜 수 없었다.

후기 의사 분열증(Late Paraphrenia).　　상당히 많은 노인들이 편집증적인 혼란을 경험한다. 로스(Roth, 1955)는 생물학적 결함이나 일차적인 정서적 질병의 징후가 없는 노인 환자들의 편집증적 혼란을 "후기 의사 분열증"이라는 용어로 서술하였다. 이 진단 범주에는 정신분열증이나 정신분열 형태의 정신증—심지어 이것들이 비교적 나이든 환자들에게서 나타날 때에도—의 후기 증후가 포함되지 않는다. 60세 이상의 정신과 입원 환자 중에 10% 가량이 이런 진단을 받는다. 후기 의사 분열증은 55세 정도에 시작되며, 이런 환자의 평균 연령은 70세이다. 의사 분열증의 발병은 대개 잠행성이며, 여성에게서 훨씬 더 자주 발견된다. 남성과 여성 모두 결혼을 하지 않았을 가능성이 더 많다. 이러한 환자의 1/3 가량이 청각이나 시각에 심각한 결함을 갖고 있다(Kay and Roth, 1961). 노년기에는 비교적 점진적으로 청각이 상실되는 경향이 있고, 이러한 청각의 상실은 종종 편집증적 반응으로 인도한다. 본인이 깨닫지 못한 채 점진적으로 진행되는 청각의 상실에 직면해서, 사람들이 하는 말을 잘 듣지 못하는 데서 생겨난 틈새를 조직하고 설명하려는 인지적 시도로서 편집증적 사고가 등장한다. 그러나 편집증적 경향은 삶의 좀 더 초기 시기에 다양한 형태의 분열적 성향과 편집증적 성향을 띠고 나타났던 근저의 성격 구조가 확장된 것이며, 악화된 것이다.

의사 정신분열증 상태는 급속하게 악화되는 경향을 보이며, 환자는 보통의 의심, 불신, 그리고 왜곡 상태로부터 고도로 발달된 망상과 투사적 체계를 갖춘 완전한 편집증적 상태로 옮겨간다. 망상은 환자가 가족이나 친구들이 자신의 재산을 훔치려고 한다거나 자신을 제거하려 한다고 의심하는 박해적 형태를 띨 수 있으며, 혹은 다른 누군가가 자신을 미치도록 사랑한다고 확신하는 성애적 형태를 띨 수도 있다. 때로는 그 대상이 한번도 만나본 적이 없는 사람일 수도 있다. 종종 그 대상은 유명한 정치인이거나 인기 연예인으로 드러난다. 다른 측면에서 본다면, 이 상태는 편집증적 정신증의 다른 친숙한 형태와 상당히 유사하다.

치료

노인 환자의 심리치료에 대한 견해는, 프로이트(1933)가 노화 과정에서 생기는 심리적 고정성이 정신분석적 치료의 효율성을 떨어뜨린다는 견해를 제시한 이후로 지난 반세기 동안 급진적인 변화를 겪었다. 프로이트의 견해와는 달리, 몇몇 저자들은 노인 환자들과의 치료 작업이 가능할 뿐만 아니라, 치료 가능성이 상당히 높다고 제안하였다. 그리고 1970년대에 들어와서는 킹(King, 1974, 1980), 샌들러(1978), 그리고 셰이네스(Shainess, 1979) 등이 노인 환자들에 대한 성공적인 분석치료 사례를 보고하였다. 심지어 약화된 생물학적 현상이 수반되는 경우에도, 자아 기능이 약화될 수는 있으나 그것이 영구적으로 사용 불가능한 것은 아니라는 주장도 제시되었다. 그들이 적절한 심리치료를 받는다면, 자아 기능은 회복될 수 있다는 것이다(Grunes, 1981).

실제로 노인 환자들은 치료 작업에 기여하는 요소를 치료적 상황 안으로 가져온다. 그들은 질병으로 인해 자신들의 인생이 제한 받거나 끝나는 것을 두려워하는 한편, 치료자가 자신들을 도울 수 있을 것이라는 희망을 갖는다. 일반적으로 많은 노인들은 고독감과 소외감으로 고통받는 상황에서도, 의미 있는 인간적 관심에 대한 강렬한 욕망을 갖는다. 킹이 지적하듯이, 노인 환자들은 자신들의 삶의 변화와 노화 과정이 그들의 신체적·심리적 상태, 그리고 사회적 행복에 영향을 미치고 있음을 점차 자각하게 되면서, 치료를 받으러 온다. 그들에게 있어서 노화는 위협적인 것이며, 자아의 파편화와 분열, 그리고 죽음의 공포를 가져다준다. 이러한 위협에 직면한 노인 환자들은 치료를 받아야 할 필요성을 느끼게 되는데, 이러한 치료의 동기는 치료 작업을 위해 필수적인 요소인, 효과적인 치료적 연대를 확립하고 공고화하는 데 큰 도움이 된다.

자기애적 취약성들

노인 환자의 병리의 밑바닥에 놓여 있는 자기애적 취약성은 치료 과정을 어렵게 만든다. 자기애적 취약성과 고갈된 자기감은 노인 환자의 심리치료에서 관심을 기울여야 하는 핵심적인 문제이다. 패배감, 절망감, 수치심, 무력감, 그리고 고갈된 자기감은 일반적으로 노인 문제의 중심에 자리잡고 있다. 자기감이 고갈되고, 평생동안 간직했던 이상, 야심, 그리고 희망이 점차적으로 상실되면서, 노인 환자는 절망과 환멸을 느끼고, 낮은 자존감에 시달리게 된다. 치료자는 이들 환자의 고갈된 자기감과 과도한 수치심을 치료 상황에서 인식하고 수용해주어야 한다. 만약 노인의 편집증적 성향의 겉모습 뒤에 은폐되거나 위장된 수치심과 자기애적 취약감이 발견된다면, 치료자는 그것들에 귀를 기울여야 하며, 민감하고 공감적인 방식으로 그것들을 의식의 영역으로 끌어내야 한다. 이러한 접근 방법은 모든 형태의 자기애적 병리의 치료에서 그렇듯이, 병리의 핵심적인 문제인 내사물에 초점을 맞추고 서술적으로 명료화하는 방식을 따른다.

병인적 내사물

편집증적 과정이라는 관점에서 볼 때 환자의 정신 병리는 병인적 내사물이 재활성화된 것이다. 즉 내사물로 인해 다양한 형태의 심리적 혼란이 발생한다는 것이다. 우울적 질병과 편집증적 질병의 기본 도식에 따르면, 우울증 환자는 점차 피해자가 되고, 그의 자존감을 떠받쳐주던 자기애적 지지물은 붕괴되며, 따라서 피해자 내사물의 측면과 자기애적으로 열등한 내사물이 그의 자기감에 결정적인 영향을 미치게 된다. 이러한 내사물이 그의 내면 세계의 조직을 지배하게 됨에 따라, 그는 우울적 정신 병리를 나타내게 된다.

마찬가지로, 편집증 환자는 점차적으로 환경과의 상호작용을 통제할 수 없게 되고, 수동성이 증가하며, 삶의 사건과 환경에 대해 자기 주장적이지 못하고, 그것들을 적극적으로 활용하지 못하게 된다. 그는 차츰 피해자가 되며, 자기애적 강화와 만족의 원천을 박탈 당하게 된다. 그러나 우울증 환자와는 달리 편집증 환자는 근저의 공격적 충동을 박해적 대상에게 외재화시키고 전치시킴으로써, 그리고 우월감과 과대주의에 몰두함으로써, 즉 본질적으로 자기애적인 방어를 사용함으로써 자기애적 균형의 붕괴에 대처한다. 임상적으로, 노인 우울증이 계속되면, 그것은 편집증적 경향으로 이어진다. 이것은 근저의 내사물을 고려할 때 전혀 놀랄 일이 아니다.

예컨대, 후기 의사 정신분열증 같은 심각한 편집증적 병리 형태는 자주 발생하는 것이 아니다. 그럼에도 불구하고, 편집증적 활동의 경미한 증후는 정서적인 어려움을 가진 노인 환자들 사이에 광범위하게 분포되어 있다. 심지어 우울증 환자들에게서도, 예민함과 의심의 정도는 미약하지만, 명백한 편집증적인 경계 태도를 찾아볼 수 있다. 그런 경우에, 치료는 이러한 병리적 형태에 의해 생겨난 불균형을 바로 잡고, 자신이 피해자라는 느낌을 덜어 주며, 자기애적 취약감과 고갈상태에서 좀 더 나은 자기애적 균형 상태로 나아가도록 격려하는 쪽으로 방향을 잡아야 한다.

그런 치료 작업에서 회상은 중요한 역할을 한다. 회상은 환자가 무의미하게 생각했던 장소, 환경, 그리고 그가 삶에서 만났던 사람들에게 의미를 부여한다. 치료 작업에서 환자가 자신의 감정을 표현하고 기억을 떠올리는 것은 자신이 스스로를 더 잘 통제하고 있고, 능력 있다는 느낌을 갖게 함으로써 자존감을 강화시키는 역할을 한다. 병인적 내사물에 사로잡혀 있는 환자는 자신이 경험한 것을 왜곡된 방식으로 바라보고 해석함으로써 병인적인 내사물을 강화시킨다. 환자는 노화 과정과 그로 인한 상실과 제한에 의해 정말로 피해자가 될 수도 있지만, 실은 그가 자신이 느끼고 있는 만큼 심한 피해자가 아닐 수도 있다. 마찬가지로 굴욕감과 자기애적으로 고갈된 느낌을 느끼는 환자가 그에게 이용 가능한 것으로 남아 있는 자원에 대해서, 그리고 그의 자존감과 중요성의 느낌을 지탱해줄 수 있는 요소에 대해서 새롭게 초점을 맞춘다면, 그는 자신의 자기애적 불균형을 바로 잡을 수 있을 것이다.

전이와 역전이

전이와 역전이는 모든 치료적 노력에서 그렇듯이 노인 환자의 치료에서도 핵심적인 역할을 한다. 치료자는 때때로 자신의 부모와의 관계에서 유래한 전이의 요소를 생각할 때, 70대 혹은 80대의 노인 환자와 어떻게 치료적 관계를 맺을 것인지 이해하기가 쉽지 않을 수 있다. 그러나 킹(1980)이 관찰했듯이, 노인 환자들은 몇 개의 다른 시간-척도들(time-scale) 안에서 기능할 수 있다. 즉, 연대기적, 생물학적, 그리고 심리적 시간-척도 이외에도, 무의식의 시간-척도가 있다. 이 무의식의 시간-척도는 역설적으로 무의식적이다. 치료에서 분석가는 노인 환자의 과거의 어떤 중요한 인물로서 경험될 것이다. 이와 마찬가지로, 환자는 젊은 치료자와 "아들" 혹은 "딸" 전이의 형태로 관계를 맺는데, 그때 치료자는 환자에게 연로한 어른을 지지해주고 도와주며 보호해주고 이해심을 갖고 배려해주는, 믿을 만한 젊은 사람이 된다. 환자가 이러한 욕구와 관심을 무시하거나 포기하지 않고 치료 관계 안에서 치료자와 함께 나눌 수만 있다면, 그것은 치료에 중요하게 공헌할 수 있다.

전이의 방식과 의미는 어떤 수준에서든지 유용한 방식으로 분석되고 이해될 수 있다. 환자는 근저의 피해자 내사물의 역동을 반영하는 무력감과 의존감을 전이 안으로 가져올 수 있다. 치료자가 그런 환자의 의존감을 다루어주고, 현재 겪고 있는 어려움의 근원과 결과를 이해하도록 도와줄 때, 환자의 자율성은 더욱 발달하게 되고, 스스로를 이해하고 도울 수 있는 역량을 갖게 된다.

역전이 역시 중요한 역할을 갖고 있다. 젊은 치료자는 자신의 부모나 조부모 또래의 어른과 치료 관계를 맺는 것이 어려울 수 있다. 치료자는 자신의 부모와 관련된 전이의 잔재, 즉 자신의 부모와의 관계에서 온 양가감정이나 의존에 대한 갈등의 잔재에 대해, 그리고 노인 환자들과의 치료 관계를 오염시키며 치료 연대를 붕괴시키는, 해결되지 않은 역전이 갈등 요소에 대해 관심을 가져야 한다.

마찬가지로, 치료자는 노인 환자에 대한 자신의 편견에 대해, 그리고 보편적으로 유지되는 노인에 대한 부정적인 고정 관념에 자신이 어느 정도 동조하고 있는지에 대해서 숙고해야 한다. 예컨대, 노인 환자는 비교적 무력하거나 약하다는 생각이나, 치료에서 효과적이고 의미 있는 통찰을 얻지 못할 것이라는 가정은 치료 작업을 방해할 뿐만 아니라, 노인 환자가 처음부터 치료 상황으로 가지고 오는 자신에 대한 병적 이미지를 강화시킬 수 있다.

참고문헌

Abbott, E.S. (1914). What is paranoia? *American Journal of Insanity* 71:29–40.

Abraham, K. (1924). A short study of the development of the libido. In *Selected Papers*, ed. D. Bryan and A. Strachey, pp. 478–501. New York: Basic Books.

Adler, G. (1979). The myth of the alliance with borderline patients. *American Journal of Psychiatry* 136:642–645.

———(1985). *Borderline Psychopathology and Its Treatment*. New York: Jason Aronson.

Adler, G., and Buie, Jr., D.H. (1972). The misuses of confrontation with borderline patients. *International Journal of Psychoanalytic Psychotherapy* 1:109–120.

Alexander, F. (1935). The problem of psychoanalytic technique. *Psychoanalytic Quarterly* 3:588–611.

———(1950). Analysis of the therapeutic factors in psychoanalytic treatment. *Psychoanalytic Quarterly* 19:482–500.

Allen, T.E. (1967). Suicidal impulse in depression and paranoia. *International Journal of Psycho-Analysis* 48:433–438.

Allport, T.W. (1958). *The Nature of Prejudice*. Garden City, NY: Doubleday.

Alvarez, A. (1972). *The Savage God*. New York: Random House.

Anastasi, A. (1974). Individual differences in aging. In *Aging: Its Challenge to the Individual and to Society*, ed. W.C. Bier, S.J., pp. 84–95. New York: Fordham University Press.

Andreasen, N.J., and Powers, P.S. (1974). Overinclusive thinking in mania and schizophrenia. *British Journal of Psychiatry* 125:452–456.

Anthony, E.J. (1981). The paranoid adolescent as viewed through psychoanalysis. *Journal of the American Psychoanalytic Association* 29:745–787.

Apfelbaum, B. (1966). Ego psychology: a critique of the structural approach to psychoanalytic theory. *International Journal of Psycho-Analysis* 47:451–475.

Appelbaum, S. A. (1963). The problem-solving aspect of suicide. *Journal of Projective Techniques and Personality Assessment* 27:259–268.

Aronson, G. (1977). Defence and deficit models: Their influence on therapy of schizophrenia. *International Journal of Psycho-Analysis* 58:11–16.

Aronson, M.L. (1964). A study of the Freudian theory of paranoia by means of the Rorschach test. In *Psychopathology: A Source Book*, eds. C.F. Reed, I.E. Alexander, and S.S. Tomkins, pp. 370–387. New York: Wiley.

Asch, S. S. (1976). Varieties of negative therapeutic reaction and problems of technique. *Journal of the American Psychoanalytic Association* 24:383–407.

__________(1980). Suicide and the hidden executioner. *International Review of Psycho-Analysis* 7:51–60.

Bak, R. (1946). Masochism in paranoia. *Psychoanalytic Quarterly* 15:285–301.

Balint, M. (1950). Changing therapeutical aims and techniques in psychoanalysis. *International Journal of Psycho-Analysis* 31:117–124.

__________(1968). *The Basic Fault*. London: Tavistock.

Barter, J. T., Swaback, D. O., and Todd, D. (1968). Adolescent suicide attempts: a follow-up study of hospitalized patients. *Archives of General Psychiatry* 19:523–527.

Beall, L. (1969). The dynamics of suicide: a review of the literature: 1897–1965. *Bulletin of Suicidology* March, pp. 2–16.

Beck, A. T. (1963). Thinking and depression: I. Idiosyncratic content and cognitive distortions. *Archives of General Psychiatry* 9:342–335.

Beres, D. (1971). Ego autonomy and ego pathology. *Psychoanalytic Study of the Child* 26:3–24.

Berezin, M. (1969). Sex and old age: a review of the literature. *Journal of Geriatric Psychiatry* 2:131–149.

__________(1978). The elderly person. In *The Harvard Guide to Modern Psychiatry*, ed. A.M. Nicholi, pp. 541–564. Cambridge: Harvard University Press.

Berman, L. E. A. (1972). The role of amphetamine in a case of hysteria. *Journal of the American Psychoanalytic Association* 20:325–340.

Berman, S. (1970). Alienation: an essential process of the psychology of adolescence. *Journal of the Academy of Child Psychiatry* 9:233–250.

Bibring, E. (1953). The mechanism of depression. In *Affective Disorders*, ed. P. Greenacre, pp. 13–48. New York: International Universities Press.

Bier, S. J., W. C., ed. (1974). *Aging: Its Challenge to the Individual and to Society*. New York: Fordham University Press.

Bion, W.R. (1984). *Learning from Experience*. New York: Jason Aronson.

Blanck, G., and Blanck, R. (1974). *Ego Psychology: Theory and Practice*. New York: International Universities Press.

Blos, P. (1962). *On Adolescence: A Psychoanalytic Interpretation*. New York: Free Press.

Blum, H.P. (1972). Psychoanalytic understanding and psychotherapy of borderline regression. *International Journal of Psychoanalytic Psychotherapy* 1:46-60.

————(1974). The borderline childhood of the Wolf Man. *Journal of the American Psychoanalytic Association* 22:721-742.

————(1981). Object constancy and paranoid conspiracy. *Journal of the American Psychoanalytic Association* 29:789-813.

Botwinick, J. (1970). Geropsychology. *Annual Review of Psychology* 21:239-272.

Bouvet, M. (1958). Technical variation and the concept of distance. *International Journal of Psycho-Analysis* 39:211-221.

Breuer, J., and Freud, S. (1893-1985). Studies on hysteria. *Standard Edition* 2. London: Hogarth Press, 1955.

Brody, E.B. (1960). Borderline state, character disorder, and psychotic manifestations: some conceptual formulations. *Psychiatry*, 23:75-80.

Broen, Jr., W.E. (1966). Response disorganization and breadth of observation in schizophrenia. *Psychological Review* 73:579-585.

Broen, Jr., W.E., and Storms, L.J. (1966). Lawful disorganization: the process underlying a schizophrenic syndrome. *Psychological Review* 73:265-279.

Brunswick, R.M. (1928). A supplement to Freud's "History of an Infantile Neurosis." In *The Wolf Man by the Wolf Man*, ed. M. Gardiner, pp. 263-307. New York: Basic Books, 1971.

Buie, Jr., D.H., and Adler, G. (1972). The uses of confrontation with borderline patients. *International Journal of Psychoanalytic Psychotherapy* 1:90-106.

Bunch, J., and Barraclough, B. (1971). The influence of parental death and anniversaries upon suicide dates. *British Journal of Psychiatry* 118:621-626.

Bursten, B. (1973). Some narcissistic personality types. *International Journal of Psycho-Analysis* 54:287-300.

————(1978). A diagnostic framework. *International Review of Psycho-Analysis* 5:15-31.

Butler, R., and Lewis, M. (1973). *Aging and Mental Health: Positive Psychosocial Approaches*. St. Louis: Mosby.

Bychowski, G. (1953). The problem of latent psychosis. *Journal of the American Psychoanalytic Association* 1:484-503.

______(1966). Patterns of anger. *The Psychoanalytic Study of the Child* 21:172-192.

______(1967). Archaic object and alienation. *International Journal of Psycho-Analysis* 48:384-393.

Calogeras, R. C., and Capp, N. M. (1975). Drug use and aggression. *Bulletin of the Menninger Clinic* 39:329-344.

Cameron, N. (1959). Paranoid conditions and paranoia. In *American Handbook of Psychiatry. Volume I*, ed. S. Arieti, pp. 508-539. New York: Basic Books.

Cameron, N.S. (1951). Perceptual organization and behavior pathology. In *Perception: An Approach to Personality*, eds. R. R. Blake and G. V. Ramsey. New York: Ronald.

Campbell, R. J. (1974). Psychopathology of aging. In *Aging: Its Challenge to the Individual and to Society*, ed. W. C. Bier, S. J., pp. 96-116. New York: Fordham University Press.

Carr, A. C. (1963). Observations on paranoia and their relationship to the Schreber case. *International Journal of Psycho-Analysis* 44:195-200.

Carrington, P., and Ephron, H. S. (1975). Meditation as an adjunct to psychotherapy. In *New Dimensions in Psychiatry: A World View*, ed. S. Arieti, pp. 261-291. New York: Wiley.

Cath, S. H. (1967). Some dynamics of middle and later years: a study of depletion and restitution. In *Geriatric Psychiatry: Grief, Loss and Emotional Disorders in the Aging Process*, ed. M. A. Berezin and S. H. Cath, pp. 21-72. New York: International Universities Press.

Chapman, L. J., and Chapman, J. P. (1973). *Disordered Thought in Schizophrenia*. New York: Appleton-Century-Crofts.

Cohen, N. A. (1982). On loneliness and the aging process. *International Journal of Psycho-Analysis* 63:149-155.

Collum, J. M. (1972). Identity diffusion and the borderline maneuver. *Comprehensive Psychiatry* 13:179-184.

Corwin, H. (1972). The scope of therapeutic confrontation from routine to heroic. *International Journal of Psychoanalytic Psychotherapy* 1:68-89.

Crawford, M. P. (1971). Retirement and disengagement. *Human Relations* 24:255-278.

Cromwell, R. (1975). Assessment of schizophrenia. *Annual Review of Psychology* 26:593-619.

Cumming, E. (1963). New thoughts on the theory of disengagement. *International Social Science Journal* 15:377-393.

Cumming, E., and Henry, W. E. (1961). *Growing Old: The Process of Disengagement*. New York: Basic Books.

De Angelis, G. G. (1975). Theoretical and clinical approaches to the treatment of drug addiction: with special considerations for the adolescent drug abuser. *Journal of Psychedelic Drugs* 7:187–202.

de Busscher, J. (1963). Le theme de l'inceste dans les psychoses paranoides. *Acta Neurologica et Psychiatrica Belgica* 63:862–891.

Depue, R. A., and Woodburn, L. (1975). Disappearance of paranoid symptoms with chronicity. *Journal of Abnormal Psychology* 84:84–86.

Deutsch, H. (1942). Some forms of emotional disturbances and their relationship to schizophrenia. In *Neuroses and Character Types*, pp. 262–286. New York: International Universities Press, 1965.

———(1967) *Selected Problems of Adolescence*. New York: International Universities Press.

Dickes, R. (1974). The concepts of borderline states: an alternative proposal. *International Journal of Psychoanalytic Psychotherapy* 3:1–27.

Dorpat, T. L. (1973). Suicide, loss, and mourning. *Life-Threatening Behavior* 3:213–224.

Dorpat, T. L., Jackson, J. K., and Ripley, H. S. (1965). Broken homes and attempted and completed suicide. *Archives of General Psychiatry* 12:213–216.

Douglas, J. (1968). *The Social Meanings of Suicide*. Princeton: Princeton University Press.

Durkheim, E. (1897). *Suicide: A Study in Suicidology*. Glencoe, IL: Free Press, 1951.

Edelheit, H. (1974). Crucifixion fantasies and their relation to the primal scene. *International Journal of Psycho-Analysis* 55:193–199.

Edwards, G. (1974). Drugs, drug dependence and the concept of plasticity. *Quarterly Journal of Studies on Alcohol* 35:176–195.

Eissler, K. R. (1958). Remarks on some variations in psychoanalytic technique. *International Journal of Psycho-Analysis* 39:222–229.

Erikson, E. H. (1956). The problem of ego identity. *Journal of the American Psychoanalytic Association* 4:56–121.

———(1959). *Identity and the Life Cycle*. New York: International Universities Press.

———(1963). *Childhood and Society*. New York: Norton.

———(1964). *Insight and Responsibility*. New York: Norton.

Evans, J. R., Goldstein, M. J., and Rodnick, E. H. (1973). Premorbid adjustment, paranoid diagnosis, and remission. *Archives of General Psychiatry* 28:666–672.

Faberow, N. L., and Shneidman, E. S. (1961). *The Cry for Help*. New York: McGraw-Hill.

Fairbairn, W. R. D. (1958). On the nature and aims of psycho-analytic treatment. *International Journal of Psycho-Analysis* 39:374-385.

Fenichel, O. (1945). *The Psychoanalytic Theory of Neurosis*. New York: Norton.

Ferenczi, S., and Rank, O. (1923). *The Development of Psychoanalysis*. New York: Dover, 1956.

Foulds, G. A., and Owen, A. (1963). Are paranoids schizophrenics? *British Journal of Psychiatry* 109:674-679.

Fraiberg, S. (1955). Some considerations in the introduction to therapy in puberty. *The Psychoanalytic Study of the Child* 10:264-286.

Franco, E. A., and Malgaro, P. W. (1977). The relationship of A-B, field dependency, and emotional openness in paranoid and nonparanoid schizophrenics. *Journal of Clinical Psychology* 33:39-42.

Frederick, C. J., Resnick, H. L. P., and Wittlin, B. J. (1973). Self-destructive aspects of hard core addiction. *Archives of General Psychiatry* 28:579-585.

Freud, A. (1936). *The Ego and the Mechanisms of Defense. The Writings of Anna Freud,* 2. New York: International Universities Press, 1966.

Freud, S. (1887-1902). *The Origins of Psychoanalysis*. New York: Basic Books, 1954.

———(1888). Preface to the translation of Bernheim's *Suggestion. Standard Edition* 1:71-87. London: Hogarth Press, 1966.

———(1892-1893). A case of successful treatment by hypnosis. *Standard Edition* 1:115-128. London: Hogarth Press, 1966.

———(1892-1899). Extracts from the Fliess papers. *Standard Edition* 1:175-280. London: Hogarth Press, 1966.

———(1893-1895). Studies on hysteria. *Standard Edition* 2. London: Hogarth Press, 1955.

———(1895). A reply to criticism of my paper on anxiety neurosis. *Standard Edition* 3:123-139. London: Hogarth Press, 1962.

———(1896). Further remarks on the neuro-psychoses of defence. *Standard Edition* 3:157-185. London: Hogarth Press, 1962.

———(1900). The interpretation of dreams. *Standard Edition* 4 and 5. London: Hogarth Press, 1955.

———(1901). The psychopathology of everyday life. *Standard Edition* 6. London: Hogarth Press, 1960.

———(1904). Freud's psycho-analytic procedure. *Standard Edition* 7:247-254. London: Hogarth Press, 1953.

———(1905). Three essays on the theory of sexuality. *Standard Edition* 7:123-245. London: Hogarth Press, 1953.

———(1908). Hysterical phantasies and their relation to bisexuality. *Standard Edition* 9:155-166. London: Hogarth Press, 1959.

———(1909a). Analysis of a phobia in a five-year-old boy. *Standard Edition* 10:1-149. London: Hogarth Press, 1957.

———(1909b). Notes upon a case of obsessional neurosis. *Standard Edition* 10:153-318. London: Hogarth Press, 1957.

———(1911). Psycho-analytic notes on an autobiographic account of a case of paranoia (dementia paranoides). *Standard Edition* 12:1-82. London: Hogarth Press, 1958.

———(1911-15). Papers on technique. *Standard Edition* 12:85-171. London: Hogarth Press, 1958.

———(1914a). On the history of the psychoanalytic movement. *Standard Edition* 14:1-66. London: Hogarth Press, 1957.

———(1914b). On narcissism. *Standard Edition* 14:67-102. London: Hogarth Press, 1957.

———(1916). Some character-types met with in psycho-analytic work. *Standard Edition* 14:309-333. London: Hogarth Press, 1957.

———(1916-1917). Introductory lectures on psycho-analysis. *Standard Edition* 15 and 16. London: Hogarth Press, 1963.

———(1917). Mourning and melancholia. *Standard Edition* 14:237-260. London: Hogarth Press, 1957.

———(1918). From the history of an infantile neurosis. *Standard Edition* 17:1-122. London: Hogarth Press, 1957.

———(1919). "A child is being beaten": A contribution to the study of the origin of sexual perversions. *Standard Edition* 17:175-204. London: Hogarth Press, 1957.

———(1920a). Beyond the pleasure principle. *Standard Edition* 18:3-66. London: Hogarth Press, 1957.

———(1920b). The psychogenesis of a case of homosexuality in a woman. *Standard Edition* 18:146-174. London: Hogarth Press, 1957.

———(1922). Some neurotic mechanisms in jealousy, paranoia, and homosexuality. *Standard Edition* 18:221-232. London: Hogarth Press, 1955.

———(1923). The ego and the id. *Standard Edition* 19:1-66. London: Hogarth Press, 1961.

———(1930). Civilisation and its discontents. *Standard Edition* 21:57-145. London: Hogarth Press, 1961.

———(1931). Female sexuality. *Standard Edition* 21:221-243. London: Hogarth Press, 1961.

———(1933). New introductory lectures on psychoanalysis. *Standard Edition* 22:1-182. London: Hogarth Press, 1964.

———(1937). Analysis terminable and interminable. *Standard Edition* 23:209-253. London: Hogarth Press, 1964.

————(1940) An outline of psychoanalysis. *Standard Edition* 23: 141–208. London: Hogarth Press, 1964.

Fried, M. (1970). Social problems and psychopathology. In *Social Psychology and Mental Health*, eds. H. Wechsler, L. Solomon, and B. M. Kramer, pp. 625–651. New York: Holt, Rinehart and Winston.

Friedman, A. S. (1970). Hostility factors and clinical improvement in depressed patients. *Archives of General Psychiatry* 23:524–537.

Friedman, M., Glasser, M., Laufer, E., Laufer, M., and Wohl, M. (1972). Attempted suicide and self-mutilation in adolescence: some observations from a psychoanalytic research project. *International Journal of Psycho-Analysis* 53:179–183.

Friedman, M. and Rosenman, R.H., (1974). Type A Behavior and your Heart. Greenwich, CT: Fawcett Publications.

Frijling-Schreuder, E. C. M. (1969). Borderline states in children. *The Psychoanalytic Study of the Child* 24:307–327.

Frosch, J. (1967a). Delusional fixity, sense of conviction, and the psychotic conflict. *International Journal of Psycho-Analysis* 48:475–495.

————(1967b). Severe regressive states during analysis: introduction. *Journal of the American Psychoanalytic Association* 15:491–507.

————(1970). Psychoanalytic considerations of the psychotic character. *Journal of the American Psychoanalytic Association* 18:24–50.

————(1983). *The Psychotic Process*. New York: International Universities Press.

Frosch, W. A. (1970). Psychoanalytic evaluation of addiction and habituation (Panel report). *Journal of the American Psychoanalytic Association* 18:209–218.

Galanter, M. (1976). The "intoxication state of consciousness": a model for alcohol and drug abuse. *American Journal of Psychiatry* 133:635–640.

Gardiner, M. M., ed. (1971). *The Wolf Man by the Wolf Man*. New York: Basic Books.

————(1983). The Wolf Man's last years. *Journal of the American Psychoanalytic Association* 31:867–897.

Gardner, G. (1931). Evidences of homosexuality in one hundred twenty unanalyzed cases with paranoid content. *Psychoanalytic Review* 18:57–61.

Gedo, J. E. (1972). The dream of reason produces monsters. *Journal of the American Psychoanalytic Association* 20:199–223.

Gedo, J. E., and Goldberg, A. (1973). *Models of the Mind: A Psychoanalytic Theory*. Chicago: University of Chicago Press.

Gerard, D. L., and Kornetsky, C. (1954). A social and psychiatric study of adolescent opiate addicts. *Psychoanalytic Quarterly* 28:113–115.

Gershon, E. S., Gromer, M., and Klerman, G. L. (1968). Hostility and depression. *Psychiatry* 31:224–235.

Gill, M. M. (1963). *Topography and Systems in Psychoanalytic Theory. Psychological Issues*, Monograph 10. New York: International Universities Press.

———, ed.(1967). *The Collected Papers of David Rapaport*. New York: Basic Books.

Giovacchini, P. I. (1972). Technical difficulties in treating some characterological disorders: countertransference problems. *International Journal of Psychoanalytic Psychotherapy* 1:112–128.

Gitelson, M. (1984). The emotional problems of elderly people. In *Psychoanalysis: Science and Profession*, pp. 115–141. New York: International Universities Press, 1973.

Glover, E. (1928). The etiology of alcoholism. In *On the Early Development of the Mind*, pp. 81–90. New York: International Universities Press, 1956.

———(1932). On the etiology of drug-addiction. In *On the Early Development of the Mind*, pp. 187–215. New York: International Universities Press, 1956.

———(1955). *The Technique of Psychoanalysis*. New York: International Universities Press.

Goldstein, M., Held, J., and Cromwell, R. (1968). Premorbid adjustment and paranoid-nonparanoid status in schizophrenia. *Psychological Bulletin* 70:382–386.

Goldstein, M. J., and Jones, J. E. (1977). Adolescent and familial precursors of borderline and schizophrenic conditions. In *Borderline Personality Disorders: The Concept, the Syndrome, the Patient*, ed. P. Hartocollis, pp. 213–229. New York: International Universities Press.

Greenacre, P. (1969). The fetish and the transitional object. *The Psychoanalytic Study of the Child* 24:144–163.

———(1970). Youth, growth and violence. *The Psychoanalytic Study of the Child* 25:340–359.

Greenson, R. R. (1965). The working alliance and the transference neurosis. *Psychoanalytic Quarterly* 34:155–181.

———(1967). *The Technique and Practice of Psychoanalysis*. Vol. 1. New York: International Universities Press.

Greenson, R. R., and Wexler, M. (1969). The non-transference relationship in the psychoanalytic situation. *International Journal of Psycho-Analysis* 50:27–39.

Greenspan, S. I., and Pollock, G. H., eds. (1981). *The Course of Life: Psychoanalytic Contributions Toward Understanding Personality Development.*

III. Adulthood and the Aging Process. Adelphi, MD: Mental Health Study Center, NIMH.

Grinberg, L., and Grinberg, R. (1984). A psychoanalytic study of migration: its normal and pathological aspects. *Journal of the American Psychoanalytic Association* 32:13–38.

Grinker, R. R., Werble, B., and Drye, R. C. (1968). *The Borderline Syndrome: A Behavioral Study of Ego Functions*. New York: Basic Books.

Grotstein, J. S. (1977a). The psychoanalytic concept of schizophrenia: I. the dilemma. *International Journal of Psycho-Analysis* 58:403–425.

―――――(1977b). The psychoanalytic concept of schizophrenia: II. reconciliation. *International Journal of Psycho-Analysis* 58:427–452.

Grunes, J. M. (1981). Reminiscences, regression, and empathy—a psychotherapeutic approach to the impaired elderly. In *The Course of Life: Psychoanalytic Contributions Toward Understanding Personality Development. III. Adulthood and the Aging Process*, eds. S. I. Greenspan and G. H. Pollock, pp. 545–548. Adelphi, MD: Mental Health Study Center, NIMH.

Guarner, E. (1966). Psychodynamic aspects of drug experience. *British Journal of Medical Psychology* 39:157–162.

Gunderson, J. G., and Singer, M. T. (1975). Defining borderline patients: an overview. *American Journal of Psychiatry* 132:1–10.

Guntrip, H. (1969). *Schizoid Phenomena, Object Relations and the Self*. New York: International Universities Press.

―――――(1973). *Psychoanalytic Theory, Therapy, and the Self*. New York: Basic Books.

Gutmann, D. L. (1981). Psychoanalysis and aging: a developmental view. In *The Course of Life: Psychoanalytic Contributions Toward Understanding Personality Development. III. Adulthood and the Aging Process*, eds. S. I. Greenspan and G. H. Pollock, pp. 489–517. Adelphi, MD: Mental Health Study Center, NIMH.

Hamilton, E., and Cairns, H., eds. (1961). *The Collected Dialogues of Plato*. Princeton: Princeton University Press.

Hamlin, R. M., and Lorr, M. (1971). Differentiation of normals, neurotics, paranoids, and nonparanoids. *Journal of Abnormal Psychology* 77:90–96.

Harrow, M., Himmelhoch, J., Tucker, G., Hersh, J., and Quinlan, D. (1972). Overinclusive thinking in acute schizophrenic patients. *Journal of Abnormal Psychology* 79:161–168.

Harrow, M., Harkavy, K., Bromet, E., and Tucker, G. J. (1973). A longitudinal study of schizophrenic thinking. *Archives of General Psychiatry* 28:179–182.

Hartmann, D. (1969). A study of drug-taking adolescents. *The Psycho-analytic Study of the Child* 24:384–398.

Hartmann, H. (1950). Comments on the psychoanalytic theory of the ego. In *Essays on Ego Psychology*, pp. 113–141. New York: International Universities Press, 1964.

________(1951). Technical implications of ego psychology. *Essays on Ego Psychology*, pp. 142–154. New York: International Universities Press, 1964.

Hendin, H. (1974a). Students on amphetamines. *Journal of Nervous and Mental Disease* 158:255–267.

________(1974b). Students on heroin. *Journal of Nervous and Mental Diseases* 158:240–255.

________(1975a). *The Age of Sensation: A Psychoanalytic Exploration*. New York: Norton.

________(1975b). Student suicide: death as a life style. *Journal of Nervous and Mental Diseases* 160:204–219.

________(1982). *Suicide in America*. New York: Norton.

Hendrick, I. (1940). Suicide as wish-fulfillment. *Psychiatric Quarterly* 14:30–42.

________(1964). Narcissism and the prepuberty ego-ideal. *Journal of the American Psychoanalytic Association* 12:522–528.

Hersey, J. (1959). *The War Lover*. New York: Knopf.

Hesselbach, C. F. (1962). Superego regression in paranoia. *Psychoanalytic Quarterly* 31:341–350.

Hochman, J. S., and Brill, N. I. (1972). Chronic marijuana use and psychosocial adaptation. *American Journal of Psychiatry* 130:132–140.

Horney, K. (1950). *Neurosis and Human Growth*. New York: Norton.

Jacobson, E. (1959). The "exceptions": an elaboration of Freud's character study. *The Psychoanalytic Study of the Child* 14:135–154.

________(1961). Adolescent moods and the remodeling of psychic structure in adolescence. *The Psychoanalytic Study of the Child* 16:164–183.

________(1964). *The Self and the Object World*. New York: International Universities Press.

________(1971). *Depression: Comparative Studies of Normal, Neurotic, and Psychotic Conditions*. New York: International Universities Press.

Jaffe, D. S. (1968). The mechanism of projection: its dual role in object relations. *International Journal of Psycho-Analysis*, 49:662–677.

Joffe, W. G., and Sandler, J. (1967). Some conceptual problems involved in the consideration of disorders of narcissism. *Journal of Child Psychotherapy* 2:56–66.

Johannsen, W., Friedman, S., Leitschuh, T., and Ammons, H. (1963). A study of certain schizophrenic dimensions and their relationship to double alternative learning. *Journal of Consulting Psychology* 27:375–382.

Jones, E. (1955). *Sigmund Freud: His Life and Work*, Vol. 2. New York: Basic Books.

Kendler, K. S., and Tsuang, M. T. (1981). Nosology of paranoid schizophrenia and other paranoid psychoses. *Schizophrenia Bulletin* 7:594–610.

Kanzer, M. (1972). Review of *The Wolf Man by the Wolf Man. International Journal of Psycho-Analysis* 53:419–411.

Katan, M. (1950). Schreber's hallucinations about the "little men." *International Journal of Psycho-Analysis* 31:32–35.

______(1952). Further remarks about Schreber's hallucinations *International Journal of Psycho-Analysis* 33:429–432.

Kay, D. W. K., and Roth, M. (1961). Environmental and hereditary factors in the schizophrenia of old age ("late paraphrenia") and their bearing on the general problem of causation in schizophrenia. *Journal of Mental Science* 107:649–686.

Kendler, K. S., and Tsuang, M. T. (1981). Nosology of paranoid schizophrenia and other paranoid psychoses. *Schizophrenia Bulletin* 7:594–610.

Kernberg, O. (1966). Structural derivatives of object relationships. *International Journal of Psycho-Analysis* 47:236–253.

______(1967). Borderline personality organization. *Journal of the American Psychoanalytic Association* 15:641–685.

______(1969). A contribution to the ego-psychological critique of the Kleinian school. *International Journal of Psycho-Analysis* 50:317–333.

______(1970). A psychoanalytic classification of character pathology. *Journal of the American Psychoanalytic Association* 18:800–822.

______(1971). Prognostic considerations regarding borderline personality organization. *Journal of the American Psychoanalytic Association* 19:595–635.

______(1974). Contrasting viewpoints regarding the nature and psychoanalytic treatment of narcissistic personalities: A preliminary communication. *Journal of the American Psychoanalytic Association* 22:255–267.

Khantzian, E.J. (1974). Opiate addiction: a critique of theory and some implications for treatment. *American Journal of Psychotherapy* 28:59–70.

______(1975). Self-selection and progression in drug dependence. *Psychiatry Digest* 36:19–22.

King, P. (1974). Notes on the psychoanalysis of older patients—reappraisal of the potentialities for change during the second half of life. *Journal of Analytic Psychology* 19:22–37.

_______(1980). The life cycle as indicated by the nature of the transference in the psychoanalysis of the middle-aged and elderly. *International Journal of Psycho-Analysis* 61:153:160.

Kinston, W. (1980). A theoretical and technical approach to narcissistic disturbance. *International Journal of Psycho-Analysis* 61:383–394.

_______(1982). An intrapsychic developmental schema for narcissistic disturbance. *International Review of Psycho-Analysis* 9:253–261.

_______(1983). A theoretical context for shame. *International Journal of Psycho-Analysis* 64:213–226.

Klaf, F. S., and Davis, C. A. (1960). Homosexuality and paranoid schizophrenia: A survey of 150 cases and controls. *American Journal of Psychiatry* 116:1070–1075.

Klein, H., and Horowitz, W. (1949). Psychosexual factors in the paranoid phenomenon. *American Journal of Psychiatry* 105:697–701.

Klein, M. (1934). A contribution to the psychogenesis of manic-depressive states. In *Contributions to Psycho-Analysis: 1921–1945*, pp. 232–310. New York: McGraw-Hill, 1964.

_______(1940). Mourning and its relation to manic-depressive states. *Contributions to Psycho-Analysis: 1921–1945*, pp. 311–338. New York: McGraw-Hill, 1964.

_______(1957). *Envy and Gratitude*. London: Travistock.

_______(1960). *The Psychoanalysis of Children*. New York: Grove Press.

Knight, R. P. (1940). The relationship of latent homosexuality to the mechanism of paranoid delusions. *Bulletin of the Menninger Clinic* 4:149–159.

Kohlen, R. (1959). Aging life-adjustment. In *The Handbook of Aging and the Individual*, ed. J. Birren, pp. 852–897. Chicago: University of Chicago Press.

Kohut, H. (1971). *The Analysis of the Self*. New York: International Universities Press.

_______(1972). Thoughts on narcissism and narcissistic rage. *The Psychoanalytic Study of the Child* 27:360–400.

_______(1977). *The Restoration of the Self*. New York: International Universities Press.

Kris, E. (1951). Ego psychology and interpretation in psychoanalytic therapy. *Pscyhoanalytic Quarterly* 20:15–30.

Krohn, A. (1974). Borderline "empathy" and differentiation of object representations: A contribution to the psychology of object relations. *International Journal of Psychoanalytic Psychotherapy* 3:142–165.

Krystal, H., and Raskin, H. A. (1970). *Drug Dependence: Aspects of Ego Function*. Detroit: Wayne State Unviersity Press.

Laing, R.D. (1965). *The Divided Self*. Baltimore: Penguin Books.
Langs, R. J. (1973). *The Technique of Psychoanalytic Psychotherapy*. Vol. 1. New York: Jason Aronson.
_______(1974). *The Technique of Psychoanalytic Psychotherapy*. Vol. 2. New York: Jason Aronson.
Larson, C., and Nyman, G. (1973). Differential fertility in schizophrenia. *Acta Psychiatrica Scandinavia* 49:272-280.
Lawton, M. P. (1974). Psychology of aging. In *Aging: Its Challenge to the Individual and Society*, ed. W. C. Bier, S. J., pp. 73-83.
Levi, D. L., Fales, C. H., Stein, M., and Sharp, V. H. (1966). Separation and attempted suicide. *Archives of General Psychiatry* 15:158-164.
Levin, D. C. (1969). The self: a contribution to its place in theory and technique. *International Journal of Psycho-Analysis* 50:41-51.
Levin, S. (1967). Some metapsychological considerations on the differentiation between shame and guilt. *International Journal of Psycho-Analysis* 48:267-276.
Lewin, B. D. (1946). Sleep, the mouth, and the dream screen. In *Selected Writings of Bertram D. Lewin*, ed. J. A. Arlow, pp. 87-110. New York: Psychoanalytic Quarterly, 1973.
_______(1950). *The Psychoanalysis of Elation*. New York: Norton.
Lewis, A. (1970). Paranoia and paranoid: A historical perspective. *Psychological Medicine* 1:2-12.
Lichtenstein, H. (1961). Identity and sexuality: a study of their interrelationship in man. *Journal of the American Psychoanalytic Association* 9:179-260.
Lidz, T., Fleck, S., and Cornelison, A. R. (1965). *Schizophrenia and the Family*. New York: International Universities Press.
Litman, R. E. (1975). The assessment of suicidality. In *Consultation-Liaison Psychiatry*, ed. R. O. Pasnau, pp. 227-236. New York: Grune and Stratton.
Loewald, H. W. (1960). On the therapeutic action of psychoanalysis. *International Journal of Psycho-Analysis* 41:16-33.
_______(1962). Internalization, separation, mourning, and the superego. *Psychoanalytic Quarterly* 31:483-504.
Loewenstein, R. M. (1951). The problem of interpretation. *Psychoanalytic Quarterly* 20:1-14.
_______(1954). Some remarks on defenses, autonomous ego and psychoanalytic technique. *International Journal of Psycho-Analysis* 35:188-193.

________(1957). A contribution to the psycho-analytic theory of masochism. *Journal of the American Psychoanalytic Association* 5:197–234.

________(1958). Remarks on some variations in psycho-analytic technique. *International Journal of Psycho-Analysis* 39:202–210.

London, N. (1973a). An essay on psychoanalytic theory: two theories of schizophrenia. I. Review and critical assessment of the development of the two theories. *International Journal of Psycho-Analysis* 54:169–178.

________(1973b). An essay on psychoanalytic theory: two theories of schizophrenia. II. Discussion and restatement of the specific theory of schizophrenia. *International Journal of Psycho-Analysis* 54:179–193.

Lorr, M., Klett, C. J., and Cave, R. (1967). Higher-level psychotic syndromes. *Journal of Abnormal Psychology* 72:74–77.

Luparello, T. J. (1970). Features of fugue: a unified hypothesis of regression. *Journal of the American Psychoanalytic Association* 18:379–398.

MacAlpine, I. (1950). The development of the transference. *Psychoanalytic Quarterly* 19:501–539.

MacAlpine, I., and Hunter, R. A. (1953). The Schreber case: a contribution to schizophrenia, hypochondria, and psychosomatic symptom formation. *Psychoanalytic Quarterly* 22:328–371.

MacAndrew, E., and Edgerton, R. B. (1969). *Drunken Comportment: A Social Explanation*. Chicago: Aldine.

Maddox, G. L. (1963). Activity and morale: a longitudinal study of selected elderly subjects. *Social Forces* 42:195–205.

Maenchen, A. (1968). Object cathexis in a borderline twin. *The Psychoanalytic Study of the Child* 23:438–456.

Magaro, P. A. (1981). The paranoid and the schizophrenic: The case for distinct cognitive style. *Schizophrenia Bulletin* 7:632–661.

Magaro, P. A., and McDowell, D. J. (1981). The paranoid and the schizophrenic: the case for separate diagnostic categories. Unpublished manuscript.

Mahler, M. S., Pine, F., and Bergmann, A. (1975). *The Psychological Birth of the Human Infant*. New York: International Universities Press.

Maltsberger, J. T., and Buie, D. H. (1974). Countertransference hate in the treatment of suicidal patients. *Archives of General Psychiatry* 30:625–633.

________(1980). The devices of suicide: revenge, riddance, and rebirth. *International Review of Psycho-Analysis* 7:61–72.

Marmor, J. (1953). Orality in the hysterical personality. *Journal of the American Psychoanalytic Association* 1:656–671.

Masterson, J. F. (1972). *Treatment of the Borderline Adolsecent: A Developmental Approach.* New York: Wiley.

Masud R.Khan, M. (1972). The finding and becoming of self. *International Journal of Psychoanalytic Psychotherapy* 1:97–111.

Mayfield, D., and Montgomery, D. (1972). Alcoholism, alcohol intoxication, and suicide attempts. *Archives of General Psychiatry* 27:349–353.

McAllister, T. W., and Price, T. R. P. (1982). Severe depressive pseudodementia with and without dementia. *American Journal of Psychiatry* 139:626–629.

McCabe, M. S., Fowler, R. C., Cadoret, R. J., and Winokur, G. (1971). Family differences in schizophrenia with good and poor prognosis. *Psychological Medicine* 1:326–332.

McDevitt, J. B. (1975). Separation-individuation and object constancy. *Journal of the American Psychoanalytic Association* 23:713–742.

McDowell, D., Reynolds, B., and Magaro, P. (1975). The integration defect in paranoid and nonparanoid schizophrenia. *Journal of Abnormal Psychology* 84:629–636.

Meerloo, J. A. M. (1952). Artificial ecstasy: a study of the psychosomatic aspect of drug addiction. *Journal of Nervous and Mental Diseases* 115:246–266.

Mehlman, R. D. (1976). Transference mobilization, transference resolution, and the narcissistic alliance. Presented to the Boston Psychoanalytic Society, Feb. 25.

Meissner, S. J., W. W. (1970) Notes on identification. I. Origins in Freud. *Psychoanalytic Quarterly* 39:563–589.

———(1971a). Freud's methodology. *Journal of the American Psychoanalytic Association* 19:265–309.

———(1971b). Notes on identification. II. Clarification of related concepts. *Psychoanalytic Quarterly* 40:277–302.

———(1972a). Alienation in psychiatric perspective. In *Alienation: Plight of Modern Man?,* ed. W. C. Bier, S. J., pp. 62–81. New York: Fordham University Press.

———(1972b). Notes on identification. III. The concept of identification. *Psychoanalytic Quarterly* 41:224–260.

———(1974a). Correlative aspects of introjective and projective mechanisms. *American Journal of Psychiatry* 131:176–180.

———(1974b). Differentiation and integration of learning and identification in the developmental process. *Annual of Psychoanalysis* 2:181–196.

———(1974c). The role of imitative social learning in identificatory processes. *Journal of the American Psychoanalytic Association* 22:512-536.

———(1976a). New horizons in metapsychology: view and review (Panel Report). *Journal of the American Psychoanalytic Association* 24:161-180.

———(1976b). Psychotherapeutic schema based on the paranoid process. *International Journal of Psychoanalytic Psychotherapy* 5:87-114.

———(1977). The Wolf-Man and the paranoid process. *Annual of Psychoanalysis* 5:23-74.

———(1978a). The conceptualization of marriage and family dynamics from a psychoanalytic perspective. In *Marriage and Marital Therapy: Psychoanalytic, Behavioral and Systems Theory Perspectives*, eds. T. J. Paolino and B. S. McGrady, pp. 25-88. New York: Brunner/Mazel.

———(1978b). *The Paranoid Process*. New York: Jason Aronson.

———(1979a). Internalization and object relations. *Journal of the American Psychoanalytic Association* 27:345-360.

———(1979b). Threats to confidentiality. *Psychiatric Annals* 9:54-71.

———(1980a). The problem of internalization and structure formation. *International Journal of Psycho-Analysis* 61:237-248.

———(1980b). Theories of personality and psychopathology: classical psychoanalysis. In *Comprehensive Textbook Psychiatry, III*, eds. H. I. Kaplan, A. M. Freedman, and B. J. Sadock, pp. 631-728. Baltimore/London: Williams & Wilkins.

———(1981a). Genetic aspects of the borderline conditions. *Psychoanalytic Review* 68:219-241.

———(1981b). *Internalization in Psychoanalysis*. Psychological Issues, Monograph 50. New York: International Universities Press.

———(1981c). A note on narcissism. *Psychoanalytic Quarterly* 50:77-89.

———(1981d). Notes on the psychoanalytic psychology of the self. *Psychoanalytic Inquiry* 1(2):233-248.

———(1981e). The schizophrenic and the paranoid process. *Schizophrenic Bulletin* 7(4):611-631.

———(1982-1983). Notes on countertransference in borderline conditions. *International Journal of Psychoanalytic Psychotherapy* 9:89-124.

———(1984a). *The Borderline Spectrum: Differential Diagnosis and Developmental Issues*. New York: Jason Aronson.

———(1984b). Models in the mind: the role of theory in the psychoanalytic process. *Psychoanalytic Inquiry* 4:5-32.

———(1984c). *Psychoanalysis and Religious Experience*. New Haven: Yale University Press.

________(1985). Can psychoanalysis find its self? *Journal of the American Psychoanalytic Association*.

Menninger, K. A. (1938). *Man Against Himself*. New York: Harcourt Brace.

Merton, R. K. (1957). *Social Theory and Social Structure*. New York: Free Press.

Miller, A. (1979). Depression and grandiosity as related forms of narcissistic disturbances. *International Review of Psycho-Analysis* 6:61–76.

Miller, C. (1941). The paranoid syndrome. *Archives of Neurology and Psychiatry* 45:953–963.

Minkoff, K., Bergman, E., Beck, A. T., and Beck, R. (1973). Hopelessness, depression, and attempted suicide. *American Journal of Psychiatry* 130:455–459.

Mirin, S. M., Shapiro, L. M., Meyer, R. E., Pillard, R. C., and Fischer, S. (1971). Casual versus heavy use of marijuana: a redefinition of the marijuana problem. *American Journal of Psychiatry* 127:1134–1140.

Modell, A. H. (1961). Denial and the sense of separateness. *Journal of the American Psychoanalytic Association* 9:533–547.

________(1968). *Object Love and Reality*. New York: International Universities Press.

________(1971). The origin of certain forms of preoedipal guilt and the implications for a psychoanalytic theory of affects. *International Journal of Psycho-Analysis* 52:337–346.

________(1975). A narcissistic defense against affects and the illusion of self-sufficiency. *International Journal of Psycho-Analysis* 56:275–282.

________(1985). *Psychoanalysis in a New Context*. New York: International Universities Press.

Modlin, H. C. (1963). Psychodynamics and management of paranoid states in women. *Archives of General Psychiatry* 8:262–268.

Monti, M. R. (1981). Scienza, paranoia, pseudoscienza. *Rivista di Storia delle Idee* 1:395–424.

Morrison, A. P. (1983). Shame, ideal self and narcissism. *Contemporary Psychoanalysis* 19:295–318.

________(1984). Working with shame in psychoanalytic therapy. *Journal of the American Psychoanalytic Association* 32:479–505.

Munschauer, C. A. (1976). Patterns of thought disorder: an application of signal detection theory to errors of overinclusion and overexclusion in schizophrenics, manics, and other psychopathological groups. Unpublished Dissertation, State University of New York at Buffalo.

Nacht, S. (1958). Variations in technique. *International Journal of Psycho-Analysis* 39:235–237.

Neale, J. M., Kopfstein, J. H., and Levine, A. J. (1972). Premorbid adjustment and paranoid status in schizophrenia: varying assessment techniques and the influence of chronicity. *Proceedings of the 80th Annual Convention of the American Psychological Association* 7:321–322. (Summary)

Neufeld, R. W. J. (1977). Components of processing deficit among paranoid and nonparanoid schizophrenics. *Journal of Abnormal Psychology* 86:60–64.

________(1978). The nature of deficit among paranoid and nonparanoid schizophrenics in the interpretation of sentences: an information processing approach. *Journal of Clinical Psychology* 34:333–339.

Neugarten, B., in collaboration with H. Berkowitz, W. J. Crotty, W. Gruen, D. L. Gutmann, M. I. Lubin, D. L. Miller, R. F. Peck, J. L. Rosen, A. Shulsin, S. S. Tobin, and with the editorial assistance of J. M. Falk (1964). *Personality in Middle and Late Life*. New York: Atherton.

Neugarten, B., and Havighurst, R. J. (1969). *Adjustment to Retirement: A Cross National Study*. Assen: Van Gorcum.

Niederland, W. G. (1951). Three notes on the Schreber case. *Psychoanalytic Quarterly* 20:579–591.

________(1959). Father and son. *Psychoanalytic Quarterly* 28:151–169.

________(1960). The miracled-up world of Schreber's childhood. *Psychoanalytic Quarterly* 29:301–304.

________(1963). Further data and memorabilia pertaining to the Schreber case. *International Journal of Psycho-Analysis* 44:201–207.

________(1968). Schreber and Flechsig: a further contribution to the "kernel of truth" in Schreber's delusional system. *Journal of the American Psychoanalytic Association* 16:740–749.

________(1974). *The Schreber Case: Psychoanalytic Profile of a Paranoid Personality*. New York: Quadrangle.

Nunberg, H. (1952). Discussion of M. Katan's paper on Schreber's hallucinations. *International Journal of Psycho-Analysis* 33:454–456.

Nydes, J. (1963). The paranoid-masochistic character. *Psychoanalytic Review* 50:215–251.

Offenkranz, W., and Tobin, A. (1973). Problems of the therapeutic alliance: Freud and the Wolf Man. *International Journal of Psycho-Analysis* 54:75–78.

Olinick, S. J. (1975). On empathic perception and the problems of reporting psychoanalytic processes. *International Journal of Psycho-Analysis* 56:147–154.

Orgel, S. (1974). Fusion with the victim and suicide. *International Journal of Psycho-Analysis* 55:531–538.

Ornstein, P. H. (1974). On narcissism: beyond the introduction, highlights of Heinz Kohut's contributions to the psychoanalytic treatment of narcissistic personality disorders. *Annual of Psychoanalysis* 2:127–149.

Ovesey, L. (1954). The homosexual conflict: an adaptational analysis. *Psychiatry* 17:243–250.

———(1955a). The pseudo-homosexual anxiety. *Psychiatry* 17:17–25.

———(1955b). Pseudo-homosexuality, the paranoid mechanism and paranoia. *Psychiatry* 18:163–173.

Paykel, E. S., Prusoff, B. A., and Myers, J. K. (1975). Suicide attempts and recent life events: a controlled comparison. *Archives of General Psychiatry* 32:327–333.

Peck, R. (1955). Psychological developments in the second half of life. In *Psychological Aspects of Aging*, ed. J. E. Anderson, pp. 42–53. Washington: American Psychological Association.

Piers, G., and Singer, M. B. (1953). *Shame and Guilt: A Psychoanalytic and a Cultural Study*. Springfield, IL: Thomas.

Pinderhughes, C. A. (1971). Somatic, psychic, and social sequelae of loss. *Journal of the American Psychoanalytic Association* 19:670–696.

Pine, F. (1974). On the concept of "borderline" in children: a clinical essay. *Psychoanalytic Study of the Child* 29:341–368.

Planansky, K., and Johnston, R. (1962). Incidents and relationship of homosexual and paranoid features in schizophrenia. *Journal of Mental Science* 108:604–615.

Poland, W. S. (1975). Tact as a psychoanalytic function. *International Journal of Psycho-Analysis* 56:155–162.

Polatin, P. (1975). Psychotic disorders: paranoid states. In *Comprehensive Textbook of Psychiatry, II*, eds. A. M. Freedman, H. I. Kaplan, and B. J. Sadock, pp. 992–1002. Baltimore: Williams and Wilkins.

Pollock, G. H. (1970). Anniversary reactions, trauma and mourning. *Psychoanalytic Quarterly* 39:347–371.

———(1975). On mourning, immortality, and utopia. *Journal of the American Psychoanalytic Association* 23:334–362.

———(1978). Process and affect: mourning and grief. *International Journal of Psycho-Analysis* 59:255–276.

———(1981). Aging or aged: development or pathology. In *The Course of Life: Psychoanalytic Contributions Toward Understanding Personality De velopment III: Adulthood and the Aging Process*, eds. S. I. Greenspan and G. H. Pollock, pp. 549–585. Adelphi, MD: Mental Health Study Center, NIMH.

Radford, P., Wiseberg, S., and Yorke, C. (1972). A study of "main-line" heroin addiction: a preliminary report. *The Psychoanalytic Study of the Child* 27:156–180.

Rado, S. (1933). Psychoanalysis of pharmacothymia. *Psychoanalytic Quarterly* 2:1–23.

————(1957). Narcotic bondage: a general theory of the dependence on narcotic drugs. *American Journal of Psychiatry* 114:165–170.

Rapaport, D. (1967). The theory of ego autonomy. In *The Collected Papers of David Rapaport*, ed. M. M. Gill, pp. 722–744. New York: Basic Books.

Reich, W. (1933). *Character Analysis*, 3rd ed. New York: Farrar, Straus and Giroux, 1949.

————(1953). Narcissistic object choice in women. *Journal of the American Psychoanalytic Association* 1:22–44.

————(1958). A special variation of technique. *International Journal of Psycho-Analysis* 39:230–234.

————(1960). Pathological forms of self-esteem regulation. *The Psychoanalytic Study of the Child* 15:215–232.

Reich, W. (1976). The schizophrenic spectrum: a genetic concept. *Journal of Nervous and Mental Diseases* 162:3–12.

Reifler, B. V., Larson, E., and Hanley, R. (1982). Coexistence of cognitive impairment and depression in geriatric outpatients. *American Journal of Psychiatry* 139:623–626.

Robbins, M. D. (1976). Borderline personality organization: the need for a new theory. *Journal of the American Psychoanalytic Association* 24:831–853.

Rochlin, G. (1961). The dread of abandonment: a contribution to the etiology of the loss complex and to depression. *The Psychoanalytic Study of the Child* 16:451–470.

————(1965). *Griefs and Discontents: The Forces of Change*. Boston: Little, Brown.

————(1973). *Man's Aggression: The Defense of the Self*. Boston: Gambit Press.

Rose, A. M. (1964). A current theoretical issue in social gerontology. *The Gerontologist* 4:46–50.

Rosenfeld, H. (1960). On drug addiction. *International Journal of Psycho-Analysis* 41:467–475.

Rosenfeld, S. K., and Sprince, M. P. (1963). An attempt to formulate the meaning of the concept "borderline." *The Psychoanalytic Study of the Child* 18:603–635.

Ross, M. B., and Magaro, P. A. (1976). Cognitive differentiation between paranoid and nonparanoid schizophrenics. *Psychological Reports* 38:991–994.

Roth, M. (1955). The natural history of mental disorder in old age. *Journal of Mental Science*, 101:281–301.

Rothstein, A. (1979). An exploration of the diagnostic term "narcissistic personality disorder." *Journal of the American Psychoanalytic Association* 27:893–912.

______(1984). Fear of humiliation. *Journal of the American Psychoanalytic Association* 32:99–116.

Sabbath, J. C. (1969). The suicidal adolescent—the expendable child. *Journal of the American Academy of Child Psychiatry* 8:272–285.

Salzman, L. (1960). Paranoid states: theory and therapy. *Archives of General Psychiatry* 2:679–693.

Sandler, A. (1978). Problems in the psychoanalysis of an aging narcissistic patient. *Journal of Geriatric Psychiatry* 11:5–36.

Sandler, J. (1960). On the concept of the superego. *The Psychoanalytic Study of the Child* 15:128–162.

Sanes, J. and Zigler, E. (1971). Premorbid social competence in schizophrenia. *Journal of Abnormal Psychology* 78:140–144.

Sarnoff, C. A. (1972). The vicissitudes of projection during an analysis encompassing late latency to early adolescence. *International Journal of Psycho-Analysis* 53:515–522.

Savitt, R. (1954). Extramural psychoanalytic treatment of a case of neurotic addiction. *Journal of the American Psychoanalytic Association* 2:494–502.

______. (1963). Psychoanalytic studies on addiction: ego structure in narcotic addiction. *Psychoanalytic Quarterly* 32:43–57.

Schafer, R. (1959). Generative empathy in the treatment situation. *Psychoanalytic Quarterly* 28:342–373.

______. (1968a). *Aspects of Internalization*. New York: International Universities Press.

______. (1968b). On the theoretical and technical conceptualization of activity and passivity. *Psychoanalytic Quarterly* 37:173–198.

Schatzman, M. (1971). Paranoia or persecution: the case of Schreber. *Family Process* 10:177–212.

Schmideberg, M. (1931). A contribution to the psychology of persecuting ideas and delusions. *International Journal of Psycho-Analysis* 50:317–333.

Schreber, D. P. (1955). *Memoirs of My Nervous Illness*, trans. and ed. I. MacAlpine and R. A. Hunter. Cambridge, MA: Bentley.

Schwartz, D. A. (1963). A review of the "paranoid" concept. *Archives of General Psychiatry* 8:349–361.

———. (1964). The paranoid-depressive existential continuum. *Psychiatric Quarterly* 38:690–706.

Schwartz, L. (1974). Narcissistic personality disorders—a clinical discussion. *Journal of the American Psychoanalytic Association* 22:292–306.

Schwartzman, J. (1975). The addict, abstinence, and the family. *American Journal of Psychiatry* 132:154–157.

Searles, H. F. (1965). *Collected Papers on Schizophrenia and Related Subjects*. New York: International Universities Press.

Segal, H. (1964). *Introduction to the Work of Melanie Klein*. London: Heinemann.

Seitz, P. (1974). "Reality is a stone-cold drag": psychoanalytic observations of hippies, with a selected list and annotated index of references on adolescent problems. *Annual of Psychoanalysis* 2:387–415.

Shainess, N. (1979). Analyzability and capacity for change in middle life. *Journal of the Amerian Academy of Psychoanalysis* 7:385–404.

Shakow, D. (1962). Segmental set: a theory of the formal psychological deficit in schizophrenia. *Archives of General Psychiatry* 6:1–17.

Shapiro, D. (1965). *Neurotic Styles*. New York: Basic Books.

Shengold, L. (1974). The metaphor of the mirror. *Journal of the American Psychoanalytic Association*. 22:97–115.

Schneidman, E. S. (1969). Suicide, lethality and the psychological autopsy. In *Aspects of Depression*, ed. E. S. Shneidman and M. Ortega, pp. 225–250. Boston: Little, Brown.

———. (1973). Suicide notes reconsidered. *Psychiatry* 36:379–394.

———. (1976a). A psychologic theory of suicide. *Psychiatric Annals* 6:620–626.

———. (ed.) (1976b). *Suicidology: Contemporary Developments*. New York: Grune and Stratton.

Shneidman, E. S. and Faberow, N. L. (1957). Clues to suicide. In *Clues to Suicide*, eds. E. S. Shneidman and N. L. Faberow, pp. 3–10. New York: McGraw-Hill.

Sifneos, P. E. (1966). Manipulative suicide. *Psychiatric Quarterly* 40:525–537.

Socarides, C. W. (1962). Theoretical and clinical aspects of overt female homosexuality (Panel Report). *Journal of the American Psychoanalytic Association* 10:579–592.

Spence, D. P. (1982). *Narrative Truth and Historical Truth*. New York: Norton.

Spiegel, L. A. (1966). Affects in relation to self and object: a model for the derivation of desire, longing, pain, anxiety, humiliation, and shame. *The Psychoanalytic Study of the Child* 21:69–92.

Spruiell, V. (1974). Theories of treatment of narcissistic personalities. *Journal of the American Psychoanalytic Association* 22:268–278.

Stengel, E. (1964). *Suicide and Attempted Suicide*. Baltimore: Penguin.

————. (1968). Attempted suicides. In *Suicidal Behaviors: Diagnosis and Management*, ed. H. L. C. Resnick. pp. 171–189. Boston: Little, Brown.

Stokes, R. G., and Maddox, G. L. (1967). Some social factors on retirement adaptation. *Journal of Gerontology* 22:329–333.

Stone, L. (1961). *The Psychoanalytic Situation*. New York: International Universities Press.

Stone, M. (1980). *The Borderline Syndromes: Constitution, Personality, and Adaptation*. New York: McGraw-Hill.

Stotland, E. (1969). *The Psychology of Hope*. San Francisco: Jossey-Bass.

Strachey, J. (1969). The nature of the therapeutic action of psycho-analysis. *International Journal of Psycho-Analysis* 50:275–291.

Strauss, M. E., Sirotkin, R. A., and Grisell, J. (1974). Length of hospitalization and rate of readmission of paranoid and non-paranoid schizophrenics. *Journal of Consulting and Clinical Psychology* 42:105–110.

Sullivan, H. S. (1953). *Conceptions of Modern Psychiatry*. New York: Norton.

————. (1956). *Clinical Studies in Psychiatry*. New York: Norton.

Szasz, T. S. (1958). The role of the counterphobic mechanism in addiction. *Journal of the American Psychoanalytic Association*. 6:309–325.

Tamerin, J., and Mendelsohn, J. (1969). The psychic dynamics of chronic inebriation: observations of alcoholics during the process of drinking in an experimental group setting. *American Journal of Psychiatry* 125:886–899.

Tartakoff, H. H. (1966). The normal personality in our culture and the Nobel Prize complex. In *Psychoanalysis—A General Psychology*, eds. R. M. Loewenstein, L. M. Newman, M. Schur, and A.J. Solnit, pp. 222–252. New York: International Universities Press.

Tarter, R. E., and Perley, R. N. (1975). Clinical and perceptual characteristics of paranoids and paranoid schizophrenics. *Journal of Clinical Psychology* 31:42–44.

Toolan, J. M. (1975). Suicide in children and adolescents. *American Journal of Psychotherapy* 29:339–344.

Traub-Werner, D. (1984) Towards a theory of prejudice. *International Review of Psycho-Analysis* 11:407–412.

Tsuang, M. T., Fowler, R. C., Cadoret, R. J., and Monnelly, E. (1974). Schizophrenia among first-degree relatives of paranoid and non-paranoid schizophrenics. *Comprehensive Psychiatry* 15:295–307.

Vaillant, G. E. (1966a). A 12-year follow-up of New York narcotic addicts. I. *American Journal of Psychiatry* 122: 727–737.

———. (1966b). A 12-year follow-up of New York narcotic addicts. III. *Archives of General Psychiatry* 15:599–609.

———. (1975). Sociopathy as a human process: a viewpoint. *Archives of General Psychiatry* 32:178–183.

Walters, O. S. (1955). A methodological critique of Freud's Schreber analysis. *Psychoanalytic Review* 42:321–342.

Weinberg, J. (1980). Geriatric psychiatry. In *Comprehensive Textbook of Psychiatry, III*, pp. 3024–3042, eds. H. I. Kaplan, A. M. Freedman, and B. J. Sadock. Baltimore: Williams and Wilkins.

Weiner, H. (1980). Schizophrenia: Etiology. In *Comprehensive Textbook of Psychiatry, III*, eds. H. I. Kaplan, A. M. Freedman, and B. J. Sadock, pp. 1121–1152. Baltimore: Williams and Wilkins.

Weisman, A. D. (1971). Is suicide a disease? *Life-Threatening Behavior* 1:219–231.

Weissman, M., Fox, K., and Klerman, G. L. (1973). Hostility and depression associated with suicide attempts. *American Journal of Psychiatry* 130:450–455.

Wells, C. E. (1978). Geriatric organic psychoses. *Psychiatric Annals* 8:466–478.

———. (1982). Refinements in the diagnosis of dementia. *American Journal of Psychiatry* 139:621–622.

Westermeyer, J., and Walzer, V. (1975). Sociopathy and drug use in a young psychiatric population. *Diseases of the Nervous System* 36:673–677.

Wetzel, R. D., Margulies, T., Davis, R., and Karam, E. (1980). Hopelessness, depression, and suicide intent. *Journal of Clinical Psychiatry* 41:159–160.

White, R. B. (1961). The mother conflict in Schreber's psychosis. *International Journal of Psycho-Analysis* 43:55–73.

———. (1963). The Schreber case reconsidered in the light of psychosexual concepts. *International Journal of Psycho-Analysis* 44:213–221.

Wieder, H. and Kaplan, E. H. (1969). Drug use in adolescents:

Psychodynamic meaning and pharmacogenic effect. *The Psychoanalytic Study of the Child* 24:399–431.

Wieder, H., and Kaplan, E. H. (1974). *Drugs Don't Take People, People Take Drugs*. Secaucus, NJ: L. Stuart.

Winnicott, D. W. (1947). Hate in the countertransference. In *Collected Papers: Through Pediatrics to Psychoanalysis*. New York: Basic Books, 1958.

———. (1953). Transitional objects and transitional phenomena. In *Playing and Reality*, pp. 1–25. New York: Basic Books, 1965.

———. (1960a). Ego distortion in terms of true and false self. In *The Maturational Processes and the Facilitating Environment*, pp. 140–152. New York: International Universities Press, 1965.

———. (1960b). The theory of the parent-infant relationship. In *The Maturational Processes and the Facilitating Environment*, pp. 37–65. New York: International Universities Press, 1965.

———. (1963). Psychiatric disorder in terms of infantile maturational processes. In *The Maturational Processes and the Facilitating Environment*, pp. 230–241. New York: International Universities Press, 1965.

Winokur, G., Morrison, J., Clancy, J., and Crowe, R. (1974). Iowa 500: the clinical and genetic distinction of hebephrenic and paranoid schizophrenia. *Journal of Nervous and Mental Diseases* 159:12–19.

Winokur, G. (1975). Paranoid vs. hebephrenic schizophrenia: Clinical and familial (genetic) heterogeneity. *Psychopharmacology Communications* 1:567–577.

Witkin, H. A., Lewis, H. B., Hertzman, M., Machover, K., Meissner, P. B., and Wapner, S. (1954). *Personality Through Perception*. New York: Harper.

Wurmser, L. (1974). Psychoanalytic considerations of the etiology of compulsive drug use. *Journal of the American Psychoanalytic Association* 22:820–843.

———. (1978). *The Hidden Dimension*. New York: Jason Aronson.

Wynne, L., Ryckoff, I., Day, J., and Hirsch, S. (1958). Pseudomutuality in the family relations of schizophrenics. *Psychiatry* 21:205–220.

Yorke, C. (1970). A critical review of some psychoanalytic literature on drug addiction. *British Journal of Medical Psychology* 43:141–184.

Zetzel, E. R. (1956a). Concept and content in psychoanalytic theory. In *The Capacity for Emotional Growth*, pp. 115–138. New York: International Universities Press, 1970.

———. (1956b). The concept of transference. In *The Capacity For Emotional Growth*, pp. 168–181. New York: International Universities Press, 1970.

________. (1958). Therapeutic alliance in the analysis of hysteria. In *The Capacity for Emotional Growth*, pp. 182–196. New York: International Universities Press, 1970.

________. (1971). A developmental approach to the borderline patient. *American Journal of Psychiatry* 127:867–871.

Zetzel, E. R., and Meissner, S. J., W. W. (1973). *Basic Concepts of Psychoanalytic Psychiatry*. New York: Basic Books.

Zigler, E., and Levine, J. (1973). Premorbid adjustment and paranoid-nonparanoid status in schizophrenia: a further investigation. *Journal of Abnormal Psychology* 82:189–199.

Zigler, E., Levine, J., and Zigler, B. (1976). The relation between premorbid competence and paranoid-nonparanoid status in schizophrenia: a methodological and theoretical critique. *Psychological Bulletin* 83:303–313.

________. (1977). Premorbid social competence and paranoid-nonparanoid status in female schizophrenic patients. *Journal of Nervous and Mental Diseases* 164:333–339.

Zilboorg, G. (1936). Suicide among civilized and primitive races. *American Journal of Psychiatry* 92:1347–1369.

________. (1937). Considerations on suicide with particular reference to that of the young. *American Journal of Orthopsychiatry* 7:15–31.

________. (1938). The sense of immortality. *Psychoanalytic Quarterly* 7:171–199.

Zinberg, N. E. (1975). Addiction and ego function. *The Psychoanalytic Study of the Child* 30:567–588.

________. (1976). Social learning and self-image in aging. *Journal of Geriatric Psychiatry* 9:131–150.

인명 색인

< A >

Abbott, E. S., 306~307
Abraham, K., 125
Adler, G., 68, 174, 205, 207
Allen, T. E., 146
Allport, G., 47
Alvarez, A., 431
Anastasi, A., 512
Andreasen, N. J., 109
Anthony, E. J., 406, 412, 415
Apfelbaum, B., 429
Aronson, G., 153
Asch, S. S., 427~428, 448

< B >

Bak, R., 142
Balint, M., 24, 27
Barraclough, B., 440
Barter, J. T., 443
Beck, A. T., 436
Berezin, M., 511~512
Berman, L. E. A., 471, 483, 485, 487, 499
Berman, S., 392, 395
Bibring, Edward, 240~241, 429
Bion, W. R., 293
Blanck, G., 431
Blanck, R., 431

Bleuler, E., 101, 305
Blos, P., 371
Blum, H. P., 주제별 색인에서 블럼을 보라.
Brill, N. I., 474
Brody, E. B., 179
Brunswick, Ruth Mack, 주제별 색인에서 브런스윅을 보라.
Buie, D. H., Jr., 주제별 색인에서 부이를 보라.
Bunch, J., 440
Bursten, B., 263, 268, 271 278
Butler, R., 517
Bychowski, G., 148

< C >

Calogeras, R. C., 479, 483, 491
Cameron, N. S., 51, 109, 145, 302
Capp, N. M., 479, 483, 491
Campbell, R. J., 516, 522, 526
Carrington, P., 503
Cath, S. H., 528
Chapman, J. P., 111
Chapman, L. J., 111
Collum, J. M., 178
Corwin, A., 67~68, 73
Cromwell, R., 105
Cummings, E., 510

주제별 색인